Die Kunst zu werben

Das Jahrhundert der Reklame

Münchner Stadtmuseum 15. März – 30. Juni 1996
Altonaer Museum in Hamburg 18. September 1996 – 12. Januar 1997

Gefördert von McDonald's Deutschland Inc., seinen Franchisenehmern
sowie der MGM Mediagruppe München

Die Kunst zu werben

Das Jahrhundert der Reklame

Herausgegeben von
Susanne Bäumler

mit Essays von
Susanne Bäumler, Bazon Brock, Tilmann Buddensieg,
Alexander Deichsel, Birgit Doering, Frauke Engel,
Bärbel Hedinger, Carola Jüllig, Ivo Kranzfelder,
Jürgen Krause, Friedemann W. Nerdinger, Julian Nida-Rümelin,
Hans Ottomeyer, Harald Pulch, Peter-Klaus Schuster,
Laurie Stein, Angelika Thiekötter, Sandra Uhrig

Münchner Stadtmuseum

DUMONT

Inhalt

Mit keinem Worte wird mehr Missbrauch getrieben als mit dem Worte „Modern“.

Wahnsinnige Schnörkel, unmögliche Gestalten und unleserliche Schrift sind alles andere, nur nicht modern.

Modern heisst, den richtigen Ausdruck für die Anschauungen unserer Zeit zu finden.

Zum Geleit

Werbung ist Bestandteil unseres täglichen Lebens. Sie prägt das Erscheinungsbild unserer Städte und begegnet uns in den Medien. Litfaßsäulen, Plakatwände, Giebel- und Leuchtreklame sind aus unserer Welt nicht mehr wegzudenken. Kaum vorstellbar, daß die Aufstellung der ersten Litfaßsäulen Ende des vorigen Jahrhunderts in vielen Städten kontroverse Diskussionen auslöste. Vor genau hundert Jahren wurde die erste Lichtreklame in Berlin am Spittelmarkt installiert, und bereits 1898 leuchtete das berühmte *Manoli-Rad* am Potsdamer Platz.

Die Präsenz der Werbung im Alltag bietet Gesprächsstoff und Reibungspunkte. Die tägliche Konfrontation verändert aber auch die Art zu sehen, die Art, Dinge zu betrachten. Das statisch ruhige Sehen ist dem schnellen ›Augen-Blick‹, der quasi im Vorübergehen oder Vorüberfahren die elementare Bildaussage wahrnimmt, gewichen. Die Flüchtigkeit des Betrachters und das wachsende Tempo in unseren Städten brachten Anfang des Jahrhunderts, vor allem im Bereich des Plakats, eine aufs Wesentliche reduzierte Gestaltung hervor, die im Berliner Sachplakat, mit Lucian Bernhard als Protagonisten, ihren Höhepunkt erlebte. Im audiovisuellen Bereich hat der Werbefilm eine Ästhetik entwickelt, die ein großes, vor allem junges Publikum jährlich zur Vorführung der Cannes-Rolle pilgern läßt. Ebendiese Ästhetik, geprägt durch eine ganz spezielle Kameraführung und kurze abrupte Schnitte, beeinflußt andere Genres wie den Kinofilm und die Reportage. Wie die Ausstellung zeigen wird, ist diese Beeinflussung so alt wie das Medium selbst. Nicht zuletzt ist Werbung ein Zeitgeistthema. Trendmagazine fordern ihre Leser auf, aktuelle Anzeigen zu bewerten.

Das Jahr 1896 ist für den Verlauf der Werbekunst von einschneidender Bedeutung und scheidet Formen, die davor herrschten, und Formen, die danach vorkamen, deutlich voneinander. Das ältere konservative System der Werbung arbeitete mit Hoflieferantentiteln, Goldmedaillen von internationalen und nationalen Gewerbeausstellungen oder Allegorien des Industriefleißes, um Markenprodukte anzupreisen. Die Zeit nach der Gründung der zwei Zeitschriften ›Jugend‹ und ›Simplicissimus‹ 1896 in München wird stark von den dort erprobten neuen Formen der Schriftgestaltung und graphischen Kunst des Ornaments geprägt, die von einer Gruppe von Malern, welche sich der angewandten Kunst verschrieben haben, in den genannten Blättern erstmals praktiziert werden. Mit dem Ziel, Aufmerksamkeit zu finden und ihr Publikum zu fesseln, propagieren diese Künstler zunächst in Druckschriften, später auch in den Medien der Werbung eine neue Palette von Möglichkeiten graphischer Gestaltung.

Heute läßt sich beobachten, daß eine Epoche sich ihrem Ende zuneigt. Bemerkenswert ist, wie alte Formen der Werbung zitiert, wieder aufgegriffen und kopiert werden. Dies erscheint als ein sicheres Indiz, daß ein erster Zyklus sich vollendet hat. Die Strategien und Verfahren haben sich erschöpft und werden noch einmal rekapituliert, bevor das neue Jahrhundert beginnt. Die Werbung bedient sich ihrer eigenen Geschichte. Damit ist auch die Zeit gekommen, daß die Museen sich des Themas annehmen und das sammeln und sichten, was an verschiedenen Zeugnissen materieller Kultur erhalten blieb. Bisherige Ausstellungen widmeten sich hauptsächlich dem Plakat, einem der wenigen Werbemittel, das wegen seiner oft hohen künstlerischen Qualität Eingang in graphische Sammlungen gefunden hat. Das Deutsche Werbemuseum in Frankfurt a. M. legt den Schwerpunkt auf die Gestaltung der Anzeigenwerbung in der Zeit nach dem Zweiten Weltkrieg und hebt vor allem Agenturleistungen hervor. Dem Medium der Verpackung widmete die Neue Sammlung in München in der Ausstellung ›Reiz und Hülle‹ 1987 eine umfassende Schau.

Nur wenige deutsche Institutionen haben die bunte und vielgestaltige Welt der Werbung in Schauräume und Depots geholt. Die Neue Sammlung in München, das Werkbund-Archiv in Berlin, das Deutsche Historische Museum in Berlin und in Teilen auch das Münchner Stadtmuseum gehören zu den Häusern, die über das Spartendenken der materialgebundenen Sammlungskategorien hinausgehen, das sonst in den Museen herrscht.

Die Ausstellung ›Die Kunst zu werben‹ lenkt den Blick auf die Werbung im öffentlichen Raum, wie sie ihren jeweiligen Zeitgenossen täglich in den Straßen, den Schaufenstern oder den Geschäften begegnete. Die Anzeige ist somit ausgeklammert. Der zeitliche Schwerpunkt umfaßt die Jahre ab der Jahrhundertwende bis zum Zweiten Weltkrieg. Jedes Phänomen wird in der Ausstellung zum Zeitpunkt seines ersten Erscheinens betrachtet. Dabei zeigt sich, daß die Wurzeln manch heutiger Werbestrategien bereits zu Beginn des 20. Jahrhunderts liegen. Welch erstaunliche Modernität und Aufgeschlossenheit für neue Wege in der Gestaltung, aber auch für modernste Fabrikationstechniken sowie soziale Innovationen bei den führenden Unternehmen der Zeit bereits vor dem Ersten Weltkrieg herrschten, zeigt das Kapitel über corporate design, in dem einige Erfolgs-Geschichten exemplarisch vorgeführt werden. Diese Kampagnen zeugen von großer Kompromißlosigkeit, eine der wichtigsten Voraussetzungen für das Entstehen guter, langfristig nachwirkender Werbung. Ernst Growald, Verkaufsleiter der führenden lithographischen Anstalt Hollerbaum & Schmidt in Berlin, rät in seinem Plakatspiegel von 1906 den Werbekunden: *Lehne ein Plakat, das Dir nicht geeignet erscheint, ab, aber lasse es nicht nach Deinen Angaben ändern. Ein Plakat wird vom Ändern nicht besser, sondern nur schlechter.* Nur kompromißlose Werbung, die eigenen Charakter aufweist und nicht versucht, allem und allen gerecht zu werden, hat in einer großen, von audiovisuellen Reizen überfluteten Gesellschaft auf die Dauer Bestand. Mit solcher Konsequenz ließe sich im Bereich des Plakats womöglich wieder an die Kultur anknüpfen, welche um 1900 bis 1910 ihre Blüte erlebte.

Ein Kernpunkt in der Geschichte der Warenwerbung ist die Auseinandersetzung mit der bildenden Kunst und die sich daraus mitunter ergebende gegenseitige Beeinflussung. In vielfältigen Erscheinungsformen läßt sich dieses Wechselspiel bis heute verfolgen. Die Beziehung zwischen Kunst und Werbung wie auch zwischen Künstlern und Werbung ist vielschichtig, entsteht aus unterschiedlichsten Ansätzen und bewegt sich gleichzeitig auf verschiedenen Ebenen. Um die Jahrhundertwende arbeiteten bildende Künstler, vor allem Vertreter des Jugendstils, nicht nur im Bereich des Plakats, sondern auch der Verpackung und des Produktdesign. Peter Behrens, mit der Planung von Gebäuden für die AEG betraut, entwarf Schriften, Plakate, Broschüren, gestaltete Elektrogeräte und zeichnete somit verantwortlich für ein allumfassendes Erscheinungsbild der Firma. El Lissitzky brachte seine ganze Experimentierfreudigkeit in die Produktwerbung für Pelikan ein. Manche Künstler begannen ihre Laufbahn als Werbegraphiker wie Andy Warhol oder verdienten ihren Lebensunterhalt widerwillig mit Werbeentwürfen wie René Magritte.

Kunst und Werbung scheinen sich nur auszuschließen, wenn Kunst allein vom Kriterium der Zweckfreiheit her definiert wird. Die Künstler jedoch, welche Werbung gestalten, haben es erklärtermaßen im Sinn, die Grenzen zwischen Kunst und Alltag aufzuheben und sich ästhetisch ordnend aller Bereiche künstlerischen Schaffens anzunehmen. Willkommener Effekt dabei bleibt, daß die willkürlichen Hierarchien zwischen den verschiedenen Materialien und Techniken dabei aufgehoben werden. Jede Kunst ist mehr oder weniger Auftragskunst, schielt also nach dem finanziellen Erlös, der beim Verkauf des fertigen Werkes erzielt wird. Woher in der zweiten Hälfte des 20. Jahrhunderts die Vorbehalte gegenüber jeglicher Kunst herrühren, die offen kommerziellen Zwecken dient, sollte an anderer Stelle ergründet werden, aber es ist evident, daß diese falsche Moral der Qualität der Werbung doch einigen Abbruch getan hat. Die Ausstellung ›Die Kunst zu werben‹ handelt von den intensiven Wechselbeziehungen zwischen Kunst und Werbung. Die Werbekunst besetzt große Bereiche im Spektrum zwischen angewandter und freier Kunst und findet zunehmende Aufmerksamkeit bei einem immer größeren und immer jüngeren Publikum, das gestalterische Leistungen der Werbebranche kennerhaft kommentiert und als seine Kunst konsumiert. Ist Werbung Kunst? Auch wir werden die Frage nicht definitiv klären, doch fest steht: Gute Werbung zu machen ist eine Kunst.

Die Werbekunst von einst hat sich zu einem Kommunikationsmedium von kulturgeschichtlicher Bedeutung und Tiefe gewandelt. Ein Ziel der Ausstellung könnte es sein, Anstoß zu geben, daß die Museen ihre Depots öffnen mögen, um die verschiedensten Erscheinungsformen der Werbung – nicht nur Plakate, auch Packungen, Anzeigen, Ladenausstattungen, Displays – zu bewahren, vor allem die Dinge, deren Alter noch nicht den Blick verklärt, die uns zeitlich noch zu nah sind, um schon jetzt erkennen zu lassen, wie wir sie im Lauf der nächsten hundert Jahre beurteilen werden.

Werbung ist für den Augenblick gemacht. So auch Entwurfszeichnungen für Kampagnen und Produkte. Ist der Zweck erreicht, entledigt man sich des Mittels. Wären alle Firmen so verfahren, gäbe es nicht Sammler abseits der Konventionen, und hätten sich nicht einige wenige Museen auch den alltäglichen Dingen verschrieben, wäre diese Ausstellung nicht zustande gekommen. Es hätte die Freude nicht gegeben, die Entwürfe zu den Pelikan-Plakaten zu sehen – einige fast 100 Jahre alt, manche nicht realisiert und damit unwiederbringliche Dokumente –, wenn nicht immer wieder jemand dafür gesorgt hätte, daß diese Dinge erhalten bleiben, auch wenn sie ihren kurzfristigen Zweck erfüllt haben. Viele Gegenstände des täglichen Gebrauchs, die die Ausstellung zeigt, zeugen von einer Firmenkultur, die sich aus Geschichte und Tradition definiert. Sie waren einst sehr modern und sagen heute oft mehr über die Ziele und Wünsche einer Gesellschaft aus als die ›reine Kunst‹.

Dies soll auch ein Appell sein an Unternehmer, Entwürfe zu bewahren, Auslaufmodelle nicht bis auf das letzte Stück auszuverkaufen, Firmenarchive als lebendigen Bestandteil des Unternehmens nicht nur zu erhalten, sondern zu pflegen – ein Appell an Museen, sich einem Kulturfaktor wie Werbung nicht zu verschließen. Damit verbindet sich auch der Wunsch, daß die Ausstellung dem Besucher neue Denkanstöße geben möge, sich mit der Werbung kritisch, aber unvoreingenommen als eine den Alltag dominierende populäre *Kunst-Form* auseinanderzusetzen.

Ohne das finanzielle Engagement der Firma McDonald's Deutschland Inc., die von Anfang an das Projekt unterstützte und damit die wissenschaftliche Vorbereitung ermöglichte, wäre die Ausstellung nicht möglich gewesen. Die MGM Mediagruppe München sorgte als Co-Sponsor für eine professionelle Umsetzung. Mit einer Plakataktion unterstützt die Deutsche Städtereklame, München, das Ausstellungsprojekt.

Unser Dank gilt zudem allen, die geholfen haben, Ausstellung und Katalog erfolgreich auf den Weg zu bringen. Ganz besonders Verleger Daniel Brücher und seinen Mitarbeitern Inge Bodesohn-Vogel und Peter Dreesen, deren Engagement und Erfahrung für den Katalog von unschätzbarem Wert sind.

Die Ausstellung wäre nicht zustande gekommen ohne das Entgegenkommen und die Bereitschaft der Leihgeber, das Projekt substantiell zu unterstützen. Ihnen allen sei hiermit aufrichtig gedankt.

Wolfgang Till
Hans Ottomeyer
Susanne Bäumler

Kat. Nr. 4.5.8

Bazon Brock

Werbung und gesellschaftliche Kommunikation

1. Nogger Dir einen

Warum brachen die Mauern? Welche weltumstürzende Kraft beherrschte die Vorstellung von Abermillionen Menschen derart, daß sie nicht mehr zu bändigen waren von etablierter Staatsmacht hinter ideologischen Sichtblenden? Diese Bewegung ganzer Volkskörper als Ausdruck schrankensprengenden Freiheitswillens verstehen zu wollen, mag ehrenwert sein, aber nur halbwegs zutreffend, wenn man angibt, welche Freiheit gemeint war und woher die Menschen jene Freiheitsvorstellung bezogen, der sie bedenkenlos zu folgen bereit schienen. Die Antwort gaben die Sehnsuchtsbewegten selbst: Sie wollten sich einen noggern.

Seit die alle erdgebundenen Grenzen überspringende Technologie der Telekommunikation das Werbeangebot des Westens verbreitete, jedermann sei herzlich eingeladen, nach eigenen Wünschen in die Regale der Supermärkte zu greifen, sich von freundlichen Bankbeamten mit hinreichendem Kapital ausstatten zu lassen und sich im Paradies der arbeitslos Versorgten freizügig zu bewegen, war es nur noch eine Frage der Zeit, bis sich die Gelegenheit ergeben würde, der Einladung ins Reich der Konsumfreiheit zu folgen.

Kommen das Geld und die Waren nicht zu uns, dann kommen wir eben zu ihnen, konstatierten die Mauerspringer lapidar. Und hatten sie nicht recht? Ist in der westlichen Darstellung des gesellschaftlichen Selbstbewußtseins durch die Werbung je etwas davon zu lesen, zu hören oder zu sehen gewesen, daß es Bedingungen für den *freien* Konsum von Waren und Dienstleistungen gibt? Zwar trugen die beworbenen Waren kleine Ohrenmarken ihres Preises, aber was heißt das schon, wenn der Eindruck erweckt wird, das Geld käme von der Bank oder vom Staat wie der Strom aus der Steckdose.

2. Unkaputtbar

Jedenfalls demonstrieren die Heerscharen aus dem Süden und Osten ins Reich der westlichen Freiheit, welche Macht die Werbung für das Erleben und Handeln der Zeitgenossen darstellt. Aber geht es tatsächlich um Macht? Macht bezeichnet ja die Fähigkeit, andere dem Willen der Mächtigen zu unterwerfen, also das Erleben und Handeln zu steuern. Das Augenfällige an der Werbung ist ja, daß sie zwar die Kraft des Wünschens märchenhaft zu stimulieren vermag, aber über die Wirkungen keine Kontrolle hat. Es kann ihr nicht einmal gelingen, die von ihr ausgelösten Bewegungen zu kanalisieren, geschweige denn sie zeitlich, sachlich und sozial zu formen. Die Werbung setzt zwar etwas in Bewegung, aber was daraus wird, entzieht sich ihrem Einfluß. Das ist im kleinen wie im großen so:

Wenn die Werbung für ein Produkt nicht erfolgreich ist, hört man nicht mit der Werbung auf, sondern stellt sie nur auf andere Wirkungsrepertoires um. Wenn Parteien und Regierungen ihren Publikumserfolg gefährdet sehen, ändern sie nicht ihre Programme, sondern die Propaganda. Da ja alle nur das Beste wollen, das Beste produzieren und das Beste dienstleisten – ihrem Selbstverständnis nach, und wer würde sich mit weniger zufriedengeben? –, kann der Mißerfolg nur in der *Verkaufe* der Produkte und Programme liegen.

Politpropaganda mit ausgetüftelten Repertoires von Herrschaftsikonographie ist die Primärform heutiger Werbung. Musiker, Bildhauer, Maler und Architekten entwickelten jene Herrschaftsikonographien für Kirchen und Höfe, für weltliche und geistliche Machtprätendenten. Erst seit den 50er Jahren übernahm die Werbung von den Künstlern die Führungsrolle (auch formalästhetisch), weil die Werbeagenturen zu den potentesten Auftraggebern für

Gestalter aller Disziplinen wurden, weit vor den anderen Medien der Öffentlichkeit, wie dem Journalismus in Zeitungen, in Zeitschriften, im Radio und im Fernsehen, und natürlich weit vor den Agenten des Kunstmarkts; denn diese Medien wurden selber von Werbeeinnahmen abhängig und übertrugen zudem entscheidende ästhetische Strategien der Werbung auf die Darstellung ihrer journalistischen Arbeit.

Wie auch immer durch technische Innovationen, durch soziale und politische Verwerfungen sich die Verhältnisse wandelten, die Werbung erwies sich als *unkaputtbar.* Sie bewarb den Mißerfolg mit dem einleuchtenden Argument, jetzt gelte es erst recht, die Trommel zu rühren, und sie bewarb den Erfolg ebenso einleuchtend mit dem Argument, jetzt gelte es, den Erfolg zu sichern; sie bewarb die Markenprodukte mit dem Hinweis auf unüberbietbare Qualität und nahm sich der namenlosen Produkte mit dem Argument an, Markenprofilierung verursache nur zusätzliche Kosten, die man zum Wohl der Konsumenten einspare.

Hat man je gehört, daß große Werbeagenturen bankrott gingen, weil ihre Klientel, Produzenten und Dienstleister, den Betrieb einstellten? Na also.

3. Alle reden vom Wetter, wir machen es

In den 60er Jahren mobilisierte die Diskussion um die Macht der Werbung und die Warenästhetik nicht nur die Studenten, um in nächtelangen Diskussionen Strategien zu erörtern, wie dieser Macht beizukommen sei. Die einen meinten, man müsse schon in der Schule damit anfangen, die Adressaten der Werbung gegen deren Verlockungen zu feien, indem man den Kunstunterricht zur Aufklärung über visuelle Kommunikation umfunktioniere und in sozialpolitisch wünschenswerte Bahnen lenke. Andere wollten dem teuflischen Verhexungswerk grundsätzlich abschwören und es durch eine Kultur der Unmittelbarkeit, der Reinheit und Wahrheit ersetzen. Sie verstanden den Vietnamkrieg und die Befreiungskriege der dritten Welt als Versuche, sich vom werblichen Blendwerk des Kapitalismus freizuhalten. In dieser Tradition werden ja auch heutige Kultur- und Religionsfundamentalisten noch als Widerstandskämpfer gegen die Vereinnahmung durch westlichen Konsumerismus gefeiert.

Die härteste Herausforderung für die 68er boten jene (zu denen auch ich gehörte), die ihre Vermutung wohlbegründeten, die Werbung werde sich als entscheidende revolutionäre Kraft erweisen, weil sie mit ihrer bedenkenlosen Abkoppelung der frohen Botschaften von der sozialen Realität ein schließlich implodierendes Vakuum aus leeren Versprechungen erzeugen würde. Demzufolge empfahlen wir, den Vietnamesen nicht mit der Gewalt der Waffen, sondern mit flächendeckend abgeworfenen Werbebotschaften für Kosmetik und Coca-Cola, für Triumphmieder und Pizza-Taxis zu begegnen. Wolf Vostell collagierte brillante Werbebotschaften mit Bildern von B 52-Bombern über Vietnam, aus deren Waffenschächten glänzende Konsumartikel auf den Urwald regneten.

Ich meine, wir haben recht behalten. Die Völkerwanderungen aus dem Osten und Süden, die seit 1989 verstärkt dem magischen Sog der televisionären Werbebilder folgten, beweisen es.

Wo man erbittert, in heiliger Naivität oder in beschwörender Selbstinszenierung zum Subjekt der Revolution, über den rechten Weg ins Paradies, auch nach Mao *langer Marsch* genannt, diskutierte, mokierte sich die Agentur McCann für die Bundesbahn selbstbewußt darüber, daß alle Welt nur vom Wetter rede – will sagen, durch Werbung erledigten sich die Diskussionen von selbst. Es sei nur eine Frage der Vorstellungskraft, den Himmel gerade dann bläuen zu sehen, wenn es mies fiesele. Und dieser zeitgemäße Wetterzauber ging so: Zunächst hielt man sich zugute, durch unwiderstehliche Werbung für Autos und die Freiheit des Individualverkehrs die totale Mobilmachung der Bürger bewirkt zu haben. Als sich der Erfolg dieser Werbung im Dauerstau auf allen Straßen manifestierte, warb man dafür, mit der Benutzung der Bundesbahn den Stau zu umgehen. An den Schnittstellen von Individualverkehr und Kollektivverkehr warb man für die schöne Tugend kavalierhafter Toleranz und schließlich für den Genuß der Langsamkeit. In jeder Situation triumphierte die Werbestrategie, gut Wetter zu machen, bis hin zum heutigen propagierten Konzept eines Großraumautos für den Stau.

Sehen Sie, das ist Dialektik; die Werbestrategen sind seit den 60er Jahren die besseren Marxisten. Das haben die N. G. Os, die nicht regierungsabhängigen Organisation wie Greenpeace verstanden. Sie fahren heute die wirkungsvollsten Werbekampagnen. Ihre Kreativdirektoren und ihre I. Ms, ihre informellen Mitarbeiter in Redaktionen, Universitäten und der Wirtschaft, belegen schlagend, daß Werbung in allen politischen, sozialen, ökonomischen Dimensionen das entscheidende Medium der Öffentlichkeit geworden ist.

4. Neckermann macht's möglich

Waren das noch Zeiten, in denen wir studentischen Mickymäuse in den Hörsaal 6 der Frankfurter Universität pilgerten wie in ein Premierenkino von MGM, um zu verfolgen, wie auf dem Podium Kater Carlo Habermas das Mäusefangen lehrte. Mit historischer Geste inszenierte er den Strukturwandel der Öffentlichkeit. Während Habermas durch die imaginären Salons im Paris des 18. Jahrhunderts schweifte, hielt ihm mein Freund Meysenbug Ausrisse von Werbeaffiches entgegen, die über den Köpfen der Studenten von Hand zu Hand gingen und schließlich ein kleines Panorama der Formen von Öffentlichkeit bildeten, in denen wir uns tagtäglich bewegten. Auf der hinteren Wand des Hörsaals tauchte aus den Wolkenschlieren von Kotzfarben der Schriftzug auf *Habermas macht's möglich.*

In meinen ersten Lehrveranstaltungen als Hochschuldozent verkaufte ich vom kleinen Bauchladen Eiscreme und Erfrischungsgetränke, um so einer universitären Veranstaltung wenigstens einige Bezüge auf die Formen von Öffentlichkeit zu geben, auf die wir trainiert waren. Während der Vorlesung bat ich die Zuhörer, meine kulturgeschichtlichen Darlegungen mit Reaktionen zu begleiten, wie sie sich in Fußballstadien, im Theater, auf Jahrmärkten und Parteiversammlungen ganz von selbst ergaben. Die Studenten sollten sich als Repräsentanten der Öffentlichkeit ins Spiel bringen, wodurch auch der Vortragende angehalten wurde, die Öffentlichkeit als Adressaten seiner Rede wahrzunehmen. Der Hörsaal wandelte sich zum Forum Romanum, zum Reichsparteitag, zum Gerichtssaal.

Öffentlichkeit herstellen war damals die vorrangige Forderung an alle, die sich aus irgendeinem Grund versammelten; man bediente sich ohne zu zögern dafür jener Praktiken, die die Werbung demonstrierte.

Langsam wurde auch den Akademikern klar, daß sich die Rezeptionsformen ihrer Studenten gewandelt hatten. Die Studenten mußten als Publikum angesprochen werden, deshalb schaute man sich bei der Werbung ab, wie man ein akademisches Thema zu formulieren hatte, damit es als zeitgemäße Problemstellung wahrnehmbar wurde. Die agenturüblichen Verfahren des Agenda setting, also des Führens der Aufmerksamkeit durch Thematisierung, wurden den Hochschullehrern zur Arbeitshilfe. Diejenigen, denen die Aktualisierung akademischer Studien am besten gelang, wurden zu den *Weißen Riesen* und *Meister Proper* der Öffentlichkeit.

Als der Hochschullehrer Kurt Biedenkopf zum Generalsekretär der CDU avancierte, nutzte er das Agenda setting, um die Öffentlichkeitsarbeit der Partei zu intensivieren. Führen durch Themenstellung, Besetzen von Begriffen, Kompetenzdemonstration für Problematisierungen empfahl er mit Hinweis auf die linke Intelligenz im Konkurrenzunternehmen SPD, die, so war die Vermutung, deshalb die öffentliche Meinung so weitgehend beeinflußte, weil sie die interessierenderen Themen vorzugeben verstand. Und wie man das machte, zeigte die Werbung. Schließlich fanden sich alle Parteien bereit, nicht nur die Wahlwerbung, sondern auch die Formierung der Parteiauftritte und des Images ihrer Protagonisten Werbeagenturen abzuverlangen.

Wie die Unternehmen legten sich auch Parteien, Hochschulen und andere Kulturinstitutionen Abteilungen für Öffentlichkeitsarbeit nach dem Muster amerikanischer Public-Relations-Abteilungen zu. Es reichte offensichtlich nicht mehr, eine gute Sache, eine evidente Wahrheit, schlüssige Programme oder auch nur brillante Ideen zu haben, man mußte sie ins Spiel bringen, für sie werben. Was die Öffentlichkeit ausmachte, ließ sich an den Themen ablesen, für die sich die Zeitgenossen interessierten; so wurde aus dem Appell, Öffentlichkeit herzustellen, das Bemühen, Interesse zu stimulieren.

5. Alles Müller oder was?

Wie die Pornographie nur eine gesteigerte Form jeder generellen Wirkung von Bildern und Texten, kurz, sprachlichen Zeichengefügen ist –, wie seit Schumpeters Analysen das Zerstören, Abräumen, Verbrauchen nur als andere Seite der Produktionslogiken verstehbar wurde –, so ist die Werbung nur als die strategisch optimierte Ausformung des sprachlichen Mediums von Kommunikation zu sehen.

Mit Nikolaus Luhmann läßt sich Kommunikation als eigentümliche Leistung von Gesellschaft als System fassen. Kommunikation ist die Art und Weise, wie die autopoetischen Bewußtseinsgeneratoren in dem Organismus der Individuen miteinander in Beziehung treten. Das Medium dieser Beziehung, also der Kommunikation, ist die Sprache, die Gesamtheit aller Zeichengebung der Individuen.

In unserem Zusammenhang gilt es zu fragen, wie die Kommunikation über Objekte der Außenwelt läuft, also über natürlich oder kultürlich Geschaffenes, das auf den ersten Blick nicht als sprachliche Figuration vorhanden zu sein scheint. Ob Wetter oder Pflanzen, Messer oder Spaghetti – derlei Gegebenheiten werden erst für die Kommunikation erschlossen, wenn wir sie wahrnehmen, und das heißt über Bewußtseinsgenerierung wie sprachliches Zeichengefüge verstehen. Verstanden hat man, wenn die wahrnehmende Umformung der Objekte in Sprache gelingt – in welcher Art von Versprachlichung auch immer. Es liegt buchstäblich in der Natur der Bewußtseinsgeneratoren der Organismen, solches Verstehen immer zugleich auf allen Ebenen der organismischen Lebensäußerung zu aktivieren: Jede Wahrnehmung und ihre Verarbeitung aktiviert sowohl das Prozessieren des Stamm- wie Zwischen- und Großhirns. Jede Wahrnehmung aktiviert zum Beispiel Basisfunktionen wie Stabilisierung des Energiehaushalts in der Steuerung von Atmung, Herzfrequenz, elektrischen Hautwiderstand, Zellvigilanz und dergleichen, zugleich werden das limbische Regulativ der Lust- und Unlustreaktion wie auch mehr oder weniger intensiv die verschiedenen Großhirnareale, die auf die höheren Leistungen der Wahrnehmungsverarbeitung spezialisiert sind, aktiviert. Das gilt prinzipiell für die Verarbeitung jeglicher Wahrnehmung der äußeren und inneren Welt der Individuen.

Von den antiken Rhetoriklehrern über die Regelwerke der Kunstpraxis bis zur Wirkungsforschung, auf die sich die Werbung beruft, wurde angenommen, daß sprachliche Zeichengebung so formiert *(gestaltet)* werden kann, daß sich die verschiedenen Verstehensprozesse im zentralen Nervensystem nicht wechselseitig blokkieren, sondern steigern. Ein Redner, so die uralte Überzeugung, wird nur dann *Verstehen* initiieren (begeisternd, überredend, überzeugend), wenn sein gestisches, mimetisches und stimmführendes Verhalten nicht der sprachlichen Artikulation widerspricht oder sie zumindest neutralisiert. Ein Künstler, so wollten es die Regeln, wird sein Werk nur in die kommunikative Praxis einbringen können, wenn es die Wahrnehmung erregt, erschütternd oder erfreuend, und es wird sich nur so lange in der Wahrnehmung halten, wie es Versuche stimuliert, das Werk zu verstehen, also über Versprachlichung kommunizierbar werden zu lassen. Die Regeln solcher Kommunikation vermag der Rhetor wie der Künstler nicht selbst vorzugeben, sie manifestieren sich in der Praxis der gesellschaftlichen Kommunikation. Sie haben sich zwar als Konventionen herausgebildet, können aber dennoch nicht nach Belieben geändert werden, auch nicht von Zensoren der semantischen Polizei, egal wie groß die Durchsetzungsmacht ist, mit der sie sich in Geltung bringen. Deswegen sind Propagatoren und Werber nur erfolgreich, wenn sie sich an diese Regeln halten, anstatt sie wahnhaft durch selbst erfundene ersetzen zu wollen. Die Propagatoren und Werber, die Rhetoren und Künstler, ja jedes kommunizierende Individuum muß seine *Pappenheimer kennen* und Vertrauen darin erwecken, daß sie die Regeln beherrschen. Alle Beispiele scheinbar willkürlicher Manipulation dieser Regeln haben nur kurzfristig Erfolg, auch wenn diese kurze Zeit in gewissen historischen Situationen bereits fatale Folgen zu zeitigen vermag.

Alles Müller oder was? Jawohl. Alle Kommunikation über das Medium der Sprache, über Zeichengebung mit Worten, Bildern, Gesten, Verhalten, aktiviert natürlicherweise jene Strategien, die in der Propaganda und Werbung optimiert werden. Im Kern heißt das, die Zeichengebung muß geeignet sein, die Wahrnehmung anderer überhaupt zu erregen – Verstehen solange wie möglich zu initiieren und eine Reaktion anzuregen, die antizipierbar ist –, unter Berücksichtigung der Regeln, die in einer Gesellschaft etabliert sind. Das Gefüge dieser Regeln kennzeichnet die Kulturen der Gesellschaften in dem Maße, in dem ihre Mitglieder möglichst verläßlich im voraus damit rechnen können, wie die anderen auf Wahrnehmungsangebote reagieren und welche Aktionen auf das *Verstehen* folgen werden.

Für Werbeagenturen multinationaler Firmen ist es längst selbstverständlich, die spezifischen kulturellen Regeln ihrer Adressaten zu berücksichtigen; denn die gleichen Produkte werden in unterschiedlichen Kulturen auf sehr verschiedene Weise verstanden, also in sprachliche Zeichengebung umgewandelt. Dafür gelten spezifische Grenzwerte. Zum einen kann das limbische Regulativ nicht außer Kraft gesetzt werden, so sehr man auch die Ekel- oder Unlustschwelle erhöhen mag. Am Ende zu starker Manipulation der Lust-/Unlustschranke kommt doch der große Widerwille oder die gelangweilte Abwendung. Zum anderen darf sich das Verstehen als Verarbeitung eines konkreten Wahrnehmungsangebots nicht von seinem physischen Substrat, dem sprachlichen Körper, so weit entfernen, daß die Kommunikation leerläuft, wenn also Sprache und jedes versprachlichte Objekt seine Referenz verliert, sowohl Referenz auf das Bewußtsein der Individuen wie auf die soziale Kommunikation. Für die Werbung heißt das, sie wird kontraproduktiv, wenn sie ins mythologische Geschnatter übers Allgemeine verfällt, also den Geist der Geschichte oder die Liebe oder das Mitleid oder die Gerechtigkeit in jedem beliebigen Produkt zur Geltung gebracht sieht *(Wir wollen ja nichts anderes, als Sie glücklich machen)* oder sich selbst gar für die kommunikative Praxis hält (Werbung als Selbstzweck – als bloße Simulation von Kommunikation).

6. Er läuft und läuft und läuft – mach mal Pause

Vor Jahren versetzte Luhmann der Öffentlichkeit einen Schock mit seiner wohlbegründeten Behauptung, daß die Kommunikation als Leistung des sozialen Systems blind sei, nur auf ihre eigene Durchsetzung ausgerichtet, nicht steuerbar, nicht beherrschbar. Was uns bleibe, sei eben diesem Sachverhalt Rechnung zu tragen gegen alle euphorischen Annahmen, wir kommunizierten nach freiem Willen, der schließlich Berge versetzen könne. Mit Watzlawicks Diktum: Man kann nicht nichtkommunizieren, da auch die Exkommunikation Bestandteil der Kommunikation ist. Was wir bei einer angenommenen Steuerbarkeit der Kommunikation ausschließen, der Wirkung entheben wollten, bleibt als eben dieses Bestandteil der Kommunikation. Um es in Terms der alteuropäischen Dialektik zu sagen: auch das Inkommensurable bedingt als solches das Verstehbare und Hantierbare. In unserem Zusammenhang: Es ist nur eine Frage des Beobachterstandpunkts, zu sagen, Werbung führt für den Werbenden zum Erfolg oder für den Konkurrenten zum Mißerfolg. Die Kommunikation sichert genau diesen Zusammenhang, daß des einen Erfolg des anderen Mißerfolg ist. Dieser Sachverhalt wird als blinder Fleck der Selbstwahrnehmung durch die Kommunikation aufgehoben, oder volkstümlich, die Wirklichkeit sorgt schon dafür, daß die Bäume nicht in den Himmel wachsen.

Deswegen sind alle Annahmen über die unbegrenzte Manipulationsmacht der Werbung und machtpolitische Beherrschung der Kommunikation nur verführerische Verallgemeinerungen individueller Erfahrungen, aber mit Blick auf die soziale Kommunikation unzutreffend. Mit solchen bloß partiellen Erfahrungen rechnen diejenigen Mediengewaltigen, die ihren Herrschaftsanspruch mit einer behaupteten Allmacht der Medien rechtfertigen möchten. Daß man Medien beherrscht, heißt nicht, das individuelle Bewußtsein und die Kommunikation zu beherrschen. Das scheinen nun endlich die Werbetreibenden verstehen zu müssen, vor allem aber ihre Auftraggeber und ihre Adressaten. Ebensowenig wie man ein schlechtes Produkt durch Werbung qualitativ adeln kann, läßt sich durch Propaganda ein haltloses politisches Konzept zur eigenen Offenbarung stilisieren. Gerade Werbung und Propaganda in exzessiver Selbstüberschätzung einer Bewußtsein und Kommunikation beherrschenden Macht erledigen diesen Machtanspruch am schnellsten. Die Kommunikation läuft und läuft und läuft – pausenlos.

Der netten Aufforderung, mal Pause zu machen, kann man nur nachkommen, wenn man Wahrnehmung und Bewußtsein einstellt.

Er macht mal Pause ist ein schönes Trostwort des Pfarrers für die Hinterbliebenen; Werbung für die Akzeptanz des Todes.

7. Come together

Wenn soziale Kommunikation auf Bewußtsein angewiesen ist und wenn sie die Beziehung des Bewußtseins der Individuen aufeinander im Medium der sprachlichen Zeichengebung und der Zeichenverwendung ermöglicht, wird dabei ihr Erfolg davon abhängen, wie weitgehend die Erwartungshorizonte der Bewußtsein gerierenden Individuen übereinstimmen. Was zum Beispiel als Information bewertet werden kann, hängt davon ab, welchen Erwartungshorizont man hat.

Werbung als optimierende Strategie der Zeichengebung ist deshalb stets darauf ausgerichtet, die Erwartungshorizonte der Individuen nur insoweit anzusprechen, wie sie übereinstimmen. Kommunikation über Konflikte oder über provoziertes Mißverstehen oder über Neinsagen meidet sie. Die Beschränkung auf die Gemeinsamkeiten der Erwartungshorizonte engt den Spielraum von Werbung erheblich ein, macht sie aber andererseits so effektiv. Sie verstärkt mit jedem Erfolg die Übereinstimmung der Erwartungshorizonte – bis in ihnen nicht mehr die geforderte Anpassung an die veränderten Umwelten von Individuen geleistet werden kann und damit die Kopplung von sozialen und psychischen Systemen zerbricht. Daraus wird erklärbar, wieso gerade die *blöde* Werbung eine derart sprengende Kraft entwickeln konnte, vor der die Mauern brachen.

Garantiert Qualität

Die Geschichte der historischen Staatsorganisationen und des geregelten Handelswesens begleitet die Entwicklung von Markenwaren, welche mit einem Merkzeichen versehen sind, um einen bestimmten Hersteller und die damit verbundene Qualität zu identifizieren. Seit der Antike begegnen uns bereits offensichtliche Nachahmungen und plumpe Fälschungen von Markenwaren und ihren Zeichen.

Schon die Gesetzgebung des Hammurabi (1800 v. Chr.) bestraft die Fälschung von Herstellersiegeln, mit denen Warenbündel oder -pakete verschlossen waren, um die *echte* Ware davon zu unterscheiden. Die ältesten erhaltenen Warenzeichen sind Zeichen auf Eisenarbeiten, z. B. die Uräusschlange, der Dreizack oder das Rad, ohne daß sich dies heute mit bestimmten Schmiedewerkstätten verbinden ließe. Daneben treten Namen und Namenszeichen als Signaturen eines Meisters oder einer Werkstatt auf. *Kölner Klingen,* die wohl in Köln verkauft, aber im Bergischen Land hergestellt wurden, waren im Mittelalter und in der frühen Neuzeit erst in Europa und dann weltweit bekannte Markenwaren. Schwerter mit den Namenszügen Ulfberth, Ingelred oder Gizelin sind zuerst Namenssignaturen, dann in späteren Jahrhunderten Warennamen für Qualitätsstahl.

Über die Herstellung in Solingen wachten Zünfte, welche die Qualität der Stahlwaren mit bildhaften Zeichen verbanden. Hier entstanden erstmals berühmte Marken, die unabhängig von wechselnden Herstellern und den Zeitläuften lange existierten. Das Recht, sie zu führen, wurde verkauft und unter den Herstellern gehandelt. In Solingen entwickelten sich Gütezeichen im modernen Sinne, die in internationaler Konkurrenz standen. Toledo, Mailand, Passau zeichneten sich durch vergleichbare Qualitäten aus und gebrauchten ähnlich ihre Marken. 1765 und 1766 erläßt der Pfälzische Kurfürst Karl Theodor Vorschriften über die Neuordnung des Zeichenwesens mit der Anlegung von Markenregistern. *Dieses Kurfürstliche Fabrikzeichengesetz bildet das Rückgrat des ganzen Zeichenwesens der dortigen Gegend und ist somit – trotz der noch anhängenden zunftrechtlichen Bestimmungen – das erste Markengesetz, das den kapitalistischen Tendenzen innerhalb dieser ›Hausindustrie‹ und dem Fernabsatz Rechnung trägt* (Leitherer 1954, 62).

Bereits am Anfang des 19. Jahrhunderts wurde dies wie folgt formuliert: *Der Hauptbeweggrund, warum die hiesigen Fabriken den Vorzug vor jenen anderer Fabriken behaupten, ist die Zeichenverfassung, denn einige sorgen für gute Ware, damit das von ihren Voreltern ererbte und so lange Jahre in gutem Ruf gestandene Zeichen seinen Ruf beyhalte; andere nämlich diejenigen, welche neue Zeichen erfinden, sind auf gute Waare beflissen damit ihr Zeichen sich einen guten Ruf erwerbe, und Kundschaft verschaffe. Auch sind die Zeichen für die Ausländer sehr vorteilhaft, indem ein solcher ohne besondere Waarenkenntniß zu besitzen . . . er nach diesen altberühmten Zeichen bestellt* (Edler

Kat. Nr. 1.1.1

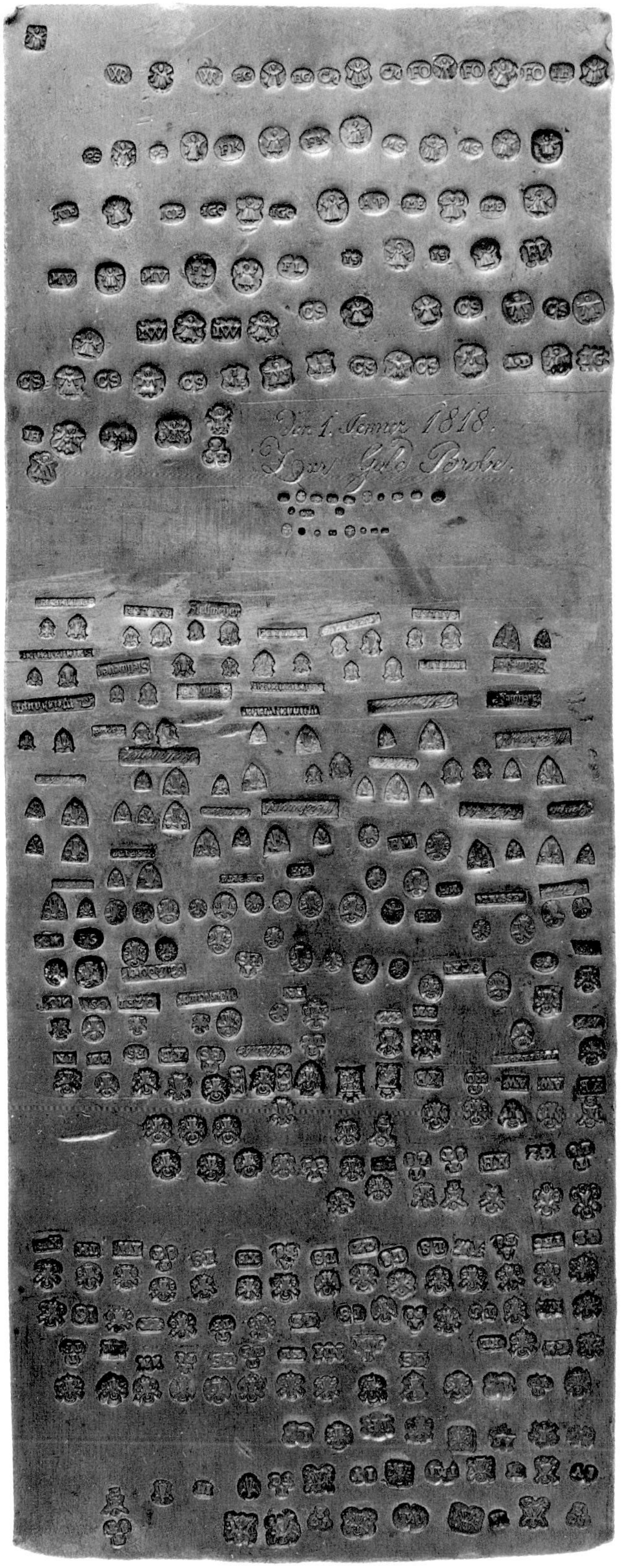

Kat. Nr. 1.1.13

von Daniels, Vollständige Abschilderung der Schwert- und Messer-Fabriken … in Sohlingen, Düsseldorf 1802).

Die *Wolfklingen* kamen vor 1340 in Passau vor. Das Passauer Stadtwappen – *der laufende Wolf* – kam aber auch an anderen hochwertigen Qualitätserzeugnissen als Marke der Stadt zur Verwendung. Solingen eignete sich das Zeichen dann 1401 an und verwendete es ebenfalls auf seinen Klingen, um von dem Renommee dieses Markenzeichens zu profitieren. Die Sächsische Schwertermarke – *die Kurschwerter* – war ebenfalls zuerst ein Klingenzeichen und wurde seit 1722 auf Porzellanen der Kurfürstlichen Manufaktur als Unterglasurzeichen aufgebracht. Diese berühmteste und erste Porzellanmarke erfuhr in der Folgezeit eine Reihe von Fälschungen, die gleich oder ähnlich auf Porzellanen zu finden waren. Vor allem Manufakturen im englischen Bristol, Chelsea, Coalport, Derby, Worcester und in thüringischen Fabriken wie Rauenstein, Volkstedt und Wallendorf produzierten Porzellane mit *Schwertermarken* massenweise und in Konkurrenz zu der teureren Ware aus Meißen.

Ein ähnlich bedeutender Marktführer war 50 Jahre später das klassizistische Geschirr von Wedgwood, welches internationale Verbreitung fand und in Europa und Nordamerika zu vielfältigen Nachahmungen auf allen Ebenen der Umsetzung führte: Markenfälschungen, Markennamenfälschungen, Formkopien und ähnliche Anmutungsfälschungen.

Zeichen wurden auf Fässern und anderen Warenverpackungen, auf Tabakpaketen, als Wasserzeichen auf Papier, von Druckern, auf nahezu allen Metallwaren, auf keramischen Erzeugnissen gebraucht und von den Zünften und der Obrigkeit kontrolliert. Dabei wird die verborgene innere Qualität des Materials und die handwerksgerechte Ausführung bezeugt und mit dem Wappen der Stadt und dem Zeichen des Meisters garantiert. Mainz und München besitzen Tafeln mit den hinterlegten Meisterzeichen und den Beschauzeichen der Silberschmiede, um die Gegenkontrolle der Marken zu ermöglichen. Ein Reichsgesetz von 1548 schreibt in ganz Deutschland sowohl Stadt- als auch Meisterzeichen vor. Es bestand nicht nur ein Zeichenrecht, eine Zeichenpflicht, sondern sogar Zeichenzwang, der als Kundenschutz verstanden wurde. Das Meisterzeichen kann Namensbuchstaben, eine Hausmarke oder ein sprechendes Bild für einen Namen, einen Rebus, zeigen. Zinn und Gelbguß hatten ähnliche Beschauzeichen wie Silber. Bei Textilien wurden wie schon in der römischen Antike Bleisiegel angehängt oder Stempel aufgedrückt, um das gewerbliche Erzeugnis zur Markenware zu machen. Auch Bildteppiche trugen Beschauzeichen. Verstöße gegen das Markenrecht wurden mit drakonischen Strafen, Beschlagnahmen und Zerstörung der Werkstatt bestraft. *Bresthafte* Stücke wurden zurückgezogen und mit deutlichen Zeichen für mindere Qualitäten versehen.

Die historischen Markenwaren sind Voraussetzung für alle Formen der Werbung; auch das Verschicken von gezeichneten oder gedruckten Warenkatalogen und das Inserieren eines Herstellers. Bei sämtlichen Produkten mit früher internationaler Verbreitung handelt es sich um Markenwaren, bei denen eine technische Neuerung, eine einprägsame Gestaltung und ein ausgeprägtes Signet miteinander verbunden waren. Als Beispiele dafür können sowohl die Waren aus Solingen und Sheffield, die Erzeugnisse der Firma Wedgwood, Thonet-Stühle, Singer- und Adler-Nähmaschinen gelten.

Hans Ottomeyer

Marken in der Antike

1.1.1 *Abb.*
Trinkbecher mit Marke des Töpfers
Fundort Lorenzberg bei Epfach,
Ldkr. Landsberg a. Lech
Töpferei des Chrysippus in Oberitalien
Erste Hälfte 1. Jahrhundert n. Chr.
Bez.: Über dem schuppenbedeckten Unterteil figürlicher Fries mit Signatur
CHRYSIPPVS
Terra Sigillata, Formschüsselware,
H. 10 cm, D. 6,2 cm
Lit.: Garbsch 1982, 40, Nr. B 35 mit Abb.
München, Prähistorische Staatssammlung
1985, 1516

Terra Sigillata (gesiegelte Ware) war eine fast industriell hergestellte Keramikgattung der römischen Antike. In die noch lederharte Formschüssel wurde mit Punzen die gewünschte Dekoration negativ eingestempelt, dazu oft der Name des Töpfers oder Formherstellers, dann wurde die Form gebrannt. Die meisten Stücke der hochwertigen Keramik sind mit dem Namen der Hersteller gekennzeichnet, um die Qualität hervorzuheben. J. G.

1.1.2
Bilderschüssel mit Marken des Töpfers und des Ausformers.
Fundort Westerndorf St. Peter, Stadt Rosenheim
Töpferei des Comitalis von Westerndorf
St. Peter. Letztes Drittel 2. Jahrhundert n. Chr.
Bez. u. Stempel: CSS ER und CSS MAIANVS
Terra Sigillata, Formschüsselware
(Form Dragendorff 37),
H. 13,6 cm, D. 23 cm (teilweise ergänzt)
Lit.: Garbsch 1982, 78 Nr. H 11
München, Prähistorische Staatssammlung
1041.26 + 39

Stempel CSSR ER des Formschüsseltöpfers Erotus im Bildfeld und des Ausformers CSS MAIANVS auf dem glatten, beim Ausdrehen aus der Formschüssel hochgezogenen Rand. J. G.

1.1.3
Doppelhenkelkanne mit Marke des nordafrikanischen Töpfers Navigius
Nordafrika 4. Jahrhundert n. Chr.
Bez. auf der Schulter:
EX (O FiCIna / NAIGIVS
Terra Sigillata, aus mehrteiliger Form,
H. 26 cm, D. 6 cm
Lit.: Garbsch 1982, 99 Nr. N 26 mit
Farbtaf. S. 16
München, Prähistorische Staatssammlung
1977, 1000

1.1.4
Stempel für Salbenpackungen des römischen Augenarztes Quintus Pompeius Graecinus
Fundort Regensburg 2./3. Jahrhundert n. Chr.
Quadratischer Stempel aus Speckstein
(Steatit)
Seitenlänge 5,5 x 5,5 cm
Lit.: Voinot, J., Inventaire des cachets d'oculistes galloromain. Conférences Lyonnaises d'Ophthalmologie 150, Lyon 1981/2, 293, Nr. 145
München, Prähistorische Staatssammlung
1972, 572 (Nachbildung; Original
Museum der Stadt Regensburg)

Die Augenheilkunde der Römerzeit ist u. a. durch etwa 300 quadratische Specksteinplatten zum Stempeln selbst hergestellter Augensalben belegt. Die Stempel nennen nicht nur die Namen von rund 250 Augenärzten, sondern jeweils auch ihre wichtigsten Salben. Möglich wäre jedoch auch, daß die Augenärzte nur Quacksalber waren, die mit Stempeln und Rezepturen berühmter Kollegen herumreisten, wobei der Name die Qualität der Salben garantierte. J. G.

1.1.5
Etuibeschlag
Fundort Igling, Ldkr. Landsberg a. Lech
Gemellianus
Baden/Schweiz Ende 2., Anfang 3. Jahrhundert n. Chr.
Bez.: AQVIS HELveticis /
GEMELLIANVS Fecit
Bronze, Durchbrucharbeit, 11 cm (Nachbildung)
Lit.: Berger, L., Die Thekenbeschläge des Gemellianus von Baden – Aquae Helveticae und verwandte Beschläge. In: M. Hartmann (Hrsg.), Handel und Handwerk im römischen Baden, Baden/Schweiz 1983, 13 ff.
München, Prähistorische Staatssammlung
1990, 3503

Ein römischer Kurort, der auch für Süddeutschland eine Rolle spielte, war Baden in der Schweiz (AQUAE HELVETICAE). Dort fertigte ein gewisser Gemellianus Messer-Etuis, deren Metallbeschlag in ›sprechender‹ Durchbruchtechnik Produktionsort und Produzent nannte. Da es eine Reihe ähnlicher Beschläge ohne den Namenszug des Gemellianus gibt, kann man eine römerzeitliche Produktpiraterie wenn nicht nachweisen, so doch wahrscheinlich machen. J. G.

1.1.6
Etikett einer Mantel-Lieferung des Schneiders Armanus
Fundort Auerberg, Gde. Bernbeuren,
Ldkr. Weilheim-Schongau
Erste Hälfte 1. Jahrhundert n. Chr.
Blei, Text eingeritzt, 1,7 x 4 cm
Lit.: Egger, E., Bleietiketten aus dem rätischen Alpenvorland. Österr. Jahresh. 46, Wien 1966, 191 ff. Abb. 118 – Fischer, Th., Die Gußform eines Thekenbeschlags aus Pocking, Ldkr. Passau, Germania 71, Mainz 1993
München, Prähistorische Staatssammlung
1906, 404

Das Etikett eines Schneiders mit dem keltischen Namen Armanus hing einst an einer Lieferung von sieben weißen Mänteln. Eine Seite nennt Stückzahl und Inhalt MA(NTVS AL)VAS / R(I)PE(S)IAS VII (7 weiße Mäntel aus Ripa), die Rückseite ARMANVS / (... IIF)VS(CI) (Armanus, Sklave des ...us Fuscus), gefolgt von der Lohnangabe in Denaren. Auch Etiketten aus Bregenz und Kempten geben stets den Namen des meist unfreien Schneiders und seines Herrn, eines römischen Bürgers, an. Die Etiketten werden als ›Lieferscheine‹ an

das Militär und Großabnehmer gedeutet und gehören zu den ältesten handgeschriebenen Dokumenten des Alpenvorlandes.
J. G.

Markenwesen der Neuzeit

1.1.7

Beil mit Schmiedemarke an der Unterseite
Fundort: Bischofsgrün, Ldkr. Bayreuth
Frühe Neuzeit
Eisen, L. 25 cm
München, Prähistorische Staatssammlung 1950, 96

1.1.8

Wolfsklinge an einem Bihänder
Passau um 1500
Bez.: Wolfsmarke (geprägt), HP, 57
Stahl, Leder, Messing, tauschiert,
L. 186,5 cm (Klinge 133,3 cm), B. 54,4 cm
Lit.: Wurster u. a., Weißes Gold. Passau – Vom Reichtum einer Stadt, Passau 1995, Kat. Nr. 91
Passau, Oberhausmuseum 7311

Die Passauer Wolfsmarke bezeichnet Klingen von Schmieden, welche Eisen aus der Oberpfalz verarbeiteten und darin hohe Qualität erzeugten. Sie wurden nach England, Italien, Spanien exportiert. Es kommt zu früher Markenpiraterie mit anderen Waffenschmieden, die sich die Wolfsmarke kopierend aneignen und auf ihren Produkten verwenden. Solinger Werkstätten kopieren die Wolfsmarke und erhalten darauf wieder eigenen Markenschutz.
H. O.

1.1.9

Schmelztiegel mit der Wolfsmarke
Passau 16. Jahrhundert
Bez.: Wolfsmarke und T
Graphit, Ton, H. 13 cm
Lit.: Wurster u. a., Weißes Gold. Passau – Vom Reichtum einer Stadt, Passau 1995, Kat. Nr. 94
Passau, Museum für Moderne Kunst

Der Wolf im Passauer Stadtwappen wurde nicht nur auf Stahlwaren, sondern auch auf Hafnerware gebrannt, um Herkunftsort und Qualitätsmerkmal miteinander sinnfällig zu verbinden.
H. O.

1.1.10

Richtschwert mit Klingenmarke ›Königskopf‹
Johannes Wundes (tätig 1506–1610)
Solingen um 1600
Bez.: 2 x ›JOHANNES WUNDES‹ und Königskopf, Inschrift: * VIM + VEIRE * PELERE + LICIT, eintauschiert in Messing sind Galgen und Rad
Stahl, tauschiert, schwarzer Samt, Messingdraht, 116,5 x 29 x 5 cm (Klingenlänge 85,8 cm)
Lit.: Weyersberg, Albert, Solinger Schwertschmiede des 16. u. 17. Jahrhunderts und ihre Erzeugnisse, Solingen 1927, 57, 61–2
Münchner Stadtmuseum Z 126

Die Klingenschmiede in Solingen verfügten über Marken, die neben dem Namenszug für die Qualität des Stahls garantierten. Das Recht, Marken zu führen, wurde vererbt und gekauft. Der Königskopf war eine berühmte Solinger Marke, die von der Familie Wundes geführt wurde. Am Stammhaus in Solingen stand: ›DER KONIGSKOP MEIN WAPEN IS DAS MIR GANTZ VIEL MISGUND IST … IW 1607‹, was auf die Markenfälschungen verweist. 1774 wurde das Zeichen von der Familie verkauft.
H. O.

1.1.11

Gardehelm mit Meister- und Stadtwappenmarke
Hans Michel
Nürnberg um 1570–80
Bez.: Schlagstempel HM und Nürnberger Wappen
Stahl, geätzt, Messingnieten und Rosetten, H. 34 cm, B. 22 cm, L. 37 cm
Lit.: Wackernagel, Rudolf, Das Münchner Zeughaus, München–Zürich 1983, 140, Abb. 41 c u. 187
Münchner Stadtmuseum Z 630

Der repräsentative Helm gehörte zur Ausstattung der Trabantengarde des Herzogs von Bayern. Die Arbeit wird durch die Plattnermarke als Arbeit des Meisters Hans Michel ausgewiesen, der – wie in Nürnberg üblich – mit einem Schlagstempel in Schildform mit den Initialen über einem Kopf zeichnet. Rüstungen, welche in Köln, Landshut, Nürnberg und Augsburg hergestellt wurden, kamen in ganz Europa auf die Märkte. Wie bei anderen Metallarbeiten garantierten die zur Meistermarke gesetzten Stadtwappenmarken die Qualität des Materials und der handwerklichen Ausführung.
H. O.

1.1.12

Schraubflasche
Johann Ferdinand Renz
(Meister 1699, gest. 1742 München)
München um 1722
Zinn, gegossen, graviert, geflechelt,
H. 23,3 cm, D. 13 cm
Lit.: Vgl. Hintze, Erwin, Die deutschen Zinngießer und ihre Meistermarken, Bd. VI., Nr. 540–544, bes. 543
Münchner Stadtmuseum XI b/381

Die Schraubflasche zeigt auf dem Deckel besonders deutlich das Münchner Beschauzeichen mit dem *Münchner Kindl* und die Meistermarke.
N. G.

1.1.13 *Abb.*

Markentafel der Münchner Goldschmiede
München, Marken von ca. 1650 bis 1868
Kupfer, 23,5 x 9,4 cm
Lit.: Klein, Matthias, Eine Markentafel der Münchner Goldschmiede, in: Jahrbuch des Zentralinstituts für Kunstgeschichte, Bd. V/VI., München 1989/90, 351–377
Münchner Stadtmuseum XIII/184

Die Kupferplatte enthält 427 Markenstempelabdrücke sowie Meistermarken als auch Marken der Städtischen Beschau, Prüfzeichen für den Edelmetallgehalt. Sie reichen zeitlich bis 1868, dem Jahr der Einführung der vollständigen Gewerbefreiheit.
N. G.

1.1.14
Salzschälchen
Anton Weißhaupt
(Hauerz 1777–1832 München)
München 1824
Bez.: Münchner Beschau 24, Meistermarke WEISSHAUPT
Silber, getrieben, gegossen, innen vergoldet, H. 7,7 cm
Lit.: Klein, Matthias, Münchner Goldschmiedekunst, München 1993, 85, Kat. Nr. 63
Münchner Stadtmuseum 30/1707

Aus den einfachen Initialen hatte sich die Gestaltung des Meisterzeichens zur Darstellung des ausgeschriebenen Nachnamens entwickelt. Ein Vorgang, der in der 1. Hälfte des 19. Jahrhunderts häufig zu belegen ist und die Hervorhebung des Betriebs gegenüber der noch zünftischen Bindung zum Hintergrund hat. N. G.

1.1.15
Meißner Tasse mit Schwertermarke
Porzellanmanufaktur Meißen
Meißen um 1780
Bez.: Sog. Marcolinimarke in Unterglasurblau
Porzellan, Aufglasurmalerei,
Tasse: H. 4 cm, D. 7,2 cm,
Untertasse: H. 2,7 cm, D. 12,6 cm
Münchner Stadtmuseum XII/166/31

Nach Rückert (AK Meißener Porzellan, München 1966, 38) ist die sog. Marcolinimarke nicht als alleinverbindliches Fabrikzeichen der Meißner Manufaktur in der Zeit ihrer Leitung durch den Grafen Camillo Marcolini (1774–1814) anzusehen. Die Marke zeigt unter den Meißner Schwertern einen Stern. N. G.

1.1.16
Tasse mit Aufschrift ›Der Hausfrau‹
Volkstedt/Thüringen (?) um 1900
Bez.: Nachahmung der Meißner Schwertermarke
Porzellan, Goldmalerei, H. 7,6 cm
Lit.: Zum Problem der Nachahmung der Meißner Schwertermarke vgl. Neuwirth 1977, 84–103 – Zühlsdorff, D., Markenlexikon, Bd. 1, 1885–1935, Stuttgart 1988, 302 (1.8.6.)
Münchner Stadtmuseum 48/253

Schon im 18. Jahrhundert war die Meißner Schwertermarke von verschiedenen Fabriken nachgeahmt worden. Den Versuchen der bewußten Täuschung wurden, vor allem auf Betreiben des Kurfürsten von Sachsen, durch obrigkeitliche Verfügungen rasch ein Ende gesetzt. An diese Tradition knüpfte das ausgehende 19. Jahrhundert an, als eine große Zahl deutscher und ausländischer Firmen ihre Produkte mit gekreuzten Symbolen kennzeichneten, die mehr oder weniger stark an die Meißner Kurschwerter erinnern sollten. Die Meißner Manufaktur legte mit Berufung auf den Warenzeichenschutz Beschwerde gegen allzu deutliche Ähnlichkeiten ein. 1894 ließ die in diesem Jahr gegründete Porzellanfabrik Richard Eckert in Volkstedt eine Schwertermarke mit verschiedenen Zusätzen beim Amtsgericht Rudolstadt eintragen. N. G.

1.1.17
Damenschuh mit nachgeahmter Schwertermarke
Um 1885
Bez.: Nachahmung der Meißner Schwertermarke in Unterglasurblau
Porzellan, Aufglasurmalerei, H. 7,5 cm, D. 18,5 cm
Lit.: Zur Marke E. Teichert: Röntgen, R. E., Die Nachahmungen und Verfälschungen der Meißner Blaumarke. In: AK Meißener Blaumalerei aus drei Jahrhunderten, Hamburg 1989
Münchner Stadtmuseum XII/166/27

Der Porzellanschuh zeigt eine der vielfältigen bewußten Anlehnungen an die Meißner Schwertermarke. Eventuell ist es die Marke der ebenfalls in Meißen ansässigen Ofen- und Porzellanfabrik Ernst Teichert. Um eine möglichst große Ähnlichkeit mit der Meißner Schwertermarke zu erzielen, wurden die gekreuzten Initialen ET stark in die Länge gedehnt. Auf Betreiben der Königlichen Porzellanmanufaktur Meißen erklärte sich die Firma Teichert (gegr. 1884) 1888 bereit, die Marke aus dem Warenzeichenregister streichen zu lassen. N. G.

1.1.18
Konfektteller der Manufaktur Wedgwood
Manufaktur Wedgwood
Barleston um 1800
Bez.: WEDGWOOD
Steingut, D. 23,5 cm
Lit.: Mankowitz, W., Wedgwood, Wixton 1992
München, Privatsammlung

Das Steingut aus der Produktion des Kunsttöpfers Josiah Wedgwood (1730–1795) und des Kaufmanns Thomas Bentley (1730–1780) wurde in der 1769 gegründeten Manufaktur und Werkssiedlung Etruria in Barleston produziert und weltweit durch gedruckte Anzeigen und Kataloge vermarktet. Der erste erschien 1773. Darüber hinaus bediente Wedgwood seine Großkunden und Zwischenhändler mit Ansichtssendungen. *Wedgwood* war Porzellanersatz, erwarb aber durch seine antikisierende Formgebung den Charakter einer Markenware. In London bestand seit 1766 ein Musterlager mit Geschäftsräumen in der Greek Street. Die *creamware* war eine verbreitete und oft kopierte Markenware, die sich durch eine widerstandsfähige bleihaltige Glasur auf einem elfenbeinfarbenen Scherben auszeichnet. Diese Art der Keramik entstand schon 1761 und blieb mit wenig geänderten Formen und Dekoren bis heute in Produktion. Der Stempel *Wedgwood* garantiert in wechselnden Ausprägungen die Authentizität der Ware, die häufig gefälscht wurde. Dann ist sie nicht gestempelt, oder es erscheinen Verballhornungen des Wortes Wedgwood oder eigene Fabrikbezeichnungen. H. O.

1.1.19
Wedgwood-Teekanne in Zylinderform
Manufaktur Wedgwood
Barleston 1864
Bez.: WEDGWOOD, S
Steingut, 11 x 21 cm
München, Privatsammlung

1.1.20
Konfektteller der Manufaktur Schäftlarn
Manufaktur Schäftlarn
Schäftlarn um 1820
Bez.: Schäftl. 3
Steingut, D. 22 cm
Lit.: Ottomeyer, H. (Hrsg.), Biedermeiers Glück und Ende, München 1987
München, Privatsammlung

1.1.21
Konfektdose mit Wedgwoodimitation
Steingutmanufaktur Laim
München/Laim um 1820
Bez.: Blindstempel: Fab. Laim
Steingut, cremefarbene Glasur, 9 x 14,5 x 8,5 cm
Lit.: Ottomeyer, H. (Hrsg.), Biedermeiers Glück und Ende, München 1987, 392, Nr. 4.12.4
Münchner Stadtmuseum 29/1035

1.1.22
Degen als Geschenk der Handwerksvögte an den Landesherrn
Solingen wohl 1747
Bez. auf der Klinge: Unter Carl Theodor / Es komt Solingen empor / Vivat Carl Theodor / Vivat Elisabeth Augus:
Stahl, geätzt, vergoldet, L. 95,3 cm
Lit.: Haedeke, Hanns Ulrich, Menschen und Klingen. Geschichte und Geschichten, Solingen 1994, 140
München, Bayerisches Nationalmuseum W 2705

1.1.23
Klinge als Geschenk an den Landesherrn
24. März 1767
Bez.: Marti / Des Landesfürsten Regiment / Schütz die Fabric bis an das End
Stahl, geätzt, gebläut, vergoldet, L. 98 cm
Lit.: Haedeke, Hanns Ulrich, Menschen und Klingen. Geschichte und Geschichten, Solingen 1994, 140
München, Bayerisches Nationalmuseum W 2693

Anläßlich des zweiten Besuchs Carl Theodors in Solingen wurden die traditionellen Privilegien und Vorrechte der Manufakturstadt bestätigt: ... *unsere uhralte privilegien gnädigst von Ihro Churfl. Durchl. ratificieren lassen* ... Die *Handwerksbrüder* waren in Zünften organisiert, die die hohe handwerkliche Qualität ihrer *Markenartikel* überprüften und garantierten. H. O.

1.1.24
Solinger Tafelbesteck
Johann Gottfried und Johann Abraham Katterberg
Solingen wohl 1774
Bez.: Traubenmarke
Stahl, Ebenholz, H. 22 cm
Lit.: Schlesinger, Erika, Solinger Handwerkszeichen, Duisburg 1978 und 1992
München, Bayerische Schlösserverwaltung SK 3845–50,-72–7

Das auf der Messerklinge eingeschlagene Handwerkszeichen bezeichnet die Arbeiten einer bestimmten Solinger Werkstätte. Diese Marken wurden als Gütesiegel geführt und von Generation zu Generation vererbt. In Solingen konnten die Handwerkszeichen auch veräußert werden und so an einen anderen Werkstattinhaber gelangen. Das Besteck einer alten Serie von ehemals 24 Teilen gilt als ein Geschenk der Zünfte an Kurfürst Karl Theodor bei seinem Besuch 1774 in der Handwerksstadt. H. O.

1.1.25
Musterbuch der Firma
Bernhard Hasenclever & Söhne Remscheid
Um 1830
Leder, 44,5 x 30,5 cm
Lit.: Adolf Hasenclever, Josua Hasenclever in: Rheinisch-Westfälische Wirtschaftsbiographien. Bd. 1, Münster 1932, 373–391 – AK Mein Feld ist die Welt. Musterbücher und Kataloge 1784–1914, 197, 11
Remscheid, Deutsches Werkstattmuseum und Heimatmuseum W9/V7/1

Die Zeichen IBH & S verweisen auf die Fa. Johann Bernhard Hasenclever & Söhne. Seit dem 17. Jahrhundert lieferte die Firma Eisen und Stahl nach Holland, Frankreich und Spanien. Ab 1800 auch nach Nord- und Südamerika. Obwohl das Musterbuch undatiert ist, läßt sich aufgrund der Maßangaben vermuten, daß es im europäischen Markt eingesetzt wurde.

1.1.26
Thonet-Stuhl Nr. 14
Entwurf Michael Thonet Firma Thonet
Bistritz um 1910
Bez. Etikett: T-Marke; Prägestempel: THONET – Austria 11
Bugholz (Buche), nußbaumfarbig gebeizt, Peddigrohrgeflecht, Eisenschrauben, 88,5 x 40,5 x 53,5 cm
Lit.: Vegesack, Alexander von, L'Industrie Thonet. Les Dossiers du Musée D'Orsay, Paris 1986, Kat. Nr. 22
Frankenberg, Werksarchiv Gebrüder Thonet

Das Möbel war eines der erfolgreichsten Markenprodukte des 19. Jahrhunderts, der *Thonet-Stuhl* schlechthin. Er konnte aus nur sechs festen Teilen mit zehn Schrauben montiert werden. Seine Leichtigkeit, einfachste Konstruktion, rasche Montage und platzsparender Transport machten den Stuhl überaus geeignet für Massenproduktion und Transport. In 150 Jahren erreichte er eine Auflage von 50 Millionen Exemplaren. Der aufgrund der industriellen Fertigung preiswerte Markenartikel verschaffte dem Konsumenten einen hohen Gebrauchswert bei günstigem Preis. 1869 lief Thonets Patent nach 13 Jahren aus. An seinen Methoden und Erfolgen partizipierten andere Hersteller von Bugholzmöbeln, so Georg B. Poschinger um 1890 und unzählige Kopisten, die den Typ 14 bis heute in Kopien herstellen. H. O.

1.1.27
Tabakdose
Manufaktur Villeroy & Boch
Mettlach nach 1852
Steinzeug mit Dekor aus verschieden gefärbten Massen, teilweise Platinauflage, H. 19 cm, D. 15 cm
Münchner Stadtmuseum, K 87/67

Die Unterseite weist die von 1852–1872 verwendete, aufgelegte Kartuschennummer

(116) der Mettlacher Erzeugnisse auf, die auch die ligierten Firmeninitialen VB zeigt.
N. G.

1.1.28
Walzenkrug mit dem Wappen der Familie Straub
Manufaktur Villeroy & Boch,
Bemalung: Hannes & Wieninger
Mettlach/München
Krug nach 1893, Malerei nach 1905
Bez. Stempel: Villeroy & Boch,
Hannes & Wieninger, Preßmarke 5013
Fayence, Zinnglasur, Muffelfarben,
H. 26 cm
Lit.: Post, Anton, Mettlacher Steinzeug 1885–1905, Saarwellingen 1976, 291 u. 298
Münchner Stadtmuseum 58/61 a

Der Krug trägt die verschiedenfarbigen Stempel der Herstellerfirmen sowohl der keramischen Produktion als auch der Malerei. In der Preisliste von Villeroy & Boch vom Dezember 1893 (Abbildungen der Altfränkischen & Delfter Artikel und verwandter Gegenstände aus der Steingutfabrik in Mettlach) wird der Krug als *Becher* mit dem Inhalt von 1 Liter aufgeführt.
N. G.

1.1.29 *Abb.*
Pot de chambre ›Louis XV‹
Utzschneider & Cie.
Sarreguemines um 1890
Steingut, Druck-Golddekor, H. 14,5 cm
Münchner Stadtmuseum 64/961/4

Die Unterseite zeigt eine große farbige Dekormarke, die stilistisch auf Form und Namen des insgesamt sechsteiligen Wasch- und Nachtgeschirrs anspielt.
N. G.

1.1.30
Selterswasserflasche
Niederselters, Fundort: Schloß Wassertrudingen
1. Hälfte 19. Jahrhundert
Bez.: SEL(TERS)
Steingut, scheibengedreht, H. 27 cm
Lit.: Bauer, Ingolf, Wasser auf Reisen. Zum Mineralwasserversand, in: Große Welt reist ins Bad, München, Bonn, Passau 1980, 13–17
München, Prähistorische Staatssammlung 1988 2994 e

Der Mineralwasserversand erfolgte im ausgehenden 18. und 19. Jahrhundert in dikken Westerwälder Henkelflaschen. Insbesondere der Brunnen im hessischen Niederselters exportierte sein Heilwasser in alle deutschen Länder. 1832 wurden über drei Millionen Flaschen gefüllt und Selterswasser dadurch vielerorts zum Synonym für Mineralwasser. Leere Flaschen hat man vielerorts gefunden, auch in Bayern. Die Tongefäße sind mit einer Preßmarke mit dem Namen des Brenners bezeichnet und über einem Zubindeverschluß mit dem Nassauer Wappen versiegelt, um die Qualität des abgefüllten Wassers zu garantieren. Das belgische Spa und das französische Vichy exportierten ihre Mineralwässer auf ähnliche Weise. 1713 erließ der preußische König ein Edikt gegen Verfälschungen des Inhalts von Mineralwasserflaschen.
H. O.

Kat. Nr. 1.1.29

1.1.31
Walzengrammophon der Marke ›Edison Standard Phonograph‹
Orange, New Jersey/USA um 1910
Holz, Metall, Druckdekor,
60 x 40 x 60 cm
Starnberg, Privatsammlung

Mit Porträt, Signatur Edisons sowie patentrechtlichen Bestimmungen und Nummern, dazu zehn Walzen mit englischen und französischen Beschriftungen der Edison Werke.

1.1.32
Schallplatten Marke ›His Master's Voice‹
Um 1930–50
Schellack
Starnberg, Privatsammlung

Trade Mark mit ausführlichen patentrecht lichen Bestimmungen auf dem Etikett, das Copyright betreffend.

1.1.33
›Nipper‹, Werbefigur für ›His Master's Voice‹ Schallplatten
Nach einem Gemälde von Francis James Barraud (1856–1924)
USA um 1930
Steingut, polychrom bemalt,
40 x 30 x 20 cm
Lit.: Kellner/Lippert 1992, 155 f.
München, Privatsammlung

1.1.34
His Master's Voice, *Emailschild*
Um 1940
Blech, emailliert, 84 x 122 cm
Berlin, Deutsches Historisches Museum 1989/2565

1.1.35
Knabe mit hochgehaltenem Kreuzstern als Schutzmarke für Maggi
J. Dorls
Um 1905
Bez. auf der Plinthe: J. DORLS
Bronzeguß, 128 x 42 x 38 cm
Singen, Maggi

Die erste Designermarke

1.1.36 *Abb.*

L'HOHLWEIN ZIGARETTE,
Blechschachtel für 100 Zigaretten
Ludwig Hohlwein
(Wiesbaden 1874–1949 Berchtesgaden)
Vor 1920
Weißblech, bedruckt, geprägt,
3,5 x 15 x 10,6 cm
Beschriftung: MENES WIESBADEN
Lit.: Das Plakat, Sept. 1920, Abb. 425
München, Privatsammlung

Eine erste *Designermarke* entwickelte der Graphiker Ludwig Hohlwein, der über den großen Erfolg der von ihm gestalteten Warenverpackungen hinausging und es verstand, mit der Zigarettenfabrik Menes in Wiesbaden unter seinem Namen die *Hohlwein Zigarette* zu kreieren. Damit setzt er sich an die Spitze einer Markenstrategie, bei welcher der Entwerfer unter seinem Namen Produkte beim Hersteller lizensiert. Der Name des Entwerfers wird zum Signet.
H. O.

1.1.37

HOHLWEIN ZIGARETTE,
Blechschachtel für 25 Zigaretten
Ludwig Hohlwein
(Wiesbaden 1874–1949 Berchtesgaden)
Um 1920
Weißblech, bedruckt, geprägt,
1,7 x 7,5 x 10,1 cm
Beschriftung: MENES WIESBADEN
München, Privatsammlung

1.1.38 *Abb.*

L'HOHLWEIN ZIGARETTE,
Blechschachtel für 50 Zigaretten
Ludwig Hohlwein
(Wiesbaden 1874–1949 Berchtesgaden)
Um 1920
Weißblech, bedruckt, geprägt,
2,8 x 14,2 x 7,3 cm
Beschriftung: MENES WIESBADEN
Berlin, Deutsches Historisches Museum
AK 94/516 601

Kat. Nr. 1.1.38

1.1.39

HOHLWEIN ZIGARETTE,
Deckel einer Pappverpackung
Ludwig Hohlwein
(Wiesbaden 1874–1949 Berchtesgaden)
Um 1920
Pappe, geprägt, bedruckt, 7,5 x 14,5 cm
München, Privatsammlung

Kat. Nr. 1.1.36

Alexander Deichsel

Marke als schöne Gestalt – Vom Garantiezeichen zum Markenartikel

Wir Menschen sind von Dingen umgeben. Die Dinge in unserer Küche und auf unseren Tischen, in unseren Bücherschränken und in unseren Büros sind uns zweite Natur – in den Formen kultureller Gestalt. Nur wenige haben wir selbst hergestellt, die meisten sind gekauft. Ein aufmerksamer Blick zeigt uns: unsere wahre Umgebung besteht aus Waren.

Diese Waren sind nicht einfach Gegenstände. Sie stehen uns nicht nur entgegen, hinderlich und im Wege. Vielmehr scheinen sie selber tätig. *Der Mantel hat mich schon lange angemacht,* sagen die jungen Leute nach einem Stadtbummel, *nun habe ich ihn mir gekauft.* Die Dinge in unserer Wohnung räumen wir so lange hin und her, bis jedes an ›seinem‹ Platz steht. Waren sind nicht nur tote Objekte unseres Tuns und Daseins – sie sind auch lebendige Subjekte.

»Schläft ein Lied in allen Dingen,
die da träumen fort und fort,
und die Welt hebt an zu singen,
triffst du nur das Zauberwort.«

– die romantischen Verse des Freiherrn von Eichendorff gelten auch für die Waren. Auch sie sind geprägt vom Willen jener Menschen, die sie schufen. Eben deshalb pilgern wir nicht nur in schöne Schlösser und beten in schönen Kirchen. Wir suchen auch Wochen hindurch nach der passenden Lampe und komponieren an und in unseren vier Wänden so lange herum, bis wir sie schön finden.

Offensichtlich haben Waren zweierlei Gesichter. Eines zeigt die kühlen Augen der Funktionsbestimmung, das andere strahlt Würde oder Häßlichkeit aus. Das eine erzählt von Leistung, das andere von Gestalthaftem. Das eine ist das Produkt, das andere die Marke. Als Produkt ist die Ware Objekt unseres Prüfens, wir sind der Souverän. Als Marke ist sie Teil eines Subjektes, das uns anzieht oder abstößt, wir sind die Hilflosen. So gibt es viele Waschmittel, aber nur *ein* Persil, viele Autos, aber nur *einmal* die Marke BMW, viele Kaffeesorten, aber ist Darboven nicht viel mehr? Wie kommt es zu solchen magischen Waren? Warum haben es die ›no names‹ nicht über Salz, Servietten und saure Sahne hinausgebracht? Und welche Rolle spielen dabei die Zeichen? Die Ausstellung soll den Schleier ein wenig lüften.

I. Marke statt Person oder: Vom Marktplatz zum Weltmarkt

Ein weitverbreiteter Austausch von Waren geschieht zwischen Vertrauten. Nicht nur im Geschenk praktizieren wir diesen dinglichen Umgang, auch im Tausch zwischen Freunden. Terminal-Programm gegen russische PC-Tastatur oder auch Fahrrad gegen Fußballschuhe – irgendwie haften die Tauschenden für die Dinge (oder soll man sagen an den Dingen). Vielfach aber herrschen solche Beziehungen auch auf dem Marktplatz. Die Wochenmärkte sind durch strenge personenbezogene Regeln strukturiert. Die Frau mit den Tomaten und Äpfeln steht ebenso immer wieder an derselben Ecke wie der Händler mit den Wollsocken und Schals. Das gekaufte Produkt erhält seine Garantie durch die Person. In weiten Teilen der Erde ist dies auch heute noch in viel umfangreicherem Maße der Fall.

Auf dem Marktplatz findet ein Kaufaustausch zwischen Personen statt, die sich kennen und also wissen, was sie voneinander zu halten haben. Zum Beispiel, daß die Waren, die man bei ihnen kauft, gut schmecken, lange halten und also ihr Geld wert sind. Das ortsfeste

Dauergeschäft ist an eine Person geknüpft. Das Renommee einer Gastwirtschaft oder eines Tischlers besteht im leistungsfähigen Produkt – aber das Produkt verbindet sich auch mit der örtlichen, leiblichen Gegenwart des Tischlers. Er bürgt dafür. Ist das Produkt nicht exzellent, ruiniert er seinen Ruf und damit seine Familie. Das ändert sich, wenn Waren sich von ihren Herstellern lösen und auf Reisen gehen. Die Ware wird entpersonalisiert. Ein Konsument hat jetzt nur das Produkt vor sich. Keine zusätzlichen Eindrücke erlauben ihm, eine Einschätzung über die Qualität zu treffen. Nichts vermag er über die Glaubwürdigkeit des Produzenten, erst recht nichts über dessen Liebe zum produzierten Gegenstand zu sagen. Wird es ihm durch einen Händler angeboten, überträgt er seine Suche nach ergänzenden Hinweisen auf Eigenschaften des Händlers.

Was dem unkundigen Konsumenten fehlt, wonach er sucht, muß nun auf andere Weise gebildet werden. Der Wunsch nach Vertrauen verlagert sich vom vertrauten Menschen auf öffentliches Vertrauen. Ein Jahrzehnte währender Aufbau. Wie soll ich seinem Puddingpulver trauen, wenn ich doch Herrn Dr. Oetker gar nicht kenne? Da die Vielfalt wächst und immer neue Produkte auf den Markt drängen, nimmt die Unkenntnis des Konsumenten zu – und also die Vertrauenssehnsucht. Woran soll er sich halten? An welches Produkt? Das Produkt bedarf der Prüfung. Hat der Konsument es aber im Supermarkt eilig, bleibt für ein Chemielabor keine Zeit. Also hält er sich an die Marke. Der gezielte Griff ins Regal beweist es.

Eine bedeutsame Erweiterung der personenbezogenen Garantie vor Ort findet also durch eine Vertrauensbasis anderer Art statt – die Marke. Sie lenkt allein durch ihre Gestaltkraft. Marke ordnet eine unverbundene Anzahl von Konsumenten zur Kundschaft wie der Magnet eine Anzahl von Eisenspänen zum Muster. Mögen sie durch einen Optiker in einer Kleinstadt nach Hunderten zählen oder nach Millionen auf dem Weltmarkt durch Coca-Cola. Brillen gibt's bei vielen und braune Brause erst recht. Die Wochenmärkte in unseren Städten zeigen allerdings, daß die Person als Marke nicht verlorengeht.

II. Zeichen und Markierungen
oder: Markenzeichen als Ordnungshilfe

Bei diesen Vorgängen spielen Zeichen eine wichtige Rolle. Auch wenn die Menschen sie längst vergessen haben, die Sprache hat sie bewahrt. Jene römischen Töpfer, die ihre Krüge mit dem Siegel ›sine cera‹ (ohne Wachs) kennzeichneten, garantierten dadurch, daß die Gefäße keine mit Wachs zugeschmierten Risse hatten – Arbeit ohne Fehl und Tadel. Im englischen Briefschluß ›yours sincerely‹ ist diese Aufrichtigkeit noch heute lebendig. Das Institut für Markentechnik in Genf hat das Signet als Zeichen seiner Selbstverpflichtung gewählt, und der deutsche Hans-Domizlaff-Preis für Markentechnik hat das Siegel zum Preis gestaltet und 1995 der Beiersdorf AG, Hamburg, verliehen – für die Markenführung von tesa, Hansaplast und Nivea.

Das schmiedeeiserne Schild am Gasthaus ist noch ganz mit der Person des Wirtes hinter der Theke verbunden, sei er nun Begründer oder Pächter. Die mittelalterlichen Schauzeichen der Zünfte waren in diesem Sinne Produktzeichen, welche die produzierende Gemeinschaft lokalisierbar machten. Das Warenzeichen auf einer Flasche Mouton Baron Philippe de Rothschild aus dem Bordeaux-Weinbaugebiet vermag das gleiche – nur eben einige tausend Meilen entfernt – auf einem Festbankett in Australien. Die Meisterzeichen lassen sich deutlich organischen Leibern und Personen zuordnen, die Warenzeichen gehören zu hyper-organischen Lebewesen, zu Vertrauenskörpern geistiger Art, mit der für sie charakteristischen Materialität. Diese sichtbar-unsichtbaren Körper erreichen ihre größte Wirkkraft, wenn sie Kundschaft gebildet haben. Britische Schiffe brachten vor etwa 200 Jahren jene Teemischung nach London, die ein chinesischer Mandarin zu Ehren seines teeliebenden Gastes auf dessen Namen taufte und die seitdem als Earl Grey einen Vertrauensraum aufbaute, der noch heute Millionen Teetrinker täglich bedenkenlos zu den kleinen Beuteln greifen läßt. Das Markenzeichen kündet von Personen – die aber längst nicht mehr am Leben sind. Doch ihr Geist, ihr gestaltender Wille, ihre Produkte garantieren noch heute den gleichen Vertrauenszusammenhang, den das Markenzeichen dokumentiert.

Im Verlauf der europäischen Wirtschaftsgeschichte nahm das Verschicken und Einkaufen von Waren an und von Fremden ständig zu. Wie sollte der Konsument sich da schützen? Vertrauenskörper mußten sich bilden – die Zünfte, die fürstlichen Landesherren förderten diese Prozesse, denn die Verantwortlichen wußten, daß die ›Marke‹ das eigentliche Wirtschaftsgut ist. Friedrich der Große beispielsweise erteilte am 29. Oktober 1764 den Stahl- und Eisen-Fabrikanten Gebr. Brand zu Schwelm das Recht zur exklusiven Verwendung ihres Zeichens *nämlich eine Sonne oder den Hercules alleine auf ihre Waaren zu schlagen,* indem er befahl, *die Nachschlagung dieses Brand'schen Zeichens durch ein verpoenalisirtes Proclama sofort gänzlich zu inhibieren.* Ein Warenzeichen konnte nun das Produkt einer Firma unterstützen: exklusiv und individuell, erkennbar und für die Kundschaft stimmig, denn Herkules und die Sonne sind mit der Herstellung und Verwendung von stählernen Produkten eindeutig in Verbindung zu bringen.

Eisenwerkzeuge waren sowohl in der Landwirtschaft als auch in der entstehenden Industrie von Wert. Graf Metternich-Winneburg charakterisiert das Wirtschaftsgut Marke trefflich in einem Brief an den Düsseldorfer Minister Graf Goltstein vom 15. 1. 1775 im Zusammenhang mit einem österreichischen Sensenzeichen. *Jede Fabrique [soll] ihre alt privilegirte Zeichen als ein eigenthümlich Capital betrachten,* schreibt er. Worin liegt die Eigentümlichkeit dieses Kapitals? Sie liegt nicht im Materialwert des Zeichens; nicht im Wert der Fabrikgebäude; auch stellen die Waren nicht diesen Wert dar. Der Wert ist tatsächlich eigentümlich: Er besteht im Vertrauen einer Kundschaft. Sie ist eine Sozialbatterie, die, im Laufe vieler Jahrzehnte aufgeladen, nun vom Unternehmer genutzt werden darf. Marken*bildung* ist ein schwieriges Tagesgeschäft, Marken*führung* erst recht.

III. Die Marke als Gestaltsystem oder: die Saugkraft eines Wirtschaftsgutes

Denn das Markenzeichen ist nur eine Paillette im Gestaltkleid einer Marke. Sind in einer Wirtschaft mit dem einladenden schmiedeeisernen Schild die Tische schmierig oder die Preise unangemessen hoch, braut sich aus diesen Unzulänglichkeiten ein für die Wirtschaft dieser Wirtschaft fatales Urteil zusammen. Das Renommee des Gasthauses wird Schaden nehmen, und die Enkel werden zu ihren Großeltern eines Tages sagen: *Der ›Goldene Hirsch‹ ist auch nicht mehr das, was er einst war.* Eine Marke leidet Schaden, weil in dem Vertrauenskörper Kundschaft Dissonanzen entstehen. Dann hilft auch kein schönes Markenzeichen mehr.

Grundlage für derartige Urteile innerhalb einer Kundschaft ist nicht nur ein argumentativer Zusammenhang allein. Die Qualität mag noch intakt sein, aber die Art, wie das Produkt angeboten wird, an welchem Ort es auftritt, welche Menschen es wie verwenden und wie der beschriftete Firmenwagen sich beim Einfädeln in den Autobahnverkehr benimmt – alles sind mögliche Anlässe für Resonanz-Irritationen im Kundschaftskörper. In ihm nämlich wird die Marke als Gestalt durch viele Urteile herbeikomponiert. Eine Marke sendet ununterbrochen Signale aus, die innerhalb des aufgebauten Resonanzkörpers Kundschaft entweder den vertrauten Akkord der Marke wieder zum Klingen bringen – oder nicht.

Das Warenzeichen hat durch seine symbolische Beweglichkeit das Vermögen, in Lebenszusammenhängen aufzutauchen, in denen das Produkt noch gar nicht erhältlich ist. Es hat aber auch die Eigenschaft, Versprechungen anzukündigen, die von anderen Komponenten des Markenleibes nicht gehalten werden. Insbesondere hat die Werbung mittlerweile das Übertreiben gelernt. Die Kunst der Markenwerbung besteht aber darin, der Marke und ihrem Stilgesetz insgesamt zu dienen. Förderliche Werbe-Kunst ist nicht der individuelle Ausdruck eines Agentur-Kreativen mit dem Selbstverständnis eines künstlerischen Genies im Sinne unserer Stürmer und Dränger. Eher gleicht sie den Beiträgen jener Meister der Bauhütten, die die Köpfe der Figuren an den Portalen der gotischen Dome gesteinmetzt und durch diesen anonymen Dienst die Gesamtgestalt des Domes gefördert haben. Nicht jede Marke ist ein Dom, aber auch als Gestaltkirchlein bedarf jeder der Gehorchenden. Ein Warenzeichen muß wahr sein. Erst dann freuen wir uns, wenn wir es wiedersehen. Weil: Unsere Lampe hat uns nie enttäuscht. Und bei der Suche nach dem nächsten Beleuchtungskörper suchen wir vielleicht zuerst den Schutz der vertrauten Marke – und also beim Händler nach dem Warenzeichen.

Friedrich Schiller als Markentechniker

Markengestalten finden sich in unserem Alltag ununterbrochen. Wenn wir auch auf der Baustelle Dortmunder Dosenbier trinken – zum Weihnachtsfest steht ein Kasten Jever im Keller. Sicherlich fahren wir den Golf von VW, wie sollten wir auch ein anderes Auto bezahlen, aber die Hochzeitsarrangeure haben Mercedes 600 oder Rolls Royce im Programm. Niemand zwingt uns zu derartigem Umgang – es ist allein die Gestaltkunst von Unternehmern und Unternehmungen, die derartige Markenlandschaften entstehen lassen. Wir gehen in ihnen umher und staunen. Oder sind betrübt, wenn hehre Marken verramscht werden. *Vom unternehmerischen Standpunkt ist kein schlimmerer wirtschaftlicher Fehlschlag denkbar als der mißglückte Versuch einer Markenartikelbildung,* schrieb Ludwig Erhard als Bundesminister für Wirtschaft 1953 im Vorwort zur Festschrift, die zum 50jährigen Jubiläum des Deutschen Markenverbandes erschien. Das Warenzeichen ist das wache, immer geöffnete Auge an solchen Wirtschaftsgestalten und von lebenswichtiger Bedeutung für das Ganze. Aber hält es auch jedem Blick stand?

Friedrich Schiller hat in seinen Briefen *Über die ästhetische Erziehung des Menschen* darüber angelegentlich nachgedacht. Sein ästhetischer Staat ist der Umgang miteinander in freiwilligem Gehorsam vor der würdigen Form. Während der Vernunftstaat durch das Raisonnement herrscht, Begründungen sucht und verlangt, wirkt sein ästhetischer Enkel durch das freie Spiel unserer Entscheidungen vor dem Schönen – oder Häßlichen. Im ersten regiert uns die Pflicht, im anderen unsere Neigung. In der Warenwelt gehören das Produkt und seine Nützlichkeit in die zwanghafte Kette physischer Abhängigkeiten. Glücklicherweise, denn was wäre ein Vorwerk-Kobold-Staubsauger ohne ebendiese. Die Marke aber wirkt durch ihre Gestalt. Gerade wenn uns im Kaufhaus die technische Äquivalenz der Produkte veranschaulicht wird, entsteigt sie als Aphrodite der Gischt der Erzeugnisse.

Freiheit zu geben durch Freiheit ist das Grundgesetz dieses Reiches, charakterisiert Schiller im letzten Brief das *eigenthümliche Capital* der schönen Gestalt. Wenn die Waschmaschinen technisch auf dem gleichen Stand sind – dann bitte eine Miele! Plötzlich entfaltet das Warenzeichen seine magische Kraft. Denn es ist die Maschine mit diesem unverwechselbaren Emblem, die uns der Verkäufer übermorgen ins Haus verspricht. Und die die junge Hausfrau der Mutter zeigt. *Fein, mein Kind,* sagt die alte Dame, *da hast du was Schönes gekauft.* Und Friedrich Schiller schmunzelt vom Olymp. *Im ästhetischen Staat ist alles, auch das dienende Werkzeug, ein freier Bürger, der mit dem edelsten gleiche Rechte hat, und der Verstand, der die duldende Masse unter seine Zwecke gewalttätig beugt, muß sie hier um ihre Bestimmung fragen.* Die Antwort auf diese Frage gab die junge Kundin durch ihren Kauf. *Miele, Miele, sagt die Tante, die alle Waschmaschinen kannte …* Deshalb ist die starke Marke der Wirtschaftspolis feste Burg. Und ihr Markenzeichen ein so wichtiges Signal.

Kat. Nr. 1.2.10

Ausgezeichnet!
Das System der Industrieausstellungen

Das Jahrhundert der Weltausstellungen, das Jahrhundert der Gegensätze. Im Juli 1862 reiste der russische Dichter Fjodor M. Dostojewski, 40jährig, zum ersten Mal in seinem Leben ins Ausland. Nach nahezu 10jähriger Verbannung in Sibirien war ihm erst 1859 die Rückkehr nach St. Petersburg erlaubt worden. Der Gegensatz der Erlebniswelt des von einem despotischen Regime ins *Totenhaus* verbannten Dichters aus einem Land, dem die bürgerliche städtische Mittelschicht weitgehend fehlte, und der kapitalistischen westeuropäischen Zivilisation, die ihren über Jahrzehnte prägenden Ausdruck in den Weltausstellungen fand, kann kaum größer gedacht werden. 1863 publizierte Dostojewski die Impressionen seiner Reise ins westliche Europa in der Schrift *Winterliche Aufzeichnungen über sommerliche Eindrücke.* Sein Blick war geschärft für die sozialen Gegensätze des viktorianischen London, das ihm mehr noch als Paris der Inbegriff des modernen Kapitalismus mit allen negativen Folgen erscheint: *Diese Tag und Nacht hastende und wie ein Meer unumfaßbare Stadt, dieses Gepfeif und Geheul der Maschinen, diese über den Häusern (und bald auch unter ihnen) hinjagenden Eisenbahnen, diese Dreistigkeit des Unternehmungsgeistes, diese scheinbare Unordnung, die im Grunde die bourgeoise Ordnung in höchster Entwicklung ist, diese vergiftete Themse, diese mit Kohlenstaub durchsetzte Luft, diese großartigen Squares und Parks, diese unheimlichen Stadtwinkel wie Whitechapel mit seiner halbnackten, wilden und hungrigen Bevölkerung, die City mit ihren Millionen und dem Welthandel, der Kristallpalast, die Weltausstellung ... Ja, die Ausstellung kann einen stutzig machen. Man spürt die furchtbare Kraft, die hier alle diese unzähligen Menschen zu einer einzigen Herde zusammengetrieben hat; man erkennt einen Riesengedanken; man fühlt, daß hier vielleicht etwas erreicht ist: ein Sieg, ein Triumph. Und eine Angst vor irgend etwas beginnt sich in einem zu erheben. Wie frei und unabhängig man auch sein mag, um irgend etwas überkommt einen doch Angst* (Dostojevskij 1992).

Wäre Dostojewski nur als Tourist nach London gekommen, wären ihm die treffend beschriebenen Widersprüche weit weniger schmerzlich ins Bewußtsein getreten. Für den durchschnittlichen Weltausstellungsbesucher waren es vornehmlich der *Sieg*, der *Triumph* der industriellen Welt und ihrer Möglichkeiten, das *erreichte Ideal*, die den Stellenwert der gigantischen Veranstaltung mit ihren 6,2 Millionen Besuchern, ihren 29.000 Ausstellern und ca. 80.000 Exponaten (Friebe 1983, 38) hinlänglich beschrieben. Der Begriff *Kristallpalast* war anscheinend bereits zum Synonym für die glänzende Ausstellungsarchitektur geworden. Es fällt so nicht ent-

Kat. Nr. 1.2.22

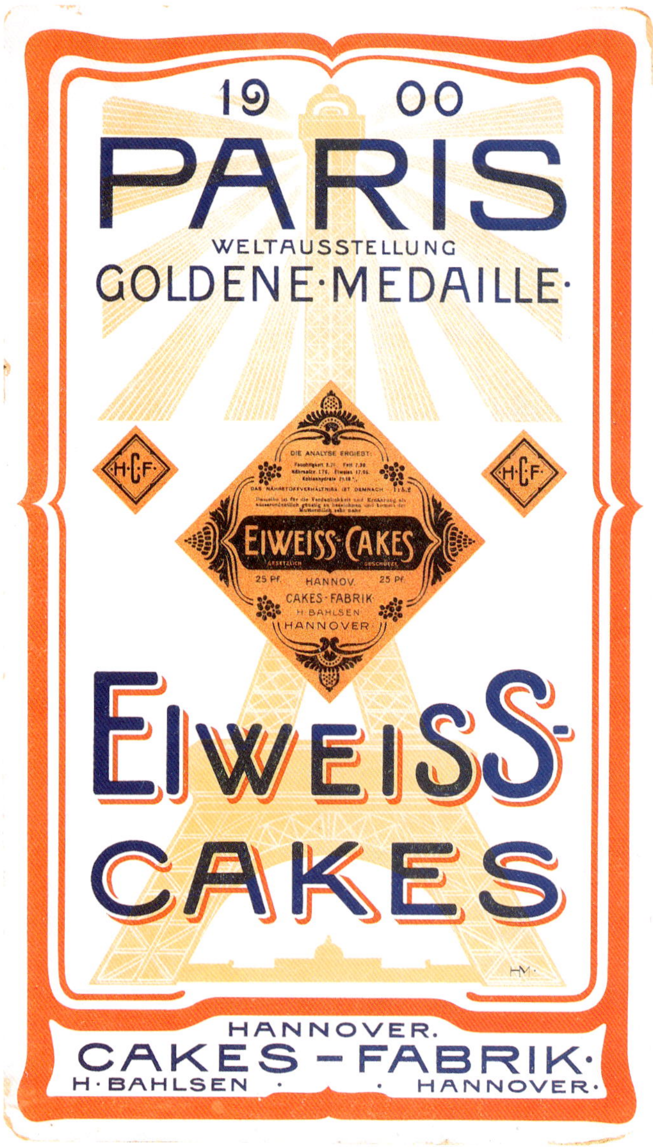

Kat. Nr. 1.2.14

scheidend ins Gewicht, daß dieser für die Weltausstellung 1851 nach Plänen von Joseph Paxton errichtete bahnbrechende Eisen- und Glaskonstruktionsbau 1862 nicht mehr als Ausstellungsgebäude diente und in etwas veränderter Gestalt 1852–54 nach Sydenham bei London transloziert worden war. Die Londoner Ausstellung war nach einem Zwischenspiel in New York 1852 und Napoleons III. Prestigeunternehmen 1855 in Paris die vierte ihrer Art. Bis Sevilla 1992 sollten 30 weitere folgen. Deutliche Zäsuren setzten die Weltkriege, Ausdruck der zerstörerischen Möglichkeiten der industrialisierten Welt und offener Ausbruch der Angst, die Dostojewski 1862 in diesem Ausmaß noch nicht empfinden konnte. Sie stellten den furchtbaren Kulminationspunkt jener nationalen Konkurrenzen dar, die auf den Weltausstellungen in scheinbar friedlichem Wettbewerb ihren Niederschlag gefunden hatten.

Trotz der Versuche, sie bis in unsere Gegenwart hinein fortzusetzen, waren die Weltausstellungen in ihrer prägenden Erscheinung doch unverkennbar Kinder des 19. Jahrhunderts und spiegelten vor allem die Widersprüche dieses Zeitalters und seiner Produktionsverhältnisse. Sie spiegelten sie, indem sie mit mächtigem Aufwand bestrebt waren, sie zu verdecken. Der universelle Anspruch, der sich in ihren opernhaften Inszenierungen ausdrückte, war zuvorderst der Anspruch der führenden Industrienationen – England, Frankreich, Deutschland, Österreich und die Vereinigten Staaten und deren Konkurrenz um die wirtschaftliche und politische Vorherrschaft –, der sich hinter dem friedlichen Wettstreit der Völker verbarg. Wo aber immer Wettstreit herrschte, blühte, und dies um so mehr im ordensverliebten 19. Jahrhundert, das Auszeichnungswesen von Prämierung, Urkunde und Medaille. So gesehen waren die Weltausstellungen nicht lediglich *Wallfahrtsstätten zum Fetisch Ware* (Walter Benjamin im Passagen-Werk nach Beutler 1973), sondern hatten auch die Funktion, diesen Fetisch durch Preise, Auszeichnungen und ehrenvolle Erwähnungen zu schmücken. Die Tendenz war steigend. Auf der Wiener Weltausstellung des Jahres 1873 wurden bereits 25.572 Medaillen vergeben: Verdienstmedaillen, Fortschrittsmedaillen, Kunstmedaillen und solche für den guten Geschmack (Roschitz 1989, 168). Damit wirkten die Weltausstellungen wieder zurück auf die inländischen Märkte der sie beschikkenden Nationen. Dort blühte ohnehin ein sich durchaus an den universellen Ereignissen orientierendes Ausstellungswesen, das andererseits in der Folge der Französischen Revolution (Erste Industrieausstellung 1798 auf dem Pariser Marsfeld) die Vorstufe zu den Weltausstellungen gewesen war; auf der Ebene einzelner Staaten und Regierungsbezirke, mit Fachausstellungen für Kunst und Gewerbe, für das Maschinenwesen, für Hygiene, für Kochkunst etc. Mit der Errichtung des Glaspalastes für die *Allgemeine Ausstellung deutscher Industrie- und Gewerbserzeugnisse* des Jahres 1854 knüpfte man in München unmittelbar an das Erscheinungsbild der ersten Weltausstellung in London an. 1876 und 1888 folgten hier bedeutende nationale Kunstgewerbeausstellungen. 1882, 1896 und 1906 fanden in Nürnberg die umfassenden bayerischen Landesausstellungen statt. Ähnlich wie bei den Weltausstellungen, deren Bedeutung nach 1900 abnahm – Höhepunkt Paris 1900 mit 50,8 Millionen Besuchern –, markierte hier die Ausstellung des Jahres 1896, nicht die des Jahres 1906 den Höhepunkt (Kerkhoff 1985, 245–52). Und auch diese Ausstellungen trugen durch ihr Prämierungswesen zum Prestige von Firmen, Technikern und Künstlern bei. Abbildungen und Erwähnungen der Auszeichnungen schmückten die Briefköpfe, Werbeblätter und Annoncen von Firmen und Werkstätten, mitunter in fast erdrückender Fülle. Das Verfahren konnte auch vereinfacht werden. Dann hieß es beispielsweise *Auszeichnungen von allen Ausstellungen* (Das Deutsche Kunstgewerbe ... 1893; 16). Das mochte so zutreffen oder nicht ganz. Die Leser verstanden, was gemeint war.

Neben diesen Auszeichnungen war es vor allem die Bezeichnung ›Hoflieferant‹, die zu einer Qualitätsmarke von enormer Werbewirksamkeit wurde. Die zahlreichen Fürstentümer und Königreiche erließen diesen Titel, mit dem sich gesellschaftlich harmonisierend die Verbindung der monarchischen Verfassungen mit der bürgerlichen Industrie- und Handelswelt herstellen ließ. Berühmte Markenhersteller führten mehrfache Hoflieferantentitel in ihren Reklameschriften, auf den Etiketten ihrer Warenverpackungen und den Aushängeschildern ihrer Läden. Damit war eine Form der Werbung entwickelt, die in ganz Europa Gültigkeit hatte. Im Prinzip war der bürokratische Vorgang sicher nicht grundsätzlich unterschieden von dem der Titelverleihung im Bayern der Prinzregentenzeit. Beim Kgl. Bayerischen Oberhofmeisterstab mußte das Gesuch auf Verleihung des Titels eingereicht werden. Geprüft wurden die Vermögensverhältnisse, der Leumund und selbstverständlich auch die Familienverhältnisse des Gesuchstellers. Ausschlaggebend waren wohl auch die Auszeichnungen, die eine Firma im jurierten Wettbewerb der Ausstellungen erhalten hatte. Der Hoftitel mit seinem Prestige und seiner Reklamewirkung erfreute sich über das Bestehen der Monarchien hinaus besonderer Beliebtheit. Bei Artikeln mit konservativem Anspruch hat sich die Werbung mit Hoflieferantentiteln und Medaillen bis heute erhalten, so bei Zigarren, Spirituosen, Marmeladen, englischen Zigaretten und Kölnisch Wasser. Diese Grundform der Werbung zeichnet althergebrachte Konsumartikel in besonderer Weise aus und wird zu einem Erkennungszeichen von Markenartikeln, die in einer über hundertjährigen Tradition stehen.

Norbert Götz

Kat. Nr. 1.2.15

Ausstellungen und Preismedaillen

1.2.1
Allegorie der Weltausstellung
in St. Louis 1904
Hans Christiansen
(Flensburg 1866–1947 Wiesbaden)
München 1904
Bez.: St. Louis 1904, HC
(monogrammiert)
Intarsienbild, Nußbaum, Mahagoni, Palisander und andere Hölzer, Messing, Perlmutt, furniert,
101 x 95,7 x 2 cm
Münchner Stadtmuseum M 88/03

1.2.2
Tafel mit Attrappen von Preismedaillen der Firma Maggi
Nach 1900
Holz, Druck, Papiermachéattrappen, vergoldet und versilbert, 85 x 112 cm
Text: 13 Deutsche Staatspreise
Singen, Maggi

1.2.3
Ausstellung Deutsche Industrie- und Gewerbserzeugnisse München 1854, *Preismedaille*
Carl Friedrich Voigt
(Berlin 1800–1874 Triest)
München 1854
Bez.: C. Voigt
Kupfer, geprägt, D. 68 mm
Text: MAXIMILIAN II. – KOENIG V. BAYERN AUSSTELLUNG DEUTSCHER INDUSTRIE- UND GEWERBS-ERZEUGNISSE IN MÜNCHEN / 1854
Lit.: Beierlein, J. P., Die Medaillen und Münzen des Gesamthauses Wittelsbach, München 1897, Bd. 1, Nr. 2853
Münchner Stadtmuseum alt: BS 1480, neu: 1982

1.2.4
Weltausstellung Wien 1873, *Goldmedaille*
Josef Tautenhayn d. Ä.
(Wien 1837–1911 Wien)
1873
Kupfer, geprägt, D. 70 mm
Text: FRANZ JOSEPH I., KAISER VON OESTERREICH, KOENIG VON BOEHMEN ETC., APOST. KOENIG VON UNGARN. * FÜR KUNST WELTAUSSTELLUNG 1873 / * Wien *
Lit.: AK 125 Jahre Bayerischer Kunstgewerbeverein, München 1976, Kat. Nr. 216 – Augustin 1986, Nr. 155
Münchner Stadtmuseum alt: 66/2731

1.2.5
Crystal Palace, London, *Silbermedaille*
George Gammon Adams (Staines 1821–1898 Acton Green Lodge, Chiswick)
(London?) 1878
Silber, geprägt, graviert, D. 64 mm
Text: ORNATUR – PROPRIIS – INDUSTRIA DONIS / AWARDED / BY THE / CRYSTAL PALACE C°. / FOR A PICTURE / ›SHEPHERD'S REST‹ / BY / O. GEBLER / 1878
Lit.: Augustin 1986, Nr. 3
Münchner Stadtmuseum alt: III f 29

1.2.6
Bayer. Landes-Industrie-Gewerbe- und Kunstausstellung Nürnberg, *Goldmedaille*
Johann Adam Ries
(Kulmbach 1813–1889 München)
1882
Gold, geprägt, graviert, D. 38 mm
Text: LUDWIG II. – KOENIG VON BAYERN / BAYERISCHE / LANDES-INDUSTRIE- / GEWERBE- U. KUNST- / AUSSTELLUNG / IN NÜRNBERG / 1882
Lit.: Beierlein, J. P., Die Medaillen und Münzen des Gesamthauses Wittelsbach, München 1897, Bd. 1, Nr. 2967
Münchner Stadtmuseum alt: 29/784, neu: 2126–1

1.2.7
Exposition Universelle, Paris, *Preismedaille*
Louis Alexandre Bottée
(Paris 1852– 1941 Paris)
Paris 1889
Kupfer, gegossen, D. 63 mm
Text: REPUBLIQUE FRANCAISE /[Paul Chevallier] EXPOSITION – UNIVERSELLE / 1889
Lit.: de Dompierre de Chanfepié, H. J., Les Medailles et Plaquettes Modernes, Harlem o. J., I, T. II, 10 – Augustin 1986, Nr. 326
Münchner Stadtmuseum alt: K 76/119

1.2.8 *Abb.*
World Columbian Exposition, *Preismedaille*
August Saint Gaudens (Dublin 1848–1907 Cornish, New Hampshire), Charles E. Barber (London 1840–1917 Philadelphia) / Scovill Manufacturing Company Waterbutty, Connecticut USA 1892
Kupfer, geprägt, D. 76 mm

Kat. Nr. 1.2.8

Text: CHRISTOPHER / COLVMBVS / OCT. XII / MCCCCXCII / WORLD'S · COLUMBIAN · EXPOSITION / IN · COMMEMORATION · OF · THE · / FOUR · HUNDREDTH · ANNIVERSARY / OF · THE · LANDING · OF · COLUMBUS / · MDCCCXCII · MDCCCXCIII. / To [G. HAUBERISSER]
Lit.: Augustin 1986, Nr. 359
Münchner Stadtmuseum alt: 66/2732 in Etui für Georg Hauberisser

1.2.9
Universal Exposition Saint Louis 1904, *Silbermedaille*
Adolph Alexander Weinmann (Karlsruhe 1870–1952 Port Chester/New York)
(New York?) USA 1904
Bez.: A. A. Weinmann
Bronze, versilbert, 67 x 67 mm
Text: VNIVERSAL · EXPOSITION · SAINT LOVIS · VNITED · STATES · OF · AMERICA / · MC . M . IV · / · SILVER · MEDAL · / · LOVISIANA · PVRCHASE · / · EXPOSITION ·
Lit.: Thiersch, Friedrich von, Architektur und Kunstgewerbe auf der Weltausstellung in St. Louis, in: Kunst und Handwerk 1904/05, 57 ff. – Augustin 1986, Nr. 622
Münchner Stadtmuseum M 94/9

Werbung mit der Preismedaille

1.2.10 *Abb. S. 28*
Chr. Adt. Kupferberg & Co, *Plakat*
Remscheid 1886
Lithographie, 30,5 x 25,5 cm
Text: Chr. Adt. Kupferberg & Co / Mainz / Deutscher Sect / Letzte / Auszeichnung / Amsterdam 1883. / Goldene Medaille
Remscheid, Historisches Zentrum, Abteilung Stadtarchiv

1.2.11
ZWEI=LÖWEN, *Dose für 50 g Tabak*
Um 1890
Weißblech, bedruckt, 2,3 x 12,8 x 7,5 cm
Text: ZWEI=LÖWEN / 50 GRAMM /

Kat. Nr. 1.2.25 Kat. Nr. 1.2.13

Bester Feinschnitttabak / für Pfeife oder Cigarette; Deckel: JOH. WILH. von EICHEN / Hamburg & Mülheim (Ruhr)
Berlin, Deutsches Historisches Museum
AK 94/516.593

1.2.12
FINEST GOLDEN BIRDSEYE TOBACCO, *Dose für 50 g Tabak*
Um 1900
Weißblech, bedruckt, 2,2 x 12,9 x 7,7 cm
Berlin, Deutsches Historisches Museum
AK 94/516.590

1.2.13 *Abb.*
HARRY TRÜLLER, ›Allzeit voran‹, *Keksdose*
Celle um 1900
Weißblech, bedruckt, 12,3 x 23,9 x 23,9 cm
Text: ZWIEBACK-, CAKES-, WAFFEL- U. BISCUIT-FABRIKEN / AUF ALLEN WELTAUSSTELLUNGEN GRAND PRIX UND GOLDENE MEDAILLEN
Berlin, Deutsches Historisches Museum
AK 94/51/6.588

1.2.14 *Abb. S. 30*
EIWEISS-CAKES, *Ladenplakat*
Heinrich Mittag
(Hannover 1859 – nach 1930)
1900
Bez. u. r.: HM (ligiert)
Lithographie auf Pappe, 49,5 x 29 cm
Text: 1900 / PARIS / WELTAUSSTELLUNG / GOLDENE MEDAILLE / EIWEISS-CAKES / HANNOVER / CAKES-FABRIK / H. BAHLSEN;
[Die Raute in der Mitte des Plakats trägt Hinweise auf das Produkt:]
DIE ANALYSE ERGIEBT: Feuchtigkeit 2.70, Fett 7.30 / Nährsalze 1.76, Eiweiss 17.06 / Kohlenhydrate 71,18 % / DAS NÄHRSTOFFVERHÄLTNIS IST DEMNACH = 1:5.2 / Dasselbe ist für die Verdaulichkeit und Ernährung als / ausserordentlich günstig zu bezeichnen und kommt der / Muttermilch sehr nahe / EIWEISS-CAKES / GESETZLICH GESCHÜTZT / 25 Pf. HANNOV. 25 Pf. / CAKES-FABRIK / H. BAHLSEN / HANNOVER
Hannover, Bahlsen Museum

1.2.15 *Abb.*
LEIBNIZ-CAKES, *Ladenplakat*
Heinrich Mittag
(Hannover 1859 – nach 1930)
1900
Bez. u. r.: HM (ligiert)
Lithographie auf Pappe, 45 x 33,5 cm
Text: LEIBNIZ-CAKES / WELTAUSSTELLUNG / PARIS 1900 / GOLDENE MEDAILLE / HANNOVERSCHE / CAKES-FABRIK / H. BAHLSEN / HANNOVER
Hannover, Bahlsen Museum

1.2.16
KUPFERBERG GOLD GRAND PRIX, *Entwurf*
Julius Gipkens (Emmerich/Hannover 1883 – Ende der 60er Jahre New York)
Berlin um 1911
Bez. u. r.: GIP
Tusche auf Karton, 80 x 49,5 cm
Text: GEGRÜNDET / 1850 / Auf der / Weltausstellung Turin 1911 / wurde dem Hause Chr. Adt. Kupferberg & Co. / Mainz, als einziger deutscher Sektfirma für / KUPFERBERG GOLD / und KUPFERBERG RIESLING / von der internationalen Jury die / höchste Auszeichnung der / GRAND PRIX / verliehen. / Chr. Adt. Kupferberg & Co. / Hoflieferanten / Mainz
Mainz, Sektkellerei Kupferberg

Empfohlen als Hoflieferant

1.2.17 *Abb.*
Johann Maria Farina, *Kölnisch Wasser*
Wien um 1890
Glasflasche in Korbgeflecht, 18,5 x 7,5 x 6 cm
Text: Destillirt für die k. u. k. Hof-Apotheke in Wien. / Johann Maria Farina/ gegenüber dem Neumarkt
Lit.: Leitherer/Wichmann 1987, 123
München, Privatsammlung

1.2.18
KLOSTERFRAU-MELISSENGEIST, *Melissen-Wasser*
Wohl nach 1918
Bez. ins Glas geprägt: Klosterfrau
Glas, Etikett: Buchdruck, H. 14,5 cm, D. 4 cm
München, Privatsammlung

1.2.19
Glasflasche für Likör der Fa. J. A. Gilka, Berlin
Gußglas, H. 19 cm
Text: Kgl. Preuss. Ksl. Oesterr. Ung. Hoflieferant / J. A. Gilka / Berlin
Lit.: Leitherer/Wichmann 1987, 122
München, Die Neue Sammlung 239/80

1.2.20
COMPAGNIE LAFERME, Romanow No. 56, *Zigarettendose*
New York
Weißblech, bedruckt, 4,2 x 11,5 x 6,8 cm
Text: BY APPOINTMENT OF THE EMPEROR OF RUSSIA / St. PETERSBURG RIGA DRESDEN MOSCOW BERLIN / TURKISH TOBACCO NO. 56 ROMANOW / Deckel vorne: SOMERS BROS. BROOKLYN N. Y.
München, Privatsammlung

Kat. Nr. 1.2.17

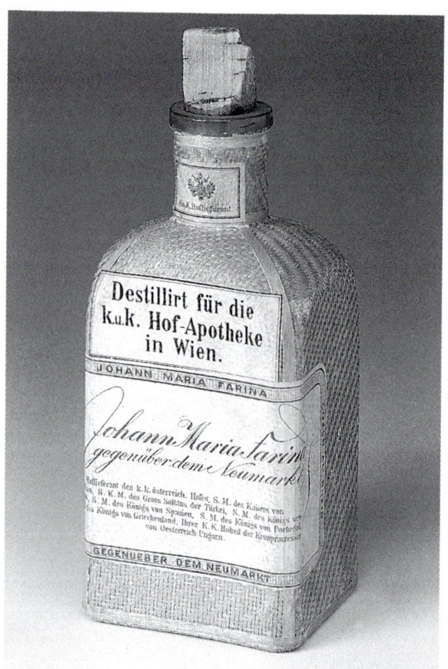

Kat. Nr. 1.2.26

1.2.21
ZUBAN No. 9 mit Gold, *Dose für 50 Zigaretten*
München um 1910
Weißblech, bedruckt, 3 x 12 x 8 cm
Text: ZUBAN No. 9 mit Gold / G. Zuban kgl. Bayr. Hof-Cigarettenfabrik München
München, Privatsammlung

1.2.22 *Abb.*
MANUFACTURE DE TABACS ET CIGARETTES D'ORIENT, *Plakat*
Nikolaus Gysis
(Sklavohory/Tinos 1842–1901 München)
1897
Bez. u. r.: NG
Lithographie, 67 x 43 cm
Text: FOURNISSEUR DE S.A.R. LE PRINCE-RÉGENT DE BAVIÈRE / MANUFACTURE DE TABACS ET CIGARETTES / D'ORIENT / PAN.C.PAPASTATHIS / MUNICH.
Münchner Stadtmuseum A 13/71

1.2.23 *Abb.*
RÜGER Hansi-Schokolade Kakao, *Emailschild*

Otto Zieger
Lodwitzgrund / Bodenbach um 1910
Bez. u. l.: No. 1
Weißblech, emailliert, leicht gewölbt, schabloniert, Umdruck 71 x 48 cm
Lit.: Wunderlich 1991, vgl. Nr. 62 – Sandgruber/Kühnel 1994, Nr. 18.4.9
München, Privatsammlung

1.2.24
KUPFERBERG GOLD, *Ladenschild*
Mainz vor 1918
Weißblech, geprägt, bedruckt, 33 x 50 cm
Text: KUPFERBERG GOLD / C. A. KUPFERBERG & CO / MAINZ / GROSSHERZÖGLICH HESSISCHE UND KÖNIGLICH BAYERISCHE HOFLIEFERANTEN
Mainz, Sektkellerei Kupferberg

Werben mit Fabrikansichten

1.2.25 *Abb.*
J. G. Kemm Kuchen- u. Zwieback-Fabrik, *Keksdose*
Lokstedt bei Hamburg um 1904
Weißblech, bedruckt, geprägt, 12,5 x 23,5 x 22 cm
Text: in Varianten: J. G. KEMM Kuchen- u. Zwieback-Fabrik / Inh. H. Flemtse / Gegründet 1782 – 1904 Lokstedt bei Hamburg – J. G. Kemm Kuchen-Bäckerei
Berlin, Deutsches Historisches Museum, AK 94/516.646

1.2.26 *Abb.*
Salem Aleikum, *Plakat*
Nach 1909
Lithographie, 90 x 61 cm
Text: Salem Gold Cigaretten / Trustfrei! / Fabrik-Ansicht
München, Privatsammlung

Kat. Nr. 1.2.23

Warenzeichen und Signets

Marken, früher auch Warenzeichen genannt, sind Kennzeichen, die geeignet sind, die Waren oder Dienstleistungen eines Unternehmens von denen anderer zu unterscheiden. Dies ist die Definition des in Deutschland derzeit gültigen Markengesetzes. Die Anmeldung der Marken erfolgt beim Deutschen Patentamt (das nach dem Zweiten Weltkrieg die Nachfolge des Kaiserlichen Patentamtes und danach des Reichspatentamtes antrat).

Allein in Deutschland wurden nach dem Zweiten Weltkrieg nahezu 900.000 neue Marken angemeldet. Die Zahl der Markenanmeldungen beträgt in Deutschland derzeit ca. 35.000 pro Jahr. Seit jeher erhofften sich die Antragsteller mit dem geschützten Wort oder Bild einen unverwechselbaren Hinweis auf die Herkunft der mit der Marke gekennzeichneten Produkte oder Dienstleistungen.

Neben dem vom Markeninhaber beabsichtigten Herkunftshinweis soll die Marke aber auch das damit gekennzeichnete Produkt von solchen der Markenkonkurrenz unterscheiden helfen. Natürlich werden in dem Bestreben, ein Produkt von einem gleich aussehenden Konkurrenzerzeugnis zu unterscheiden, noch weitere Möglichkeiten genutzt, z. B. durch die Wahl charakteristischer Verpackungsformen und -farben.

Gelegentlich fällt dem aufmerksamen Marktbeobachter auf, daß bestimmte, ihm seit Jahren vertraute Verpackungsgestaltungen oder Marken plötzlich im Zuge einer vermeintlich als notwendig erachteten *Modernisierung* abgewandelt werden. Mit einem gewissen Erschrecken merkt man dann, wie sehr man sich als Verbraucher an ein bestimmtes Erscheinungsbild von Verpackung oder Ausstattung einer Ware gewöhnt hat und wie gut man sich an einen erfolgreichen Slogan oder an eine Werbeaussage erinnert.

So sind Marken auf Konsumgütern Zeitzeugen, ja Parameter unserer Kulturgeschichte, denn sie begleiten die Geschichte des Geschmacks und weisen auf den Wandel gesellschaftlicher Verhältnisse und politischer Strömungen hin. Und umgekehrt: Aus der Retrospektive der Geschichte dieser Marken eröffnet sich uns im nachhinein die Absicht mancher Marken-Änderungen, Hintergründe für damalige Neuanmeldungen, die heute längst in Vergessenheit geraten sind.

Paul Tauchner

Kat. Nr. 1.3.7

TET – Heinrich Mittag und Bahlsen

1.3.1
TET-Verpackungssiegel
Heinrich Mittag
(Hannover 1859 – nach 1930)
Ab 1904
Lithographie, 5,5 x 5,5 cm
München, Privatsammlung

1.3.2 *Abb.*
Erste TET-Packung für Leibniz-Cakes
Heinrich Mittag
(Hannover 1859 – nach 1930)
1904
Kartonverpackung, bedruckt,
6 x 10 x 7,5 cm
Beschriftung: oben: DER BESTE BUTTER CAKES H C F LEIBNIZ HANNOVER GESETZLICH GESCHÜTZT, seitlich: LEIBNIZ-CAKES / ENTHÄLT NUR FEINSTE / MOLKEREIBUTTER / LEIBNIZ-CAKES HANNOV. CAKES-FABRIK H. BAHLSEN HANNOVER, unten: TET-PACKUNG / DEUTSCHES REICHSPATENT / SCHÜTZT VOR / LUFT, STAUB …
Lit.: III. Deutsche Kunstgewerbeausstellung 1906, 217 m. Abb. – Gebrauchsgraphik H. 4, 1926, 64 – Leitherer/Wichmann 1987, 152 – Bahlsen-Festschrift 1964, 76
Hannover, Bahlsen Museum

1.3.3
LEIBNIZ-CAKES TET PACKUNG, *Blechschild*
Heinrich Mittag zugeschrieben
1910
Weißblech, bedruckt, 23 x 44 cm
Text: LEIBNIZ-CAKES / TET PACKUNG / H. BAHLSENS CAKES-FABRIK, HANNOVER
Hannover, Bahlsen Museum

1.3.4 *Abb.*
TET-Keksdose, *Quitten-Dose*
Ludwig Vierthaler
(München 1875 – 1967 Hannover)

Kat. Nr. 3.1.2 Kat. Nr. 1.3.2

Um 1914
Bez. Bodenstempel: L. VIERTHALER H. BAHLSENS KEKSFABRIK / HANNOVER; Marke: Meißen
Keramik, farbiger Dekor, H. 23,5, D. 12 cm
Hannover, Bahlsen Museum

1.3.5
TET-Keksdose mit TET-Türken
Ludwig Vierthaler
(München 1875 – 1967 Hannover)
Um 1914
Bez. Bodenstempel: H. BAHLSENS KEKSFABRIK / HANNOVER L. VIERTHALER; Marke: Meißen
Keramik, farbiger Dekor, H. 22,5, D. 19,5 cm
Lit.: Deutsche Kunst und Dekoration, H. 18, Juli 1915
Hannover, Bahlsen Museum

Die Figur des stehenden Türken mit dem TET-Würfel auf den Schultern, die als Deckelbekrönung der Dose gewählt ist, wurde in großem Format für die Werkbund-Ausstellung 1914 in Köln geschaffen. (vgl. Kat. Nr. 1.3.6)

1.3.6 *Abb.*
Türke mit TET-Würfel
Ludwig Vierthaler
(München 1875 – 1967 Hannover)
1914

Kat. Nr. 1.3.6

Majolika, H. 80 cm, D. 60 cm
Lit.: AK Der westdeutsche Impuls, Köln 1984, 216–226
Hannover, Bahlsen Museum

Die Figur des einen TET-Würfel tragenden Türken stand ursprünglich auf einer Säule. Sie wurde für die Werkbund-Ausstellung 1914 in Köln angefertigt und zusammen mit anderen Figuren vor dem Pavillon der Firma Bahlsen aufgestellt.

1.3.7 *Abb.*
TET-Kleid für den Fasching und für Werbetouren (Kekstage)
1912
1) dünner Baumwollstoff, 2) dünnes Seidenunterkleid, Bordüren aus gechintzter Baumwolle, Seidenchiffon, H. ca. 154 cm
Lit.: Leibniz-Blätter, 1912, Nr. 28/29 – 1913, Nr. 8 – 1914, Nr. 9 – Barbara Borek, TET-Puppen, in: Cieslik's Puppenmagazin, 1/1994, 90
Hannover, Bahlsen Museum

Es existieren eine Vielzahl von TET-Kleidern und -Karnevalskostümen. Zu Anfang waren es einfache weiße Kleider mit TET-Bändern, wobei die Bordüren gratis zur Verfügung gestellt wurden. Später hat man vorbildliche Kostüme bei bekannten Ateliers in Auftrag gegeben: u. a. bei Mathilde Scheidt, Hannover, Emmy Schoch, Karlsruhe, und Hedwig Buschmann, Berlin. Bei diesen Kleidern wollte man das TET-Motiv auch im Stil aufleben lassen: das Alt-Ägyptische sollte als Inspiration gelten. So entstand z. B. folgende Kreation: *Über einem bläulich-grünen Gewande aus Crêpe-de-chine befindet sich ein Überwurf aus grünem Atlas, der einige Nuancen dunkler als das Kleid ist. Ein Hüftschal aus Chiffon in einer dritten grünen Farbe schafft einen reizvollen Farbenakkord, der noch erhöht wird durch die roten TET-Marken und das [die] Farben des Kleides wiedergebende Kopftuch. Zur Vervollständigung des interessanten Gewandes gehören Ohrgehänge und Goldsandalen* (Leibniz-Blätter, Nr. 281, Nov. 1912). F. E.

1.3.8 *Abb.*
Künstlerpuppen
Lotte Pritzel (Breslau 1887 – 1952 Berlin)
1912/13
Wachs, mit hohem Talganteil, Textil, Draht, ca. 57 x 13 cm
Lit.: Deutsche Kunst und Dekoration, H. 4, Januar 1914 – Mork 1987
Hannover, Bahlsen Museum

Kat. Nr. 1.3.8

Entwerfer und Signets

1.3.9
FRANCK MILANO, *Verkaufsdose*
Signet: Lucian Bernhard
(Stuttgart 1883 – 1972 New York)
Mailand um 1910
Weißblech, bedruckt,
17,5 x 31,5 x 22,8 cm
Beschriftung: INDUSTRIA NAZIONALE SURROGATI DI CAFFE / FRANCK / MILANO / MARCA DEPOSITATA / seitlich: SPEZIALITA ›VERO FRANCK‹ IN SCABTE DI LEGNO /vorne: CONCENTRATO DI CAFFE D'ORLANDO MARCA AQUILA
Berlin, Deutsches Historisches Museum
94/516.607

1.3.10
Mühlen-Franck, *Blech-Streudose für Kaffee-Würze*
Lucian Bernhard
(Stuttgart 1883 – 1972 New York)
Grundentwurf 1910 (Typus 1920er Jahre)
Weißblech, bedruckt, H. 19,2, D. 6 cm
Beschriftung: Mühlen Franck ... DIE KAFFEE-WÜRZE aus Edel-Zichorie HEINRICH FRANCK SÖHNE GmbH ... GEGR. 1828
Lit.: Das frühe Plakat Bd. 3, 1980, Nr. 189 – Leitherer/Wichmann 1987, 161
München, Privatsammlung

1.3.11
Aechter Franck-Caffee, *Blechdose*
Signet: Lucian Bernhard
(Stuttgart 1883 – 1972 New York)
Entwurf um 1913
Weißblech, bedruckt, H. 16, D. 9 cm
München, Privatsammlung

1.3.12 *Abb.*
Franck, *Emailschild*
Signet: Lucian Bernhard
(Stuttgart 1883 – 1972 New York)
1940er Jahre
Stahlblech, abgekantet, bedruckt,
50 x 32 cm
Münchner Stadtmuseum

FRANCK
Franck
Torpedo-Email
Frankfurter Emaillir-Werke Neu-Isenburg

Kat. Nr. 1.3.12

Kat. Nr. 1.3.13

1.3.13 *Abb.*

Kaiser's Kaffee, *Jubiläumsdose*
Hans Leibeling
(Signet Peter Behrens 1914)
1930
Weißblech, bedruckt, 10,3 x 10 x 10 cm
Beschriftung: Boden geprägt: Kaiser's Kaffee-Geschäft – Über 1000 Filialen
Lit.: Leitherer/Wichmann 1987, 200 f.
München, Die Neue Sammlung 8340/85

1.3.14

Verpackungsentwurf für Lübecker Marzipan
Alfred Mahlau
(Berlin 1894 – 1967 Hamburg)
Lübeck, Hamburg 1930
Bez.: 1930
Aquarell mit Goldbronze, D. 21,5 cm
Beschriftung: LÜBECKER MARZIPAN GEGR. 1806 I. G. NIEDEREGGER LÜBECK
Lit.: Schalcher, T., Alfred Mahlau, in: Gebrauchsgraphik 1929, 33 f.
Hamburg, Museum für Kunst und Gewerbe, Mahlau 1605

1.3.15 *Abb.*

NIEDEREGGER PRALINEN RATHAUSMISCHUNG, *Schaupackung*
Alfred Mahlau
(Berlin 1894 – 1967 Hamburg)
Um 1927
Pappe, Papier, Buchdruck, 4,5 x 23 x 19 cm
Hamburg, Museum für Kunst und Gewerbe, Mahlau 1646

1.3.16 *Abb.*

NIEDEREGGER MARZIPAN LÜBECK, *Schaupackungen*
Alfred Mahlau
(Berlin 1894 – 1967 Hamburg)
Um 1927
Pappe, Papier, Buchdruck, H. 3,5 bzw. 3 cm, D. 18,5 bzw. 13,5 cm
Lit.: Leitherer/Wichmann 1987, 199
Hamburg, Museum für Kunst und Gewerbe, Mahlau 1648 a, b

1.3.17 *Abb.*

Niederegger Marzipan, *Verpackungsentwurf*
Alfred Mahlau
(Berlin 1894 – 1967 Hamburg)
Um 1927
Pappe, Papier, Buchdruck,
H. 13,5, D. 4,3 cm
Hamburg, Museum für Kunst und Gewerbe, Mahlau 1649

1.3.18

Lübecker Marzipan, *Verpackungsentwurf in Pyramidenform*
Alfred Mahlau
(Berlin 1894 – 1967 Hamburg)
Lübeck, Hamburg 1927
Bez.: A. Mahlau 1927
Buchdruck, 50 x 30 cm,
Motive 13 x 20 cm
Beschriftung: ECHT LÜBECKER MARZIPAN I. G. NIEDEREGGER LÜBECK / NIEDEREGGER PYRAMIDE
Hamburg, Museum für Kunst und Gewerbe, Mahlau 1611

Kat. Nr. 1.3.19

1.3.19 *Abb.*

12 Maquetten für Portionsstücke von Niederegger Marzipan mit Lübecker Gebäuden
Alfred Mahlau
(Berlin 1894 – 1967 Hamburg)
Lübeck, Hamburg 1927
Pappe, Buntpapier, geklebt, Deckweiß, je 0,8 x 2,9 x 4,5 cm
Beschriftung: ST. ÄGIDIEN; SCHIFFERGES., NIEDEREGGER / HAUS; ST. JAKOBI; BURGTOR; HOLSTENTOR; BEHN-HAUS; HEILIGENGEIST / HOSPITAL; SALZSPEICHER; ST. MARIEN; ST. KATHARINEN; RATHAUS
Hamburg, Museum für Kunst und Gewerbe, Mahlau 17/1651

1.3.20

LÜBECKER MARZIPAN I. G. NIEDEREGGER LÜBECK, *Ladenplakat*
Alfred Mahlau
(Berlin 1894 – 1967 Hamburg)
Lübeck 1927
Bez. u. l.: A. MAHLAU 27
Druck: H. Erdtmann, Lübeck
Buchdruck, 38 x 27 cm
Beschriftung: IGN GEGR. 1804 / LÜBEKKER MARZIPAN I. G. NIEDEREGGER LÜBECK FABRIKAT VON WELTRUF
Hamburg, Museum für Kunst und Gewerbe, Mahlau 1627

Kat. Nr. 1.3.15–17

Colonialwarenladen von Marie Baumgartner in München. Foto: Um 1930, München, Stadtmuseum

Immer gleich – Der verpackte Markenartikel

1.4.1
Dekorationsflasche für ›Odol‹-Mundwasser
Karl August Lingner
Grundentwurf 1892 / Formvariation um 1900
Weißes Preßglas, Metallverschlußattrappe, 15 x 7,3 x 3,5 cm
Beschriftung: Nach dem heutigen Stande / der Wissenschaft ist / Odol / *nachweislich* das / beste Mittel zur Pflege / der Zähne und des Mundes / Doppelflasche / Odol Compagnie AG / Wien VI.
Lit.: Väth-Hinz 1985, 12–14 – Leitherer/ Wichmann 1987, 152 – Roth 1993, 210
München, Privatsammlung

Das Mundwasser Odol zählt zu den ältesten der großen deutschen Markenartikel. 1892 wurde der Name patentrechtlich geschützt. Vor allem nach der Jahrhundertwende erfuhr das Produkt Unterstützung von einer für damalige Verhältnisse einzigartigen Werbekampagne. Keine Plakatwand, keine Zeitung dieser Zeit blieb ohne eine *Odol Reklame.* Der markante Schriftzug in Verbindung mit der ungewöhnlichen Flaschenform wurde auf diese Weise von Anfang an im Bewußtsein der Verbraucher verankert. Karl August Lingner, der Erfinder dieses Mundwassers, war sich der Bedeutung der intensiven Werbung für den Erfolg eines Markenartikels bewußt. In seinem Testament legte er seinen Nachfolgern ans Herz, die Ausgaben für die Werbung nicht zu reduzieren: *Ich bin fest überzeugt, daß das Geschäft weiter steigen und immer*

Kat. Nr. 1.4.16

Kat. Nr. 1.4.9

Kat. Nr. 1.4.10

gut rentieren wird, wenn es in der jetzigen Weise, besonders mit denselben Ausgaben für Reklame weitergeführt wird. S. B.

1.4.2
Henkel's Bleichsoda
Um 1878
Papier, Buchdruck
Lit.: Alle mögen's weiß, o. J., 8 f.
Düsseldorf, Henkel Werksarchiv

Henkel's Bleichsoda kam 1878 als erstes Markenwaschmittel auf den Markt. Sein anonymer Vorgänger, das ›Universalwaschmittel‹ von Fritz Henkel, führte noch keinen Markennamen. Als bildhaftes Warenzeichen ließ der Unternehmer einen Löwen vor stilisierter Sonne eintragen; es war eines der ersten in Deutschland angemeldeten Warenzeichen. Begleitet von zahlreichen Werbemaßnahmen war dem Waschpulver großer Erfolg beschieden. Als *Henko* hat es bis heute weit mehr als 100 Jahre überdauert. S. B.

1.4.3 *Abb.*
Kolonialwarenladen des Kaufmanns Karl Tröger in Chemnitz
Fa. Berthold und Ketscher / Waldheim i. Sachsen
1909, Fassung 1948 überarbeitet, bis 1992 in Verwendung
München, Maximilian Fritz

1.4.4
Kaufladen
Süddeutschland um 1900–1910
Fichtenholz, gestrichen, tapeziert,
53 x 70 x 48 cm
Lit.: AK Aus Münchner Kinderstuben 1750 – 1930, München 1977, Nr. 321
Münchner Stadtmuseum A 74/627

1.4.5
Portionspackungen für
Holste's Kaiser Natron,
Buchdruck, 7,2 x 11, 2 cm,
Strobin, Waschmittel für Stroh- und Panamahüte, Buchdruck, 8,2 x 10,7 cm,
Indische Mottenkräuter,
Buchdruck, 9,5 x 6 cm,

Kat. Nr. 1.4.13

Flüssige Holzbeize,
Buchdruck, 7,2 x 11,5 cm,
Hoffmann's Silber-Glanz-Stärke,
Buchdruck, 9 x 12 cm
Um 1900 – 1910
München, Privatsammlung

1.4.6
Quieta Malzkaffee Gehaltvoll,
500 g Packung
Papierverpackung, 16 x 9,5 x 7 cm
München, Privatsammlung

1.4.7
Kathreiner Kneipp-Malzkaffee
Um 1905
Papierverpackung, 16 x 9 x 8 cm
München, Privatsammlung

1.4.8
Kathreiners Malzkaffee, *Emailschild*
Um 1905
Gußeisen, emailliert, gewölbt,
80 x 56,5 cm
Text: Kaffee / Zusatz / Kaffee / Ersatz
Lit.: Wunderlich 1991, 30
Münchner Stadtmuseum

J. F. Schüle's
Kuchenplätzchen
MARCO POLO TEE
ein Hochgenuss
MARCO POLO TEE
Vasenol
Puder
ELBEA
MAGGI

Kat. Nr. 1.4.3

1.4.9 *Abb.*
›Holz Suppenkasten‹ mit Warensortiment von Fertigsuppen
1904 und 1905
Holz, Pergamentpapier, bedruckt, 60 x 33,5 x 28,5 cm
Beschriftung: Kreuzstern / MAGGI SUPPEN / sind die besten / 2–3 Teller Suppe 10 Pf.
Lit.: Weisser 1985 a, 177
Singen, Maggi

Die Geschichte der Maggi-Fertigprodukte begann 1883 mit *Maggi's Suppenmehl,* einem Leguminosenmehl, das unter Zugabe von Wasser zu einer nahrhaften Suppe wurde. 1886 folgte die flüssige Maggi Suppenwürze in der berühmten Flasche. Die Einführung des portionierten Suppenwürfels lag um die Jahrhundertwende. Die Würfel waren einzeln verpackt und konnten stückweise beim Lebensmittelhändler erworben werden. Schon im 19. Jahrhundert betrieb die Firma Julius Maggi & Co. ein eigenes *Reclame- und Pressebüro,* das in den Jahren 1886/87 von Frank Wedekind geleitet wurde. Aus dieser Zeit sind zahlreiche skurrile Werbetexte in Reimform überliefert. S. B.

1.4.10 *Abb.*
Glas mit Maggiwürfeln
Um 1920
Glas, Papierverpackungen, 23 x 9 x 9 cm
Singen, Maggi

1.4.11 *Abb.*
Für alle Wäsche Persil, *Emailschild*
Kurt Heiligenstaedt (1890–1964)
Düsseldorf Entwurf 1922 / Ausführung 1927
Stahlblech, emailliert, gewölbt, schabloniert, 58 x 38,6 cm
Lit.: Weisser 1985 a, 178 f. – Alle mögen's weiß o. J., 19–47
Berlin, Deutsches Historisches Museum 1987/429.8

Die Markteinführung von Persil – eines der ersten selbsttätigen Waschmittel – erfolgte am 6. Juni 1907. Erstmals wurden die beiden Chemikalien Perborat und Silikat, die dem Produkt seinen Namen gaben, in dieser Kombination eingesetzt. Die Figur der *Weißen Frau* – sie geht auf einen Entwurf des Berliner Künstlers Kurt Heiligenstaedt für die Firma Henkel zurück – dominiert aber erst seit 1922 in der Persilwerbung. Sie wird ihr Protagonist auf Plakaten, Emailschildern, der allgegenwärtigen Normal-Uhr und macht zahlreiche modische Wandlungen durch. Erst 1959 wird die *Weiße Frau* durch die Einführung von *Persil 59,* dessen Werbung auf die neue Verpackung ausgerichtet ist, von anderen Werbemotiven abgelöst. S. B.

1.4.12 *Abb.*
MANOLI CIGARETTEN, *Emailschild*
Lucian Bernhard (Stuttgart 1883–1972 New York)
Um 1910
Bez. u. Mitte: BERN/HARD
Gußeisen, emailliert, gewölbt, 60 x 74 cm
München, Privatsammlung

1.4.13 *Abb.*
Dr. Oetker's Backin, *Emailschild*
Um 1925
Stahlblech, emailliert, gewölbt, 49 x 32,8 cm
Lit.: Bongard 1964, 51–55 – Wunderlich 1991, 119
Berlin, Deutsches Historisches Museum 1987/429.8

Das weiße Damenportrait im Profil, der sogenannte *Hellkopf,* wurde 1899 als Warenzeichen für die Produkte von Dr. Oetker eingetragen. Sein erstes Produkt war Backpulver. Die tatsächliche Erfindung Oetkers bestand jedoch nicht nur in der chemischen Zusammensetzung des Pulvers, sondern vor allem in der Idee, das Produkt in Portionspackungen für ein Pfund Mehl, in einheitlicher Verpackung, zu einem fixen Ladenpreis anzubieten. Mit seinem Namen bürgte Oetker für die immer gleichbleibende Qualität. Damit kreierte er einen klassischen Markenartikel. Der Portionspreis von 10 Pfennigen blieb von den 1890er Jahren bis 1959 konstant. Seit der Jahrhundertwende wurden Oetkers Produkte von massiver Werbung durch Anzeigen, Emailschilder und Vertreterbesuche begleitet. S. B.

1.4.14 *Abb.*
Marco-Polo TEE, *Emailschild*
Um 1920
Stahlblech, emailliert, gewölbt, 35,5 x 55 cm
München, Privatsammlung

1.4.15
ATA SCHEUERPULVER, *Aufsteller*
Um 1925
Lithographie auf Pappe, 44 x 17,5 cm
Lit.: Alle mögen's weiß o. J., 48–57 – Leitherer/Wichmann 1987, 217 – zu Ata vgl. Kat. Nr. 2.5.1
München, Privatsammlung

Kurt Heiligenstaedt malt 1922 die ›Weiße Frau‹. Düsseldorf, Henkel Werksarchiv

Kat. Nr. 1.4.11

Kat. Nr. 1.4.20

1.4.16 *Abb.*
Odol IST WIRKLICH ANTISEPTISCH, *Ladenplakat*
Heinrich Blechner
(Wien 1895 – nach 1975 Wien)
Wien 1926
Lithographie, 24,5 x 18,4 cm
Lit.: AK Österreichische Plakatkunst 1898–1938, 167
Berlin, Deutsches Historisches Museum
1990/66.6288

1.4.17
Mercedes Schuhe, *Emailschild*
Newman
1927
Druck: Frankfurter Emaillierwerke / Neuisenburg
Stahlblech, emailliert, gewölbt,
70 x 42 cm
München, Privatsammlung

1.4.18
Dr. Thompson's Waschpulver, *Blechschild*
Um 1930
Weißblech, Blechprägedruck, gewölbt,
51 x 36 cm
Text: für alle Wäsche / schwanweiße / Wäsche, Thompson sorgt für GLANZ und FRISCHE
Münchner Stadtmuseum

1.4.19
JUNO, *Emailschild*
Um 1930
Stahlblech, emailliert, abgekantet,
58 x 38 cm
Münchner Stadtmuseum

1.4.20 *Abb.*
Persil Das selbsttätige Waschmittel, *Emailschild*
Joseph Binder
Um 1940
Druck: Ferro-Email, C. Robert Dold, Offenburg i. Bd.
Weißblech, emailliert, gewölbt,
59,1 x 38,9 cm
Berlin, Deutsches Historisches Museum
1987/429.5

Kat. Nr. 1.4.14

Kat. Nr. 1.4.12

1.4.21
Einkochgläser der Firma Weck
1. Hälfte 20. Jahrhundert
Glas, verzinnter Federstahl
Münchner Stadtmuseum

Einigen Markenwarenherstellern gelang es, einen Produktbereich mit ihrem Markennamen zu überformen, so daß Konservengläser danach *Weckgläser* hießen und sich das Tätigkeitswort *einwecken* herausbildete.

Werbung im Stadtbild

Antike Ursprünge

Und auch weiterhin begegnet uns die Reklame auf Schritt und Tritt, die zahme, die wilde, die sanft säuselnde und die krachende Reklame, die stetige, die umherfliegende, die umhergehende, die umherfahrende, die umhergetragene. Diese Worte schrieb nicht etwa ein von Medienpropagation und Werbejingles überreizter Zeitgenosse, sondern sie sind dem bereits vor einem Jahrhundert entstandenen *Buch der Reklame* von Rudolf Cronau zu entnehmen (Cronau 1887, 30).

Die Flut der bunten Werbebilder, mit der wir heute in allen Bereichen konfrontiert werden und die uns bis in die Privatsphäre folgt, bekam ihren dynamisierenden Impuls Ende des 18. Jahrhunderts mit der Erfindung der Lithographie durch Alois Senefelder, welcher der preiswerten Verbreitung und Vervielfältigung von Werbematerial den Weg ebnete. Doch die Wurzeln reichen tiefer. Schon das Altertum wußte um Mittel und Wege, neben öffentlichen Ankündigungen auch erste Werbeformen der Stadtbevölkerung zielgerichtet nahezubringen. So kannte bereits die römische Kaiserzeit Vorläufer unserer Plakattafeln: Die Ausgrabungen in Pompeji und Herculaneum brachten Wände zum Vorschein, die durch Pilaster gegliedert waren und auf welche öffentliche Bekanntmachungen in roter und schwarzer Farbe aufgemalt wurden. Die bekannteste überlieferte Fläche dieser Art, wegen ihres weißgekalkten Untergrundes *Album* (lat. albus = weiß) genannt, befand sich in Pompeji am Gebäude der Eumachia. War die Information veraltet, hat man sie einfach weiß übertüncht. Doch auch damals bestand bereits eine Diskrepanz zwischen geordnetem und wildem, unerlaubtem Anschlag. Kurz vor Ausbruch des Vesuvs 79 n. Chr. befand sich Pompeji in einem Magistratswahlkampf, der sich mit Wahlsprüchen und ›Werbeslogans‹ dergestalt auf Wänden und Mauern niederschlug, daß man während der Ausgrabungen gleich dreimal auf folgendes Distichon stieß: *Wand, ich bewundere dich, daß du noch nicht zusammengebrochen, soviel ödes Geschwätz bist du zu tragen verdammt* (Mau 1908, 511).

Die Wand der Eumachia in Pompeji. Aus: E. Paneth 1926

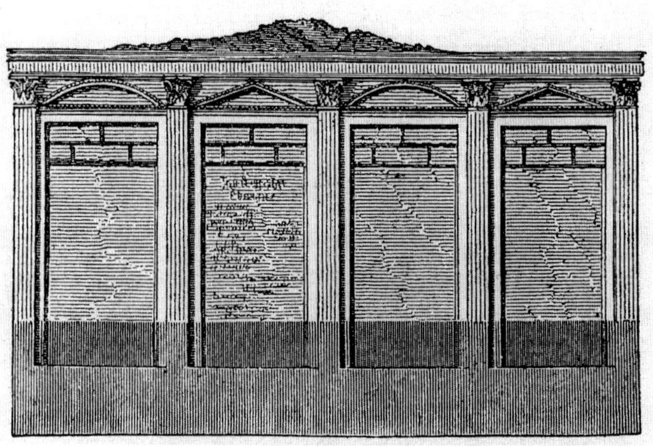

Von den römischen *Alben* zum organisierten Plakatwesen unserer Zeit bedurfte es jedoch eines längeren Weges. Die Wahl des Anschlagortes blieb an prominenter Stelle. So wurden noch im Mittelalter Rats- und Stadthäuser und sogar Kirchentüren als *Werbeflächen* bevorzugt. Man denke nur an Luthers Thesenanschlag an die Kirche zu Wittenberg im Jahre 1517.

Seit der Erfindung des Druckverfahrens mit beweglichen Lettern gab es bereits gedruckte Handzettel und Flugblätter. Derer bedienten sich, von Berufs wegen damit vertraut, als erste die Buchdrucker und Händler, die ihren Waren prospektähnliche Verzeichnisse beilegten. Während die früheste Anzeige aus dem Jahr 1450 stammt (Kreutzer 1995, 23), wurde das erste illustrierte Plakat 1482 von dem Buchhändler Radolt hergestellt. Es zeigte geometrische Figuren und warb für seine Neuausgabe der Werke Euklids (Paneth 1926, 63). Obwohl diese Art der Reklame erst nur einem elitären Kreis zugänglich war, der lesen und schreiben konnte, ist es erstaunlich, wie schnell die Plakatierung zu einem multifunktionalen Massenmedium avancierte. An dieser Entwicklung hatte die Politik offenkundigen Anteil, wie sich am Beispiel Pompejis bereits zeigte. Mit Kandidatennamen und Wahlversprechen versehen, gingen Anschläge und Plakate auch im Mittelalter und der Neuzeit an Wänden und Fassaden auf Stimmenfang. Frankreichs Königshaus

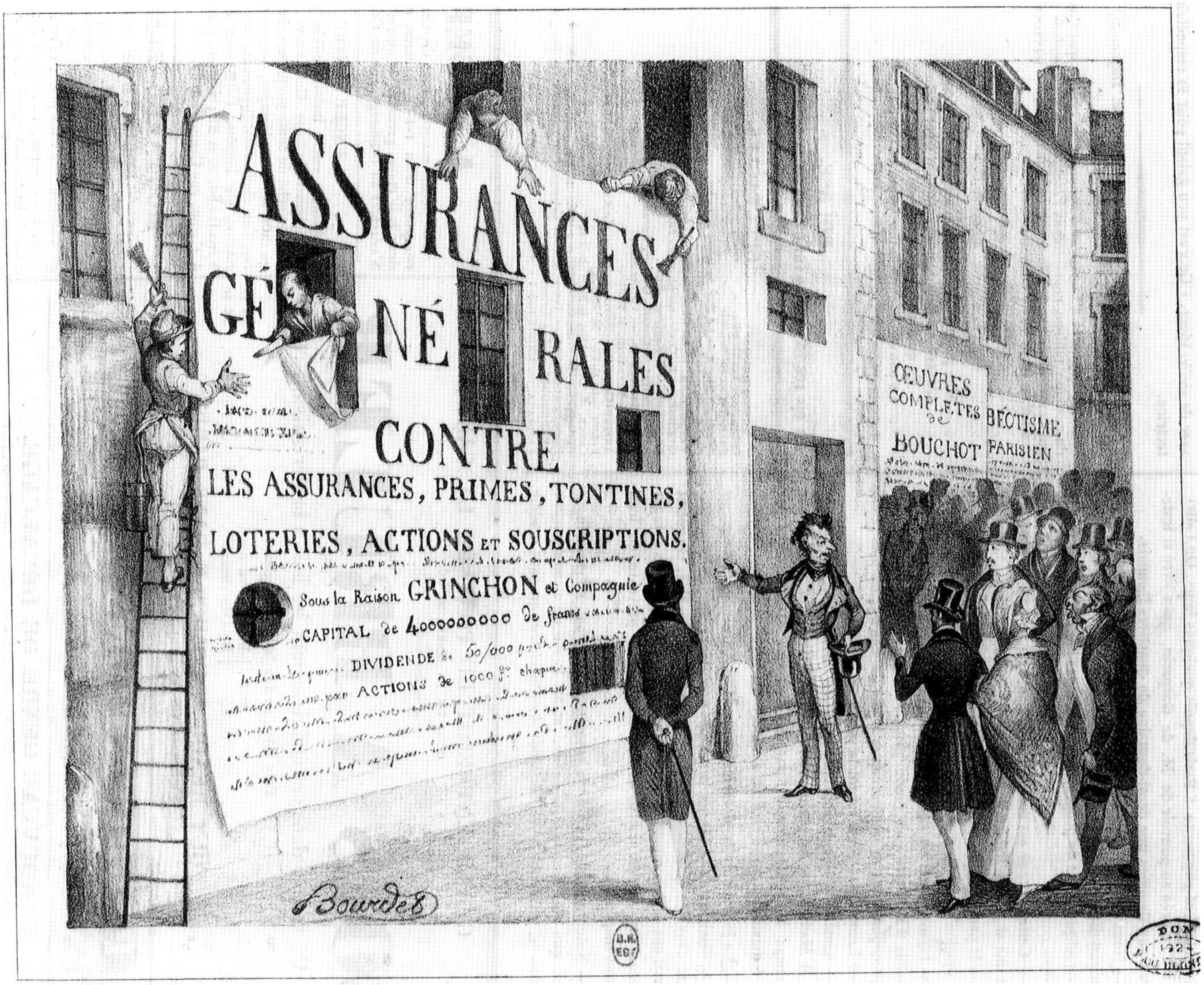

J. J. G. Bourdet, Die Plakatierungssucht, 1836, Lithographie, Paris, Bibliothèque Nationale

erkannte als erstes die Gefahr, die während politischer Unruhen von diesen Anschlägen ausging. So wurde per königlichem Edikt die Plakatierung während solcher vermeintlich gefährlichen Zeiten verboten und 1654 sogar mit der Todesstrafe belegt (Paneth 1926, 68). 200 Jahre später evozierte die ausufernde Plakatierung politischer Anschläge während der Revolution von 1848/49 auch in Berlin das Eingreifen von seiten des Staates. Die sogenannte *Preßverordnung vom Juli 1849* untersagte jeglichen Plakatanschlag mit Ausnahme derer, die Mitteilungen der Regierung enthielten, und gebot so dem wilden Anschlag Einhalt (Reinhardt 1993, 235). Doch das Bedürfnis der anwachsenden Wirtschaftsleistung nach diesem für sie unverzichtbar gewordenen Werbemittel war so groß, daß die Verordnung schon bald nicht mehr griff. Das Plakatieren nahm erneut solche Ausmaße an, daß nicht nur innerhalb der Bevölkerung verärgerte Stimmen laut wurden. Auch die Presse griff immer wieder diesen augenfälligen Mißstand auf, und beredtes Zeugnis geben zudem die zahlreichen Karikaturen dieser Zeit, wie z. B. *Die Plakatierungssucht* von J. J. G. Bourdet aus dem Jahr 1836 sowie John Parrys *Fantasy of a Billsticker* (vgl. Kat. Nr. 2.1.1) von 1835, das auf den antiken ›Wildanschlag‹ Pompejis Bezug zu nehmen scheint.

P. G. Nordmann nach dem Entwurf von Gehlmann, um 1855, Lithographie. Berlin, Archiv für Kunst und Geschichte

Vom Rechteck zum Rund

Dem aus dieser Situation heraus entstandenen Verlangen nach einem geregelten Plakatanschlagssystem konnte Ernst Litfaß mit einer noch für heutige Verhältnisse unverzichtbaren Innovation begegnen. Der findige Berliner, der 1845 die Gesamtleitung der väterlichen Druckerei übernommen und sich auf Auslandsreisen nach Wien, Brüssel, London und Paris einen Überblick über die dortigen Fortschritte und Methoden der Reklamepraxis verschafft hatte, durfte am 1. Juli 1855 die ersten Anschlagssäulen in Berlin errichten. Mit Wirkung einer am selben Tag in Kraft tretenden Polizeiverordnung wurde Ernst Litfaß die alleinige Konzession für den Plakatanschlag durch den damaligen Polizeipräsidenten Carl von Hinckeldey erteilt und gleichzeitig der freie Plakatanschlag insgesamt verboten. Dabei sind preußischer Ordnungs- und cleverer Geschäftssinn eine unübertroffene Liaison eingegangen. Über die Pachtgebühren und die Art der Aufstellung war man sich schon im Dezember 1854 einig geworden (Reinhardt 1993, 119).

Die Idee zu einem einheitlichen Werbeträger war so neu jedoch nicht. Sogenannte *Klebesäulen* werden schon in den *Dresdener Statuta von 1660* erwähnt. Sie standen hauptsächlich in der Nähe von Marktbrunnen und zeigten in erster Linie die Fischpreise an (Reinhardt 1993, 235). Neben Ankündigungstafeln, die vor allem in Wien sehr beliebt waren, stellten sie jedoch nicht die unmittelbaren Vorläufer unserer Litfaßsäule dar. In London hatte George Samuel Harris bereits 1824 eine Plakatsäule konstruiert, die einen achteckigen Grundriß umschrieb, sich mechanisch drehte und auf einem Wagen durch die Straßen der Stadt gezogen wurde. Der Besonderheiten nicht genug, konnte sie obendrein von innen beleuchtet werden. Die Erfindung, die sich Harris sogleich patentieren ließ, wurde 1825 in *Dingler's Polytechnischem Journal* publiziert (1825, 443). Auch wenn Litfaß die Veröffentlichung nicht kannte, muß er doch durch seine Auslandsaufenthalte mit den Säulen vertraut gewesen sein, zumal auch in Paris seit 1842 diese praktischen Säulen zu sehen waren.

Die *Litfaß-Kinder*, wie sie in einem zeitgenössischen Loblied auf die Säulen (Haenschke 1935, 6) betitelt sind, wurden nach anfänglicher Skepsis bezüglich ihrer Gestalt wohlwollend von der Berliner Presse und Bevölkerung aufgenommen. Die *Spenersche Zeitung* veröffentlichte bereits im Juni 1855 einen ausführlichen Bericht über den Unternehmer Litfaß. Darin heißt es lobend: *Mit dem Tage, an welchem die Säulen ihrer Bestimmung übergeben werden, wird von den Straßenecken und den Bäumen jede Spur des früheren Anschlagwesens verschwunden seyn, das Publicum wird alsdann, ohne Suchen zu dürfen, sämtliche Zettel in systematischer Ordnung an den bestimmten zu diesem Zweck besonders numerierten, Stellen der Säulen in allen Gegenden der Residenz, soweit der engere Polizeibezirk reicht, finden können. Niemand wird ferner darüber Klage zu führen haben, daß sein Placat zwar gedruckt, und der Anschlag bezahlt ist, daß aber wenige nur angeheftet sind* (Spenersche Zeitung, Juni 1855).

Am 27. Juni 1855 meldete sich Enst Litfaß in Form eines Inserats (Kat. Nr. 2.1.17) in mehreren Berliner Zeitungen selbst beredt zu Wort, um sein Plakatanschlagsinstitut vorzustellen: *Durchdrungen von der Ueberzeugung, daß eine Umgestaltung und zeitgemäße Organisation des Placatwesens, welches für den Verkehr ein unabweisbares Bedürfniß geworden ist, höchst wünschenswerth sei, damit endlich einmal allen Uebelständen abgeholfen werde, die aus dem bisher beobachteten Verfahren beim Anheften der Zettel an die Straßen=Ecken, Brunnengehäuse und Bäume e.c. erwuchsen, entwarf der Unterzeichnete den nun in's Leben tretenden Plan* … (Neue Preußische Zeitung Berlin, 27. Juni 1855).

Der Erfolg der Berliner Litfaßsäulen schlug einen anderen Konkurrenten aus dem Feld. Der Verlagsbuchhändler Karl Lindow hatte den *Ersten öffentlichen Straßenanzeiger* herausgebracht, der auf großem Format Inserate auflistete und den er in einer Auflage von 200 Exemplaren auf den Plätzen Berlins verteilen ließ. Im Juni 1849 hatte er erst seine Konzession erhalten, und 1855 mußte das Unternehmen bereits wieder eingestellt werden, da das Hauptaugenmerk nun den Litfaßsäulen galt und selbst die Polizei in Gestalt von Hinckeldeys dem neuen Plakatinstitut größtes Entgegenkommen signalisiert hatte. Die Begeisterung über diese dem Stadtbild wohltuende Einschränkung des wilden Plakatierens wuchs. Der Geschäftsmann Litfaß wußte sich darüber hinaus durch eine *Litfaß-*

Harris's Proclamations-Maschine, patentiert 1824

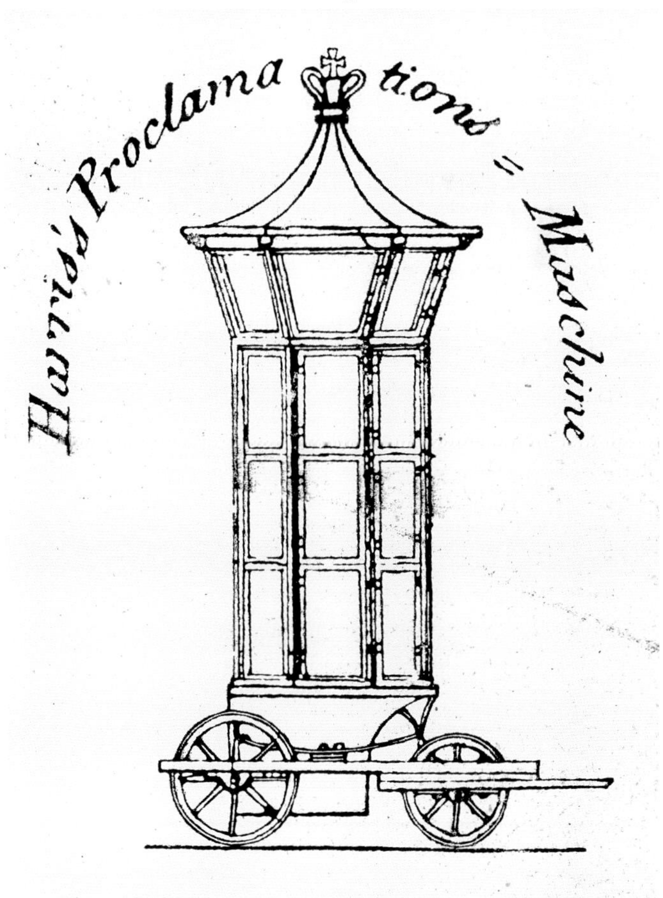

[5704] Unter Bezugnahme auf die vom Königlichen Polizei-Präsidium erlassene Polizei-Verordnung vom 18. Juni 1855 (vergl. Neue Preußische Zeitung vom 24. Juni) übergebe ich das von mir neu gegründete

Institut der Anschlags-Säulen
mit dem 1. Juli d. J.

der öffentlichen Benutzung.

Durchdrungen von der Ueberzeugung, daß eine Umgestaltung und zeitgemäße Organisation des

Placatwesens,

welches für den Verkehr ein

unabweisbares

Bedürfniß geworden ist, höchst wünschenswerth sei, damit endlich einmal allen Uebelständen abgeholfen werde, die aus dem bisher beobachteten Verfahren beim Anheften der Zettel an die Straßen-Ecken, Brunnengehäuse und Bäume ꝛc. erwuchsen, entwarf der Unterzeichnete den nun in's Leben tretenden Plan, welcher sich der raschen Genehmigung und der dankenswerthesten energischen Unterstützung und Förderung von Seiten des Königl. Polizei-Präsidiums und dessen hochverdienten Chefs, des Herrn General-Polizei-Directors von Hinckeldey zu erfreuen hatte.

Es stehen nun in zweckmäßiger Vertheilung durch die ganze Stadt 100 Kunststein-Säulen und 50 Brunnen-Umhüllungen. Welche Schwierigkeiten schon die Auswahl und definitive Feststellung der geeigneten Plätze, welche Weitläuftigkeiten und wie bedeutende Kosten die Beschaffung der nöthigen Arbeitskräfte und Materialien herbeiführen mußte, wird Jeder leicht ermessen, der dem Fortgange des Unternehmens einige Aufmerksamkeit geschenkt hat.

Wenn daher bei Veröffentlichung des gegenwärtigen **Reglements** über das gesammte Anschlagwesen Berlins, das **mit dem 1. Juli in Kraft** tritt, von meiner Seite die Hoffnung ausgesprochen wird, daß dem Institute eine günstige Aufnahme zu Theil und ich in den Stand gesetzt werde, die **größte Ordnung, Reellität und Pünktlichkeit** zu handhaben, wodurch allein sämmtlichen Interessenten ihr Recht und jederzeit die vollste Garantie gewährt werden kann, daß jede Veröffentlichung durch Anschläge zur **rechten** Zeit und am **rechten** Orte erfolge, so darf ich auch durch den Hinweis auf das allgemeine Beste voraussetzen, daß jeder Einzelne auch gern und willig in die nothwendig gewordenen Beschränkungen und Bedingungen in Bezug auf die Wahl der Formate und auf die rechtzeitige Einlieferung der Anschlagzettel in meinem Büreau, Adler-Straße Nr. 6, eingehen wird.

Das Königliche Polizei-Präsidium hat mir, um dies meinerseits zu ermöglichen, die Genehmigung zum Ankleben von Placaten und öffentlichen Anzeigen durch meine Anschlag-Spediteure ertheilt; der durch seine Umsichtigkeit in Bezug auf das Anschlagwesen bekannte Herr C. F. Gerlach hierselbst ist von mir als Anschlag-Inspector bestellt worden und wird der Inspicirung der Säulen und des Anschlags seine ganze Thätigkeit widmen.

Ich bemerke, daß das Königliche Polizei-Präsidium in der oben gedachten Verordnung die näheren Bedingungen der Benutzung meiner Anschlag-Säulen mitgetheilt hat und daß das darauf gegründete Reglement, so wie die betreffenden **fünf neuen** Formate gratis in meinem Comptoir von den hierbei Betheiligten in Empfang genommen werden können.

Berlin wird hoffentlich in vielfacher Beziehung dabei schon dadurch gewinnen, daß fortan jede Verunzierung der Straßen, Plätze, Brunnen, Bäume ꝛc. ꝛc. vermieden und jede Beeinträchtigung und Uebervortheilung, jede Unregelmäßigkeit und Unzuverlässigkeit unmöglich gemacht wird. Alles dies berechtigt mich zu der Erwartung, daß ich mein Unternehmen dem öffentlichen Wohlwollen und Schutz hiermit empfehlen darf.

Berlin, den 24. Juni 1855.

Ernst Litfaß,
Eigenthümer der Anschlag-Säulen für Berlin.
Comptoir: Adlerstraße Nr. 6.
(geöffnet von Morgens 9 bis Abends 8 Uhr.)

Kat. Nr. 2.1.17

Annoncir-Polka und zahlreiche *Litfaß-Bälle* werbewirksam in Szene zu setzen. Zum 2jährigen Bestehen der Säulen schlossen sich sechs *Anschlags-Spediteure* zusammen, um Litfaß mit einem Gedicht zu ehren. Darin heißt es: *Ochsen, Bären, Tiger, Affen / Kleben wir für Dich mit an, / Uhren, Kleider, Polkajacken, / Murphy hackte auch schon d'ran. / Kluges Werk hast Du gestiftet / Mit Deiner grossen Säulen Schaar, / Bös' waren die Häuser zugerichtet, / Die jetzt nun dasteh'n rein und klar* (Haenschke 1935, 12).

Neben Ochsen, Tigern, Bären und Affen, die in Gestalt von Zirkusannoncen und Zooplakaten ihr Stelldichein auf den Säulen gaben, klebten zu Anfang überwiegend Theaterzettel, die nicht nur Auskunft über aktuelle Spielpläne boten, sondern den interessierten Passanten gleichzeitig auch über Ausfälle und Erkrankungen der Schauspieler informierten. Und zwischen den obligatorischen Geschäftsanzeigen fand sogar die Polizei Möglichkeiten, die Bevölkerung in eigener Sache anzusprechen. So wurden Hinrichtungsankündigungen und Fahndungsgesuche ebenfalls über das Medium Litfaßsäule bekanntgegeben.

Vom Plakatinstitut zur Deutschen Städte-Reklame GmbH

Für sein neugegründetes Institut und die 150 Säulen, 100 aus Zement und 50 weitere, die neben dem Plakatanschlag auch als Brunnenumhüllungen fungierten, warb Litfaß mit Schlagwörtern wie *Reellität* und *Pünktlichkeit* nicht nur in der Regionalpresse. Zeitgleich mit den Anzeigen für den Berliner Raum erschien, an die Bau- und Straßenbehörden von Hamburg, Hannover, Kopenhagen, Stockholm, Christiania und St. Petersburg gerichtet, ein weiteres Inserat. In diesem wies er mit Berufung auf seine Konzession nochmals auf sein Unternehmen hin, bot den genannten Städten darüber hinaus seine Unterstützung und weitere Informationen für ähnlich erfolgreiche Projekte an (Haenschke 1935, 10). Plakatinstitute nach dem Vorbild Litfaß' entstanden nun auch in anderen Städten Deutschlands. Während in Stuttgart und Frankfurt a. M. erst 1872 und 1876 ähnliche Unternehmen gegründet wurden, suchten München und Hamburg 1862 und 1868 relativ früh Anschluß (Reinhardt 1993, 120). Doch die Presse dort wehrte sich zu Anfang gegen die aufgestellten *Probesäulen,* da sie befürchtete, Inserenten zu verlieren. So schrieben 1871 die *Hamburger Montagsnachrichten: Wir recapitulieren nun, wozu die Anschlagssäulen nützlich. Als Brunnen sind sie unbrauchbar, als Bekanntmachungsmittel unwirksam, als Straßenzierde gänzlich am falschen Platz. Also fort mit ihnen, fort mit Schaden* (Montagsnachrichten, Hamburg, 18. 9. 1871).

Auch München sträubte sich zunächst gegen Neuerungen. Max Alois Hartl durfte zwar durch sein neugegründetes Plakatinstitut Anschlagstafeln an städtischen Gebäuden errichten, um die Säulen selbst rang er mit dem Magistrat jedoch sechs Jahre. Entsprechende Eingaben hatte er schon 1875 an den Münchner Magistrat gerichtet, die Genehmigung wurde ihm jedoch erst 1881 erteilt (Busse 1908, 21). Aber auch zu diesem Zeitpunkt konnte man sich an diese ›neumodischen‹ Säulen nicht richtig gewöhnen: *Ganz München war vor einigen Wochen über den Bubenstreich empört, der an dem Monument des unvergeßlichen Königs verübt wurde, und nun soll seine gelungenste Schöpfung jahraus jahrein eine Verunzierung erleiden, die das Auge nicht viel weniger beleidigt. Bleibe die moderne Marktschreier-Industrie doch wenigstens unseren classischen Stätten fern* (Allgemeine Zeitung, München, 21. 4. 1881). Stein des Anstoßes war die Aufstellung zweier Litfaßsäulen in der Ludwigstraße (vgl. Kat. Nr. 2.1.23).

Längere Zeit verblieb das Monopol in der Hand der Firma Hartl. Einen förmlichen Vertrag gab es vorerst nicht. 1879 wurde die Vermietung der Anschlagsflächen jedoch öffentlich ausgeschrieben, wobei Hartl auf sein Höchstgebot von 20 M pro Fläche hin den Zuschlag erhielt (Busse 1908, 53). Acht Jahre später bekam die Firma durch den Unternehmer Pierling Konkurrenz, der die Erlaubnis zu einem zweiten Plakatanschlagsinstitut erhalten hatte. Man einigte sich darauf, die Stadt in zwei Teile, einen inneren und einen äußeren Kreis, zu gliedern, die dann Befugnisgebiete der jeweiligen Firmen wurden. 1894 fusionierten die Firmen unter dem Namen *Vereinigte Plakatinstitute Hartl & Pierling* (Busse 1908, 55). Dieser Vorgang wiederholte sich nochmals mit einer weiteren Firma, dem *Münchner Kindl-Plakatinstitut,* das wenige Jahre später aufgekauft wurde, während sich der eigentliche Vertrag mit der Landeshauptstadt festigte.

So oder ähnlich läßt sich die Entwicklung auch in anderen Städten Deutschlands beobachten. Besonderes Augenmerk sei jedoch auf Frankfurt am Main gerichtet. 1921 lief dort der Vertrag mit der *Annoncenexpedition Franz Eckstein* aus. Gleichzeitig unterbreitete man ihr von seiten des städtischen Wirtschaftsamtes den Vorschlag, eine *Reklamestelle Frankfurt a. M. GmbH* zu gründen. Als Gesellschafter wurden die Stadt sowie die Frankfurter Messe- und

Ausstellungs-GmbH eingesetzt, die auch für das Startkapital von 300 000 RM aufkamen. *Die Durchführung des öffentlichen Anschlagwesens und die Ausnützung aller Reklamemöglichkeiten der Stadt Frankfurt a. M.* war dabei laut § 2 des Gesellschaftervertrages oberste Weisung (Lerner 1972, 18). Im Oktober 1922 traten Kassel und München der Gesellschaft bei, die sich fortan nun *Städte-Reklame GmbH* nannte. 1926 kamen Essen und Mainz hinzu, und bis zum Jahr 1936 konnte sie auf 350 angeschlossene Städte und Gemeinden verweisen (Reinhardt 1993, 123). 1922 änderte sich jedoch ein zweites Mal der Gesellschaftsname. Unter ihrem jetzigen Namen *Deutsche Städte-Reklame GmbH* verfügt die Gesellschaft heute über eine großflächige Vernetzung des Landes und kann auf eine 74jährige Firmengeschichte zurückblicken. Während ihre Pachtverträge mit den einzelnen Städten jedoch ausschließlich städtischen Grund betreffen, müssen viele kleine Firmen um die Aufträge an den Privatflächen kämpfen. Ein Übel hat sich die Jahrhunderte hindurch jedoch erhalten können: der Wildanschlag, der sich immer wieder durch juristische Lücken geschlängelt hat, treibt laut Presseberichten (Süddeutsche Zeitung, 23. August 1995) erneut seine Blüten.

Plakatmaler in München, 1938. Münchner Stadtarchiv

Von der Säule zur Rakete

Von allen Werbeträgern, die sich durch die Jahrhunderte hin veränderten, entwickelten, einem System unterworfen wurden oder auch neue Konkurrenten bekamen, ist mit der Konstruktion der Litfaßsäule ein nicht zu unterschätzender Schritt in das Zeitalter der Wirtschaftswerbung getan worden. Von offizieller Seite als Werbefläche anerkannt und genehmigt, erhielt sie ihre Akzeptanz durch Interessenten und Inserenten, die nun auf öffentlicher Ebene in den Wettbewerb zu treten begannen (Weisserth 1953, 73).

Fluch und Segen der Werbung wurden in gewisser Weise bereits 1913 erkannt. Cüddow äußerte sich in einer Ausgabe der Zeitschrift *Plakat* folgendermaßen: *Die Reklame ist jedoch auch mehr als eine Entartung zügellosen Verdiensttriebes, die viele ihrer Gegner in ihr sehen wollen. Sie ist mehr – ein wirtschaftlicher Faktor ersten Ranges, ein unentbehrliches Triebrad in der komplizierten Maschine des Wirtschaftlebens* (Das Plakat, März 1913, 62). Ob man damals wohl schon ahnte, daß man sich im Jahre 1995 gar an intergalaktische Bewohner wenden würde? Am 29. November 1995 ist sie gestartet: die als Gemeinschaftsprojekt der Schwedischen Weltraum-Gesellschaft, der Daimler-Benz Aerospace und der Europäischen Weltraum-Agentur konzipierte Rakete, die erstmals mit einer Werbefläche ausgerüstet wurde …

Sandra Uhrig

Anschlagwände

2.1.1
Fantasy of a Billsticker
John Parry
(London 1812–1865 London)
1835
Tempera, 70,2 x 100,3 cm
Lit.: Gallo 1975
London, Alfred Dunhill Ltd.

John Parrys Bild zeigt hier die träumerische (oder alptraumhafte?) Vision eines englischen Plakatanschlägers. Vor der gigantischen Fläche, die bereits über und über mit Bekanntmachungen beklebt ist, nimmt er sich in seinen Bemühungen, einen weiteren Anschlag zu plazieren, zwergenhaft klein aus. Das Bild karikiert zwar die damalige Situation des Plakatanschlags, doch nur wenige Jahre später sollte sich die Londoner Presse darüber mokieren, daß die Stadt für Festzüge bald nicht mehr geeignet wäre, da man *vor lauter Buchstaben und Bildern keine Mauern, keine Bauformen mehr sähe* (Behme 1931, 29). S. U.

2.1.2
Der Windstoß
Eugen Kirchner
(Halle/S. 1865–1938 München)
1896
Bez. u. r.: Eugen Kirchner
Radierung, 32,5 x 20 cm
Lit.: Roth 1993, 182
München, Privatsammlung

Auf Eugen Kirchners Radierung *Der Windstoß* kommt der Anschlagstafel im Hintergrund eine thematisch sicherlich untergeordnete Bedeutung zu. Während die vielleicht sonntäglichen Spaziergänger mit den Folgen eines unerwarteten Windstoßes zu kämpfen haben, scheint sich dagegen bereits eines der ersten Markenprodukte Deutschlands seinen Platz in der Warenwelt erkämpft zu haben, und das nicht nur auf der Reklamefläche am Wegesrand. Odol war mit begleitender Kampagne bereits seit 1893 auf dem Markt. S. U.

Kat. Nr. 2.1.8

2.1.3
Plakatwand in der Prielmayerstraße
München 1896
Fotografie
Münchner Stadtmuseum 49/270

2.1.4
Plakatwand in der Herzog-Rudolf-Straße
München 8. 6. 1903
Fotografie
Münchner Stadtmuseum 43/548

Kat. Nr. 2.1.13

2.1.5
Litfaßsäule und Plakatwand am Lenbachplatz mit Blick auf die Synagoge
Georg Böttger
München um 1887
Fotografie
Münchner Stadtmuseum 38/1357

Diese Aufnahme zeigt die Süd-Ost-Seite des heutigen Lenbachplatzes mit der 1938 zerstörten Synagoge. Davor die ersten offiziell genehmigten Werbeträger Münchens: eine Wand des Plakatanschlagsinstituts Max A. Hartl sowie zwei der ersten Litfaßsäulen, deren Aufstellung Hartl erst 1881 dem Münchner Magistrat abgerungen hatte.
S. U.

2.1.6
Giebelreklame in der Plinganser/ Ecke Lindenschmidtstraße
München 1906
Fotografie
München, Stadtarchiv R 1216

2.1.7
Plakatwand in der Nymphenburger/ Ecke Lothstraße
München 16. 1. 1907
Fotografie
München, Stadtarchiv R 2651-IV-30

2.1.8 *Abb.*
Plakatwand am Gasthaus Lodererbräu, Oberer Anger 11
München 1910
Fotografie
Münchner Stadtmuseum 43/500

2.1.9
Plakatwand am Sendlingertor
München 1911
Fotografie
Münchner Stadtarchiv R 2651-IV-21

2.1.10
Plakatwand Sendlinger/Ecke Singlspielerstraße
München 1912
Fotografie
Münchner Stadtmuseum 43/733

2.1.11
Plakatanschläger in München
Um 1920
Fotografie
Lit.: AK 50 Jahre deutsche Städtereklame, Frankfurt a. M. 1972, 14
München, Deutsche Städte-Reklame

Stolz präsentiert sich hier ein Münchner Plakatanschläger mit dem typischen Handkarren vor seinem Werk. Obwohl die Plakate divers und durchaus vielfältig sind, scheinen sie einem beispielhaften Ordnungssystem zu unterliegen. S. U.

2.1.12
Haus Bayerstr. 3
München um 1930
Fotografie
München, Stadtarchiv R 2651-V-31

Giebelreklame

2.1.13 *Abb.*
Giebelreklame in der Schwabinger Landstraße
München 1930er Jahre
Fotografie
München, Stadtarchiv R 2651-IV-18

2.1.14 *Abb.*
An der Stadtbahn Schöneberg
Gustav Wunderwald
(Köln 1882–1945 Berlin)
Berlin 1926
Öl auf Leinwand, 75 x 60 cm
Lit.: Reinhard 1988, Nr. 105
Berlin, Schöneberg Museum Archiv A 188

Kat. Nr. 2.1.14

Gustav Wunderwald gilt als der Berliner Stadtmaler der Neuen Sachlichkeit. Bekannt geworden durch die Besprechung seiner Gemälde durch Paul Westheim 1927 im *Kunstblatt,* hat man in ihm einen Künstler vor sich, der seine Themen in Bereichen ansiedelt, die gemeinhin als wenig reizvoll erachtet werden und dennoch durch die atmosphärische Dichte des Dargestellten beeindrucken. Hier kontrastiert eine großflächige Persilreklame mit dem melancholischen Reiz der Vorstadt. S. U.

2.1.15 *Abb.*
Am Wedding
Gustav Wunderwald
(Köln 1882–1945 Berlin)
1927
Bez. u. r.: G. Wunderwald
Öl auf Leinwand, 61,5 x 71,5 cm
Lit.: AK Gustav Wunderwald, Berlin 1982, Nr. 64
Berlin, Staatliche Museen zu Berlin Preußischer Kulturbesitz, Nationalgalerie

Kat. Nr. 2.1.15

Kat. Nr. 2.1.21

Kat. Nr. 2.1.16

2.1.16 *Abb.*
Plakatwand vor der Kohlenhandlung in der Adlzreiterstraße
Ibe (Johann Baptist Mayer, tätig in München 1909–1942)
München um 1930
Bez. u. r.: Ibe
Kreide und Deckfarben, 55,5 x 42 cm
Münchner Stadtmuseum 38/721 (D 9/1)

Die Litfaßsäule

2.1.17 *Abb. S. 54*
Anzeige in der Neuen Preußischen Zeitung vom 27. Juni 1855
Ernst Litfaß
Berlin 27. Juni 1855
Lit.: Mackenroth 1982, 24
München, Bayerische Staatsbibliothek

Mit dieser Anzeige, die gleichzeitig in mehreren Berliner Zeitungen erschien, stellte Ernst Litfaß höchstpersönlich sein neugegründetes Plakatanschlagsinstitut der Öffentlichkeit vor. In einem vorangegangenen Vertrag zwischen ihm und dem Polizeipräsidenten von Hinckeldey war Litfaß 1855 die alleinige Konzession für den Berliner Plakatanschlag erteilt worden und der freie Anschlag von diesem Zeitpunkt an verboten. S. U.

2.1.18
Die Friedensdepesche
A. Müller-Schönhausen
1871/72
Bez. u. l.: Müller-Schönhausen
Öl auf Leinwand, 31,5 x 24,5 cm
Lit.: AK Gemälde I, 1, Berlin 1994, Nr. 532
Berlin Museum

2.1.19
Der Spittelmarkt
Paul Hoeniger
(Berlin 1865–1924 Berlin)
1912
Bez. u. r.: P. Hoeniger 1912
Öl auf Leinwand, 74 x 93 cm
Lit.: AK Stadtbilder, Berlin 1987, Nr. 130
Berlin, Stiftung Stadtmuseum Berlin
GEM 75/7

Das Gemälde von Paul Hoeniger gibt beredtes Zeugnis von der großstädtischen Atmosphäre des Spittelmarkts ab. In Form von Kutschen, Straßenbahnen, Bussen und Passantenströmen flutet der Verkehr über den regennassen Platz, auf den sieben Straßen mündeten und der somit einer der wichtigsten Verkehrsknotenpunkte Berlins war. Die Litfaßsäule im Vordergrund sowie die Reklametafeln an den Fassaden vermitteln dabei einen Eindruck von der frühen Werbetätigkeit in Berlin. S. U.

2.1.20
Kohlensäurewerke (Moabit)
Gustav Wunderwald
(Köln 1882–1945 Berlin)

Kat. Nr. 2.1.22

1926
Bez. u. l.: G.Wunderwald
Öl auf Leinwand, 84 x 66 cm
Lit.: Reinhard 1988, Nr. 110
Berlin, Bezirksamt Moabit

2.1.21 *Abb.*
Selbstbildnis vor der Litfaßsäule
Georg Scholz (Wolfenbüttel 1890–1945 Waldkirch/Baden)
1926
Bez. u. r.: G. Scholz 1926
Öl auf Leinwand, 60 x 78 cm
Lit.: AK Neue Sachlichkeit, Mannheim 1994, 151
Karlsruhe, Städtische Kunsthalle

Kat. Nr. 2.1.25

Kat. Nr. 2.1.23

Georg Scholz präsentiert sich in seinem *Selbstbildnis vor der Litfaßsäule* von 1926 als Künstler der Neuen Sachlichkeit nicht nur unspektakulär, sondern geradezu zurückhaltend. So erscheint er, von dem Statussymbol Auto und den werbenden Signalen der Großstadt umgeben, weniger als Künstler denn als Zeuge seiner Zeit. S. U.

2.1.22 *Abb.*
An der Plakatsäule
Eduard Aigner
(Neuhaus/Opf. 1903–1978 München)
Um 1932
Bez. u. l.: E. Aigner
Öl auf Leinwand, 140,5 x 110 cm
Lit.: Stölzl 1979, Nr. 493
München, Städtische Galerie im Lenbachhaus G 16.270

2.1.23 *Abb.*
Ludwig- / Ecke Galeriestraße
München um 1900
Fotografie
München, Stadtarchiv R 2651-V-28

2.1.24
Litfaßsäule in München
München um 1914
Fotografie
München, Stadtarchiv R 2651-IV-20

2.1.25 *Abb.*
Plakatständer vor dem Justizpalast
München 1914
Fotografie
Münchner Stadtmuseum

Carola Jüllig

›Wo nachts keine Lichter brennen, ist finstere Provinz‹

Neue Werbung in Berlin

Die Anfänge

Als der Berliner Buchdrucker Ernst Litfaß im Juli 1855 die erste Litfaßsäule feierlich einweihte, steckte die Reklame in Berlin noch in den Kinderschuhen. Kaum verständlich wäre sonst die Aufregung, welche die Errichtung dieser ersten offiziellen Anschlagssäulen in der Öffentlichkeit hervorrief. Im Vergleich zu anderen europäischen Großstädten waren in der preußischen Residenzstadt moderne Werbeformen noch unterentwickelt. Werbung beschränkte sich in Berlin fast gänzlich auf die Zeitungsannonce und geklebte Ausverkaufs- oder Sonderangebotsankündigungen. Durch einen Vertrag mit dem Berliner Polizeipräsidenten Carl von Hinckeldey hatte sich der clevere Geschäftsmann Litfaß das Monopol für die Aufstellung und Bestückung seiner Säulen sichern lassen. Damit konnte die Polizei endlich das ›wilde‹ Zettelankleben, das seit der 1850 geltenden *»Affichenfreiheit für erlaubte Plakate«* (§ 8 der Preußischen Verfassung von 1850) die Berliner Hauswände, Bäume und Laternen verunstaltete, in geordnete Bahnen lenken. Aufgrund dieses Vertrages vom 5. Dezember 1854 (Landesarchiv Berlin, Außenstelle Breite Straße, Akten der städtischen Baudeputation/Tiefbau, Rep. 10–01/2, Bl. 5–19) erließ der Polizeipräsident am 24. Juni 1855 folgende Verordnung: *Um den öffentlichen Zettelanschlag einer Regelung zu unterwerfen, ist dem Buchdrucker Ernst Litfaß hierselbst die Genehmigung erteilt worden, massive Säulen und zweckentsprechende Verhüllungen von Straßenbrunnen zur Aufnahme von öffentlichen Anzeigen in den belebtesten Straßen der Stadt und ihrer nächsten Umgebung aufzustellen* (ebd. Bl. 25). Seine Firma vermietete exklusiv die Säulen, druckte die Plakate und ließ sie durch angestellte Zettelankleber anbringen. So erblickte in Berlin das erste professionelle deutsche ›Werbeunternehmen‹ das Licht der Welt. Das Plakat als Werbemittel – zunächst noch künstlerisch ungestaltet – trat durch Litfaß‘ Tätigkeit seinen Siegeszug an.

Berlin im Licht

Schnell wurden Litfaßsäulen zu einem prägenden Element des Berliner Stadtbildes – 1913 waren bereits über 1400 aufgestellt. Mit ihnen begann die Werbung den öffentlichen Raum zu erobern: Bald trugen Blechplakate, Giebelbemalungen, Schaufenster und Uhrensäulen ihre Werbebotschaften vor. Ebenso weitreichende Wirkungen wie die Litfaßsäule zeigte um die Jahrhundertwende ein anderes, innovatives Werbemittel: die Lichtreklame. Ihre Entstehung, ihre Weiterentwicklung, ihre Wirkungen – und ihre Auswüchse – sind ebenso eng mit Berlin verknüpft wie die Anschlagssäule. Wie keine andere deutsche Stadt verkörperte das Berlin der Gründerzeit den Innovationsschub der Moderne: Industrie, Städtebau, Verkehr und Konsum entwickelten sich in ungeahnter Geschwindigkeit. Die Warenproduktion steigerte sich ebenso rasant – insbesondere die junge Markenartikelindustrie erlebte seit den 1890er Jahren einen raschen Aufschwung. Je mehr Markenartikel auf den Markt gebracht wurden, desto aggressiver mußte für sie geworben werden. Ein neuer Wirtschaftszweig, die Reklameindustrie, entstand: *Die Warenproduktion unter der Herrschaft der freien Concurrenz und mit dem durchschnittlichen Übergewichte des Angebots über die Nachfrage muß dazu führen, den Dingen über ihre Nützlichkeit hinaus noch eine verlockende Außenseite zu geben* (Simmel 1896). Dies wurde die Aufgabe der Werbung. Immer auf der Suche nach neuen, ausdrucksstarken Werbeformen, entdeckten die Reklametreibenden um die Jahrhundertwende die Lichtreklame. Bereits 20 Jahre später, als sich Berlin selbst *zur schnellsten Stadt der Welt* stilisierte, war es die Hochburg der deutschen Lichtreklame und Mittelpunkt des deutschen Reklamewesens überhaupt: 1925 fand in Berlin die Reichs-Reklame-Messe statt, vier Jahre später der ›Welt-Reklamekongreß‹ mit der ›Reklame-Schau‹.

1927 veranstaltete die ›Zentrale der deutschen Schaufenster-Licht-Werbung‹ das Lichtfest ›Berlin im Licht‹, bei dem u.a. öffentliche Gebäude angestrahlt, besondere Schaufensterbeleuchtungen installiert wurden und die Stadt insgesamt erhellt war. Sinn der Veranstaltung war vor allem, *Berlin als Lichtstadt den übrigen Weltzentren Paris, London, New York, die ein groß Teil ihres Glanzes und Ansehens in der Welt gerade ihrer geschmackvollen Lichtpflege verdanken, zunächst und zumindest ebenbürtig an die Seite zu stellen* (Hamel 1928, 588 f.). Das Lichtfest markiert den Höhepunkt einer Entwicklung, die mit der Elektrifizierung um 1885 einsetzte.

Bereits die Einführung der Gasbeleuchtung hatte das Bild der Städte seit der Mitte des 19. Jahrhunderts tiefgreifend verändert. Die unheimliche Dunkelheit verschwand nach und nach. Schnell machte sich die Reklame das Licht nutzbar, das *ökonomische Brachland der Nacht* (Reinhardt 1994, 440) wurde erobert: Schaufenster, Vitrinen und Kioske leuchteten, an Gaslaternen waren Reklameschilder montiert. Doch erst das elektrische Licht ließ sich gänzlich in den Dienst der Reklame stellen. Kaum war 1885 das erste Berliner Kraftwerk ans Netz gegangen, erglühten bereits die ersten Lichtreklamen: Ständige Verbesserungen bei Glühlampen und Schaltanlagen verbilligten die anfangs technisch und finanziell aufwendigen Unternehmungen in Anschaffung und Betrieb. Eine Werbebroschüre der AEG aus dem Jahr 1907 faßt deren Bedeutung und Vorzüge zusammen: *Im modernen Geschäftsleben spielt die Reklame eine hervorragende Rolle. Von ihrer mehr oder weniger geschickten Ausgestaltung hängt oft der Erfolg geschäftlicher Unternehmungen ab. Ein wichtiges Hilfsmittel wirkungsvoller Reklame bildet das elektrische Licht. … vor allem die Anpassungsfähigkeit an dekorative Anforderungen jeder Art haben der elektrischen Glühlampe, seitdem sie überhaupt Eingang in die Beleuchtungstechnik gefunden hat, ihre Bedeutung für die Lichtreklame verschafft* (Allgemeine Elektricitäts-Gesellschaft Berlin, 1907, 3).

Bereits zu ihrer Entstehungszeit war die Lichtreklame untrennbar mit der Idee ›Großstadt‹ verbunden. Verkehr, Geschwindigkeit, Warenströme, Menschenmassen und Licht waren die Elemente, aus denen sich die moderne Stadt des 20. Jahrhunderts zusammenfügte. Die Großstädter wurden mit neuen Reizen konfrontiert. Das beschleunigte Metropolenleben schuf eine neue Wahrnehmungsstruktur, die von der Helligkeit und Bewegung des elektrischen Lichtes geprägt war (Vietta 1974, 354–373). Dieses neue Erleben wurde vor allem in der Kunst der Expressionisten umgesetzt. So beschrieb der Dichter und Maler Ludwig Meidner das nächtliche Berlin: *Das Licht scheint zu fließen. Es zerfetzt die Dinge. Wir fühlen deutlich Lichtfetzen, Lichtstreifen, Lichtbündel. Ganze Komplexe wogen im Licht und scheinen durchsichtig zu sein – doch dazwischen wieder Starrheit, Undurchsichtigkeit in breiten Massen. Zwischen hohen Häuserreihen blendet uns ein Tumult von Hell und Dunkel. Lichtflächen liegen breit auf Wänden. Mitten im Gewühl von Köpfen zerplatzt eine Lichtrakete. Zwischen Fahrzeugen zuckt es hell auf. Der Himmel dringt wie ein Wasserfall auf uns ein. Seine Lichtfülle sprengt das Unten. Scharfe Konturen wanken in der Grelle. Die Scharen der Rechtecke fliehen in wirbelnden Rhythmen. Das Licht bringt alle Dinge im Raum in Bewegung* (Meidner 1914, 312–314).

Licht war gleichbedeutend mit Modernität, und Licht wurde schnell Werbung – auch sie ein Ausdruck der Moderne. Die Möglichkeiten, sich durch Lichtreklame nächtliche Präsenz im Stadtbild zu verschaffen, hatten besonders schnell die Kaufhausbesitzer erkannt. Die Warenhäuser – auch sie Inkunabeln der Moderne – nutzten das Licht vor allem für die Eigenwerbung: Anläßlich der Großjährigkeitserklärung des Kronprinzen Friedrich Wilhelm am 6. Mai 1900 wurde z.B. die Fassade des Warenhauses Wertheim in der Leipziger Straße mit einer aufwendigen Illumination geschmückt. In den 20er Jahren gehörte die Lichtwerbung der Berliner Warenhäuser für ihre ›Weißen Wochen‹ zu den beeindrukkendsten Beispielen der neuen leuchtenden ›Werbekunst‹.

›Du bist ja Manoli!‹

1896 wurde die vermutlich erste Lichtreklame Berlins installiert: *Am Spittelmarkt in Berlin, ungefähr an der Stelle, die heute von einem Riesenelektrographen von 2 x 20 Universalbuchstaben eingenommen wird, spannte vor etwas mehr als einem Vierteljahrhundert ein findiger Kopf eine große bemalte Leinwandfläche auf einen Rahmen, beleuchtete sie nach Eintritt der Dunkelheit durch Kohlenfadenlampe und*

Illumination an der Fassade des Berliner Warenhauses Wertheim, 1900. Berlin, Ullstein Bilderdienst

hämmerte damit dem interessierten Spaziergänger und dem Leipzigerstraßenbummler den Namen seiner Weinmarke ins Gedächtnis. Diese in ihrer Ausführung reichlich einfache und kunstlose Lichtreklame hat sich inzwischen zu einer wichtigen und vielgestaltigen Form der geschäftlichen Werbung entwickelt ... (Klaffke 1925, 23). Die Sogwirkung der leuchtenden Reklame war ungeheuer, deren ästhetische Qualität allerdings blieb umstritten. Öffentlichkeit und Fachkreise reagierten meist kritisch auf das neue Werbemittel: Zu radikal war die Veränderung des Stadtbildes. Als Beispiel kann das erste ›Manoli-Rad‹ dienen, das 1898 auf einem Berliner Dach am Alexanderplatz aufgebaut wurde (Kat. Nr. 2.2.6). *Von den ausgesprochen geschmacklosen Beleuchtungsreklamen wollen wir nur eine, und zwar auf Grund der Beurteilung durch die öffentliche Meinung, kurz behandeln. Der ›richtige Berliner‹ sagt seit einigen Jahren nicht mehr, dieser oder jener sei verrückt. Es ist viel mehr der klassische Ausdruck ›Manoli‹ an die Stelle dieses Wortes getreten. Für Begriffsstutzige wird dabei der Ausdruck noch durch eine drehende Bewegung der Hand vor der Stirn ergänzt. Die Erklärung ist auf dem Gebiet der Lichtreklame zu suchen. Eine Tabakfirma hat bekanntlich längere Zeit ihre Fabrikate in der Weise angekündigt, daß mit Hilfe der Lichtreklame ein sich anscheinend mit beängstigender Geschwindigkeit drehender Kreis hoch oben an den Häusern dargestellt wurde. Plötzlich leuchtet dann in der Mitte dieses dem Auge wehtuenden Lichtkreises der Imperativ ›Raucht Manoli!‹ Wie unangenehm diese, sicherlich nicht vorbildliche Lichtreklame empfunden wurde, beweist die Tatsache, daß der allzeit schlagfertige Berliner seit jenen Tagen Manoli gleichbedeutend für ›verrückt‹ im täglichen Sprachgebrauch verwendet* (Seidels Reklame, März 1913, 85–88). Noch wurde die neue Helligkeit, gekoppelt mit Bewegung, häufig als Reizüberflutung empfunden. Deren Gegner – allen voran die konservativen ›Heimatschützer‹ – schmähten die neue Allgegenwart der Reklame im Stadtbild oft als ›Reklamelärm‹. Den Leuchtschriften wurden schädigende Einflüsse auf das menschliche Nervensystem nachgesagt; sie galten als Verkehrshindernis, da sich Menschenmassen vor ihnen stauten oder Pferde scheuten. Solche oder ähnliche Vorurteile waren um die Jahrhundertwende weit verbreitet. Doch auch negative Reaktionen waren Wirkungen, und das war schließlich das Ziel der Reklame: Aufmerksamkeit zu erregen, um jeden Preis. Die leuchtenden Buchstaben konnte man nicht übersehen.

1902 wurde die bis dahin größte Lichtreklame-Anlage für das Berliner Geschäftshaus von Rudolph Hertzog an der Breiten Straße installiert. Sie zeigte seinen Namen in geschwungenen Kastenbuchstaben, die innen mit Glühbirnen bestückt waren. Die Anfangsbuchstaben R und H waren 3 m hoch, der gesamte Schriftzug mit je 400 gelben und roten Glühbirnen ausgestattet (Kat. AEG 1907, Teil 3, 2). Im selben Jahr beantragte der Ingenieur Hugo Gantke eine Leuchtreklame für die Firma Hildebrand-Schokolade. Sie bestand aus 25 Buchstaben und sollte auf dem Dache des Hauses Bellevue Straße 21/22 mit Front zum Potsdamer Platz montiert werden, in dem das traditionelle Café Josty untergebracht war. An diesem Gebäude lassen sich exemplarisch verschiedene Entwicklungsstufen der Lichtreklame aufzeigen. Die Baupolizei prüfte die Statik des geplanten Schriftzuges und genehmigte dann die Anlage problemlos (Landesarchiv Berlin, Rep. 202, Acc. 2068, Nr. 3952, Bl. 138). Gantkes Buchstaben bestanden aus *Zinkblech mit Randeinlage aus Rundeisen und enthielten weisse Glühlampen, die stetig brennen sollen ...* (ebd., Bl. 141). Dazu war der Bau eines 4 m hohen und 15 m breiten eisernen Gerüstes auf dem Hausdach erforderlich. Das ›H‹ des Wortes ›Hildebrand‹ erreichte eine Höhe von 2,50 m. Aber die Entwicklung ging schnell voran: von den starren Leuchtbuchstaben zu flexiblen Leuchtschriften. Wenige Jahre später wurde dann am Josty-Haus die größte Elektrographenanlage Deutschlands installiert (Kat. Nr. 2.2.4). Solche Anlagen waren seit 1907 von der AEG als ›Universal-Reklame-Druckschrift‹ entwickelt worden. Sie bestanden aus Buchstabenfeldern, jeweils mit 29 Glühbirnen bestückt. Verschiedene Schaltungen brachten in den Buchstabenfeldern jeden gewünschten Buchstaben, jede Zahl oder jedes Satzzeichen zum Leuchten. Insgesamt 40 Schriftzeichen konnten so erzeugt werden; die Buchstabenfelder wurden in Höhen von 50 cm bis 1,50 m geliefert. Damit war erstmals die Möglichkeit gegeben, nach einem ›Persil‹-Slogan eine ›Sarotti‹-Werbung oder einen ›Manoli‹-Spruch zu zeigen. Die Anlage am Josty-Haus bestand aus 15 Feldern. Der nächste Entwicklungsschritt war dann die bildhafte Lichtreklame. 1912 erregte eine Kupferberg-Reklame in der Friedrichstraße großes Aufsehen (Kat. Nr. 2.2.8; 2.2.9): Sie stellte zum ersten Mal einen Bewegungsablauf dar – das Eingießen von Sekt in ein Glas, aus dem dann Bläschen emporstiegen (Die Reklame, 31, 1912, 14).

Ordnung muß sein!

In Berlin entstanden vor dem Ersten Weltkrieg vor allem an den großen Verkehrsknotenpunkten Friedrichstraße, Potsdamer- und Alexanderplatz zahlreiche Lichtreklamen. Sie sollten dem Weltstadtanspruch der Reichshauptstadt Nachdruck verleihen: Berlin wollte sich in die Reihe der Metropolen New York, London und Paris einreihen, wo die Lichtreklame bereits weit entwickelt war. Doch selbst in der fortschrittlichen Großstadt versuchte die Verwaltung, mit Hilfe gesetzlicher Regelungen den Reklamewildwuchs zu beschneiden. Bis 1907 waren die rechtlichen Möglichkeiten in Preußen jedoch beschränkt: Die Polizeiverordnung von 1899 hatte festgelegt, daß alle Ankündigungsmittel eines Gewerbebetriebes der polizeilichen Genehmigung unterlagen, und das Allgemeine Landrecht bot der Baupolizei Gelegenheit, bei grober Verunstaltung der Straßen und Plätze einzuschreiten. Doch erst das preußische *Gesetz gegen die Verunstaltung von Ortschaften und landschaftlich herausragenden Gegenden* von 1907 (an dem die Heimatschützer, erklärte Feinde der Reklame, wesentlichen Anteil hatten) regelte verbindlich die Anbringung von Reklamemitteln (Landesarchiv Berlin, Außenstelle Breite Straße, Rep. 10–02, Nr. 16735). Auf dieser Grundlage verabschiedete der Berliner Magistrat 1909 ein Ortsstatut zum Schutz der Stadt Berlin gegen Verunstaltung, das mit kleineren Änderungen bis zum Zweiten Weltkrieg gültig war (Gemeinde-Blatt der Haupt- und Residenzstadt Berlin, Jg. 50, Nr. 52, 26.12.1909). Es legte u.a. fest, in welchen Straßen und Plätzen die Anbringung von Reklamen genehmigungspflichtig war. Darunter fiel vor allem der damalige City-Bereich, etwa rund um das Schloß, die Straße Unter den Linden oder die Mohrenstraße. Dort konnte die Erlaubnis versagt werden, wenn *die Eigenart des Orts- oder Straßenbildes wesentlich beeinträchtigt* wurde. Ein Sachverständigenbeirat des Magistrats prüfte die Entwürfe für Neu- und Umbauten sowie Reklameeinrichtungen und beriet die Baupolizei. Für die Straße Unter den Linden, in der sich zahlreiche Geschäfte befanden, lehnte der Beirat Reklameschilder oder Lichtreklamen häufig ab. Als beispielsweise die AEG 1913 auf dem Haus Nr. 27 eine Elektrographenanlage installieren wollte, sprachen sich die Sachverständigen dagegen aus: *Es handelt sich um die Anbringung eines 18,5 m langen, 1 m hohen Lichtschildes mit 20 Stück Universalbuchstaben, d.h. mit wechselnden Reklameinschriften. Wie die bestehenden, gleichartigen Schilder erkennen lassen, wird hierdurch das Straßenbild wesentlich beeinträchtigt ... Mit Rücksicht auf die erstmalige Vorlage eines derartigen Gesuches für die Straße Unter den Linden erscheint der Fall nicht von untergeordneter Bedeutung* (Landesarchiv Berlin, Außenstelle Breite Straße, Rep. 10–01/1, Nr. 7861, Bl. 200 f.).

Auch bereits bestehende Reklamen konnten aufgrund des Ortsstatuts beanstandet werden: 1913 verlangte die Polizei die Entfernung zweier gemalter Giebelreklamen an der Breiten Straße. Nicht nur, weil die Genehmigung fehlte; die Polizei sah die Verkehrssicherheit gefährdet: Die Giebelbilder seien geeignet, *den sehr lebhaften Verkehr auf dem Schloßplatz zu beeinträchtigen und die Passanten zu belästigen* (Seidels Reklame, März 1913, 86). Auch mit den Verfügungen des allgemeinen Preußischen Landrechts konnten ›grelle‹ Lichtreklamen verboten werden, wenn die Polizei in ihnen eine Störung der *Sicherheit des Verkehrs* sah (ebd., 87). In der Friedrichstraße mußte im gleichen Jahr eine Salamander-Leuchtreklame nach Intervention der Polizei wieder entfernt werden (Seidels Reklame, April 1914, 156). Auch die farbige, bewegliche ›Josetti‹-Lichtreklame an einem Gebäude Unter den Linden fiel dem neuen Ortsstatut zum Opfer (Seidels Reklame, Januar 1914, 85).

Außerhalb der geschützten Gebiete konnte die Baupolizei eine großzügigere Haltung einnehmen. Bis 1914 wurden in Berlin immer mehr Lichtreklamen installiert. Inzwischen hatte sich die Haltung der Öffentlichkeit gegenüber den leuchtenden Schildern und Buchstaben gewandelt: *In den Brennpunkten der Großstadt hat die Nachtleuchtreklame ihr volles Daseinsrecht. Gerade unsere Reichshauptstadt zeigt, daß sie in ihrer unbändigen Fülle garstiger Architekturen, die man bei Tage als Ausgeburten ehemaligen Protzentums und gestalterischen Nichtkönnens auf sich wirken lassen muß, gleichsam weglöscht und reizvolle Phantome hervorzuzaubern fähig ist* (Die Reklame, 1912, 85). Franz Hessel führte noch 1929 ein ähnliches Argument zur Ehrenrettung der Reklame an, als er den Kurfürstendamm entlangflanierte und ihn die ungeahnten Abenteuer des Auges erwarteten: *Die aufleuchtenden und verschwindenden, wandernden und wiederkehrenden Lichtreklamen ändern noch einmal Tiefe, Höhe und Umriß der Gebäude. Das ist von großem Nutzen, besonders an Teilen des Kurfürstendamms, wo von der schlimmsten Zeit des Privatbaus noch viel greulich getürmtes, schaurig Ausladendes und Überkrochenes stehengeblieben ist ... Die schrecklichen Zacken, Vor- und Überbauten der ›Geschwürhäuser‹, wie wir sie früher zu nennen pflegten, verschwinden hinter den Reklamearchitekturen* (Hessel 1984, 145). Doch so faszinierend dieser Lichtzauber in der

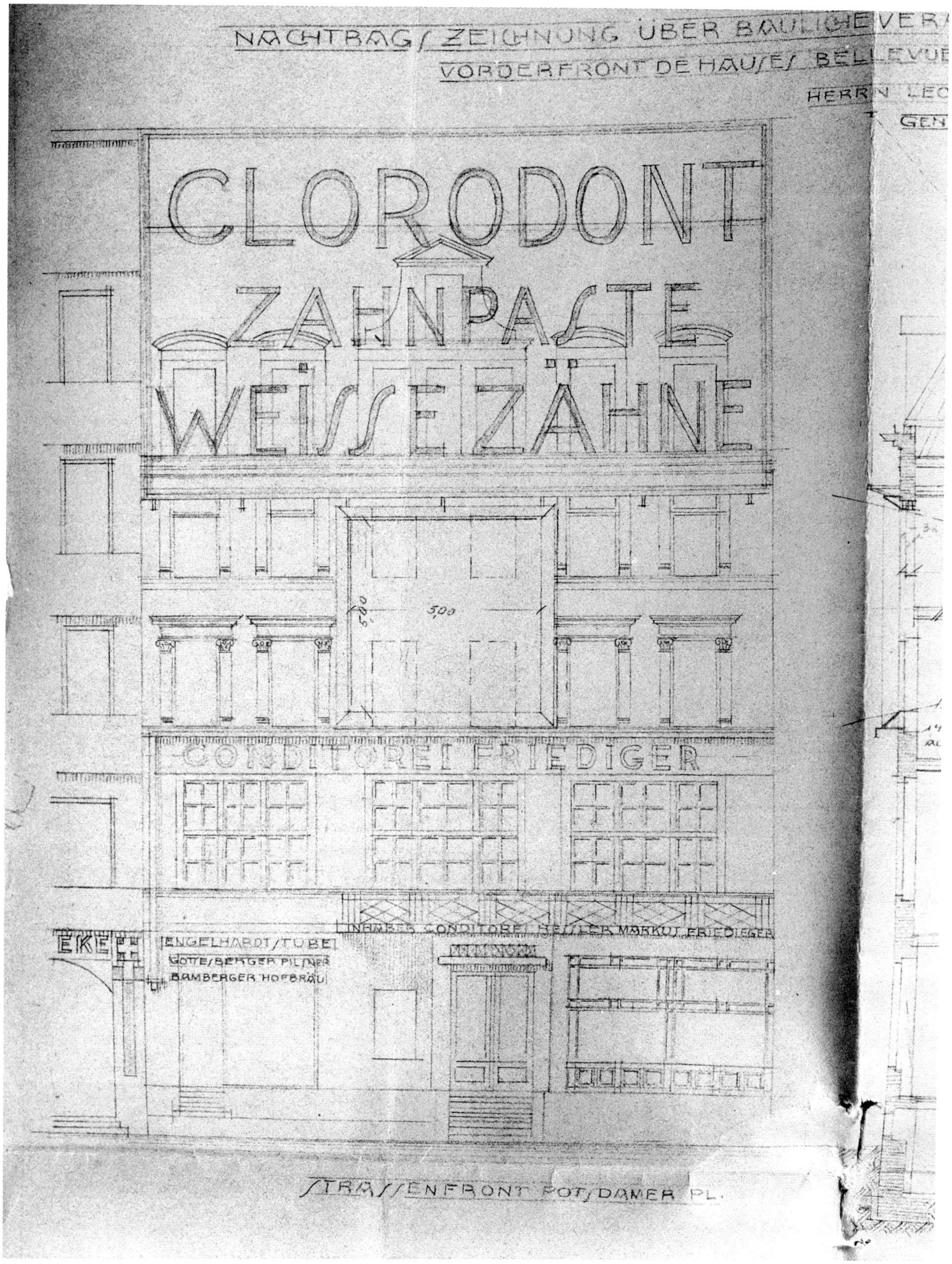

Entwurfszeichnung für die Chlorodont-Lichtreklame, 1928. Bauakten Bellevuestraße 21/22. Berlin Landesarchiv

Großstadt für viele Betrachter auch bei Nacht wirken mochte, am Tage war davon nichts mehr zu ahnen. Dann mußten häßliche Gestelle, Gestänge und Kabel an den Fassaden in Kauf genommen werden.

Mit Kriegsbeginn 1914 wurde die rasante Ausbreitung der Lichtreklame abrupt unterbrochen. Im August meldete die Zeitschrift Seidels Reklame: *Insbesondere hat der Polizeipräsident von Berlin, Herr von Jagow, dem die elektrischen Lichtreklamen auf den Dächern von jeher ein Dorn im Auge waren, die Lichtreklame sofort strengstens untersagt.* Begründet wurde die Anordnung damit, daß die nächtliche Helligkeit als Orientierungshilfe für den Feind dienen könne (Seidels Reklame, August 1914, 361). Zwar wurde der Erlaß bereits im September 1914 nach Protesten der Reklametreibenden wieder aufgehoben (Seidels Reklame, September 1914, 371). Doch zwei Jahre später kam es dann zum totalen Verbot der Lichtreklame – aufgrund der Bundesratsverordnung über die Ersparnis von Brennstoffen (Reinhardt 1994, 319). Erst nach zähem Kampf der Werbetreibenden wurde es 1922 aufgehoben (ebd.).

Mundpflege am Potsdamer Platz

Die Auswirkungen dieses Vorbotes blieben bis zu Beginn der 20er Jahre spürbar; noch behinderten Inflation und Wirtschaftskrise einen neuen Aufschwung der Werbebranche. 1924 stellte der Berliner Oberbürgermeister fest, daß die Lichtreklame … *in Berlin nicht so verbreitet [ist], wie es einer Großstadt aus wirtschaftlichen Gründen notwendig und unvermeidbar ist.* Der Magistrat wollte die *geschmackvolle* Lichtreklame in Berlin fördern und fand damit die Zustimmung der Industrie: *Für die Entwicklung des modernen Großstadtbildes gewinnt die Lichtreklame eine immer größere Bedeutung. In den Großstädten des Auslandes beherrscht sie das abendliche Bild der Straßen. … Die deutsche Industrie muß auf diesem Gebiet rückständig bleiben, wenn in Deutschland die polizeilichen Beschränkungen der Lichtreklame aufrecht erhalten werden, die im Auslande seit Jahren gefallen sind* (Landesarchiv Berlin, Außenstelle Breite Straße, Rep. 10–02, Nr. 16756 Bl. 71 und 73). Erst die wirtschaftliche Stabilisierung der Weimarer Republik führte zu einer neuen, heftigen Blüte des Lichtes. Fiat Lux- und Wanderschriftanlagen sowie die weiterentwickelten, farbigen Neonleuchten eröffneten der Lichtreklame neue Möglichkeiten, die vor allem im nächtlichen Berlin bewundert werden konnten. Hier wurde tatsächlich *die Nacht zum Tage gemacht,* wie eine populäre Redewendung des 19. Jahrhunderts die Gasbeleuchtung gepriesen hatte (Schivelbusch 1986, 11). Die neue Lichtfülle läßt sich an einem Beispiel belegen – wir kehren zum Josty-Haus am Potsdamer Platz zurück, auf dem immer noch die 1902 installierte ›Hildebrand-Schokolade‹ leuchtet. Die darunterliegende Elektrographenanlage mußte 1928 einer noch moderneren Wanderschriftanlage weichen (Landesarchiv Berlin, Rep. 202, Acc. 2068, Nr. 3954, Bl. 242 und 248). Mit ihr konnten Schriftzüge in beliebiger Gestaltung geschaltet werden, die über die Fläche ›wanderten‹. Im gleichen Jahr begann für das Josty-Haus die ›Chlorodont-Zeit‹. Die Firma Illux reichte im Auftrag der Dresdner Leo-Werke bei der Baupolizei Tiergarten die Konstruktionspläne einer großen ›Chlorodont‹-Lichtreklame ein (Landesarchiv Berlin, Rep. 202, Acc. 2068, Nr. 3955, Bl. 84). Die Reklamefläche sollte gut 125 qm betragen und war damit erheblich größer als alle vorherigen Reklamen am Josty-Haus. Mit dieser Größe hatte die Baupolizei zunächst Probleme, weil die Höhe des Rahmens 5,45 m über der zulässigen Bauhöhe von 20 Metern liegen sollte. Da die Lichtreklame für ›Leibniz-Cakes‹ am Nebenhaus jedoch die gleiche Höhe hatte und *das vorgesehene Ankündigungsmittel keine Verschlechterung des jetzt vorgefundenen Zustandes bedeutet,* wurde die Reklame genehmigt, allerdings nur für zwei Jahre (ebd. Bl. 72). In einem roten Rahmen leuchteten die in Weiß und Blau gestalteten Schriftzüge ›Chlorodont / Zahnpaste Zahnbürsten Mundwasser / Weisse Zähne‹ nacheinander auf, wobei die letzte Zeile am Tage nicht sichtbar war. *Wir sind überzeugt, daß durch diese Ausführungsform eine wesentlich bessere und einheitliche Tageswirkung erreicht wird,* pries Illux seinen Entwurf an (ebd. Bl. 77). Die alte ›Hildebrand‹-Reklame mußte, um überhaupt sichtbar zu bleiben, um 2,60 m höher gesetzt werden (ebd. Bl. 89). Damit war die Fassade jedoch immer noch nicht ausgenutzt. 1929 beantragte die Firma Aktuell-Propaganda die Anbringung einer ›Mattscheibe‹ von 5 x 5 m, die *zur Reflektion von unbeweglichen, wechselnden Reklamebildern und Bekanntmachungen dienen soll. Diese Werbeannoncen sollen einigemale in der Minute wechselnd oder auch in längeren Zwischenräumen bis zu einer Stunde gezeigt werden … Es ist dabei beabsichtigt, die kostspielige starre unveränderliche Lichtreklame zu vermeiden und einer oder mehreren Firmen die Gelegenheit zu geben, den Gegenstand des augenblicklichen Interesses einfach durch Auswechseln des Negativs zu zeigen … Die Wirkung wird eine viel ruhigere, als durch die übliche Lichtreklame, die grell wechselt, sein* (ebd. Bl. 17). Diese sparsame Idee schien in der Theorie gut, in der Praxis war sie der enormen Lichtkonkurrenz schon nicht mehr gewachsen: *Dieses Verfahren hat sich aber nicht bewährt, weil bei der starken Beleuchtung des Potsdamer Platzes die von innen belichteten Glasflächen wenig sichtbar sind und daher ihren Zweck nicht erfüllen* (ebd. Bl. 31). Statt dessen wurde die Glasfläche auf ihrer Rückseite bemalt und von außen angestrahlt, wobei die Bemalung relativ leicht austauschbar war. 1932 erlaubte die Baupolizei, daß rechts und links dieser Werbe-Glasfläche gleich große, bemalte Leinwandreklamen installiert wurden, die der Kinowerbung dienten (ebd. Bl. 151). Später wurden diese zu einer großen Werbefläche zusammengelegt. Damit war ein ganzes Geschoß des Hauses von Werbeflächen verdeckt.

Inzwischen waren für das Josty-Haus schwere Zeiten hereingebrochen: Es stand unter Zwangsverwaltung. Zudem war die Genehmigung für die Chlorodont-Reklame zum 31. Dezember 1931 abgelaufen. Im Januar forderte daher die Baupolizei den Verwalter auf, diese Anlage zu entfernen. Die ›Hildebrand‹-Buchstaben hatte man bereits abgenommen, das noch auf dem Dach befindliche Gerüst sollte ebenfalls entfernt werden. Da der Vertrag für ›Chlorodont‹ aber noch bis zum 31. März 1932 lief, wehrte sich der Zwangsverwalter: die Entfernung des ›Hildebrand‹-Gerüstes wäre zudem sehr teuer, weil es mit der Chlorodont-Reklame verbunden ist: *Die Entfernung dieser Reklame würde zu dem völligen finanziellen Zusammenbruch führen, da die Miete, welche Chlorodont zahlt, augenblicklich die einzige Einnahmequelle des Hauses ist,* denn bis auf den Nachfolger des Café Josty, das Café Friedinger, stand das Haus leer (ebd. Bl. 118). Weil schon seit längerem an Stelle des Josty-Hauses ein Neubau geplant war, genehmigte die Baupolizei trotz des *unschönen Eindrucks der Platzwand* eine zweijährige Verlängerung der Leuchtreklame (ebd. Bl. 134).

1932 wurden die Leuchtbuchstaben entfernt. Doch auch mit dem Ende der Chlorodont-Ära blieb das Haus nicht reklamefrei, obwohl die Baupolizei das gern gesehen hätte. Ein im gleichen Jahr ergangenes Urteil des Berliner Verwaltungsgerichtes verpflichtete die Polizei, dort weiterhin Reklamen zu dulden. Im März 1930 hatte die Baupolizei Kreuzberg die Entfernung zweier Leinwandreklameflächen von einem Haus an der östlichen Seite des Potsdamer Platzes gefordert. Die Hauseigentümerin, eine Bank, hatte dagegen Einspruch erhoben und war bis vor das Verwaltungsgericht gegangen. Dessen Urteil gab der Klägerin recht; die Reklameflächen durften bleiben. Interessant ist die Argumentation des Gerichts: Die Kreuzberger Baupolizei führte das 1923 überarbeitete *Ortsgesetz zum Schutze der Stadt Berlin gegen Verunstaltung an,* wonach nun auch der Potsdamer Platz als geschützt galt. Die betreffende Platzseite bilde eine geschlossene Einheit, in der eine Beeinträchtigung des Straßen- und Platzbildes durch die *übergroßen, marktschreierischen auffallenden Reklamen* vorliege. Die Bank trug dagegen vor, daß am *Potsdamer Platz z.B. am Pschorrhaus, am Jostyhaus, an den Grundstücken Bellevuestraße und Friedrich Ebertstrasse … mit polizeilicher Genehmigung oder stillschweigender Duldung seit Jahren viel umfangreichere und ins Auge fallendere Reklameschilder angebracht [seien]. Gegen diese sei jedoch nicht eingeschritten worden. Es werde daher das Verunstaltungsgesetz willkürlich angewendet.* Die Baupolizei behauptete daraufhin, die anderen Reklamen am Potsdamer Platz seien nur genehmigt worden, weil diese östliche Platzseite in naher Zukunft einen Neubau erhalten sollte. Das Gericht schloß sich jedoch der Auffassung der Bank an und stellte fest, daß sich am Potsdamer Platz *derartig viele und z. T. grössere und bei weitem auffallendere Reklameeinrichtungen [befinden] und zwar mit polizeilicher Genehmigung, dass eine Beeinträchtigung des Strassenbildes und Platzbildes durch die hier fraglichen Leinwandschilder nicht zu befürchten ist. … [Sie] wirken nicht unschöner als die übrigen genehmigten Schilder …* (Landesarchiv Berlin, Rep. 202, Acc. 3068, Nr. 3955, Bl. 138–139).

Nach diesem Urteil genehmigte die Baupolizei Tiergarten sogar eine neue Lichtreklame auf dem Josty-Haus: Inzwischen hatte die direkte Konkurrenz der Chlorodont-Hersteller, die Dresdner Lingner-Werke, einen ›Odol‹-Schriftzug beantragt. Schon seit 1926 leuchtete die bekannte Rundhalsflasche in der Nachbarschaft am Pschorr-Haus, dort mit einer aufwendigen, weil beweglichen Reklame. Am Josty-Haus begnügte sich die Firma mit 3,50 m hohen Buchstaben, die den einprägsamen, abwechselnd aufleuchtenden Slogan ›Odol / Zahnpasta / Reiner Atem‹ formulierten (ebd. Bl. 208, 215).

Doch schon nach drei Jahren mußte diese Leuchtschrift entfernt werden. Die oberste Baupolizeibehörde beanstandete 1935, daß es sich bei ›Odol‹ um eine Reklame handelt, *die durch ihre Maßstabslosigkeit und Grellfarbigkeit wie überhaupt durch ihre aufdringliche Wirkung an einem der belebtesten Plätze in unschöner Weise für jedermann weithin in Erscheinung tritt.* Den neuen nationalsozialistischen Machthabern waren solche modernen Werbeformen offenbar ein Dorn im Auge: *Nach erfolgter Neuordnung des Staates*

Modell für den Neubau des Josty-Hauses am Potsdamer Platz von H. u. W. Luckhardt, 1928. Berlin, Akadamie der Künste (Slg. Baukunst)

haben sich zudem die Anschauungen über das, was in ästhetischer Hinsicht zulässig oder verwerflich ist, verschärft (Landesarchiv Berlin, Rep. 202, Acc. 3968, Nr. 3957, Bl. 17r). Damit erhielt das Josty-Haus wieder sein Aussehen aus dem Jahre 1900.

Lichtarchitektur

In den 20er Jahren trat das ›Neue Bauen‹ seinen Siegeszug an. Viele moderne Architekten empfanden nun die Diskrepanz zwischen Architektur und Reklame als Problem. Die Reklamen waren meist ohne Rücksicht auf die Gestaltung der Fassaden einfach aufmontiert: keine Augenweide, zumindest am Tage. Statt dieses willkürlichen Nebeneinanders wünschten sich die Baukünstler, *daß eines Nachts aus dem häßlichen Tohuwabohu von heute unsere Geschäftsstadt zu einer heiteren Raumfolge von strahlender Lichtschönheit* würde (Landsberg, Max, Lichtreklame im Stadtbild, in: Städtebau, 22, 1927, H.3, 35). Sie bemühten sich um Fassadengestaltungen, die den Anforderungen der Lichtreklame gerecht wurden und sogar die Hausfront ganz in den Dienst der Werbung stellten. *Die modernen Architekten sind deshalb konsequent genug gewesen, den ganzen Fassadenzauber aufzugeben. Sie betrachten die Front des Hauses als ein Gerüst zur Unterbringung von Schriftzeichen, Leuchtreklame und ähnlichen Dingen,* charakterisierte Hugo Häring diese neuen Ansätze (Häring, Hugo, Lichtreklame im Städtebild, in: Licht und Lampe, 17, 1928, H. 19, 677–683). Der Potsdamer Platz bietet auch hierfür Beispiele: 1928 wurde das Café Telschow neben dem Pschorr-Bräu von den Berliner Architekten Luckhardt & Anker neuerbaut. Die zur Linkstraße gelegene, vorschwingende Fassade war in horizontale Fenster- und Wandbänder aufgeteilt. Diese waren mit eleganten Leuchtbuchstaben versehen, die auch das Tageslicht nicht scheuen mußten. Das schmale Fassadenband zum Potsdamer Platz hin, der Anschluß an das Pschorr-Haus, bot Raum für eine vertikal ausgerichtete Lichtreklame. Ihr Slogan ›Sei schön durch Elida‹ in 2,50 m hohen Buchstaben erregte gesteigerte Aufmerksamkeit (Schmidt, Gerhard, Neue Berliner Lichtanlagen, in: Licht und Lampe, 17, 1928, H. 22, 799). Noch radikaler zeigte sich der Entwurf der Gebrüder Luckhardt für den 1928 projektierten Neubau an Stelle unseres altehrwürdigen Café Josty, der nie ausgeführt wurde. Ihr ›Berlin-Haus‹ war als ein gläserner Rundturm mit 12 Geschossen gedacht; eine riesige Chlorodont-Leuchtschrift planten die Künstler als Bestandteil der Fassade bereits ein. So war zum Ende der 20er Jahre die Lichtreklame, dieses anfangs noch ungeliebte Kind der Werbung, zu einem ästhetischen Faktor der modernen Architektur geworden.

Keine Zeit, keine Zeit!

1930 kam das Licht auch in die Litfaßsäule: Im Oktober wurde an der Ecke Unter den Linden/Friedrichstraße die erste leuchtende Anschlagssäule in Betrieb genommen. Beleuchtete Werbeflächen besaßen auch die sog. ›Normaluhren‹, die ab 1869 zum Berliner Stadtbild gehörten. 1892 folgten die ›Urania-Uhrensäulen‹. 1907 gab es neben sieben städtischen Normaluhren 36 ›Minutenuhren‹

der ›Normal-Zeit-Gesellschaft‹ (Gemeinde-Blatt der Haupt- und Residenzstadt Berlin, 48. Jg., Nr. 32, 11. August 1907, 306). Sie zeigten dank einer direkten Verbindung zur Berliner Sternwarte die genaue ›Normal-Zeit‹ an und boten Platz für meteorologische Informationen, Stadtpläne und Reklameflächen. Die Berliner, stets in Eile, nahmen diese Angebote dankbar an. Als Orientierungs- und Treffpunkte waren sie Inseln im hektischen Treiben der Großstadt. Von der gründerzeitlichen Gußeisensäule entwickelte sich die Normaluhr in den 20er Jahren zu einer eleganten, sachlichen Architektur mit übersichtlicher Flächeneinteilung, die ganz der Reklame zur Verfügung stand. Die Uhrensäulen konnten von innen beleuchtet werden und erzielten so auch eine hervorragende Nachtwirkung: *Die Normaluhr-Reklamesäule ist auf einer Einrichtung im öffentlichen Interesse, also auf der Uhr als solche, aufgebaut … An allen Brennpunkten Berlins ist diese Normaluhr heute zu finden. Hunderttausende kreuzen täglich und stündlich diese Verkehrszentren. Die heutige Normaluhr muß also Aufmerksamkeit gewinnen, sie gilt als Werbemittel, als ein kräftiges und nachdrückliches in des Wortes umfassender Bedeutung* (Amtlicher Katalog der Reichs-Reklame-Messe, Berlin 1925, 58).

Licht und Schatten

Auch nach der ersten Blütezeit der Lichtreklame im Berlin der 20er Jahre ist die Entwicklung der Leuchtwerbung eng mit dem Schicksal der Stadt verknüpft. Für die Nationalsozialisten waren Werbung und Propaganda von großer Bedeutung. So förderten sie auch die Lichtreklame, unterwarfen sie aber ihren ästhetischen Anschauungen (Reinhardt 1994, 325 f.).

Im Zweiten Weltkrieg versank die Stadt erneut in tiefer Dunkelheit. Helligkeit war nun nicht mehr gleichbedeutend mit Sicherheit, sondern bedeutete Gefahr. Flakscheinwerfer und Leuchtmunition tauchten Berlin in ein unheilvolles Licht, das Zerstörung ankündigte. Erst Wiederaufbau und ›Wirtschaftswunder‹ Mitte der 50er Jahre brachten der Lichtreklame einen neuen Aufschwung: Nun entfalteten die kurz vor Kriegsbeginn entwickelten Leuchtstoffröhren ihr ›kaltes‹, dem Tageslicht ähnliches Licht. Billig, blendfrei, einfach zu montieren, sparsam im Verbrauch und langlebig – diesen Eigenschaften verdankte die Röhre ihren Siegeszug (Schivelbusch 1992, 101–110). Im Westen Berlins prunkte der Kurfürstendamm wieder mit Lichtreklame: Unübersehbare Signale für den Überlebenswillen der geteilten Stadt, während die einstige City im Osten ihren nächtlichen Glanz einbüßte. Dort wiederholt sich heute die Entwicklung des Jahrhundertbeginns: Mit 60.000 Watt erstrahlen die neuen Kaufpaläste an der Friedrichstraße *›wie eine riesige Mischung aus Christbaum und Brillantcollier‹: ein Hoffnungsschimmer für die neue, alte Hauptstadt* (Der Tagesspiegel, 23. Juli 1995).

Normal-Zeit-Uhr, um 1923. Aus: VDR Handbuch der Reklame, Leipzig/Berlin 1923

Postkarten aus den 30er Jahren. Berlin, Archiv für Kunst und Geschichte

Lichter der Großstadt

Die Straße als Bühne

An der First eines Gebäudes, das soeben noch in Dunkel gehüllt war, flimmert eine Glühlampe auf, im Augenblick schließt sich eine zweite an, eine dritte und vierte folgen, man sieht bereits, wie sich die Lichtpunkte zu einem Buchstaben gruppieren, den eine unsichtbare Hand an die dunkle Wand des Hintergrunds wie das Menetekel in Nebukadnezars Palast zu schreiben scheint, schon folgt ein zweiter Buchstabe, es bildet sich ein Wort und auf einmal entsteht in flammenden Schriftzügen eine Reklameschrift vor den Augen (zit. n. Schivelbusch 1992, 67).

Dieser zeitgenössische Kommentar zu einer Leuchtreklame aus dem Jahr 1900 setzt die nächtlich erglimmenden Lichter der Großstadt einer düsteren Prophezeiung gleich. Doch diese *Flammenschrift an der Wand* bedarf keiner Magie, um sie zu deuten. Ihr Inhalt gibt und gab niemals Rätsel auf, und ihr Anliegen ist leicht durchschaut: Der Passant und potentielle Käufer sollte auch bei Nacht nicht unbeinflußt bleiben.

Die Anfänge der Leuchtreklame lösten jedoch nicht bei jedem Betrachter Bedenken aus. Man nahm die fortschreitende Beleuchtung der Stadtteile hingegen erfreut zur Kenntnis, da sie den Lebensraum zur Straße hin ausdehnte und letztere zu einer allabendlichen Bühne werden ließ. Um innerhalb ganzer Straßenzüge konkurrenzfähig zu bleiben, genügte es bald nicht mehr, nur Waren und Schaufenster zu beleuchten. Zunehmend begann man sich nach neuen Möglichkeiten umzuschauen, die eigenen Produkte effektiv ins rechte Licht zu rücken und zugleich aus größerer Entfernung Anziehungskräfte wirken zu lassen. Die ersten Lichtquellen, die in Form von Gaslampen noch zu schwach waren, um als blickfangende Beleuchtung zu agieren, hatte man inmitten der Waren in den Schaufenstern arrangiert. Der Effekt war mehr dekorativer als werbewirksamer Natur. Doch zu den Errungenschaften der Elektrizität gesellte sich bald der Wunsch nach einer sublimeren Lichtführung.

Der Experimentierfreudigkeit schienen jedoch schon damals kaum Grenzen gesetzt, und so entstanden spektakuläre Lichtreklameanlagen wie das Manoli-Rad 1898 in Berlin oder die Werbeanlage für Engelhardt Cigaretten 1909 in Frankfurt a. M. bereits ganz zu Beginn der Entwicklung.

Die Intensität der Glühlampe erforderte jedoch ihr behutsames Einsetzen, und um die ersten Begeisterungswellen in die richtigen Bahnen zu lenken, gaben Fachzeitschriften wie Seidels Reklame Anleitungen und Informationen zur adäquaten Beleuchtung. Übertriebene Anwendung sowie grelles Blendwerk sollten durch gezielt lancierte Artikel über die verschiedenen Leuchtmittel und ihre Einsatzmöglichkeiten vermieden werden. So wurden die Vorzüge einer Glimm- gegenüber einer Glühlampe (Seidels Reklame 7, 1922) genauso ausführlich erörtert wie die Unterschiede zwischen Opalglas-, Kasten- und Universalbuchstaben (Seidels Reklame, April 1914). Auch die Städtischen Elektrizitätswerke Münchens fühlten sich bemüßigt, Hilfestellung zu leisten. In Form konkreter Exempel führten sie dem Verbraucher vorbildliche und abschreckende Firmenschildbeleuchtungen vor Augen (Städtische Elektrizitätswerke München, Die Beleuchtung des Firmenschildes …, o.J.). Dabei lag der Akzent jedoch mehr auf der Betonung eines vornehmen Erscheinungsbildes als auf anzustrebender Auffälligkeit, die erst mit zunehmendem Wettbewerb in Erscheinung trat. Als adäquate Empfehlung stellten sie die röhrenförmige Sofittenlampe vor, die einerseits volles Licht garantiere, für den Betrachter der Auslagen jedoch vollständig unsichtbar bliebe (ebd., 7).

Zwecklos und ohne Sinn hing der Mond …

Die Leuchtreklame hatte indes schon längst begonnen, sich von der Schaufensterbeleuchtung zu lösen und erklomm mit zunehmend technischem Fortschritt die Fassaden Stockwerk um Stockwerk. Die Nacht wurde mehr und mehr nach oben abgedrängt, und aus dem zögerlichen Lichterfluß war inzwischen ein kaum überschaubares Lichtermeer geworden. So mehrten sich in den 20er Jahren die negativen Stimmen zu dieser Entwicklung. Da schrieb Ernst May 1928: *Hier liest das Auge keine Schrift, hier unterscheidet es keine Form mehr, hier wird es nur noch geblendet durch eine Überfülle von*

Bild 13.
Schlecht beleuchtetes (links) und gut mit Soffittenlampen beleuchtetes (rechts) Firmenschild. Aufnahme bei Nacht.

Lichtgeflimmer, durch eine Überzahl von Lichtelementen, die sich gegenseitig in ihrer Wirkung aufheben (May 1928, 44), und bei Siegfried von Vegesack heißt es 1926 etwas poetischer: *Lichtreklamen kreisten, flimmerten und zuckten gegen den dunklen Himmel … Zwecklos und ohne Sinn hing der Mond über dem brausenden, brüllenden Lichtmeer der Großstadt* (zit. n. Schivelbusch 1992, 67).

Projektionsreklame, Leuchtschriftbänder, Wanderschriftanlagen und erste Neonlichter warben mit ihrer ganzen Wirkmacht. Der Lichtwerbung, die in zunehmendem Maße als Belästigung und Verunstaltung empfunden wurde, begann man durch Einschränkungen und Verbote entgegenzulenken. Selbst New York verfügte in den 20er Jahren Maßnahmen, die Ausleger- und Projektionsreklame in einem Teil der Fifth Avenue einschränkten, und Los Angeles gab sogar ein Reklameverbot für alle öffentlichen Gebäude aus (Kreutzer 1995, 38).

In Deutschland war die Situation ähnlich. Preußen hatte zwar mit dem *Preußischen Allgemeinen Landrecht* ein Mittel gegen Verunstaltungen von Bauwerken in der Hand, gegen leuchtend blinkende Schriftzüge war man juristisch jedoch noch kaum gewappnet. Das *Gesetz gegen die Verunstaltung,* erstmals 1902 verabschiedet (Engelmann 1986, 18), um landschaftlich wertvolle Gebiete und Ortschaften vor ausuferndem Reklamewuchs zu schützen, wurde 1907 durch Ortssatzungen erweitert, die man als Vorläufer der heutigen Werbe- und Gestaltungssatzungen verstehen kann. Auch das Bayerische Landesgesetz erhielt 1908 einen Zusatz, der sich dem *Schutz des Orts- und Landschaftsbildes gegen verunstaltende Reklame* (Engelmann 1986, 15) widmete, und wie so oft forcierte Bayern mit seiner Landeshauptstadt die Situation, indem die Regierung bis 1914 ein ausdrückliches Leuchtreklameverbot aussprach (Nöhbauer 1953, 256).

Die Schildergasse in Köln. Aus: Kreutzer 1995

Krisen, Konkurse und Kompromisse

Zu diesem Zeitpunkt war in anderen Städten, allen voran Berlin, bereits ein erster Höhepunkt erreicht, der durch den Kriegsbeginn und 1916 schließlich durch die *Bundesratsverordnung über die Ersparnis von Brennstoffen* ein jähes Ende fand: *Jede Art von Reklame ist verboten. Als Lichtreklame gilt auch die Erleuchtung der Aufschriften von Namen, Firmenbezeichnungen usw. an Läden, Geschäftshäusern, Gast-, Speise- und Schankwirtschaften, Cafés, Theatern, Lichtspielhäusern wie überhaupt an sämtlichen Vergnügungsstätten* (Reichsgesetzblatt vom 11. 12. 1916, 1356, § 1). Fünfeinhalb Jahre blieb diese länderübergreifende Verordnung bestehen, von deren Auswirkungen sich die Unternehmen lange Zeit nicht erholen sollten (Reinhardt 1993, 319). Viele Firmen mußten Konkurs anmelden, die Anlagen konnten nicht mehr gewartet werden und verwitterten. Ein allmählicher Aufschwung wurde 1922/23 zudem durch eine Erhöhung der Leuchtmittelsteuer erschwert. Doch schließlich besann man sich wieder auf die Leuchtreklame als eine untrügliche Begleiterscheinung des Wirtschaftswachstums, und 1927 wurden erste Zugeständnisse gemacht, indem das Leuchtreklameverbot an vielen Plätzen nicht nur wieder aufgehoben , sondern ihre Verbreitung regelrecht gefördert wurde (Neye 1929, 35). Daran hielt man sich auch nach der Machtergreifung durch die Nationalsozialisten, die der Wirkmacht des Lichtes ebenfalls große Bedeutung zukommen ließen. Der Zweite Weltkrieg bereitete allem Lichterspuk jedoch ein Ende.

Kurz nach dem Krieg, in der Periode des Wiederaufbaus, trug die Leuchtwerbung dazu bei, die Tristesse der Ruinenstädte zu vertreiben, und mit den Großtafeln an den Bauzäunen wurde sie gleichsam als synonymes Lebenszeichen erachtet. Regelungen für die Werbung in der Nachkriegszeit verschärften sich jedoch diesbezüglich, als man nun für die Rekonstruktion der Altstädte besondere Verpflichtung empfand. In München wurde 1954 die *Ortsvorschrift zum Schutz des Orts- und Landschaftsbildes und von Natur-, Kunst- und Naturdenkmälern gegen verunstaltende Außenwerbung* erlassen. So war u.a. die Leuchtreklame auf allen historisch bedeutenden Straßen und Verkehrsplätzen eingeschränkt zulässig, indem nur weiße Leuchtröhren zu Werbezwecken eingesetzt werden durften, und an besonders markanten Orten wie der Ludwigstraße, der Prinzregentenstraße, dem Odeonsplatz und dem Nymphenburger Schloßrondell war sie insgesamt verboten. In der Fußgängerzone

City-Light-Poster in München, 1995

wurde auf eine Einschränkung der Werbung auf den Erdgeschoßbereich geachtet und übergroße, fassadenverdeckende Reklametafeln untersagt. Bei einem bewußten Vergleich der Einkaufsmeilen in München und Köln zeigen sich deutlich die Konsequenzen der bayerischen Werbesatzung: In Köln erscheint die Fassadenwirkung der Geschäftshäuser in der Hohe Straße und der Schildergasse von der Schilderflut geradezu getilgt. 1994 wurden die Münchner Beschlüsse in ihrer Wirksamkeit überprüft und in ihren wesentlichen Artikeln bestätigt (BayBO vom 18. April 1994, Art. 12). Auf Werbesatzungen hinsichtlich neuer Werbemethoden und -mittel verzichtete man zugunsten einer flexibleren Vorgehensweise (Planertreffen Passau, 1992, Pkt. 6, III.).

Den einmaligen Stellenwert der Anfangsjahre konnte die Leuchtreklame bis heute nicht mehr erreichen. Die Reizüberflutung forderte alsbald ihren Tribut, und heute muß sich die Lichtwerbung die Aufmerksamkeit des Passanten mit vielen konkurrierenden Werbeträgern auf multimedialer Ebene teilen. Der Markt hat mit dem Erfolg seines jüngsten Werbeträgers jedoch wieder die Macht der Leuchtreklame entdeckt: Die neugeschaffenen City-Light-Posters, die verglast und beleuchtet in Vitrinen und Wartehäuschen prangen, verzeichnen nicht nur einen unerwarteten Umsatzzuwachs (Süddeutsche Zeitung, 23.8.1995), sondern lassen zudem in ihrer Wirkung wieder etwas von dem Reiz der ersten Generation ahnen.

Sandra Uhrig

Kat. Nr. 2.2.1

2.2.1 *Abb.*
Leipziger Straße, Berlin
Berlin um 1895
Fotografie
Berlin, Bildarchiv Preußischer Kulturbesitz
St 103k

2.2.2
Alexanderplatz, Berlin Mitte
Aufnahme Gebrüder Haeckel
Berlin um 1900
Fotografie
Berlin, Ullstein Bilderdienst
2 21 181 10 02 – 9

2.2.3
Unter den Linden / Friedrichstraße, Berlin
Aufnahme Gebrüder Haeckel
Berlin 1908
Fotografie
Lit.: AK Stadtbilder 1987, Abb. 73
Berlin, Ullstein Bilderdienst
2 21 181 45 20 – 15

2.2.4
Potsdamer Platz, Berlin
Berlin um 1913
Fotografie
Berlin, Ullstein Bilderdienst
2 21 183 00 10 – 19

Diese Aufnahme zeigt den Blick über den belebten Potsdamer Platz in Richtung Bellevuestraße. An dieser befindet sich rechts das Café Josty, das auf dem Dach die Reklameanlage der Firma Hildebrand trägt. Auf dem benachbarten linken Gebäude ist die dem *Manoli-Rad* nachempfundene Bahlsen-Leuchtreklame für das Produkt *Leibniz-Cakes* zu erkennen. Hermann Bahlsen hatte dabei selbst mit dem Unternehmer Hugo Gantke Kontakt aufgenommen, der 1898 das *Manoli-Rad* entworfen hatte. S. U.

2.2.5
Elektrische Lichtreklame am
Potsdamer Platz, Berlin
1914
Fotografie
Lit.: Seidels Reklame, April 1914, 191
München, Bayerische Staatsbibliothek

2.2.6 *Abb.*
Geschäftshaus am Alexanderplatz, Berlin
Berlin 20er Jahre
Fotografie
Berlin, Ullstein Bilderdienst
2 21 181 10 02 – 22

Diese Fotografie zeigt das bereits 1898 auf einem Geschäftshaus am Alexanderplatz errichtete Leuchtreklamerad der Zigarettenfirma Manoli. Die Anlage war dabei so geschaltet, daß der permanent erleuchtete Werbespruch von einem fortlaufend erlöschenden und wiederaufleuchtenden Glühlampenkreis umfaßt wurde. Der dabei entstehende, spektakuläre Effekt eines sich drehenden Rades sorgte in Berlin für helle Aufregung. Daß sich dabei sogar der feststehende Ausdruck *Du bist ja Manoli* (siehe S. 66 ff.) entwickeln konnte, zeugt von der immensen Wirksamkeit dieser Leuchtreklame. S. U.

2.2.7
Wohn- und Geschäftshaus Potsdamer Straße/Ecke Schöneberger Ufer, Berlin
Berlin 20er Jahre
Fotografie
Berlin, Ullstein Bilderdienst
6 07995 – v 2

2.2.8
Kupferberg Gold – Lichtreklame in Berlin
Berlin nach 1920
Fotografie
Mainz, Sektkellerei Kupferberg

Das von Seidels Reklame (10, 1926) als besonders gelungene Konstruktion hervorgehobene *Lichtplakat* der Firma Kupferberg gehörte zu den ersten bewegten Leuchtreklameanlagen Berlins. Dank unzähliger

Kat. Nr. 2.2.6

DIE GROSSSTADT IM LICHTMEER DER REKLAME
ORIGINALGRAPHIK FÜR „SEIDELS REKLAME“ VON HERBERT DANGL, BERLIN

Glühlampen wurde dem nächtlichen Passanten in der Friedrichstraße ein Sektkelch sowie ein vom rechten Bildrand hineinragender Flaschenhals präsentiert, aus dem der imaginäre Sekt langsam in das Glas zu fließen begann. Die daraufhin Lämpchen für Lämpchen entstehenden Sektperlen stiegen ihrerseits nun zu dem überschriebenen Markennamen auf. Nach einer kurzen Pause begann die Inszenierung des Einschenkens von neuem. S. U.

2.2.9 *Abb.*
Karikatur zur Lichtreklame in Berlin aus den *Lustigen Blättern*
B. Gestwicki
4. Dezember 1912
Bez.: B. Gestwicki
Zeitungsdruck, 31,5 x 23,5 cm
Text: »Sieh mal da … die neue Befeuchtungsreklame« / »Du meinst wohl: Beleuchtungsreklame« / »Aber nein; es ist ja für Sekt«
Mainz, Sektkellerei Kupferberg

Die Reaktion der Berliner auf die bewegte Leuchtreklameanlage der Firma Kupferberg wird von einer Karikatur der Zeitschrift *Lustige Blätter* vom 4. 12. 1912 persifliert. In einer Zeit, in der sich die Leuchtreklamen gegenseitig zu übertreffen versuchten, markierte diese Anlage sicherlich einen Höhepunkt. S. U.

2.2.10
Nachtaufnahme Friedrichstraße, Berlin
Berlin 1926
Fotografie
Berlin, Ullstein Bilderdienst,
2 21 183 50 10 – 32

2.2.11
Nachtaufnahme Friedrichstraße, Berlin
Berlin 1929
Fotografie
Berlin, Ullstein Bilderdienst
2 21 183 50 10 – 21

2.2.12 *Abb.*
Nachtaufnahme Friedrichstraße, Berlin
Aufnahme A. Vennemann
Berlin um 1930
Fotografie
Berlin, Bildarchiv Preußischer Kulturbesitz
St 100 b

2.2.13 *Abb.*
Das neue Geschäftshaus am Potsdamer Platz
Berlin 1925
Text: DAS NEUE GESCHÄFTSHAUS AM POTSDAMER PLATZ IN BERLIN / UNSRE ABBILDUNG VERANSCHAULICHT DEN VERSUCH, DIE / REKLAMEBESCHRIFTUNG UND LICHTREKLAME DEM BAU / ORGANISCH EINZUFÜGEN.
Lit.: Seidels Reklame 9, Februar 1925, 45
München, Bayerische Staatsbibliothek

Kat. Nr. 2.2.9

◁ Kat. Nr. 2.2.16

Tausend Stimmen schreien durcheinander mit dem Erfolg, daß der Hörer taub wird und gar nichts mehr vernimmt (Seidels Reklame 9, Febr. 1925, 45). Mit diesem Ausspruch warnt Hermann Muthesius vor allzu unbefangenem Umgang mit der Leuchtreklame und stellt gleichzeitig diesen Entwurf einer harmonischen Einbeziehung der Lichtwerbung in die Fassadengestaltung vor. Dabei betont er die Horizontale, reduziert durch vier schmale Bänder die Schwere des obersten Leuchtstreifens und schafft es, trotz großer Werbeflächen einen organischen Eindruck zu vermitteln. S. U.

2.2.14

Das zweite Lichtreklame-Haus in Berlin
Ecke Leipziger-/ Friedrichstraße
Architekturentwurf Hermann Muthesius,
Graphik Eckart Muthesius
Berlin 1925
Lit.: Seidels Reklame 9, Mai 1925, 206
München,
Bayerische Staatsbibliothek

Der Lichtreklame-Entwurf von Hermann Muthesius für das Geschäftshaus Ecke Leipziger-/Friedrichstraße geht von einer Illumination der gesamten Straßenseite aus. Um die Reklameflächen zu einer Einheit zusammenzufassen und gleichzeitig in ihrer Wirkung zu steigern, wurde das Gebäude mit horizontalen und vertikalen Lichtfriesen versehen. Während der Hauptakzent auf dem breiten Reklameband liegt, das über dem Haus angebracht ist, scheinen die beiden schmäleren Lichtbänder die Gewichtung aufzufangen. Die ›Leichtigkeit‹ dieser Lichterfassade wird zudem durch die zwei Geschosse umfangenden Glühlampenarkaden betont. Der Entwurf wurde in Seidels Reklame durch Muthesius selbst veröffentlicht, wobei er ausdrücklich zur

Kat. Nr. 2.2.12

Kat Nr. 2.2.17

Nachahmung solch künstlerischer Lichtreklame-Architektur aufruft. S. U.

2.2.15
Die magische Reklamebeleuchtung des Eiffelturms in Paris
Otto Arpke
(Braunschweig 1886–1943 Berlin)
1925
Lit.: Seidels Reklame 9, Sept. 1925, 494
München, Bayerische Staatsbibliothek

Während der Pariser Kunstgewerbe-Ausstellung 1925 machte die Autofirma Citroën eines der bekanntesten Monumente der Welt zu ihrem Werbeträger. Der Eiffelturm wurde dabei mit einem Glühlampennetz überzogen, das auf einer äußerst komplizierten Schaltmechanik beruhte. Zunächst sah man nur die Konturen des Turmes, der ganz allmählich von blauen Fixsternen bedeckt wurde. Diese mutierten ihrerseits zu Kometen, um schließlich den Firmennamen auszubilden. Dann wurde es dunkel, und das eindrucksvolle Spiel, das man laut Paneth (1926, 130) bis nach Chartres und Soissons sehen konnte, begann von neuem. S. U.

2.2.16 *Abb.*
Die Großstadt im Lichtermeer der Reklame
Herbert Dangl (geb. Nürnberg 1904)
1926
Seidels Reklame 10, August 1926
München, Bayerische Staatsbibliothek

2.2.17 *Abb.*
Anbringung einer Leuchtreklame am Kaufhaus Horn
C. Klein, Architekt
München Nov. 1934
Bez. u. r.: C. Klein
Federzeichnung, koloriert auf schwarzem Tonpapier, 47 x 141,5 cm
München, Stadtarchiv,
Plansammlung C 1568

2.2.18 *Abb.*
Änderung des Hoteleingangs Roter Hahn durch Leuchttransparente
Fritz Zimmer, Architekt
München 24. 2. 1935
Lichtpause, koloriert, 48,3 x 36,8 cm
München, Stadtarchiv,
Plansammlung C 1561

2.2.19
Drei Pläne zur Anbringung einer Goldbuchstabenschrift am Anwesen Karlsplatz 8 für die Leipziger Lebensversicherung Oscar Strelin's Nachfolger, Architektenbüro
München 18. 2. 1935
Lichtpause mit Tempera, zwei je 36,5 x 57 cm und 35,5 x 56 cm
Text: Plan zur Anbringung einer Flachgoldschrift am Anwesen Karlsplatzrondell. Für Leipziger Lebensversicherung, Agentur München, Karlsplatz 8/3
München, Stadtarchiv LBK 20724 (06857)

Die Leipziger Lebensversicherung reichte diese Pläne mit Anträgen um die Bewilli-

Kat Nr. 2.2.13

Kat. Nr. 2.2.18

gung einer Goldbuchstabenschrift am Karlsplatzrondell in der Landesbaukommission München am 20. 2. 1935 ein. Mit der Begründung, daß eine zweizeilige Werbeschrift nicht genehmigt werden könnte, wurden alle Entwürfe am 6. 3. 1935 abgelehnt. Eine Neueingabe erfolgte nicht. S. U.

2.2.20

Zwei von fünf Plänen zur Anbringung einer Leuchtschrift für Kupferberg am Anwesen Karlsplatz 11
A. Th. Hammer, Architekt
München April 1952
Lichtpause mit Tempera, 47,4 x 48,6 cm
München, Stadtarchiv LBK 20723 (29054)

2.2.21

Der Stachus in den 50er Jahren
Max Pfaller (geb. 1937, lebt in München)
München 1977/78
Bez.: MP (ligiert)
Öl auf Leinwand, 145 x 200 cm
München, Bayerische Vereinsbank

Der Münchner Stachus präsentiert sich hier als Teil einer licht- und verkehrsdurchfluteten Großstadt. Während der Straßenverkehr dreispurig um den Platz und durch das damals noch dem Verkehr geöffnete Karlstor fließt, warten mehrere Straßenbahnlinien darauf, Passanten weiterzubefördern. Beispielhaft läßt sich dabei auch die Situation der Leuchtreklame am Stachusrondell während der 50er Jahre erschließen. Trotz des hektischen, kaum überschaubaren Gewimmels strahlt die Stadt im Gegensatz zum düsteren Nachthimmel eine anziehende Geborgenheit aus. S. U.

Der Stachus –
Ein Platz im Wandel der Reklame

Die Ausgangssituation

Nicht unbedingt das Tor der Welt, doch immerhin Teil eines der städtebaulich interessantesten Plätze Bayerns ist das Münchner Karlstor, das für viele Touristen, die vom Hauptbahnhof her die Innenstadt ansteuern, zum Ziel wird. Seinen Namen erhielt es durch den Kurfürsten Karl Theodor, der die Stadtbefestigung 1791 schleifen und den davor angelegten Platz zum Halbrund ausbauen ließ. Dieser einst verkehrsreichste Platz Europas hatte jedoch bereits seit 1755 eine inoffizielle Bezeichnung von den Münchnern erhalten. Kurz als *Stachus* betitelt, basiert der Name wahrscheinlich auf der *Wirtschaft zum Stachus*, die von Eustachius Föderl an der Stelle des heutigen Kaufhofs betrieben worden war (J. H. Biller, H.-P. Rasp, München, München 1985, 108).

In dieser prominenten Lage, als Tor in die Altstadt und vielleicht erster, maßgeblicher Eindruck des angereisten Touristen, kommt dieser Platzanlage eine Bedeutung zu, auf der auch das Hauptaugenmerk der für Werbeanlagen zuständigen Bauaufsichtsbehörden liegt: Die sich dem Stadttor anschließenden Rondellbauten, die 1899–1902 durch den Architekten Gabriel von Seidl vereinheitlichend neugestaltet wurden, schienen die Unternehmer stets herausgefordert zu haben, hier werbewirksam tätig zu werden. Hinzu kommt, daß der Stachus als Verkehrsknotenpunkt in der Nähe des Bahnhofs, ursprünglich mit einem darüber gelegten Bus- und Straßenbahnnetz (Kat. Nr. 2.3.2, 2.3.4) und heute durch ein unterirdisches S- und U-Bahnsystem erweitert, seit jeher eine ungewöhnlich hohe Besucherfrequenz garantierte. Damit wurde es für die Unternehmer interessant, die Passanten als Masse der Verbraucher anzusprechen, während die Bauaufsichtsbehörden sie in erster Linie als Besucher sahen, denen neben denkmalpflegerischen Aspekten ein homogenes, ursprüngliches Stadtbild präsentiert werden sollte.

Die Aktenlage

Schon 1915 gab es erste Streitfälle um Vitrinen, Schaukästen und Ladenschilder der ansässigen Buchhandlungen, Kurzwarenhändler und Gaststätten im Gebäude Karlsplatz 7-9 (Münchner Stadtarchiv, LBK 20723). Zwanzig Jahre später hatte sich die Situation am Stachus nicht verändert, und neben Rollfilm- und Fahrkartenautomaten waren diesmal vermehrt Leuchtreklamen und Werbetransparente Streitobjekte (ebd., LBK 20725). Die bestehende Aktenlage gibt deutlich zu verstehen, daß in den meisten Fällen erstmalig ein stillschweigender Versuch eigenmächtiger Anbringung von seiten der Geschäftsleute unternommen worden war, bevor die Lokalbaukommission die Täter mit vorgedruckten Formularen auf die im voraus einzuholende Genehmigungspflicht hinwies. Handelte es sich um kleinere Verstöße, wurde im allgemeinen um einen nachträglichen Antrag gebeten, während in schwerwiegenderen Fällen die sofortige Entfernung unter Androhung einer Geldstrafe verfügt wurde (ebd., LBK 23141).

Die Gesuche um großflächige Leuchtschriftanlagen an den Fassaden der Rondellgebäude, welche genaueste Anbringungsvorstellungen sowie Art und Größe der gewünschten Schrift in mehrfacher Planausfertigung enthalten mußten, verursachten dagegen langwierigere Verhandlungen, zu denen nicht selten Rechtssprecher eingeschaltet wurden.

So legte auch die Leipziger Lebensversicherung ihrem Gesuch um eine Flachgoldschrift am Anwesen Karlsplatz 8 vom 20. Februar 1935 mehrere Pläne verschiedener Ausführungen bei. Mit der Begründung, daß eine zweizeilige Werbeschrift nicht zulässig sei, und der darauffolgenden Ablehnung aller Entwürfe wurde diese Akte jedoch schnell wieder geschlossen (ebd., LBK 20724).

Die Zielstrebigkeit und Härte, mit der die Bauaufsichtsbehörden über die strenge Einhaltung der gesetzten Normen wachte, bekamen auch die Firmen Tempo und Osram zu spüren.

Der Fall Tempo zog durch seine ungewöhnlich lange Prozeßdauer sogar journalistisches Interesse auf sich. Einer Pressemeldung vom 19. September 1953 (ebd., LBK 20723) ist zu entnehmen, daß die geplante weiße Leuchtröhrenschrift, die den Schriftzug *Tempo* sowie drei großformatige Taschentücher bilden sollte, bereits am 17. Dezember 1952 als störend und verunstaltend abgelehnt worden war.

Kat. Nr. 2.3.1

Kat. Nr. 2.3.2

Kat. Nr. 2.3.8

Kat. Nr. 2.3.12

Ein erneuter Antrag ohne hinterfangende Blechkörper mit dem gleichzeitigen Verzicht auf die Taschentuchattrappen war im Januar 1953 ebenfalls gescheitert, obwohl das Unternehmen darauf aufmerksam gemacht hatte, daß nachts, wenn die Leuchtschrift augenfällig würde, das architektonische Bild zum einen überhaupt nicht sichtbar oder zumindest verschwommen wäre und zum anderen die bereits angebrachte Reklame der Firma Scharlachberg stärker in das architektonische Gesamtbild des Rondells eingriffe, indem sie sogar die Säulenordnung durchschnitte. Die Beschwerde wurde mit dem Hinweis abgewiesen, daß der Schriftzug Scharlachberg nicht aus den Brüstungen des dritten Obergeschosses herausfiele. Nachdem eine darauffolgende Anfechtungsklage vom 14. April 1953 ebenfalls ohne Erfolg blieb, wurde das Verfahren eingestellt.

Ungefähr zeitgleich begann Osram den Papierkrieg mit der LBK. Nachdem die erste Eingabe des renommierten Architekten Riemerschmid um Genehmigung einer Leuchtschrift am 5. Juni 1953 abgelehnt worden war, bewilligte die Baubehörde nach erfolgter Korrektur die Schrift *Osram – hell wie der lichte Tag* am 17. Juli 1953. Ohne Absprache mit dem Architekten änderte Osram die Installation jedoch eigenmächtig bezüglich Schriftzug und Farbe. Zur Stellungnahme aufgefordert, berief man sich auf ein Mißverständnis, und am 21. Dezember 1953 wurde die Leuchtschrift ordnungsgemäß abgeändert, wobei gleichzeitig auf eine Herabsetzung der Leuchtstärke geachtet wurde (ebd., LBK 20727).

Den Osram-Schriftzug findet man noch heute an den Rondellgebäuden.

Das Pini-Haus

Einen besonderen Fall stellt das sogenannte *Pini-Haus* (früher Kaufhaus Tietz, Abb. Kat. Nr. 2.3.8) dar, das sich gegenüber den Rondellgebäuden an der Schützenstraße 1a befindet. Bezeichnenderweise verdankt dieses turmartige Gebäude seine Namensgebung den daran angebrachten Leuchtwerbungen. Während es seit den 20er Jahren unter der Bezeichnung *Imperialhaus* in den Akten geführt wurde und ein Filmtheater sowie ein Kontorhaus desselben Namens beherbergte (Kat. Nr. 2.3.9), änderte sich der Name mit Einzug des Optikergeschäfts Pini und der damit einhergehenden, fassadenprägenden Leuchtreklame. Firmen wie Mercedes, Nestlé und Beiersdorf rangen um eine der begehrten Werbeflächen dieses Gebäudes, das sich straßenumflutet dem Stachus entgegenstellt. Auch hier wurde die Einhaltung der Richtlinien mit Argusaugen überwacht. Als neben der Firma Nestlé auch noch *Uralt-Lavendel* ohne vorherige Absprache von Dauer- auf Wechselbeleuchtung umschaltete, ging in der Landesbaukommission durch eine nächtliche Polizeistreife sofortige Meldung ein (ebd., LBK 23141). Derartige Veränderungen galten als *verkehrsaufsichtlich nicht tragbar*, und deswegen waren Lichtbandreklamen auch erst nach der Hauptverkehrszeit ab 20 Uhr gestattet (ebd., LBK 23141, 10. 2. 1915).

Die Liste der abgewiesenen Anträge ist lang und reicht von Cremedosenattrappen bis hin zu Kinotransparenten. Während der einstige Charme des Gebäudes bereits während des Zweiten Weltkriegs verlorenging, scheint es in seinem heutigen Erscheinungsbild nur noch als Werbeträger zu fungieren. *Sandra Uhrig*

2.3.1 *Abb.*
Stachusrondell
München um 1900
Fotografie
München, Planungsreferat, Bildstelle 12

2.3.2 *Abb.*
Stachusrondell
Aufnahme Jaeger & Goerger
München 1912
Originalfotografie, 22 x 28,4 cm
Münchner Stadtmuseum 33/574

2.3.3
Stachusrondell
August 1912
Fotografie
München, Stadtarchiv, Historisches
Bildarchiv, Film Nr. 22029 II, 20

2.3.4
Stachusrondell
Aufnahme Kellner
München April 1967
Fotografie
München, Planungsreferat, Bildstelle 12

2.3.5
Stachusrondell bei Nacht
Aufnahme Christel Reiter
München um 1980
Fotografie
München, Planungsreferat,
Bildstelle 12 / 1182/6

2.3.6
Stachusrondell
München 1995
Fotografie
Münchner Stadtmuseum

2.3.7
Stachusrondell bei Nacht
München 1995
Fotografie
Münchner Stadtmuseum

2.3.8 *Abb.*
Pini-Haus, Schützenstraße 1a
München 1894
Fotografie
München, Stadtarchiv, Historisches
Bildarchiv, Ch. BB1894, 41

2.3.9
Pini-Haus, Schützenstraße 1a
München 1927
Fotografie
München, Stadtarchiv, Historisches
Bildarchiv 6884

2.3.10
Pini-Haus, Schützenstraße 1a
München 1938
Fotografie
München, Stadtarchiv, Historisches
Bildarchiv R 1671 IV, 18

2.3.11
Pini-Haus, Schützenstraße 1a
München 20. 7. 1952
Fotografie
München, Stadtarchiv, Historisches
Bildarchiv 636/35

2.3.12 *Abb.*
Pini-Haus
Aufnahme Max Prugger
München Mai 1955
Fotografie
München, Planungsreferat,
Bildstelle 12/10–80

2.3.13
Pini-Haus 1995
Fotografie
Münchner Stadtmuseum

Bärbel Hedinger

Las Vegas an der Alster oder Der Hamburger Reklamestreit[1]

Bereits um die Jahrhundertwende war die Reklame den Hamburgern aufs Dach gestiegen. Nach und nach, wohl seit den 1880er Jahren, hatten Werbetafeln zunächst die Fassaden und schließlich auch die Dachgeschosse der innerstädtischen Geschäftsbauten erreicht und damit den Luftraum über der Stadt erobert. Auf fragil erscheinenden, dennoch stabilen Gerüsten machten sich *Luftbuchstaben* breit und bekrönten die Dächer. Weithin sichtbar propagierten sie Firmen- und Markennamen und verwiesen auf den Sitz *hier im Hause*. Den Fassadenabschluß bildeten verschiedentlich ganze Reklameetagen, meterhohe Aufbauten, deren Wirkung auf Weit- und Fernsicht hin angelegt war; sie verliehen den Gebäuden neue Namen und besetzten die Häuser mit Schrift – die Fassade diente als *billboard*, die Architektur lud zur Lektüre ein.

Diese Form der Reklame-Fassadenkletterei wurde von den Zeitgenossen zunächst offenbar hingenommen und schlicht als Zug der Zeit gewertet. Lokalpatriotisch und berufsstolz gestimmt, hat der Hamburger Reklamemaler Eduard Niese in einer Reihe von Aquarellen aus den 1880er und 1890er Jahren die Entwicklung dokumentiert. So entwirft er etwa aus der Perspektive der eigenen Profession das ideale Werbebildprogramm einer Hausfassade, in dem sämtliche Formen der Außenreklame in Eintracht nebeneinander erscheinen und sich in die zur Verfügung stehende Wandfläche teilen – eine Art Reklameträger-Musterbuch aus Dachaufbauten, Fassadenbeschriftungen, Markenschildern, Plakattafeln, Pfahlschildern, Gewerbezeichen, Laternen und Werbeuhren.[2]

Daß sich gegen diese neuen Reklamewelten zunächst kein Protest regte, ist im wirtschaftlichen Prosperieren der Gründerzeit zu suchen, deren Blüte die Werbung gewissermaßen naturgemäß begleitete, von der sie zugleich auch kündete und als deren erfolgsgarantierender Bestandteil sie obendrein begriffen werden konnte. 1881 war Hamburg dem Deutschen Zollverein beigetreten, hatte sich aber das Privileg eines ausgedehnten Freihafens bewahrt. Rasch entwickelte sich die Stadt zum drittgrößten Hafen der Welt und war um 1900, nach Berlin, die zweitgrößte Industriestadt des Deutschen Reiches (Jochmann 1986, 15 ff.). Ein enormes wirtschaftliches und städtebauliches Wachstum war die Folge, und in der Reklame als Wirtschaftswerbung schien der ökonomische Aufschwung sein Organ, seinen *optischen Lautsprecher*, gefunden zu haben. Als dann allerdings, nach der Jahrhundertwende – der Zeitpunkt läßt sich nicht genau bestimmen –, die Fassaden hinter den Reklametexten beinahe zu verschwinden drohten (und Nieses Aquarellvision Wirklichkeit wurde), entspann sich in Hamburg eine heftige Kontroverse um das (Un-)Recht der Reklame am Bau. Im Verlauf dieser Debatte wurde schließlich ein juristisches Corpuswerk formuliert und verabschiedet, das als Hamburger Baupflegegesetz aus dem Jahre 1912 in diesem Zusammenhang Epoche machen sollte (Rauschnabel 1984, 81 ff.).

Die Vorschriften und Normen betreffs der Außenreklame, die das Gesetz bereitstellte, waren nur ein Teil dieses umfangreichen Codex, der im übrigen die planvolle Stadtgestaltung administrativ gewährleisten sollte. Regional wie überregional gewann das Hamburger Baupflegegesetz rasch Geltung und Beachtung. Vorträge, Zeitungsartikel, Streitschriften und Bücher sorgten für die nötige Publizität. Was die Werbevorschriften angeht, so zählt das Gesetz in der Literatur ganz allgemein zu den wenigen Regelwerken, in denen die Aspekte des sogenannten Heimatschutzes und moderne Werbeformen richtungweisend aufeinander abgestimmt worden sind (Spiekermann 1995, 144).

Im Zentrum der Diskussion um die Außenreklame stand als ästhetische Kategorie das Stadt*bild*, das es historisch zu bewahren und vor Verschandelung und Verunstaltung zu schützen galt. Die Reklame-Debatte in Hamburg nahm ihren Ausgangspunkt im Streit um das städtebauliche Herzstück der Hansestadt, die Alsterarkaden an der Kleinen Alster in der Stadtmitte. Den Sachverständigen der Behörden (unter ihnen streitbare Puristen) auf der einen standen die Vertreter der (Reklame-)Wirtschaft (unter ihnen starrköpfige Rigoristen) auf der anderen Seite gegenüber. Das Rennen machte schließlich ein Kompromiß, eine bürokratische Maßhalteposition der Mitte.

Eduard Niese, Fin de siècle, um 1895, Aquarell.
Museum für Hamburgische Geschichte

Die Alsterarkaden – Streitobjekt und Paradefall

Will man sich den früheren Umgang mit der Reklame in Hamburg vor Augen führen, so läßt sich dies, fotografisch dokumentiert, am besten am Beispiel der Alsterarkaden nachvollziehen. Die Bauten dieser Wandelgänge sind damals (wie heute) der Stolz Hamburgs und zählen zu den städtebaulichen Glanzleistungen des klassizistischen Wiederaufbaus nach 1842. Damals hatte ein Brand annähernd ein Drittel der Stadt zerstört, darunter auch das alte Zentrum. Der Wiederaufbau ging innerhalb weniger Jahre vonstatten; die wichtigste Idee zur Gestaltung des neuen Stadtzentrums lieferte der Architekt Alexis de Chateauneuf: *Der Börse vorgelagert [wurde] das Rathaus gebaut, ein großer Rathausmarkt davor öffnet sich auf das streng begrenzte Wasserbecken der Kleinen Alster (Alsterarkaden), das die Platzachse im rechten Winkel bricht und umlenkt zur größeren, jetzt auch an der Ostseite streng architektonisch gefaßten Binnenalster – jenseits des Walles zur weiten Außenalster. Diese städtebauliche Mitte Hamburgs – nach Fritz Schumachers Wort ›das Kunstwerk Hamburg‹ schlechthin – ist trotz aller Veränderungen erhalten geblieben* (Hipp 1989, 44).

Eine Fotografie aus der Zeit um 1880 hält die Alsterarkaden von der Rathausmarktseite aus fest; der Fotograf hat seinen Standpunkt vor der großen Wassertreppe gewählt, die zur Kleinen Alster hinabführt. Von Reklame kann nur bedingt gesprochen werden, sie hält sich jedenfalls zurück und tritt erst auf den zweiten Blick in Erscheinung. Die Bekleidungsfirma Ladage & Oelke hat ihren Firmenschriftzug unterhalb des Gesimses als Schriftband auf der Wand, das Hotel Petersburg seinen Namen, elegant reliefiert, in der Sockelzone unterhalb des Mezzaningeschosses angebracht. Überschneidungen mit der Fassadenarchitektur sind sorgfältig vermieden. Im Blick durch die Arkadenöffnungen sind außerdem die Ladenschilder der Geschäfte mit Bijouterie- und Lederwaren zu erkennen. In der Kasemattenzone über dem Wasser läßt sich nur ein einziges Ladenschild ausmachen.

Rund 20 Jahre später bietet sich die Front der Arkaden sichtlich ge-, ja verwandelt dar. Dachreklamen unterschiedlicher Konstruktion und Höhe besetzen die Arkaden fast in der gesamten Breite und überziehen das Gebäudeensemble mit Scheinarchitektur. Über dem Ladage & Oelke-Schriftzug ragt jetzt eine Luftreklame für Fahrräder hoch in den Himmel auf; gleich nebenan hat die Firma Stollwerck für die Anbringung ihrer Geschmacksdevise ›Extra-Zart‹ eine nochmals höhere, nahezu massiv angelegte Dach-

C. Minwegen
Papier-
Ausstattung
Blumen

Die Alsterarkaden
in Hamburg
mit und ohne
Reklameschilder,
um 1920.
Aus: Behme 1931

architektur errichtet, einen Treppengiebel, der in krassem stilistischen Gegensatz zur Bogenarchitektur steht. Der ephemere Aufbau übertrumpft die bestehende Architektur und bringt sie aus dem Gleichmaß. Die niedriggehaltene, als schmales Schriftband geformte Leuchtschrift nebenan wird ihre Botschaft erst mit Anbruch der Dunkelheit preisgeben; schon jetzt aber fügt sie dem Auf und Ab der Dachlinie eine neue Höhenvariante hinzu, ein weiterer Störfaktor bezogen auf die Ästhetik des klar gegliederten Baukörpers. Beeinträchtigungen der Architektur lassen sich im übrigen auch an den Fassaden ausmachen. Es hat den Anschein, als drängten die Geschäfte mittels der Werbetafeln mit ihren Angeboten geradezu aus dem Arkadeninneren nach außen, um mit ihren Kaufrufen nicht nur Passanten in unmittelbarer Nähe, sondern auch die in größerer Ferne erreichen zu können. Firmenschilder besetzen die Terrassengitter, verkleiden die Brüstungen, und Wandschriften preisen selbst knapp über der Wasserlinie noch Waren und Dienste an. Ins Auge springen in der Höhe vor allem zwei große Glasschilder mit ihren Reklamen für Corned Beef und Lang Neese [sic!], die von den Terrassenbrüstungen bis in die Bogenarchitektur hineinragen und den dekorativen Rosettenschmuck verdecken. Mittels Bogenaussparungen wird der eher klägliche Versuch unternommen, den gefälligen Rhythmus der Arkaden nicht zu unterbrechen. Wiederum andere, auch ältere Formen der zeitgenössischen Reklame lassen sich *vor, an* und *auf* den angrenzenden Gebäuden im Hintergrund erkennen: so eine Dachgerüstreklame, die – weithin sichtbar – auf hohem Eisengestänge in den Himmel ragt; so eine Brandmauerbeschriftung; ferner, auf der Brücke, eine Litfaßsäule des Hamburger Typs, aus Ziegelstein rundgemauert und im unteren Teil mit einem kleinen Trinkbrunnen ausgestattet, wie er in dieser oder ähnlicher Form seit 1868 an über 40 Plätzen in der Stadt aufgestellt worden war.

Knapp zehn Jahre später ist noch einmal einiges mehr an Werbung hinzugekommen. Zwar sind jetzt die Brüstungen, Säulen und Pfeiler von Reklame größtenteils befreit und auch die Wandschriften in der Kasemattenzone reduziert worden; aber unterdessen wurden die Dachreklamen, die auf immer höheren Gerüsten himmelan stürmen, vermehrt. *Auffallen um jeden Preis*, lautete, wie man der Fotografie entnehmen kann, das Programm, koste es (an Architektureindruck), was es wolle.

Die Reklame, so Edwin Redslob, befand sich vor dem Ersten Weltkrieg in den Flegeljahren. Sie schien möglichst ausdrücklich betonen zu wollen, daß sie die Gebäude, an denen sie angebracht war, nichts angingen, räsonnierte der Kunsthistoriker und Reichskunstwart der Weimarer Republik (Redslob in: Hellweg 1923, 3). Und bald erwachte auch die Kritik an diesen *Übergriffen*, erhob publizistisch ihre Stimme und entwarf erste Programme zwecks *Kultivierung der Außenreklame*. Wie andernorts suchte man auch in Hamburg nach Wegen, der Werbewirtschaft die ›Jugendsünden‹ auszutreiben. Im Jahr 1911 kam zum Beispiel der Vorschlag auf, eine Reklamesteuer einzuführen, die aber vom Hamburger Senat abgelehnt wurde (Hamburger Staatsarchiv, Akte Cl. VII, Lit. Db Nr. 14c Vol. 1). Die Idee, die Kontrolle der Werbemaßnahmen einer staatlichen Instanz zu übertragen, war bereits 1903 erörtert worden. Alfred Lichtwark, Direktor der Hamburger Kunsthalle und engagierter Propagandist in Sachen ästhetischer Erziehung, äußerte zunächst Bedenken: Ihn mache der Gedanke, *eine Kommission oder ein Komitee oder irgendeine ad hoc eingesetzte Behörde über die Zulässigkeit der Reklame... entscheiden zu lassen* bange, und er fürchte *im Fluge eine Straßentyrannei* (Lichtwark 1903).[3] Wenige Jahre später jedoch hat Lichtwark, unter anderem zusammen mit dem Kollegen Justus Brinckmann, Direktor des Museums für Kunst und Gewerbe, bei der Erarbeitung des Baupflegegesetzes konstruktiv mitgewirkt (Rauschnabel 1984, 21). Am 3. April 1912 trat das Hamburger Baupflegegesetz in Kraft. Sein wichtigstes Durchführungsorgan war die

Bild 3 / Schlechte Giebelreklame Hamburg, Brauerstraße

Fotografien 1921. Aus: Rolffsen 1921

Bild 4 / Gute Giebelreklame an demselben Hause

Baupflegekommission, zusammengesetzt aus Mitgliedern des Senats und der Bürgerschaft. Diesem Gremium war ein Sachverständigenbeirat aus 25 Personen zugeordnet, darunter Baufachleute, Künstler, Wissenschaftler sowie kunstverständige Laien. Die Kommission hatte das Einspruchsrecht gegen das Anbringen von Reklamen aller Art. Da ihre Entscheidungen gerichtlich nicht anfechtbar waren, konnte konsequent vorgegangen werden (Hellweg 1919, 56–59; Spiekermann 1995, 144).

Ihren eindrucksvollen und propagandistisch größten Erfolg errang die Baupflegekommission mit der Beseitigung der *verunstaltenden Reklame* im Bereich der Alsterarkaden. Der Außenbau mußte von allen störenden Beschriftungen und Beschilderungen an der Fassade und auf dem Dach befreit werden. Da die Demontage allerdings nur Schritt für Schritt und Schriftzug für Schriftzug vonstatten ging, weil jeder Reklamefall, wie es das Gesetz vorsah, für sich entschieden werden mußte, behalf man sich zwischenzeitlich mit einer Fotomontage, die dem Publikum den behördlich verordneten Zustand unmittelbar vor Augen führte. Die Entfernung der Schaukästen und Schilder innerhalb der Arkaden war nicht vor 1924 abgeschlossen. Erst jetzt hatte man die *einheitliche Wirkung dieses Teils des für Hamburg besonders wertvollen Naturwerks* wieder erreicht (Hellweg 1919, 273).

Baupflege auf breiter Front

Hatte sich die Kommission bis 1914 insbesondere auf die Beseitigung der Reklameverfehlungen an wichtigen Straßen und Plätzen der Innenstadt konzentriert (Alsterarkaden, Jungfernstieg, Ballindamm, Mönckebergstraße), so weitete sich nach dem Krieg das Vorgehen gegen die Reklamewillkür über den engeren Citybereich hinaus aus. Denn allerorten traf man auf Anschläge, die sich auf Hausmauern, Wänden, Zäunen und Dächern breitgemacht hatten. Brandmauern, in der Hansestadt infolge einer verfehlten Bebauungsplanung sehr zahlreich vorhanden (Rauschnabel 1984, 91), luden zur Wandbemalung und -beklebung geradezu ein. Gegen die Fülle der zu registrierenden Verstöße kam die Baupflege nicht an.

Den Reklamebefürwortern und Wirtschaftsvertretern lieferte darüber hinaus die angespannte wirtschaftliche Lage zu Beginn der 20er Jahre neue wirtschaftspolitische Argumente: Ohne Reklame noch weniger Umsatz. Die Geschäftswelt formulierte ihre Interessen jetzt lautstark, und vermehrt wurde die Meinung vertreten, die ästhetischen Gesichtspunkte der Baupflege hätten ihren Sinn in Zeiten gehabt, *als Deutschland groß und reich war und sich einigen Luxus zu künstlerischen Zwecken leisten konnte* (Bendixen 1920); heutzutage jedoch wirke sich solche Großzügigkeit ökonomisch nur nachteilig aus. Die Baupflegekommission zog aus diesen Diskussionen die Konsequenz, sich von nun an verstärkt der Einwirkung auf die Reklamegestaltung, d. h. ihrer Qualifizierung im Sinne der Richtlinien, zuzuwenden und eine Phase der Aufklärung und Einflußnahme im Reklamevorfeld einzuläuten. So bot man etwa kostenlose Fortbildungsveranstaltungen an, in denen sich Maler und Lackierer über eine ästhetisch ansprechende und zugleich zweckmäßige Ausführung von Gewerbezeichen unterrichten konnten, oder ganze Berufszweige, z. B. Apotheker und Drogisten, bekamen die Anregung, sich neue, geeignetere Gewerbezeichen entwerfen zu lassen. Auch Schaufensterwettbewerbe wurden gelegentlich durchgeführt (Rauschnabel 1984, 86).

Zu den wirkungsvollsten Propagierungsmöglichkeiten der Baupflegeideen zählten Publikationen in der Tages- oder Fachpresse und in Buchform. Vielfach kamen die Veröffentlichungen von Mitgliedern der Behörde oder der Baupflegekommission. Das Standardwerk zur Frage der *Außenreklame in Stadt und Land* erschien 1919. Es stammt aus der Feder des rührigen Hamburger Baurates und Vorsitzenden der Baupflegekommission Werner Hellweg (Hellweg

Dachreklamen am Jungfernstieg, 1921. Aus: Rolffsen 1921

1919). Ausgehend von seinen Hamburger Erfahrungen, stellt der Autor diese Beispiele anhand von Materialien, die er über eine Umfrage in ganz Deutschland gewonnen hatte, auch überregional zum Vergleich. Hellwegs *opus magnum* zeichnet sich unter anderem auch dadurch aus, daß es erstmals den Versuch unternimmt, die Reklamewelt zu klassifizieren, die Werbeträger, -mittel und -instrumente differenziert zu benennen und Fachbegriffe anzuführen oder neu zu prägen.

1921 machte die Baukommission in einem Hamburg-Sonderheft der Zeitschrift *Das Plakat* auch ein breiteres Publikum mit ihrer Arbeit bekannt. Am Beispiel einer Brandmauerreklame in der Hamburger Brauerstraße, die auf Veranlassung der Baupflegekommission als Musterreklame neu gestaltet worden war, stellte sie die ästhetischen Normen und das erzieherische Programm ihrer Arbeit vor (Rolffsen 1921). Im Fall der *schlechten Giebelreklame* (Abb. S. 98) wird der Großteil der Wandfläche von einer monumentalen Schuhmarkenwerbung beherrscht. Ein auf die Höhe von drei Stockwerken vergrößerter Affe präsentiert den Passanten einladend eine ›Mercedes‹-Stiefelette. Von diesem Großbildmotiv abgedrängt, findet sich in den Feldern darüber und darunter jeweils bescheidene Schriftwerbung, die – abgeblättert und teils unleserlich geworden – auf das im Haus befindliche Missionshotel und seinen preiswerten Mittagstisch hinweist. Die Kommission nahm Anstoß an der ins Riesenhafte gesteigerten Malerei sowie an der planlosen, offenbar nur dem Zufall überlassenen Wandgestaltung (Hellweg 1923, 8). Diesem Bild wird das Gegen- und Musterbild konfrontiert, auf dem sich jetzt sechs Firmen in die Werbefläche teilen (Abb. S. 99). Den Höhenrhythmus für die Werbefelder geben die Geschoßhöhen vor; dekorative Farbrechtecke begrenzen seitlich jeweils die Schriftzeilen und verleihen, wie es heißt, der Brandmauer ein ›Gesicht‹, das typographisch einheitlich gestaltet ist. Rechts neben dieser neugeordneten Werbefläche ist auch die Fassade einer Farbenfabrik ins Bild gekommen, deren Neugestaltung durch die Baubehörde kurze Zeit darauf in Angriff genommen wurde (Hellweg 1923, Bild 7). Nur die Litfaßsäule als altgedientes Instrument der Außenreklame hat die ästhetische Modernisierung unberührt überstanden; die schnellebigen Plakate allerdings gingen laufend *mit der Zeit.*

Lichtreklame an der Binnenalster

Die Anbringung zweier sechs Meter hoher Lichtreklame-Installationen auf den Dächern des Atlantik Hotels und des Hotels Hamburger Hof sorgte 1924 für einen Eklat, der zwischen Vertretern der Werbewirtschaft und Mitgliedern der Baupflegekommission öffentlich ausgetragen wurde. Eigenmächtig hatten sich die beiden Hotels über den seit dem 30. Oktober 1915 gültigen Beschluß hinweggesetzt, von Lichtreklamen im Bereich der Kleinen Alster, der Binnenalster und der Außenalster grundsätzlich abzusehen (Rauschnabel 1984, 86). Dieser Grundsatz, der diesen Bereich als Schutzzone definierte, war verletzt worden und löste eine heftige Pressefehde aus, die sich, da Prinzipielles zu verhandeln war, über Jahre hinziehen sollte, wie ein Chronist bezeugt: *Die Leuchtreklame am Jungfernstieg und an der Binnenalster ist seit Jahren der kulturästhetische Zankapfel der Hamburger. Immer wieder bricht die Debatte los. Hell oder dunkel, das ist hier die Frage. Die Baubehörde (Fritz Schumacher) verteidigt die auf ein Mindestmaß beschränkte Leuchtreklame und nimmt den Zauber des wechselnden Landschaftsbildes gegen die starre Blendwirkung des künstlichen Lichts in Schutz. Die jüngere Generation betrachtet solche Gesinnung als reaktionär und fordert für die das Alsterbecken einschließenden Straßen den weltstädtischen Broadway-Charakter. Und beide Parteien glauben, daß sie der Fremdenverkehrswerbung dienen – die eine, indem sie den guten alten Mond scheinen läßt, die andere, indem sie tausend künstliche Beleuchtungskörper an den Himmel hängt* (Harbeck 1930, 33).

Im Mai 1924 bezogen die Parteien im Hamburger Fremdenblatt Stellung. Fritz Schumacher sprach für die Baukommission; er war keinesfalls bereit, die Verantwortung für die Reklame (und damit die hamburgische Stadtlandschaft) der Geschäftswelt zu überlassen: *Die Abendstunden an der Alster sind von so einer eigentümlichen Schönheit, daß die ganze Welt davon spricht. Ich mache mich anheischig, sie durch ein einziges geschickt angebrachtes* ›Manoli‹ *so zu stören, daß man nur noch von Manoli spricht* (zit. n. Rauschnabel 1984, 88). Die Kaufleute konterten und warfen der Baupflege vor, als Kulturbremse zu wirken und hinter ihrer Zeit zurückgeblieben zu sein: *Reklame ist Geld und Geld ist Macht... Und wenn Hamburg die erste Stadt in Deutschland wäre, in der sich Lichtreklame austobte, daß über ihrer City die Nacht zum Tage würde, dann sollte man nicht der verlorenen Traumstimmung der Binnenalster nachhängen* (ebd.). Ferner würden, so die Befürworter, durch die Werbung Arbeitsplätze geschaffen, in den Vereinigten Staaten habe man auf diese Weise bereits ganze Industriezweige aus dem Boden gestampft (ebd.). Was die ›Übergabe‹ der Alster an die Reklametreibenden für das Stadtbild bedeuten würde, ließ die Baupflegekommission mithilfe einer Fotomontage als Menetekel an die Wand malen: Die Geschäftshäuser am Jungfernstieg sind bis über die Toppen mit Reklame beflaggt, Haus für Haus und Dach für Dach bietet sich als Werbeträger dar. Auf hohen oder niedrigen Stellagen präsentiert sich die Zeichen- und Bilderwelt der Reklame: Figürliches steht neben Textlichem, streng Geometrisches neben phantasievoll Bizarrem, Gegenständliches neben Abstraktem, – eine Schaubudenwelt an und über hanseatischen Dächern – Las Vegas an der Alster.

Am 16. Juli 1928 wurde der Hamburger Streit um die Lichtreklame schließlich beendet. Per Senatsbeschluß kam es zu einer Vereinbarung, die die Lichtreklame an der Binnenalster auf eine untere Zone von 10 Metern beschränkte, Ausnahmen allerdings auf Antrag gestattete – immerhin ein halber Sieg für die Baupflege, die auf diese Weise zumindest den Wildwuchs steuern konnte. Ein Jahr später, am 22. März 1929, wurde dann das Baupflegegesetz von 1912 zugunsten der praktischen Arbeit der Kommission erweitert. Sie erhielt das Recht, Genehmigungen zur Anbringung von Reklame grundsätzlich zu versagen, wenn abzusehen war, daß einzelne Bauwerke, das Straßen- oder gar das Stadtbild in der Wirkung beeinträchtigt würden (Behme 1931, 79); außerdem wurde auch die umständliche Praxis der Einzelfallentscheidung aufgegeben.

Das Wirken der Hamburger Baupflegekommission im Bereich der Reklameordnung ist in der Literatur durchweg als erfolgreiches Modell beschrieben. Ausdrücklich betont wird zumeist der Aspekt, daß die Institution sich nicht auf bloße Abwehrmaßnahmen beschränkte, sondern versucht hat, über zahlreiche gemeinsame Vorkehrungen praktisch zum Ausgleich mit den Vertretern der (Werbe-)Wirtschaft zu kommen.

Der Las Vegas-Effekt in der Hansestadt blieb damals aus; bis heute gelten für den genannten Innenstadtbereich restriktive Vorschriften. Andernorts, im Stadtteil St. Pauli, vor allem auf der Reeperbahn, hat sich das kalifornische Modell nach und nach durchgesetzt, und keine Behörde wird dagegen Einspruch erheben. Denn hier führt in einem Freiraum die Reklame das große Wort.

Trumpf-Zeppelin, 1930. München, Bilderdienst Süddeutscher Verlag

Anmerkungen

1 Der Aufsatz folgt in zahlreichen Sach- und Materialaspekten dem einschlägigen Kapitel der ausführlichen Untersuchung zum Hamburger Baupflegegesetz von Kurt Rauschnabel (Rauschnabel 1984). – Für Hinweise, Anregungen und Unterstützung habe ich darüber hinaus zu danken: Joachim Frank (Staatsarchiv Hamburg); Dr. Alexander Pilipczuk, Dr. Jürgen Döring, Dr. Rüdiger Joppien (alle Museum für Kunst und Gewerbe, Hamburg); Frank Trost (Hamburger Verkehrsmittelwerbung); William Harry Wilkens und Walter Gröll (Wilkens Ayer, Werbeagentur, Hamburg); Beate Christians (Staatliche Landesbildstelle Hamburg); Dr. Henriette Väth-Hinz (Hamburg) sowie meinen Kolleg(inn)en Dr. Christian L. Küster, Maike Annus und Dieter Otte (Altonaer Museum in Hamburg).

2 Die erwähnten Graphiken gehören zur Sammlung des Museums für Hamburgische Geschichte; siehe dazu ausführlich Bauche 1971.

3 Lichtwark hatte sich schon früh zur Frage einer ›Kunst auf der Straße‹, wozu er auch die Reklame rechnete, geäußert und galt als Autorität in Fragen der künstlerischen Erziehung der breiten Öffentlichkeit.

CHOKOLADE Trumpf

Im Reich der Lüfte

Bereits Ende des 19. Jahrhunderts gab es erste Versuche, den Luftraum als Werbeträger zu erschließen. Seit 1892 vermittelte der Verein zur Förderung der Luftwirtschaft Werbeflächen auf Heißluftballons an interessierte und zahlungskräftige Unternehmen. Ihren ersten Höhepunkt erlebte die Werbung in den Lüften, als 1910 die Luftverkehrsgesellschaft Charlottenburg ihr Schiff *Parsifal* für vier Jahre als Werbeträger anbot. Der Name des werbenden Unternehmens oder des beworbenen Markenprodukts wurde nachts von der Gondel aus auf die helle Luftschiffhülle projiziert und strahlte über der nächtlichen Stadt (Reinhardt 1993, 303). Später hat man Luftschiffe für den Einsatz bei Tag flächendeckend mit dem Namen eines Unternehmens oder eines Produkts versehen. Die Firmen Odol und Trumpf bedienten sich bis in die 30er Jahre dieses damals durch die neuen Flugtechniken bereits antiquierten Werbemittels (Abb. S. 103).

Auf der Leipziger Messe 1923 sorgten die Lingner Werke für eine Werbesensation, als sie nachts ein Flugzeug mit Leuchtbuchstaben unter den Tragflächen als Werbeträger für ihr Mundwasser Odol einsetzten. In der Dunkelheit bekam man den Eindruck, als flöge der Schriftzug allein über den Himmel. *Wer schon einmal solch ein Flugzeug unter der sternenbesäten Himmelskuppel über dem nächtlichen Treiben der Großstadt kreuzen sah, wird wohl nicht so schnell diesen erhabenen und herrlichen Eindruck vergessen und die große Wirkung dieser Reklame anerkennen* (Seidels Reklame 10, 1926, 463). Der Odolflieger wurde 1923 auf den Messen in Leipzig und Breslau und bei der Jahresschau in Dresden eingesetzt, außerdem war er lange Zeit über Berlin zu sehen (Seidels Reklame 8, 1923, 27). Tagsüber zogen die mit Reklameaufschriften versehenen Flugzeuge durch Flugkunststücke die Aufmerksamkeit der Passanten auf sich. Eine zeitgenössische Quelle von 1927 berichtet: *Erscheint ein solches Reklameflugzeug über dem bunten, geschäftigen Treiben einer Großstadt, eines Badeplatzes oder Tagungsortes, so richten sich tausende von Augenpaaren nach ihm und lesen den Firmen- und Markennamen, um ihn für immer zu behalten, in tausenden von Köpfen wird die Wort- oder Bildmarke fest eingeprägt* (Seidels Reklame 10, 1926, 463).

Die aufsehenerregendste und wohl auch effektivste Werbung im Luftraum kam aus Amerika und wurde von der Firma Henkel erstmals 1926 in Berlin gezeigt: die Rauch- oder Himmelsschrift. Ein Flugzeug versetzte die ganze Stadt in Staunen, indem es mit weißem Rauch die Worte *Hallo Berlin* und danach *Persil* auf den wolkenlosen Himmel schrieb. Als Augenzeuge berichtete Paul Mundhenke, der damalige Werbeleiter der Firma Henkel: *Man muß es selbst erlebt haben, das überwältigende Schauspiel, das die Riesenstadt in diesem Augenblick bot!... Der Potsdamer Platz, der belebteste Verkehrsplatz Deutschlands, bot für einige Minuten ein Bild absoluter Ruhe, und straßauf und straßab hielten Autos und Straßenbahnen, gestikulierten*

Kat. Nr. 2.4.4

Kat. Nr. 2.4.3

aufgeregte Menschen: das ganze Leben der Weltstadt stand unter dem bezwingenden Eindruck des unbegreiflichen Vorganges (zit. n. Brune-Berns 1995, 114). Das Wort Persil dehnte sich über eine Luftfläche von 1500 x 7000 Metern aus. In den folgenden neun Jahren wurde diese Himmelsschriftwerbung knapp 5000 mal für die Henkelprodukte Persil, Imi, Ata und Henko eingesetzt. Die Flugeinsätze waren von Plakatkampagnen, Anzeigen und Flugblättern begleitet, die auf die kommende Sensation aufmerksam machten und die Technik des dargebotenen Spektakels erklärten. Dabei wurden alle Städte und Orte mit mehr als 5000 Einwohnern berücksichtigt (Reinhardt 1993, 306). Henkel betrieb diese aufwendige Art der Luftreklame in so großem Ausmaß, daß die Firma eine eigene *Henkel-Flotte* mit mehr als zehn Maschinen aufbaute, die bis 1936 zu Werbezwecken flog. Nach dem Krieg konnte die Himmelsschriftwerbung erst 1954 wiederaufgenommen werden (Steber 1988, 66 ff., 72).

Susanne Bäumler

2.4.1
Reklameflugzeug der
Fa. Lobbenburg & Blumenau, Köln
1925
Fotografie
Lit.: Seidels Reklame 9, September 1925, 496
München, Bayerische Staatsbibliothek

2.4.2
Flugzeugreklame bei Nacht
Otto Arpke
(Braunschweig 1886–1943 Berlin)
1925
Lit.: Seidels Reklame 9, August 1925
München, Bayerische Staatsbibliothek

2.4.3 *Abb.*
Funkturm am Kaiserdamm
Gustav Wunderwald
(Köln 1882–1945 Berlin)
1926
Bez. u. r.: G. Wunderwald
Öl auf Leindwand, 61 x 71 cm
Lit.: AK Gustav Wunderwald, Berlin 1982, Nr. 52
Wolfsburg, Städtische Galerie

2.4.4 *Abb.*
Reklameballon in Form eines Autoreifens auf der Deutschen Automobil-Ausstellung in Berlin
1926
Fotografie
Lit.: Seidels Reklame 10, Januar 1926
München, Bayerische Staatsbibliothek

2.4.5
IN 4000 METER HÖHE. PERSIL,
Plakat für Himmelsschriftwerbung
Aarau um 1920
Druck: Trüb. & Cie.
Lithographie,
128 x 90 cm
Lit.: Reinhardt 1993, Abb. 90
Privatsammlung

2.4.6
Haben Sie dieses Inserat am Himmel gesehen?,
Faltblatt
1927
Druck, 28 x 22 cm
Düsseldorf, Henkel Werksarchiv

2.4.7
Persil-Lichtreklame
1932
Fotografie
Lit.: Werbung mit Plakaten für Henkel-Produkte 1978, 25
Düsseldorf, Henkel Werksarchiv

2.4.8
Persilflieger
Um 1960
Video
Düsseldorf, Henkel Werksarchiv

Kat. Nr. 2.5.2

Von Sandwichmännern und fahrenden Schreibmaschinen

Um die Reklame direkt an die Verbraucher, die Passanten der belebten Großstadtstraßen, zu bringen, stellten die Kaufleute im ausgehenden 19. Jahrhundert sogenannte Sandwichmänner ein. Der aus den USA kommende Sandwichmann hatte in seiner ursprünglichen Erscheinungsform zwei Papptafeln umhängen, die mit Plakaten oder Ankündigungen beklebt waren. Dieser Schichtenaufbau verhalf ihm auch zu seinem Namen. Rudolf Cronau schrieb 1887 über die *wandelnden Anzeigenblätter: Bedächtig und bescheiden wandeln sie einher auf den Verkehrswegen der Großstädte London, New York und Paris, einer hinter dem anderen auf zwölf Meter Abstand, zu einem halben bis zu einem vollen Dutzend. Sie belästigen uns nicht auf den breiten, drangvollen Fußsteigen, denn eine fürsorgliche Polizei hat sie jenseits der Laternenpfähle in die Fahrbahn hinausgewiesen* (Cronau 1887, 31 f.). Der Autor führt die Entstehung dieser Werbeform auf die Erfahrung der Kaufleute zurück, *daß briefliche Geschäftsanzeigen und Zirkulare regelmäßig ungelesen in den Papierkorb wandern* (ebd.).

Bei einem kärglichen Tageslohn von 1.50 Francs oder 1,25 Mark war die elende Erscheinung dieser Reklameträger nicht verwunderlich. Meist waren es armseligst bekleidete, unrasierte, magere Männer, deren trostlose Gestalt in krassem Gegensatz zu den Waren oder Ereignissen stand, von denen die Reklametafeln kündeten. 1914 bemerkt ein Autor des *St. Gallener Tagblattes* eine Veränderung im Auftreten der *Butterbrotmänner* im Pariser Stadtbild: *Heute sieht man aber plötzlich elegante Sandwichmen. Im Gehrock oder Frackanzuge, mit blendend weißer Hemdbrust, Lackstiefeln an den Füßen und dem Zylinder auf dem Kopfe, sauber rasiert, den Schnurrbart gebrannt oder den Bart gepflegt, so treten einem diese Reklamehelden seit einiger Zeit entgegen.... So stehen sie vor den Geschäften, für welche sie Reklame machen. Die einen stumm wie ein Fisch, machen Gesten, daß man glaubt, einen Wahnsinnigen vor sich zu haben.... Ein anderer hält Reden, die recht witzig sind und von den Passanten mit Vergnügen angehört werden* (Seidels Reklame, Juni 1914, 333 f.).

Mit den Jahren wurden die Kostüme der Reklameträger immer ausgefallener, und bald hatten sie mit ihrem Urvater, dem traurigen Sandwichmann zwischen den Pappen, nur noch den Namen gemeinsam. Die Firma Henkel schickte 1908 weiß gekleidete Männer mit Persil-Sonnenschirmen auf die belebten Straßen (Reinhardt 1993, 243). Man ging dazu über, die Verkleidung als überdimensionale Ware zu gestalten. So erregte 1914 während der Frankfurter Messe ein Zug von 24 vier Meter hohen Zigaretten, die durch die Stadt zogen, das Aufsehen der Passanten, und Henkel verpackte seine Reklameträger in den 20er Jahren in lebensgroße Ata-Dosen. Die Kopfbedeckung der Männer war als Dosenverschluß gestaltet (Kat. Nr. 2.5.2).

Aber nicht nur zu Fuß eroberte die Welt der Waren die Straßen. Neben Lieferwagen, die mit Werbung versehen waren, tauchten immer mehr figural gestaltete Wagen, als Pferdegespann oder motorisiert, im Stadtbild auf. Bereits 1887 wird von dem Reklamewagen einer Schuhhandlung berichtet, der in Form eines Stiefels gestaltet war (Cronau 1887, 39), und der seinerzeit Kopfschütteln und Entrüstung erntete. Alles mögliche war auf den Straßen unterwegs: Mundwasserflaschen und Putzmitteldosen wurden von Pferden durch die Stadt gezogen, Automobile nahmen die Form von Walfischen, Registrierkassen oder Schreibmaschinen an. Über ihre Wirkung auf die Passanten stand 1913 zu lesen: *Das Publikum, auf das der Reklamewagen wirken soll, kann auf diese Weise am besten beeinflußt werden, ohne daß dabei die Absicht einer Reklame unangenehm ins Gesicht fällt* (Seidels Reklame, Dezember 1913, 401). Firmen, die bezüglich ihrer Produktgestaltung und Reklame von Künstlern und Graphikern beraten wurden, ließen auch meist die Geschäftswagen in diesem Sinne gestalten. In elegant zurückhaltender Erscheinung präsentierten die Firmen Manoli und Sarotti ihre Wagen nach Entwürfen von Lucian Bernhard und Julius Gipkens. Zur Herstellung dieser Gefährte wurde 1903 in Frankfurt die Westdeutsche Reklamewagen GmbH und in München die Internationale Reklamewagen GmbH gegründet (Reinhardt 1993, 298).

Dennoch blieb der Reklamewagen ein Berliner Phänomen. Münchens eher restriktive Einstellung zur Werbung kam auch hier zum Tragen. Als die Firma Engleder & Finkenzeller, ein Spezialhaus für Bürobedarf, 1914 einen Reklamewagen in Form einer Mercedes-Schreibmaschine bauen ließ, um ihn durch die Straßen fahren zu

Julius Gipkens, Sarotti-Firmenwagen, 1910–18. Frankfurt a. M., Nestlé Chocoladen

Vgl. Kat. Nr. 2.5.5

STORCH-AUTOMAT
Nach 10 Pfg. Einwurf Kurbel drehen
Der Storch gibt eine Schokoladen-Puppe
in originell bedruckter Schachtel ab und
schreit gleichzeitig Mama!

Kat. Nrn. 2.5.13, 2.5.19, 2.5.20, 2.5.16, 2.5.18, 2.5.17, 2.5.11 (v. l. n. r.)

◁ Kat. Nr. 2.5.9

lassen, erstattete die Münchner Polizei Anzeige. Grundlage war § 109 der ortspolizeilichen Vorschriften: *Der Verkehr mit Reklamewagen ist verboten. Für jede Art beweglicher Reklame auf öffentlichen Wegen, Straßen und Plätzen, insbesondere für das Umhertragen und Umherfahren von Plakaten, Bildern und sonstigen Gegenständen, sowie für das Aufstellen von Personen zu Reklame- oder ähnlichen Zwecken ist polizeiliche Genehmigung erforderlich* (Seidels Reklame, Juni 1914, 286). Im darauffolgenden Gerichtsverfahren vor einem Schöffengericht erreichte die Firma doch zu guter Letzt einen Freispruch. Nach dem Ersten Weltkrieg verschwand diese Art der originell gestalteten Reklamewagen aus dem Stadtbild.

Eine neue Verkaufsform, die ursprünglich nur für Reklamezwecke zur Abgabe von Warenproben gedacht war, wurde im späten 19. Jahrhundert entwickelt: der Warenautomat. Ende der 1880er Jahre traf man ihn auch in Deutschland auf der Straße an.

Zu den Pionieren in Entwicklung und Vertrieb solcher automatischer Verkäufer gehörte Ludwig Stollwerck, der sich neben der Fabrikation von Süßwaren der Entwicklung und Herstellung von Warenautomaten verschrieben hatte. Die internationale Wettbewerbsfähigkeit seiner Automaten wurde allein dadurch bestätigt, daß in den 90er Jahren alle Transozeandampfer des Norddeutschen Lloyd mit Stollwerck-Automaten ausgestattet waren. In New York gab es zur gleichen Zeit etwa 4000 Automaten der Firma Stollwerck, im Vergleich zu einigen hundert aus amerikanischer Fabrikation (Hepner 1988, 25). Die seit dem Jahre 1887 im Straßenverkauf eingesetzten Automaten wurden zunächst

Kat. Nr. 2.5.28

nur mit Schokoladenproben zu Reklamezwecken gefüllt, später mit einem breitgefächerten Warensortiment. Zu den Süßigkeiten kamen Tabakwaren, Bücher (vgl. Kat. Nr. 4.3.18) und unterschiedlichste kleine Produkte wie Streichhölzer, Stecknadeln, Knöpfe, Zahnseide, Pflaster, Bleistifte und Seife (Hepner 1988, 28). Der große Erfolg veranlaßte Ludwig Stollwerck 1894 zur Gründung der Deutschen Automaten-Gesellschaft Stollwerck & Co., kurz DAG.

Automaten erfreuten sich so großer Beliebtheit, daß sie auch als Miniaturausgaben für Kinder auf den Markt drängten. Ab 1890 wurde die *Automatische Chocoladen-Sparkasse* in die Produktpalette aufgenommen. Der kleine Spielzeugautomat sollte Kinder

Kat. Nr. 2.5.10

rechtzeitig an Sparsamkeit gewöhnen und *Ansporn zum Fleiß* bieten (Kemp/Gierlinger 1988, 182). Um ein kleines Schokoladentäfelchen zu erhalten, mußte man den Automaten erst mit 10 Pfennigen füttern. Die Automaten nahmen bis zu 35 Täfelchen auf und konnten von den Eltern immer wieder nachgefüllt werden. Neben solchen Automaten waren bei Stollwerck im Bereich der Spielwaren eine Schokoladen-Uhr, ein Motorwagen, ein Zeppelin und vieles andere im Angebot. Ihr Verkaufspreis lag Ende der 1890er Jahre bei einer Mark.

Eine technische Sensation war der kleine Phonograph aus dem Jahre 1903, konnte er doch Schallplatten aus Gummi oder Schokolade abspielen. Er ist heute bei Sammlern eine gesuchte Rarität (Kat. Nr. 2.5.10). Auch andere Schokoladenhersteller – wie Hartwig & Vogel, Cailler und Tell – brachten mit der Zeit kleine Automaten zur Steigerung des Schokoladenkonsums heraus.

In engem Zusammenhang mit den verpackten Schokoladentafeln aus den Straßenautomaten steht eine weitere Werbestrategie, die nicht zuletzt durch die Firma Stollwerck eine Blüte erlebte: Das Serienbild. Serienbilder als Reklameträger wurden in Deutschland von der Firma ›Liebig's Fleischextract‹ ins Leben gerufen. Im Jahr 1872 gab das Unternehmen seine erste Serie von zwölf Bildern heraus. Die sogenannten Kaufmannsbilder wurden den Kunden beim Einkauf der Ware im Geschäft dazugegeben. Stollwerck begann 1897 Serienbilder aufzulegen. Die kleinen Bildchen waren den Schokoladen beigepackt und gehörten zu thematisch definierten Serien. Um die Sammelleidenschaft anzuspornen, brachten die Firmen Alben heraus, in denen jede Serie und jedes Bild verzeichnet waren und in die man die kleinen *Trophäen* einstecken konnte. Zwischen 1897 und 1916 legte allein Stollwerck 16 Alben mit insgesamt 595 Seiten auf, die in der firmeneigenen Druckerei, Prägeanstalt und Buchbinderei hergestellt wurden. Bereits im ersten Jahr nach der Einführung der Sammelbilder war der Umsatz von Stollwerck-Schokolade um 40 % gestiegen (Hepner 1988, 28 f.). Für die künstlerische Gestaltung wurden namhafte Maler wie Adolph von Menzel, Max Liebermann, Melchior Lechter, Fritz Overbeck, Otto Eckmann, Otto und Paula Modersohn sowie Franz von Stuck verpflichtet. Auch renommierte Kinderbuchmaler wie Helmut Skarabina kamen zum Einsatz. Die Themen der Serien reichten von Kinderspielen über Kaiserdenkmäler bis hin zu Märchen und ließen kaum einen Bereich des Lebens unberührt. Im Laufe der Zeit stellten auch etliche andere Firmen Sammelbilder her, wie zum Beispiel die Produzenten von Ersatzkaffee, Margarine, Haferflocken, Schuhputzcreme und Tee (Wasem 1981, 180 f.). In Form von Zigarettenbildern erlebte dieses Werbemittel in den 30er Jahren erneut eine Blüte.

Susanne Bäumler

Kat. Nr. 2.5.1

2.5.1 *Abb.*

ATA-Scheuerpulver, *Pappdosen*
Ab 1924, Ausführung 50er Jahre
Pappe, Papier, Folie, bedruckt,
14 x 5,5 x 5,5 cm
Beschriftung: ATA SCHEUERPULVER FEIN / HENKEL'S ATA / PUTZT ALLES
Lit.: Feuerhorst 1985, 22/23 – Werbung mit Plakaten für Henkel-Produkte 1978, 24 – Alle mögens weiß, o. J., 48–57 – Leitherer/Wichmann 1987, 217
Berlin, Deutsches Historisches Museum 1990/66.335.1–46

Ata war der erste Markenartikel im Bereich Haushaltsreinigungsmittel. Seine ursprüngliche Zusammensetzung bestand aus Quarzmehl und Soda. Bei der Markteinführung am 1. Juni 1920 wurde es von 89 Vertretern in ganz Deutschland an den Einzelhandel gebracht. Der große Erfolg schlug sich in der Produktion von 1.800 Tonnen Pulver allein im ersten Jahr nieder. Der Preis des 300 Gramm Pakets lag bei 75 Pfennig. Die Pappgußflasche, die in überdimensionaler Größe als Kostüm der Reklamemänner diente, wurde 1924 eingeführt. In nur leicht veränderter Form blieb sie bis 1956 auf dem Markt.
S. B.

2.5.2 *Abb. S. 106*

›ATA-Männer‹
Um 1924
Fotografie

Kat. Nr. 2.5.3

Lit.: Werbung mit Plakaten für Henkel-Produkte 1978, 24
Düsseldorf, Henkel Werksarchiv

2.5.3 *Abb.*
›IMI-Männer‹
1929
Fotografie
Lit.: Alle mögens weiß, o. J., 60 f.
Düsseldorf, Henkel Werksarchiv

Zur Markteinführung von Imi 1929, einem *Aufwasch-, Spül- und Reinigungsmittel,* spazierten verkleidete Imi-Männer mit Eimer, Bürste und Prospekten durch deutsche Städte. Imi wurde ein großer Erfolg, und im ersten Jahr waren 32 Millionen Pakete verkauft. S. B.

2.5.4 *Abb.*
Aktion für NIVEA-Creme an der Ostsee
1925
Fotografie
Hamburg, Beiersdorf

Werbung durch Aktionen und Events war auch am Anfang unseres Jahrhunderts aktuell. Ein ganzer Lastwagen mit überdimensionalen Nivea-Creme-Tuben wurde im Sommer 1925 an die Ostsee gebracht und die Tuben dort mit Zementblöcken im Wasser verankert. Die Aktion fand als Zeichnung genau wie als Fotografie Eingang in die Anzeigen der Firma Beiersdorf. S. B.

2.5.5 *Abb. S. 109, 116*
Reklamefahrzeuge, *Laufbildprojektion*

Walfisch-Putzmittel um 1913, Berlin, Landesbildstelle
Sidol 1913, Malz Bier 1913,
Pergenol 1913, National Kassen 1913, alle aus Seidels Reklame Dez. 1913
Engleder und Finkenzeller 1914, Erdal 1914, aus Seidels Reklame Juni 1914
Manoli um 1925, Hamburg, Reemtsma
Weber's Karlsbader um 1925, aus Seidels Reklame Sept. 1925

2.5.6
Bahlsen-Reklameauto
1938

Vgl. Kat. Nr. 2.5.4

Holz, schwarz lackiert, 20 x 55 x 14 cm
Beschriftung: Bahlsen / LEIBNIZ KEKS
Hannover, Bahlsen Museum

Holzmodell eines Auslieferfahrzeugs mit zu öffnenden Türen. Es läßt sich nicht konkret sagen, ob es sich um ein Modell für das Unternehmen oder ein Spielzeug für die Kinder aus der Familie Bahlsen handelt. F. E.

1903
Holz, Messing, Glaskörper,
Uhrwerk: Junghans, 24 x 30 x 12 cm
Lit.: Hepner 1988, 31
Köln, Imhoff-Stollwerck-Museum

Als kleine Sensation brachte Stollwerck 1903 zum Weihnachtsgeschäft den Kinderphonographen auf den Markt. Er konnte Schallplatten aus Gummi, aber auch aus Schokolade abspielen. Seine Entwicklung ging auf die Geschäftsbeziehung von Ludwig Stollwerck mit Th. A. Edison zurück, an dessen phonographischer Gesellschaft Stollwerck finanziell beteiligt war. S. B.

2.5.7
Hartwig & Vogel's Kakao-Transport-Automobil, *Reklameauto*
Um 1900
Weißblech, bedruckt, 34 x 40 x 17 cm
Köln, Imhoff-Stollwerck-Museum

2.5.8
REEMTSMA CIGARETTEN ERNTE 23, *Reklameauto*
30er Jahre
Holz, Pappe, bedruckt, 16 x 55 x 15,5 cm
Beschriftung: REEMTSMA CIGARETTEN / ERNTE 23 / Überall fabrikfrisch
München, Privatsammlung

2.5.9 *Abb.*
STORCH-AUTOMAT für Stollwerck-Schokolade
Dresden-Niedersedlitz 1910
Stahlblech, Messing, Gußeisen, Holz, lackiert, 133 x 78 x 48 cm
Beschriftung: STORCH-AUTOMAT / D.R.G.M. a. / nach 10 Pfg. Einwurf Kurbel drehen / Der Storch gibt eine Schokoladen-Puppe / in original bedruckter Schachtel ab und / **schreit** gleichzeitig **Mama!**
Lit.: Kemp-Gierlinger 1988
Berlin, Deutsches Historisches Museum 1991/3055

Die figural gestalteten Warenautomaten der Firma Stollwerck erfreuten sich beim Publikum großer Beliebtheit. Neben dem Storch war es vor allem die *Eierlegende Henne,* die zur Attraktion wurde. S. B.

2.5.10 *Abb.*
Kinderphonograph mit Schokoladeschallplatten
Franz Lothar (Ingenieur aus Österreich)

Kat. Nr. 2.5.4

Vgl. Kat. Nr. 2.5.5

2.5.11 *Abb.*
Stollwerck Spar-Automat ›Rotkäppchen‹
Ab 1890
Weißblech, bedruckt, Glas,
16,5 x 7,7 x 6,5 cm
Berlin, Deutsches Historisches Museum
AK 94/516.581

2.5.12
Stollwerck Spar-Automat ›Rotkäppchen‹
Ab 1890
Weißblech, bedruckt,
16 x 5,5 x 4,5 cm
München, Privatsammlung

2.5.13 *Abb.*
Gebr. Stollwerck's Post-Sparkasse,
Schokoladenautomat
Um 1895
Bez. Bodenprägung: Stollwerck
Weißblech, bedruckt, 16 x 7,5 x 6,5 cm
Beschriftung vorne: ›Gebr. Stollwerck's Chocolade-Briefkasten … nach Einwurf eines Zehnhellerstückes‹
Berlin, Deutsches Historisches Museum
AK 94/516.585

2.5.14
STOLLWERCK-AUTOMAT
Vor 1900
Bez. Bodenprägung: DRGM
Weißblech, bedruckt, 15 x 7,2 x 6,7 cm
München, Privatsammlung

2.5.15 *Abb.*
Stollwerck ›Victoria‹ Spar-Automat
Um 1903
Weißblech, bedruckt, 27 x 13 x 9,4 cm
Lit.: Kemp/Gierlinger 1988, Nr. 28.1 – Haberbosch 1994, 20
München, Privatsammlung

2.5.16 *Abb.*
Spar-Automat für Tell-Schokolade
Hartwig & Vogel A.G.
Dresden um 1900–10
Bez. auf der Rückseite: N. 100
Weißblech, bedruckt, Glas,
14,7 x 8,7 x 7,5 cm
Berlin, Deutsches Historisches Museum
AK 94/516.583

2.5.17 *Abb.*
Spar-Automat für Tell-Schokolade
Hartwig & Vogel A.G.
Dresden um 1900–10
Bez. auf der Rückseite: N. 100
Weißblech, bedruckt, Glas,
13,7 x 7,8 x 6,9 cm
Berlin, Deutsches Historisches Museum
AK 94/516.584

2.5.18 *Abb.*
Tell, Die Zigarette für kleine Raucher,
Schokoladenautomat
Hartwig & Vogel A. G
Dresden um 1900–10
Weißblech, bedruckt, Glas,
15,5 x 10,5 x 6,3 cm
Berlin, Deutsches Historisches Museum
AK 94/516.589

2.5.19 *Abb.*
Cailler-Kohler-GALA-PETER,
Schokoladenautomat
Otto & Quantz
Frankfurt um 1910
Weißblech, bedruckt, Glas,
15,8 x 7,7 x 7 cm
Beschriftung Rückseite: Cailler / Für Deutschland hergestellt von Otto & Quantz, Schokoladenwerke A. G. Frankfurt a. M. Nr. 200
Berlin, Deutsches Historisches Museum
AK 94/516.582

2.5.20 *Abb.*
Schokoladenautomat mit Schlaraffenland-Motiv
Um 1910
Weißblech, bedruckt, Glas,
15,8 x 8,5 x 7,4 cm
Berlin, Deutsches Historisches Museum
AK 94/516.580

2.5.21
Annonce zu Stollwerck's automatischer Chocolade-Sparkasse
1891
Bez.: K. BRENDAMOUR
Lit.: Weisser 1985 a, 206
Aus: Weisser 1985 a

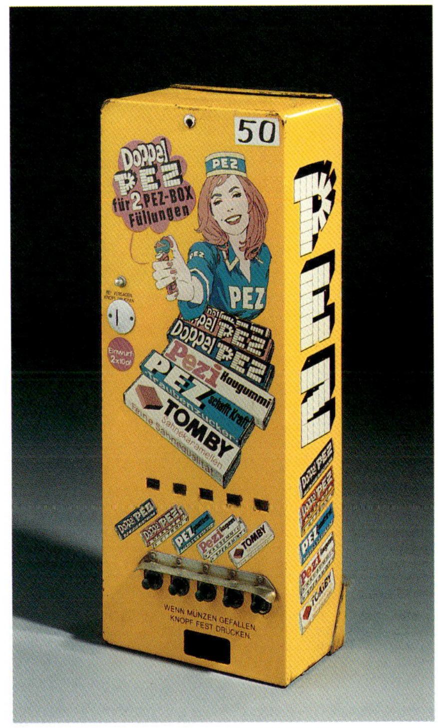

Kat. Nr. 2.5.22

Die Annonce zeigt Gebrauch und Nachfüllen der seit 1890 hergestellten *Chocolade-Sparkasse,* die Nachfüllpackungen und das Präsentkistchen, in welchem der Sparautomat mit 48 Schokladetäfelchen zum Preis von drei Mark angeboten wurde. Laut Anzeigentext waren die Umhüllungen der Tafeln mit Bildnissen des Kaisers, von Fürstlichkeiten, Dichtern, Komponisten, berühmten Männern und mit Darstellungen ausländischer Briefmarken versehen. S. B.

2.5.22 *Abb.*
Doppel PEZ, *Automat*
Theodor Braun
Wien um 1960
Stahlblech, Aluminium, bedruckt,
77 x 30,5 x 19 cm
Text: für 2 PEZ-BOX / Füllungen
Lit.: Kemp/Gierlinger 1988, Nr. 24
Berlin, Deutsches Historisches Museum
1991/2928

2.5.23
Liebig Sammelbilder Konvolut
Verschiedene Jahrgänge, um 1875–1900
Lithographie, 7 x 11 cm
Lit.: Wasem 1981, 175 f.
Münchner Stadtmuseum G 93/82

Einen ersten Höhepunkt erlebte die Werbestrategie des Serienbildes, als die Firma Liebig's Fleischextract 1872 mit der Herausgabe der Sammelbilder begann. Die erste Serie mit zwölf Bildern zeigte Fabrikansichten und gehört heute zu den begehrten Sammelobjekten. Alle Bilder tragen auf der Vorderseite die Verpackung von Liebig's Fleischextract, den Steinguttopf in einer Vignette oder unvermittelt ins Motiv gestellt. S. B.

2.5.24
F. Dreser's Liebig-Bilder Catalog
Hamburg 1898
Buchdruck, 18 x 11,5 cm
München, Privatsammlung

Der Katalog von 1898 führt alle bis dahin publizierten Serien der Liebig-Sammelbilder auf. Er erschien am ersten jedes Monats und war im Jahresabonnement für zwei Mark zu beziehen. Für den Sammler war er unerläßlich zur Komplettierung der Serien, enthielt er doch praktische Hinweise, wie z. B. das Anlegen einer Fehlliste und den Modus für Nachbestellungen. Dreser war das *erste und größte Liebig-Spezialgeschäft* mit einem Lager von über 500 verschiedenen Serien aus allen Ausgaben. S. B.

2.5.25
Konvolut Sammelbilder
Um 1890–1900
Lithographie, 7 x 11 cm
Münchner Stadtmuseum G 82/26

Nach dem Vorbild Liebigs brachten etliche andere Firmen Sammelbilder heraus, wie zum Beispiel Franck-Kaffee, Max Emanuel Feigenkaffee, Nigrin Schuhcreme, Kaiser-Otto-Suppen und Kondensierte Milch Marke Milchmädchen. Teilweise wurden in den Läden auch Serienbilder ohne Firmenherkunft und ohne rückseitigen Aufdruck verteilt. S. B.

Kat. Nr. 2.5.26

2.5.26 *Abb.*
Stollwerck's SAMMELALBUM Nr. 1 u. 2,
Köln, Berlin, Pressburg, Wien 1897/98
Buchdruck, 37,5 x 26,5 cm
Münchner Stadtmuseum

Das Stollwerck-Sammelalbum Nr. 1 und 2 ist erstmals 1897/98 erschienen. Als Sammelwerk, das vom Kunden selbst komplettiert werden mußte, sollte es den Verkauf der Schokolade steigern. Auf dem Titelblatt steht darüber geschrieben: *Alle Chocolade Tafeln und Cacao-Büchsen aus der Fabrik Gebr. Stollwerck sowie die meisten Probetafeln Stollwerckscher Chocolade, die von den automatischen Probenverkäufern gegen Einwurf von 10 Pfennigen verabreicht werden, enthalten in 500facher Auswahl je eines der beliebten Stollwerck-Bilder, die ebenso unterhaltend wie belehrend sind. Unter diesen Bildern, zu deren Aufbewahrung das Sammelalbum bestimmt ist, befinden sich die 17 preisgekrönten Gruppen ... Es haben daher die Bilder einen hohen, künstlerischen Wert, und da ihre Vervielfältigungen durch ein neu erfundenes chromo-photographisches Verfahren den Originalen getreu entsprechen, so dürfte auch durch sie dieses Sammelalbum wohl allgemeinen Beifall finden und für jede Familie eine dauernde Quelle der Unterhaltung und Belehrung bilden!* Das Album wurde in einer der Firma Stollwerck gehörenden Druckerei und Buchbinderei hergestellt. S. B.

2.5.27
Stollwerck's SAMMELALBUM NR. 5
Berlin, Köln, Pressburg, Wien, London, Brüssel, Amsterdam, New-York, Chicago
1902
Buchdruck, 37,5 x 26 cm
Münchner Stadtmuseum G 82/39/4

Über die pädagogischen Ziele, die mit den Sammelbildern verfolgt wurden, steht auf dem Frontispiz ... *Unsere Bilder wurden teilweise nach Angaben praktischer Schulmänner entworfen, vermeiden streng alles Verletzende und stellen sich demzufolge auch als passende Veranschaulichungsmittel in den Dienst von Länder- und Völkerkunde, Sagen- und Weltgeschichte, Natur- und Kunstgeschichte. Geleitet von dem Grundsatze: Für die Jugend ist nur das Beste gut genug.* Die erklärenden künstlerisch wertvollen Gedichte stammen von beliebten Dichtern wie Carl Busse, Franz Eichert, Hans Eschenbach, G. B. Roth und vielen anderen. Adolph von Menzels Serie *Die Armee Friedrich des Großen* bildet den Anfang. Auch Otto Eckmanns berühmte Schwäne von 1896 haben in der Serie *Gefiederte Welt* Eingang in dieses Album gefunden. S. B.

2.5.28 *Abb. S. 112*
Palmin Serien-Bilder, zwei Alben
1905–10
Fotokarton, Einband: Karton, geprägt, 27,5 x 30 cm
Lit.: Ciolina o. J., 71 ff.
München, Privatsammlung

Die ersten Sammelbilder der Firma Palmin wurden bereits 1903 in den Geschäften als Zugabe verteilt. Bis 1914 erschienen 168 Serien mit jeweils sechs Bildern. Wie Stollwerck zog auch Palmin Künstler zur Gestaltung der Bildchen heran, wie Ivo Puhonny, Fritz Schön und R. Muth. Die Serien umfassen jeweils sechs Bilder und berühren alle nur erdenklichen Themen. Das Nibelungenlied kommt ebenso zur Darstellung wie Hamlet, altdeutsche Sagen, Geschichten aus dem Leben Alexander des Großen, die Porträts berühmter Komponisten, die Berge der Schweiz und deutsche Dörfer. S. B.

2.5.29
Odol-Reklamemarken, *Bogen*
1900–05
Lithographie, 21 x 16 cm
München, Privatsammlung

Reklamemarken wie Kaufmannsbilder bekamen die Kunden beim Einkauf. Ihre motivische Gestaltung orientierte sich meist an Plakaten der entsprechenden Firmen oder wie im Falle von Odol an den Anzeigenkampagnen. Dienten sie ursprünglich zum Verschließen von Briefen – daher auch der Name Verschlußmarke – wurden sie gesammelt und in Blanco-Alben eingeklebt oder wie Briefmarken ohne Zerstörung der Gummierung aufbewahrt. Auf einem Bogen fanden sich anders als bei Briefmarken lauter verschiedene Motive. S. B.

2.5.30
Verkehrsschild mit Werbung für Dapolin
1920/25
Weißblech, emailliert, 78 x 60 cm
München, Deutsches Museum, 1992–533

2.5.31
Verkehrsschild mit Werbung für Dapolin
1922
Weißblech, emailliert, 78 x 60 cm
München, Deutsches Museum, 1991–13

Kat. Nr. 2.2.15

Kat. Nr. 3.1.4

Reiz der Hülle – Gebrauchsverpackungen zwischen Schutzfunktion, Werbung und Kunst

Der Blick schweift im Vorübergehen über die Auslage. Da! Das Lieblingsprodukt wurde durch den Aufbau, durch Farbe, Form der Verpackung und den unverwechselbaren Schriftzug geortet. Ein schneller Griff, der Hunger zwischendurch oder die unstillbare Lust zu knabbern scheint nicht mehr beherrschbar zu sein, und so wird die Packung noch unmittelbar vor der Kasse, aber spätestens draußen vor dem Supermarkt geöffnet. Die Bandbreite reicht von liebevoll, mit großer Vorfreude bis zu gierig und unachtsam. Wer hat diese Szene nicht schon selbst an sich oder anderen beobachtet? Wer achtet auf die Hülle eines Produktes? Sie hat eine von uns ganz selbstverständlich erwartete Schutzfunktion zu erbringen. Wir verlangen frische und einwandfreie Ware. Hoffentlich ist sie auch einigermaßen umweltbewußt, beruhigen wir schnell das schlechte Gewissen. Aber mein Lieblingskeks sollte knusprig und unversehrt sein, das kann man für sein Geld wenigstens verlangen! Ansonsten nutzen wir die Verpackung als Information über Inhalt, Gewicht und Haltbarkeit. Doch wird die Verpackung als notwendiges Übel angesehen. Vielleicht hat die eine oder andere eine hübschere Farbe, eine flottere Aufmachung, ist mehr trendy? Aber Kunst – was hat die mit ordinärer Verpackung zu tun?

Sehr viel, denn sie war der Ausgangspunkt für die rasante Entwicklung von Produktdesign und einem neuen Berufsbild, dem Werbe- bzw. Gebrauchsgraphiker. Dem Engagement einiger weniger Unternehmen am Anfang dieses Jahrhunderts ist es zu danken, daß Künstler sich des neuen und herausfordernden Feldes der Warenverpackung annahmen – Fabrikanten, die nicht damit einverstanden waren, daß ihre industrielle Ware den Habitus des Häßlichen besaß und das deutsche Industrieprodukt mit einem damals gar nicht so qualitätvollen *made in Germany* verunglimpft werden sollte. Diese Ansicht war vor 1900 so verinnerlicht, daß sogar in Deutschland Hergestelltes ausgeführt wurde, nur um als ausländisches Erzeugnis wieder eingeführt zu werden (Leibniz-Blätter 1913/25, 1). Produktentwicklungen und technische Innovationen führten kurz darauf dazu, daß sich der Standard hob. Um aber den Blick der Kundschaft auf sich zu ziehen, mußte bei der Präsentation und der Warenverpackung etwas Überzeugendes geleistet werden. Ein prägnanter Stil sollte für die Qualität der Ware symptomatisch sein. Dafür wandte man sich an Künstler. AEG z. B. engagierte den Architekten Peter Behrens, dessen zukunftsprägende Entwürfe und Ausführungen bis zum heutigen Tage berühmt sind und Wegbereiter des Bauhaus-Designs wurden. Henry van de Velde war der erste bedeutende Künstler, der bereits 1897/98 eine Warenverpackung gestaltete: die Tropon-Kindernahrung (siehe S. 192). Vor diesem Hintergrund, der 1907 seine Entsprechung in der Gründung des Deutschen Werkbundes fand, entwickelte sich bei Bahlsen ein eigenwilliges, auf die Produkte des Hauses zugeschnittenes Programm, das in seiner Komplexität und Qualität beeindruckend ist. Hier wurde das Fundament geschaffen, auf dem auch heute noch das Image des Hauses basiert. Der wirtschaftliche Erfolg gab Hermann Bahlsen, dem Gründer der Keksfabrik, recht. Die künstlerische Reklame und insbesondere die Gestaltung der Verpackung wurden anerkannt und als gutes Beispiel für Geschmack und Stil zitiert: *In Verbindung mit Künstlern wie Julius Diez, Heinrich Mittag, Änne Koken, Ferdinand Spiegel, Forster etc. ist es hier gelungen, der leckeren Beschaffenheit des Fabrikates, den vielen Arten von Waffeln und Keks eine gleich leckere Umhüllung, ja man könnte sagen: einen Appetitserreger zu geben* (Leibniz-Blätter 1913/4, 1).

Die Hannoversche Cakes-Fabrik wurde 1889 von dem Kaufmann Hermann Bahlsen gegründet. Zuvor war er in England im Bereich der Zuckerindustrie tätig gewesen. Seine dort gewonnenen Branchenkenntnisse, die Vertrautheit mit neuen Entwicklungen in der Wirtschaft wie auch der arts & crafts-Bewegung prägten seine Vorgehensweise, die auch nach einer starken Repräsentanz auf Messen und Ausstellungen im In- und Ausland verlangte. So war Bahlsen bereits 1893 in Chicago auf der Weltausstellung vertreten und wurde mit einer Medaille geehrt. Von dort kam die Idee des Fließbandes nach Hannover, das ab 1905 in der Verpackungstechnik eine wichtige Aufgabe erfüllte. Am Anfang griff man auf bewährte Rezepte zurück, verfeinerte sie, versuchte einen wettbewerbsfähigen Qualitätsstandard zu erreichen. 1891 erschien der Markenartikel *Leibniz-Cakes* auf dem Markt. Technische Neuerungen, neue Rezepte, hervorragende Rohstoffe, der Aufbau eines Außendienstes

Kat. Nr. 3.1.18

waren Stationen der Expansion des Unternehmens. Es mußte ein neuer Markt geschaffen werden: Der industriell gefertigte Keks war Ende des 19. Jahrhunderts noch hauptsächlich eine Spezialität englischer Fabriken. Deren Erzeugnisse kamen, mit hohen Zöllen belastet, überteuert in die deutschen Läden, die sie als Luxus-Genußmittel vertrieben. Um stärkeren Zuspruch zu erfahren, mußte Grundsätzliches geschehen. Hermann Bahlsen setzte sich ein Ziel: Qualität, Rohstoffe, Produktionstechnik, Mitarbeiterführung, Kundenbetreuung, Konsumentenwerbung und – als sehr wichtiger Baustein – eine einwandfreie, hygienische, schützende und ansprechende Verpackung sollten das Vertrauen in das Unternehmen langfristig aufbauen. Dabei spielte der Markenartikel – mit festem Preis und gleichbleibender Güte- eine außerordentliche Rolle. Im Rückblick und den Kampf mit einigen unbelehrbaren Kaufleuten aufnehmend, heißt es 1913 in den Leibniz-Blättern: *Bei dem Markenartikel, der sich durch Jahre zu behaupten verstand, handelt es sich um Qualitätsware ... Qualitätsware aber erwirbt sich, und denen, die sich mit ihr befassen, Freunde. Sie schafft Konsum und damit den Verdienst. Wenn der prozentuale Nutzen vielleicht etwas geringer ist (Qualitätsware ist eben nicht so billig herzustellen wie Scheinware!), so ist der positive Verdienst doch größer: eben durch den stärkeren Konsum* (Leibniz-Blätter 1913/11, 1).

Kekse wurden bis dahin im Handel lose, aus großen Kisten mit Glasdeckeln, oder in teueren Geschenkdosen aus Blech verkauft. Der Kaufmann beriet persönlich, ließ die Kundschaft, *gleich einer rituellen Handlung* (Leitherer/Wichmann 1987, 178–180), probieren, tütete das Gewünschte ein – dies versprach wenig Handlungs- und Spielraum für das produzierende Unternehmen. Der direkte Bezug zur Fabrik, zu geschützten Namen mußte konkretisiert werden. Proviant für die Reise, Belohnung für das Kind, Angebote in Bahnhöfen, auf Rheindampfschiffen, an Kiosken, bei Sportveranstaltungen – neue Anlässe sollten einen besseren Absatz schaffen.

19.5
6.5 cm
SEITEN-ANSICHT
DRAUFSICHT DES DECKELS
19 cm.
EINFACHER-ENTWURF
VORDER-ANSICHT. ZUR EISENROTEN-DOSE

Kat. Nr. 3.1.19

Dafür brauchte man handliche Packungen. 1896 experimentierte man mit der ersten Packung für Leibniz-Cakes (Kat. Nr. 3.1.2). Die kubische Form und das schlichte, klare Erscheinungsbild in Weiß, Blau und Rot – aus dieser Kombination sollten in den 60er Jahren die Hausfarben hervorgehen – gaben bereits die Richtung der graphischen Entwicklung vor. Die Packung hatte nur einen Nachteil: Sie war aus Papier bzw. Pappe und konnte den feuchtigkeitsempfindlichen Keks nicht längerfristig frisch und knusprig halten. Dies änderte sich schlagartig, als 1903 ein Patent aus Amerika erworben wurde: Keks wurde fest in fetthaltiges Wachspapier eingeschlagen und erhielt eine Umverpackung aus Papier. Diese neue Verpakkungsmethode war der Beginn zu einer umfangreichen Werbemaßnahme, die sich zu einer frühen Form des corporate design entwikkelte. Der hannoversche Maler Heinrich Mittag, künstlerischer Beirat des Hauses, entwarf das Design der neuen Packung, die 1904 auf dem Markt eingeführt wurde. Die Farbgebung des Vorläufers wurde beibehalten. Weißer Fond mit einem blauen umlaufenden Perlrand – ornamentale Umsetzung der brünierten Metallbänder, die große Holzkisten zusammenhielten – und eine klare, blockartige Jugendstil-Schrifttype strukturierten die Packung. Der Keks wurde oben in Kontur, auf blauem Grund, wiedergegeben. Rote Verschlußmarken an der Seite und die kleine Aufreißplakette brachten Farbakzente (Kat. Nr. 1.3.2). Die relativ sachliche Ausführung, im Gegensatz zu den sonst eher künstlerisch-dekorativen Packungen des Hauses, wirkte plakativ und besaß hohen Wiedererkennungswert. *Keks ist ein Nahrungsmittel!* und keine *Schnökerei!* (Leibniz-Blätter 1913/24,1). Mit der Mittagschen Packung wurde dieser Anspruch unterstrichen und eine breitere Käuferschicht angesprochen: ein Keks mit Nährwert für die ganze Familie. Qualitätsvoller Keks war bis zum Anfang unseres Jahrhunderts ein Luxus-Produkt für auserwählte Kreise, die sich die teure Ware leisten konnten. Bahlsen versuchte durch die industrielle Fabrikation breitere Schichten zu erreichen, doch dies war nicht sofort umsetzbar. Auch wenn die Preise sich langsam annehmbarer gestalteten, blieb die Wirkung auf schwächer verdienende Käuferschichten aus (eine Packung Leibniz-Cakes kostete 30 Pfg., ein Facharbeiter verdiente 48 Pfg./Std.). Auf diese Tatsache mußte reagiert werden, viele potentielle Verbraucher wurden erst gar nicht erreicht. Als Aufruf an die Mitarbeiter lesen wir in den Leibniz-Blättern 1912: *Wie gewinnen wir die unteren Volksschichten für unsere Fabrikate? Die Frage ist von größter Wichtigkeit. Deutschland hat etwa 65 Millionen Einwohner. Davon gehören etwa 45 Millionen den einfacheren Ständen an. Die Letzteren stehen dem Keks zum größten Teil noch fern* (Leibniz-Blätter 1912/13,4).

Außer der technischen und gestalterischen Änderung brachte die Leibniz-Cakes-Packung von 1904 noch einen neuen Aspekt: Das alte Firmenzeichen, das in Hannover allgegenwärtige, patriotische Welfenroß, wurde durch ein neues Signet abgelöst, die TET-Marke. Auf einem polygonalen roten Feld ist eine altägyptische Hieroglyphe wiedergegeben. Darüber in Großbuchstaben das Wort TET, Umsetzung des ägyptischen Zeichens in unser Alphabet und unsere Schreibweise. Es bedeutet übertragen *ewig, dauernd* (Kat. Nr. 1.3.1). Dies konnte einerseits auf das Produkt selbst angewendet werden, da es sich um Dauerbackwaren handelte und andererseits auf die neue Verpackung, die das erste Mal dauerhaften Schutz gewährte. TET war also nichts anderes als eine Frischegarantie. Die Art der Verpakkung wurde auf viele andere Bahlsen-Produkte übertragen und mit einem großen Werbeaufwand bekanntgemacht. Doch TET machte seine eigene Karriere: Die ägyptische Hieroglyphe wurde zum Firmensignet und zum Symbol für die Umsetzung einer ganzheitlichen Auffassung eines Unternehmens, heute kurz corporate identity genannt. Als Verschlußmarke für Packungen konzipiert, erschien es bald in jeder Werbung, war Teil einer jeden Aktion des Unternehmens. Das TET-Zeichen prägte somit das Gesamterscheinungsbild der Keksfabrik Bahlsen. Es wurde zum Sinnbild für die Identifikation der Mitarbeiter, des oft beschworenen TET-Geistes. TET als Marke sicherte Qualität zu und bildete die Basis des Vertrauens – wie ein Markenartikel.

Das TET-Zeichen steht für die frühe Form des corporate design, für ein *industrielles Gesamtkunstwerk*, das sich vor 1904 bereits andeutete, aber sich erst mit der Neuentwicklung auf dem Verpackungssektor verwirklichte. Packungen aus Papier, Pappe, Blech oder Keramik wurden Bestandteil, eigentlich Mittelpunkt eines Gesamtkonzeptes, das sich aus Dekorationen, Ausstattungen von Läden, Präsentationen auf Ausstellungen und Firmenarchitektur zusammensetzte. Ein äußeres Erscheinungsbild – ob Verpakkung oder Interieur – suggerierte Qualität und Vertrauen und damit das Wissen, einen wahren Gegenwert für sein Geld erhalten zu haben bzw. zu bekommen. Hermann Bahlsen hatte früh erkannt, wie wichtig es war, andere Präsentationsformen seiner Produkte zu wählen, als dies im Handel bis dato geschehen war. Ob Kram- oder Kolonialwarenladen oder Feinkostgeschäft, es herrschte meist ein

Kat. Nr. 3.1.10

Kat. Nr. 3.1.7

kunterbuntes, unübersichtliches Durcheinander, in dem jedes ausgeklügelte Verpackungssystem untergehen mußte. Ab 1906 richtete Bahlsen Musterläden in mehreren Großstädten des Reiches ein. Künstler, Maler wie Architekten, statteten sie aus. Man wollte nicht der eigenen Kundschaft Konkurrenz machen, sondern versuchte *durch vorbildliche Ladeneinrichtung und Auslage unserer Fabrikate anregend zu wirken, zu belehren* (Leibniz-Blätter 1913/13,1). Daß der große Erfolg dieser Läden zwar einige Kunden verprellte, doch bei den meisten auf Zustimmung stieß und bald ein Nachahmungseffekt einsetzte, zeigt, wie klug diese Investition war. Ladenlandschaften und Ausstellungsstände wurden komponiert, wie z. B. auch die Schaufensterdekorationen von Karl Bernhart (Kat. Nr. 3.1.27, 3.1.28).

Für die Verpackungsgestaltung und auch die anderen Bereiche der Werbung im Hause Bahlsen waren viele unterschiedliche Künstlerpersönlichkeiten tätig. Trotz dieser individuellen Vielfalt entstand ein einheitlicher *Bahlsen-Stil*, man erkannte am *Charakter* z. B. der Anzeige, daß es sich um eine der Firma Bahlsen handelte (Leibniz-Blätter 1912/19,1). Die Künstler waren freie Mitarbeiter des Hauses, die nicht ausschließlich für Bahlsen arbeiteten. Dies sollte sogar unbedingt vermieden werden; auch wurde ein gesteigerter Wert auf ständigen Austausch gelegt. *Wenn wir in unseren künstlerischen Bestrebungen frisch und gesund bleiben wollen, müssen wir immer neue Zufuhr von außen haben. Wir müssen mit mehreren und verschiedenartigen Künstlern arbeiten* (Filiale 1914/1,3), da nicht jeder allen Aufgaben gewachsen war und um der gegenseitigen Anregung willen. 1914 wurden allein 15 Künstler in den Leibniz-Blättern aufgeführt, von Peter Behrens, Julius Diez über Josef Emanuel Margold, Mela Koehler, Ludwig Hohlwein zu Otto Czeschka und Ludwig Viertha-ler. Hermann Bahlsen pflegte persönlich den Kontakt zu den Künstlern. Absprachen fanden direkt mit ihm statt. Ein künstlerischer Beirat stand ihm dabei zur Seite. Es war bekannt, daß die Firma Bahlsen den von ihm persönlich engagierten Künstlern große Freiheiten einräumte, ihnen einen finanziellen Spielraum gewährte (Leibniz-Feldpost 1918/65,6), doch bezüglich der ihm präsentierten Ausführungen kritisch prüfte, ob diese in den vorgegebenen Rahmen paßten.

Die Bahlsen-Verpackung ist ein Spiegelbild der Kunststile zu Beginn dieses Jahrhunderts. Die von Bahlsen engagierten Künstler bedienten sich der jeweils aktuellen Ausdrucksformen. Außerdem muß *eine Sache, die werben soll, ... zeitgemäß sein und in jeder Hinsicht obenan stehen* (Leibniz-Blätter 1914/15,1). Heinrich Mittag begann den Reigen der Kunst mit Entwürfen, die den reinen Jugendstil um 1900 in seiner besten Form zeigten: heitere Gestalten wie z. B. den Harlekin auf seinen Plakaten (Kat. Nr. 1.2.14). Mittag strebte eine graphische Umsetzung an, betonte durch fließende, elegante Konturen, entwickelte eine flächenhafte Gestaltung, die bewies, daß der werbende Charakter, die schnelle Lesbarkeit, die plakative Darstellung begriffen und umgesetzt wurden. Dies ist eine deutliche Abkehr von Schematismen, vom kommerziellen Jugendstilklischee, das im Verpackungsbereich beherrschend war. Neben Mittags Harlekinaden und gesellschaftlichen Szenerien nimmt sich die Leibniz-TET-Packung vollkommen nüchtern und sachlich aus. Ihre Gestaltung weist bereits weit über die Zeit hinaus und sollte in ihrer Schlichtheit zukünftige Designer inspirieren.

Nach 1904 muß eine interessante Entwicklung registriert werden, die auch ihre Auswirkung auf die gestalterischen Aspekte zeigt: Nach Einführung der kleineren Papierpackung verschwinden bei den Metalldosen die Beschriftungen. Kein Produktname, keine das Dekor unterbrechende Schrift, nur die Bodenprägung gibt Auskunft über den Hersteller des Fabrikates, wie wir sehr deutlich bei der *Eisenroten Dose* und der *Staren-Dose* von Josef Emanuel Margold (Kat. Nr. 3.1.18 und 3.1.15) sehen können, im Gegensatz zu der *Türken-Makronen-Packung* von Ella Margold (Kat. Nr. 3.1.26). Bei der Verpackung aus Karton konzentriert sich die Komposition auf die Beschriftung. Die Blechdose hingegen wird zum reinen Schmuckkästlein, weswegen sie immer höher im Preis liegt: die wiederverwendbare Geschenkdose, Zierat für den Haushalt und nebenbei auch für den Handel.

Die Errichtung der Firmenneubauten (1910–12) durch Karl Siebrecht brachte neue Künstler ins Haus. Dazu gehörte auch Ludwig Vierthaler, der mit dem Architekten Siebrecht gemeinsam für kurze Zeit am Bau des Neuen Rathauses in Hannover mitwirkte. Und diese Zusammenarbeit setzte sich fort: bei den hannoverschen Neubauten wie auch beim Bahlsen-Pavillon auf der Werkbund-Ausstellung in Köln 1914. Dafür schuf der Bildhauer Ludwig Vierthaler Majolika-Säulen, deren figürliche Darstellungen vom Ballet Russe beeinflußt waren. Die Figur des Türken mit dem TET-Würfel (Kat. Nr. 1.3.6) ist ein Beispiel für diese Art keramischer Skulptur. Parallel wurde eine sehr exklusive Verpackung eingeführt: die Keksdose aus Keramik. Die Spannbreite reichte von gefälligen, bekannten Formen mit besonderem Dekor bis zu ausgefallenen Stücken, die entweder durch ein schlicht-elegantes Design oder durch eine skulpturale Auffassung beeindruckten. Der ersteren Gruppe sind die *Quitten-Dose* (Kat. Nr. 1.3.4), die *Keksdose mit dem TET-Türken* von Vierthaler und auch die Edition, die Gertrud Kraut entwarf (Kat. Nr. 3.1.3), zuzuordnen. Die Künstlerin gehörte der Keramikklasse der Münchner von Debschitz-Schule an. Zur zweiten Gruppe zählte die *Schildkröten-Dose* (Kat. Nr. 3.1.10) von Vierthaler, deren eigentliche Bestimmung auf den ersten Blick nicht mehr erkennbar ist, und auch die sogenannte *Zuckerhut-Dose* Margolds (Kat. Nr. 3.1.5), seine Schöpfungen mit dem leuchtend blauen und dem pilzförmigen Knauf in Orangerot. Diese exklusiven, außerordentlich kostspieligen Objekte hatten meist nur eine kleine Auflage und wurden, obwohl sie zum Kauf angeboten wurden, hauptsächlich in Ladenausstattungen präsentiert.

Ella und Josef Emanuel Margold brachten seit 1914 ein neues Flair in die Bahlsen-Werbung. Beide kamen von der Wiener Werkstätte, er war ein Schüler Ludwig Hoffmanns. Seine Tätigkeit auch für die Darmstädter Künstlerkolonie brachte seine Entwürfe nach Deutschland. Die beiden Margolds führten, wie bereits Wichmann feststellte (Leitherer/Wichmann 1987, 151), den Wiener Charme der Secession, aber auch Anklänge an Art deco in das Bahlsensche Verpackungsdesign. Zu dieser Zeit (um 1914) bildete sich ein einheitlicher Stil aus, da Margold umfassende Aufträge wie z. B. auch komplexe Musterladenausstattungen erhielt, die er zum Teil sogar als Soldat im Felde weiterentwickelte. Ella und Josef Margold entwarfen außerdem Dekorationen, Möbel und Stoffe. Die Arbeiten, die alle während des Ersten Weltkrieges entstanden, waren von starker Polychromie. Reiche Blüten- und Blattarrangements überziehen netzartig den Verpackungskörper gleich einer Tapisserie (Kat. Nr. 3.1.13, 3.1.17). Bei einigen wenigen Beispielen werden bewußt große

Kat. Nr. 3.1.22

Flächen als Kontrast zu zierlichem Dekor gesetzt (Kat. Nr. 3.1.16, 3.1.18). Die dichte, ornamentale Struktur mit teilweise fast abstrakt zu nennenden Formen ist von einer neuen Üppigkeit. Trotzdem erreichen beide Entwerfer einen Ausdruck zeitloser Eleganz. In den reduzierten Formen sind bisweilen expressionistische Tendenzen erkennbar. Sie deuten auf einen künstlerischen Umbruch im Hause Bahlsen.

Im Jugendstilsaal des Bahlsen-Stammhauses wurden Glasfenster mit abstrakten Formen von Adolf Hölzel eingesetzt (1917/18, Auftrag erteilt 1914). Bernhard Hoetgers Einfluß wurde seit Ende 1916 spürbar. Sein expressionistischer Stil prägte im Umfeld der TET-Stadt-Planungen auch das gesamte Erscheinungsbild (Engel/Hirthe 1994, 51). Der Bildhauer hatte Hermann Bahlsens gigantischen Auftrag zur Errichtung einer neuen, hypermodernen Fabrikanlage mit anschließender Wohnstadt im Grünen angenommen. Der große künstlerische Entwurf wurde 1917 vorgestellt, doch die anschließenden Phasen der Umsetzung stellten beide, Auftraggeber wie Künstler, vor große Komplikationen. Der Verlauf des Krieges, die allgemeine wirtschaftliche Situation und auch das veränderte gesellschaftlich-politische Klima taten ein übriges. Der Tod Bahlsens

Kat. Nr. 3.1.24

1919 beendete die Zusammenarbeit endgültig; das Projekt wurde nie realisiert. – Hoetger selbst entwarf nur drei Keramikdosen (Kat. Nr. 3.1.11, 3.1.12) für das Unternehmen Bahlsen, und diese unterscheiden sich fundamental von seinen expressionistischen Ideen zur TET-Stadt und auch seinen sonstigen, mit dem Vorwurf des Eklektizismus versehenen Arbeiten. Die Reduktion auf einfache, geometrische Körper, die Schlichtheit und die kühle Glätte der cremeweißen Krakelee-Glasur lassen eine Eleganz entstehen, die ihresgleichen sucht. Die Dosen sind von einer Zeitlosigkeit, die nur gutem Design anhaftet.

Die Ausführung von graphischen Arbeiten im Zusammenhang mit der TET-Stadt und auch die Anzeigengestaltung des Hauses Bahlsen übernahm die Künstlerin Martel Schwichtenberg – ganz im Stile Hoetgers, dessen Schülerin sie war. Trotzdem gelang ihr eine zeichnerische, lineare Dichte, die ihre Eigenständigkeit und ihr Können unter Beweis stellte. Erste Packungsentwürfe sind Pappdosen für sogenannte Marmeladen – gemeint sind damit gelierte Früchte. Vorläufer dieser Konfektschachteln wurden von Mela Köhler um 1914 geschaffen (Kat. Nr. 3.1.25). Das Dekor war ganz vom Stil der Wiener Werkstätte beeinflußt, für die die Künstlerin tätig war.

Schwichtenbergs Entwürfe dagegen lassen sehr eigenwillige Formen erkennen (Kat. Nr. 3.1.22–3.1.24). Ein zeichnerischer Duktus, reduzierte, teilweise kaum noch definierbare Formen, kombiniert mit einer ursprünglich sehr ausdrucksstarken Farbigkeit, kennzeichnen eine eigenständige Künstlerpersönlichkeit.

1924 beobachten wir einen Stilwandel in der Bahlsen-Werbung. Hoetgers Einfluß ist endgültig passé. In diesem Jahr gründete Kurt Schwitters in Hannover seine Merz-Werbung – auch er war für das Haus Bahlsen tätig. Nach Sichtung des im Bahlsen-Archiv vorhandenen Materials muß vermutet werden, daß der Dada-Künstler eher im Bereich der Anzeige, der Gestaltung der Geschäftspapiere und Broschüren beschäftigt war. Die Entwürfe der Verpackung lagen weiterhin in den Händen von Martel Schwichtenberg. Aber auch hier ist ein Wechsel in der Formensprache zu verzeichnen. Konstruktivistische, lineare Strukturen gliedern die Verpackungen (Kat. Nr. 3.1.29–3.1.34) und lassen trotz unterschiedlicher Farbigkeiten eine große Zusammengehörigkeit erkennen. Die Beschriftung, in einer klaren, plakativ-deutlichen Type, beherrscht Packung und den Aufbau des Linien- und Flächensystems der Zeichnung. Besonders gelungen ist die Gestaltung der *Angora-Dose* von 1928 (Kat. Nr. 3.1.21). Der Deckel der flachen, quadratischen Dose wird durch die Darstellung dominiert: eine auf die Kontur reduzierte Katze, die sich im Schlaf zusammengerollt hat, wird von geometrischen Motiven in Schwarz, Weiß, Gelb und Orange überlagert. Die runden Formen unterstützen das in sich ruhende Bild der Katze, während die eckigen und geraden Linien damit kontrastieren und somit Dynamik erzeugen. Diese Dose besitzt eine außerordentliche Ausdruckskraft, die sie zu einem Kunstwerk werden läßt. Sie ist ein typisches Beispiel für eine Verpackung, die vollkommen vom Inhalt gelöst ist und damit Eigenständigkeit entwickelt hat.

Kunst hatte im Leben des Firmengründers Hermann Bahlsen einen besonderen Stellenwert. Anfangs waren die künstlerischen Ambitionen unternehmerischen Zielen untergeordnet, doch parallel dazu gab es pädagogische Gedanken: die Erziehung zum guten Geschmack. *Für die Allgemeinheit ist diese Kunstpflege in Handel und Industrie von größter Bedeutung. Sie ist erzieherisch in geschmacklicher Hinsicht und dadurch ein großer Kulturfaktor. Sie bringt ein Stück Schönheit in das Leben und damit die Freude, die der Mensch zu seiner inneren Entwicklung braucht* (Spengemann 1914, 4). Deutlich wird dabei, daß man sich nicht, wie heute im Zeitalter der Verbraucherumfragen, am Geschmack des Konsumenten orientierte, sondern genau entgegengesetzt wirken wollte. Die Rechnung ging auf: *Der Erfolg stellte sich bereits ein zu einer Zeit, wo der Gedanke der ästhetischen Gestaltung von Gebrauchsgegenständen überhaupt noch nicht ausgesprochen war. Das Publikum fühlte sich durch diese Art der Warengestaltung angezogen, wenn es auch viel später zum klaren Bewußtsein dessen kam, was es instinktiv schon getan hatte: zur Bevorzugung der Qualitätsware. Heute [1914] ist das Publikum geradezu durchdrungen von der Idee, daß eine gute Ware auch eine gute Umhüllung haben muß. Selbst die breiteren Schichten der Bevölkerung sehen in einer wirklich stilvollen Reklame eine gewisse Garantie für die Güte der Sachen, für die Propaganda gemacht werden soll* (Spengemann 1914, 4).

Daneben wandte sich Hermann Bahlsen auch den freien Künsten zu. Er wurde zum Mäzen, unterstützte Künstler und Kunstinstitutionen, sammelte Gemälde und Skulpturen, die die Firmenräumlichkeiten schmückten, und ermöglichte Ausstellungen. Doch waren die einzelnen Interessengebiete schwer voneinander zu trennen. Bahlsen verwob sie zu einem Ganzen, in seinem Leben und seinem Unternehmen. Sein Erbe wurde fortgeführt, doch verselbständigte sich mit der Zeit die Werbung. Die Reklame-Kunst war, wie auch der Jugendstil, ein Katalysator für neue Formen und Auffassungen geworden. Aus Künstlern wurden Designer oder Gebrauchsgraphiker. Das immer wieder Neue und Zeitgemäße in der Werbung verdrängte die Impulse der freien Kunst. Ein gutes Beispiel dafür ist Martel Schwichtenberg. Ihre Entwürfe, ihr Herauskristallisieren der eigentlichen Werbeaussage, auch das Streben nach Vereinheitlichung und Versachlichung, wurden zu Grundlagen des modernen Marketings. UND DOCH – *Weshalb soll eine Marmelade-Schachtel, deren Dasein nur von kurzer Dauer ist, nicht originell ausgestattet sein? Muß sie absolut süß und niedlich sein?* (Bahlsen 1917)

Frauke Engel

Kat. Nr. 3.1.21

Kat. Nr. 3.1.6

Kat. Nr. 3.1.7 ▷

3
6
ENTWURF FÜR EINE
KERAMISCHE
DOSE
DECKEL-DRAUFSICHT
M

3.1.1
Musterkoffer mit Keks-Packungen
1910
Leder, Messing, Holz,
84 x 55 x 60 cm (aufgeklappt)
Hannover, Bahlsen-Museum

3.1.2 *Abb. S. 37*
Erste Packung für Leibniz-Cakes
1896
Karton, Lithographie auf Papier,
6 x 9 x 7 cm
Beschriftung: DER BESTE BUTTER-CAKES/ H.C.F. LEIBNIZ HANNOVER / GESETZLICH GESCHÜTZT
Lit.: Bahlsen 1964, 69 – Eberhard Hölscher, H. Bahlsen und die Werbe-Graphik, in: Chronik Hermann Bahlsen 1969, 120, Abb. 135
Hannover, Bahlsen-Museum

3.1.3 *Abb.*
Keramikdose
Gertrud Kraut
(Straßburg 1883–1980 Hannover)
1912/13
Keramik mit blauem Dekor, 16,5 x 19 cm
Beschriftung Bodenprägung: ENTWURF GERTRUD KRAUT KERAM. WERKSTÄTTE. W. v. DEBSCHITZ GMBH MÜNCHEN H. BAHLSEN KEKS-FABRIK HANNOVER
Lit.: Leitherer/Wichmann 1987, 169
Hannover, Bahlsen Museum

3.1.4 *Abb.*
Sträußchen-Dose
Ella Margold (geb. Königsberg 1894)
1914–18
Keramik, weiß glasiert, handbemalt,
H. 20,5 cm, D. 22 cm
Beschriftung Bodenstempel, gemalt: H. BAHLSENS KEKSFABRIK HANNOVER; gemalt: ENTWURF E. MARGOLD DARMSTADT; geritzt: 474
Hannover, Bahlsen-Museum

3.1.5
Zuckerhut-Dose
Josef Emanuel Margold
(Wien 1889–1962 Bratislava)
1914–18
Keramik, weiß glasiert, handbemalt,
20 x 14 x 11 cm
Beschriftung Bodenstempel: H. BAHLSENS/ KEKS FABRIK / HANNOVER; geritzt: 482
Hannover, Bahlsen-Museum

3.1.6 *Abb.*
Dose auf Füßen
Ella (geb. Königsberg 1894) und
Josef Emanuel Margold
(Wien 1889–1962 Bratislava)
1918
Bez. geprägt in der Scherbe: 2057, laufender Fuchs
Porzellan, transparente Glasur, handbemalt,
9,1 x 15 x 8,7 cm
Hannover, Bahlsen-Museum

Kat. Nr. 3.1.3

3.1.7 *Abb.*
Entwurf der Dose auf Füßen
Ella (geb. Königsberg 1894) und
Josef Emanuel Margold
(Wien 1889–1962 Bratislava)
Um 1918
Bez. u. r.: M (Bleistift)
Papier, Tusche, 24,8 x 20,6 cm
Hannover, Bahlsen-Museum

3.1.8
Keramikdose mit dem leuchtend blauen Knauf
Ella (geb. Königsberg 1894) und
Josef Emanuel Margold
(Wien 1889–1962 Bratislava)
Um 1916–18
Keramik, transparente Glasur, handbemalt,
10,9 x 13,1 cm
Beschriftung Bodenstempel: H. BAHLSENS/ KEKS-FABRIK / HANNOVER; gemalt: Entw. E. Margold, Darmstadt
Hannover, Bahlsen-Museum

3.1.9
Entwurfszeichnung zu der Dose mit dem leuchtend blauen Knauf
Ella (geb. Königsberg 1894) und
Josef Emanuel Margold
(Wien 1889–1962 Bratislava)
Bez. u. r.: M (Bleistift)
Papier, Tusche, 25,4 x 15,9 cm
Hannover, Bahlsen-Museum

3.1.10 Abb.
Schildkröten-Dose
Ludwig Vierthaler
(München 1875–1967 Hannover)
Um 1914
Bez. am Boden: Meissen, LV (monogrammiert)
Keramik, Perlmutt-Glasur,
25,5 x 23 x 14 cm
Lit.: Leibniz-Blätter 2, 1975, 16 f. – AK Die Deutsche Werkbundausstellung 1984, 216–226 – Engel 1993, 30 f.
Hannover, Bahlsen-Museum

3.1.11 *Abb.*
Keramikdose
Bernhard Hoetger
(Hörde in Westfalen 1874–1949 Interlaken)
Um 1917
Keramik, cremeweiß glasiert, H. 24,3 cm, D. 16,5 cm
Lit.: Niedersächsische Landesgalerie Hannover, Galerie Handbuch 2, Bernhard Hoetger, Hannover 1994, 51, Abb. 35
Hannover, Bahlsen-Museum

3.1.12
Keramikdose
Bernhard Hoetger
(Hörde in Westfalen 1874–1949 Interlaken)
Um 1917
Keramik, glasiert, H. 17,8 cm, D. 18 cm
Hannover, Bahlsen-Museum

Kat. Nr. 3.1.15

3.1.13 *Abb.*
Blechdose mit Henkel
Ella Margold (geb. Königsberg 1894)
Entwurf 1915
Weißblech, bedruckt, 21 x 18 x 18 cm
Beschriftung Bodenprägung: H. BAHLSENS KEKS-FABRIK HANNOVER / KÖNIGL.-PREUSS. STAATSMEDAILLE / WELTAUSSTELLUNGEN 1904 · 1910 GROSSER PREIS 1911 · 1913 / BALTISCHE AUSSTELLUNG MALMÖ 1914/ DIE KÖNIGL. MEDAILLE
Lit.: Das Plakat, Sept. 1920, 396 – Chronik Hermann Bahlsen 1969, 152 – Leitherer/Wichmann 1987, 174 – AK Museum Künstlerkolonie Darmstadt, Darmstadt o. J., Kat. Nr. 217, 149
München, Privatsammlung

Kat. Nr. 3.1.11

3.1.14 *Abb.*
Entwurf für eine Bahlsen-Blechdose
Ella Margold (geb. Königsberg 1894)
1915
Bez. u. r.: MEW (monogrammiert); ENTWURF VON FRAU ELLA, MARGOLD 1915
Pergamentpapier auf Pappe, Tusche über Bleistiftskizze mit Deckweiß, 45 x 26,1 cm
Hannover, Bahlsen-Archiv

3.1.15 *Abb.*
Staren-Dose
Josef Emanuel Margold
(Wien 1889–1962 Bratislava)
1914
Weißblech, bedruckt, 10,5 x 22 x 13,5 cm
Beschriftung Bodenprägung: H. BAHLSENS KEKS-FABRIK HANNOVER KÖNIGL.-PREUSS. STAATSMEDAILLE / WELTAUSSTELLUNGEN 1904 · 1910 GROSSER PREIS 1911 · 1913 / BALTISCHE AUSSTELLUNG MALMÖ 1914 / DIE KÖNIGL. MEDAILLE
Lit.: Das Plakat, Sept. 1920, 399 – AK Ein Dokument Deutscher Kunst 1976, 150 – Leitherer/Wichmann 1987, 170
München, Privatsammlung

3.1.16
Blüten-Dose
Josef Emanuel Margold
(Wien 1889–1962 Bratislava)
Um 1914
Weißblech, bedruckt, 4 x 17,5 x 8,5 cm
Beschriftung Bodenprägung: H. BAHLSENS KEKS-FABRIK HANNOVER / KÖNIGL. PREUSS. STAATSMEDAILLE / WELTAUSSTELLUNGEN 1904 · 1910. GROSSER PREIS 1911 · 1913 / BALTISCHE AUSSTELLUNG MALMÖ 1914 / DIE KÖNIGL. MEDAILLE
Lit.: Das Plakat, Sept. 1912, 400
München, Privatsammlung

3.1.17 *Abb.*
Waffel-Mischung-Dose
Margold (Josef Emanuel oder Ella)
Um 1915
Weißblech, bedruckt, 5,5 x 20 x 12 cm
Beschriftung Bodenprägung: H. BAHLSENS KEKSFABRIK HANNOVER / KÖNIGL.-PREUSS. STAATSMEDAILLE / WELTAUSSTELLUNGEN 1904 · 1910 · GROSSER PREIS 1911 · 1913 / BALTISCHE AUSSTELLUNG MALMÖ 1914
Lit.: Bahlsen 1964, 98 – Leitherer/Wichmann 1987, 175
Hannover, Bahlsen-Museum

◁ Kat. Nr. 3.1.13

Kat. Nr. 3.1.14

3.1.18 *Abb.*
Eisenrote Dose
Josef Emanuel Margold
(Wien 1889–1962 Bratislava)
1915
Weißblech, bedruckt, 6,3 x 19,1 x 10,6 cm
Beschriftung Bodenprägung: H. BAHLSENS KEKS-FABRIK HANNOVER / KÖNIGL.-PREUSS. STAATSMEDAILLE / WELTAUSSTELLUNGEN 1904 · 1910 · GROSSER PREIS 1911 · 1913 / BALTISCHE AUSSTELLUNG MALMÖ 1914
Lit.: Leitherer/Wichmann 1987, 172 – AK Museum Künstlerkolonie Darmstadt, Darmstadt o. J., 151
Hannover, Bahlsen-Museum

3.1.19 *Abb.*
Entwurf zur ›Eisenroten Dose‹
Margold (Josef Emanuel oder Ella)
15. Juli 1915
Bez. u. r.: ME (monogrammiert)
Papier auf Pappe, geklebt, Tuschzeichnung und Bleistiftskizze, 33,2 x 24,4 cm
Beschriftung: EINFACHER ENTWURF / VORDERANSICHT ZUR EISENROTEN DOSE / ME 15/7/1915
Lit.: AK Museum Künstlerkolonie Darmstadt, Darmstadt o. J., Kat. Nr. 221, 151
Hannover, Bahlsen-Museum

3.1.20
Blechdose für Gebäck
Josef Emanuel Margold
(Wien 1889–1962 Bratislava)
Um 1917–20
Weißblech, bedruckt,
H. 7,4 cm, D. 15,8 cm
Beschriftung Bodenprägung: H. BAHLSENS KEKS-FABRIK HANNOVER
Lit.: Leitherer/Wichmann 1987, 175
München, Privatsammlung

3.1.21 *Abb.*
Angora-Dose
Martel Schwichtenberg
(Hannover 1896–1945 Sulzberg/Baden)
1928
Weißblech, bedruckt, 3 x 21 x 21 cm
Lit.: Engel 1993, 32
Hannover, Bahlsen-Museum

3.1.22 *Abb.*
Vier runde Pappdosen für Marmelade,
Entwürfe der Schaupackungen
Martel Schwichtenberg
(Hannover 1896–1945 Sulzberg/Baden)
1917–19
Lithographie auf Pappe,
H. 12,6 cm, D. 6,8 cm
Beschriftung Boden: JOHANNISBEER oder STACHELBEER oder HIMBEER oder APFEL · MARMELADE · H. BAHLSENS · KEKSFABRIK · HANNOVER
Lit.: Eberhard Hölscher, H.Bahlsen und die Werbe-Graphik, in: Chronik Hermann Bahlsen 1969, 153
Hannover, Bahlsen-Museum

3.1.23
Zwei Pappverpackungen für gelierte Früchte
Martel Schwichtenberg
(Hannover 1896–1945 Sulzberg/Baden)
1917–19
Lithographie auf Pappe,
2,6 x 14,8 x 14 cm und
H. 2,6 cm, D. 15,6 cm
Beschriftung Bodenstempel: H. BAHLSENS KEKS-FABRIK HANNOVER
Lit.: Silvia v. Bennigsen, Martel Schwichtenberg (1896–1945). Ihr Frühwerk von 1913–1923, Magisterarbeit, Hamburg 1986, 96 f., Abb. 70
Hannover, Bahlsen-Museum

Zu einer der Dosen ist eine nicht signierte Entwurfszeichnung vorhanden.

3.1.24 *Abb.*
Pappdosen für gelierte Früchte
Martel Schwichtenberg
(Hannover 1896–1945 Sulzberg/Baden)

Kat. Nr. 3.1.28

Kat. Nr. 3.1.27 ▷

Um 1920
Lithographie auf Karton,
je 10,5 x 14 x 11,9 cm
Lit.: AK Frauen im Design, Landesgewerbeamt Baden-Württemberg, Design Center Stuttgart (Hrsg.), Stuttgart 1989, 73
Hannover, Bahlsen-Museum

3.1.25 *Abb.*
Drei Keksschachteln
Mela Koehler
(Wien 1885–1960 Stockholm)
Um 1914
Bez.: 1) Deckel: MK (monogrammiert)
Lithographie auf Karton, beklebt,
7 x 22 x 21 cm
3 x 15,6 x 12,2 cm
2,6 x 14 x 14 cm
Beschriftung: 1) Bodenprägung: H. BAHLSENS / KEKS-FABRIK HANNOVER / KÖNIGL. PREUSS. STAATSMEDAILLE / WELTAUSSTELLUNGEN – 1904 · 1910 · GROSSER PREIS · 1911 · 1913 / BALTISCHE AUSSTELLUNG MALMÖ 1914 / DIE KÖNIGL. MEDAILLE;
2) Siehe 1);
3) H. BAHLSENS / KEKS-FABRIK / HANNOVER
Hannover, Bahlsen-Archiv

3.1.26
Schachtel für Türken-Makronen
Ella Margold (geb. Königsberg 1894)
Um 1914
Bez.: El. M
Karton mit Papier eingeschlagen,
3,5 x 16 x 5,6 cm
Beschriftung: Bahlsens / Türken-Makronen / Tet-Packung / H.Bahlsens Keks Fabrik / Hannover / Weltausstellungen 1904 · 1910 · 1911 · 1913. / Grosser Preis
Lit.: Bahlsen 1964, 98
München, Die Neue Sammlung 409/88

3.1.27 *Abb.*
Entwurf für eine Schaufensterdekoration für das Kaufhaus Leonh. Tietz, Düsseldorf
Karl Bernhart
Hannover 1912
Bez. u. r.: KB (monogrammiert)
Tempera, 38 x 57 cm
Hannover, Bahlsen-Museum

3.1.28 *Abb.*
Entwurf für eine Schaufensterdekoration
Karl Bernhart
Hannover 1913
Bez. o. r.: K. BERNHART / ARCHITEKT / HANNOVER
Tempera, 38 x 57 cm
Hannover, Bahlsen-Museum

3.1.29 *Abb.*
LEIBNIZ-ABC
Martel Schwichtenberg
(Hannover 1896–1945 Sulzberg/Baden)
1927
Papier, bedruckt, 5,4 x 16,5 x 5,4 cm
Beschriftung Schmalseiten: H. BAHLSENS KEKS-FABRIK A. G. / HANNOVER
Hannover, Bahlsen-Museum

3.1.30
SCHAUMBURGER PAKET
Martel Schwichtenberg
(Hannover 1896–1945 Sulzberg/Baden)
1927
Papier, bedruckt, 6 x 16,6 x 6 cm
Beschriftung Schmalseiten: H. BAHLSENS KEKS-FARBIK A.G. HANNOVER
Hannover, Bahlsen-Museum

3.1.31
LEIBNIZ-SCHNEEROLLEN
Martel Schwichtenberg
(Hannover 1896–1945 Sulzberg/Baden)
1927
Pappkarton mit angeklebtem Klappdeckel, Papier, bedruckt, 9 x 42 x 16 cm
Beschriftung: H. BAHLSENS KEKS-FABRIK A. G. HANNOVER
Hannover, Bahlsen-Archiv

3.1.32 *Abb.*
BAHLSENS KÄSE-KEKS
Martel Schwichtenberg
(Hannover 1896–1945 Sulzberg/Baden)
1926
Papier, bedruckt, 4 x 10,3 x 6,6 cm
Beschriftung: H. BAHLSENS KEKS-FABRIK A. G. HANNOVER
Hannover, Bahlsen-Archiv

Kat. Nr. 3.1.25

3.1.33
Othello
Martel Schwichtenberg
(Hannover 1896–1945 Sulzberg/Baden)
1924
Papier, bedruckt, 4,6 x 15,7 x 4,5 cm
Beschriftung Schmalseiten: H. BAHLSENS KEKS-FABRIK A. G. HANNOVER
Hannover, Bahlsen-Museum

3.1.34 *Abb.*
KLINKER-KEKS
Martel Schwichtenberg
1924–27
Papier, bedruckt, 3 x 17,5 x 5,5 cm
Beschriftung: H. BAHLSENS KEKSFABRIK A. G. HANNOVER
Lit.: Hölscher 1969, 156
Hannover, Bahlsen-Archiv

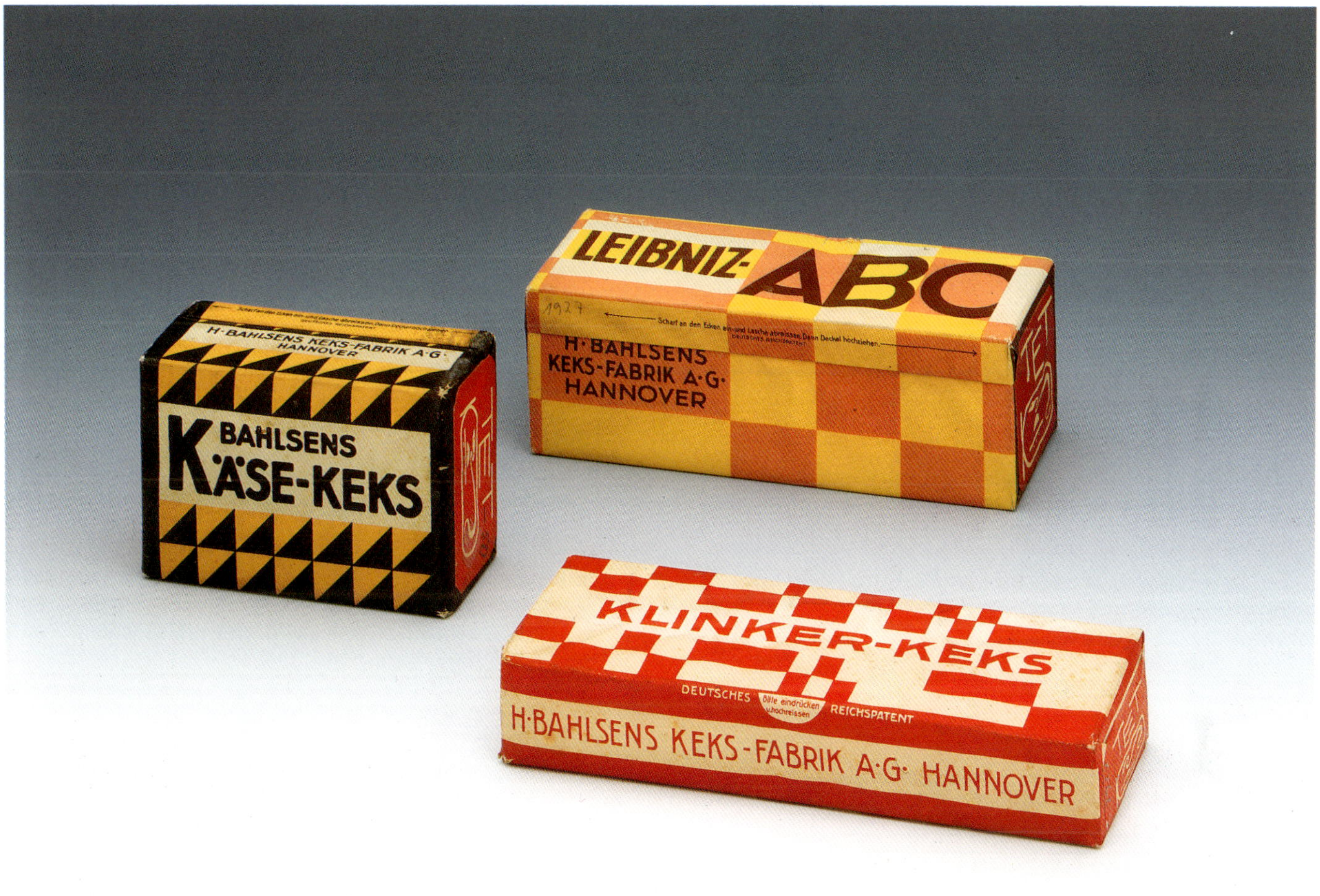

Kat. Nr. 3.1.32, 3.1.29, 3.1.34 (v. l. n. r.)

Die Manoli-Welt

Julius Klinger, Anzeige, um 1910. Aus: Festschrift 1919

Ernst Deutsch, Anzeige für Manoli, 1912. Aus: Festschrift 1919

Gewiß wird niemand einer hübschen Umhüllung zuliebe bei einer Zigarette bleiben, die ihm nicht zusagt; aber er wird bei der gewählten Sorte um so lieber und treuer aushalten, je mehr sie ihm auch durch ihre geschmackvolle Aufmachung vertraut geworden ist.

(Festschrift 1919, 109)

Die Manoli Zigarettenfabrik in Berlin zählte 1904, zehn Jahre nach ihrer Gründung mit damals nur acht Arbeitskräften, zu den größten Zigarettenfabriken Deutschlands und beschäftigte 200 Angestellte. Neben der Qualität der Tabake und der hygienisch einwandfreien Produktion war es vor allem das moderne, geschmackvolle Erscheinungsbild von Packungen, Plakaten und Inseraten, das zu dem großen Erfolg beitrug. Der Begründer Jacob Mandelbaum war gegenüber Neuerungen stets aufgeschlossen. So wie er in der Produktion die neueste Technik einsetzte – die erste in Amerika entwickelte automatische Zigarettenmaschine, die die gesamte Herstellung einer Zigarette besorgte, stand 1905 bei Manoli –, so suchte er sich in E. E. Hermann Schmidt einen Reklameleiter und Prokuristen, der – selbst Mitglied des Deutschen Werkbundes – die bedeutendsten Berliner Graphiker an die Firma Manoli band, um den Produkten ein Erscheinungsbild zu geben, das bis heute als eines der vorbildlichsten und bahnbrechendsten Beispiele von frühem corporate design gelten kann.

Zunächst war es der Graphiker und Maler Julius Klinger, dem seit ca. 1907 die Gestaltung der Anzeigenentwürfe übertragen wurde. Die Maxime des Deutschen Werkbundes, daß sich der Kaufmann mit dem Künstler zusammentun müsse, wenn er auch in der Form eine Qualität erzielen wollte, wurde bei Manoli beispielhaft in die Realität umgesetzt. Die künstlerische Gestaltung von Packungen, Plakaten und Anzeigen diente nicht zuletzt dem Erschließen eines Kundenkreises, der Qualität zu schätzen wußte und sich dem als Luxus geltenden Genuß einer besseren, aber auch teureren Zigarette zuwenden sollte (Festschrift 1919, 90). Der in Berlin arbeitende Zeichner Ernst Deutsch präsentierte in der Anzeige von Manoli Zigaretten in einem mondänen Ambiente, das er zuweilen bis zur Persiflage überzeichnete. Als erster der jungen Berliner Gra-

Lucian Bernhard, Plakat für Priester-Streichhölzer, 1906. Aus: Das Plakat 1919

phiker gestaltete Hans Rudi Erdt neben Anzeigen auch Plakate für Manoli. Sein eleganter Zigarettenboy mit dem gefüllten Bauchladen war der erste Schritt zu einer vollkommen neuen Plakatgestaltung für diese Marke (Kat. Nr. 3.2.29).

Die Blechpackungen des Unternehmens zeichneten sich seit frühester Zeit durch eine geschmackvolle, im Vergleich mit Konkurrenten schlichte Gestaltung und vor allem durch ihre klare, oft ungewöhnliche Farbgebung aus. So verursachte die fliederfarbene Verpackung der Marke *Meine Kleine*, seit 1900 auf dem Markt, in Berlin einen Run auf diese Zigarette (Festschrift 1919, 9).

Aber erst unter Lucian Bernhard, dem kreativsten Berliner Graphiker, gelang es, dem Erscheinungsbild der Manoli-Produkte einen unverwechselbaren Charakter zu verleihen. Noch unter der Ägide von Julius Klinger entwarf Bernhard 1910 ein neues, auf das Wesentliche reduzierte Warenzeichen. Er begann mit der Gestaltung von Verpackungen, während Klinger und Erdt im Bereich der Anzeige tätig waren. Bald darauf folgten seine ersten Plakate und Inserate.

Als Protagonist des Berliner Sachplakats konzentrierte Bernhard sich auf das Produkt, die Zigarette, und gab ihr kraft seiner Bildfindung Gestalthaftigkeit und Charakter. Seine Graphik trug wesentlich zur Markenidentität von Manoli im modernen Sinne bei. Für diese Firma schuf er zu bleibender Berühmtheit gelangte Plakatfiguren wie das *Gibson Girl* und den leicht morbiden *Dandy*. Nach Aussage von Julius Klinger habe Bernhard *gezeigt, daß das richtige Erfassen der Aufgabe vom wirtschaftlichen Standpunkt aus das einzig Wesentliche sei* (Reinhardt 1993, 62).

Als Autodidakt gehörte Bernhard keiner der zeitgenössischen künstlerischen oder kunstgewerblichen Schulen an. Ein Plakatwettbewerb der Streichholzfirma Priester sollte der Beginn seiner steilen Karriere werden. Mit einem auf die allernotwendigsten Motive reduzierten Entwurf gewann er 1906 den mit 200 Mark ausgelobten ersten Preis. Die Gestaltung wird dominiert von einer ebenso virtuosen wie ungewöhnlichen Farbgebung und dem markanten Schriftzug *Priester* in der für Bernhard später so typisch werdenden Manier mit den Unregelmäßigkeiten und den Extravaganzen der Buchstaben. Vor kastanienbraunem Hintergrund heben sich zwei rote Streichhölzer mit leuchtendgelbem Kopf ab, die von dem blauen Schriftzug gleichsam in der Fläche gehalten werden.

Zu den Preisrichtern der Jury zählte Ernst Growald, Verkaufsleiter der lithographischen Anstalt Hollerbaum & Schmidt in Berlin, der zum Mentor Bernhards werden sollte und ihn unter Vertrag nahm. Hollerbaum & Schmidt förderte das Berliner Sachplakat und verpflichtete die besten Berliner Graphiker exklusiv für sich. Die Druckerei vertrat das Prinzip, keine der üblichen Blanco-Plakate auf Vorrat zu produzieren und trug damit zur markengerechten und individuellen Gestaltung des Warenplakats bei. Es verwundert nicht, daß alle Manoli-Plakate den Druckvermerk Hollerbaum & Schmidt tragen.

Als Lucian Bernhard seine Tätigkeit für Manoli aufnahm, konnte er ein Plakatwerk von mehr als 100 ausgeführten Entwürfen vorweisen (Das Plakat 1916, 71). Zu seinen ersten Arbeiten für Manoli zählen Entwürfe zu Verpackung und Plakat der Marke Gibson Girl. Die Darstellung einer eleganten Dame in tief dekolletierter schwarzer Robe geht auf eine Figur des amerikanischen Zeichners Charles Dana Gibson zurück (Kat. Nr. 3.2.11, 3.2.12, 3.2.27).

Berühmt wurde das sogenannte *Gibson Girl* durch die amerikanische Schauspielerin Camille Clifford, die diese Figur, als Inbegriff der emanzipierten Frau, in mehreren Musicals von 1904 bis 1906 verkörperte. Die Darstellung auf der Packung entspricht einer Künstlerpostkarte von 1905 (Tauchner 1995).

Die Zigarette kam in unterschiedlichen Packungsgrößen und Formen auf den Markt. Zu den gelungensten Zigarettendosen zählt wohl die Standdose für 20 Zigaretten (Kat. Nr. 3.2.12). Abweichend vom Plakat wählte Bernhard für die Packung die stehende Frauengestalt in Bühnenpose. Der Rauch ihrer *Manoli*-Zigarette umrahmt das Gesicht in zarten Wellenlinien und bildet somit den kompositorischen Ausgleich zur voluminösen Schleppe des Abendkleides. Trotz des Entstehungsdatums um 1910 wurde auf der Verpackung, wohl zum letzten Mal, das alte Warenzeichen *order of the garter* mit Krone und Gürtelschnalle verwendet.

Bernhards graphische Formulierungen für Verpackung und Plakat sind nie identisch, sondern wandeln dasselbe Motiv nach den Bedürfnissen des Mediums mehr oder weniger ab, um immer dieselbe Eindringlichkeit zu erreichen. Am deutlichsten wird dieses Prinzip der unterschiedlichen, dem Auftrag gerecht werdenden Bildgestaltung am Entwurf für die Marke Rumpler-Taube (Kat. Nr. 3.2.17, 3.2.37). Obwohl hier die Proportionen von Packung und Plakat übereinstimmen, ist das Motiv – ein gelbes Flugzeug, die Rumpler-Taube, auf blauem Grund – unterschiedlich behandelt. Während auf der Packung die Bewegung des Flugzeugs nur durch die

Verkürzung der Umrißlinien verdeutlicht ist, ist seine Tragfläche auf dem Plakat über den Bildrand hinausgeschoben, und der Flug wird durch die angedeutete Bewegung der Rotorblätter zum Ausdruck gebracht. Mit der Umformulierung des Entwurfs wird dem Flächencharakter des Plakats Rechnung getragen. Auf diesem Prinzip – die gleiche Optik, Stimmung und Aussage auf unterschiedlichen Medien mit verschiedenen gestalterischen Mitteln zum Ausdruck zu bringen – basiert Bernhards Technik.

Fritz Hellwag präzisiert in der Festschrift zum 25jährigen Bestehen der Firma Manoli die immense Bedeutung dieses Zusammenhangs: *Hiermit sind die starken Wechselbeziehungen zwischen Packungen und Plakaten bezeichnet, deren geschickte Verwertung den großen Erfolg der Manoli-Reklame erklären. Sie setzen aber ein gleichwertiges Gelingen beider künstlerischer Formen voraus, und es ist notwendig, daß beide derselben Hand, die erkennbar sein muß, entstammen. Als Regel muß auch gelten, daß zwei Entwürfe, einer für die Packung, einer für das Plakat, gemacht werden müssen, denn es würde einen ästhetischen Fehler von unberechenbarer Tragweite bedeuten, wollte man den einen einfach auf das Format des anderen vergrößern oder verkleinern … An dem wechselseitigen Erfolg ist in erster Linie Meister Lucian Bernhard beteiligt* (Festschrift 1919, 106 f.).

Den Einfluß der künstlerischen Gestaltung auf das Kaufverhalten charakterisiert Hellwag wie folgt: *Die Zahl der Menschen, die sich ohne eine ganz bestimmte Absicht an eine Plakatsäule stellen, um Ankündigungen zu lesen, ist gewiß sehr gering; die meisten sehen die Säule nur, weil ihr auf die Umgebung gerichteter Blick nicht leicht an ihr vorbeikommen kann … Trifft ihr Blick auf Uninteressantes, so gehen sie unbeeinflußt vorüber; findet er Beachtenswertes, so wird er den gehabten Eindruck im Unterbewußtsein verwahren. Dieser Vorgang muß so viel entscheidende Kraft enthalten, daß man von einer gewinnenden Wirkung des Plakats reden darf. Da es sich früher oder später um einen Kauf handeln soll, so muß das Erinnerungsbild figürlich mit dem bestimmten Kaufobjekt in Beziehung stehen. Angekündigte Worte geben nur in ganz besonderer Gestalt und nur in seltenen Fällen ein Erinnerungsbild, wohl aber Farben, wenn sie sich in ihrer ganz besonderen Auswahl und Zusammenstellung auf dem Objekt wiederholen. Wer schon Käufer war, wird durch das Plakat an das ihm ähnliche Kaufobjekt erinnert; wer aber erst im Laden das Objekt erblickt, wird sich zu ihm hingezogen fühlen, weil das im Unterbewußtsein bewahrte Erinnerungsbild des Plakates wieder vor ihm aufsteigt* (Festschrift 1919, 106).

In engem Zusammenhang mit der äußeren Erscheinung von Packung und Plakat stand die Gestaltung der Schaufenster. Auch hier verfehlten die auffallend modernen Entwürfe nicht ihre Wirkung: *Die heutige Zigarettenschachtel wird, bis sie leer ist, mit sich herumgetragen und herumgereicht, so daß sie nicht nur als Schmuckstück, sondern auch als erstes Reklameobjekt in der Zigarettenindustrie angesehen werden kann, und dann nie zu vergessen die fabelhafte Wirkung im Schaufenster! Unsere modernen Packungen zaubern die wunderbarsten Farbensymphonien hervor. Man sehe sich ein gut dekoriertes Schaufenster mit den farbigen Zigarettenpackungen genauer*

Schaufensterdekoration, um 1920. Aus: Weisser 1985 b

Kat. Nr. 3.2.27

an, und man wird dabei schaudernd an die Zeit zurückdenken, in der noch Packungen aus imitiertem Holz, Marmor, Leder und dergleichen, oder kitschige türkische oder ägyptische Bilder zur Ausschmückung herhalten mußten (Hermann Schmidt, zit. n. Weisser 1985 b, 72).

Es zeugt von Konsequenz, daß sich eine Firma wie Manoli auch in diesem Bereich auf die Gestaltung ihrer Graphiker verließ. Vermittelt doch *das Schaufenster den ersten Eindruck von einem Geschäft, der bekanntlich der beste sein soll, und es ist sicher, daß man in sehr vielen Fällen vom Schaufenster und seiner Dekoration auf den Charakter des betreffenden Geschäfts gültige Schlüsse ziehen kann* (Manoli-Post, Berlin Mai 1921).

Der wirtschaftliche Erfolg gab der Werbestrategie des Unternehmens recht. 1907, dreizehn Jahre nach der Gründung, mußte die Fabrik wegen Platzmangels bereits zum zweiten Mal umziehen, diesmal in ein Fabrikgebäude an der Rungestraße 22-24, im Osten der Stadt. Waren es 1911 500 Mitarbeiter, so konnte ihre Zahl bis 1914 verdoppelt werden. Innovationen im technischen Bereich gingen Hand in Hand mit modernster Produktgestaltung. Sogar die von schwieriger Rohstoffbeschaffung und Arbeitermangel geprägten Kriegsjahre 1914-18 verzeichnen einen kontinuierlichen Aufschwung. 1918 kann das Unternehmen mehr als 100 Maschinen zur Herstellung von Zigaretten und Zigarettenhülsen vorweisen. Zum Betrieb gehörte auch eine Kartonagenfabrik mit 250 Mitarbeitern, eine moderne Schlosserei und Reparaturwerkstatt, eine voll ausgestattete Tischlerei und eine Druckerei für Buch- und Steindruck (Festschrift 1919, 12).

Auch die dem politischen Druck entsprungene, einem neuen Nationalismus Rechnung tragende Namensänderung der prominentesten Marken von Manoli konnte den wirtschaftlichen Aufschwung nicht beeinträchtigen. Durch Beibehalten von Schriftzug und Gestaltung hat man versucht, die Neubenennungen nicht augenscheinlich werden zu lassen (vgl. Kat. Nr. 4.2.14–4.2.20).

Lucian Bernhard zeichnete bis zu seiner Übersiedlung nach New York 1922 verantwortlich für die Gestaltung der Manoli-Produkte und ihrer Reklame. 1924 wurde die Aktienmehrheit des Unternehmens von der Firma Reemtsma übernommen, die einige Marken bis in die 30er Jahre weiterführte.

Susanne Bäumler

Kat. Nr. 3.2.35

Kat. Nr. 3.2.2, 3.2.4, 3.2.1, 3.2.3, 3.2.6, 3.2.5 (v. l. n. r.)

Kat. Nr. 3.2.24, 3.2.9 3.2.15, 3.2.16, 3.2.14 3.2.7, 3.2.13 (v. l. n. r.)

3.2.1 *Abb.*
›Meine Kleine‹ MANOLI,
Dose für 20 Zigaretten
1900–15
Weißblech, bedruckt, 1,2 x 6,1 x 6,1 cm
Beschriftung Deckel: 20 Stck. Cigarettes; Wandung vorne: DRGM
Lit.: Festschrift 1919, 9
München, Privatsammlung

Meine Kleine war die erste Zigarette der Marke Manoli, die über Berlin hinaus zu Bekanntheit gelangte. Sie löste nach der Jahrhundertwende einen regelrechten *Meine Kleine-Taumel* in Deutschland aus. Nach englischer Mode hatte sie ein Goldmundstück und war aus hochwertigen Tabaken hergestellt. Auf Grund des kleinen Formats lag der Verkaufspreis bei nur drei Pfennigen. S. B.

3.2.2 *Abb.*
MANOLI CIGARETTES ›FIX‹,
Dose für 10 Zigaretten
Ab 1904
Weißblech, bedruckt, 0,7 x 8,2 x 7,4 cm
Beschriftung: Deckelwandung seitlich: 10 FIX; Deckelinnenseite: Garantirt Handarbeit, aegyptische Art
München, Privatsammlung

3.2.3 *Abb.*
MANO CIGARETTES,
Dose für 20 Zigaretten
Lucian Bernhard
(Stuttgart 1883–1972 New York)
Ab 1904
Weißblech, bedruckt, 1,9 x 7 x 7,2 cm
Beschriftung: Deckel: MANOLI MANO CIGARETTES GOLD TIPPED, D. R.W. Z. 73498 74577; Deckelwandung vorne: 20 MANOLI GOLD TIPPED CIGARETTES
München, Privatsammlung

Auf dem Deckel findet sich – in die Gestaltung des Markenzeichens integriert – die Darstellung einer Goldmedaille, die, einer alten Werbestrategie folgend, auf die errungenen Preise hinweisen sollte. S. B.

3.2.4 *Abb.*
MANOLI CIGARETTES LORD CECIL,
Dose für 20 Zigaretten
Ab 1904
Weißblech, bedruckt, 1,5 x 8,8 x 7,8 cm
Beschriftung: Deckelwandung vorne: HIGH-CLASS CIGARETTES; Deckelwandung hinten: GUARANTEED HAND MADE; Deckelwandung seitlich: 20 LORD CECIL M/M
München, Privatsammlung

3.2.5 *Abb.*
MANOLI CIGARETTES CHIC,
Dose für 20 Zigaretten
Ab ca. 1904
Weißblech, bedruckt, 1,5 x 8,1 x 7,4 cm
Beschriftung: Deckelwandung vorne und seitlich: 20 CHIC GOLD TIPPED
München, Privatsammlung

3.2.6 *Abb.*
VOILA CIGARETTES,
Dose für 20 Zigaretten
Ab ca. 1904
Weißblech, bedruckt, 1,8 x 8,7 x 7,5 cm
Beschriftung: Deckel: BERLIN · MANOLI · LONDON; Deckelwandung vorne und seitlich: 20 VOILA CIGARETTES GOLD
München, Privatsammlung

3.2.7 *Abb.*
MANOLI CIGARETTES LA FLEUR · HIGH CLASS CIGARETTES·, *Dose für 50 Zigaretten*
Hans Rudi Erdt
(Benediktbeuren 1883 – nach 1918 Berlin)
Ab 1907
Weißblech, bedruckt, 4 x 10,8 x 7,5 cm
Beschriftung: Wandung vorne und hinten: GOLDENE MEDAILLE PARIS 1900; Deckelwandung vorne: GUARATEED 22 CARAT GOLD; Deckelwandung hinten: GUARANTEED HAND MADE; Deckelwandung seitlich: 50 LA FLEUR GOLDTIPPED
München, Privatsammlung

Die vordere Wandung trägt die Darstellung von Medaillen, mit dem besonderen Hinweis auf die auf der Pariser Weltausstellung von 1900 gewonnene Goldmedaille. S. B.

3.2.8
THE KAISER CIGARETTES No 7,
Dose für 100 Zigaretten
Ab 1907
Weißblech, mit Goldfolie bedruckt, 4,7 x 11,2 x 7 cm
Beschriftung: Deckel: MANOLI BERLIN LONDON; Wandung vorne und hinten: THE KAISER CIGARETTES / GUARANTEED 22 CARAT GOLDTIPPED; Wandung seitlich: LIEFERANT DER FRANZÖSISCHEN REGIE. / 100 ST. No 7
München, Privatsammlung

3.2.9 *Abb.*
THE KAISER CIGARETTES No 8 m/M,
Dose für 50 Zigaretten
Ab ca. 1907
Weißblech, bedruckt, 13,3 x 8,1 x 9,3 cm
Beschriftung: Deckel: MANOLI BERLIN · LONDON; Wandung vorne und hinten: THE KAISER CIGARETTES; Wandung seitlich: 50 St. No 8; Deckelinnenseite: MANOLI Lieferant der französ. u. italien. Regien
München, Privatsammlung

3.2.10
MANOLI DANDY CIGARETTES,
Dose für 20 Zigaretten
Hans Rudi Erdt zugeschrieben
Ab 1909
Weißblech, bedruckt, 1,3 x 8,3 x 7,3 cm
Beschriftung: Deckelinnenseite: MANOLI Dandy · GOLD TIPPED CIGARETTES
Lit.: Festschrift 1919, 12 – Leitherer/Wichmann 1987, 254
München, Privatsammlung

Manoli Dandy wurde als eine der ersten Zigaretten von Anfang an ganz auf der Maschine hergestellt. Sie hatte eine erstklassige Tabakmischung, ein schlankes, flaches Format und wurde in einer modernen und damit auffallenden Packung angeboten. Die Nachfrage war so groß, daß die Herstellung kaum Schritt halten konnte. S. B.

Kat. Nr. 3.2.12

3.2.11
GIBSON GIRL CIGARETTES MANOLI BERLIN, *Dose für 50 Zigaretten*
Lucian Bernhard
(Stuttgart 1883 – 1972 New York)
Berlin um 1910
Weißblech, bedruckt, 3,7 x 10,6 x 7,2 cm
Beschriftung: Wandung seitlich: GIBSON GIRL; Wandung vorne und hinten: GOLD MEDAL M PARIS 1900; Deckelwandung vorne: HIGH CLASS CIGARETTES; Deckelwandung hinten: GUARANTEED HAND MADE
Lit.: Festschrift 1919, 98 – Weisser 1980, Abb. 68 -Leitherer/Wichmann 1987, 255
München, Privatsammlung

3.2.12 *Abb.*
MANOLI GIBSON GIRL, *Dose für 20 Zigaretten*
Lucian Bernhard
(Stuttgart 1883–1972 New York)
Berlin um 1910
Weißblech, bedruckt, 7,5 x 8,3 x 2 cm
Beschriftung Schmalseiten:
20 ZIGARETTEN GOLD-MUNDSTÜCK
Lit.: Festschrift 1919, 98 – Weisser 1980, Abb. 68 – Leitherer/Wichmann 1987, 255
München, Privatsammlung

3.2.13 *Abb.*
MANOLI FLOTT, *Dose für 50 Zigaretten*
Lucian Bernhard
(Stuttgart 1883–1972 New York)
Nach 1910
Weißblech, bedruckt, 3 x 10,4 x 7,5 cm
Beschriftung: Wandung vorne und hinten: 50 ZIGARETTEN FLOTT M. GOLD; Wandung seitlich: MANOLI FLOTT
München, Privatsammlung

Die Worteintragung für *Manoli Flott* erfolgte bereits am 7. 12. 1906. Doch weist die Gestaltung des Warenzeichens nach dem Bernhard-Entwurf von 1910 auf eine spätere Entstehung hin. S. B.

3.2.14 *Abb.*
MANOLI ›Optima‹, *Dose für 25 Zigaretten*
Lucian Bernhard
(Stuttgart 1883–1972 New York)
Ab 1910
Weißblech, bedruckt, 2,8 x 11 x 7,5 cm
Beschriftung Deckelwandung seitlich: 25 ZIGARETTEN M/GOLD
München, Privatsammlung

3.2.15 *Abb.*
MANOLI ›Fantomo‹, *Dose für Zigaretten*
Lucian Bernhard
(Stuttgart 1883–1972 New York)
Ab 1914
Weißblech, bedruckt, 1,7 x 12 x 7,3 cm
Lit.: Leitherer/Wichmann 1987, 255
München, Privatsammlung

Die Datierung nach Leitherer/Wichmann auf 1910 wird fraglich, da sich die Namenseintragung *Manoli ›Fantomo‹* erst 1914 in den Warenzeichenblättern findet. S. B.

3.2.16 *Abb.*
Manoli FAVORIT, *Dose für 25 Zigaretten*
Lucian Bernhard
(Stuttgart 1883–1972 New York)
Ab 1914
Weißblech, bedruckt, 1,9 x 11,5 x 7,3 cm
Beschriftung: Wandung: 25 FAVORIT ZIGARETTEN; Wandung hinten: BW
Lit.: Leitherer/Wichmann 1987, 257
München, Privatsammlung

3.2.17 *Abb.*
MANOLI RUMPLER-TAUBE, *Dose für 25 Zigaretten*
Lucian Bernhard
(Stuttgart 1883–1972 New York)
Ab 1910/11
Weißblech, bedruckt, 1,5 x 10,5 x 7,4 cm
Beschriftung Wandung: MANOLI BERLIN
Lit.: Festschrift 1919, Abb. nach 108 – Das Plakat Sept. 1920, 413 – Leitherer/Wichmann 1987, 165
München, Privatsammlung

3.2.18
MANOLI DOLMANN, *Dose für 25 Zigaretten*
Lucian Bernhard

Kat. Nr. 3.2.22, 3.2.17, 3.2.21, 3.2.19 (v. l. n. r.)

(Stuttgart 1883–1972 New York)
Ab 1912
Weißblech, bedruckt, 1,8 x 10 x 7 cm
Lit.: Festschrift 1919, Abb. nach 108 –
Das Plakat Sept. 1920, 413 –
Leitherer/Wichmann 1987, 255
München, Privatsammlung

In ähnlicher Verpackung kamen die Marken *House of Lords* und *Suggestion* auf den Markt.

3.2.19 *Abb.*
MANOLI MONTEBELLO,
Dose für 20 Zigaretten
Lucian Bernhard
(Stuttgart 1883–1972 New York)
Ab 1912
Weißblech, bedruckt, 1,4 x 7,5 x 7 cm
Beschriftung Wandung: 20 ZIGARETTEN
Lit.: Das Plakat 5, 1916, 246 –
Festschrift 1919, Abb. nach 108 –
Leitherer/Wichmann 1987, 255
München, Privatsammlung

Die Wortmarke *Montebello* wurde bereits am 14. 10. 1908 eingetragen. Die hier gezeigte Verpackung findet sich jedoch erst 1912 in den Warenzeichenblättern. S. B.

3.2.20
MANOLI ZOO,
Dose für 50 Zigaretten
Lucian Bernhard
(Stuttgart 1883–1972 New York)
Ab 1913
Weißblech, bedruckt, 3 x 10,5 x 7,1 cm
München, Die Neue Sammlung n 484/90

3.2.21 *Abb.*
MANOLI RAPIER,
Dose für 25 Zigaretten
Lucian Bernhard
(Stuttgart 1883–1972 New York)
Ab 1914
Weißblech, bedruckt, 5,6 x 10 x 7,5 cm
Beschriftung Deckel und Wandung:
25 Zigaretten
Lit.: Festschrift 1919, Abb. nach 108 –
Das Plakat Sept. 1920, 413 –
Das frühe Plakat, Bd. 3, 1980, Nr. 243 –
Leitherer/Wichmann 1987, 256
München, Privatsammlung

Die Namenseintragung in den Warenzeichenblättern erfolgte 1912, die Blechdose für 25 Zigaretten wurde 1914 auf den Markt gebracht. S. B.

3.2.22 *Abb.*
MONTE BELLO, *Dose für 20 Zigaretten*
Lucian Bernhard
(Stuttgart 1883–1972 New York)
Berlin um 1914
Weißblech, bedruckt, 7,3 x 8 x 1,9 cm
Beschriftung: Deckel: MANOLI;
Wandung seitlich: 20 ZIGARETTEN M/6
Lit.: Leitherer/Wichmann 1987, 256
München, Privatsammlung

3.2.23
MANOLI Privat, *Dose für 12 Zigaretten*
Lucian Bernhard
(Stuttgart 1883–1972 New York)
1920er Jahre
Weißblech, bedruckt und mit breiter Papierbanderole umklebt, 0,8 x 11,5 x 7 cm
München, Privatsammlung

3.2.24 *Abb.*
MANOLI ROT-ETIKETT,
Dose für 25 Zigaretten
Wohl Fritz Rosen (Atelier Bernhard)
1920er Jahre
Weißblech, bedruckt, 1,7 x 10,1 x 7,2 cm
Beschriftung Deckelwandung seitlich:
25 ROT-ETIKETT ZIGARETTEN
München, Privatsammlung

Kat. Nr. 3.2.25

3.2.25 *Abb.*
MANOLI, *Plakat*
Lucian Bernhard
(Stuttgart 1883–1972 New York)
Berlin 1910
Bez. u. l.: BERN/HARD
Druck: Hollerbaum & Schmidt, Berlin
Lithographie, 69,5 x 95 cm

Kat. Nr. 3.2.37

Lit.: Das Plakat 7, 1916, 71 – Festschrift 1919, 8 u. 98 – Das frühe Plakat, Bd. 3, 1980, Nr. 188 – Leitherer/Wichmann 1987, 254 – Rademacher 1992, Nr. 19
Münchner Stadtmuseum B 13/42

3.2.26 *Abb.*
MANOLI LIMIT, *Plakat*
Hans Rudi Erdt
(Benediktbeuren 1883–nach 1918 Berlin)
Berlin um 1910
Bez. u. r.: H R ERDT
Druck: Hollerbaum & Schmidt, Berlin
Lithographie, 87 x 58 cm
Lit.: Das frühe Plakat, Bd. 3, Berlin 1980, Nr. 780
Münchner Stadtmuseum A 13/80

3.2.27 *Abb.*
MANOLI Gibson Girl, *Plakat*
Lucian Bernhard
(Stuttgart 1883–1972 New York)
Berlin vor 1911
Bez. u. r.: BERN/HARD
Druck: Hollerbaum & Schmidt, Berlin
Lithographie, 69 x 91 cm
Lit.: Das Plakat 7, 1916, 72 – Das frühe Plakat, Bd. 3, 1980, Nr. 195 – Rademacher 1992, Nr. 20
Münchner Stadtmuseum B 13/40

3.2.28
MANOLI Gibson Girl, *Plakat*
Lucian Bernhard
(Stuttgart 1883–1972 New York)
Berlin um 1910
Bez. u. l.: BERN/HARD
Druck: Hollerbaum & Schmidt, Berlin
Lithographie, 70 x 95 cm
Lit.: Das frühe Plakat, Bd. 3, 1980, Nr. 266 – Leitherer/Wichmann 1987, 255 – Rademacher 1992, Nr. 31
Berlin, Deutsches Historisches Museum P 57/592

Nach Hellwag (Festschrift 1919) gilt die Verpackung für *Gibson Girl* als erste Arbeit Lucian Bernhards im Bereich des Produktdesigns der Firma Manoli. Hier findet noch das alte Firmenzeichen Verwendung, obwohl Bernhard im selben Jahr ein neues Signet entwarf. S. B.

MANOLI
LIMIT
MANOLI
LIMIT
LIMIT
LIMIT
H R ERDT
·HOLLERBAUM & SCHMIDT·BERLIN·N·65·

Kat. Nr. 3.2.26

Kat. Nr. 3.2.29

3.2.29 *Abb.*
MANOLI, *Plakat*
Hans Rudi Erdt
(Benediktbeuren 1883–nach 1918 Berlin)
Berlin 1911
Bez. u. l.: H R ERDT 11
Druck: Hollerbaum & Schmidt, Berlin
Lithographie, 70,5 x 95 cm
Lit.: Das frühe Plakat, Bd. 3, 1980, Nr. 810 – Leitherer/Wichmann 1987, 256
Münchner Stadtmuseum B 13/44

Kat. Nr. 3.2.30

3.2.30 *Abb.*
MANOLI, *Plakat*
Lucian Bernhard
(Stuttgart 1883–1972 New York)
Berlin 1911
Bez. u. l.: BERN/HARD
Druck: Hollerbaum & Schmidt, Berlin
Lithographie, 69 x 95 cm
Lit.: Das Plakat 7, 1916, 72 – Das frühe Plakat, Bd. 3, 1980, Nr. 206
Hamburg, Museum für Kunst und Gewerbe

3.2.31
MANOLI Kardash Cigaretten, *Plakat*
Lucian Bernhard
(Stuttgart 1883–1972 New York)
Berlin 1912
Bez. o. r.: BERN/HARD
Druck: Hollerbaum & Schmidt, Berlin
Lithographie, 69,5 x 93,5 cm
Lit.: Das Plakat 4, 1913, 37 – Das Plakat 7, 1916, 72 – Festschrift 1919, 98 f. – Das frühe Plakat, Bd. 3, 1980, Nr. 222
Münchner Stadtmuseum B 13/41

Kat. Nr. 3.2.32

3.2.32 *Abb.*
MANOLI MONTE BELLO DIE NEUE 5 Pf. CIGARETTE, *Plakat*
Lucian Bernhard
(Stuttgart 1883–1972 New York)
Berlin 1912
Bez. u. r.: BERN/HARD
Druck: Hollerbaum & Schmidt, Berlin
Lithographie, 69 x 93,5 cm
Lit.: Das frühe Plakat, Bd. 3, 1980, Nr. 223
Münchner Stadtmuseum B 13/43

3.2.33
MANOLI CIGARETTEN TRUSTFREI, *Plakat*
Lucian Bernhard
(Stuttgart 1883–1972 New York)
Berlin 1912
Bez. u. r.: BERNHARD
Druck: Hollerbaum & Schmidt, Berlin
Lithographie, 65 x 88 cm
Lit.: Das Plakat 7, 1916, 14 u. 72 – Das frühe Plakat, Bd. 3, 1980, Nr. 221
Berlin, Deutsches Historisches Museum P 74/434

3.2.34
MANOLI, *Aschenbecher mit Streichholzschachtelklemmer*
Um 1916
Keramik, glasiert, Messing, Holz, H. 9,9 cm, D. 12,4 cm
Berlin, Deutsches Historisches Museum AK 94/516.572

3.2.35 *Abb.*
MANOLI Dandy, *Plakat*
Lucian Bernhard
(Stuttgart 1883–1972 New York)
Berlin 1913
Bez. u. r.: BERN/HARD
Druck: Hollerbaum & Schmidt, Berlin
Lithographie, 68 x 45 cm
Lit.: Das Plakat 7, 1916, 72 – Festschrift 1919, 99 – Das frühe Plakat, Bd. 3, 1980, Nr. 242 – Leitherer/Wichmann 1987, 257
Münchner Stadtmuseum A 13/79

3.2.36
MANOLI RAPIER 4 Pf., *Plakat*
Lucian Bernhard
(Stuttgart 1883–1972 New York)
Berlin 1913
Bez. u. r.: BERN/HARD
Druck: Hollerbaum & Schmidt, Berlin
Lithographie, 69 x 96,5 cm
Lit.: Das Plakat 5, 1914, 145 – Das Plakat 7, 1916, 72 – Das frühe Plakat Bd. 3, 1980, Nr. 243 – Leitherer/Wichmann 1987, 256
München, Privatsammlung

3.2.37 *Abb.*
MANOLI Rumpler-Taube 5 Pf., *Plakat*
Lucian Bernhard
(Stuttgart 1883–1972 New York)
Berlin 1916
Bez. u. r.: BERN/HARD
Druck: Hollerbaum & Schmidt, Berlin
Lithographie, 62,2 x 94,3 cm
Lit.: Das Plakat 5, 1914, 42 – Das Plakat 7, 1916, 16 u.72 – Das frühe Plakat, Bd. 3, 1980, Nr. 245 – Moeller 1983, 70
München, Deutsche Städtereklame 28.031 1910

Brauner Trunk und rotes Herz

Bei seiner Markteinführung im Jahre 1907 war Kaffee Hag der erste Kaffee, der in einheitlicher Verpackung zu einem festen Preis angeboten wurde. Bis zu diesem Zeitpunkt wurde Kaffee offen verkauft und vom Händler in der gewünschten Menge abgepackt. Kaffee Hag zählt zu den ältesten Markenartikeln in Deutschland und gilt als der erste Markenkaffee (Bongard 1964, 42 f.).

Die Vermarktung des neuen Produkts wurde unterstützt von einer für damalige Verhältnisse aufwendigen Werbekampagne, die die Gestaltung der Packung, ein Entwurf Eduard Scotlands, in den Mittelpunkt stellte. Das Markenzeichen, ein roter Rettungsring auf weißem Feld mit der Inschrift KAFFEE HAG, ebenfalls ein Entwurf Scotlands, ist markanter Blickpunkt. Seit 1926 trägt die Siegelmarke das rote Herz. Der Firmeninhaber Ludwig Roselius (1874–1943) sah darin einen *Kristallisationspunkt* für einen *einheitlichen* Gedanken. *Diesem einheitlichen Gedanken muß nach außen hin Ausdruck verliehen werden, denn die Propaganda braucht ein Symbol ..., einen Kristallisationspunkt, um den sich alles gruppiert* (Ludwig Roselius, zit. n. Bongard 1964, 43). Das rote Herz hat sich im Erscheinungsbild von Kaffee Hag bis heute erhalten. Der Slogan der Kampagne lautete einprägsam *Kaffee Hag schont Ihr Herz.*

Ebenso neu wie die Einführung eines Markenkaffees und der einheitliche Auftritt von Packung, Anzeigen und Plakaten war das Produkt selbst: der koffeinfreie Kaffee.

Der Fabrikant, Ludwig Roselius, stammte aus einer Bremer Kaufmannsfamilie, die unter Roselius & Co. firmierte und neben Kaffeeimport einen Großhandel mit Schiffsproviant und Lebensmitteln unterhielt. Auf sein Drängen wurde der Betrieb noch im ausgehenden 19. Jahrhundert nach modernen Gesichtspunkten umstrukturiert und damit die Grundlage für eine rationelle Betriebsführung geschaffen: Konzentration auf das Kaffeegeschäft, Anschaffung neuester technischer Einrichtungen zur Kaffee-Reinigung und -Röstung, Vereinfachung der Arbeitsgänge, Verkleinerung des Sortiments und Anhebung der Qualität als maßgebliches Verkaufsargument. In Anlehnung an Immanuel Kant bezeichnete Roselius seine Arbeitsphilosophie als den *energetischen Imperativ. Dieser besagt, man solle nicht nur etwas aus Pflicht allein leisten, sondern man müsse eine Leistung zuerst auch wollen und mit der Kraft erfüllen, jeden anderen von ihrem Werte zu überzeugen* (Roselius 1962, 4).

Ein persönlicher Schicksalsschlag – der frühe Tod seines Vaters – veranlaßte Ludwig Roselius, sich mit der Herstellung von koffeinfreiem Kaffee zu befassen. Diederich Roselius starb an einer *Zerstörung des Gefäßsystems durch Coffein.* Sein Beruf als Kaffeeimporteur hatte es mit sich gebracht, daß er sein Leben lang Kaffeemuster testen mußte (Roselius 1962, 5).

Koffein als anregender Bestandteil der Kaffeebohne war bereits 1820 von dem Chemiker Friedlieb Ferdinand Runge analysiert worden, doch konnte es der Kaffeebohne nicht entzogen werden. Zusammen mit dem Kaffeehändler Christian Detlefsen, den Chemikern Karl Wimmer und Johann Friedrich Meyer experimentierte Roselius dann an verschiedenen Verfahren, die jedoch zu keinem Erfolg führten. Nachdem seine Mitstreiter resigniert aufgegeben hatten, arbeitete Roselius alleine weiter.

Über seine Versuche berichtete er 1937 in der Chemikerzeitung: *Über ein Jahr wurde nach allen möglichen Methoden und mit den verschiedensten Lösungsmitteln hin und her probiert, ohne daß jedoch ein Ziel erreicht werden konnte. Der Kaffee war entweder ausgelaugt oder es war ihm nichts oder nur wenig von seinem Coffein entzogen ... Ich selbst bin dann meine eigenen Wege gegangen. Nach einem besonderen in meiner Kaffeereinigungsanstalt seit Jahren betriebenem Verfahren gelang es mir, die Kaffeebohnen aufzuschließen, so daß das Coffein bestimmten Lösungsmitteln zugänglich gemacht und herausgezogen werden konnte. Das Coffein wurde entfernt, ohne die Struktur und den sonstigen wertvollen Gehalt der Kaffeebohne zu beeinträchtigen ... Es handelte sich jetzt darum, das Lösungsmittel wieder zu entfernen. ... Als ich kein Weiterkommen sah, konstruierte ich für meine eigenen Versuche eine Holztrommel. In dieser gelang es mir mit Hilfe einer Dampfausspülung, durch Wärmeeinwirkung und durch Bewegung, das Lösungsmittel restlos aus den Bohnen zu entfernen. Damit war das ganze Problem gelöst: der Kaffee war praktisch coffeinfrei, ohne daß ihm noch Spuren der Behandlung anhafteten, und er behielt seinen vollen und reinen Geschmack* (Roselius 1962, 6).

Zur Herstellung und Vermarktung des neuen Produkts gründete Roselius die *Kaffee-Handels-Aktiengesellschaft*, aus der sich der Name Kaffee HAG ableitete. Die Marktlage für einen koffeinfreien Kaffee schien günstig. Der Verbrauch an Kaffeesurrogaten wie Zichorien- oder Getreidekaffee lag in Deutschland 1907 über zehn Millionen Zentner. Auf Anraten der Ärzte verzichteten viele Konsumenten auf den Genuß von Bohnenkaffee. Roselius war sich im klaren, daß er seinem Produkt nur mit entsprechender Werbung zur Bekanntheit verhelfen konnte. *Die Qualität allein genügt für eine Ware noch nicht, man muß sie auch kennen. Propaganda muß sein. Ein marktfähiger Artikel, zuverlässige Ware, zuverlässige Reklame, das muß zum Erfolg führen! Allerdings die Reklame muß psychologisch richtig sein. Es hat mich zuerst Überwindung gekostet, Reklame zu machen. Ein Bremer Großkaufmann und Reklame! Das war damals geradezu geschmacklos! War es aber nur deshalb, weil sich leider so häufig mit dem Wort die Assoziation des Unreellen verbindet. Ich habe viel ausstehen müssen, aber ich glaube bewiesen zu haben, daß ich dem Ruf meiner Vaterstadt keinen schlechten Dienst leistete* (Roselius 1962, 8).

Böttcherstraße. Bremen, Archiv der Böttcherstraße

Die Böttcherstraße in Bremen
Arkaden des Hag-Hauses

Die Bremer Architekten Alfred Runge und Eduard Scotland unterhielten seit 1904 außer einer Architektengemeinschaft ein Bauunternehmen, wobei Scotland die Entwurfsarbeit übernahm und Runge für Ausführung und unternehmerische Aufgaben zuständig war (Hahn 1985). Seit 1906 zeichnete ihr Atelier auch verantwortlich für das Packungsdesign von Kaffee Hag, eine Mehrzahl von Plakaten und Anzeigen sowie Zusatzprodukten wie Kaffeegeschirre, Zuckerverpackungen, Kaffeemaschinen und vieles mehr. Fritz Fricke bemerkt in seinem *Bremer Brief* über Scotland: *Ein junger Künstler Eduard Scotland, der … Architekt ist, hat für die Fabrik Kaffee Hag eine ganze Reihe von Reklamemitteln entworfen. Zuerst sei der Packung mit dem Rettungsring gedacht, die, obwohl es die erste Arbeit war, mit großer Sicherheit komponiert ist, so daß sie wegen ihrer prägnanten Form und ihrer charaktervollen Schrift zu den besten Packungen zählt und in Fachkreisen viel Anerkennung gefunden hat. Mit derselben Routine und mit erlesenem Geschmack hat er für die Firma Broschüren, Inserate, Glasschilder, Kaffeeservice, Blechdosen etc. entworfen. Auch ihr vornehmes Clubhaus auf der Dresdner Hygiene Ausstellung stammt von ihm. … Schade, daß dem Künstler nicht mehr Gelegenheit geboten wird, sich in der Reklamekunst zu betätigen* (Das Plakat, August 1912, 179).

Die Bindung der beiden Architekten an Ludwig Roselius und die Firma Kaffee Hag war sehr eng. Eduard Scotland gestaltete nicht nur die erwähnten Packungen und Werbemittel, er war auch verantwortlich für Um- und Innenausbau der Wohnhäuser Roselius' in Bremen und Berlin. Ab 1911 wirkten er und Runge als *künstlerische Beiräte* des Unternehmens. So errichteten sie 1914 auf der Werkbund-Ausstellung in Köln im Bremen-Oldenburger Haus ein Kaffeerestaurant. Auch für das mehrteilige Bauprojekt an der Böttcherstraße in Bremen lieferte Scotland seit 1922 Entwürfe für mehr als elf Jahre.

Modernstes unternehmerisches Denken, neue Methoden der Betriebsführung und innovative technische Produktion mit einem optischen Anspruch, der in seiner künstlerischen Gestaltung den Prinzipien und dem Geist des Deutschen Werkbundes folgte, wurden zu Garanten für den Erfolg von Kaffee Hag. Es zeichnete die führenden Unternehmen um die 1910er Jahre aus, daß sie Künstler

Klubhaus 1911. Bremen, Archiv der Böttcherstraße

und Architekten dieser neuen Bewegung heranzogen, um ein einprägsames Markenbild zu schaffen.

Erst im Jahr 1911 gelang – trotz aller Bemühungen – der wirtschaftliche Durchbruch für den koffeinfreien Kaffee Hag (Spang 1956). Das ursprüngliche Erscheinungsbild, mit dem Kaffee Hag weltweit präsent war, wurde mit geringen Abwandlungen bis 1961 beibehalten. Der *Kristallisationspunkt*, das rote Herz, hat bis heute im Markenbild von Kaffee Hag überdauert. Kaffee Hag ist einer der wenigen Markenartikel, dessen Name zum Synonym für seine Produktgattung geworden ist: für den koffeinfreien Kaffee.

Susanne Bäumler

Kat. Nr. 3.3.9

ECHTER BOHNENKAFFEE
KAFFEE HAG
GARANTIERT COFFEINFREI
KAFFEE HAG
COFFEINFREI

Kat. Nr. 3.3.3

Kat. Nr. 3.3.10

3.3.1
KAFFEE HAG, *Kartonverpackung*
Alfred Runge (1881–1946) und Eduard Scotland (Bremen 1885–1945 Bremen)
1906
Karton, bedruckt, 13 x 7,5 x 6 cm
Beschriftung: COFFEÏN FREIER KAFFEE KAFFEE HAG KAFFEE: HANDELS AKT. GES. BREMEN; seitlich: COFFEÏN FREIER KAFFEE IN ALLEN BESSEREN HOTELS WIRD …; Rückseite: KAFFEE HAG IST UNÜBERTROFFEN IN AROMA UND GESCHMACK …
Lit.: Bongard 1964, 43 f. – Wichmann 1985, 453 – Leitherer/Wichmann 1987, 248
München, Die Neue Sammlung 1149/84

Kaffee Hag war der erste Markenkaffee, der in einheitlicher Verpackung zu einem festen Preis angeboten wurde. Auf der Packung dominiert das 1906 von Eduard Scotland entworfene Markenzeichen, der rote Rettungsring auf weißem Feld mit der Inschrift KAFFEE HAG. Mit nur kleinen Veränderungen wurde die Verpackung bis 1961 beibehalten und zählt damit zu den langlebigsten Verpackungen für einen Markenartikel. S. B.

Kat. Nr. 3.3.13

Kat. Nr. 3.3.12

3.3.2
KAFFEE HAG, *Kartonverpackungen*
Alfred Runge (1881–1946) und Eduard Scotland (Bremen 1885–1945 Bremen)
1906
Karton, bedruckt, 13 x 7,5 x 6 cm
Beschriftung: COFFEÏN FREIER KAFFEE …; seitlich: ECHTER BOHNENKAFFEE …; Rückseite: … SELBST BEI STÄRKSTEN AUFGÜSSEN KEINE SCHLAFSTÖRUNGEN …
Lit.: Bongard 1964, 43 f.
München, Die Neue Sammlung 421/87-1-5

3.3.3 *Abb.*
KAFFEE HAG – *Verkaufsschränkchen*
Alfred Runge (1881–1946) und Eduard Scotland (Bremen 1885–1945 Bremen)

1950er Jahre
Weißblech, bedruckt, 37 x 30 x 20 cm
Beschriftung: Tür: ECHTER BOHNEN-KAFFEE / KAFFEE HAG / GARANTIERT COFFEINFREI; Türinnenseite: REST-BESTAND bitte ins obere Fach oder nach vorne legen …
München, Privatsammlung

In diesem über mehrere Jahrzehnte produzierten Verkaufsschrank wurde die Ware im Laden aufbewahrt. Die Firma stellte sie den Händlern leihweise zur Verfügung mit der Auflage, sie nur zur *Aufbewahrung von Kaffee Hag zu benutzen.* S. B.

3.3.4
KAFFEE HAG, *Schaupackung*
Alfred Runge (1881–1946) und Eduard Scotland (Bremen 1885–1945 Bremen)
1906
Karton, bedruckt, 40,9 x 24 x 18,5 cm
Beschriftung: Vorder- u. Rückseite: COFFEÏN FREIER KAFFEE / KAFFEE HAG …; seitlich: ECHTER BOHNEN KAFFEE / KAFFEE HAG; Boden: Eigentum / Diese Packung darf nur zu Schauzwecken verwandt werden. / der Kaffee Hag Bremen
München, Die Neue Sammlung 420/87

3.3.5
KAFFEE HAG, *Blechdose*
Alfred Runge (1881–1946) und Eduard Scotland (Bremen 1885–1945 Bremen)
2. Hälfte 20er Jahre
Weißblech, bedruckt, H. 12, D. 8,4 cm
Beschriftung: COFFEÏN FREIER KAFFEE / KAFFEE HAG / HAG-A. G. BREMEN / HAG-STRASSE
München, Privatsammlung

Ab 1926 tritt das rote Herz als Markenzeichen zum Rettungsring hinzu. Trotz Material- und Formänderung der Verpackung wird das typische, durch das Markenzeichen und die charakteristische Schrift geprägte Erscheinungsbild beibehalten. Die Seiten tragen eine ausführliche Erklärung über das Verfahren der Entkoffeinierung und der Kaffeequalität. S. B.

Kat. Nr. 3.3.16

3.3.6
KAFFEE HAG, *Blechdose*
Alfred Runge (1881–1946) und Eduard Scotland (Bremen 1885–1945 Bremen)
Um 1910
Weißblech, bedruckt,
H. 25,5 cm, D. 23,5 cm
Beschriftung: COFFEÏN / FREIER / KAFFEE / KAFFEE / HAG / KAFFEE= HANDELS= / AKT. GES. BREMEN
Lit.: Leitherer/Wichmann 1987, 249
München, Die Neue Sammlung 603/85

3.3.7
KAFFEE HAG, *Blechdose*
Alfred Runge (1881–1946) und Eduard Scotland (Bremen 1885–1945 Bremen)
2. Hälfte 20er Jahre
Weißblech, bedruckt, 20,5 x 20,5 x 10,5 cm
Beschriftung: vorne: COFFEIN / FREIER / KAFFEE / KAFFEE / HAG / GESETZLICH GESCHÜTZT / HAG-A.G. BREMEN / HAG-STRASSE; seitlich: KOFFEIN-FREIER / BOHNENKAFFEE
Lit.: Leitherer/Wichmann 1987, 249
München, Privatsammlung

3.3.8 *Abb.*
Kaffee Hag, *Blechdose*
Um 1926
Weißblech, bedruckt, 10 x 10 x 10 cm
München, Privatsammlung

3.3.9 *Abb.*
KAFFEE HAG, *Verkaufsdose*
Eduard Scotland
(Bremen 1885–1945 Bremen)
1. Hälfte 20er Jahre
Weißblech, emailliert, H. 25,7 cm, D. 23 cm
Beschriftung: KAFFEE HAG SCHONT / IHR / HERZ … VON MEHR ALS 40 000 ÄRZTEN EMPFOHLEN …; Deckelinnenseite: Bitte Restbestand obenauf legen! …
Lit.: Wichmann 1985, 453 – Leitherer/Wichmann 1987, 249
München, Die Neue Sammlung 290/86

Solche Verkaufsdosen dienten über 30 Jahre in den Läden zur Aufbewahrung der Kaffee Hag-Kartonpackungen. Sie blieben im Besitz von Kaffee Hag und wurden den Händlern nur leihweise überlassen. S.B.

3.3.10 *Abb.*
KAFFEE HAG – *Geschirr*
Alfred Runge (1881–1946) und Eduard Scotland (Bremen 1885–1945 Bremen)
Tettau um 1907
Porzellan, weiß glasiert, Knauf und Schriftzug schwarz, Signet braunrot
Beschriftung: COFFEÏN / FREIER / KAFFEE / KAFFEE / HAG; Boden grün gestempelt: Stehender Löwe mit Wappenschild ›T‹, darunter: 1974/Königl. pr. Tettau (kursiv)
Lit.: Wichmann 1985, 452 – Leitherer/Wichmann 1987, 248
München, Privatsammlung

Neben vielen anderen Zusatzprodukten für Kaffee Hag erfreute sich vor allem das unverwechselbare Geschirr großer Beliebtheit. Seine Verwendung garantierte, daß sich wirklich koffeinfreier Kaffee Hag in der Kanne oder Tasse befand. Es gehört heute noch zu den Sammlerstücken. In späteren Jahren kam ein weiteres Hag-Geschirr mit glatter Wandung und runderen Formen als sogenanntes Hotelgeschirr auf den Markt. S.B.

3.3.11
Leuchte für KAFFEE HAG
Alfred Runge (1881–1946) und Eduard Scotland (Bremen 1885–1945 Bremen)
Um 1910
Milchglas, bedruckt, Sockel Gußeisen, 31 x 16 x 12 cm
München, Privatsammlung

Die Milchglasleuchte entspricht in ihrer Gestalt der ursprünglichen Kaffee Hag-Verpackung.

Kat. Nr. 3.3.8

3.3.12 *Abb.*
Kaffee Hag Coffeïnfrei, *Plakat*
Lucian Bernhard
(Stuttgart 1883–1972 New York)
Berlin 1909
Bez. u. r.: BERN/HARD
Druck: Hollerbaum & Schmidt, Berlin
Lithographie, 69 x 94,5 cm
Lit.: Monographien Deutscher Reklamekünstler, Lucian Bernhard 1913 – Das Plakat 7, 1916, 71 – Das frühe Plakat, Bd. 3, 1980, Nr. 168 – Wichmann 1985, 452 – Leitherer/Wichmann 1987, 248
Münchner Stadtmuseum B 13/11

3.3.13 *Abb.*
Kaffee Hag, *Plakat*
Alfred Runge (1881–1946) und Eduard Scotland (Bremen 1885–1945 Bremen)
Um 1910
Bez. r. u. Mitte: Runge & Scotland Bremen
Druck: Arnold Weylandt Berlin
Lithographie, 65,5 x 90 cm
Text: Kaffee Hag / erstens: ganz vorzüglich / zweitens: coffeinfrei
Lit.: Jugend 1914, 490 – Das frühe Plakat, Bd. 3, 1980, Nr. 2784 – Sembach 1992, 198
Münchner Stadtmuseum B 13/12

Das Fabrikgebäude wird hier, gleich den Vorbildern aus dem 19. Jahrhundert, in die Werbung einbezogen. Die Hag-Packung ragt wie ein moderner Wolkenkratzer zwischen Fabriktürmen und Schloten empor. Dasselbe Motiv wurde 1914 in der Zeitschrift *Jugend* als Anzeige veröffentlicht. S. B.

3.3.14 *Abb.*
Kaffee Hag, *Plakat*
Lucian Bernhard
(Stuttgart 1883–1972 New York)
Berlin 1914
Bez. u. l.: BERN/HARD
Druck: Hollerbaum & Schmidt, Berlin
Lithographie, 58 x 88 cm
Text: Kaffee Hag / Coffeïnfreier / Bohnenkaffee
Lit.: Das frühe Plakat, Bd. 3, 1980, Nr. 268
Berlin, Deutsches Historisches Museum P 62/925

3.3.15
KAFFEE HAG, *Emailschild*
Eduard Scotland
(Bremen 1885–1945 Bremen)
20er Jahre
Bez. u. r.: ES (ligiert)
Druck: Boos u. Hahn, Ortenberg Baden
Stahlblech, emailliert, abgekantet, 97,5 x 48 cm
Beschriftung: KAFFEE / HAG / COFFEÏN / FREIER / BOHNEN / KAFFEE / UNSCHÄDLICH / FÜR SIE UND IHRE KINDER
Lit.: Leitherer/Wichmann 1987, 248
München, Die Neue Sammlung 341/86

3.3.16 *Abb.*
KAFFEE HAG SCHONT IHR HERZ, *Emailschild*
Eduard Scotland
(Bremen 1885–1945 Bremen)
Um 1915
Bez. u. r.: ES (ligiert)
Druck: Rheinische Emaillierwerke Düsseldorf
Stahlblech, emailliert, gewölbt, 59 x 90 cm
Lit.: Wunderlich 1991, Abb. 91
Münchner Stadtmuseum

Kaffee Hag
Coffeïnfreier
Bohnenkaffee
BERN
HARD
HOLLERBAUM & SCHMIDT·BERLIN·N·65

Kat. Nr. 3.3.14

Der Mohr hat seine Schuldigkeit noch lange nicht getan

Kaum eine andere Werbefigur hat über so lange Jahre die Produkte einer Firma gekennzeichnet wie der Sarotti-Mohr. Seit 1920 erscheint er als prägnantes Zeichen mit nur geringen Veränderungen auf Packungen, Anzeigen und Plakaten der Firma Sarotti und ist unlösbar mit diesem Namen verbunden.

Die Gründung eines Geschäftes mit erlesenen Schokoladenwaren liegt weit zurück. 1852 entstand in der Friedrichstraße, Berlin, die *Confiseur-Waaren-Handlung felix und Sarotti.* Ein Berliner Konditor, Hugo Hoffmann, der das Geschäft 15 Jahre mit feinen Pralinen belieferte, übernahm es 1881. Von nun an trugen seine Produkte den Namen Sarotti. Der Sarotti-Mohr, so wie wir ihn heute kennen, ist als Bildzeichen erst später zu belegen. Die Anmeldung zum Warenzeichen, das die Funktion eines Schutzzeichens erfüllt, erfolgte am 27. August 1918. Die *Drei Mohren mit Tablett* sind das Motiv einer der populären *S-i-Packungen.*

Julius Gipkens, Verpackung, 1909. Aus: Monographien Deutscher Reklamekünstler 1912

Hoffmanns 50. Firmenjubiläum 1918 gab Anlaß für Rückblicke auf unternehmerische Tätigkeit und Erfolge. Der Erinnerung an seine Anfänge in der Mohrenstraße in Berlin war wohl auch die Idee entsprungen, einen Mohren als Bildzeichen für die Produkte zu wählen. Mohren als persönliche Begleiter gehörten zur Hofkultur des 18. Jahrhunderts, und ihre Dienste beim Servieren exotischer Speisen und Getränke waren beliebt. Auch war die Zeit vor dem Ersten Weltkrieg von einer nostalgischen Rückbesinnung auf das Rokoko geprägt gewesen. Die Gestaltung des Mohren in zwei- und dreidimensionaler Ausführung wurde damals Julius Gipkens übertragen. Er zeichnete bereits seit 1908 verantwortlich für die Verpakkungen von Sarotti. Für Gipkens waren die Aufträge des Schokoladenherstellers die ersten Erfahrungen im Packungsdesign: *Das erste, was ich je in Schokolade-Einschlägen zeichnete, waren die drei neuen Sorten, die Sarotti in Tafel-Schokoladen vor etwa 23 Jahren herausbrachte. Damals hatte ich, auf der Suche nach einem neuen ornamentalen Ausdruck, kartuscheähnliche Gebilde gewählt, die mit ihren entfernt barocken Anklängen im Grunde kaum noch einen Zusammenhang mit irgendwelchen älteren Formen hielten. Es war in Zeichnung und Farbe ein wirkliches Suchen nach Neuland und als solches heute nur noch verständlich, wenn man die damals gültigen Einschläge daneben legen könnte … Bald hinterher folgte mit der S-i-Packung in ihrer Urform der erste Versuch, Pralinen in fester Verpackung und mit sauberem Verschluß zu verkaufen* (Gebrauchsgraphik 1932, Heft 1, 16 f.).

Obwohl Gipkens zu den Vertretern des strengen Sachplakats gehörte, verlieh er seinen Entwürfen stark ornamentale Elemente. Jahre später äußerte er sich zu dieser Art der Gestaltung: *Der Grund, warum für Süßigkeiten immer noch ein gewisser Pomp in der Umhüllung notwendig zu sein scheint, liegt wohl darin, daß die Ware in den meisten Fällen Geschenk ist und daß sie als solches möglichst eindrucksvoll geschmückt sein soll. Aber alles, was sich an die Menge wendet, muß das Empfinden eben dieser Menge genügend berücksichtigen* (ebd.). Julius Gipkens stellte sich immer ganz in den Dienst der ihm gestellten Aufgaben. So formulierte Julius Klinger in seinem Vorwort zu Gipkens Monographie: *Das Hauptcharakteristikum seiner Arbeit ist, daß sich sein künstlerisches Vermögen vor allem dem Zweck, den die Arbeit erreichen soll, unterordnet. In überaus klarer Weise weiß er das Wesentliche herauszuarbeiten und bringt erst dann zum Schluß das Ganze in Schmuckform. Dies ist natürlich auch das Geheimnis, warum seine Arbeiten so suggestiv wirken und warum sie von der Kaufmannschaft so stark begehrt werden. Da er immer vom Sachlichen ausgeht, so darf sich Gipkens gestatten, manchmal phantastische und barocke Formen in Anwendung zu bringen, ohne daß dies*

Kat. Nr. 3.4.11

seine Arbeiten stört (Monographien Deutscher Reklamekünstler, Julius Gipkens, 1912, 5).

Die Gestaltung von Packungen, Anzeigen und Plakaten in die Hand von erfahrenen Künstlern und Architekten zu legen, die für die Produkte durch eine ausgereifte Gestaltung ein einheitliches Erscheinungsbild schufen, zeugt von Aufgeschlossenheit und Modernität der großen Unternehmer zu Beginn unseres Jahrhunderts. Auch für die Dekoration in den Schaufenstern der Großstädte, die zunehmend ausschlaggebend für den Verkaufserfolg waren, hatte die Packungsgestaltung wesentliche Bedeutung. Der hohe Stellenwert eines guten Packungsentwurfs wurde von Gustav Pazaureck besonders hervorgehoben: *Was will, was soll eine Packung? Zunächst hat sie die Kundschaft anzulocken ... Sie hat irgendein Erzeugnis aus der großen Masse ähnlicher Produkte der Mitbewerber herauszuheben und derjenigen Kundschaft, die zunächst in Betracht kommt, möglichst angenehm erscheinen zu lassen ... Eine sinnfällige leicht einprägbare Packung erleichtert das Wiederfinden, wenn man sich einen der zahlreichen neuen, einander nur zu ähnlichen Namen nicht gemerkt haben sollte, und trägt dazu bei, den Fabrikanten die erstmalige Kundschaft, die zufrieden war, immer wieder zu erhalten* (Pazaureck 1920, 400).

Der Mohr hat als Markenzeichen und dominierendes Gestaltungselement bis heute überdauert. In seiner abgewandelten Darstellung erscheint er ab 1922 *als Bannerträger* und wurde so auch am 8. November 1922 zum Warenzeichen angemeldet.

Susanne Bäumler

Julius Gipkens, Verpackung, um 1911.
Aus: Monographien Deutscher Reklamekünstler 1912

3.4.1
DIE DREI NEUEN, *Emailschild*
Julius Gipkens (Emmerich/Hannover 1883–Ende der 60er Jahre New York)
Ab 1908
Stahlblech, emailliert, gewölbt, 59,5 x 39,5 cm
Text: DIE DREI NEUEN / SAROTTI SCHOKOLADEN / MILCH NUSS / VANILLE
Frankfurt a. M., Nestlé Chocoladen

Die drei Neuen waren die ersten Sarotti-Schokoladenprodukte, die ihre Verpackungsgestaltung von Julius Gipkens erhielten.

3.4.2
Sarotti Pralinen S-i, *Umverpackung, ungefaltet*
Julius Gipkens (Emmerich/Hannover 1883–Ende der 60er Jahre New York)
Um 1912
Bez.: GIPKENS
Lithographie, 24 x 18,6 cm
Beschriftung: Fabrik = Füllung / Gelb = Schleife / Sehr Fein / Inhalt = 125 gr. / Sarotti A. G. Berlin
Frankfurt a. M., Nestlé Chocoladen

Die graue Packung der S-i Pralinen mit gelber Schleife und dem Kakadu zählt zu den Sarotti-Legenden und hatte wohl die größte Gestalthaftigkeit, bevor der Mohr zum Synonym für die Firma wurde. Sie war eine der ersten Pralinenpackungen und löste den Verkauf der offenen Ware ab. S. B.

3.4.3 *Abb.*
Sarotti S-i, *Plakat*
Julius Gipkens (Emmerich/Hannover 1883–Ende der 60er Jahre New York)
Berlin 1912
Bez. r.: GIPKENS
Druck: Hollerbaum & Schmidt, Berlin
Lithographie, 70,4 x 95,1 cm
Text: Kauft Konfekt nur in S-i Packung
Lit.: Monographien Deutscher Reklamekünstler, Julius Gipkens 1912 – Das Plakat 1914, H. 2 – Das frühe Plakat, Bd. 3, 1980, Nr. 1020
München, Deutsche Städtereklame 14, 035 1912

3.4.4
Sarotti ANANAS PRALINEN, *Umverpackung, ungefaltet*
Julius Gipkens (Emmerich/Hannover 1883–Ende der 60er Jahre New York)
1912–14
Bez. l. Mitte: GIPKENS
Lithographie auf Papier, geprägt, 20 x 21,5 cm
Beschriftung: Original-Füllung / Sarotti A.-G. Berlin / Inhalt 180 Gramm / Gesetzl. geschützt
Frankfurt a. M., Nestlé Chocoladen

Die Ananas-Pralinen kamen zwischen 1912 und 1914 auf den Markt. Nach einer Unterbrechung durch den Ersten Weltkrieg wurde ihre Produktion wiederaufgenommen. Die Packung mit 180 Gramm ist in der Preisliste von 1929 mit einem Verkaufspreis von 2 Mark aufgeführt. Die gezeigte Packung stammt aus den Jahren nach 1922, da bereits das erst ab diesem Jahr eingeführte Markenzeichen des Mohrs als Bannerträger Verwendung fand. S.B.

Kat. Nr. 3.4.3

3.4.5
Simpli NUSS-SCHOKOLADE, *Umverpackung, ungefaltet*
Julius Gipkens (Emmerich/Hannover 1883–Ende der 60er Jahre New York)
1912–14
Druck, 18,2 x 14,5 cm
Beschriftung: Die Marke / ›SIMPLI‹ / bietet in niedriger Preis-/ lage das vollendetste / Die SIMPLI Fabrikate werden / hergestellt von der Sarotti / Schokoladen und Kakao- / Ind. A. G. Berlin
Frankfurt a. M., Nestlé Chocoladen

3.4.6 *Abb.*
Sarotti Citronen-Schnitte, *Andruck*
Julius Gipkens (Emmerich/Hannover 1883–Ende der 60er Jahre New York)
Um 1919
Lithographie, 23,8 x 15 cm
Lit.: Das Plakat 1920, 402 – Leitherer/Wichmann 1987, 196
Münchner Stadtmuseum

Kat. Nr. 3.4.7

Kat. Nr. 3.4.8

Kat. Nr. 3.4.9

3.4.7 *Abb.*
DER SAROTTI-MOHR
KPM, Berlin, Ende der 50er Jahre
Porzellan, weiß glasiert, bemalt, Golddekor, H. 29,5 cm
Münchner Stadtmuseum

Der Sarotti-Mohr wurde in verschiedenen Auflagen in Porzellan hergestellt. Zunächst war es die Königliche Porzellanmanufaktur Berlin KPM, die die Figur nach überarbeiteten Entwürfen von Julius Gipkens fertigte, später folgte Rosenthal. Bis in die 70er Jahre erlebte die beliebte Werbefigur zahlreiche Neuauflagen. S.B.

3.4.8 *Abb.*
DER SAROTTI-MOHR
Lauermann (tätig in Detmold)
Rosenthal, Selb 1954
Porzellan, weiß und braun glasiert, bemalt, H. 30,2 cm
Lit.: Kellner/Lippert 1992, 175 ff.
München, Privatsammlung

3.4.9 *Abb.*
DER SAROTTI-MOHR
Lauermann (tätig in Detmold)
Gips, bemalt, H. 36,4 cm
München, Privatsammlung

3.4.10
Sarotti-Mohr
Kautschuk, farbig gefaßt, H. 32 cm
München, Privatsammlung

3.4.11 *Abb.*
SAROTTI Schokolade, *Ladenplakat*
Julius Gipkens (Emmerich/Hannover 1883–Ende der 60er Jahre New York)
Bez. u. r. Mitte: Gipkens/Berlin
Lithographie, 42 x 31,8 cm
Berlin, Deutsches Historisches Museum
P 57/936

3.4.12
Sarotti Kakao Schokolade Pralinen, *Emailschild*
Julius Gipkens (Emmerich/Hannover 1883–Ende der 60er Jahre New York)
Um 1920
Druck: Union Werke A. G. Radebeul-Dresden
Stahlblech, emailliert, gewölbt, 60 x 97 cm
Frankfurt a. M., Nestlé Chocoladen

Die drei Mohren, das urprüngliche Warenzeichen von Sarotti, tragen auf ihrem Tablett die berühmte gelb-graue S-i Pakkung von 1915.

3.4.13
Sarotti-Theke für den Kinoverkauf
1920er Jahre
Holz, Messing, Glas, 126 x 190 x 82 cm
Münchner Stadtmuseum

3.4.14 *Abb.*
Sarotti Si PRALINEN, *Umverpackung*
Julius Gipkens zugeschrieben
1920er Jahre
Karton, mit Papier kaschiert, bedruckt und geprägt, 3 x 18,8 x 13 cm
Beschriftung Boden: SAROTTI A.-G. BERLIN ORIGINAL-FABRIKFÜLLUNG Inhalt 250g
Lit.: Monographien Deutscher Reklamekünstler, Julius Gipkens 1912 – Gebrauchsgraphik H.1, 1932, 16–21 – Leitherer/Wichmann 1987, 196
München, Die Neue Sammlung 916/86

3.4.15
Sarotti Drei Mohren Mischung, *Umverpackung*
Julius Gipkens (Emmerich/Hannover 1883–Ende der 60er Jahre New York)
Um 1920
Karton, mit Papier kaschiert, bedruckt und geprägt, 3,2 x 17,5 x 11,3 cm

Im Zeichen des Pelikan

Die Firma Günther Wagner in Hannover zählte um die Jahrhundertwende zu den großen inhabergeführten deutschen Unternehmen. Ihre Produkte kamen unter dem Wort- und Bildzeichen Pelikan, das sich aus dem Familienwappen des Gründers Günther Wagner ableitete, auf den Markt. Ab 1894 führte Fritz Beindorff, seit 1881 kaufmännischer Leiter und seit 1888 Schwiegersohn Wagners, die Geschäfte. Unter seiner Ägide erlebte die Firma Pelikan zahlreiche Produkterweiterungen, die sowohl den Fabrikneubau an der Podbielskistraße wie die Einführung moderner Organisations- und Fabrikationsmethoden nach sich zogen. Zur Wahrung einer größtmöglichen Autarkie entstanden Nebenfabriken zur Herstellung des Grundproduktes Tannin sowie zur Anfertigung von Blech- und Holzkästen für die Verpackung der Farben eine Maschinenbauwerkstatt und eine Kartonagenabteilung (Aus der Geschichte der Pelikanwerke o. J.).

Durch die Herstellung ihres Traditionsproduktes, der Künstlerfarben, stand die Firma Günther Wagner in enger Beziehung zu Künstlern und deren Schaffen. Was lag also näher, als namhafte zeitgenössische Künstler und junge Talente zur Gestaltung der Werbeplakate für die Produkte heranzuziehen. Bereits 1898 wurde ein allgemeiner Wettbewerb ausgeschrieben, um für ein neues Produkt, die *vor kurzem in den Handel gebrachten Pelikan-Farben, Günther Wagners Künstlerwasserfarben, ... ein diesem Artikel entsprechendes künstlerisches Plakat zu erwerben*. Drei Preise zu 1000, 500 und 300 Mark wurden ausgelobt. Nicht prämierte Arbeiten konnten zu 100 Mark angekauft werden. Die Resonanz war außergewöhnlich. 550 Entwürfe wurden der Jury, die sich aus Vertretern der Kunstgattungen Graphik, Architektur, Bildhauerei und Malerei, einem Drucksachverständigen und einem Mitglied der Geschäftsleitung zusammensetzte, zur Beurteilung vorgelegt. Das Protokollbuch der Wettbewerbe führt als Mitglieder des Preisgerichts auf: Prof. Erich Doepler, Prof. Albrecht Haupt, den Bildhauer Georg Hermann Narten, Prof. Hermann Scherper und Otto Edler als Drucksachverständigen. Nachdem die Preise vergeben waren, schickte die Firma Pelikan die 200 besten Entwürfe auf eine Wanderausstellung und zeigte sie in Hannover, Berlin, Köln, Dresden, Hamburg, München, Wien und Zürich. Daraus läßt sich die Bedeutung ermessen, die einem der frühesten deutschen Plakatwettbewerbe für die Gebrauchsgraphik zukam, und der Stellenwert, den die Entwürfe für Fritz Beindorff als Initiator hatten. Ging doch diese Ausstellung weit über den wirtschaftlichen Nutzen hinaus, gute Plakate für Künstlerfarben zu erhalten. Im Zusammenhang mit den Künstlerentwürfen präsentierte Beindorff seine Firma als Mäzen und zeigte eine frühe Form von corporate identity, die sich später in vielen seiner firmenpolitischen und sozialen Entscheidungen wiederfand.

Im Jahre 1903 beteiligte sich Pelikan an einem Wettbewerb, der von Otto Edler, Leiter der Lithographischen Anstalt Edler & Krische, initiiert wurde. Er hatte fünf Jahre zuvor in der Jury des ersten Pelikanwettbewerbs gesessen. Neun Firmen luden jeweils zehn Künstler zu einem mit 100 Mark fest dotierten Wettbewerb ein, bei dem zusätzliche Preise zu 500, 300 und 200 Mark ausgelobt waren. Mit diesem Verfahren sollten alle Entwürfe in den Besitz der jeweiligen Firma übergehen. Julius Diez, der Preisträger des ersten Wettbewerbs, sträubte sich gegen diese Bedingungen und verweigerte die Teilnahme (Zankl 1975, 9). Im Preisgericht saßen prominente Künstler wie Max Liebermann, Ludwig Dill und Arthur Kampf. Die anschließende Wanderausstellung führte durch zwölf deutsche Städte, überdies nach Wien und London.

Sechs Jahre später, 1909, schrieb die Firma Günther Wagner einen weiteren Wettbewerb aus. In Zeitungen und Kunstzeitschriften forderte sie Maler und Architekten zur Teilnahme auf. Es waren sieben Preise von 1000 bis 250 Mark ausgelobt. Jedem Künstler, der glaubhaft versicherte, seine Arbeit ausschließlich mit Pelikanprodukten gefertigt zu haben, wurde ein zehnprozentiger Aufschlag gewährt (Zankl 1975, 11). Ziel des Wettbewerbs war es, Entwürfe für ein Innenplakat zur Werbung für die flüssigen Pelikantuschen zu erhalten. Die Plakate der Firma Günther Wagner waren – bis auf wenige Ausnahmen – ausschließlich Innenplakate, konzipiert für Geschäfte und deren Schaufenster. Vor allem in der Gestaltung der Schrift gab es grundsätzliche Unterschiede zum Außenplakat, das ja innerhalb von Sekunden vom Betrachter aufgenommen werden mußte. *Das Innenplakat, das im Schaufenster oder im Laden aufge-*

Kat. Nr. 3.5.3

MOTTO
P-T
"Pelikan"-Tuschen
GÜNTHER WAGNER
KÜNSTLERFARBEN-FABRIKEN
HANNOVER UND WIEN

Kat. Nr. 3.5.10

PREIS-AUSSCHREIBEN für PLAKATENTWÜRFE
1899. "Pelikan Farbe" 1899.

Zur Erlangung eines Plakates für die neu aufgenommenen "Pelikan-Farben" 5 Preisrichter: Nr. 1 Professor E. Doepler d. J., Berlin, Nr. 2 Fabrikant Otto Edler, Hannover, Nr. 3 Prof. Dr. Albrecht Haupt, H'ver, Nr. 4 Direktor G. H. Marten, Oldenburg, Nr. 5 Prof. Schaper, H'ver.
Bedingungen etc. siehe besondere Mappe Nr. 1

Eintragung in dieses Buch erfolgte Februar 1913.

Registrier Nr.	Resultat:	Betrag:	Motto:	Name des Künstlers:		Reproduziert:	Original wo aufbewahrt:	Bemerkungen:
99/1	I. Preis	M 1000.-	"Wasserkünstler"	Julius Diez,	München	ja, Plakat 1911	gerahmt Einkauf. Abt.	
" 2	II. "	" 500.-	"Dem Verdienste seine Krone" (Farbenkenner)	Hans Müller-Dachau,	Dachau	ja, Plakat	i. Besitz der Stadt Hannover (Kestner-Museum)	
-/3	III. "	" 300.-	"Rasten ist Rosten"	Oscar Zwintscher,	Meissen		gerahmt Abt. Export I	
-/4	angekauft	M 50.-	"Annerl"	Alb. Weisgerber,	München		do Abt. Inland II	
-/5	angekauft	M 50.-	"1900"	Hermann Göhler,	Karlsruhe		do Abt. Export I	
-/6	angekauft	" 30.-	"Wage"	Anna Haas,	München		Mappe d. Propag. Boden	
-/7	angekauft	" 100.-	"Zeitgemäss"	J. A. Seiler,	München		?	
-/8	angekauft	" 50.-	"Dame u. Pelikan"	Käthchen Münzer,	Berlin		?	
-/9	angekauft	" 30.-	"Pole"	Hans Fritsch,	Dresden		?	
-/10	angekauft	" 50.-	"P. W. L. K."	Ludolf Kuba,	München		Mappe d. Propag. Boden	
-/11	angekauft	" 50.-	"Luft u. Sonne"	Rudolf Yelin,	Stuttgart		Mappe d. Propag. Boden	
-/12	angekauft	" 30.-	"Monachus"	do	do		Mappe d. Propag. Boden	
-/13	angekauft	" 100.-	"Wasservogel"	Herm. Beck-Grau,	München-Schwabing		?	
-/14	angekauft	" 20.-	"Märchen	O. Rich. Bossert,	Leipzig		Mappe d. Propag. Boden	
-/15	angekauft	" 30.-	"Paula"	Herm. Prange	Düsseldorf		Mappe d. Propag. Boden	
-/16	angekauft	" 50.-	"Franzl"	Karl Schmidt-Helmbrecht	München	ja, Katalogdeckel 19B	gerahmt Abt. Export I	
-/17	angekauft	" 30.-	"Men im alten Sinn"	Ludwig Hohlwein,	Wiesbaden	ja, do 19A	gerahmt Abt. Export I	
-/18	angekauft	" 100.-	"Beherrscher d. Palette"	do	do		Mappe d. Propag. Boden	
-/19	angekauft	" 50.-	"Wer nicht berühmt und doch riskiert"	Hans Müller-Dachau,	Dachau		gerahmt Abt. Export I	
-/20	angekauft	" 50.-	"Wie's euch gefällt"	Tila Steinmann	Berlin		Mappe d. Propag. Boden	
-/21	angekauft	" 50.-	"Grundfarben"	Georg Tippel	Berlin		gerahmt Abt. Export I	
-/22	angekauft	" 100.-	"Kunst bringt Gunst"	Willy Walter,	München		?	
-/23	angekauft	" 30.-	"Rhein"	Victor Tobler,	München		?	

Vgl. Kat. Nr. 3.5.23

WETTBEWERB-TUSCHEPLAKAT. 1909.

6 Preisrichter:
1. Prof. Peter Behrens, Neubabelsberg-Erdm.
2. " Karl Hoffacker, Karlsruhe i/B
3. " A. Kampf, Berlin W.
4. Prof. Alfred Roller, Wien III/1
5. " A. Schaper, Hannover
6. Senator Fr. Beindorff, Hannover

Der I. Preis kam nicht zur Verteilung!

Bedingungen etc. siehe besondere Mappe Nr. 3

Registrier Nr.	Resultat:	Betrag:	Motto:	Name des Künstlers:		Reproduziert:	Original wo aufbewahrt	Bemerkungen
09/36	II. Preis	M 750.-	"Graphik"	Franz Süsser,	Wien		gerahmt Abt. Export I	
-/37	III. "	" 500.-	"[Zeichen]"	Vald Andersen,	Kopenhagen			
-/38	IV "	" 250.-	"Chinesenbuberl"	F. Boscovits,	Zollikon b/Zürich			
-/39	IV "	" 250.-	"Max"	Paul Hosch,	Berlin	ja, Plakat	gerahmt Durchgang [illegible]	
-/40	IV "	" 250.-	"Klecks"	Mela Wagner	Wien		gerahmt [illegible]	
-/41	IV "	" 250.-	"Im Zeichen der Luftschiffahrt"	H. Naumann,	München		gerahmt Abt. Export I	
-/42	IV "	" 250.-	"Farbenfreude"	Theo Wittmann,	München		gerahmt Abt. Inland II	
-/43	IV "	" 250.-	"Zwergenfamilie"	Walter Fürst,	Berlin	ja, Plakat		
-/44	IV "	" 250.-	"P.T."	E. Knauf u. B. Machon	Berlin			
-/45	IV "	" 250.-	"Tusch-Tisch"	J.B. Mayer u. K. Soyter,	München		gerahmt Abt. Export	
-/46	angekauft	M 100.-	"Speed"	Dean Hoeksema	Amsterdam		Mappe d. Prop. Boden	
-/47	angekauft	" 100.-	"Arglos"	Albin Trepte,	Dresden-A		Mappe d. Prop. Boden	
-/48	angekauft	" 100.-	"Bunte Blumen"	Wilh. Lange,	Steglitz b/B.		gerahmt Abt. Inland	
-/49	angekauft	" 100.-	"Kaleidoskop"	Bruno Jaeschke	Berlin		Mappe d. Prop. Boden	
-/50	angekauft	" 100.-	"Auch ein Pelikan"	Max Hertwig,	Berlin-Charl.		Mappe d. Prop. Boden	
-/51	angekauft	" 100.-	"Nanu, schon wieder"	Karl Michel,	Berlin		Mappe d. Prop. Boden	
-/52	angekauft	" 100.-	"Auf der Höhe"	F. Boscovits,	Zollikon		Mappe d. Prop. Boden	
-/53	angekauft	" 100.-	"Farbe"	Willy Belling,	Berlin-Schön.		Mappe d. Prop. Boden	
-/54	angekauft	" 100.-	"Vogel"	Hans Brass,	Steglitz b/B		Mappe d. Prop. Boden	
-/55	angekauft	" 100.-	"F.K.28"	Franz Kysela,	Prag		Mappe d. Prop. Boden	

hängt wird, läßt schon eine längere Zeit des Beschauens zu. Soll es gut und wirksam sein, so muß es sich vor allen Dingen in dem Vielerlei des Fensters und Ladens behaupten. Es wird also darauf ankommen, es so zu gestalten, daß es nach allen Seiten hin Ellenbogenfreiheit hat und seine Formung auf klarem Grund eindrucksvoll steht (Grabow 1924, 59). Zu den Jurymitgliedern gehörte diesmal Peter Behrens, der als Architekt zahlreiche Plakate, Broschüren und Geräte im Sinne eines einheitlichen Erscheinungsbildes für die Firma AEG schuf. Neben ihm beurteilten die Professoren Karl Hoffacker, Arthur Kampf, Alfred Roller, Hermann Schaper und Fritz Beindorff die eingegangenen Arbeiten. Die Teilnehmerzahl hatte sich gegenüber dem ersten Wettbewerb verfünffacht. Über 2500 Entwürfe wurden zur Beurteilung vorgelegt. Trotzdem vergab die Jury keinen ersten Preis. Das Ergebnisprotokoll liefert die Begründung: *Nach langer sorgfältiger Prüfung und Beratung stellte die Jury einstimmig fest, daß ein den Anforderungen der Jury nach allen Richtungen entsprechendes Plakat nicht eingegangen sei und deshalb der erste Preis nicht zuerkannt werden könne; die dafür vorgesehenen 1000 Mark werden verwendet, um weitere vier Entwürfe mit je 250 Mark zu prämieren* (zit. n. Zankl 1975, 12).

In späteren Wettbewerben der Firma Günther Wagner wurden nur noch wenige ausgewählte Künstler und Gebrauchsgraphiker aufgefordert, Entwürfe einzureichen. Neben den Preisen bekamen sie eine Grundvergütung für die Teilnahme. Aus einem solchen geschlossenen Wettbewerb des Jahres 1919 ging César Kleins Arbeit *Der Dichter* mit dem ersten Preis hervor (Kat. Nr. 3.5.17). In der Hauszeitschrift *Der Kleine Pelikan* vom Februar 1920 wurden die prämierten Arbeiten vorgestellt. Über die Beschaffenheit des guten und wirksamen Warenplakats erklärt der Autor: *Aufgabe des Plakates ist es, Mittler zu sein zwischen der Warenherstellung und dem Verbraucher. Es soll den flüchtigen Vorübergehenden, den kurz Verweilenden zwingen, zu sehen und zu lesen, damit sich bei häufigem Sehen und Lesen der Entschluß zum Kaufe herausbildet, und der Verbraucher, einmal gewonnen, nicht wieder abspringt. Die Art der Bild- und Wortformung ist durch diesen Zweck gegeben: sie muß eindringlich und kurz sein! Diese Forderung nach weiser Beschränkung der Darstellungsmittel und eindringlicher Kürze hat die besten Künstler der Plakatkunst zugeführt. Aber ein künstlerisches Plakat braucht noch kein gutes, werbekräftiges zu sein, es ist es nicht, wenn es sich nicht behauptet. Daß es in unserer Zeit keine leichte Aufgabe ist, wird klar, wenn man bedenkt, mit welchen Mitteln die Plakatkunst heute arbeitet. Da gibt es nur zwei Wege, gesehen und gehört zu werden: entweder lauter zu schreien als die anderen oder durch vornehme Ruhe inmitten der tobenden Menge die Blicke auf sich zu ziehen* (Der Kleine Pelikan 1920).

Der letzte Wettbewerb der Firma Günther Wagner richtete sich an die Schüler, die im Wintersemester 1923/24 an einer deutschen Kunstgewerbeschule eingeschrieben waren. Aufgabe war der Entwurf eines Innenplakates für flüssige Pelikan-Tuschen. 143 Arbeiten gingen ein.

In den folgenden Jahren hat man die Aufträge für Pelikan-Plakate wieder direkt an Künstler und Graphiker vergeben. Als Entwerfer wurden sie auch zur Gestaltung von Packungen, Etiketten und Preislisten sowie für die Hauszeitschrift *Pelikan-Blätter* und die Kunsterzieherzeitschrift *Der Pelikan* herangezogen. Auch die graphische Gestaltung des Markenzeichens lag in der Hand erfahrener Entwerfer. Zum ersten Mal wurde das ursprünglich naturalistisch wiedergegebene Markenbild des Pelikans mit seinen Jungen 1910 von E. W. Baule vereinfacht. 1922 erfolgte eine weitere Stilisierung durch O. H. W. Hadank, auf dessen noch weiter reduziertem Entwurf von 1938 das heutige Markenbild zurückgeht.

Fritz Beindorffs Ideen eines einheitlichen Firmenbildes nach innen wie nach außen gingen jedoch weit über die graphische Gestaltung der Werbemittel und Produktverpackungen hinaus. Als 1904 mit dem Fabrikneubau an der Podbielsikstraße begonnen wurde, legte Beindorff größten Wert auf die innenarchitektonische Ausstattung, mit der er sowohl eine Identifikation der Mitarbeiter mit der Firma erreichen wollte als auch erzieherische Ziele verfolgte. *Durch die hübsche Ausstattung aller Arbeitsräume, die sich in der kaufmännischen Abteilung bis zur behaglichen Wohnlichkeit steigert, gewinnt das ganze Arbeitsgetriebe einen hohen Grad von Einheitlichkeit und harmonischer Geschlossenheit. Man empfindet nicht, wie vielfach in Fabriken, die Kluft, die die Leitung von den Angestellten und diese von der Arbeiterschaft trennt, es ist ein allmählicher, teils durch die Stellung, teils durch die Art der Arbeit bedingter Übergang zwischen allen Abteilungen, der sich naturgemäß in der allgemeinen Stimmung widerspiegelt, so daß nirgendwo jener Zug der inneren Unzusammengehörigkeit zwischen den verschiedenen, bei dem Hause Günther Wagner beschäftigten sozialen Klassen hervortritt, der sich in großen Betrieben leicht bemerkbar macht. … Ein Arbeiter, der im häßlichen, schmutzigen Fabriksaal, ein Kaufmann, der im nüchternen, trostlosen Büro schafft, findet dort keine Anregung und Anleitung dazu, und die nüchterne, häßliche, geschmacklose oder protzige Einrichtung der Kneipe ist*

Kat. Nr. 3.5.14

Kat. Nr. 3.5.9

auch nicht dazu angetan, ihn ästhetisch höher zu bringen und in ihm das Bedürfnis nach einer hübsch geformten Umgebung zu erwecken. Ist aber sein Arbeitsraum nett und behaglich, sieht er in den übrigen Räumen der Fabrik eine Steigerung von Wohnlichkeit bis zum vornehmen Luxus, trifft sein Auge auf blühende Blumen, gut gelöste Möbel, fein gestimmte Wandbekleidungen, schön geformte Beleuchtungskörper, so nimmt er unwillkürlich einen feineren Geschmack an und empfindet bald das Bedürfnis in sich, auch das eigene Heim behaglich und schön zu gestalten (Löns o. J. 115 ff.). Wie in vielen Arbeitsräumen des Gebäudes kommt der Pelikan, das Wappentier und Markenzeichen, auch in stilisierter Form als Fries unter dem Dachgiebel zur Darstellung.

Neben den ästhetischen Wohltaten eines angenehmen und harmonischen Arbeitsplatzes führte Beindorff als fortschrittlicher Unternehmer viele soziale Einrichtungen ein: vom bezahlten Urlaub von einer Woche im Jahre 1891 über die Betriebskrankenkasse, eine Leihbücherei, eine Badeanstalt, die Pensionskasse, einen Mittagstisch, das Arbeitersparbuch bis hin zu Säuglingsausstattungen und Kinderhilfen.

Wie bei vielen Unternehmen, die um die Jahrhundertwende und in den ersten Jahren des 20. Jahrhunderts durch besonders gute Gestaltung der Produkte und Werbemittel auffielen, ging auch bei Pelikan unter der Führung von Fritz Beindorff modernes wirtschaftliches und soziales Denken und Handeln einher mit qualitativ hochstehender und durchdachter Gestaltung in allen relevanten Bereichen.

Susanne Bäumler

Kat Nr. 3.5.1

3.5.1 *Abb.*
PELIKAN FARBEN ›Wasserkünstler‹, *Plakatentwurf*
Julius Diez
(Nürnberg 1870–1957 München)
München 1898
Mischtechnik, 60 x 45 cm
Text: GÜNTHER WAGNER'S / KÜNSTLERWASSERFARBEN
Lit.: Zankl 1975, 7 f. – Das frühe Plakat, Bd. 3, 1980, Nr. 581
Hannover, Pelikan-Archiv

Mit diesem Entwurf gewann Julius Diez beim ersten Plakatwettbewerb der Firma Günther Wagner im Jahr 1898 den ersten Preis, der mit 1000 Mark dotiert war. Die kraftvolle Darstellung weist nicht zuletzt durch ihre Eindringlichkeit und Farbgebung eine außergewöhnliche Modernität auf. Damit unterscheidet sie sich wesentlich von den Konkurrenzentwürfen. S. B.

3.5.2
›Pelikan‹-Farben ›Wasserkünstler‹, *Plakat*
Julius Diez
(Nürnberg 1870–1957 München)
München 1898
Bez. u. l.: PINXIT JUL. DIEZ, MÜNCHEN
Druck: J. C. König & Ebhardt, Hannover
Lithographie, 41 x 30 cm
Text: GÜNTER WAGNER'S / KÜNSTLER-FARBEN
Lit.: Das frühe Plakat, Bd. 3, 1980, Nr. 581 – Leitherer/Wichmann 1987, 258
Münchner Stadtmuseum A 10/80

Laut Protokollbuch wurde der Entwurf erst 1911 als Plakat realisiert. Die Abweichung der Ausführung vom Entwurf beschränkt sich allein auf die Gestaltung der Schriftleiste.

3.5.3 *Abb.*
PELIKANFARBEN ›Beherrscher der Palette‹, *Plakatentwurf*
Ludwig Hohlwein
(Wiesbaden 1874–1949 Berchtesgaden)
Wiesbaden 1898
Tempera auf Karton, 62,5 x 47,3 cm

Kat. Nr. 3.5.5

Kat. Nr. 3.5.4

Text: GÜNTHER WAGNER'S / KÜNSTLER / WASSERFARBEN
Hannover, Pelikan-Archiv

Auch Ludwig Hohlwein beteiligte sich an dem Wettbewerb von 1898. Zu dieser Zeit lebte er in Wiesbaden und hatte noch nicht zu seinem flächigen, für seine Arbeit typischen Plakatstil gefunden. Sein gewähltes Motiv ist der Ikonographie des Pelikan entnommen, der mit seinem Blut die Jungen nährt. Dieser Entwurf wurde mit keinem Preis ausgezeichnet, wohl aber für 100 Mark angekauft. S. B.

Der Wettbewerb von 1909

3.5.4 *Abb.*
›Pelikan‹-Tuschen ›Zwergenfamilie‹, *Plakatentwurf*
Walter Fürst (tätig in Berlin)
Berlin 1909
Mischtechnik auf Malkarton, 60 x 49 cm
Text: GÜNTHER WAGNER / KÜNSTLER-FARBEN-FABRIKEN / HANNOVER UND WIEN
Lit.: Zankl 1975, 13 – Das frühe Plakat, Bd. 3, 1980, Nr. 958
Hannover, Pelikan-Archiv

Für seine ›Zwergenfamilie‹ erhielt Walter Fürst 1909 einen der vierten Preise. Der Entwurf wurde fast unverändert in ein Plakat umgesetzt (Kat. Nr. 3.5.6).

3.5.5 *Abb.*
›Pelikan‹-Tuschen ›Zwergenfamilie‹, *Plakatentwurf*
Walter Fürst (tätig in Berlin)
Berlin 1909
Bleiweiß und Tusche, 61,5 x 50,5 cm
Text: GÜNTHER WAGNER / KÜNSTLER-FARBEN-FABRIKEN / HANNOVER UND WIEN
Lit.: Das frühe Plakat, Bd. 3, 1980, Nr. 958
Hannover, Pelikan-Archiv

Der alternative Schwarzweiß-Entwurf befindet sich in der Sammlung des Pelikan-Archivs, ist jedoch in den Protokollen des Wettbewerbs nicht erwähnt und kam nicht zur Ausführung. Die stark graphische Ausrichtung läßt vermuten, daß er für Zeitungsanzeigen konzipiert war. S. B.

3.5.6
›Pelikan‹-Tuschen ›Zwergenfamilie‹, *Plakat*
Walter Fürst (tätig in Berlin)
Berlin 1909
Bez. u. l.: WALTER FÜRST BERLIN

Pelikan-Tuschen
GÜNTHER WAGNER
KÜNSTLERFARBEN FABRIKEN
HANNOVER UND WIEN

Kat. Nr. 3.5.12

Lithographie, 60 x 49,5 cm
Text: GÜNTHER WAGNER / KÜNSTLER-FARBEN-FABRIKEN / HANNOVER UND WIEN; u. l.: MOTTO ›ZWERGENFAMILIE‹ / PRÄMIERTER ENTWURF VON WALTER FÜRST BERLIN / AUS DEM PLAKAT-WETTBEWERB 1909
Lit.: Das frühe Plakat, Bd. 3, 1980, Nr. 958
Münchner Stadtmuseum A 10/78

3.5.7
Pelikan Tuschen ›Max‹, *Plakatentwurf*
Paul Hosch
(Basel 1886–1950er Jahre Basel)
1909
Tempera und Tusche über Blei auf Karton, 60 x 48,9 cm
Lit.: Deutsche Kunst und Dekoration, 24, 1909/10, 363/364 –
Das frühe Plakat, Bd. 3, 1980, Nr. 1496
Hannover, Pelikan-Archiv

›Max‹ erhielt 1909 einen der vierten Preise und zählt zu den wenigen Entwürfen dieses Wettbewerbs, die als Plakat realisiert wurden.
S. B.

3.5.8
Pelikan Tuschen ›Max‹, *Plakat*
Paul Hosch
(Basel 1886–1950er Jahre Basel)
Berlin 1909
Bez. u. l.: PAUL HOSCH BERLIN
Lithographie, 61 x 49,5 cm
Text: u. l.: MOTTO ›MAX‹ / PRÄMIERTER ENTWURF VON PAUL HOSCH BERLIN / AUS DEM PLAKATWETTBEWERB 1909
Lit.: Deutsche Kunst und Dekoration, 24, 1909/10, 363/364 –
Das frühe Plakat, Bd. 3, 1980, Nr. 1496
Münchner Stadtmuseum A10/77

3.5.9 *Abb.*
›Pelikan‹-Tuschen ›Tusche-Tisch‹, *Plakatentwurf*
Johann Baptist Mayer
(tätig in München 1909–1942) und
K. Soyter
München 1909
Mischtechnik auf Karton, 60 x 69 cm
Text: GÜNTHER WAGNER / KÜNSTLER-FARBEN-FABRIKEN / HANNOVER WIEN
Hannover, Pelikan-Archiv

Der ›Tusche-Tisch‹ erhielt einen der vierten Preise, wurde jedoch nicht als Plakat realisiert.

Kat. Nr. 3.5.22

3.5.10 *Abb.*
›Pelikan‹-Tuschen Motto ›P-T‹, *Plakatentwurf*
E. Knauf (Waren/Mecklenburg 1879 – gest. Berlin) und B. Machow
Berlin 1909
Ölskizze auf Karton, 59 x 48,5 cm
Text: GÜNTHER WAGNER / KÜNSTLER-FARBEN-FABRIKEN / HANNOVER UND WIEN
Hannover, Pelikan-Archiv

Zwei nur gering variierte Entwürfe wurden von Knauf und Machow zum Wettbewerb von 1909 eingereicht. ›P-T‹ wurde mit dem vierten Preis bedacht, aber nie als Plakat umgesetzt.
S. B.

3.5.11
›Pelikan‹-Tuschen Motto ›P-T‹, *Plakatentwurf*
E. Knauf (Waren/Mecklenburg 1879 – gest. Berlin) und B. Machow
Berlin 1909
Mischtechnik auf Karton, 66 x 54,5 cm
Text: GÜNTHER WAGNER / KÜNSTLER-FARBEN-FABRIKEN / HANNOVER UND WIEN
Hannover, Pelikan-Archiv

3.5.12 *Abb.*
Pelikan-Tuschen ›Kaleidoskop‹, *Plakatentwurf*
Bruno Jaeschke
Berlin 1909
Tusche und Tempera, 59,5 x 48,5 cm
Text: GÜNTHER WAGNER / KÜNSTLER-FARBEN-FABRIKEN / HANNOVER UND WIEN
Hannover, Pelikan-Archiv

Das ›Kaleidoskop‹ des Berliners Bruno Jaeschke gehört zu den Ankäufen des Jahres 1909, wurde jedoch nie umgesetzt.

3.5.13 *Abb.*
Pelican Inks ›Speed‹, *Plakatentwurf*
Dean Hoeksemer
Amsterdam 1909

Schwarze und farbige Tusche, 60 x 45 cm
Text: GÜNTHER WAGNER / ARTISTS' COLOUR MANUFACTURER / LONDON. EC.
Lit.: Zankl 1975, 13
Hannover, Pelikan-Archiv

Kat. Nr. 3.5.13

Aus Amsterdam reichte Dean Hoeksemer seinen Vorschlag ›Speed‹ ein. Der Ankauf kam nie zur Ausführung.

3.5.14 *Abb.*
›Pelikan‹-TUSCHEN MOTTO ›WITZ‹, *Plakatentwurf*
Glauco Cambon (Triest 1875–1930 Biella)
1909
Ölskizze auf Malkarton, 58 x 50 cm
Text: GÜNTER WAGNER
Hannover, Pelikan-Archiv

Glauco Cambons Entwurf für Pelikan-Tuschen unter dem Motto ›Witz‹ fand keine Umsetzung in ein Plakat. Weder unter den Preisen noch unter den Ankäufen von 1909 wurde der Entwurf im Protokollbuch erwähnt. Doch läßt das Thema vermuten, daß er anläßlich dieses Wettbewerbs entstand. Die Darstellung der Pelikane geht in persiflierter Form auf die berühmten Schwäne von Otto Eckmann zurück, erschienen in der Zeitschrift ›Jugend‹. S. B.

Spätere Entwürfe

3.5.15 *Abb.*
Pelikan · Tinte, *Plakatentwurf*
Georg Tronnier
(Gifhorn/Hannover 1873–1962 Hannover)
Hannover um 1910
Ölskizze auf Karton, 59 x 50 cm
Text: GÜNTHER WAGNER / HANNOVER – WIEN ··· LONDON-BERLIN
Lit.: Zankl 1975 14 f.
Hannover, Pelikan-Archiv

Georg Tronniers Entwurf für ein Tinte-Plakat entstand wahrscheinlich als Auftragsarbeit und ging aus keinem Wettbewerb hervor. Bei der Umsetzung ins Plakat wurde die Zeichnung beibehalten, die Farbstellung jedoch so schwerwiegend verändert, daß ein maskenhafter, unwirklicher Effekt entsteht. S. B.

3.5.16 *Abb.*
Pelikan · Tinte, *Plakat*
Georg Tronnier
(Gifhorn/Hannover 1873–1962 Hannover)
Hannover 1914
Lithographie, 71 x 51 cm

Kat. Nr. 3.5.16

Kat. Nr. 3.5.15 ▷

Pelikan·Tinte·
GÜNTHER WAGNER·
HANNOVER-WIEN···LONDON-BERLIN·

Text: GÜNTER WAGNER / HANNOVER-WIEN ·· LONDON-BERLIN
Hannover, Pelikan-Archiv

3.5.17 *Abb.*
Pelikan-Tinte ›Der Dichter‹, *Plakatentwurf*
César Klein (1876–1954 Pansdorf/Lübeck)
Berlin 1919
Bez. u. r.: CÉSAR KLEIN
Mischtechnik über Blei auf Karton,
60 x 49 cm
Text: Günther Wagner / Hannover & Wien
Lit.: Zankl 1975, 16 f.
Hannover, Pelikan-Archiv

Dieser Entwurf von César Klein erhielt bei einem beschränkten Wettbewerb der Firma Günther Wagner im Jahr 1919 den ersten Preis. Klein hatte nach dem Ersten Weltkrieg zusammen mit Max Pechstein die expressionistische Künstlervereinigung ›November‹ begründet. Die Kunstgattung Literatur versinnbildlicht er durch die Gestalt des schreibenden Dichters. Auf dem Tisch steht ein Tintenglas, dessen gut wahrnehmbares Etikett die Produktbezeichnung 4001 für Pelikan-Tinte trägt. César Kleins Arbeit gehört zu den wenigen expressionistischen Warenplakaten, die es gab. S. B.

Kat. Nr. 3.5.19

3.5.18
Pelikan-Tinte ›Der Dichter‹, *Plakat*
César Klein (1876–1954 Pansdorf/Lübeck)
Berlin 1919
Bez. u. r.: CÉSAR KLEIN
Lithographie, 62,5 x 56 cm
Text: Günther Wagner / Hannover & Wien
Lit.: Leitherer/Wichmann 1987, 258
Hannover, Pelikan-Archiv

3.5.19 *Abb.*
Pelikan Tuschen ›Mungo‹,
Plakatentwurf
Fritz Beeger
Dresden 1923
Aquarell über Blei auf Malkarton,
43,5 x 32 cm
Text: GÜNTHER WAGNER HANNOVER UND WIEN
Lit.: Zankl 1975, 19
Hannover, Pelikan-Archiv

Der Entwurf Fritz Beegers ging aus einem Wettbewerb hervor, den die Firma Günther Wagner 1923 unter Schülern der deutschen Kunstgewerbeschulen ausgeschrieben hatte. Geplant war ein Innenplakat für flüssige Pelikan-Tuschen. Fritz Beegers ›Mungo‹ kam nicht zur Ausführung, wurde aber für 100 Mark angekauft. S. B.

3.5.20 *Abb. S. 196*
Pelikan TINTE, *Plakatentwurf*
Lucian Zabel
(Kolberg 1893–1936 Berlin)
Berlin 1925
Bez. u. Mitte: L. ZABEL
Tempera und schwarze Tusche auf Malkarton,
40 x 28 cm
Lit.: Zankl 1975, 17
Hannover, Pelikan-Archiv

Lucian Zabel kam mit seinem Plakatentwurf für Pelikan-Tinte einer Aufforderung der Firma Günther Wagner nach, gegen Honorar Entwürfe für eine interne Auswahl vorzulegen. Zabel zeichnet den Kopf des Wappentieres in größtmöglicher Stilisierung in drei Ebenen übereinander. Der Schnabel versinnbildlicht die Funktion der Schreibfeder. S. B.

3.5.21
GÜNTHER WAGNER FABRIKEN HANNOVER UND WIEN,
Preisliste Nr. 19 b
Hannover 1901
Buchdruck, Einband Leinen, bedruckt,
25 x 17,4 cm
Hannover, Pelikan-Archiv

3.5.22 *Abb.*
›Pelikan‹-Tuschen, *fünf Entwürfe*
Ludwig Hohlwein
(Wiesbaden 1874–1949 Berchtesgaden)
Um 1910
Aquarell- und Deckfarben, 16,5 x 12 cm
Text: ›Pelikan‹ Tuschen / Künstlerfarben-Fabriken / Hannover und Wien / Günther Wagner
Hannover, Pelikan-Archiv

Das kleine Format der fünf Aquarell-Entwürfe läßt vermuten, daß sie als Auftrag für den Umschlag einer Preisliste entstanden. Die Variation besteht fast ausschließlich in der Farbgebung von Motiv, Hintergrund, Schrift- und Randleiste. Die Darstellung des Pelikans vor zwei Tuschegläsern blieb unverändert. S. B.

3.5.23 *Abb.*
Protokollbuch der Preis-Ausschreiben für Plakatentwürfe
Hannover 1899–1932
Verschiedene Handschriften in Tusche, Tinte, eingeklebte Fotos und Andrucke,
32,5 x 22 cm
Hannover, Pelikan-Archiv

Im Protokollbuch sind die Preisträger, Ankäufe und die Jurymitglieder der Wettbewerbe aufgeführt. Teilweise wurden Andrucke oder Fotos der Arbeiten eingeklebt. S. B.

Pelikan-Tinte
4001
CESAR KLEIN
Günther Wagner
Hannover & Wien

Kat. Nr. 3.5.17

Birgit Doering

Frühe Warenwerbung im Spannungsfeld von Kunst und Kommerz

Grenzüberschreitungen gehören zum Wesen der Moderne. Die Wechselwirkung zwischen moderner Kunst und Alltagskultur stellt einen der wichtigsten Aspekte der Kunst des 20. Jahrhunderts dar. Spätestens Pop Art und Nouveau Réalisme in den 60er Jahren machten dies deutlich, als Künstler wie Robert Rauschenberg, Andy Warhol oder Roy Lichtenstein in Malerei, Skulptur und Installationen die Verbindung zwischen Kunst und Massenkultur thematisierten. Für zahlreiche namhafte Künstler des 20. Jahrhunderts gab es keine Berührungsängste mit kommerzieller Warenwerbung: Wassily Kandinsky warb für einen russischen Schokoladenhersteller, Giorgio de Chirico für Fiat, Victor Vasarély für Air France, Fortunato Depero für Campari oder El Lissitzky für die Künstlerfarben-Firma Pelikan, um nur einige Beispiele herauszugreifen. Professionelle Graphikdesigner beziehen in ihre Werbekampagnen zeitgenössische Kunstwerke mit ein, seien es in jüngster Zeit die Installationen von Joseph Beuys oder aber der von dem Ehepaar Christo verpackte Berliner Reichstag. Ein Künstler wie Jeff Koons bedient sich der Trivialkultur und des Geschmacksreservoirs der Massen.

Bereits seit dem Beginn künstlerischer Werbung im ausgehenden 19. Jahrhundert standen Kunst und Kommerz in einem spannungsreichen und wechselvollen Verhältnis zueinander. Erst in den letzten Jahren nahm man sich von kunsthistorischer Seite dieses Themas an. So zeigten Ausstellungen wie *Art et Publicité 1890–1990* im Centre Pompidou in Paris 1990 und *High and low* im Metropolitan Museum in New York im gleichen Jahr wechselseitige Abhängigkeiten und Beeinflussungen von Kunst und Alltagskultur. Anhand zahlreicher Beispiele machten diese Ausstellungen vor allem deutlich, daß die Kunst des 20. Jahrhunderts auf vielfältigste Weise vom visuellen Alltag, von der Reklame, von urbanem Leben, von Comics und industriell hergestellten Bildern der technischen Medien mitgeprägt wurde. Doch zeigten sie auch auf, daß Werbung und Warenpräsentation von den künstlerischen Strömungen der Moderne beeinflußt sind.

Grenzüberschreitungen: Die Anfänge der künstlerischen Reklame

Die Anfänge künstlerischer Werbung lagen im ausgehenden 19. Jahrhundert, als sich Künstler Gestaltungsaufgaben zuwandten und die festen Trennungen zwischen *angewandter* und *freier* Kunst aufzubrechen begannen. So waren mit dem Beginn des künstlerischen Plakats in den 1880er und 1890er Jahren in Frankreich große Malernamen wie Henri de Toulouse-Lautrec, Pierre Bonnard oder Alfons Mucha verbunden. Doch verhalfen auch als Lithographen oder Illustratoren tätige Künstler wie Jules Chéret, Eugène Grasset oder Théophile Steinlen dem künstlerisch gestalteten Bildplakat in seinen Anfängen zum Durchbruch. In England wandten sich akademisch ausgebildete Künstler wie James Pryde und William Nicholson, die unter dem Pseudonym ›Brother Beggarstaff‹ arbeiteten, der Plakatwerbung zu, in den USA spezialisierte sich Will Bradley auf die Gestaltung von Werbeplakaten.

In Deutschland erhielt die Werbegraphik wesentliche Impulse durch den Jugendstil. Künstler wie Henry van de Velde, Richard Riemerschmid, Bruno Paul oder Koloman Moser widmeten sich vorrangig den Bereichen der angewandten Kunst, wobei einige von ihnen die bewußt freie Malerei völlig aufgaben. Nach Auffassung der Jugendstilgeneration sollte durch die Bewältigung praktischer Gestaltungsaufgaben wieder die Einheit zwischen Kunst und Leben entstehen. Für die Künstler stand die Verwirklichung des *Gesamtkunstwerks* im Mittelpunkt. Die Ästhetisierung des Alltags war ihr Ziel. So gab man in der Wiener Secession die künstlerische Devise aus: *Wir kennen keine Unterscheidung zwischen ›hoher Kunst‹ und ›Kleinkunst‹, zwischen Kunst für die Reichen und Kunst für die Armen. Kunst ist Allgemeingut* (zit. n. Szeemann 1983, 88).

Die historischen Wurzeln der Trennung und Wertung von freier und angewandter Kunst reichen bis zu den Lehren des Aristoteles zurück. Lange hatten Kunst und Künstler in Diensten der Kirche und des Hofes gestanden. Im 18. Jahrhundert setzte eine Emanzipation von Adel und Religion ein, die Kunst wurde nun in einen ästhetisch-humanistischen Bildungskontext eingebunden: Die freie Kunst sollte dem Ideal der ästhetischen Erziehung des Menschen dienen, während die angewandte als reine Gebrauchskunst geringer geachtet wurde. Der Freiheit der hohen Künste Malerei, Skulptur und Architektur stand die Beschränkung der Kleinkünste durch ihre Zweckgebundenheit und ihren Gebrauchscharakter gegenüber.

Im 19. Jahrhundert widmeten sich daher die akademisch ausgebildeten Künstler freien künstlerischen Aufgaben wie der Staffeleimalerei oder der Bildhauerei. Angewandte Gestaltungsaufgaben wie die Schaffung gebrauchsgraphischer Drucksachen in Form von Anzeigen oder Anschlagzetteln überließ man geringer geachteten Lithographen oder gewerblichen Zeichnern, denen es häufig an einer fundierten kunstgewerblichen Ausbildung mangelte und an deren ›nur‹ gebrauchsgraphischen Werken kein Sammlerinteresse bestand.

Neue Bedürfnisse forderten im ausgehenden 19. Jahrhundert ein Umdenken von künstlerischer und gesellschaftlicher Seite. Im Zeichen von wachsender Massenkultur, Verstädterung, zunehmender Konkurrenz und Kommerzialisierung war künstlerisch ansprechende Werbung notwendig geworden. So schenkte man nun im Jugendstil der Werbung, vor allem dem Plakat, besondere Aufmerksamkeit, denn mit ihm war ein künstlerisches Medium gegeben, das in besonderer Weise den Anspruch erfüllte, Kunst und Leben miteinander zu verbinden. Zunächst gestalteten Künstler wie Franz von Stuck, Koloman Moser oder Bruno Paul vornehmlich Werbedrucksachen in eigener Sache, wie Plakate für Ausstellungen oder Kunstzeitschriften. Der Wille zur künstlerischen Selbstdarstellung in der Öffentlichkeit, aber auch die Notwendigkeit eines auffallenden Ankündigungs- und Werbeträgers im Zeichen zunehmender Kunstproduktion verbargen sich hinter ihren zahlreichen Ausstellungsplakaten.

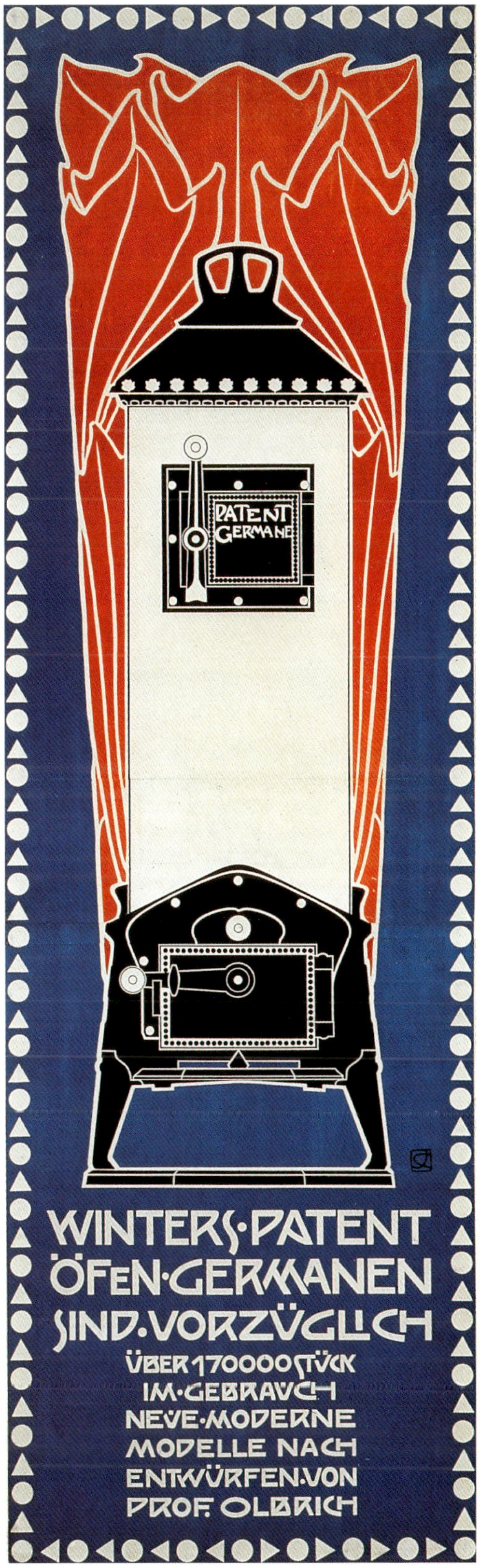

Kat. Nr. 4.1.17

Nach dem Vorbild der erfolgreichen Werbung für kulturelle Zwecke und unter dem Druck zunehmender wirtschaftlicher Konkurrenz wuchs langsam auch auf industrieller Seite der Wunsch nach einer künstlerisch angemessenen Warenwerbung, die zum Kauf anregen sollte. So schufen Künstler um die Jahrhundertwende auch Warenplakate: Henry van de Velde für Eiweißnahrung der Firma Tropon, Koloman Moser für das Mineralwasser der Fürst von Metternichschen Richardsquelle, Hans Christiansen für den Tee der Firma Ronnefeldt, Wassily Kandinsky für den russischen Schokoladenhersteller Abrikosow oder Joseph Maria Olbrich für die Patent-Öfen der Firma Winter. Diese Plakate markieren den Beginn künstlerischer Warenwerbung in Deutschland und Österreich.

Das Interesse am Plakat wurde unterstützt und begleitet durch eine steigende Anzahl kunsthistorischer sowie kunstkritischer Publikationen. Bei Plakatbesprechungen hob man zwar die besondere Zweckgebundenheit des Mediums hervor: Plakate sollten zum Kauf von Waren oder aber zum Besuch von Ausstellungen anregen. Doch begegnet man häufig der Vorstellung einer ästhetischen Erziehung durch Werbeplakate: *Das Plakat in seiner heutigen Form ist vielleicht der mächtigste Agent in der Erziehung des Volkes zum Kunstempfinden und zum Kunstbedürfnis. Jedenfalls hat das moderne künstlerische Plakat in den breitesten Schichten die Erörterung künstlerischer Fragen, die vordem durch andere Interessen zurückgedrängt waren, zum Tagesgespräch gemacht* (Sponsel 1897, 14). Werbung und idealistischer künstlerischer Anspruch durchdrangen einander.

Frühe Warenwerbung in Deutschland

1898 gehörte die Firma Günther Wagner, Künstlerfarben-Fabriken Hannover und Wien, zu den ersten Wirtschaftsunternehmen Deutschlands, die einen allgemeinen Wettbewerb ausschrieben (Zankl 1975, 3 ff.). 550 Plakatentwürfe wurden eingesandt, drei von ihnen prämiert und neun zum Ankauf vorgeschlagen. Neben hauptsächlich als Maler tätigen Künstlern wie Hans Müller-Dachau beteiligten sich am Wettbewerb auch Künstler, die, wie Julius Diez oder Ludwig Hohlwein, bereits gebrauchsgraphische Erfahrung hatten.

Den ersten Preis des Wettbewerbs erhielt der Plakatentwurf des in München als Maler und Gebrauchsgraphiker tätigen Julius Diez (Kat. Nr. 3.5.1). Diez, der an der Münchner Akademie und der Münchner Kunstgewerbeschule ausgebildet wurde, war ab Mitte der 1890er Jahre als Mitarbeiter der Zeitschrift *Jugend* tätig. Sein Pelikan-Plakat knüpft an die flächige, häufig auch humorvolle Illustrationsweise dieser für die Stilentwicklung der Jahrhundertwende wichtigen Zeitschrift an: Die Idee, den Pelikan als namengebendes Tier der Firma mit dem Produkt – den Künstlerfarben – zu verbinden, ist von Julius Diez künstlerisch überzeugend umgesetzt worden. Durch große, flächige Formen und kräftige Kolorierung wurde die für ein Plakat so wichtige Fernwirkung erzielt, Bild und Schrift waren künstlerisch einheitlich gestaltet.

Mit dem zweiten Preis wurde der Entwurf des Malers Hans Müller-Dachau prämiert. Er zeigt einen Mann in Halbfigur mit Anzug und Schnauzbart, der die Qualität der Künstler-Wasserfarben der Firma Pelikan überprüft. Im Hintergrund links die ebenfalls vom Künstler entworfene Schrift. Das Plakat des an den Akademien in Berlin und München ausgebildeten Malers und Radierers Müller-Dachau ist gegenüber der Arbeit von Julius Diez szenisch-narrativer. Müller-Dachau wählte ein eher traditionelles Moment der Warenwerbung, nämlich die Präsentation der angebotenen Waren. Bild und Schrift sind, anders als im Jugendstil üblich, nicht in der Fläche miteinander verbunden.

Die Unterschiede zwischen früher Warenwerbung des Jugendstils und Werbeplakaten stärker akademisch ausgerichteter Künstler werden auch anhand zweier Plakate für die Firma Tropon um 1900 deutlich.

Das Plakat des herausragenden Entwerfers des Jugendstils und späteren Leiters der Kunstgewerbeschule in Weimar, Henry van de Velde, gehört zu einer Reihe von werbegraphischen Arbeiten für die Tropon-Werke von 1897–99, wie auch das Firmensignet, Anzeigen und Verpackungen. Der Auftrag ging auf van de Veldes Freund Eduard von Bodenhausen zurück, der für die Firma Tropon arbeitete und die künstlerischen Ideen des Jugendstils unterstützte.

Van de Velde wählte als Plakatmotiv für die kraftspendende Eiweißnahrung der Firma ein graphisches Lineament mit zügigen Richtungsverläufen, dessen An- und Abschwellen der Linien sinnbildlicher Ausdruck von Energie ist. Ornamentik und Schriftgestaltung korrespondieren in der Fläche miteinander. Die Farben Gelb und Weiß und die ovalen, eiförmigen Schwünge rufen Assoziationen an Eier, den Grundstoff der Eiweißnahrung, hervor, ohne das Produkt abzubilden. Die Ornamentik ist jedoch nicht reine Dekoration, sondern steht in inhaltlicher Verbindung zum Werbeprodukt. Hiermit gelang van de Velde eine künstlerisch überzeugende Umset-

TROPON.
is
DIE CON-
CENTRIERTESTE
NAHRUNG
LEUTERT u. SCHNEIDEWIND, KUNSTANSTALT, DRESDEN.

Kat. Nr. 4.1.6

zung des von ihm auch theoretisch formulierten neuen Ornamentverständnisses: *Diese Ornamentik entsteht aus dem Gegenstand. Das Ornament wird ein Organ und weigert sich, etwas Aufgeklebtes zu sein* (van de Velde 1901, zit. n. Curjel 1955, 83).

Für die Eiweißnahrung Tropon warb ein weiteres Plakat des Dresdner Malers und Bildhauers Carl Oswald Galle, das vermutlich vor 1901 entstanden sein dürfte. Galle wählte ein sehr viel traditionelleres Verfahren der Warenwerbung, das bis in die heutige Zeit angewandt wird: Eine idealisierte Frauengestalt hält das Werbeprodukt der Firma, die Tropon-Eiweißnahrung, in den Händen.

Diez für Pelikan und van de Velde für Tropon suchten nach neuen Wegen der Warenwerbung und gestalteten Plakate im Sinne des Jugendstils als Flächenkunstwerke. Die traditionelleren Arbeiten von Müller-Dachau und Galle waren – wie bereits gesagt – einem szenisch-narrativen Plakatstil verbunden. Zu ihrer Entstehungszeit wurden jedoch beide aus heutiger Sicht weit differierende Ansätze künstlerischer Werbegestaltung gleichermaßen geschätzt.

Warenwerbung vor dem Ersten Weltkrieg

Um die Jahrhundertwende begann sich mit zunehmender Ausweitung werbegraphischer Anforderungen und Möglichkeiten in Deutschland eine professionelle Gruppe von Plakatentwerfern und Reklamefachleuten herauszubilden, die vor allem beim Warenplakat neue Maßstäbe setzte. In München schuf der zunächst als Innenarchitekt tätige Ludwig Hohlwein nach 1905 zahlreiche Warenplakate, bei denen das herausgestellte Werbeobjekt von einem ansprechenden Ambiente umgeben war. In Berlin begann Lucian Bernhard nach 1905 den Stil des *Sachplakats* zu entwickeln. Professionelle Werbegestalter wie Bernhard, Julius Gipkens und Hans Rudi Erdt entwarfen im Auftrag zahlreicher Firmen – wie beispielsweise für den Zigarettenhersteller Manoli – Firmensignets, Verpackungen, Werbedrucksachen und Plakate, auf denen das Produkt auf einfarbigem Grund präsentiert wurde.

In zeitgenössischen Äußerungen zum Plakat nach der Jahrhundertwende war der Gedanke einer ästhetischen Erziehung durch künstlerisch anspruchsvolle Werbung völlig zurückgetreten. Vor dem Hintergrund steigender Werbewünsche von Industrie und Wirtschaft und zunehmender professioneller Plakatgestaltung wandten sich Gebrauchsgraphiker und Kritiker gegen die Auffassung des Plakats als *Galerie der Straße:* Beim Plakat, so Paul Westheim 1907, gehe es vor allem darum, das Kaufinteresse zu steigern: *Wir müssen zu der Erkenntnis gelangen, daß das Plakat für sich etwas ist – und zwar etwas Ordentliches und Richtiges, etwas durchaus Nützliches ... Die durchaus persönliche Formensprache eines bedeutenden Malers kommt vielleicht in dem Reklameplakat gar nicht zur Geltung, während der witzige Einfall des Dutzendtalents die Blicke der hastenden Massen bannt. Und in diesem Falle ist sein Plakat das bessere, denn der Erfolg, die zündende Wirksamkeit können allein maßgebend sein ... Dieser Stil ist im Grunde nichts als ein Entgegenkommen gegen die Gewohnheiten und die Veranlagung der hastenden Massen* (Westheim 1907, 125).

Der Plakatkünstler Julius Klinger wehrte sich 1913 ebenso gegen die Auffassung, daß die Reklame eine Angelegenheit der Kunst sei: *Heute, wo wir ganz nüchtern sind, wissen wir, daß die Reklame routinierte Fachleute und Handwerker verlangt und daß der ›Künstler mit Idealen‹ in dieser Angelegenheit nicht mehr mitzusprechen hat ... Die Reklamezeichner werden versuchen, ihre Arbeiten so einwandfrei zu gestalten, daß auch nach der ästhetischen Seite hin vollständige Befriedigung eintritt* (Klinger 1913, 111).

Die Unvereinbarkeit von hoher und niedriger Kunst, von zweckorientierter Gestaltung und freiem künstlerischen Ausdruck wurde von Klinger zu einem historischen Zeitpunkt formuliert, an dem die Verbindung von Kunst und Werbung erneut aufgebrochen war. Die Warenwerbung lag nun in den Händen professioneller Plakatkünstler, die sich nach dem Besuch von Akademien oder Kunstgewerbeschulen ganz auf sie spezialisiert hatten: Julius Klinger, Rudi Erdt oder Julius Gipkens waren bewußt und bedingungslos in den Dienst der Wirtschaft getreten.

Die avantgardistischen Strömungen des Expressionismus und – am Ende des Ersten Weltkrieges – auch die Dada-Bewegung wehrten sich gerade gegen gesellschaftliche Zwänge und gegen Fremdbestimmungen der Kunst innerhalb der modernen Gesellschaft, die infolge industriellen Fortschritts und wirtschaftlichen Wachstums immer stärker rationalen Funktionsmechanismen gehorchte. Sie erteilten Absage an nutzbringende Funktionalität und zweckorientierten künstlerischen Ausdruck, beanspruchten absolute künstlerische Freiheit, widersetzten sich der Ausrichtung auf gesellschaftliche Akzeptanz und Einbindung in die Alltagskultur. Aus dem Anspruch der expressionistischen Bewegung heraus ist es daher

Carl Oswald Galle, Plakat, vor 1901. Hamburg, Museum für Kunst und Gewerbe

kaum verwunderlich, daß sich expressionistische Künstler weder um Plakataufträge bemühten noch von der Industrie Aufträge an sie ergingen.

Doch auch die Expressionisten entwarfen Plakate. So nutzten sie vor dem Ersten Weltkrieg dies Werbemedium in eigener Sache: In Dresden und Berlin schufen die Künstler der ›Brücke‹ primitivistische Holzschnittplakate, in Wien erzeugten die provozierenden Selbstdarstellungen auf Plakaten Oskar Kokoschkas und Egon Schieles Kritik und Ablehnung. Nach dem Ersten Weltkrieg stellten sich expressionistische Künstler wie Max Pechstein oder César Klein auch mit politischen Plakaten in den Dienst der jungen Weimarer Republik.

Die 20er Jahre

In der modernen Gesellschaft der 20er Jahre erhielt die Werbung einen immer größeren Stellenwert. Ein eigener Berufszweig von Reklamefachleuten entstand, reklamewissenschaftliche Institute wurden eröffnet, zahlreiche Publikationen zur Werbung erschienen. Hatten sich die avantgardistischen Strömungen Expressionismus und Dada einer künstlerischen Einbindung in die moderne Massenkultur verweigert, so wurden nun charakteristische Merkmale ihrer Kunst – ausdrucksstarke, kontrastreiche, oft sogar aggressive Formen und Farben in die Film- oder auch Warenwerbung übernommen.

Die avantgardistischen Strömungen des Konstruktivismus und am Bauhaus waren – wie Jugendstil und Werkbund vor dem Ersten Weltkrieg – um eine Verbindung von angewandter und freier Kunst bemüht. So galt auch ihnen das Gebiet angewandter Werbegraphik als zentrales künstlerisches Anliegen. Sieht man beispielsweise die gebrauchsgraphischen Arbeiten aus den 20er Jahren von Künstlern wie Kurt Schwitters, Walter Dexel und El Lissitzky, decken Begriffe wie *freie* und *angewandte* Kunst erneut vollends ihre Unzuständigkeit auf. Sie entstammen einer Werteskala, die auf das Zusammenspiel von Kunst und Alltagskultur im 20. Jahrhundert nicht mehr anwendbar ist.

Mit einer auf den elementaristischen Gestaltungsprinzipien basierenden Reklame hoffte man, die Massen an ein neues Kunstniveau heranzuführen, denn die Werbekunst sei ihrem Wesen nach *wahrhaft sozial, kollektiv, wahrhafte Massenkunst, die einzige, die es heute noch gibt* (Hartlaub 1927, zit. n. AK Konstruktivistische Internationale Schöpferische Arbeitsgemeinschaft 1992, 111). Die Künstler, die von Anbeginn danach strebten, das Leben nicht zu schmücken, sondern es zu organisieren, versuchten, in den weiter expandierenden Massenmedien ihre Vorstellungen von einer kollektiven, universellen Ästhetik durchzusetzen und so neue Wege und Formen der Kommunikation zu erschließen. Werbung und idealistischer künstlerischer Anspruch durchdrangen sich hier erneut.

Die Ideen der *Neuen Reklame* flossen auch in die Werbung der Pelikan-Werke ein. Arbeiten der bereits vor dem Krieg tätigen Werbegraphiker wie Lucian Bernhard, Ludwig Hohlwein oder Lucian Zabel schlossen zunächst an ihre Vorläufer an: Schreibgeräte, Farbflaschen wurden groß in das Bild gerückt und wiederum der Pelikan damit humoristisch in Verbindung gebracht. So entwarf Lucian Bernhard 1923 in gewohnt gekonnter Manier ein Sachplakat für das Schreibband der Firma Pelikan. Lucian Zabel, der als künstlerischer Berater und erster Hausgraphiker tätig war, wiederholte signethaft auf seinem Plakatentwurf aus dem Jahr 1925 den Kopf des Pelikans (Kat. Nr. 3.5.20). Ludwig Hohlwein entwarf ein Farbenplakat, bei dem er auf jede bildliche Beziehung zur angebotenen Ware verzichtete und drei farbige Handabdrücke vor schwarzem Grund in eine spannungsreiche Beziehung zur einprägsamen Schrift setzte.

Unter dem Einfluß konstruktivistischer Ideen standen die avantgardistischen Plakatentwürfe des russischen Künstlers El Lissitzky, der von 1925 bis zu seiner Rückkehr nach Rußland 1928 zeitweilig auch in Hannover lebte und hier für das Provinzialmuseum sein berühmtes ›Abstraktes Kabinett‹ entwarf. Insgesamt drei Entwürfe Lissitzkys für Pelikan sind erhalten, nur einer wurde auch lithographiert und als Plakat verwandt (Kat. Nr. 4.3.27).

An die Stelle des lithographischen Entwurfs ist das Verfahren der Fotomontage getreten: Die künstlerische Gestaltung ist der eines Konstrukteurs verwandt: Bild und Schrift, Foto und elementare, geometrische Formen wurden vom Künstler auf der Fläche verteilt montiert. Durch Schrift und Bild wird eine rhythmische Balance erzeugt. Die Tendenz zur Geometrisierung entsprach der konstruktivistischen Vorstellung einer *mechanischen* Ästhetik, in der alle individuellen Unregelmäßigkeiten aufgehoben schienen. In den elementaren, geometrischen Formen sah man eine Entsprechung zur Rationalität der industriellen Welt.

Der Einsatz der Fotografie im Plakat stand im Kontext der intensiven Beschäftigung mit diesem Medium nach dem Ersten Weltkrieg durch Künstler der russischen Avantgarde, der Dada-Bewegung und am Bauhaus. Da sie der Auffassung waren, daß die technisch-industrielle Realität moderner Bildtechniken bedürfe, gewann die Auseinandersetzung mit den Möglichkeiten der Fotografie auch für den Bereich der Werbung immer stärkeren Raum. Nicht mehr die Werkzeuge der Handarbeit – Pinsel und Farbe – erschienen zeitgemäß, sondern das mechanische Instrument der Kamera. Als objektive Mitteilung sollten Fotos der Ergänzung der informativ-sachlichen Typographie dienen, denn nicht um Suggestion, sondern um sachliche Information war die *Neue Reklame* der 20er Jahre bemüht.

1924 gestaltete El Lissitzky für die Pelikan-Werke einen Fotogramm-Plakatentwurf. Hierfür ließ der als Ingenieur ausgebildete Lissitzky Objekte wie ein Tintenfläschchen auf lichtempfindlichem Papier unterschiedlich lange liegen und fügte dann die Schrift manuell mit einer Schablone hinzu. Lissitzky faszinierte die *kameralose Photographie*, das improvisierte Spiel des Lichtes auf dem Papier und damit die Möglichkeit, daß Kunst nach einem nur anfänglichen Eingriff durch den Künstler in einem rein mechanischen Prozeß entstehen könne (Kat. Nr. 4.4.3).

1925 entstand ein weiterer Plakatentwurf für Bürobedarf der Firma Pelikan (Kat. Nr. 4.3.26). Nach dem Prinzip einer wissenschaftlichen Abhandlung arbeitete El Lissitzky bei diesem rein typographischen Plakat mit Anmerkungsziffern und erklärenden Fußnoten. Die einzelnen fettgedruckten Buchstaben springen signalhaft ins Auge. Grotesk- und Schreibschrift wechseln, die Zeilenrichtungen verlaufen senkrecht und waagerecht. Die Parallelen zum Aufbau konstruktivistischer Bilder sind offenkundig: In der Werbegraphik schuf Lissitzky durch typographische Elemente einen bildmäßigen Aufbau, während er in der Malerei durch geometrische Elemente eine rhythmische Ordnung setzte. Avantgardistische Kunst und Werbung standen erneut in engster Verbindung zueinander.

Kat. Nr. 3.5.20

Frühe Warenreklame im Spannungsfeld zwischen Kunst und Werbung

Betrachtet man z. B. die Plakate des frühen 20. Jahrhunderts, so lassen sich zwei Gruppen von früher Warenwerbung erkennen. Auf der einen Seite stehen die Arbeiten der primär als Gebrauchsgraphiker tätigen Künstler wie Ludwig Hohlwein oder Lucian Bernhard, auf der anderen die Plakate und Plakatentwürfe des Jugendstils und des Konstruktivismus, die über die reine Werbegraphik hinaus in Stil und Gestaltung diesen künstlerischen Strömungen entsprechen und auf sie verweisen.

Eine Trennung in Kunst auf der einen und Gebrauchsgraphik auf der anderen Seite, die gar mit einer qualitativen Einstufung verbunden wäre, erlaubt jedoch diese Gegenüberstellung nicht. Das wechselvolle Zusammenspiel zwischen Kunst und Werbung ist vielschichtig: Es ist einerseits das Konzept von Kunst im 20. Jahrhundert, *Alltagskunst* im Dienste der Gesellschaft zu gestalten und sich damit auch werbegraphischen Gestaltungsaufgaben zu widmen. Doch beginnt andererseits der Anspruch der Moderne gegen Instrumentalisierungen künstlerischer Gestaltung auch im Zeichen des Kommerzes zu opponieren und zu rebellieren. Gerade aber dort, wo man wie im Expressionismus oder in der Dada-Bewegung nach neuer Freiheit und nach neuem Ausdruck suchte, fanden sich künstlerische Ausdrucksmöglichkeiten, die von der Werbung wiederum rezipiert wurden.

Stetige Grenzüberschreitungen und wechselseitige Annäherungen und Divergenzen machten das reizvolle Zusammenspiel von Kunst und Werbung zu Beginn des Jahrhunderts aus. Sie bestehen bis in unsere Zeit.

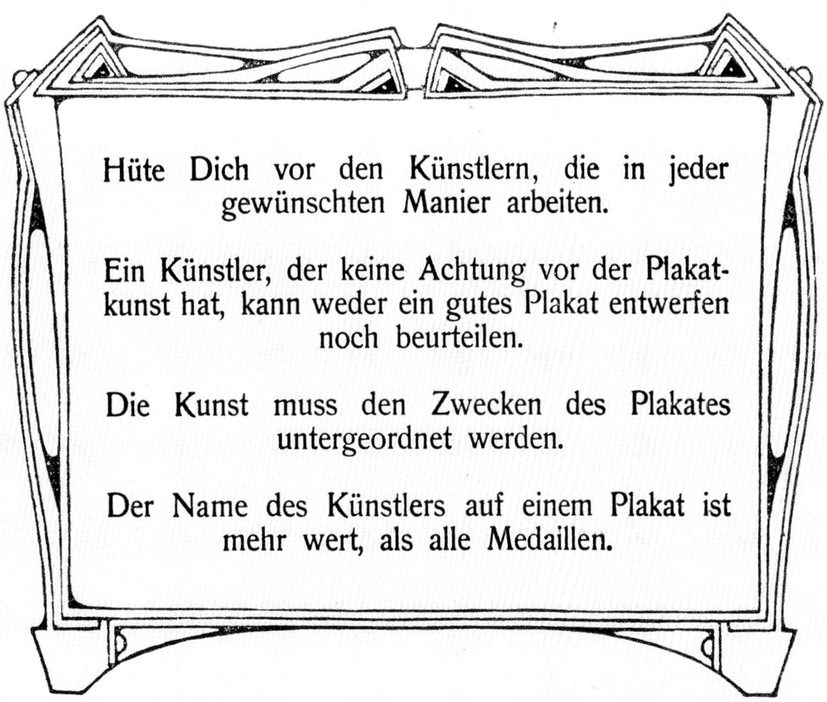

Entwurfskunst des Jugendstil

1896 gilt als entscheidende Wende in der Entwicklung der Kunst in Deutschland. Ursache war das gleichzeitige Erscheinen von zwei Wochenzeitschriften, welche die Reform *von Kunst und Leben* zum Programm erhoben hatten. *1896 war der Simplicissimus erschienen, mit seiner kaustischen Kritik an allen Mißständen und Auswüchsen, und fast gleichzeitig als Schöpfung des schönheitsfrohen Georg Hirth und Fritz von Ostinis die Jugend* (Gumppenberg 1929, 17).

Der Jugendstil bekam durch diese Zeitschrift seinen Namen. Ursprünglich auf die ornamentale Linienkunst Otto Eckmanns und seiner Mitillustratoren Richard Riemerschmid, Julius Diez, Bruno Paul und Peter Behrens in der *Jugend* bezogen, wurde dieser Begriff auch mit dem Aufbegehren der Jugend gegen das Alte verknüpft. Daß der Jugendstil eine offene Form auf der Suche nach dem neuen Stil des 20. Jahrhunderts war, läßt sich an der Zeitschrift *Jugend* klar erkennen. Sie befleißigte sich keiner einheitlichen Typographie, bevorzugte keine festgelegten Formen im Layout, variierte ihr plakatives äußeres Erscheinungsbild von Nummer zu Nummer und probierte so eine ganze Palette individueller Lösun-

Kat. Nr. 4.1.22

gen auf dem Weg zum Richtigen. Die *Jugend* hatte keine Programme und war auch keine programmatische Zeitschrift, sondern verfolgte die Praxis einer Mischung. Dies gilt auch für das Verhältnis der Worte zu den Bildern.

Die Zeitschrift enthält Stilutopien, Schriftexperimente, Montagetechniken. Sie war im wöchentlichen Wechsel ein Labor für graphische Techniken und Effekte und zugleich der Platz, an dem sich die ersten Arbeiten der großen Werbegraphiker und Gestalter finden. Die Künstler der ersten Stunde hinterließen im Band 1 von 1896 ihre Spuren: Julius Diez, Ludwig Hohlwein, Bruno Paul, Otto Eckmann und Richard Riemerschmid. Es formte sich in dem *Illustrierten Wochenblatt für Kunst und Leben* eine neue Auffassung von der Hierarchie der Künste, bei der nicht wie bisher die Freiheit der Kunst, sondern ihre Nützlichkeit, Gebrauchstüchtigkeit und der direkte Lebensbezug den Ausschlag über ihre Wertigkeit gaben.

Daß Kunst und Künstler in den Dienst der Markenwerbung traten, gehörte nicht explizit zu den Forderungen der neuen Bewegung, wurde aber implizit umgesetzt und bald zur Wirklichkeit. Graphische Formen und witzige Bildargumentationen der Zeitschrift *Jugend* sind Ausgangspunkt der Werbegraphik. Der Anzeigenteil der Zeitschrift enthielt anfangs konservative Schriftreklame mit den üblichen Goldmedaillen und Hoflieferantentiteln. Nur langsam und erst nach Jahren setzten sich die neuen Qualitäten auch bei den Kunden dieser *Lifestyle*-Zeitschrift durch. Sektanzeigen und die Eigenwerbung graphischer Betriebe nahmen dabei eine Vorreiterrolle ein.

Das *äußere Gewand* der Zeitschrift, ihr Umschlag, hatte plakative Wirkung und war eine Initialzündung für die graphische Kunst. *Es ist schwer, dem Heutigen eine Vorstellung zu vermitteln, wie geordnet, still und grau damals eine Straße auch in der Großstadt aussah. Kein farbiger Hausanstrich, keine Blumenverkäufer, die Fensterrahmen waren braun, schwarz, ockergelb, die Geschäfte hatten ein korrektes Firmenschild, weitere Reklame wurde kaum gebraucht, an den Plakatsäulen und den vereinzelten Zeitungsständen war auch nur schwarz-weiß zu sehen, bis im Jahre 1896 eine neue Zeitschrift – empörend frechen Inhalts, erklärten die entsetzten Leute – einen unerwartet grellen Farbfleck hineinbrachte. Jede Woche wechselte das Titelblatt, während ›Gartenlaube‹ oder ›Fliegende Blätter‹ seit Menschengedenken mit derselben Kopfvignette erschienen waren – ›Jugend‹ stand drauf, in Buchstaben, die unten Verdickungen aufwiesen* (Ahlers-Hestermann 1956, 8).

Die graphische Kunst, zuerst in Kunstzeitschriften, dann auf Plakaten erprobt, fand bald auch ihr Betätigungsfeld in der Gestaltung von Verpackungen. Papierfaltschachteln, Blechdosen wurden mit den im Zweidimensionalen geprüften graphischen Mustern und Schriftzügen bedruckt, welche den ästhetischen Grundsätzen des Jugendstils entsprachen. *Die entscheidendsten Merkmale der Bewegung, die aus dieser Darstellung klar werden, bestehen zunächst in der Verwischung der Grenzen, die bis dahin die Künste getrennt und zu ihrem Schaden isoliert haben. Die moderne Bewegung beseitigte alle … Mauern und brachte die Künste wieder in den natürlichen Zusammenhang. Trotz der Verirrungen der ersten Jahre war dies eine entscheidende schöpferische Tat* (Lux 1908, 237).

Hans Ottomeyer

Kat. Nr. 4.1.22

ZÜST
ZÜST-AUTOMOBIL-AUSSTELLUNG
VOM 15. AUGUST – 1. OCTOBER
KAULBACHSTRASSE ECKE OHMSTRASSE

Kat. Nr. 4.1.28

4.1.1
Tropon Kindernahrung, *Faltschachtel*
Henry van de Velde
(Antwerpen 1863-1957 Zürich)
1897/98, Nachdruck 1984
Lithographie,
33 x 21 x 12,7 cm
Beschriftung: 18 % Tropon
Lit.: Gebrauchsgraphik 1942,
H. 3, 33 m. Abb. – van de Velde 1962,
141 ff., Abb. 45 –
Das frühe Plakat, Bd. 2, 1977, 352 f.,
Nr. 1145 –
Leitherer/Wichmann 1987, 152
München, Die Neue Sammlung 960/86

4.1.2 *Abb.*
TROPON, *Verpackung ungefaltet*
Henry van de Velde
(Antwerpen 1863–1957 Zürich)
1898
Druck: M DuMont Schauberg Köln
Lithographie, 34,5 x 62,5 cm
Beschriftung: Tropon ist ganz reines, leicht verdauliches / Eiweiss, und bietet in concentriertester / Form diejenige Nahrung, aus der der Mensch / Muskelkraft und Willens-Energie schöpft.
Lit.: Sembach/Schulte 1992, 134
Hagen, Karl Ernst Osthaus-Museum
K 1858 a

4.1.3
Tropon Kindernahrung, *Blechdose*
Henry van de Velde
(Antwerpen 1863–1957 Zürich)
Um 1898
Weißblech, bedruckt, 12 x 8 x 4,5 cm
Beschriftung Deckel: 250 Gramm Tropon Kindernahrung M. 1,25; Rückseite: Tropon Sano-Gesellschaft NOACK & ZÜHLKE BERLIN, S. Dresdner Strasse 97
München, Privatsammlung

4.1.4 *Abb.*
EISEN-TROPON, *Blechdose*
Henry van de Velde
(Antwerpen 1863–1957 Zürich)
Um 1898
Weißblech, bedruckt, 9,2 x 6,8 x 3,4 cm
Beschriftung Deckel: 100 gr. EISEN-TROPON; vorne: TROPON-WERKE / MÜLHEIM – RHEIN.
München, Privatsammlung

Kat. Nr. 4.1.2

4.1.5
TROPON EIWEISS NAHRUNG, *Plakat*
Henry van de Velde
(Antwerpen 1863–1957 Zürich)
1898
Bez. u. r.: H. d. V.
Lithographie, 30,5 x 20 cm
Text: u. l.: Henry van de Velde, Plakat Pan IV I. / Originallithographie in vier Farben
Lit.: Sembach/Schulte 1992, 132–138, 176 – Rademacher 1992, Nr. 488
Münchner Stadtmuseum AA 10/31

4.1.6 *Abb. S. 193*
TROPON. DIE CONCENTRIERTESTE NAHRUNG, *Plakat*
Henry van de Velde
(Antwerpen 1863–1957 Zürich)
Dresden 1897
Druck: Leutert & Schneidewind, Kunstanstalt, Dresden
Lithographie, 110,5 x 75,6 cm
Lit.: Siehe vorhergehende Nummer
Berlin, Deutsches Historisches Museum
P 62/21

Kat. Nr. 4.1.4

4.1.7
TROPON – BISCUITS GERICKE,
Ladenplakat
Henry van de Velde
(Antwerpen 1863–1957 Zürich)
1898
Lithographie, 17,5 x 24,6 cm
Lit.: Sembach/Schulte 1992, 138
Hagen, Karl Ernst Osthaus-Museum
K 1858 b

4.1.8
Jugend, *Münchner illustrierte Wochenzeitschrift für Kunst und Leben*
Georg Hirth (Hrsg.)
München/Leipzig 1898
Buchdruck, Einband Leinen, geprägt, bedruckt, 30 x 23,5 x 3,4 cm
Münchner Stadtmuseum 85/480

Der Maler Fritz Erler, der mit FE signierte, entwarf das plakative Titelblatt, das auch auf dem Umschlag des Bandes erscheint. Hier bereitet sich die Plakatkunst für das nächste Dezennium vor. Auf der Annoncenseite gegenüber erscheint eine von Bruno Paul entworfene Anzeige für die lithographische Anstalt Hamböck & Co. Bei dem Band handelt es sich um das persönliche Exemplar des Münchner Illustrators Julius Diez. H. O.

4.1.9
Druckprobenkatalog von schwarzen und bunten Illustrationsfarben
MICHAEL HUBER
Buch- und Steindruck-Farben-Fabrik
München-Ost
Bruno Paul
(Seifhennersdorf 1874–1968 Berlin)
München 1898
Druck: Bruckmannsche Buch- und Kunstdruckerei, München
Karton, bedrucktes Leinen, Papier, 42 x 32,5 x 1,5 cm
Lit.: Ziffer, Alfred, Bruno Paul, München 1992, 59, Nr. 91
Münchner Stadtmuseum M 92/6

4.1.10 *Abb.*
Wasserfestes Englisches Pflaster

Kat. Nr 4.1.10

P. BEIERSDORF & Co. HAMBURG,
Stummer Verkäufer
Otto Eckmann
(Hamburg 1865–1902 Badenweiler)
Köln 1905–20
Druck: Stollenwerk & Spier Köln a/Rh
Pappe, bedruckt, geprägt, 40 x 29 cm
Hamburg, Beiersdorf

4.1.11
PEBECO, *Zahnpastatuben mit Verpackung*
Otto Eckmann
(Hamburg 1865–1902 Badenweiler)
Tuben:
a) 1910–12
Zinn, L. 14,5 cm

b) 1909
Zinn, L. 14,2 cm
c) 1915
Glas, Kork, Holz
d) 1935/36
Zinn, Plastik-Schraubverschluß, L. 14,8 cm
e) 1904
Zinn, L. 14,5 cm

Verpackungen:
a) 1926–32
Pappe, bedruckt, 15 x 2,8 x 3,9 cm
b) 1910–14
Pappe, bedruckt, 15 x 2,5 x 4 cm
c) 1909
Pappe, bedruckt, 10,8 x 2,2 x 3,2 cm
d) 1937
Pappe, bedruckt, 5,4 x 18,5 cm
Hamburg, Beiersdorf

4.1.12
PEBECO BEIERSDORFS KALI CHLORICUM ZAHNPASTA, *Emailschild*
Otto Eckmann
(Hamburg 1865–1902 Badenweiler)
Neu-Isenburg 1905
Druck: Frankfurter Emaillirwerk e. Neu-Isenburg
Stahlblech, emailliert, 7,8 x 30 cm
Text: Tubenfalz: der in den Monatsh. f. Pract / 13 veröffentlichten Vorschrift.
Hamburg, Beiersdorf

4.1.13
Beiersdorf's Zahnpasta reinigt MUND und ZÄHNE, *Ladenplakat*
Otto Eckmann
(Hamburg 1865–1902 Badenweiler)
Bez. u. Mitte: OE (monogrammiert)
Lithographie auf Pappe, Kunststoffüberzug, 34 x 15,3 cm
Hamburg, Beiersdorf

4.1.14
PEBECO Zahnpasta, *Ladenplakat*
Leipzig 1912
Druck: Kunstdruck u. Verlagsanstalt Wezell Naumann A.G. Leipzig
Pappe, bedruckt, Gaze, 27 x 32,7 cm
Hamburg, Beiersdorf

Kat. Nr. 4.1.15

4.1.15 *Abb.*
PEBECO ZAHNPASTA reinigt Mund und Zähne, *Ladenplakat*
Köln 1910
Druck: Stollenwerk & Spier Köln a/Rh
Pappe, bedruckt, geprägt, 28,6 x 39,7 cm
Hamburg, Beiersdorf

4.1.16
PEBECO ZAHNPASTA, *Aufsteller*
1909
Lithographie, Pappe 2 Lagen, 15 x 11,8 cm
Text: REINIGT MUND UND ZÄHNE / GROSSE TUBE 1 MARK
Hamburg, Beiersdorf

4.1.17 *Abb. S. 191*
WINTERS · PATENTÖFEN · GERMANEN SIND · VORZÜGLICH, *Plakat*
Joseph Maria Olbrich
(Troppau 1867–1908 Düsseldorf)
1900/01
Druck: Gebrüder Jänecke Hannover
Lithographie, 160,5 x 50 cm
Text: ÜBER 170 000 STÜCK / IM · GEBRAUCH / NEUE · MODERNE / MODELLE NACH / ENTWÜRFEN · VON / PROF. OLBRICH
Lit.: Das frühe Plakat, Bd. 3, 1980, Nr. 2430 – Döring 1994, 52 f.
Hamburg, Museum für Kunst und Gewerbe

4.1.18 *Abb.*
Großer Sektkelch
Entwurf: Adelbert Niemeyer
(Warburg 1867–1932 München)
Ausführung: Kristallglasfabrik Benedikt Poschinger Oberzwieselau
Oberzwieselau/München um 1905
Farbloses Glas, graviert, vergoldet, H. 28,2 cm
Beschriftung: Henkell / trocken
Lit.: AK Jugendstil, Brüssel 1977, 245, Nr. 573, Abb. 244
Münchner Stadtmuseum K 72/649

4.1.19
Kupferberg Gold, *Probierglas*
Mainz 1900
Farbloses Glas, H. 9 cm, D. 5 cm
Beschriftung: Kupferberg Gold
Mainz, Sektkellerei Kupferberg

4.1.20
Kupferberg-Glas
in Form einer umgedrehten Sektflasche
Mainz um 1911
Farbloses Glas, H. 21 cm, D. 10 cm
Mainz, Sektkellerei Kupferberg

4.1.21 *Abb.*
Dr. THOMPSON'S SEIFENPULVER, *Plakat*
Johann Vincenz Cissarz
(Danzig 1873-1942 Frankfurt)
Düsseldorf 1898
Bez. u. r.: J. V. CISSARZ 98
Druck: Kunstanstalt L. Schwann, Düsseldorf
Lithographie, 99,8 x 70,3 cm
München, Deutsche Städtereklame 26.001

Kat. Nr. 4.1.18

Tinte
und
Feder
von
Aug.
Zeiss & Co
Berlin.
Hier vorräthig.
M. Fischer, Kunstverlag. Berlin S.W.
Gesetzlich geschützt.

Kat. Nr. 4.1.26

4.1.22 *Abb.*
Drei Originalentwürfe für *Innenplakate*
Emil Preetorius
(Mainz 1883–1973 München)

Sekt auf der Bühne, um 1908
Bez. o. l.: preetorius
Tusche und Deckweiß auf braunem Papier, 54 x 39 cm
Mainz, Sektkellerei Kupferberg

Flasche im Ausstellungsraum, 1908
Bez. o. l.: preetorius
Tusche auf Papier, 57 x 40 cm

Schiff mit edler Fracht, 1908
Bez. u. r.: preetorius
Tusche auf Papier, 62,5 x 46 cm

Zwischen 1907 und 1909 entwarf Emil Preetorius 15 Werbegraphiken für die Sektkellerei Kupferberg in Mainz. Sie gelten als erste Arbeiten des Künstlers für die Werbung.

4.1.23
Toilette-seife ›Willkommen‹ für Besuch und Reise, *Kartonverpackung*
Fritz Hellmut Ehmcke
(Hohensalza 1878–1965 Widdersberg)
1908–10
Bez. Deckel: FHE
Karton, bedruckt, 6 x 17,5 x 7,1 cm
Beschriftung: Bügen & Co. Hannover. Kosmetische Spezialitäten
Lit.: Leitherer/Wichmann 1987, 154
München, Die Neue Sammlung 404/86

4.1.24
Pryms Bravo Nadel, *Blechpackung*
Weißblech, 6 x 9 x 11 cm
Beschriftung: Pryms Bravo-Nadel aus extra gehärtetem Stahldraht / Inhalt 500 Gramm Nr. 5 / Feinste Qualität
München, Privatsammlung

4.1.25
BERGER SCHOKOLADE ROTSTERN, *Blechdose*
Sigmund von Suchodolski
(Weimar 1875–1935 München)
Bez.: S (monogrammiert)
Weißblech, bedruckt, 1,6 x 7,6 x 13,6 cm
Beschriftung: Nr.904 / ROBERT BERGER / HERZOGL. / SACHS. MEIN. / HOFLIEFERANT / PÖSSNECK I./TH.
München, Privatsammlung

4.1.26 *Abb.*
Tinte und Feder von Aug. Zeiss & Co. Berlin, *Plakat*
Thomas Theodor Heine
(Leipzig 1867–1948 Stockholm)
Berlin 1898
Bez. u. r.: TTH (monogrammiert)
Druck: M. Fischer Kunstverlag, Berlin
Lithographie, 86 x 55,5 cm
Lit.: Das Plakat 8, 1917, 272, Abb. 266 – Das Plakat 11, 1920, 239 – Das frühe Plakat, Bd. 3, 1980, Nr. 1213
Münchner Stadtmuseum A 10/152

4.1.27
Inchiostro e Penna ›Gloria‹, *Plakat*
Thomas Theodor Heine
(Leipzig 1867–1948 Stockholm)
Berlin 1898
Bez. u. l.: TTH (monogrammiert)
Druck: M. Fischer Kunstverlag, Berlin
Lithographie, 98,5 x 68 cm
Text: Vendesi nelle / principali cartolerie / Aug. Zeiss & Co. / Berlino e Milano / Via Velasca 1.
München, Die Neue Sammlung 5688/82

4.1.28 *Abb.*
ZÜST-AUTOMOBIL-AUSSTELLUNG, *Plakat*
Thomas Theodor Heine
(Leipzig 1867–1948 Stockholm)
München 1907
Bez. u. r.: TTH (monogrammiert)
Druck: D. C. Wolf & Sohn, München
Lithographie, 55 x 44 cm
Text: ZÜST-AUTOMOBIL-AUSSTELLUNG / VOM 15. AUGUST–1. OCTOBER / KAULBACHSTRASSE ECKE OHMSTRASSE
Lit.: Das Plakat 8, 1917, 272 – Das frühe Plakat, Bd. 3, 1980, Nr. 1226 – Rademacher 1992, 193
Münchner Stadtmuseum A 22/7

Kat. Nr. 4.1.29

Kat. Nr. 4.1.30

4.1.29 *Abb.*

SIMPLICISSIMUS, *Dose für losen Tabak*
Thomas Theodor Heine
(Leipzig 1867–1948 Stockholm)
Um 1920
Druck: M. d. F. Liebhold A.-G. Heidelberg
Weißblech, bedruckt, 2,4 x 13,4 x 7,5 cm
Beschriftung Deckel innen: Schutzmarke / Simplicissimus / edler, milder / Feinschnitt / für Zigaretten und kurze Pfeifen / M.d.F. Liebhold A.-G. Heidelberg / Rauchtabakfabrik / gegründet 1869
Berlin, Deutsches Historisches Museum
AK 94/516.594

4.1.30 *Abb.*

ZÜST, *Plakat*
Olaf Gulbransson
(Oslo 1873–1958 Tegernsee)
München 1907
Bez. u. r.: Olaf G.
Druck: D. C. Wolf & Sohn, München
Lithographie, 33,5 x 51,5 cm
Lit.: Das frühe Plakat, Bd. 3, 1980, Nr. 1122
Münchner Stadtmuseum A 22/6

4.1.31

CORDIAL MEDOC RIEMERSCHMID, *Plakat*
Olaf Gulbransson
(Oslo 1873–1958 Tegernsee)
1924
Bez. u. r.: Olaf Gulbransson 1924
Lithographie, 28 x 22 cm
Text: 45 Volumen Procent / ANTON RIEMERSCHMID / WEINBRENNEREI & LIKÖRFABRIK / MÜNCHEN / DEUTSCHES ERZEUGNIS
Münchner Stadtmuseum A13/95

4.1.32 *Abb.*

ANTON RIEMERSCHMID, *Plakat*
Olaf Gulbransson
(Oslo 1873–1958 Tegernsee)
1924
Bez. u. r.: Olaf Gulbransson 1924
Lithographie, 34 x 29 cm
Text: GEGR MÜNCHEN 1835 / WEINBRENNEREI UND / LIKÖRFABRIK
Münchner Stadtmuseum A 13/96

Kat. Nr. 4.1.32

Kat. Nr. 4.1.21

Verdeutschungskarte für das kaufmännische Werbewesen.

Kein Fremdwort für das, was deutsch gut ausgedrückt werden kann!

Ausschuß für gute deutsche Werbesprache.

Allgemeiner Deutscher Sprachverein, Zweigverein Groß-Berlin, E. V.
Verein der Plakatfreunde, E. V. Verein deutscher Reklamefachleute, E. V.
Verband „Deutsche Arbeit". Verband der Reklame-Interessenten, E. V.

Bemerkung: Die Verdeutschungen sollen nicht als Vorschriften, sondern als Vorschläge aufgefaßt werden. / Die Liste macht keinen Anspruch darauf, erschöpfend zu sein. / Wörter wie Universal.., Original.., Spezial.., Royal.., Imperial.., Qualitäts.., Toiletten.., Delikateß.. mögen, weil meist überflüssig und schwülstig, überhaupt weggelassen werden. / Die Liste befaßt sich nicht mit Fachausdrücken.

Kat. Nr. 4.2.24

Neue Zeiten – Neue Namen

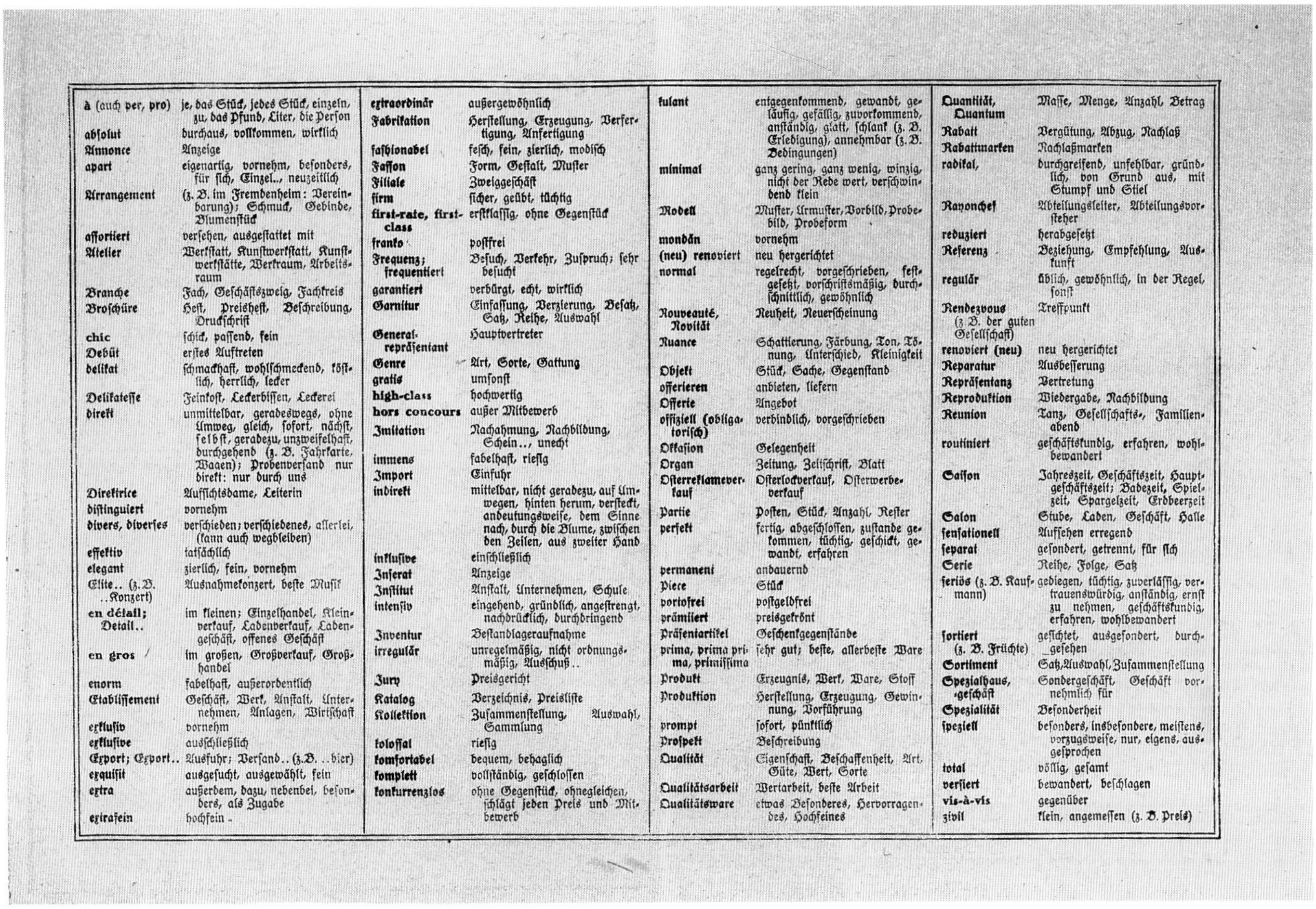

à (auch per, pro)	je, das Stück, jedes Stück, einzeln, zu, das Pfund, Liter, die Person
absolut	durchaus, vollkommen, wirklich
Annonce	Anzeige
apart	eigenartig, vornehm, besonders, für sich, Einzel.., neuzeitlich
Arrangement	(z. B. im Fremdenheim: Vereinbarung); Schmuck, Gebinde, Blumenstück
assortiert	versehen, ausgestattet mit
Atelier	Werkstatt, Kunstwerkstatt, Kunstwerkstätte, Werkraum, Arbeitsraum
Branche	Fach, Geschäftszweig, Fachkreis
Broschüre	Heft, Preisheft, Beschreibung, Druckschrift
chic	schick, passend, fein
Debüt	erstes Auftreten
delikat	schmackhaft, wohlschmeckend, köstlich, herrlich, lecker
Delikatesse	Feinkost, Leckerbissen, Leckerei
direkt	unmittelbar, geradeswegs, ohne Umweg, gleich, sofort, nächst, selbst, geradezu, unzweifelhaft, durchgehend (z. B. Fahrkarte, Wagen); Probenversand nur direkt: nur durch uns
Direktrice	Aufsichtsdame, Leiterin
distinguiert	vornehm
divers, diverses	verschieden; verschiedenes, allerlei, (kann auch wegbleiben)
effektiv	tatsächlich
elegant	zierlich, fein, vornehm
Elite.. (z. B. ..Konzert)	Ausnahmekonzert, beste Musik
en détail; Detail..	im kleinen; Einzelhandel, Kleinverkauf, Ladenverkauf, Ladengeschäft, offenes Geschäft
en gros	im großen, Großverkauf, Großhandel
enorm	fabelhaft, außerordentlich
Etablissement	Geschäft, Werk, Anstalt, Unternehmen, Anlagen, Wirtschaft
exklusiv	vornehm
exklusive	ausschließlich
Export; Export..	Ausfuhr; Versand.. (z. B. ..bier)
exquisit	ausgesucht, ausgewählt, fein
extra	außerdem, dazu, nebenbei, besonders, als Zugabe
extrafein	hochfein
extraordinär	außergewöhnlich
Fabrikation	Herstellung, Erzeugung, Verfertigung, Anfertigung
fashionabel	fesch, fein, zierlich, modisch
Fasson	Form, Gestalt, Muster
Filiale	Zweiggeschäft
firm	sicher, geübt, tüchtig
first-rate, first-class	erstklassig, ohne Gegenstück
franko	postfrei
Frequenz; frequentiert	Besuch, Verkehr, Zuspruch; sehr besucht
garantiert	verbürgt, echt, wirklich
Garnitur	Einfassung, Verzierung, Besatz, Satz, Reihe, Auswahl
General-repräsentant	Hauptvertreter
Genre	Art, Sorte, Gattung
gratis	umsonst
high-class	hochwertig
hors concours	außer Mitbewerb
Imitation	Nachahmung, Nachbildung, Schein.., unecht
immens	fabelhaft, riesig
Import	Einfuhr
indirekt	mittelbar, nicht geradezu, auf Umwegen, hinten herum, versteckt, andeutungsweise, dem Sinne nach, durch die Blume, zwischen den Zeilen, aus zweiter Hand
inklusive	einschließlich
Inserat	Anzeige
Institut	Anstalt, Unternehmen, Schule
intensiv	eingehend, gründlich, angestrengt, nachdrücklich, durchdringend
Inventur	Bestandlageraufnahme
irregulär	unregelmäßig, nicht ordnungsmäßig, Ausschuß..
Jury	Preisgericht
Katalog	Verzeichnis, Preisliste
Kollektion	Zusammenstellung, Auswahl, Sammlung
kolossal	riesig
komfortabel	bequem, behaglich
komplett	vollständig, geschlossen
konkurrenzlos	ohne Gegenstück, ohnegleichen, schlägt jeden Preis und Mitbewerb
kulant	entgegenkommend, gewandt, geläufig, gefällig, zuvorkommend, anständig, glatt, schlank (z. B. Erledigung), annehmbar (z. B. Bedingungen)
minimal	ganz gering, ganz wenig, winzig, nicht der Rede wert, verschwindend klein
Modell	Muster, Urmuster, Vorbild, Probebild, Probeform
mondän	vornehm
(neu) renoviert	neu hergerichtet
normal	regelrecht, vorgeschrieben, festgesetzt, vorschriftsmäßig, durchschnittlich, gewöhnlich
Nouveauté, Novität	Neuheit, Neuerscheinung
Nuance	Schattierung, Färbung, Ton, Tönung, Unterschied, Kleinigkeit
Objekt	Stück, Sache, Gegenstand
offerieren	anbieten, liefern
Offerte	Angebot
offiziell (obligatorisch)	verbindlich, vorgeschrieben
Okkasion	Gelegenheit
Organ	Zeitung, Zeitschrift, Blatt
Osterreklameverkauf	Osterlockverkauf, Osterwerbeverkauf
Partie	Posten, Stück, Anzahl, Rester
perfekt	fertig, abgeschlossen, zustande gekommen, tüchtig, geschickt, gewandt, erfahren
permanent	andauernd
Piece	Stück
portofrei	postgeldfrei
prämiiert	preisgekrönt
Präsentartikel	Geschenkgegenstände
prima, prima prima, primissima	sehr gut; beste, allerbeste Ware
Produkt	Erzeugnis, Werk, Ware, Stoff
Produktion	Herstellung, Erzeugung, Gewinnung, Vorführung
prompt	sofort, pünktlich
Prospekt	Beschreibung
Qualität	Eigenschaft, Beschaffenheit, Art, Güte, Wert, Sorte
Qualitätsarbeit	Wertarbeit, beste Arbeit
Qualitätsware	etwas Besonderes, Hervorragendes, Hochfeines
Quantität, Quantum	Masse, Menge, Anzahl, Betrag
Rabatt	Vergütung, Abzug, Nachlaß
Rabattmarken	Nachlaßmarken
radikal,	durchgreifend, unfehlbar, gründlich, von Grund aus, mit Stumpf und Stiel
Rayonchef	Abteilungsleiter, Abteilungsvorsteher
reduziert	herabgesetzt
Referenz	Beziehung, Empfehlung, Auskunft
regulär	üblich, gewöhnlich, in der Regel, sonst
Rendezvous (z. B. der guten Gesellschaft)	Treffpunkt
renoviert (neu)	neu hergerichtet
Reparatur	Ausbesserung
Repräsentanz	Vertretung
Reproduktion	Wiedergabe, Nachbildung
Reunion	Tanz, Gesellschafts-, Familienabend
routiniert	geschäftskundig, erfahren, wohlbewandert
Saison	Jahreszeit, Geschäftszeit, Hauptgeschäftszeit; Badezeit, Spielzeit, Spargelzeit, Erdbeerzeit
Salon	Stube, Laden, Geschäft, Halle
sensationell	Aufsehen erregend
separat	gesondert, getrennt, für sich
Serie	Reihe, Folge, Satz
seriös (z. B. Kaufmann)	gediegen, tüchtig, zuverlässig, vertrauenswürdig, anständig, ernst zu nehmen, geschäftskundig, erfahren, wohlbewandert
sortiert (z. B. Früchte)	gesichtet, ausgesondert, durchgesehen
Sortiment	Satz, Auswahl, Zusammenstellung
Spezialhaus, -geschäft	Sondergeschäft, Geschäft vornehmlich für
Spezialität	Besonderheit
speziell	besonders, insbesondere, meistens, vorzugsweise, nur, eigens, ausgesprochen
total	völlig, gesamt
versiert	bewandert, beschlagen
vis-à-vis	gegenüber
zivil	klein, angemessen (z. B. Preis)

Kat. Nr. 4.2.24

Schon in der Zeit vor dem Ersten Weltkrieg lautete ein wichtiges Prinzip der Werbebranche: *Ändere nie eine erfolgreiche Marke!*. Sieht man sich jedoch im *Deutschen Warenzeichenblatt* der Jahre 1910 bis 1915 um, so läßt sich gerade bei den bekanntesten der damaligen Firmen eine Springflut an Neuanmeldungen von Zigarettenmarken feststellen, welche bereits erfolgreich eingeführte Namen ersetzen sollten. Es fällt auch auf, daß die von der Jahrhundertwende bis um 1913/14 gebräuchlichen Zigarettennamen ausgesprochen kosmopolitisch anmuten, mit fremdsprachlichen formulierten Slogans oder Markenbegriffen. Die *Weite Welt* schien jedermann offen, vom *Orient* bis *Virginia*, jedenfalls in der Illusion der Raucher, bei denen sich die fernen Stätten zu behaglicher Stunde in den Wölkchen und Rauchkringeln ihrer Zigaretten zeigen sollten. Weltgewandt, international, kosmopolitisch war ja auch der Herr, der auf der Packung für den besonderen Genuß garantierte, und ebenso *mondän* im eigentlichen Wortsinn auch die Dame, die die Packung zierte. Und die Unternehmen in Deutschland setzten nicht selten alles daran, nicht nur die Marken-, sondern auch ihre Firmennamen möglichst

Kat. Nr. 4.2.5, 4.2.4 (oben), 4.2.6, 4.2.8, 4.2.11 (unten)

fremdländisch klingen zu lassen. Da gab es die Dresdner Firmen *Jasmatzi* (Inhaber: Georg Jasmatzi) und *Yenidze,* deren Inhaber den wenig orientalischen Namen Hugo Zietz trug, oder die Firma *Abdulla* in Berlin, die *Sossidi* in Hamburg oder *Batschari* in Baden-Baden. Wer weiß heute noch, daß die für ihre vorbildlich gestalteten Verpackungen und für die Einführung einer frühen Variante der *corporate identity* (gleichgestaltete Lieferwagen, nach Firmenvorschlägen gestaltete Schaufenster der Verkaufsgeschäfte etc.) bekannte Zigarettenfabrik *Manoli* in Berlin nicht, wie der Name vermuten läßt, exotischen Ursprungs ist, sondern aus einer phantasievollen Aneinanderreihung der Anfangsbuchstaben des Firmengründers OLIver MANdelbaum besteht.

Da im Jahre 1912 eine stattliche Reihe deutscher Firmen mit solcherart exotisch klingenden Namen zur B.A.T.-Gruppe, d. h. zum Trust der *British-American Tobacco Company,* gehörten, entstand bereits 1913, in der Zeit der Vorahnungen des Ersten Weltkrieges, eine Reaktion auf diesen *Trust.* Die sogenannten *freien* Zigarettenfabriken und Händlerverbände bildeten einen Gegenblock, der sich *Verein zur Abwehr des Tabaktrustes* nannte. Als *trustfrei* bezeichnete nun manch nationalbewußter Fabrikant seine Ware, häufig mit entsprechenden Werbeaufklebern auf der Verpackung. Schon der englische Begriff *trust* stieß in Deutschland in den Jahren der zunehmenden nationalen Gesinnung auf Ablehnung. Den kosmopolitisch klingenden Namen wie *TOKIO, BRIDGE, REMBRANDT,* in auffallender Häufigkeit auch englischen oder französischen Ursprungs, wie *HANDICAP, BUTTERFLY, HOUSE OF LORDS* oder *LORD MAYOR* bzw. *BON TON, NONCHALANCE* oder *LE CLOU,* sollten rein deutsch klingende Namen folgen. Wenn in der Zeit kurz vor dem Ersten Weltkrieg und erst recht in der Folgezeit bereits in den Schulen eine Spracherziehung gefordert war, die es zum Ziel hatte, das Fremdwort zu vermeiden, so verwundert es nicht, daß 1915 ein Verein, nämlich der *Ausschuß für gute deutsche Werbesprache,* eine *Verdeutschungskarte für das kaufmännische Werbewesen* herausbrachte mit der Forderung: *Kein Fremdwort für das, was gut deutsch ausgedrückt werden kann!.*

Daß sich im übrigen solch historische Fakten auch andernorts wiederholen können, zeigen die jüngsten Tendenzen der französischen Regierung, die Muttersprache von ausländischen (hauptsächlich anglizistischen) Einflüssen freizuhalten. Ein extremes Gesetz in diesem Sinne ist in Frankreich kürzlich glücklicherweise gescheitert.

Kat. Nr. 4.2.19, 4.2.20

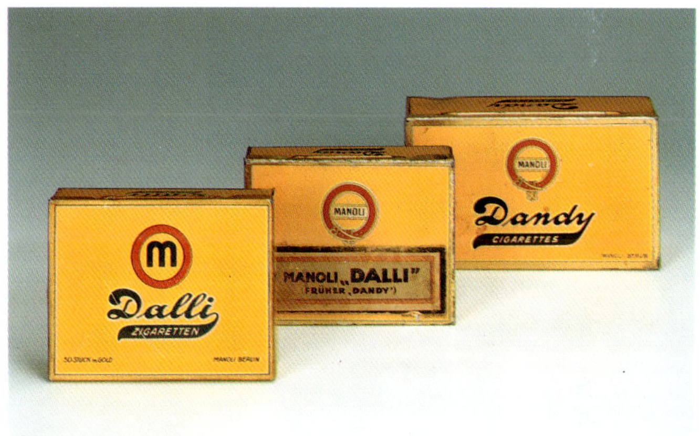

Kat. Nr. 4.2.16–18

Es würde zu weit führen, auf die wirtschaftsgeschichtlichen und politisch-soziologischen Hintergründe einzugehen, die gerade in den Jahren 1913 bis 1915 in Deutschland die unübersehbare Tendenz zu deutschen Begriffen, deutsch lautenden Firmennamen und – in der Zeit des Krieges – nicht selten auch heroisch-deutschtümelnden Markenbezeichnungen belegen. Aber an einigen wenigen, markanten Beispielen soll hier der Wandel solcher Markenbezeichnungen aufgezeigt werden, und zwar selbst bei solchen Marken mit kosmopolitischem oder ausländischem Klang, bei denen die damit gekennzeichneten Zigaretten bis dahin mit hohem Umsatz, d. h. mit sehr gutem Erfolg, verkauft wurden.

Paul Tauchner

4.2.1
MANOLI 1914, *Plakat*
Lucian Bernhard
(Stuttgart 1883–1972 New York)
Berlin 1914
Druck: Hollerbaum & Schmidt, Berlin
Lithographie, 36,5 x 26,5 cm
Text: Berlin S.O. / 16.Rungestr.22/24 / Manolihaus / Lieferant der / franzos. und / italien. Regie / MANOLI-CIGARETTEN-FABRIK BERLIN / Kammerlieferant Seiner k. u. k. Hoheit d. Erzherz. Franz Ferd. v. Österreich-Este
Lit.: Das frühe Plakat, Bd. 3, 1980, Nr. 264
Berlin, Staatliche Museen zu Berlin Preußischer Kulturbesitz, Kunstbibliothek

4.2.2
JOSETTI Cigaretten, *Emailschild*
Erich Lüdke
Entwurf 1914
Druck: Emaillier Werk Hans Fink, Pasing
Emailschild, schabloniert, gewölbt, 62,5 x 33 cm
Lit.: Das Plakat 5, 1914, 43 – Das frühe Plakat, Bd. 3, 1980, Nr. 2144 – Wunderlich 1991, 101
München, Privatsammlung

4.2.3
JOSETTI Trustfrei Cigaretten, *Plakat*
Erich Lüdke
Um 1929
Bez. o. r.: ERICH LÜDKE
Druck: Kunstanstalt Arnold Weylandt, Berlin
Lithographie, 90 x 62 cm
Lit.: Das Plakat 5, 1914, 43 – Das frühe Plakat, Bd. 3, 1980, Nr. 2144 – Rademacher, 1992, Nr.302
Berlin, Deutsches Historisches Museum P 62/441

4.2.4 *Abb.*
KAISER WILHELM GOLD TIPPED CIGARETTES, *Dose für 25 Zigaretten*
Weißblech, bedruckt, 2 x 11,5 x 7,2 cm
Beschriftung: MANUFACTURED IN ENGLAND / BY / B. MURATTI, SONS & CO. / LIMITED. / LONDON & MANCHESTER.
München, Privatsammlung

4.2.5 *Abb.*
KIOS Kaiser-Wilhelm Cigarette, *Dose für 20 Zigaretten*
Weißblech, bedruckt, 1,9 x 8,8 x 7,4 cm
Beschriftung Unterseite: TRUSTFREI KIOS-CIGARETTE FEINSTE DEUTSCHE MARKE
München, Privatsammlung

4.2.6 *Abb.*
UNSER KAISER, *Dose für 20 Zigaretten*
Weißblech, bedruckt, Eichenfurnierimitation, 1,7 x 8,4 x 7,4 cm
Beschriftung Deckel: ORIENTAL. TAB. U. CIGARETT.- FABR. / ›YENIDZE‹ / 22 carat Gold
München, Privatsammlung

4.2.7
THE KAISER CIGARETTES MANOLI, Hinterglasbild
1912–14
Glas, bedruckt, 56,5 x 40 cm
Lit.: Dóren 1978 – Weisser 1985a, 193
Hamburg, Reemtsma

4.2.8 *Abb.*
UNSER STEUERMANN, *Blechverpackung für 20 Cigarillos*
Weißblech, 1,7 x 8,9 x 8,9 cm
Beschriftung: SAUPE & BUSCH; RADEBEUL-DRESDEN
München, Privatsammlung

4.2.9 *Abb.*
Leibniz Keks, *Ladenplakat*
Ludwig Hohlwein
(Wiesbaden 1874–1949 Berchtesgaden)
München um 1914
Bez. u. l.: LUDWIG HOHLWEIN MÜNCHEN
Lithographie, 49 x 34 cm
Münchner Stadtmuseum A 13/136

4.2.10
Leibniz Postkarten zum 1. Weltkrieg
Um 1914
Lithographie auf Pappe, ca. 14 x 10 cm
München, Privatsammlung

4.2.11 *Abb.*
KIOS – WELT – MACHT, *Dose für 20 Zigaretten*
1916
Weißblech, bedruckt, 2 x 8,8 x 7,4 cm
Beschriftung Deckel: E. ROBERT BÖHME / KÖNIGL. UND FÜRSTL. HOFLIEFERANT / DRESDEN; Unterseite: TRUSTFREI KIOS-CIGARETTEN FEINSTE DEUTSCHE MARKE
München, Privatsammlung

4.2.12
Kaiser Tinte
Um 1900
Farbloses Glas, 19 x 10 x 9,3 cm
München, Privatsammlung

4.2.13
Unzerstörbare Reichstinte
Um 1914/15
Farbloses Glas, 24 x 9 x 8,5 cm
München, Privatsammlung

4.2.14 *Abb.*
GIBSON GIRL, *Dose für 100 Zigaretten*
Lucian Bernhard
(Stuttgart 1883–1972 New York)
Um 1910
Weißblech, bedruckt, 4,5 x 14,3 x 8,4 cm
Beschriftung Deckel: CIGARETTES MANOLI BERLIN; Deckel vorne und hinten: HIGH CLASS CIGARETTES; Deckel seitlich: 100 GOLD TIPPED CIGARETTES; Wandung vorne und hinten: GOLD MEDAL PARIS 1900
München, Privatsammlung

Die Zigarettenmarke *Gibson-Girl* der Berliner Firma Manoli wurde als Wortzeichen unter der Nr. 83 983 im Jahre 1905, als kombinierte Wort/Bild-Marke unter der Nr. 99 751 im Jahre 1907 und nochmals im Jahre 1911 unter der Nummer 144 796 registriert (zu *Gibson Girl* vgl. S. 144). P. T.

4.2.15 *Abb.*
MANOLI ›WIMPEL‹ (FRÜHER ›GIBSON GIRL‹),

Kat. Nr. 4.2.9

Dose für 100 Zigaretten
Ab 1914
Weißblech, bedruckt,
4 x 14,3 x 8,4 cm
Beschriftung vordere und hintere Wandung:
100 ZIGARETTEN WIMPEL M. GOLD
München, Privatsammlung

Die von Lucian Bernhard entworfene *Gibson Girl*-Verpackung wurde ab 1914 mit einem nahezu alles verdeckenden schwarz-weiß-rot umrahmten Aufkleber mit dem Text *Manoli ›Wimpel‹, früher ›Gibson Girl‹* überklebt. Bemerkenswert ist, daß der schräge Überkleber den Eindruck einer *spontanen* Überklebung der alten kosmopolitischen Bezeichnung erwecken sollte, jedoch ist dieser Aufkleber in Wirklichkeit genauso auf die Schachtel gedruckt wie der restliche Teil der noch sichtbaren alten *Gibson-Girl*-Gestaltung: ein sehr geschickter Werbegag, der dem Verbraucher suggerieren sollte, daß in Kriegszeiten statt des vergnügten Varieté-Girls neue Werte gelten – beispielsweise ein von den Farben der deutschen Reichsflagge eingerahmter *Wimpel*, der 1914 auch auf den deutschen Kriegsschiffen zu flattern begann, die gegen England und die Vereinigten Staaten fuhren. P. T.

4.2.16 *Abb.*
MANOLI Dandy CIGARETTES,
Dose für 100 Zigaretten
Hans Rudi Erdt zugeschrieben
Ab 1909
Weißblech, bedruckt,
4 x 12,8 x 7,6 cm
Beschriftung: MANOLI BERLIN;
Wandung seitlich: 100 MANOLI Dandy
München, Privatsammlung

1909 wurde für Manoli beim kaiserlichen Patentamt in Berlin eine Zigarettenmarke mit der Bezeichnung *DANDY CIGARETTES* unter der Nr. 115 578 registriert. Die Marke wurde um die gleiche Zeit noch einige Male in Variationen angemeldet, so mit der Bezeichnung *DANDY FIFTH*, 1912 als *DANDY GOLD* oder 1913 mit abgeänderter Zeichnung der Figur. P.T.

Kat. Nr. 4.2.14 Kat. Nr. 4.2.15

4.2.17 *Abb.*
MANOLI ›DALLI‹ (FRÜHER ›DANDY‹),
Dose für 100 Zigaretten
Ab 1914
Weißblech, bedruckt,
2,2 x 10 x 7,4 cm
Beschriftung vordere und hintere Wandung: Dandy Cigarettes
München, Privatsammlung

Da sich *DANDY* kaum sinnvoll verdeutschen ließ, hieß die Folgemarke seit etwa 1914 *DALLI*. P. T.

4.2.18 *Abb.*
Dalli ZIGARETTEN, *Dose für 50 Zigaretten*
Ab 1914
Weißblech, bedruckt, 3 x 10 x 7,5 cm
Beschriftung: 50 Stück m. Gold /
MANOLI BERLIN
München, Privatsammlung

Waren die neu bezeichneten Verpackungen noch mit *DALLI*-Überklebern versehen, so wurde bald auch die Blechschachtel mit der neuen Bezeichnung hergestellt. P. T.

4.2.19 *Abb.*
MANOLI House of Lords,
Dose für 50 Zigaretten
Lucian Bernhard
(Stuttgart 1883-1972 New York)
Ab 1910
Weißblech, bedruckt, 3,7 x 11 x 7,6 cm
Beschriftung seitliche Wandung: MANOLI HOUSE OF LORDS 50 CIGARETTEN
München, Privatsammlung

Manoli besaß seit 1905 unter der Registriernummer 82 724 die Zigarettenmarke mit der englischen Bezeichnung HOUSE OF LORDS. Auch diese Zigarette wurde in der Zeit von 1910 bis 1914 mit gutem Erfolg verkauft. P. T.

4.2.20 *Abb.*
MANOLI Herrenhaus,
Dose für 100 Zigaretten
Ab 1914/15
Weißblech, bedruckt, 3,5 x 14,5 x 11 cm
Beschriftung seitliche Wandung: MANOLI HERRENHAUS 100 ZIGARETTEN
München, Privatsammlung

Im August 1914 wurde für diesen Artikel die neue Markenbezeichnung *Herrenhaus* unter der Nummer 23 746 angemeldet. Zu dieser Zeit war das die Bezeichnung der ersten Kammer des seit 1855 existierenden Preußischen Landtags. Im März 1915 wurde diese Marke eingetragen. Aufmachung, Farbe und Gestaltung der Verpakkung wurden bewußt nicht geändert, was ein weiteres Mal darauf hinweist, daß es sich mit *Herrenhaus* um die deutschsprachige Nachfolgemarke des älteren Produkts *House of Lords* handelt, wobei dem regelmäßigen Konsumenten die Veränderung möglichst unbemerkt bleiben sollte. P. T.

4.2.21 *Abb.*
MANOLI Feldpostbriefe, *Plakat*
Lucian Bernhard
(Stuttgart 1883–1972 New York)
Berlin 1918
Bez. u. r.: BERN/HARD
Druck: Hollerbaum & Schmidt, Berlin
Lithographie, 70,2 x 95 cm
Text: In Packungen zu
20*50*100 Zigaretten
Lit.: Das Plakat 1915, 24
München, Deutsche
Städtereklame 28.073

4.2.22 *Abb.*
ERNST UDET,
Dosen für 25 Zigaretten
Um 1920
Weißblech, bedruckt, zwei Farbvarianten,
1,9 x 11,8 x 7,6 cm
Beschriftung Deckel: ERNST UDET
LESSING & Co und ERNST UDET/
LESSING / 25 ZIGARETTEN
Wandung seitlich: LESSING & CO
FRANKFURT a/Main
Lit.: Leitherer/Wichmann 1987, 188
München, Privatsammlung

4.2.23
Deutsche Kaufleute sprecht deutsch!
Aus ›*Das Plakat*‹
Berlin 1915
Buchdruck auf Karton,
23 x 16,5 cm
Münchner Stadtmuseum 46/4

Kat. Nr. 4.2.22

4.2.24 *Abb.*
Verdeutschungskarte für das kaufmännische Werbewesen. Aus ›*Das Plakat*‹
Berlin 1915
Buchdruck auf Karton, 21,3 x 16 cm
Münchner Stadtmuseum 46/4

Kat. Nr. 4.2.21

Tilmann Buddensieg

Werbekunst und Warenästhetik

Zum Dialog zwischen entwerfenden Künstlern, ausführenden Handwerkern, produzierenden Unternehmern und werbenden Produzenten

Werbekunst und Warenästhetik – diese beiden ungleichen Begriffszwillinge verkuppeln die alten feinen Würdeformeln der Kunst und Ästhetik mit zwei immer noch anstößigen Hälften, der Ware und der Werbung –, unmöglich vor der industriellen Revolution und umstritten bis heute. Wie gut, daß es noch ein letztes Kriterium für die brüchige Unterscheidung von hoher und niederer, freier und angewandter, autonomer und brauchbarer Kunst gibt und die selbsternannten Wächter der hohen Künste wieder einmal über deren Ende lamentieren können.

1. Watteau und Balzac
Vom irdischen Glück des Geschäftes zum Bankrott aller Werte

Watteaus *Ladenschild* – heute im Berliner Schloß Charlottenburg – ist ein Werbebild. Die Leinwand des Gemäldes von stattlichen 3 m Breite befand sich in Paris über dem Ladeneingang des Kunsthändlers Gersaint. Wir müssen dieses Werk höchster Malkunst von 1720 perfekte Werbekunst, eine Orgie künstlerischer Werbung für Kunst als Ware nennen. Über dem Eingang zum Laden setzt das Bild den berühmten Namen seines Maler-Produzenten für einen Händler ein. Watteau schildert Verkaufsverhandlungen im Laden selbst, mit werbenden Erläuterungen des Ladenbesitzers und des Personals sowie den erfolgreichen Abschluß eines Verkaufs mit Verpacken und Abtransport eines Bildes. Watteau hat das *Ladenschild* unmittelbar nach seiner Rückkehr aus England 1719 gemalt. Dort hat er sicher die namentlich in London weit und breit berühmten und kostbaren Straßenschilder gesehen, wie das des Malers John Fairchild aus dem Jahre 1665 für das Wirtshaus ›Zum weißen Herz‹.

Diese künstlerischen Werbemittel hatten den Zweck, den Verkauf selbstgefertigter oder zugekaufter Waren oder praktischer Dienstleistungen zu befördern. Sie warben für den Warenproduzenten oder Händler, und sie suchten einzelne, womöglich viele einzelne als Kunden und Nutzer zu gewinnen.

Erst die industrielle Revolution schuf einen anonymen Markt und ein internationales Massenpublikum, mit tiefgreifenden Konsequenzen. An dem Beispiel eines Romans von Honoré de Balzac und einem nahezu gleichzeitigen Geschichtswerk von Alexis Graf de Tocqueville soll dieser Erdrutsch angedeutet werden.

In die Weltliteratur sind die Werbe- und Marketingprobleme eines Pariser Parfümeriehändlers eingegangen. Ein ›Hauptwerk‹ nennt Balzac seine *Histoire de la grandeur et de la décadence de César Birotteau, parfumeur…*, die er 1838 veröffentlichte. Man hat es als *erstes Reklamebuch* angesprochen (Schmidt 1935, 13). Die Herstellung und vor allem die geschickte Markenartikel-Reklame für neue kosmetische Produkte wie das Haarerhaltungsmittel Kephalol hatten Birotteau Reichtum und Glück gebracht: *Die sichersten Spekulationen sind die auf Eitelkeit und Eigenliebe. Diese Gefühle werden niemals aussterben,* so der Romanheld César. Dieser entwickelt eine Reklamestrategie, die sich von der heutiger Geschäftspraktiken nur wenig unterscheidet: *Er ließ farbige Offerten drucken, auf denen gewisse Schlagworte weithin leuchteten, wie: Ärztlich untersucht und empfohlen! Diese zum erstenmal als Reklame angewandte Phrase hatte eine zauberhafte Wirkung. Nicht allein Frankreich, der ganze Kontinent wurde… mit gelben, roten und blauen Prospekten überschwemmt.* Geschickt sucht Birotteau seine ›Sultaninen-Paste‹ gegen Nachahmungen zu schützen– so durch eine Papierhülle mit seiner Unterschrift für eine Flasche in verschiedenen Farben und mit eingepreßter Schutzmarke. Zeitungsannoncen und die Prospekte des Generalvertreters Gaudissart überschwemmen ganz Frankreich. In Straßburg werden deutsche Prospekte gedruckt, um wie in einer Invasion Deutschland mit Kephalol zu erobern (Balzac 1957, 144).

Mit beißender Schärfe geißelt Balzac den Selbstvergleich des Parfümeriehändlers Birotteau mit Newton. Nicht minder ironisch setzt er die ›Histoire‹ seines Händlers in Parallele zu Montesquieus *Considérations sur les causes de la grandeur des Romains et de leur décadence.* Er schildert kalt den Abstieg des verkrachten Schriftstellers Finot zum Verfasser eines Werbeprospektes für ein Haarwuchsmittel, dessen Sprache den *gelehrten Dissertationsstil und den Professorenton* ins Lächerliche zieht. Ein Stich nach Raffaels *Sixtinischer Madonna* wird zum geschäftlichen Werbegeschenk für den weltfremden Gelehrten, den Arzt Professor Vauquelin degradiert. Dessen *Untersuchung des menschlichen Haares ... seine wertvollen Studien über Farbe, Organismus und Ernährung des Haares ... gilt es, geschickt auszubeuten.* Dem ehrgeizigen jungen Architekten Grindot vertraut Birotteau den Umbau seines Hauses an. Seine Anweisungen gibt *der Parfümeriehändler mit der Würde eines Mediceers.*

Balzac schildert den Parfümeriehändler Birotteau als naiven Usurpator eines Wertsystems, das in den alten Zeiten der Freundschaft von Watteau, dem Künstler, mit Gersaint, dem Händler, auch gegensätzliche Interessen zusammenhielt. Die Malerei Watteaus wurde durch Geschäfte nicht zu anderem als sie selbst mißbraucht, und die Geschäfte brauchten zu ihrem Gelingen nichts anderes als die Werke eines Künstlers.

Balzac zeigt dagegen den Umwertungsversuch des alten Wertsystems von Kunst und Wissenschaft für bürgerlichen Gebrauch im Geschäft. Dieser Überrumpelungsversuch führt zum Bankrott Birotteaus. Wedgwood hatte das Ancien régime statt dessen verspottet. Er versuchte nicht wie Birotteau, ein soziales Wertsystem nachzuahmen.

2. Tocqueville und Goethe: ›Mittelmaß‹ als Lob und Tadel

Graf Tocqueville hat diesen Epochenbruch als den Bruch zweier Gesellschaftssysteme geschildert: des aristokratischen im Ancien régime und einer demokratischen Gesellschaft, die er auf seiner Reise in die Vereinigten Staaten von Amerika 1831 staunend erfuhr und über die er 1840 ein klassisches Meisterwerk veröffentlichte (Tocqueville 1987).

Für Tocqueville war Amerika eine ideale Demokratie, mit einer Fülle von Lehren, vor allem für sein eigenes Vaterland. Die Ausweitung des Handels, der nationalen und internationalen Märkte und damit der Warenproduktion bis in die heiligsten Bezirke der Ästhetik handwerklichen und künstlerischen Schaffens hat Tocqueville als eine der hoffnungsvollen und vorbildlichen Folgen demokratischer Regierungsformen angesehen: *Der Sinn für das Nützliche* trage *im Herzen der Menschen* demokratischer Völker *den Sieg über die Liebe zum Schönen* davon.

Solche Segnungen vermochte er gelegentlich durchaus ironisch-melancholisch zu kommentieren: *Als nur die Reichen Uhren besaßen, waren diese fast alle ausgezeichnet. Jetzt stellt man nur noch mittelmäßige her, aber alle besitzen welche.* Dies kann man das Tocquevillesche Gesetz der Warenproduktion in demokratischen Gesellschaften nennen: *Mittelmaß, aber viel und billig,* statt der monarchisch-feudalen Formel: *ausgezeichnet, aber wenig und teuer* (Tocqueville 1987, Bd. 2, 67 f., 73 ff.). Der französische Graf sah, in schroffstem Gegensatz zu den Sorgen der deutschen Kulturpessimisten, eine solche erschwingliche Mittelmäßigkeit der Gebrauchsgüter nicht nur als einen gesellschaftspolitischen Fortschritt, sondern er bestaunte in den Vereinigten Staaten sogar die neuen *geistigen Fähigkeiten des Arbeiters,* der *früher bewunderungswürdige Erzeugnisse* schuf, jetzt aber Methoden *rascher Herstellung gleicher Stücke in großer Zahl* zu entwickeln vermochte.

Tocqueville untersuchte Produktionsbedingungen für schöne und nützliche Dinge in demokratischen Gesellschaften unter dem Gesichtspunkt des Konsumenten. Eine Generation früher formulierte Goethe den Standpunkt des Künstlers als Produzenten: *Die Kunst,* notierte Goethe auf seiner Italienischen Reise in Venedig am 8. Oktober 1786, *welche dem Alten seine Fußböden bereitete, dem Christen seine Kirchenhimmel wölbte, hat sich jetzt auf Dosen und Armbänder verkrümelt. Diese Zeiten sind schlechter als man denkt* (Goethe 1992, Bd. 15, 102). Anders als der französische Staatsmann begnügte Goethe sich nicht mit der wertfreien Benennung einer ästhetisch bestimmten und einer gebrauchsorientierten gestaltenden Arbeit des Menschen als hoch oder niedrig, als wenig oder viel, als durchschnittlich, aber preiswert, als frei oder angewandt, als schön oder nützlich. Goethe fällte statt dessen ein sittliches Urteil über die künstlerische und industrielle Schaffensweise des Menschen als wahr oder falsch, als echt oder mechanisch, als gut oder wertlos (Hofmann 1979, 21).

Am Anfang der Italienischen Reise, mit dem großen Erlebnis Palladio und Venedig, denkt Goethe zunächst an das Bewahren der *Schönen Künste,* deren *Heilig Bild Gemüth* und *Seele* beruhigen sollen, *zum stillen Genuß.* In den englischen Ausmaßen des Venezianischen Arsenals beschließt er das Ende eines solchen kontemplativen Kunstgenusses der Vergangenheit, *denn die Zeit des Schönen ist vorüber.* Nach der Rückkehr sollen, dem englischen Vorbild gemäß, die Aufgaben *unsrer Tage,* der Technik und der Naturwissenschaften, studiert und in angewandte Künste umgesetzt werden. Goethe beschließt nichts geringeres als ein Ende seiner Künstlerarbeit, weil ein Ende der Kunst notwendig für die Zukunft sei. Ein Jahrzehnt später stellt er die fortgesetzte Künstlerarbeit als die höhere Daseinsform der mittelmäßigen Welt der Technik und des Handels entgegen.

Seit Herbst 1797 ist Goethe von der Unversöhnlichkeit von Kunst und Industrie überzeugt. Er fürchtet den unausweichlichen Untergang jedes anderen als *mittelmäßigen Talentes,* das sich auf den *Handel* einließe und *dabei großes Glück* mache, wie *die Engländer* (Goethe, WA I, 47, 297). Es waren die Engländer, deren Erfindungen Ware und Mensch – auch in Weimar – zu verändern begannen. Die *Engländer und ihre Maschinen* trafen *Teutsche* wie Caspar David Friedrich und Goethe im Innersten – *und die Briten sind stolz darauf* (Hofmann 1979, 21 f.).

Das Unheimliche und Erschreckende war für Goethe der Mißbrauch künstlerischer Arbeit für die Zwecke des Handels. Er hat die Reproduktion von Kunstwerken, insbesondere solcher der Vergangenheit, als legitim unterschieden von der illegitimen mechanischen Multiplikation der Kunst für die Zwecke des Marktes. Letzteres bedeutete für Goethe entweder die verändernde Anpassung großer Kunstwerke als Zierat, ihr Umbau zu industriell herstellbaren Gebrauchsgegenständen oder ein von Nutzen und Verkauf bestimmter künstlerischer Entwurf für solche Waren. Nur mittelmäßige Talente gäben sich zu solcher Arbeit für den Handel her. Hier liegt der Grund für Goethes nie überwundene Reserve selbst gegenüber einem so großen Künstler wie Flaxman. Denn Flaxman zählte zu den Künstlern, deren Entwürfe der englische Keramik-Unternehmer Wedgwood auf *Dosen und Armbänder* verkrümelt hatte. Goethes Sorge vor einer *mittleren Cultur* war für Tocqueville deren erhoffte Demokratisierung. Die mächtig wachsende Bevölkerungsschicht der *middling class of people* lieferte Josiah Wedgwood den internationalen Markt für seine von Goethe ohne Enthusiasmus wahrgenommenen Produkte.

3. Wedgwood: Etrurias Antike für Jedermann

Josiah Wedgwood (1730-1795) ist einer jener frühesten Fabrikanten und Unternehmer des 18. Jahrhunderts, der nahezu alle Merkmale einer neuzeitlichen Industrieproduktion formschöner Gebrauchswaren für einen internationalen Markt entwickelt hat. Der liberale englische Staatsmann Gladstone hat ihn in seiner Rede zur Eröffnung des Wedgwood-Instituts in Burslem 1863 den größten Mann genannt, *der jemals in irgendeinem Zeitalter und in irgendeinem Lande sich ganz der wichtigen Aufgabe gewidmet hat, Kunst und Industrie miteinander zu verbinden* (Treue 1973, 23).

Wedgwood führt die maschinelle Produktion der Keramikwaren ein, mit Drehbank und Dampfmaschine; er entwickelt arbeitsteilige Herstellungsverfahren mit ungelernten Arbeitern *to make such machines of man as can not err.* Um 1770 bereits stellt Wedgwood die Präzision der von Ungelernten bedienten Maschine (machines of man) über die Handarbeit der geschulten Keramik-Meister. Er plant verschiedene Dekor-Systeme für die gleiche Geschirrform, gibt vielen Formen den gleichen Dekor – *either plane, guilt or embellished with animal paintings* –, mit dem marktwirtschaftlichen Ziel, für jeden Käufergeschmack und Geldbeutel das passende Produkt zu liefern. Dafür hat er bereits nationale Massenmärkte im Auge: Frankreich beliefert er mit verschlungenem Rokoko, Rußland mit grellen, protzigen, kitschigen Sachen, über und über mit Farbe bedeckt, in die Vereinigten Staaten geht billige und zweitklassige Ware, speziell exotische Produkte verkauft er in der Türkei.

Auf dem englischen Markt begründet Wedgwood ein neuartiges, ungemein modernes Marketing. Durch Werbegeschenke an den Hof, den Adel und an einflußreiche Journalisten weckt er das prestigebedingte Kaufinteresse der *Middling class of people.* Ihnen verdankt er dann den Umsatz. 1772 beschreibt er seine Marktstrategie als Einstieg von oben: *Die Standespersonen haben diese Vasen lang genug in ihren Palästen gehabt, um von den kleinen Leuten, einer der Zahl nach, wie wir wissen, unendlich überlegenen Klasse bewundert zu werden. Anfänglich war, wie ich meine, ein sehr hoher Preis vonnöten, um diese Vasen als Schmuckstücke für Paläste gewürdigt zu finden.*

Dieser Grund besteht nunmehr nicht länger. Ihr Charakter ist etabliert. Die kleinen Leute würden bei einem reduzierten Preis wahrscheinlich Mengen davon kaufen. Das Prestige der Ware wird durch Überteuerung gesichert, ein billiger Preis dann durch den Umsatz auf einem internationalen Markt ermöglicht, gelegentlich sorgt eine regelrechte *violent vase madness* für reißenden Absatz.

Wedgwood unterhält, um *lines, channels and connections* zu öffnen, Ausstellungsräume in London mit ständig wechselnden Arrangements, mit jährlich neuen technischen Erfindungen und veränderten modischen Entwürfen. Er verschickt seit 1773 bebilderte Warenkataloge und setzt *advertisements in Newssheets* und Tageszeitungen. Er führt als erster die Verkaufspolitik des *satisfaction guaranteed or your money back* ein. Er steht geschäftliche Rückschläge durch, den Druck und die Nachahmung einer internationalen Konkurrenz. Er läßt aber die Nachahmung seiner Waren auf dem internationalen Markt geschehen, weil das seine Marktführerposition erst garantiert. Enthusiastisch begrüßt er, trotz empfindlicher geschäftlicher Einbußen, die Französische Revolution.

4. Schinkel: Bauwesen und Baukunst

Die bildenden Künste und die Architektur erleben in den ersten Jahrzehnten des 19. Jahrhunderts eine gründliche Reorganisation ihrer Kunstangelegenheiten, weil Gewerbe und Bauwesen, von den Entwicklungen in England her, eine enorme Ausweitung erfahren hatten. In einer Denkschrift von 1819 fordert Karl Friedrich Schinkel (1781–1841), der auf Empfehlung von Humboldt 1810 zum Oberbauassessor ernannt wurde, *eine vollkommene Umwandlung des ganzen, auf Akademien üblichen Lehrwesens, sowohl seiner äußeren als auch seiner inneren Form nach.* In diesem von Friedrich Eggers bekannt gemachten, offenbar ungedruckten Unterrichtsplan will Schinkel die Akademie auf das Repräsentieren und auf die Hervorbringung von Kunstwerken beschränkt wissen. Daneben plant er eine Polytechnische Schule für künftige Militärs, Gewerbetreibende und Fabrikanten, für Maschinen-, Straßen-, Wasser- und Schiffbau, für Berg- und Hüttenwesen. Eine Technische Zeichenschule solle für die Ausbildung der eigentlichen Handwerker sorgen. Die Bauakademie wird mit Erlaß von 1823 in zwei Abteilungen geteilt: die Höhere Baukunst wird dem Unterrichtsministerium, das Technische Bauwesen dem Handelsministerium unterstellt (Eggers 1851, 234 ff., 241 ff.). Diese administrative Zweiteilung hat die Entwicklung eines technischen Bauwesens erst ermöglicht.

Es wäre höchst reizvoll, Schinkels Bauten gemäß dieser eigenen Unterscheidung zu betrachten: Nahezu gleichzeitig, im Jahre 1827, baut er für seinen Freund Christian Peter Wilhelm Beuth (1781–1853) den extrem schmucklosen Rasterbau des Königlich Preußischen Gewerbeinstituts in der Klosterstraße und das Kunstgebilde des Museums am Lustgarten, jenes ein Arbeitshaus zur Unterweisung von Fabrikanten und Produzenten, dieses ein Schatzhaus der Geschichte der Kunst für Bildung und Genuß des Volkes. Nach der innersten Überzeugung Schinkels, der auch ein Schüler Humboldts war, brauchte das eine das andere für die erträumte Ganzheit des gebildeten Menschen.

Man verstünde so mit Schinkels Hilfe die gewollte Nähe des Packhofes zur Projekt gebliebenen Königlichen Bibliothek, die Schinkel als Büchermagazin in höchster Einfachheit als Werkstatt und Werkzeug entwarf und die er nicht unter die Prachtbauten der Stadt gerechnet wissen wollte. Man könnte seine Bauakademie als bewußte Zweiheit aus Fabrik und Akademie, bezogen auf Technisches Bauwesen und Höhere Baukunst betrachten. Man verstünde schließlich die Nähe des Gewerbeinstitutes zum projektierten Kaufhaus Unter den Linden über die zeitliche Nachbarschaft hinaus: Von der Planung, dem Entwurf und der Produktion der Waren im Gewerbeinstitut führe der Weg direkt zu deren Vertrieb im Kaufhaus.

5. Schinkel und Feilner: Ein Haus, ›wie es in Berlin noch keins gibt‹

Einer der engsten Freunde von Schinkel, der an der Vervielfältigung von Kunstwerken *unter alle Klassen* so mitwirkte, wie dieser es als Modellfall wünschte – nämlich ausschließlich nach den Entwürfen der besten Künstler und in antikem Geschmack –, war der Ofenfabrikant Tobias Christoph Feilner. Sein Lebenslauf zeigt das zeittypische Bild der Entwicklung vom Handwerker zum Fabrikanten in viel kleineren geschäftlichen Dimensionen als Wedgwood, aber mit einem verwandten unternehmerischen Selbstbewußtsein. Feilner beschäftigte sich mit großfiguriger, schwer zu brennender Baukeramik – schon bald in der beherrschenden Zusammenarbeit mit Schinkel und mit Hilfe seines Schwiegersohns, des Bildhauers Ludwig Wichmann. Gebrauchsgeschirr und ein weltweiter Handel lagen außerhalb seines Interesses. Auch Feilners berühmte Kachelöfen sind nicht für einen Markt, sondern vermutlich für individuelle Auftraggeber gefertigt worden.

Seine Arbeit ist in hohem Maße Fabrikation mit Künstlern für Architekten. In dem Berliner *Zeitblatt für Gewerbetreibende und Freunde der Gewerbe* von 1828 wird das Wohnhaus Feilners in einer Abhandlung ›Über das Äußere Ansehen der Fabrik-Gebäude‹ erwähnt. Es gehöre *zu den Zeichen des Fortschreitens und der Erhebung der Gewerbe in einem Lande, wenn die Werkstätten, worin sie betrieben werden, auch äußerlich einen bestimmten Charakter an sich tragen, und man schon aus dem, wie sie von außen erscheinen, auf das schließen kann, was in ihrem Innern geschieht.*

Doch nicht nur auf der Ebene einer *Architecture parlante* gelingt diese Bestimmbarkeit des Hauses eines Ofenfabrikanten. Das ganz Neuartige dieser Architektursprache reicht weit über die antikischen Ornamentmotive Schinkels hinaus. Die Schmuckplatten verweisen auf den Beruf des Bauherrn, auf die bürgerliche Idee des Selbermachens und werben für den Kauf einer Ware. Schinkel spricht deshalb in seinen *Architektonischen Entwürfen* von dem Wunsch des Bauherrn, *diese Fabrication noch gemeinnütziger und für gewöhnliche Bürgerhäuser anwendbar zu machen.* Daher habe sich Feilner entschlossen, *mit dem Beispiel durch einen selbst unternommenen Bau voranzugehen,* einen Bau, der im Medium einer originellen Architektur und einer selbstgemachten Ornamentik Werbekunst und Warenästhetik ins Bild setzt.

Das Bahnbrechende des Baues beruht auf Schinkels Einfall, eine öffentliche Ausstellung der Waren eines Tonwaren-Fabrikanten an einem Wohnhaus zu veranstalten, das in der Organisation seiner Fassade die Analogie zur benachbarten Fabrik des Bauherrn anstrebt. Nur im englischen Fabrikbau gab es gleiche Geschoßhöhen, gleiche Fenstergrößen im ganzen Bau, damit erstmals ein Rastersystem als Kompositionsmethode für ein Wohnhaus. Schinkel verzichtet beim Feilner-Haus auf die alte Ordnung eines Bauwerkes aus Sockel, Beletage und Attika, aus Mittelportal und Seitenflügeln, er verzichtet auf die Komposition der Fassade nach den drei architektonischen ›Ordnungen‹ oder den historischen Mustern der abendländischen Stile. Schinkel schafft für den neuen Typus des bürgerlichen Unternehmers einen neuen Typus des Wohnhauses. Das bürgerliche Jahrhundert nach ihm zog die Usurpation der vorindustriellen Paläste der Reichen vor oder folgte Tocquevilles Einsicht von der unausweichlichen Mittelmäßigkeit des Massenhaften.

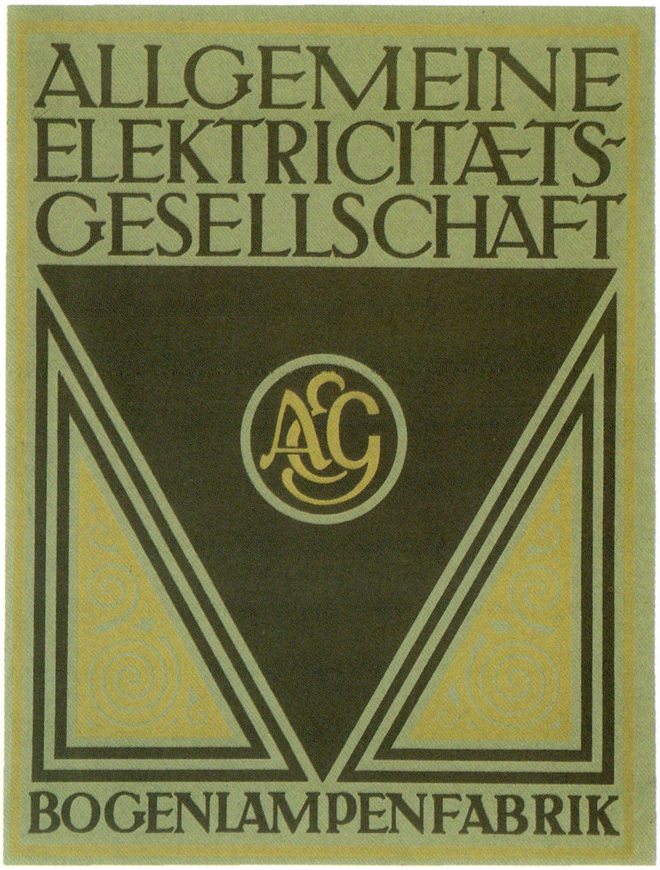

Kat. Nr. 4.3.3

Die zentrale Utopie der Architekten und Produktgestalter des 20. Jahrhunderts, die Synthese der Welt der Industrie mit allen Kräften des gegenwärtigen Lebens, wie sie Peter Behrens in dem AEG-Modell einer Industriekultur, sein Schüler Gropius im Bauhaus und sein Schüler Mies van der Rohe in seinem architektonischen Werk formulierten, diese Utopie hat Schinkel für den Wohnbau eines bürgerlichen Unternehmers, für die Ausbildungsanstalten der Bauschule und der Gewerbeschule sowie für die Bibliothek und das Kaufhaus als unausgeführte Entwürfe verwirklicht. Das war für Schinkel die eine, die in die Zukunft gerichtete, noch geschichtslose wissenschaftlich-technische, die industriell-produktive und die geschäftliche Welt. Alle mit den Begriffen der Kultur, der Kunst und der Religion verbundene Baukunst dagegen sah Schinkel dem *grossen unermesslichen Schatz von Formen* der Vergangenheit verhaftet.

Das nach der Englandreise 1827 konzipierte Kaufhaus an der Stelle der heutigen Staatsbibliothek hätte mit den englischen Methoden der Aktiengesellschaft einen großen gewerblichen Hof in

Kat. Nr. 4.3.5

die gleichförmige Fassadenfront der Linden gerissen und erstmals die Fabrikanten und Kaufleute, ohne die protokollarischen Rücksichten der formalen Anpassung, in die Hofgesellschaft der Linden geholt.

Von seinen englischen Erfahrungen her erhoffte Schinkel von dem Kaufhaus *einen Mittelpunkt des Verkehrs, wodurch ... manches Geschäft erleichtert und überhaupt ein Vereinigungspunkt gebildet wird, den man bis jetzt vergeblich suchte* (Rave 1962, Bd. 3, 125 ff.), den er aber in Paris und London gesehen hatte. Schinkel macht hier ganz deutlich, daß der heute gern verklärte Lindenkorso den gewaltsamen Einbruch der bürgerlichen Gewerbe- und Geschäftswelt brauchte, um von einer höfischen Karossenmeile und einer militärischen Paradestraße zum Boulevard des 19. Jahrhunderts zu werden, mit *Verkehr, Geschäften und Vereinigung,* um Schinkels präzise Worte zu wiederholen. Die Hofbeamten erkannten sofort die gesellschaftliche Provokation: Der für das Kaufhaus projektierte Bauplatz sei für den Handelsstand und Verkehr nicht recht passend, die Lokalität sei der kaufmännischen Gewerbsamkeit nicht angemessen.

6. Gottfried Semper und Werner Siemens: Der Konsum und die Produktion

F. W. Nottebohm, der Biograph des Gewerbeinstitutes, hat 1871 feststellen können, daß *die Anreger, Schöpfer und Leiter der meisten großartigen industriellen Unternehmungen unseres Vaterlandes ehemalige Zöglinge des Institutes waren* (Nottebohm 1871, 23 f.). Er hätte ›nahezu alle‹ sagen können, wenn nicht der große Siemens ohne das Gewerbeinstitut seinen Weg gemacht hätte. Diese Unternehmer schufen Produktionsmethoden, Formen und Zweckbestimmungen, die sich auf Dauer der Erinnerungsarbeit gebildeter Künstler nicht mehr unterwerfen ließen. Borsigs Lokomotiven verlangten andere Methoden der kollektiven Arbeit und unterlagen vorbildlosen Gesetzen der Formgebung. Sie setzten eine neue Maschinenästhetik, die ohne ›Vorbilder‹ gebildeter Künstler zur Wirkung kommen mußte.

1847 prägt Werner Siemens in einem Brief an seinen Bruder Wilhelm den Begriff vom *Künstlerschlendrian* seiner Arbeiter, die für eine energische und einseitige Tätigkeit verdorben seien. 1858 schreibt er an Carl Siemens: *Die Werkstatt hat nur sehr geringen Ertrag geliefert. Die Preise sind für Künstlerarbeit zu gering und die Herren Künstler faulenzen zu sehr.* Die arbeitsteilige Betriebsform in England sei sehr viel effektiver, dagegen wehrten sich jedoch die Herren Künstler (Siemens-Archiv-Akte 27. 3. 1958).

Der Architekt Gottfried Semper sieht nach der Londoner Weltausstellung von 1851 die künftige Entwicklung ganz klar (Semper 1852). Alles sei *auf den Markt berechnet und zugeschnitten. Die Spekulation legt uns die Wohltaten mundrecht vor; wo keine sind, dort schafft die Spekulation tausend kleine und grosse Nützlichkeiten.* Schon Semper nahm von diesem allbeherrschenden Marktgesetz der Spekulation Gegenstände aus, bei denen der Ernst des Gebrauchs nichts Unnützes gestattet. In ihnen zeige sich *mehr Gesundheit in der Ausstattung und Veredelung der durch ihre Bestimmung vorgezeichneten Formen.* Darin steckt schon ein noch heute gültiger Begriff des Design. Semper nennt als Beleg für diese Gesundheit der Ausstattung *Waffen, musikalische Instrumente* und

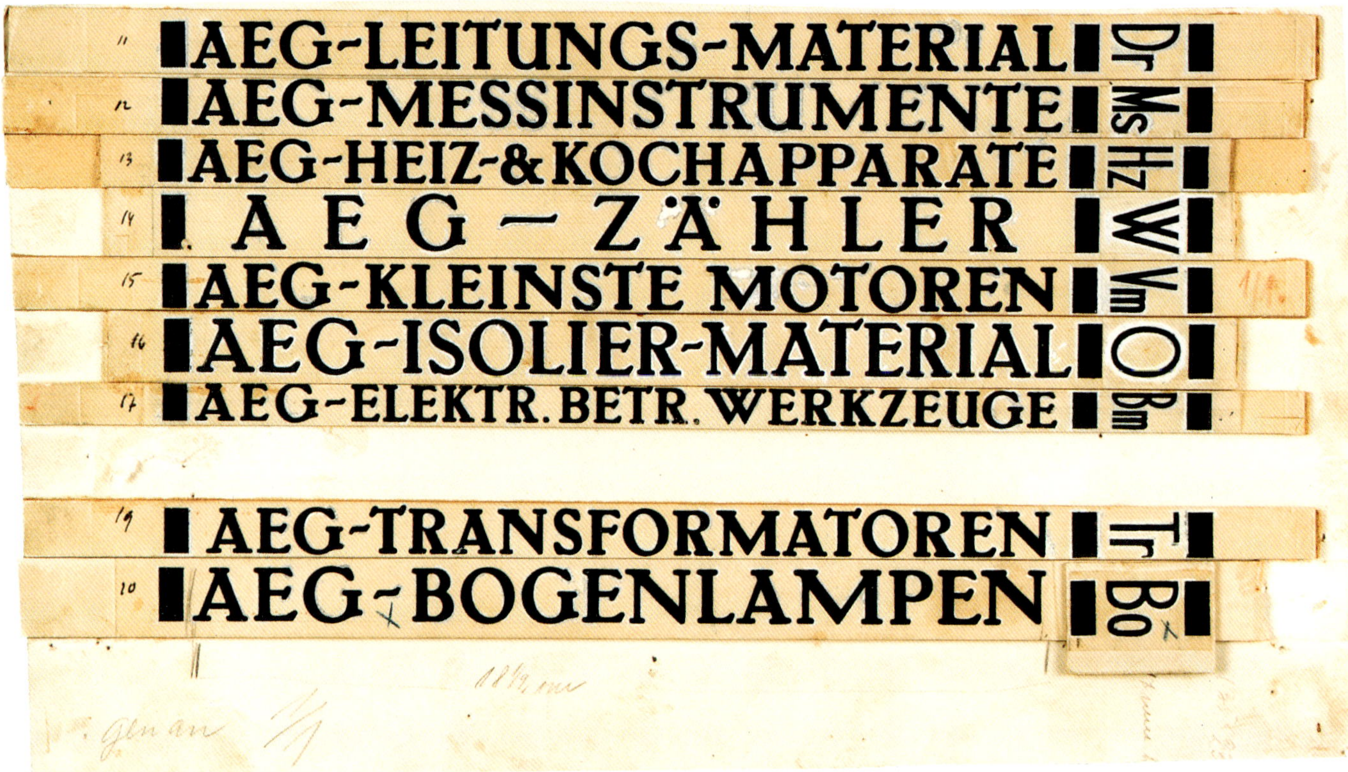

Vgl. Kat. Nr. 4.3.2

Wagen. Hier entsteht die trotz Behrens bis heute fortwirkende Vorstellung von einer Ästhetik der Formgebung, die aus der konsequenten Zweckerfüllung von selbst, ohne Künstlerhand erwächst.

7. Emil Rathenau, Walther Rathenau, Peter Behrens: Der Vater, der Sohn und der künstlerische Beirat für und wider die Massenproduktion von Werbekunst und Warenästhetik in der AEG

Weder Wedgwood noch Schinkel oder Semper konnten das Ausmaß des Schismas vorhersehen, das sich zwischen der künstlerischen Schöpfung und der industriellen Güterproduktion im Laufe des 19. Jahrhunderts über die englischen Anfänge hinaus verschärfte.

Dem Rückzug auf die künstlerische Niederschrift eines individuellen Ausdrucks, dessen Sprache nur noch abgelöst vom öffentlichen Raum und vom gesellschaftlichen Nutzen verständlich war, entsprach eine massenhafte Warenwelt, die sich der gestaltenden Formung mehr und mehr entzog. Dieser Jahrmarkt der Stile, der Massenkram der Warenhäuser wird zwischen Nietzsches *Unzeitgemäßen Betrachtungen* und Walther Rathenaus *Reich der Seele* von der deutschen Kulturkritik beklagt. *Vergessen wir nicht die Grundbedingung der subjektiven Kunst: daß sie auf alle Zwecke, somit auf unmittelbare staatliche, gesellschaftliche und wirtschaftliche Nützlichkeit zu verzichten hat: und es wird uns verständlicher, daß die tätigen, leitenden und entscheidenden Männer unserer Zeit der Kunst fremd bleiben* (Rathenau 1913, 85). Die Reformbemühungen des Münchner und Darmstädter Jugendstils, des deutschen Werkbundes erreichten nicht viel mehr als kleine Auflagen von Alltagsgeräten für meist wenige, manchmal viele, aber immer individuelle Liebhaber, nicht für einen großen, anonymen Markt, wie ihn schon Wedgwood beliefert hatte. Der AEG von Emil Rathenau gelang sicher ohne die kulturelle Mission der Geschmacksbildung, sondern allein aus wirtschaftlichen Erwägungen – eine vollständige Umgestaltung der Topographie der industriellen Produktion zugunsten einer neuen Werbekunst und Warenästhetik. Die kulturgeschichtliche Bedeutung der AEG beruht, daran darf man zum Zeitpunkt ihrer Schließung erinnern, auf einer Debatte höchsten Niveaus über die

Rolle der Kunst als Baukunst der Fabrik, als Formgebung der maschinellen Massenproduktion und als Werbung in einem Großunternehmen.

Die drei Protagonisten dieser Debatte, Emil Rathenau, Peter Behrens und Walther Rathenau, vertraten unterschiedliche Positionen. Den Firmengründer Emil Rathenau (1838–1915) interessierten nach dem Zeugnis des Maschinenbau-Ingenieurs Alois Riedler (1850–1936) *gefällige Formen … gerade bei Massengut* wegen der wirtschaftlichen Bedeutung, denn *die gute Form wird Käufer anziehen und neben dem Preis eine Rolle spielen* (Riedler 1916, 91 ff.). Alois Riedler führt einen neuen Begriff der *Schönheit der Zweckform* des großindustriellen Massenprodukts ein. Er definiert das Einfache, Gefällige, Natürliche dieser Zweckformen als naturhaft, als von selbst gekommen. Das Streben nach betrieblicher Übersichtlichkeit, nach Sauberkeit, allein die Folgerichtigkeit der praktischen Forderungen lieferte gleichsam als eine Nebenfrucht die Schönheit der Form.

Die Grenzen dieser naturalistischen Definition von schöner Zweckform liegen in der Vorstellung, sie entstünde von selbst, aus der bloß zweckgerechten Konstruktion. Das Riedlersche Rezept versagt insbesondere dort, wo es nicht nur um ein vernünftiges Einzelgerät ging, sonderm um das Bild des Ganzen – eines Riesenbetriebes wie der AEG. Riedler verkennt aus seinem Blickwinkel des Maschinenkonstrukteurs und -zeichners, daß die Mehrzahl der Elektroprodukte die schlichte Gleichung von Funktion und Form zugunsten einer autonomen Hülle und Mechanik aufgegeben hat. Die hundert Varianten eines Stromzählers waren mit einem konventionellen Funktionsbegriff nicht mehr formal zu differenzieren, sondern verlangten statt einer spekulativen Zweckform ein Maß an Gestaltung, das Firmenidentität und Ästhetik als Werbung betonte.

Für den Entwurf dieser gefälligen Zweckform, welche die Bearbeitung durch Maschinen ermöglicht, berief Emil Rathenau 1907 den Formgestalter Peter Behrens (1868–1940). Dieser sah die Gestaltung solch technischer Produkte als eine Aufgabe der Kunst an. Behrens versuchte, den Zweck des Gegenstandes in seiner Formung zu veranschaulichen (Buddensieg/Rogge 1977, 132). Die Gesetzmäßigkeit sauberer mechanischer Konstruktion könne allein zu einer Pseudo-Ästhetik führen. Deshalb hielt er es für einen Trugschluß, dem Fabrikanten als Rezept vorzuschreiben, sich nur an die äußerste Zweckform zu halten und zu glauben, aus der knappsten Zweckerfüllung allein könnte das Schönheitsmoment entstehen.

Kat. Nr. 4.3.10

Neben der Qualität des materiellen Gebrauchswertes wollte Behrens (Behrens 1910, D 278 ff.) die Freude erzeugen, also jenen emotionalen Besitzwert, der dem Produkt erst die werbende Kraft für den Käufer verleiht. Dieses sei ein *eigentlich Künstlerisches,* das aus einem gezielten *Kunstwollen,* aus der *Intuition starker Individualitäten* hervorginge.

Entgegen der Auffassung des Ingenieurs Riedler betrachtet Behrens die Formgebung technischer Gebrauchsgeräte als einen Gestaltungsvorgang, der ihren Zweckcharakter in einer eigenwertigen Form zur Erscheinung zu bringen vermag. Die Formfindung sieht Behrens als einen künstlerischen Akt an, dessen Wurzeln in einem irrationalen Kunstwollen liegen. Dieser Definition künstlerischer Arbeit hat Walther Rathenau freudig zugestimmt. Ebenso emphatisch hat er aber diese sich als künstlerisch definierende Arbeit an der Gestaltung technischer Geräte für irregeleitet und verwerflich erklärt. Voraussetzungen für eine solche keineswegs abgeschlossene Debatte war der Prozeß der Veränderung der Produktion. In diesem war nach Riedler *eine neue kräftige Werbetätigkeit … von größter Wirkung* (Riedler 1916, 122). Er greift hier einen frühen Gedanken von Walther Rathenau auf, der schon 1907 die Neuartigkeit der Elektrogeräte dahingehend definierte, daß sie nicht für ein vorhandenes Bedürfnis produziert würden, sondern ein Markt erst geschaffen werden müsse, die überlegene Brauchbarkeit der Produkte für Massenkonsum bis in die privaten Haushalte erst nachzuweisen sei (Rogge in Buddensieg 1979, 100). Es fehlt in diesem Gedanken Walther Rathenaus, unmittelbar vor dem Arbeitsbeginn von Behrens in der AEG, die Einsicht in die Rolle der Werbung und damit der Formgestaltung der Elektrogeräte für die Gewinnung des Marktes. Er hielt den technischen Vorsprung und die Kapitalkraft für ausreichend zur Öffnung und Beherrschung des Massenkonsums. In diesem Prozeß hat neben Emil Rathenau, dem Ingenieur und Kaufmann, sein Mitarbeiter der ersten Stunde, der Marketing-Chef Felix Deutsch gestanden. Frühzeitig haben sie die Werbung für die AEG und ihre Produkte eingesetzt.

Da die *sehr ertragreiche Fabrikation von billigen Massengegenständen der Elektrotechnik von Anfang an eine der Ursachen des Erfolges Rathenaus* war, da er diese *billige Herstellung von Massenbedarfsware für jedes Haus* (Riedler 1916, 127 f.) buchstäblich erfand und eine Umgestaltung eines großen Teils aller modernen Lebensverhältnisse, so Walther Rathenau 1907, verursachte (Rogge 1979, 100), mußte die AEG diesen neuen Produkten zur verstärkten Werbung gegen die wachsende Konkurrenz ein neues Gesicht geben. Die bisherige *Industrieform war die Fortsetzung des alten Handwerks, mit dem Fortschritt der Arbeitsteilung der Massenanfertigung und der Verwendung mechanischer Kräfte,* so definiert Walther Rathenau in einem Brief an Dr. Meissner von 1907 die Ausgangslage. Nach Alois Riedler war diese Prähistorie der Elektrogeräte von *der Einzelarbeit des Mechanikers beherrscht* (Riedler 1916, 128). Der Maschinen- und Werkzeugcharakter der entweder formlosen oder überdekorierten Geräte mußte ersetzt werden durch eine werbende, also ästhetisch anziehende und firmeneigene Formgebung, um sich, als Bedingung für Massenkonsum, dem neuen Ambiente ihrer Nutzung, der privaten Haushaltung, anzupassen.

Zu diesen hier herangezogenen Anhaltspunkten eines streng auf seine unternehmerische Arbeit bezogenen Sinns für Formenschönheit Emil Rathenaus stehen die Anschauungen seines Sohnes in bemerkenswertem Gegensatz. Walther Rathenau wird nicht müde, die zeitgenössischen Künstler, insbesondere die Formgestalter der angewandten Kunst, aber auch das industrielle Massenprodukt als *die sperrigen, falsch geputzten Artikel der Zweckproduktion* gegen die lebenswarme handfeste Kraft auszuspielen, die den Werken alter Zünfte entströmt. Gegen Meier-Graefe und Karl Scheffler, die beiden mächtigsten publizistischen Förderer der modernen angewandten Kunst, vor allem auch gegen Behrens, war Walther Rathenau distanziert eingestellt (Hellige 1990, 431 ff.). So ergibt sich denn die zentrale Frage nach den Beziehungen zwischen Walther Rathenau und Peter Behrens.

In der *Kritik der Zeit* von 1912 schildert Walther Rathenau die sehnsüchtige Seelenlage des modernen Menschen im Zeitalter der Mechanisierung: *Der Mensch ... fühlt, daß er Unersetzliches besessen hat; nun trachtet er, das Verlorene mit List wiederzugewinnen und pflanzt kleine Heiligtümer in seine mechanisierte Welt, wie man Dachgärten auf Fabrikgebäuden anlegt ... Dennoch ist dieses Spiel nicht verächtlich, weil es aus Sehnsucht stammt. Aber es bleibt hilflos und kindisch, weil auf dem zitternden Boden der Mechanisierung arkadische Haine nicht gedeihen* (Schulin 1990, 93).

Zweifellos meint Rathenau den beim Schreiben seines Textes fertiggestellten Dachgarten von Behrens für Gäste und Besucher der AEG auf dem zitternden Boden über der Alten Maschinenfabrik am Humboldthain. Behrens hatte hier Spaliere mit Bäumen und Blumenbeete in der Form des AEG-Firmenzeichens eingerichtet.

Walther Rathenaus Kritik infolge der Verletzung innerster Überzeugungen über das Wesen der Kunst beginnt erst dort, wo die Protagonisten der angewandten Kunst seit dem Jugendstil und eine breite Phalanx von Kunstkritikern wie Meier-Graefe und Scheffler dieser Gewerbekunst einen der hohen Kunst ebenbürtigen, wenn nicht überlegenen Rang und Ruhm zubilligen. Es betraf nicht unbedingt die Firmenpolitik Emil Rathenaus und widersprach eklatant dem Kunstverständnis von Walther Rathenau, wenn Behrens am Anfang seiner Tätigkeit für die AEG die Hoffnung beflügelt, mit den schön geformten Produkten der Elektroindustrie *Kunst und Anstand in weiteste Kreise der Bevölkerung zu tragen* (Buddensieg 1979, D274 f.). Im gleichen Jahr interpretiert auch Karl Scheffler die weltweiten geschäftlichen Aktivitäten der AEG unter reinen Moralbegriffen: *Den Ruhm, das Abscheuliche einer Gesinnung ... empfunden und ... Mittel zur Abhilfe gesucht zu haben, kann die AEG für sich nun in Anspruch nehmen.* Da wird sie als eine *geistig kultivierte Großmacht* gefeiert, da wird von der *Verpflichtung dem Schönen gegenüber* gesprochen, von dem *Bedürfnis, ... das Notwendige ... sittlich zu machen* (Scheffler 1908, 432 ff.). Karl Ernst Osthaus, der Hagener Bankier und Mäzen, brachte in der Frankfurter Zeitung vom 10. 2. 1910 diese enthusiastischen Interpretationen auf die Formel: die AEG habe *der Welt ihr Anrecht auf Kunst in der Produktion zurückgegeben.* Das waren Walther Rathenaus *unerträgliche Großsprecher,* die uns *jede mechanisierte Notdurft als Aufstieg zur Vollkommenheit preisen* (Buddensieg 1979, 14).

Der ehemalige künstlerische Beirat Behrens hat auf die Kritik Walther Rathenaus genauso verschlüsselt und allgemein, aber deut-

Kat. Nr. 4.3.17

Kat. Nr. 4.3.16

lich geantwortet. So jedenfalls dürfte die Wortwahl in seinem Aufsatz *Stil?* von 1922 zu verstehen sein (in: Die Form 1, 1922, 5 ff.). In diesem Text beschreibt er aus seiner Sicht die in der deutschen Kulturkritik verbreitete Vorstellung von der Zerrissenheit unserer Zeit. Auf der einen Seite fänden sich Zeugnisse einer hohen technischen Zivilisation in den Werken des Ingenieurs, in der schnittigen Linie unserer Verkehrsmittel. Andererseits zeigten unsere Großstadtarchitektur, die Gebrauchsware und die Erzeugnisse der Industrie einen Tiefstand, wie er niedriger nicht gedacht werden könne. Darum flüchteten *gerade die Geistigen unserer Zeit in eine ›Kunst der Verinnerlichung und seelischen Einfalt‹*.

Diese Zerteilung des Lebens in die Rathenauschen Begriffe *Intellekt und Zweck* hier, das *Reich der Seele* dort, so Max Scheler in seiner Gedächtnisrede auf Walther Rathenau, könne nach Behrens nur überwunden werden, *wenn es der Technik gelingt, sich von ihrem Selbstzweck zu befreien, um dagegen zum Mittel und Ausdruck einer Kultur zu werden.* In Erinnerung an seine AEG-Arbeit meint Behrens, dies könne nicht durch ästhetische Beeinflussung der industriellen Aufgaben, auch nicht durch Addition von zwei wesensfremden Gebieten geschehen. Diese kulturelle Dimension der Technik, wie es der Mitarbeiter von Emil Rathenau, Karl Mey, genannt hat, könne nach Behrens nur gewonnen werden, *wenn die Technik weiß, daß Macht verpflichtet.* Die Technik müsse *hinlänglichen Wert auf ihre Erscheinung legen ..., wie es jede Macht, sei es Kirche oder König, stets getan hat.* Wenn dieses Bewußtsein von seiten der Technik, wie in der AEG Emil Rathenaus, vorhanden sei, dann ginge es von seiten des Künstlers nicht um ästhetische Beeinflussung der industriellen Aufgaben, es sei auch gleichgültig, *wer bei Eisenbauten und Dingen industrieller Erzeugung der Urheber sein soll, ob der Ingenieur oder der Architekt ... Wo es sich um organisatorische Kunst handelt, ist es Sache der Arbeitsgemeinschaft.* Hier definiert Behrens ein Jahrzehnt nach seiner AEG-Arbeit in überlegener Manier den spezifischen Charakter seiner damaligen Tätigkeit. Sein organisatorisches Können liefert der Welt der Technik den sichtbaren Ausdruck der Form. Er gewinnt ihr über die Zweckerfüllung wirtschaftlichen Handelns hinaus den Überschuß der kulturellen Dimension.

In die Wahrnehmung dieser Identität zwischen dem technischen Geist und der modernen Kunst in der Avantgarde der 20er Jahre schwingt der Stolz auf seine großen Schüler mit. Die AEG von Emil Rathenau und Peter Behrens war Modell und Vorbote viel weiter reichender Gestaltungsmodelle im Werk der drei jungen Babelsberger Mitarbeiter an jener Arbeitsgemeinschaft für eine organisatorische Kunst: Walter Gropius, der das AEG-Modell in sein Bauhaus-Konzept einbrachte, Le Corbusier, der die AEG-Erfahrung zur *Totalform der gemachten Welt* imaginierte, und Mies van der Rohe, der die AEG-Fabriken, insbesondere seine Hofseite der Turbinenfabrik, zu einer Universalsprache der Architektur ausbaute.

Walther Rathenau hat sich von diesen optimistischen Modellen einer Symbiose zwischen Kunst und Technik immer strikt distanziert. In der *Mechanik des Geistes* von 1913 beschreibt er die ungeheuren Verluste, die die Kunst erlitten, den unausweichlichen Abstieg, den sie genommen habe. Er ist von dem Eindruck der kulturzerstörerischen Wirkung seiner eigenen Arbeit als Unternehmer beherrscht wie keiner seiner Kollegen und verteidigt die kulturbewahrenden Werte einer zweckfreien Kunst, eines *Reiches der Seele.*

Die Einsicht von Emil Rathenau, daß die Formgebung der Produkte ebenso eine wirtschaftliche Notwendigkeit sei, wie das Behrens anvertraute Bild des Unternehmens als Ganzes und in allen seinen Bestandteilen, hat weitergewirkt: Aus der Quelle des Babelsberger Ateliers schöpfte der junge Walter Gropius eines der fundamentalsten Axiome seiner Bauhaus-Arbeit: Die l'art pour l'art auf der einen Seite und die Wirtschaft als Selbstzweck auf der anderen – also Walther Rathenaus scharf geschiedene Grenzgebiete – müßten zur Lebenseinheit zurückgeführt werden.

Ein weiterer indirekter Zeuge der Rolle Emil Rathenaus ist der große Formgestalter Wilhelm Wagenfeld (1900–1990). Er wurde im Jahre 1935 bei den Vereinigten Lausitzer Glaswerken in Weißwasser als Organisator der gesamten Massenproduktion von Gebrauchsgläsern im größten Hohlglaswerk Europas eingestellt. Der Aufsichtsratsvorsitzende des der AEG assoziierten Unternehmens war der Physiker Dr. Karl Mey. Er wußte, so Wagenfeld, *daß ich aus dem Bauhaus kam und dem Werkbund zugehört hatte und knüpfte daran bestimmte Erwartungen. Das um so mehr, weil er selbst früherer Mitarbeiter von Emil Rathenau gewesen war und die Ära Peter Behrens miterlebt hatte. Ihm lag daran, das Unternehmen so zu reorganisieren, daß es über seine wirtschaftliche Bedeutung hinaus eine kulturelle bekam* (Manske/Scholz 1987, 239).

Dr. Karl Mey, geb. 1879, trat 1903 in die Glühlampenfabrik der AEG ein und wurde 1911 deren Leiter. Noch 25 Jahre später erinnert er sich in Weißwasser an Emil Rathenau und Peter Behrens und ergreift als neuer Leiter des großen Unternehmens mit der Berufung von Wilhelm Wagenfeld die folgenreiche Gelegenheit, das fortzusetzen, was er in der AEG Emil Rathenaus in der Ära Peter Behrens als verpflichtende Methode gelernt hatte: durch die konsequente Formgebung und Produktplanung eines Formgestalters die wirtschaftliche Bedeutung mit einer kulturellen zu verbinden. Karl Mey erzählte Wagenfeld, und dieser mir, von der kompromißlosen Parteinahme Emil Rathenaus für das völlig neue Designkonzept von Peter Behrens. Als sich anfangs Kritik an der strikten Einheitsform aller Produkte, Broschüren und Schriften regte, sagte der Generaldirektor nur: *Wenn Ihnen das nicht paßt, dann können Sie ja gehen.*

Walter Gropius schreibt am 21. 6. 1964 an Wilhelm Wagenfeld über dessen Arbeit für die Vereinigten Glaswerke in Weißwasser: *Sie glauben nicht, wie befriedigend es für mich ist, zu sehen, wie konsequent Sie die Bauhausidee zu überzeugender Realität gebracht haben, niemand anders ist soweit gegangen* (Manske/Scholz 1987, 61). Damit schließt sich vom Emil-Rathenau-Assistenten Dr. Karl Mey als Auftraggeber von Wagenfeld der Kreis zurück zum Gründer der AEG. Was für eine kulturelle Auswirkung Emil Rathenaus im gesamten 20. Jahrhundert für einen aus wirtschaftlichen Überlegungen veranlaßten Gestaltungsauftrag!

Die Abfallprodukte der Werbekunst und Warenästhetik haben mancherlei Überlebenschancen. Edel ist der Segen der Kunstgeschichte als Zeitzeugnis, als Gattungsleistung oder als Künstlerwerk. Weniger sicher ist der Kreislauf der Trödelfreunde. Und kurz vor der Entsorgung retten die Nouvau Réalistes bis heute auch noch die letzten Wegwerfsachen vor sicherem Verschwinden, um die wesentliche Aufgabe der hohen Kunst zu erfüllen, unnütze Waren in nutzlose Ästhetik der hohen Kunst umzuformen: Essensreste, leere Parfumflaschen, gepreßte Autos, Wasserkannen oder Kneifzangen. Aufgesammelte Produkte der Warenästhetik und abgerissene Plakatfetzen der Werbekunst werden zum autonomen Kunstwerk.

Anmerkung
Der vorliegende Text stützt sich auf die folgenden Veröffentlichungen des Verfassers: Berliner Labyrinth, Preussische Raster. Berlin ^{2}1994. Ein Mann vieler Eigenschaften, Walther Rathenau und die Kultur der Moderne. Berlin 1990.

ALLGEMEINE
ELEKTRICITÆTS
GESELLSCHAFT
A·E·G-METALLFADENLAMPE
ZIRKA EIN WATT PRO KERZE
HOLLERBAUM & SCHMIDT · BERLIN · N · 65

Kat. Nr. 4.3.1

Kommunikation durch Design

Erstaunlich spät, fast als ein Folgegedanke, setzte sich die Vorstellung durch, daß eine unverkennbare Gestaltung der Markenprodukte signalisiert, wer das Produkt hergestellt hat.

Die Forderung nach einer eigenen Gestaltung der Erzeugnisse wurde gleichsam von außen an den Hersteller herangetragen. Identitätsstiftende Merkmale waren zuerst aufgebrachte Siegel, Marken und andere Zeichen, dann nach Formen, Farben, Schriften gestaltete Verpackungen und ganz zum Schluß erst nach den Grundsätzen der Entwurfskunst gestaltete Produkte, die so überformt und einheitlich konzipiert waren, daß sie klar und unverkennbar einem bestimmten Markenbegriff zugeordnet werden konnten.

Einige frühe Qualitätsprodukte sind bereits durch seltene Materialien und rare innovative Fertigungstechniken eindeutig von allen anderen Erzeugnissen unterschieden, so daß sich dadurch eine Gestaltung ergibt, welche wie *Design* aussieht, aber nicht auf zeichnerischen Entwürfen beruht, sondern aus gemeinsam zugrundeliegenden Techniken hervorgeht. Dementsprechende Markenprodukte sind in der Anfangssequenz der Ausstellung behandelt, seien aber noch einmal als Beispiele rekapituliert: Wedgwood, Thonet oder Villeroy & Boch.

Ansätze einer künstlerischen, für den Hersteller spezifischen Gestaltung des Entwurfs lassen sich zuerst in der Raumkunst des Jugendstils bemerken und betreffen Innenräumen zugeordnete Produkte, die bereits weitgehend industriell hergestellt, aber als Handwerksprodukte ausgegeben wurden: Möbel, Lampen, Kleingerät und andere Ausstattungsstücke, welche unverkennbare Gruppenmerkmale der 1897/98 gegründeten *Vereinigten Werkstätten für Kunst und Handwerk* in München oder der *Deutschen Werkstätten für Handwerkskunst* in Dresden aufweisen. Die Qualitätsprodukte machen durch Grundsätze der Perfektion in der Ausführung auf sich aufmerksam, vor allem aber durch die ihnen zugrundeliegenden Prinzipien einer entsprechenden Gestaltung durch Entwürfe. Gutes *Design* wurde von innen heraus entwickelt, nicht von außen appliziert: *Die Gediegenheit ist nichts anderes, als die äußere Kundgebung der inneren Wahrhaftigkeit* (Muthesius, zit. n.: Katalog Handgearbeitete Möbel, DeWe 1909, 12).

Vor dem skizzierten Hintergrund entstanden die ersten Ansätze der Gestaltung von technischen Industrieprodukten als Ausdruck von Qualitätsanspruch und einer bestimmten Firmenpolitik. Fülle des Ausdrucks, die in der Einfachheit liegt, bezeichnet das Ziel, dem das entstehende *industrial design* sich in seiner Geschichte zunehmend verpflichtet fühlte. Die alles entscheidende Persönlichkeit ist dabei Peter Behrens, der von Gebilden des dynamischen Jugendstils zu einer abstrakten, objektbezogenen Entwurfskunst fand: *Diese Sachlichkeit bedeutet vielleicht den höchsten Sieg der modernen Künstlerischen Disziplin und bildet die vierte Phase in seiner steigenden Entwicklungslinie, die ihn nach Berlin bringt, um ihn an den modernen Aufgaben der Industrie zu beschäftigen. Der Künstler ist an der A.E.G. attachiert worden, um den modernen Elektrizitätskörpern, Beleuchtungsgegenständen und Architekturteilen und sonstigen vorkommenden, jeder künstlerischen Geschmacksregung baren Gebrauchsform die gute typische Gestalt zu geben, der sie im Sinne einer sachlich Künstlerischen Auffassung bedürfen. Diese Berufung ist ein vieldeutiges Kennzeichen, daß die Entwicklung der modernen Bewegung nach dem abgelaufenen Jahrzehnt an einem Wendepunkt steht und an der eigentlichen Aufgabe des Jahrhunderts mitwirkt, in der Industrie …* schrieb bereits 1908 mit großer Hellsicht August Lux (Das Neue Kunstgewerbe in Deutschland, Leipzig, 177). Nach Entwürfen für das industrialisierte Kunsthandwerk nahm Behrens 1908 die Einladung des Direktors der AEG Walther Rathenau an und arbeitete für die *corporate identity* des großen Industriekombinats, für das er die Architektur, Schriftentwürfe, Elektrogeräte und elektrische Uhren entwarf. Das erste Mal wurde hier ein bildender Künstler dazu berufen, alle Aspekte, die im Bereich industrieller Gestaltung anfallen, beratend und formgebend zu betreuen. Später arbeitete er auch für die industrielle Glasfertigung und Porzellanproduktion. Das Büro Behrens' in Berlin war der Ort, an dem gegen 1910 die führenden Designer und Architekten des 20. Jahrhunderts ihre Ausbildung und ihre ersten praktischen Schritte absolvierten. Dazu gehörten bedeutende Architekten wie Le Corbusier (1910/11), Gropius (1907–10), Mies van der Rohe (1908–11), welche die Designgeschichte entscheidend bestimmten. Das Vorbild der Arbeiten von

Kat. Nr. 4.3.30, 4.3.31

Kat. Nr. 4.3.32

Peter Behrens wirkte unmittelbar auf andere Gestalter und Firmen, die sich ihn in den künstlerischen Beirat oder in die Plakatjury holten, um an das Erfolgsrezept der AEG anzuknüpfen. Dies bedeutete: eine Neugestaltung der Produkte, der Werbemittel und der Warenzeichen, Mitsprache bei der Architektur und den Innenräumen der Produktionsstätten sowie den Verkaufslokalen und Ausstellungsbauten. Über die Berücksichtigung der technischen Vorgaben hinaus galt es in Entsprechung dazu frei das Gehäuse und die Oberfläche zu gestalten, die in Anmutung etwas über die Funktion des Geräts, das Material und dessen Bearbeitung verraten soll. *Nur die Qualität der Form hängt vom Künstler ab. Die Arbeits- und Materialqualität ist von anderen Faktoren bestimmt, die nicht in seiner Gewalt sind* (Lux 1908, 81).

Über die Oberflächengestaltung der Hülle hinaus ging es darum, den Geräten eine solche Gestalt zu geben, daß sie unverkennbar und wiedererkennbar waren, wenn es einem Käufer darum ging, sie im Geschäft zu finden und zu kaufen. Die ganze Kunst des Entwerfers lag darin, Form und Haut des Gehäusekörpers zu einem Ganzen zu verbinden. Exaktheit, Glätte, Klarheit, Einfachheit der Bedienung, Gebrauchstüchtigkeit und Langlebigkeit galt es mit ganz anderen Mitteln zu signalisieren, als dies Worte oder Bilder sind. Gerade beim elektrischen Gerät, bei dem die Funktionen nicht erkennbar sind und schützend verborgen werden müssen, bewährten sich die neuen Designqualitäten hervorragend. Geschickte Entwerfer arbeiteten dem Material, der Maschinenbearbeitung und den Montageverfahren entsprechend. Ornament hatte in der sach- und funktionsorientierten Gestaltung jede Bedeutung verloren. Diese Mittel dienten unmittelbar auch Werbezwecken, da sie die Orientierung des Konsumenten lenkten. Das hat auch Behrens damals gesehen und in seine Schrift *Werbende künstlerische Werte im Fabrikbau* einfließen lassen. Design stellt sich stets auch in den Dienst der Werbung; die Produktgestaltung war ein Qualitätszeichen für den Käufer, allerdings als essentielle Eigenschaft und nicht allein als Verpakkung des Konsumgutes. Die Arbeiten Wagenfelds für Pelikan erlangten Markenschutz, und die unverkennbare Form der originellen Glasflaschen verband sich mit den Qualitäten der Pelikan-Tinte.

Die Firma Pott verfocht mit ihren in Solingen hergestellten Bestecken eine konsequente Politik *Guter Form*, die im Bemühen einer konsequenten Linie auf das Image der Firma zurückfiel und *Pott-Bestecke* zu leicht erkennbaren Markenprodukten machte. Obwohl der Firmeninhaber Carl Pott die verschiedensten Entwerfer in sein Haus rief und einen Großteil der Besteck-Garnituren selbst entwarf, ergab sich durch die rigorose Beschränkung auf das Wesentliche eine der Firma eigentümliche Linie, welche das Eßgerät vor anderen auszeichnet. Die erlernten und konsequent angewandten Werkbundideale von Sachlichkeit und Materialgerechtigkeit machen das innere Band der Firmenpolitik aus, der 1937 auf der Weltausstellung in Paris mit dem Besteck 2716 der internationale Durchbruch gelang. 2716 befindet sich unverändert bis heute im Sortiment der Firma. An die einmal gefundenen sachlichen Formen wurde in den 50er Jahren angeknüpft, um im *Pott-Stil* weiterzuarbeiten. Das bis heute auf den Klingen angebrachte Signet entwarf auf Veranlassung Wagenfelds im Jahr 1943 Fritz Hellmut Ehmcke als die Fabrikmarke und knüpfte damit der äußeren Form nach an die alten bildhaften Zeichen der Solinger Klingenindustrie an.

Zu diesem Kreis gehört als entschiedener Verfechter einer konsequenten Produktgestaltung die Kronberger Firma Braun, die mit den wichtigsten Vertretern des deutschen Designs wie Gugelot, Wagenfeld, Hirche und Dieter Rams zusammenarbeitete. Das Unternehmen, das seit 1950 diese Gestaltungsprinzipien verfolgt, wurde damit für viele andere zum Vorbild für eine klare, streng funktionale Gestaltung und ein mustergültiges *corporate design*. Besonders Dieter Rams, der 1955 in die Firma kam, beeinflußte durch seine Auswahl bestimmter Farben, Oberflächen und Linienführungen zunehmend das Image der Firma, die bei ihren elektrischen Geräten zuverlässige Technologie mit einfacher Handhabung und klaren Linienführungen verbindet. Die Produktpalette wurde ständig erweitert, aber durch die Konsequenz der äußeren Gestaltung in ihrem Erscheinungsbild stets als Erzeugnis der Firma gekennzeichnet. Die Firma wirbt dementsprechend in ihren Anzeigen allein mit der Sachfotografie ihrer Geräte.

Hans Ottomeyer

Kat. Nr. 4.3.33

Kat. Nr. 4.3.20, 4.3.21 ▷

SONDER-
BUND
CIGARET-
TEN
JOS. FEINHALS
HOFLIEFERANT
CÖLN AM RHEIN
HOHESTRASSE 63
JOS.
CÖLN
SONDER-
BUND
CIGARET-
TEN
JOS. FEINHALS
HOFLIEFERANT
CÖLN AM RHEIN
HOHESTRASSE 63

Peter Behrens – Entwürfe für die Industrie

4.3.1 *Abb. S. 227*
ALLGEMEINE ELEKTRICITAETSGE-SELLSCHAFT A.E.G. METALLFADEN-LAMPE, *Plakat*
Peter Behrens (Hamburg 1868–1940 Berlin)
Berlin 1907
Druck: Hollerbaum & Schmidt, Berlin
Lithographie, 67 x 52 cm
Text: ZIRKA EIN WATT PRO KERZE
Lit.: Das frühe Plakat, Bd. 3, 1980, Nr. 92 – Buddensieg 1978, Nr. G 25 – Monographien Deutscher Reklamekünstler, Peter Behrens 1913, 8
Berlin, Staatliche Museen zu Berlin Preußischer Kulturbesitz, Kunstbibliothek

4.3.2 *Abb. S. 222*
Drei Blätter mit Schriftentwürfen für die AEG
Peter Behrens (Hamburg 1868–1940 Berlin)
Feder, schwarze Tusche, Deckweiß auf Karton, 31,6 x 19 cm; 26 x 28,5 cm ; 10,5 x 12,7 cm
Lit.: Buddensieg 1978, Nr.G 13–15
Frankfurt a. M., AEG Firmen-Archiv

4.3.3 *Abb. S. 220*
ALLGEMEINE ELEKTRICITAETS-GESELLSCHAFT BOGENLAMPEN-FABRIK, *Broschüre*
Peter Behrens (Hamburg 1868–1940 Berlin)
Berlin 1908
Buchdruck, 26,1 x 20,4 cm
Lit.: Monographien Deutscher Reklamekünstler, Peter Behrens 1913, 17 – Buddensieg 1978, Nr. G 35
Offenbach, Klingspor-Museum

4.3.4
AEG-Sparbogenlampe, *Nachbau*
Peter Behrens (Hamburg 1868–1940 Berlin)
Entwurf 1907
Nachbau, H. 66 cm
Frankfurt a. M., AEG Firmen-Archiv

4.3.5 *Abb. S. 221*
A.E.G. SPARBOGENLAMPE
Peter Behrens (Hamburg 1868–1940 Berlin)
Berlin 1907
Fotografie, 18 x 14 cm
Lit.: Bußmann 1992, 85
Hagen, Karl Ernst Osthaus-Archiv V 236

4.3.6
AEG Metalldraht-Lampe, *Entwurf*
Peter Behrens (Hamburg 1868–1940 Berlin)
Berlin 1910
Tusche, weiß gehöht, Bleistift auf Karton, 18 x 22 cm
Lit.: Buddensieg 1978, Nr. G 30
Kaiserslautern, Pfalzgalerie B 4/EZ III/8

4.3.7
AEG, *Entwurf*
Peter Behrens (Hamburg 1868–1940 Berlin)
Berlin 1910
Tusche, Bleistift auf Karton, 16 x 18,5 cm
Lit.: Buddensieg 1978, Nr. G 31
Kaiserslautern, Pfalzgalerie B 1/EZ III/5

4.3.8
AEG Metalldraht-Lampe, *Entwurf*
Peter Behrens (Hamburg 1868–1940 Berlin)
Berlin 1910
Gouache und Tusche auf Karton, 23 x 18,8 cm
Lit.: Buddensieg 1978, Nr. G 27
Kaiserslautern, Pfalzgalerie B 2/EZ III/6

4.3.9
Flugblatt für die AEG-Metalldraht-Lampe, *Entwurf*
Peter Behrens (Hamburg 1886–1940 Berlin)
Berlin 1910
Tusche, weiß gehöht auf Karton, 25,8 x 16,9 cm
Lit.: Buddensieg 1978, Nr. G 29
Kaiserslautern, Pfalzgalerie B 3/EZ III/7

4.3.10 *Abb. S. 223*
AEG, *Prospekt für Spiraldraht- und Metalldrahtlampen*
Peter Behrens (Hamburg 1868–1940 Berlin)
Buchdruck, 11,2 x 15,5 cm
Lit.: Buddensieg 1978, Nr. G 32
Offenbach, Klingspor-Museum

4.3.11 *Abb.*
Elektrischer Heißwasserkessel
Peter Behrens (Hamburg 1868–1940 Berlin)
Berlin 1908
Messing, gerieft, mit von Rohr umwundenem Metallgriff, H. 21 cm, D. Boden 15,5 cm
Lit.: Buddensieg 1978, D 191 H – Wichmann 1985, 248
München, Die Neue Sammlung 82/61

Die Kessel wurden von der AEG nach Entwürfen des Künstlers hergestellt. Dabei gab es drei verschiedene Größen – 0,75, 1,25 und 1,75 Liter – in drei verschiedenen Ausführungen: Messing matt, Messing vernickelt und Kupfer gehämmert, so daß neun unterschiedliche Varianten angeboten werden konnten, die sich nach Art und Größe unterschieden. Dieses *Baukastensystem* bei gleicher Technik ermöglichte große Produktionszahlen und günstige Preise für die neue Technologie. H. O.

4.3.12
Elektrischer Tee- und Wasserkessel
Peter Behrens (Hamburg 1868–1940 Berlin)
Berlin 1909
Messing, vernickelt, Wandung gehämmert, H. 21 cm, D. Boden 13 cm, B. max. 20 cm
Lit.: Buddensieg 1978, D 192 m. Abb.
München, Die Neue Sammlung 256/94

4.3.13 *Abb.*
Elektrischer Wasserkessel
Peter Behrens (Hamburg 1868–1940 Berlin)
Berlin 1909
Messing, vernickelt, Wandung gekerbt, Inhalt 1,75 l, H. 24 cm
Beschriftung: Firmenzeichen a. d. Unterseite
München, Die Neue Sammlung 9/74

4.3.14 *Abb.*
Elektrischer Wasserkessel
Peter Behrens (Hamburg 1868-1940 Berlin)
Berlin 1909
Messing, vernickelt, Wandung gekerbt, Inhalt 1,75 l, H. 22,5 cm
Beschriftung: Firmenzeichen a. d. Unterseite
München, Die Neue Sammlung 82/74

4.3.15 *Abb.*
Elektrischer Teekessel
Peter Behrens
(Hamburg 1868–1940 Berlin)
Berlin 1909
Messing, getrieben, H. 19 cm
München, Die Neue Sammlung 44/74

4.3.16 *Abb. S. 225*
Tischventilator
Peter Behrens zugeschrieben
Berlin um 1912
Lackiertes Metallgehäuse, Messing,
H. 24,5 cm
Lit.: Wichmann 1985, 245
München, Die Neue Sammlung 123/76

4.3.17 *Abb. S. 225*
Elektrischer Heizofen für Gleich- und Wechselstrom
Peter Behrens
(Hamburg 1868–1940 Berlin)
Berlin 1908
Messingblechgehäuse, Reflektor innen vernickelt, 69 x 57 x 30 cm
Lit.: Buddensieg 1979, D. 187 Nr. P116
München, Die Neue Sammlung 1395/82

4.3.18
Reclam Bücherautomat
Peter Behrens
(Hamburg 1868–1940 Berlin)
1913
Gußeisen, farbig gefaßt, 200 x 53 x 28 cm
Lit.: Kemp/Gierlinger 1988 – freundliche Mitteilung von Frau Hartmann,
Leipzig 20. 9. 95
Leipzig, Reclam Verlag

Die Auswahl der Bücher wechselte ständig, denn bei jedem Kauf fiel der vorderste Band von einem der zwölf sichtbaren Stapel, und ein neues Buch lockte zum Kauf. Da jeder Stapel sechs bis sieben Bände enthielt, bot ein einziger Automat eine Auswahl von ca. 80 verschiedenen Büchern. Beliebte Standorte für die Bücherautomaten waren Cafés, Restaurants, Hotels, Biergärten, Bahnhöfe, Theater, Krankenhäuser und Kasernen. Bis 1917 waren ca. 2000 solcher Automaten im Einsatz.

Kat. Nr. 4.3.11, 4.3.13, 4.3.15, 4.3.14 (v. l. n. r.)

Werkbund und Werbung

4.3.19
PARFÜMIERTER TOILETTE-BORAX, *Faltschachtel*
Fritz Hellmut Ehmcke
(Hohensalza 1878–1965 Widdenberg/Obb.)
1910, Signet 1905
Karton, Papier, bedruckt,
3,1 x 13,2 x 8,5 cm
Beschriftung Wandungen: FRANZ HAGER STETTIN / FH
Lit.: Leitherer/Wichmann 1987, 156
München, Die Neue Sammlung 405/86

4.3.20 *Abb.*
SONDERBUND CIGARETTEN, *Kartonschachtel für 10 Zigaretten*
Fritz Hellmut Ehmcke
(Hohensalza 1878–1965 Widdersberg/Obb.)
1910–12
Karton, Papier, bedruckt,
1,4 x 16,5 x 8,6 cm
Beschriftung: JOS. FEINHALS / HOFLIEFERANT / CÖLN AM RHEIN / HOHESTRASSE 63;
Boden: 10 CIGARE[tten] MK. 1.20
Lit.: AK Der westdeutsche Impuls 1984, 283, 285, 286
München, Die Neue Sammlung 8135/85

4.3.21 *Abb.*
SONDERBUND CIGARETTEN, *Kartonschachtel für 50 Zigaretten*
Fritz Hellmut Ehmcke
(Hohensalza 1878–1965 Widdersberg/Obb.)
1910–12
Karton, Papier, bedruckt, 4,4 x 16,5 x 8,6 cm
Beschriftung: wie vorangehende Kat. Nr.;
Wandung: 50 CIGARETTEN MK. 6.00
Lit.: AK Der westdeutsche Impuls 1984, 283, 285, 286
München, Die Neue Sammlung 8135/85-a,b

4.3.22 *Variante Abb. S. 249*
DEUTSCHE WERKBUND AUSSTELLUNG COELN 1914, *Plakat*
Fritz Hellmut Ehmcke
(Hohensalza 1878–1965 Widdersberg/Obb.)
München 1914
Bez. u. r.: Entwurf Prof. F. H. Ehmcke München
Druck: Peter Borenschen G. M. B. H. Rheydt-Cöln
Lithographie, 89,5 x 62,5 cm
Text: MAI-OKTOBER / COELN 1914 / KUNST IN HANDWERK · INDUSTRIE / UND HANDEL · ARCHITEKTUR
Lit.: Das Plakat 5, 1914, 177 –
Das frühe Plakat, Bd. 3, 1980, Nr. 711 –
Rademacher 1992, Nr. 103
München, Die Neue Sammlung

Kat. Nr. 4.3.26

4.3.23
WERKBUND, *Kartonschachtel für Zigaretten*
Fritz Hellmut Ehmcke
(Hohensalza 1878–1965 Widdersberg/Obb.)
1911–14
Pappe, bedruckt, 2 x 9 x 7 cm
Beschriftung: WERKBUND / DWB / Wandung vorne: 20 CIGARETTEN M. 1.00 M. GOLD; Boden Etikett: D. R.W. Z. No 183298
Lit.: Wichmann 1985, 367
Berlin, Werkbundarchiv

4.3.24 *Abb. S. 244*
WERKBUND-PAKET
Peter Behrens (Hamburg 1868–1940 Berlin)
Berlin 1914
Papier, bedruckt, 6,5 x 17,3 x 6,5 cm
Beschriftung: DEUTSCHES REICHS-PATENT / H. BAHLSENS KEKS-FABRIK HANNOVER / DEUTSCHE WERKBUND-AUSSTELLUNG / CÖLN MAI – OKTOBER 1914 / TET-PACKUNG ERHÄLT DIE WARE FRISCH U. KNUSPRIG / WERKBUND – PAKET / DEUTSCHE WERKBUND – AUSSTELLUNG CÖLN MAI – OKT. 1914
Hannover, Bahlsen Museum

Kat. Nr. 4.2.27

Im neuen Stil – Entwürfe für Pelikan

4.3.25
Merz 11 TYPOREKLAME ›Pelikan-Nummer‹
Kurt Schwitters
(Hannover 1887–1948 Ambleside/Engl.)
1924
Buchdruck, 29 x 22 cm
Lit.: Schmalenbach 1967, 56 f., 183–188 – AK Kurt Schwitters, Paris 1994, 186
Privatsammlung

Seit Januar 1923 verdeutlichte Kurt Schwitters seine gestalterischen Vorstellungen in den *Merz-Heften*. ›Merz 11‹, die Pelikan-Nummer, war ausschließlich Fragen der Typographie und der Werbung gewidmet. Schmalenbach sieht den Grund für Schwitters' professionelle Tätigkeit als Werbegestalter nicht in der finanziellen Notwendigkeit, sondern in der Auseinandersetzung mit Gestaltung, wie sie die *Merz-Kunst* bereits vorwegnahm. In den 20er Jahren gründete Schwitters die Merz-Werbezentrale: *WENN SIE IHRE REKLAME gestalten wollen, wenden Sie sich vertrauensvoll an die Werbezentrale MERZ HANNOVER WALDHAUSSTRASSE 5. ERSTE KÜNSTLER. LEITUNG KURT SCHWITTERS.* Als freier Werbeberater arbeitete Schwitters für die Firmen Pelikan, Bahlsen, Norta-Tapeten, Weise Söhne (Pumpen), Philips und gestaltete Druckwerke für die Stadt Hannover. Sechs Seiten des Merz-Heftes 11 sind Inseratseiten, mit denen Schwitters gleichzeitig für seine Gestaltung wie für die Firma Pelikan warb. Seine gestalterischen Vorstellungen brachte er unter dem Titel *Thesen über Typographie* zum Ausdruck: *Die Reklame hat schon längst die Wichtigkeit der Gestaltung von Anzeige und Plakat für den Eindruck der angepriesenen Ware erkannt und hat schon längst Reklamekünstler beschäftigt. Aber leider waren diese Reklamekünstler der kurz vergangenen Zeit Individualisten und hatten keine Ahnung von konsequenter Gestaltung der Gesamtanzeige und von Typographie. Sie gestalteten mit mehr oder weniger Geschick Einzelheiten, strebten nach Extravagantem Aufbau, zeichneten verschnörkelte oder sonst unlesbare Buchstaben, malten auffällige und verbogene Abbildungen, indem sie dadurch die angepriesene Ware vor sachlich denkenden Menschen kompromittierten. Es ist hier gleichgültig, daß von ihrem Standpunkt aus betrachtet gute Leistungen entstanden, wenn der Standpunkt falsch war. Heute beginnt die Reklame ihren Irrtum der Wahl von Individualisten einzusehen und bedient sich statt der Künstler für ihre Reklamezwecke der Kunst, oder deutlicher gesagt:* DER TYPOGRAPHIE. Besser keine Reklame, als minderwertige; denn der Leser schließt aus dem Eindruck der Reklame und nicht aus dem textlichen Inhalt auf die Ware. S. B.

4.3.26 *Abb.*
Pelikan TSK, *Plakatentwurf*
El Lissitzky
(Polschinok/Smolensk 1890–1941 Moskau)
1925
Tempera und Tusche, 86 x 57 cm

Kat. Nr. 4.3.29

Text: 1) TINTE 2) SCHREIBBAND 3) KOHLENPAPIER
Hannover, Pelikan-Archiv

Lissitzky widmete sich wie Kurt Schwitters vornehmlich der Typo-Reklame. Er zeichnete verantwortlich für die typographische Gestaltung der Merz-Doppelnummer *Nasci.* In den 20er Jahren arbeitete er für die Firma Pelikan, die werbemäßig von Schwitters' Merz-Werbezentrale betreut wurde. Seine Thesen zur typographischen Gestaltung veröffentlichte Lissitzky in Schwitters' *MERZ-WERBE-DRUCKSACHE* unter dem Titel TOPOGRAPHIE DER TYPOGRAPHIE:
1. Die Wörter des gedruckten Bogens werden abgesehen, nicht abgehört. 2. Durch konventionelle Worte teilt man Begriffe mit, durch Buchstaben soll der Begriff gestaltet werden. 3. Ökonomie des Ausdrucks – Optik statt Phonetik. 4. Die Gestaltung des Buchraumes durch das Material des Satzes nach den Gesetzen der typographischen Mechanik muß den Zug- und Druckspannungen des Inhalts entsprechen. 5. Die Gestaltung des Buchraumes durch das Material der Klischees, die die neue Optik realisieren. Die supernaturalistische Realität des vollkommenen Auges. 6. Die kontinuierliche Seitenfolge – das bioskopische Buch. 7. Das neue Buch fordert den neuen Schrift-Steller. Tintenfaß und Gänsekiel sind tot. 8. usw. S. B.

4.3.27 *Abb.*
Pelican Drawing Ink., *Ladenplakat*
El Lissitzky
(Polschinok/Smolensk 1890–1941 Moskau)
1924
Bez. u. r.: el
Lithographie, 16 x 22,7 cm
Text: NOTE THE TRADE MARK
Lit.: Döring 1994, 98
Hannover, Pelikan-Archiv

4.3.28
Knickflasche für
›Pelikan FÜLLHALTER TINTE‹,
Gipsentwurf
Wilhelm Wagenfeld
(Bremen 1900–1990 Stuttgart)
1938
Gips, teilweise gefaßt, a) 5,5 x 10 x 7,5 cm,
b) 5,5 x 9 x 6 cm, c) 4,5 x 8 x 5 cm
Hannover, Pelikan-Archiv

4.3.29 *Abb.*
Knickflasche für
›Pelikan FÜLLHALTER TINTE‹
Wilhelm Wagenfeld
(Bremen 1900–1990 Stuttgart)
Entwurf 1938
Farbloses Preßglas, Kunststoffschraubverschluß, a) 6 x 11,5 x 7 cm,
b) 5 x 10,5 x 6 cm, c) 4,5 x 9,5 x 5,5 cm
Lit.: Leitherer/Wichmann 1987, 260 – Manske/Scholz 1987, Nr. 123
Hannover, Pelikan-Archiv

4.3.30 *Abb.*
Kubusflaschen für ›Pelikan FÜLLHALTER TINTE‹, *Gipsentwurf*
Wilhelm Wagenfeld
(Bremen 1900–1990 Stuttgart)
1938
Gips, a) 10 x 7 x 7 cm, b) 5,5 x 4 x 4 cm
Hannover, Pelikan-Archiv

4.3.31 *Abb.*
Kubusflaschen für
›Pelikan FÜLLHALTER TINTE‹
Wilhelm Wagenfeld
(Bremen 1900–1990 Stuttgart)
Entwurf 1938
Farbloses Preßglas, Kunststoffschraubverschluß, a) 6,5 x 5 x 5 cm, b) 5,5 x 4 x 4 cm
Text: vorne GÜNTHER WAGNER; Seite: EISENGALLUSTINTE a) LEICHTFLÜSSIG, b) AUSSERORDENTLICH DÜNNFLÜSSIG
Lit.: Leitherer/Wichmann 1987, 260 – Manske/Scholz 1987, Nr.124
Hannover, Pelikan-Archiv

4.3.32 *Abb.*
Flaschen für ›Pelikan STEMPELFARBE‹
Wilhelm Wagenfeld
(Bremen 1900–1990 Stuttgart)
Entwurf 1938
Farbloses Preßglas, Kunststoffschraubverschluß, a) 28 x 8 x 13,5 cm,
b) 13,5 x 4 x 4 cm, c) 18 x 5 x 4 cm
Lit.: Leitherer/Wichmann 1987, 259
Hannover, Pelikan-Archiv

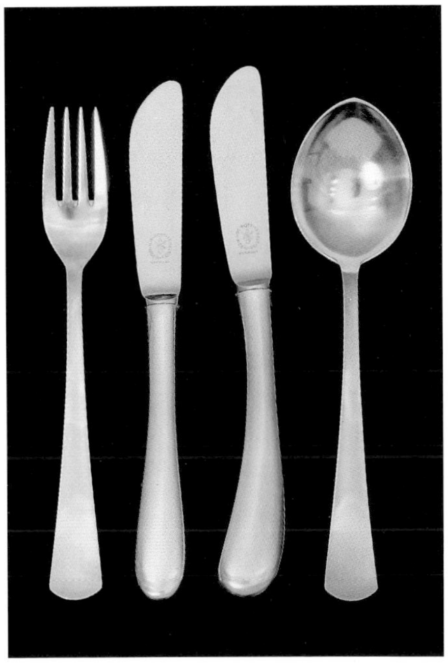

Kat. Nr. 4.3.37

Design im Dienste der Werbung

4.3.33 *Abb.*
Schachteln für POTT-Bestecke
Fritz Hellmut Ehmcke
(Hohensalza 1878–1965 Widdersberg/Obb.)
1950er Jahre
Karton, bedruckt, a) 4,5 x 6 x 22,3 cm,
b) 2,5 x 5 x 22,3 cm, c) 2,5 x 7,5 x 27 cm
Beschriftung: POTT
Lit.: Leitherer/Wichmann 1987, 215
München, Die Neue Sammlung
8248/85–1,2,3

4.3.34
Schachtel für ›Mono-a‹-Besteck
Karl Oskar Blase (geb. 1925, lebt in Kassel)
Um 1959
Karton, Papier, bedruckt, 3 x 22,5 x 5,5 cm
Lit.: Leitherer/Wichmann 1987, 238
München, Die Neue Sammlung
8566/85–1-3

4.3.35
POTT-Besteck Form 2716
Carl Pott
(Solingen 1906–1985 Stuttgart)
Solingen 1935–39
Metall, versilbert
Lit.: Lepper-Binnewerg 1993, Nr. 4
München, Die Neue Sammlung 97/39, 107/39

4.3.36
POTT-Besteck Form 784
Carl Pott (Solingen 1906–1985 Stuttgart)
Solingen 1952
Metall, versilbert
Lit.: Lepper-Binnewerg 1993, Nr. 17
München, Die Neue Sammlung 7/55, 45/65, 6/55

4.3.37 *Abb.*
POTT-Besteck Form 785
Elisabeth Treskow
(Bochum 1898–1992 Brühl/Köln)
Solingen 1955
Metall, versilbert
Lit.: Lepper-Binnewerg 1993, Nr. 18
München, Die Neue Sammlung 191/55, 29/65

4.3.38
Radio- und Plattenspieler-Kombination
Phonosuper SK 4 der Braun AG
Hans Gugelot
(Celebes/Indonesien 1920–1965 Ulm) unter Mitwirkung von Dieter Rams (Wiesbaden 1932, lebt in Kronberg)
Frankfurt a. M., 1956
Rüster furniert, Stahlblech lackiert, Acrylglas, 24,4 x 58 x 29 cm
Lit.: Wichmann 1985, 269
Münchner Stadtmuseum o. Nr.

Das Modell mit dem aufsehenerregenden Plexiglasdeckel, genannt *Schneewittchensarg,* verband die technische Innovation eines Kombigeräts mit einem neuen extrem vereinfachten Entwurf. Es wurde auf der Triennale 1957 in Mailand international prämiert und errang einen großen Achtungserfolg bei einem progressiven deutschen Publikum. Mit dem Gerät, das den Stil der Neuen Sachlichkeit Gugelots und den technisch geprägten Minimalismus Dieter Rams' verbindet, markierte die Firma Braun einen Neuanfang ihrer Gestaltungsprinzipien. H. O.

4.3.39
Braun, *Kleinempfänger der ›SK‹-Reihe*
Arthur Braun (geb. 1925) und Fritz Eichler
(Niederkorn/Luxemburg 1911–1991)
1955

Kat. Nr. 4.3.41

Тво
1882
1896
А. И. Абрикосова
сыновей
въ Москвѣ
Шоколадъ
„Extra“
1 = фунтъ
1 р.
Kandinsky
München

Kat. Nr. 4.3.44

Kunststoffgehäuse, 15,2 x 23,4 x 13 cm
Lit.: Wichmann 1985, 268
München, Die Neue Sammlung 30/58

4.3.40
Braun, *Kleinradio ›Exporter 2‹*
HFG Ulm (Redesign)
1956
Kunststoffgehäuse, 12 x 17,6 x 5,5 cm
Lit.: Klatt/Staeffler 1990, 34
München, Die Neue Sammlung 182/58

4.3.41 *Abb.*
Braun, *Tragbare Phonokombination ›TP 1‹*
Dieter Rams
(Wiesbaden 1932, lebt in Kronberg)
1959
Kunststoff, Aluminiumblech, eloxiert, Lederriemen, 15,2 x 23,5 x 5,5 cm
Lit.: Klatt/Staeffler 1990, 34, 36, 37
München, Die Neue Sammlung 1015/89

4.3.42
Braun, *Koffertransistorradio T 520*
Dieter Rams
(Wiesbaden 1932, lebt in Kronberg)
1962
Kunststoffgehäuse, Kunstglas, 15 x 23 x 6 cm
Lit.: Klatt/Staeffler 1990, 34
München, Die Neue Sammlung 1206/84

4.3.43
Braun, *Elektrorasierer ›Sixtant‹*
Hans Gugelot (Celebes/Indonesien 1920–1965 Ulm) und Gerd Alfred Müller (Frankfurt a.M. 1932, lebt in Eschborn)
1962
Kunststoff, Edelstahl, 3,2 x 10 x 7 cm
Lit.: Wichmann 1985, 258
München, Die Neue Sammlung 1368

Das Engagement der Künstler

4.3.44 *Abb.*
Chocolats Extra, *Plakat*
Wassily Kandinsky
(Moskau 1866–1944 Neuilly sur Seine)
München 1896/97
Bez. u. l.: Kandinsky/München
Druck: Dr. Wolf & Sohn, München
Lithographie, 70,1 x 38,6 cm
Text in Übersetzung: 1882 1896 Gesellschaft / A.I. Abrikosow / Söhne / in Moskau / Schokolade / ›Extra‹ / 1 Rubel = Pfund
Lit.: Das frühe Plakat, Bd. 3, 1980, Nr. 268 – AK Art e Pub 1990, 111
Berlin, Staatliche Museen zu Berlin Preußischer Kulturbesitz, Kunstbibliothek

4.3.45
POT AU FEU DERBRAIX, *Plakat*
René Magritte
(Lissines/Hainaut 1898–1967 Brüssel)
1918
Bez. u. r.: RENE MAGRITTE 1918
Lithographie, 101 x 36 cm
Text: POUR DEVENIR UN FORT SOLDAT … / JE BOIS LE
Lit.: Wilkens 1980 – AK Le peintre et l'affiche de Lautrec à Warhol 1988, 61
Brüssel, Musées Royaux des Beaux-Arts de Belgique

René Magritte gehörte zu den Künstlern, die aus finanzieller Not gezwungen waren, als Werbegraphiker zu arbeiten. *Außerdem verabscheue ich das Kunstgewerbe, die Folklore, die Werbung, die Stimme der Sprecher, die Stromlinienform, … Ich liebe den subversiven Humor* (zit. n. Wilkens). In den 30er Jahren nahm Magritte Aufträge als Gebrauchsgraphiker an. Er arbeitete für Sunlicht, Tabacofina und das Kaufhaus Bon Marché. Seine Plakate fanden keinen großen Gefallen auf seiten der Auftraggeber. In einem Brief an Paul Nougé berichtet Magritte über die Kritik an seinen Entwürfen: …*das Plakat sei zu effektvoll und für eine Marke geeignet, die erst lanciert werden müsse. Im ›Bon Marché‹ bittet man mich, den Entwurf zu ändern: ein Hauch von Kamel wird verlangt, verschleierte Formen usw. All das ist wenig ermutigend* (zit. n. Wilkens 1980). S. B.

4.3.46 *Abb.*
DADA, *Kartonschachtel für 20 Zigarren*
Um 1925
Pappe, Papier bedruckt, 2,2 x 11,3 x 7,2 cm
München, Privatsammlung

Kat. Nr. 4.3.46

4.3.47 *Abb.*
ODOL, *Plakatentwurf*
Willi Baumeister, Mitwirkung Karl Raible?
1920er Jahre
Bez. u. r.: WB (von anderer Hand)
Zeichnung, Collage, 32,5 x 25 cm
Lit.: Roth/Scheske 1993, 188
Bühl / Baden, Lingner & Fischer GmbH

Kat. Nr. 4.3.47

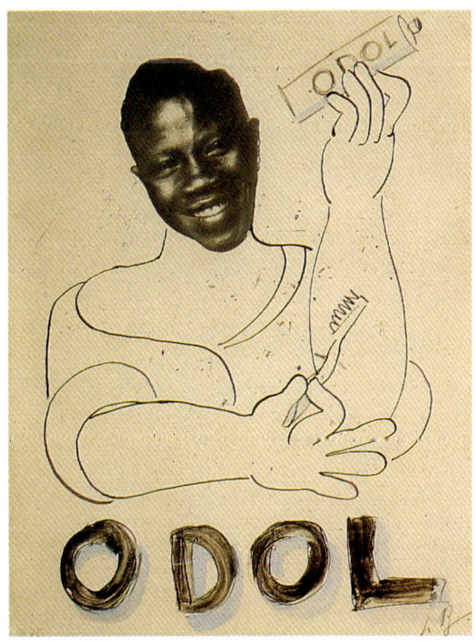

Kat. Nr. 4.3.49

4.3.48 *Abb.*

AIR FRANCE AMÉRIQUE DU SUD, *Plakat*
Victor Vasarély
(Pecs/Ungarn 1908, lebt in Frankreich)
Paris 1946
Druck: Perceval, Paris
Lithographie, 100 x 62 cm
Lit.: Duvigneau 1982/83, Nr.443 –
AK Le peintre et l'affiche de Lautrec
à Warhol 1988, 92
Münchner Stadtmuseum B(F) 17.10/8

4.3.49 *Abb.*

Flasche und Etikett für ›Osborne‹-Brandy
Salvador Dali
(Figueras/Katalonien 1904–1989 Figueras)
1964
Bez.: Flasche: Dali; Etikett: Dali 1964
Farbloses Preßglas, weiß lackiert,
28,5 x 10 x 11,5 cm
München, Die Neue Sammlung 3/91

Kat. Nr. 4.3.48

Angelika Thiekötter – Laurie Stein

Markenware – Werkbundmarke

Der Deutsche Werkbund

Als im September 1907 an 293 ausgewählte Künstler, Gewerbetreibende und Sachverständige der Aufruf zur Gründung eines *Deutschen Kunstgewerbebundes* erging, erläuterte Wolf Dohrn, der die Geschäftsstelle dieser *Bundessache* in Dresden führte, in einem beigefügten Schreiben an Friedrich Deneken, den Direktor des Kaiser Wilhelm Museums in Krefeld: *Das Wort Kunstgewerbe war für uns nur ein Notbehelf, um in der ersten Einladung jedermann verständlich zu sein. In München soll ein Antrag eingebracht werden, den Bund ›Deutscher Werkbund‹ zu nennen, oder wissen Sie vielleicht noch einen besseren Namen?* (Brief vom 14. 9. 1907, Archiv des Kaiser Wilhelm Museums Krefeld, Werkbundakten). Der Begriff *Deutscher Werkbund,* sagt diese Bemerkung, war kaum verständlich. Dennoch fiel die Wahl auf genau diesen Namen – was zunächst vielfach falsche Zitierweisen oder ausweichende Umschreibungen in den Pressemeldungen nach sich zog. Aber hören wir den Geschäftsführer des Bundes sieben Jahre später: *Der Werkbund hat heute nicht mehr gegen Gleichgültigkeit sich durchzusetzen, er hat vielmehr gegen die Ausbeutung seiner Autorität zum Modewort und zur Warenmarke sich zu wehren* (Jäckh 1914, 87).

Im Kern erinnert diese Geschichte an den legendären Start des Artikels *ODOL.* Auf dem Markt war ein Produkt einzuführen, das es bislang nicht gab, unter einem Namen, den niemand kannte und der nichts bedeutete. 1893 erschien in der ersten Werbeanzeige, von weitem Leerraum umgeben, allein der Name: rätselhaft, unverständlich ... Den Rest der Geschichte kennen wir. Er hat sich als Mundwasser-Marke bis heute etabliert (Väth-Hinz 1985, 111).

Auch wenn das Problem ein anderes war: einen Sinn für werbewirksame Dramatisierung und Stilisierung verraten auch die Ereignisse im Vorfeld der Werkbundgründung. Die wohlkalkulierten Provokationen der berühmten Antrittsvorlesung von Hermann Muthesius an der Berliner Handelshochschule Anfang 1907, der spektakuläre Auszug späterer Werkbundfirmen aus dem *Fachverband für die wirtschaftlichen Interessen des Kunstgewerbes:* die gesamte bewußt geplante Dramaturgie fand lebhafte Resonanz in der einschlägigen Presse, sie steuerte spürbar auf einen ungewiß erscheinenden Ausgang zu, sie erzeugte Spannung und damit gesteigerte Aufmerksamkeit für das *Ereignis* – während hinter den Kulissen die Weichen seit langem gestellt waren (Thiekötter 1990, 38 ff.).

Auch der einprägsame Symbolismus von zweimal zwölf Unterzeichnern des Gründungsaufrufes – Künstlern und Gewerbetreibenden – läßt sich als Zuschnitt auf den werbewirksamen Effekt verstehen, denn natürlich gab diese Aufzählung weder die Zahl noch den Proporz derer wieder, die an der Vorbereitung tatsächlich beteiligt waren. Woher dieser Sinn für solch eine werbewirksame Selbstdarstellung? Das gesamte Projekt *Deutscher Werkbund* hatte professionell mit Werbung zu tun: Werbung war nicht nur ein spezielles Tätigkeitsfeld, sondern ein wesentlicher Akzent künstlerischer Arbeit für die Belange der Industrie – selbst da, wo es um die Produktgestalt ging.

Die AEG und der Deutsche Werkbund

Der Auftakt zum berühmtesten Modellfall derartiger künstlerisch-industrieller Kooperation, ja zum *vermutlich umfassendsten künstlerischen Gestaltungsauftrag der Neuzeit* (Buddensieg 1979, 12) datiert aus dem unmittelbaren Vorfeld der Werkbundgründung. Im Juli 1907 war Peter Behrens – einst Bildermaler, dann Kunstgewerbler und Architekt – von der Allgemeinen Elektrizitäts-Gesellschaft als künstlerischer Beirat berufen worden: bis heute eines der großen Beispiele der Entwicklung eines Markenprofils, einer *corporate identity.* Unter der Maßgabe, dem gesamten öffentlichen Erscheinungsbild der AEG ebenso unverwechselbare wie einprägsame Signifikanz zu verleihen, entwarf oder beeinflußte er die Fabrikarchitektur und den Werkswohnungsbau, das Gerät, das die Firma verkaufte; er gestaltete die Ladeneinrichtungen der Verkaufsniederlassungen ebenso wie sämtliche Drucksachen und alle Arten von Werbematerial der Firma.

Für die typographische Gestaltung entwickelte er mehrere Antiqua-Varianten, die uns noch in anderen Zusammenhängen begegnen: in dem Schriftzug zum Beispiel, der den Berliner Reichstag ziert – DEM DEUTSCHEN VOLKE –, oder in verschiedenen Drucksachen des Werkbundes. Vor allem aber fand sie für jenes berühmte Zeichen – die Marke – Verwendung: das einem Wabenmuster einbeschriebene Kürzel AEG, das neben anderen, ebenfalls von Behrens entworfenen Signets in der Firmenwerbung Verwendung fand (Heidecker 1979, 180 f.). Beide, Behrens und die AEG, unterzeichneten wenige Wochen nach Beginn dieser Kooperation auch den Gründungsaufruf des Werkbundes. Etwas länger sollte es allerdings dauern, bis auch der Werkbund unter einem Kürzel, einem Zeichen, signierte: DWB.

Zum ersten Mal verwandte er ein entsprechendes Signet zur Kennzeichnung einer Druckschrift 1909, der Entwurf stammte von Peter Behrens (DWB, II. Jahresversammlung 1909, Verhandlungsbericht). Ab 1912 erschien auf den Jahrbüchern des Bundes als einziger Schmuck jenes von Ehmcke entworfene und in Zukunft bevorzugt verwandte kreisförmige Signet, das im Gegensatz zu anderen Zeichen dem Werkbund exklusiv vorbehalten blieb.

In der noch jungen Markenwerbung war die zeichenhafte Ausprägung von Namen, die keine Sachbeziehungen gaben – Kunstwörter, Kürzel und Eigennamen –, von Anfang an geläufig und führte in wesentlichen Zügen auf die Rechtsbestimmungen des Musterschutzes zurück (Schwartz 1994, 220 ff.). Wir wollen aber noch einmal auf Eigentümlichkeiten des ausgeschriebenen Namens zurückkommen.

Wenn die Wortverbindung *Deutscher Werkbund* auch keinen bestimmten Sinn ergab, so steckte sie doch einen Rahmen ab, erzeugte einen spezifischen Klang, dem wir kurz nachspüren wollen. Die Eingrenzung *Deutsch* betraf die Interessensphäre, die der Werkbund vertrat, changierend zwischen der programmatischen Beschwörung von *Volksgemeinschaft* einerseits und Belangen der *Nationalökonomie* andererseits. Sehr deutlich wird dieser keineswegs komplikationslose Zusammenhang in dem Umstand, daß die späteren Gründungen eines Österreichischen, Schweizer und Ungarischen Werkbundes ganz selbstverständlich als Verbündete angenommen wurden, während eine englische Gründung im durchaus feindseligen Licht der Konkurrenz erschien. Zahlreiche Publikationen widmete der Werkbund speziell den wirtschaftspolitischen Aspekten dieser bisher wenig beachtetenFrage, z. B.: Ernst Jäckh, *Werkbund und Weltwirtschaft,* München 1916, und, herausgegeben vom Werkbund selbst: *Englands Kunstindustrie und der Deutsche Werkbund,* München 1916.

Bund – im Gegensatz zu Verein oder Verband – bezeichnete als wesentliches Charakteristikum das Merkmal einer branchen- und berufsübergreifenden Gesinnungsgemeinschaft, das den Werkbund von den Gewerbevereinen und Fachverbänden unterschied.

Vieldeutig vor allem war der Begriff *Werk.* Er assoziierte Authentizität im Sinne des *Handwerks* wie auch des *Kunstwerks,* bedeutete aber auch das *Werk* im Sinne von Fabrik.

DeWe – DWB

Das Spektrum solcher Bedeutungsfelder verweist auf den eigentlichen Urheber des Namens: Karl Schmidt, den Gründer und Eigner der *Dresdener Werkstätten für Handwerkskunst,* eines Betriebes, der dem Werkbund wie kein anderer eng verbunden war und zugleich einen Firmentyp repräsentierte, der in der Mitgliederschaft des Bundes sehr häufig vorkam; zu nennen etwa die *Vereinigten Werkstätten für Kunst im Handwerk München, die Saalecker Werkstätten G. m. b. H.,* die *Werkstätten Bernhard Stadler, Paderborn,* und andere (DWB, Mitgliederverzeichnis 1914).

Die Bezeichnung *Werkstätten* wirkt dabei mißverständlich. Aus kleinen Anfängen um die Jahrhundertwende emporgewachsen, durchweg spezialisiert auf die Arbeit nach Künstlerentwürfen, war der Betrieb zum Zeitpunkt der Werkbundgründung auf dem besten Weg, zu einem der Großen seiner Branche zu expandieren. 1907, im Zusammenhang einer Firmenfusion, der Umwandlung seines Betriebes in eine Aktiengesellschaft und der Gründung überregionaler Verkaufsniederlassungen, änderte Schmidt den Firmennamen in *Deutsche Werkstätten* – die engen Überlappungen in der Wortwahl, im Klanglaut der Namen sind nicht zu überhören. Überlagerungen machten sich auch im Erscheinungsbild, im Stil der Selbstdarstellung bemerkbar.

Dabei trat die Firmenwerbung der *Dresdener Werkstätten* zunächst, was als Paradox erscheint, kaum als *Reklame* in Erscheinung. Die gebrochene Erdfarbigkeit und schnörkellose typographische Strenge, durch die sich deren Firmenkataloge und Werbebroschüren auszeichneten, kontrastierte nicht nur polemisch mit der marktschreierischen Aufdringlichkeit geläufiger Reklamepraktiken, sie unterschied sich auch stark von der lockenden Buntheit vieler Reklamen, die als Künstlerentwürfe im Vorfeld oder unter der Regie des Werkbundes entstanden: Lucian Bernhards Manoli-Reklamen zum Beispiel oder die Bahlsen-Werbung. Die Warenkataloge der *Werkstätten* wirkten eher wie Ausstellungsbücher; die Firma brachte dem Publikum ihr Anliegen bevorzugt literarisch argumentierend, eingebettet in differenzierte weltanschauliche Begründungszusammenhänge, nahe. Beispielhaft sei eine Broschüre von Friedrich Naumann genannt, betitelt *Der Geist im Hausgestühl,* die sich mit väterlich wirkenden Ratschlägen an junge, mit der Wohnungsausstattung befaßte Ehepaare wandte (Verlag der Deutschen Werkstätten für Handwerkskunst G. m. b. H., Dresden-Hellerau, o. J.). Eine gewisse Signifikanz, eine Prägung verlieh das von Richard Riemerschmid entworfene Zeichen: einem hochgestellten Rechteck einbeschrieben ein stilisierter Reiher, in den Ecken die Buchstaben D – W – F – H. Die stilistische Ausprägung dieses Zeichens verweist deutlich lesbar auf die Tradition der englischen, das Vorbild mittelalterlicher Handwerkskunst beschwörenden Arts and Crafts Bewegung, auf die sich Karl Schmidt mit anfangs starker Betonung berief. Schmidts Modell einer Werbung, die eher als Anti-Werbung wirkte, erwies sich als außerordentlich erfolgreich – ein Erfolg, der wesentlich im Zusammenhang einer gemeinsamen Herkunft zu verstehen ist.

Es waren vor allem die Käuferschichten des gehobenen, gebildeten Bürgertums, denen die günstigen Konjunkturen der Jahrhundertwende, der ungeheure industrielle Aufschwung Deutschlands zu wachsendem Wohlstand verholfen hatten. Dieselbe Entwicklung brachte auch ein wachsendes bürgerliches Selbstbewußtsein hervor und damit das Bedürfnis, sich nicht mehr mit dem Abklatsch historisierender Stilschablonen, sondern mit eigenen, authentischen Repräsentationsmustern zu umgeben.

Firmenzeichen Deutsche Werkstätten, Entwurf Richard Riemerschmid, 1906. Foto: Berlin, Werkbund-Archiv

Firmenzeichen Deutscher Werkbund, Entwurf Peter Behrens, 1909. Foto: Berlin, Werkbund-Archiv

Ganz wesentlich war es diese Schicht, die die deutsche Kunstgewerbebewegung trug. Ihr entstammten gleichermaßen die Unternehmer jener Werkstätten-Gründungen, die Künstler, die die Produkte entwarfen, und das Publikum, das sie kaufte: Man sprach eine gemeinsame Sprache und vertrat ein gemeinsames Anliegen. Vorerst nur leise und unauffällig erschienen die literarisch verbreiteten Argumentationsmuster der Kunstgewerbebewegung als Verkaufsargumente wirksam gemacht, wurde aus der Gemeinsamkeit ein Gegenüber: das von Verkäufer und Konsument, wurde die Werbung ein Instrument. Was war die Funktion des Werkbundes in dieser Entwicklung?

... das viel zu nennende Wort: Qualität

Im März des Jahres 1903 richtete Karl Schmidt ein Schreiben an den damals in London als Botschaftsattaché tätigen Hermann Muthesius: *Seit Jahren schon bemühen wir uns, dem Publikum nicht nur etwas Gutes zu zeigen, sondern auch es kunstgewerblich zu erziehen. Bei dieser Gelegenheit würden wir gerne eine preiswerte Ausgabe Ihres von uns hochgeschätzten Buches: ›Stilarchitektur und Baukunst‹ in einer größeren Anzahl ins Publikum bringen. Gestatten Sie mir einige Bemerkungen zu Ihrem Buche: Soweit ich die kunstgewerbliche Literatur kenne, halte ich Ihr Buch für das grundlegendste und erste, aber eins, was ich bei allen unseren heutigen Kunstschriftstellern und auch bei Ihnen vermisse, ist die Berücksichtigung der Qualitätsfrage. Ihr Buch würde für mich unübertrefflich sein, wenn die Qualitätsfrage genügend gewürdigt würde. Nach meiner Meinung ist dies vor allen Dingen an dem Untergang unseres Kunstgewerbes und Gewerbes schuldig. Wir sind in derselben so verramscht, daß 5–6/10 unserer Produktion so minderwertig ist, daß dieselbe kaum die Dauer eines Jahres hat, wir genötigt sind, Riesenmengen Rohmaterial aus dem Ausland zu kaufen, zu keinem Wohlstande gelangen, die sociale Frage immer schärfer sich gestaltet und von Kultur fast überhaupt nicht mehr die Rede ist...* (Brief vom 16. 3. 1903, Muthesius-Nachlaß im Werkbund-Archiv Berlin). Muthesius nahm die Anregungen mit bemerkenswerter Gründlichkeit auf. 1903 erschien eine stark erweiterte Neuauflage des Buches. Schon im äußeren Erscheinungsbild unterscheidet sie sich drastisch von der ursprünglichen Fassung. Henry van de Velde hatte den Einband der 1901 veröffentlichten Erstauflage gestaltet; der dramatische Linienschwung des Rahmenmotivs erinnert stark an seine Tropon-Reklame. Die von Schmidt beeinflußte Neuauflage zeigt die schmucklose, ganz von der gediegenen, nüchternen Ausdrucksqualität einer Antiqua-Type bestimmte Klarheit und Strenge, durch die sich auch spätere Publikationen des Werkbundes auszeichnen.

Kat. Nr. 4.3.24

Im Inhalt des Buches nahm die von Schmidt eingeführte Qualitätsfrage breiten Raum ein. Man kann diese Schrift als eigentlich erste Programmschrift des Werkbundes verstehen. Die Propagierung von *Qualität* wurde zum unbezweifelten Kernstück der Werkbundprogrammatik. Eine unübersehbare Fülle literarischer Verbreitungen befaßte sich unter seinem Zeichen mit diesem Begriff. Der Jahresbericht 1910/11 vermerkte dazu, die Geschäftsstelle des Bundes unterhalte ständig *Beziehungen zu Tageszeitungen, Zeitschriften und Autoren, denen sie gelegentlich Notizen und Illustrationsmaterial zur Verfügung stellt. Auf diese Weise gelangen fortwährend Mitteilungen ... über Gegenstände der Geschmacksbildung und über Fragen der gewerblichen Erziehung aus DWB-Kreisen an die Öffentlichkeit* (DWB, III. Jahresbericht 1910/11, 10). Besonderer Wert wurde dabei weniger auf Kontakte zu Kunst- und sonstigen Fachzeitschriften gelegt, sondern auf die Versorgung der weitverbreiteten Familienzeitschriften, der Unterhaltungsblätter und der Tagespresse (DWB, II. Jahresversammlung 1909, Verhandlungsbericht, 41).

Das Bedeutungsspektrum des Qualitätsbegriffs blieb dabei bewußt weit gefächert. Theodor Fischer, Vorsitzender des Bundes, hob anläßlich der ersten Jahresversammlung 1908 hervor: *Wenn ich hier das in diesen Tagen viel zu nennende Wort Qualität gebrauche, so ist es nicht ganz unnötig, einzugestehen, daß ich diesen Begriff in sehr unwissenschaftlicher Weise nicht durch eine Definition festgelegt haben möchte. ... Üblich ist das Wort bei uns allgemein als Ausdruck einer positiv guten Eigenschaft eines künstlerischen oder gewerblichen Erzeugnisses* (DWB, Verhandlungen 1908, 5).

Die Einflüsterung des Qualitätsversprechens war es auch, mittels derer der Werkbund seine Wirksamkeit als *Werkbundmarke* entfaltete (Naumann 1914, 111), begehrt als *Übermarke* für das heterogene, in seinem Kreis versammelte Spektrum einzelner Warenmarken. Wobei es nicht beim Flüstern blieb – wie die folgenden Beispiele beweisen.

Im Zeichen der Qualität: 19 Bundeszeichen

Im Januar 1911 gab der Deutsche Werkbund seinen Mitgliedern kund: *Der Vorstandschaft ist mehrfach der Wunsch ausgesprochen worden, daß es den Firmen durch Führung eines charakteristischen ZEICHENS auf ihren Drucksachen, Briefköpfen usw. ermöglicht werde, ihre Zugehörigkeit zum Deutschen Werkbund äußerlich hervorzuheben. Wir glauben im Sinne der Bundesbestrebungen voraussetzen zu dürfen, daß die Firmen im Deutschen Werkbund allgemein auch in der Benutzung guter Briefköpfe Gediegenheit und Geschmack bekunden ... Zur Herstellung guter Drucksachen vermitteln wir gern zwischen Firmen, Künstlern und Druckereien* (DWB, Vertrauliche Mitteilungen 1911, 3).

Im Oktober desselben Jahres gab die Geschäftsstelle zum Preis von 20 Pfennig eine Broschüre mit *Neunzehn Bundeszeichen* heraus (DWB, Neunzehn Bundeszeichen, 1911, und DWB, IV. Jahresbericht 1911/12, 20 f.). Sie enthielt Vorschläge für Embleme, unter denen Werkbund-Mitglieder eine Auswahl treffen konnten, um eigene Druckerzeugnisse zu unterstützen. Die Entwürfe, die sich in unterschiedlichen Stilen und Schrifttypen auf die Initialen DWB, das Kernstück des offiziellen Werkbundzeichens, konzentrierten, stammten von Künstlern und Graphikern wie Julius Klinger, J. V. Cissarz und F. H. Ehmcke.

Vermutlich war es eine bewußte Entscheidung des Vorstands, 19 verschiedene Möglichkeiten statt eines einzigen *Logos* anzubieten. Dies entsprach der Werkbund-Praxis: Es war weniger wichtig, eine einzelne stilistische Vorgabe für deutsche Kunst und deutsches Kunstgewerbe zu treffen, als vielmehr die Entwicklung einer eigenen *Werkbund-Ästhetik* voranzutreiben, die für Qualität durch Zusammenarbeit deutscher Künstler mit der Industrie stand. Die Initialen des Werkbundes waren eine deutliche und unmittelbar erkenntliche Werbung für die Vereinigung – Kennzeichen, *Hieroglyphen* für ihre Identität. Indem sie neben den eigenen Firmenzeichen der Werkbund-Mitglieder erschienen, wirkten die Werkbund-Zeichen als assoziative Unterstützung, mit der symbolisch die Mitgliedschaft in einem besonderen Kreis verbunden war. Der Geschäftsführer des Deutschen Werkbundes, Ernst Jäckh, bemerkte 1914: *Das Deutsche Werkbund-Zeichen auf den Briefbögen der Mitglieder stellt ebenso eine Wertung wie eine Verpflichtung dar* (Der Verkehr, Jb. des DWB 1914, 88).

Ursprünglich war das Erscheinen der Kennzeichen durch Richtlinien begrenzt, die jedoch ihren Gebrauch auf *Anpreisungen, Kataloge[n] und Waren selbst ausschloß* (DWB, IV. Jahresbericht 1911/12, 19). Schließlich schien die Anwendung der DWB-Initialen in genehmigten wie nichtgenehmigten Emblemen weit über die Richtlinien hinauszugehen. Der Rundbrief an die Mitglieder vom 11. April 1914 kommentierte in scharfer Form: *Die Erfahrung, daß in letzter Zeit die Zugehörigkeit zum Deutschen Werkbund von einigen Mitgliedern reklamehaft ausgenützt wird, gibt dem Vorstand Veranlassung, daran zu erinnern, daß dies nicht statthaft ist* (Jäckh 1914, 1).

Die Regelung hinsichtlich des DWB-Zeichens barg einen inhärenten Widerspruch. Als Siegel der Mitgliedschaft waren die Embleme Werbezeichen an sich. Tatsächlich wurden bald nach dem Rundbrief DWB-Embleme verschiedenster Art offen in der Werbung und dem Katalog für die große Werkbund-Ausstellung in Köln 1914 verwendet. Als graphische Formeln vermittelten sie der Organisation und den Ausstellungsteilnehmern in der Öffentlichkeit ein symbolhaftes Erscheinungsbild im Sinne einer frühen *corporate identity*. Werkbund-Markenzeichen und offizielle Motive wurden in der ganzen Ausstellung auf breiter Ebene – bei Werbematerial, Produkten, Architektur, Schaufenstergestaltung und Ladeneinrichtungen – eingesetzt, um sowohl die kollektive Zugehörigkeit als auch die individuelle Eigenart der Teilnehmer zu betonen. Die Zusammenarbeit zwischen Kunst und Industrie bedeutete ein Hauptanliegen des Werkbundes: Die Ausstellung war im wesentlichen ein großangelegtes Schauspiel der *Reklamekunst* für die Organisation und ihre Mitglieder in Konzept und Verwirklichung.

Dies wurde in unterschiedlicher Art und Weise umgesetzt. Einige der Werkbund-Mitglieder warben in bescheidenerem Rahmen in Kleinanzeigen des offiziellen Katalogs. So fügten beispielsweise die Firmen Valentin Witt, Königl. Bayerische Hofmöbelfabrik, und Wilh. Gallion, Tapeten und Linoleum, DWB-Embleme in ihre Inserate ein, die von den Vorbildern der *Neunzehn Zeichen* abgeleitet waren (Thiekötter 1984, 110–113). Größere Werkbund-Unternehmen wie Bahlsen's Keksfabrik übernahmen offizielle Ausstellungsmotive für speziell gefertigte Verpackungen, die auf der Ausstellung als Souvenir verkauft wurden. So zeigte zum Beispiel der Deckel einer Kekspackung den Reiter des Behrens-Plakats, während die Seitenfläche die Aufschrift *Werkbund-Paket* noch über dem Firmennamen Bahlsen trug.

In einem anderen Fall waren korporative und kollektive Werbegestaltung zu einer virtuellen Einheit verschmolzen. Die Warenverpackung, Plakate und Schaufenstergestaltung F. H. Ehmckes für die Firma Jos. Feinhals Tabak, die alle einem einheitlichen Bild entsprachen und dabei eines der Werkbund-Signets mit einbanden, sind ein Beispiel dafür. Der flächige, starkfarbige Entwurf Ehmckes war ein typographischer Kraftakt, der auf eine frühere Variation des DWB-Zeichens, ebenfalls von Ehmcke, zurückzuführen war. Das neue Design vereinigte die Firmenidentität, das Werkbund-Zeichen und die Ausstellungswerbung. Ehmcke hatte den Entwurf ursprünglich erfolglos zum Wettbewerb für das Ausstellungsplakat der Kölner Ausstellung eingereicht. Danach erst optierte die Firma Feinhals für dieses Motiv als zentrales Element ihrer Produktgestaltung auf der Ausstellung. Später griff das Werkbund-Komitee doch den früheren Entwurf Ehmckes als eines der beiden offiziellen Signets auf (Kock 1984, 280–287). Ehmckes Entwurf schuf so eine ironische Wechselwirkung, in der Firmen-Produkte und Ausstellungs-Motiv kaum zu unterscheiden waren, was zuweilen zu Verwechslungen führte.

Werbekunst im Vorfeld und Umfeld des Werkbundes

Im allgemeinen tendierte die Ästhetik der Reklame-Kunst, wie sie in den Anfangsjahren des Deutschen Werkbundes bis zur Kölner Ausstellung 1914 praktiziert worden war, in Richtung einer Sachlichkeit, in der unterschiedliche Ausdrucksformen auf der Präzisierung charakteristischer graphischer Formeln basierten. Diese Erscheinungsbilder entwickelten sich aus der Jugendstil-Tradition der Werbegraphik der Jahrhundertwende. Der Weg folgte der, so der Maler Julius Klinger, *Epoche der Kunst in der Reklame* (Jb. DWB 1913, 110) und führte weiter zu einer Ära der *Reklame-Kunst,* wie sie damals vorherrschend genannt wurde, und des beginnenden Industrie-Designs. Die Wandlung des Mediums von den 1890er Jahren bis 1914 spiegelte die Tendenzen im deutschen Kunstgewerbe und in der Architektur dieses Zeitraums. Gleichzeitig fand ein explosionsartiger Anstieg von Gebrauchsware und Gebrauchsgraphik statt.

Henry van de Velde war einer der bedeutendsten Gestalter für Warenverpackung und Werbekunst des frühen Jugendstils. 1897/98 erhielt er bereits den Auftrag, Entwürfe für die Firma Nährmittel Tropon zu liefern. Die Aufgabe umfaßte eine Reihe von Warenverpackungen, Plakaten und Broschüren mit dynamisch abstrahierten Ornamenten, die die Bedeutung von reiner Dekoration für Kindernahrung zur Warenverpackung mit höherem ästhetischen Anspruch erhoben (Thamer 1992, 132–141). Doch van de Veldes Tropon-Entwürfe beziehen sich weder auf Inhalt noch gesundheitlichen Nutzen des Produkts; sie haben ebenfalls keine Verbindung zu Formen und Materialien der Werbe- oder Verpackungsmittel. Der Entwurf wird der Verpackung oberflächlich, als Bild, appliziert. Die Entwürfe sind aber doch typisch für van de Veldes Jugendstil. Sie übertragen die Fortschritte seiner dekorativen Ästhetik, seiner Architektur, Möbel, Keramik und Metallarbeiten auf das Medium der Produkt-Reklame. Die Hauptfunktion der Tropon-Entwürfe scheint es gewesen zu sein, die visuelle Erscheinung der Ware zu erhöhen und mit dem Wert einer wiedererkennbaren Künstleridentität zu versehen (vgl. S. 192 ff.).

Van de Veldes Auseinandersetzung mit der Firma schuf einen Präzedenzfall für viele bedeutsame Aspekte der Reklame-Kunst der folgenden Jahre. Die Veröffentlichung seiner Werbeentwürfe in prominenten Kunstzeitschriften des Jugendstils beförderte die Akzeptanz des Bereichs Reklame als Kunst in progressiven Kreisen von Kunst und Kunstgewerbe. So wurde zum Beispiel ein Plakat für Tropon 1898 im Müchner *Pan* abgebildet (Kat. Nr. 4.1.5). Die künstlerische Verantwortung für ein Spektrum von Warenverpakkungen, Drucksachen und in manchen Fällen sogar Büroeinrichtungen wurde zum Vorbild für ein breiter angelegtes Ideal, das bald postulierte: *... die Aufgabe gipfelt nicht in der Ausstattung eines einzelnen Werbestückes, sondern in der dauernden Gestaltung der gesamten Werbeausrüstung eines Hauses!* (Jb. DWB 1913, 73).

Auf einer anderen Ebene blieben Elemente des Tropon-Designs enger auf die kurzlebige Jugendstil-Reklameästhetik begrenzt. Manche Tendenzen wie die Dominanz der Künstlerpersönlichkeit und die Betonung des ornamentalen Rahmenwerks um den Produktnamen erfuhren eine Wiederholung in anderen Jugendstil-Reklamen. Entwürfe wie Joseph Maria Olbrichs Plakat für Winters Patentöfen von 1900/01 (Kat. Nr. 4.1.17) und Otto Eckmanns Zahnpastaschachteln und -tuben der Marke Pebeco stehen stellvertretend dafür.

Eckmanns bedeutendster Beitrag zur Reklame-Kunst war sein 1901 entstandener Entwurf für eine der ersten modernen Schrifttypen. Diese, bekannt als *Eckmannschrift,* wurde in vielen Werbeentwürfen verwendet und inspirierte später Lucian Bernhards *Bernhard Antiqua,* Peter Behrens' *Antiqua/Roman* und Otto Hupps *Neue Deutsche Schrift* (Buddensieg 1984, 178–185, und Fuchs/Burckhardt, 41 f.). Der Einsatz von Schrifttypen wurde zur Herausforderung in der Reklame-Kunst, bei der die Beziehung zwischen Typographie, Text und Bild zunehmend Gewicht bekam.

Eine Auswahl von Reklame-Typographien einzelner Künstler wie Behrens, Ehmcke und Bernhard hat man 1910, vorbereitet im Auftrag des *Deutschen Museums für Kunst in Handel und Gewerbe,* in einer Serie von *Monographien Deutscher Reklame-Künstler* veröffentlicht (I–V, 1910-14).

In Verbindung mit dem Kunstsammler Karl Ernst Osthaus war der Deutsche Werkbund an der Gründung dieses Museums in Hagen im Jahr 1909 beteiligt. Dieser neue Museumstypus sammelte von Anfang an systematisch Reklame-Kunst und betrieb aktiv ihre Verbreitung (Blum 1994 und Muller 1971, 259-342). Ab Herbst 1909 richtete Osthaus eine *Vermittlungsstelle* ein, deren Aufgabe es war, *kostenlos Auskünfte und Ratschläge in allen Fragen der künstlerischen Veredelung des gewerblichen und merkantilen Lebens* zu erteilen (AK Deutsches Kunstgewerbe 1912/13, 106). Ein Jahr später gründete er die *Reklameprüfungsstelle,* um Anzeigen nach ihrer wirtschaftlichen, ästhetischen und gesetzlichen Angemessenheit zu bewerten. Zusammen mit dem Deutschen Museum für Kunst in Handel und Gewerbe bat der Vorstand des Deutschen Werkbundes Künstler, Kunsthandwerker und Mitgliederfirmen darum, der Sammlung des Museums repräsentative Beispiele ihrer Arbeit zur Verfügung zu stellen (Joppien 1984, 217). Aus diesen Beständen, um Leihgaben ergänzt, organisierte das Museum Wanderausstellungen durch Deutschland und das Ausland. Die umfangreichste Ausstellung zur Anzeigengestaltung, *Reklame- und Kaufmännische Drucksachen,* wurde in einem Zeitraum von zehn Jahren an über fünfzig Orten gezeigt (Blum 1994, 51 ff.). Das ehrgeizigste Projekt des Museums überhaupt war eine Ausstellung von über 1000 Beispielen aus allen Bereichen des vom Werkbund unterstützten Kunstgewerbes und der Architektur, die 1912/13 durch sieben Museen in den USA wanderte und dem amerikanischen Publikum u. a. das Postulat von deutscher *Qualitätsarbeit* vermittelte.

Das Dickicht neuer Gesetze zu Warenzeichen und Urheberrecht, die im ersten Jahrzehnt des Jahrhunderts verabschiedet worden waren, beeinflußte ebenfalls Fragen von Form und Stil der modernen deutschen Reklame (Schwartz 1994, 242–329). In seinem Bericht des Jahres 1918 unterstrich der Fachmann Ernst Schmidt die praxisorientierten Überlegungen verschiedener europäischer Reklamerichtlinien und stellte fest: *So enthält z. B. die Pariser nur 14 und die Londoner nur 22 Artikel, welche die ganzen Reklamebestimmungen enthalten. Wir haben dagegen mehr als 100 Paragraphen, die teilweise nicht einmal für maßgebende Juristen verständnisvoll sind* (Schmidt 1918, 50).

Das Ziel, den Welthandel oder die *kunstgewerbliche Weltpropaganda* voranzutreiben, war in den Idealen des Werkbundes tief verwurzelt (Muthesius/Naumann 1914, 41, 111). Als Ludwig Roselius, Besitzer der Firma Kaffee Hag in Bremen, 1906 ein Patent auf entkoffeinierten Kaffee erhielt, beauftragte er Eduard Scotland, ein einheitliches Programm für Warenverpackungen und Werbung des ganzen Kaffee Hag-Produktspektrums zu entwickeln (vgl. S. 157 ff.). In den folgenden Jahrzehnten arbeiteten Scotland, Alfred Runge und eine Anzahl anderer Künstler und Entwerfer an der Reklamekonzeption für deutsche und internationale Märkte (Wichmann 1985, 452 f. und Leitherer/Wichmann 1987, 248 f.). In der Tradition von van de Veldes Arbeit für Tropon und Behrens' Entwürfen für die AEG stützte sich die Kaffee Hag-Reklame auf serielle Bildmotive und Schrifttypen, um eine sofort erkennbare öffentliche Erscheinungsform für die Produkte zu etablieren.

Am bedeutendsten erscheint, daß der persönliche Stil des Entwerfers hinter dem vereinheitlichten Erscheinungsbild der Firmenmarke zurücktritt. Die Arbeit von Peter Behrens für die AEG hatte bereits in diese Richtung geführt; die Kaffee Hag-Entwürfe zeigen tendenziell das Verschwinden der Künstlerpersönlichkeit und die stärkere Konzentration auf die Produktidentität selbst. Die Gestaltung für Kaffee Hag war auf ein stark vereinfachtes graphisches

System geometrischer Motive und den Text in Großbuchstaben reduziert. In Plakaten, Warenverpackungen, Emailschildern und Kaffeegeschirr verarbeiteten die Entwürfe ein vorherrschend rot-weiß-schwarzes, in vertikaler Form angeordnetes Farbschema, dessen Hauptmotiv das rechteckige Bild einer einfachen Kaffeebohnendose zeigt.

Die Firma Kaffee Hag hatte bedeutenden Anteil am internationalen Exportgeschäft. Ausländische Anzeigen für Kaffee Hag, dort auch unter dem Namen *Sanka* bekannt, ergänzten die Motive der deutschen Kampagne gelegentlich mit zusätzlichen symbolischen Bezügen und Textmaterial. Diese Mischungen, beispielhaft dargestellt in einer amerikanischen Anzeige für Kaffee Hag, ließen bisweilen merkwürdige Stilpaarungen entstehen. Die Reklameliteratur diskutierte und verglich die deutschen, englischen, französischen und amerikanischen Reklametrends heftig (Ruben 1915, 49 f., und Schmidt 1918, 292 f.).

Werkbund–Werbung

Im Gegensatz zum einheitlichen Reklameprogramm von Kaffee Hag stellten sich die Bemühungen des Werkbundes um eine offizielle bildliche Identität in der Werbung für die geplante erste große Ausstellung 1914 als komplizierter und ineffizienter Prozeß dar. Der Plakatwettbewerb für die Kölner Ausstellung zeigt dies besonders deutlich (Assel 1984; Hilscher 1984, 274–279). Das im Winter 1913 ausgelobte Preisausschreiben erhielt 141 Einsendungen, keiner der preisgekrönten Entwürfe jedoch wurde für das offizielle Plakat ausgewählt. Einer der Gewinner mußte sich sogar die süffisante Kritik A. Fortlages über die Vogelmotive seines Entwurfs gefallen lassen, der in *Dekorative Kunst* äußerte: ... *aber man fragt nach dem gedanklichen Zusammenhang: handelt sich's um eine Deutsche Werkbund-Ausstellung oder um ein Plakat für einen Zoologischen Garten?* (Dekorative Kunst XXI 1913, 376).

Nach dem Scheitern des Wettbewerbs bekam Peter Behrens den Auftrag, ein offizielles Plakat zu gestalten. Sein Entwurf wurde so kontrovers diskutiert, daß der Beitrag Ehmckes, der im Wettbewerb völlig unbeachtet geblieben war und in der Folge für die Feinhals-Zigarettenkampagne Verwendung fand, schließlich als zweites offizielles Plakat zusätzlich eingesetzt wurde. Ehmckes Entwurf, abgeleitet von den DWB-Signets, basierte auf rein graphischen und typographischen Bildelementen. Von einem zeitgenössischen Kritiker wurde er gelobt: ... *Auffassung einer allseitig gleichartigen Gliederung und Teilung der Fläche, einer vollständigen Ausschaltung jeder räumlichen Wirkung, die den Plakatstil bestimmt* (Das Plakat 5, 1913, 221). Behrens' offizielles Plakat war traditioneller gehalten. Der fackelschwingende Jüngling auf schwarzem Pferd sollte möglicherweise symbolisieren, ... *daß aller Welt [der] Wert deutscher Arbeit, deutschen Gewerbefleisses und deutscher Werkbundtätigkeit immer leuchtender vor Augen [geführt werde]* (Muthesius/Naumann 1914, 4). Doch bereits vor der Ausstellung klagte Otto Pelka in der Zeitschrift *Das Plakat: Betrachtet man das Bild, ohne die Unterschrift für sich allein, so braucht man gar nicht zu wetten, daß nicht ein einziger Beschauer auch nur im entferntesten auf den Gedanken kommt, es mit der Ankündigung einer Deutscher Werkbund Ausstellung in Verbindung zu bringen* (5, 1914, 90). Auf der Jahresversammlung des Deutschen Werkbundes urteilte Hermann Obrist über das Plakat: *Es ist reaktionär* (Muthesius/Naumann 1914, 63).

Vor dem Hintergrund der Auseinandersetzung um Typus und Individualität, dem sogenannten *Werkbundstreit*, der im Juli 1914 in Köln um die Vorstandsmitglieder Hermann Muthesius und Henry van de Velde ausbrach, wäre man versucht, den Entwurf Ehmckes als Modell für den Typus anzusehen, während Behrens' Beitrag für Individualität stünde. Doch die schwierige Situation erlaubte eine solche oberflächliche Kategorisierung nicht. So behauptete Behrens: *Ich muß offen sagen, daß ich mir nicht ganz klar darüber geworden bin, was Herr Muthesius unter Typisierung gemeint hat ... Unsere Aufgabe, die Aufgabe des Werkbundes ist es nicht, die schwierigste Frage, die es überhaupt gibt, zu erörtern. Ein Stil entsteht nicht durch Verbandsbeschlüsse und wir bilden keinen ästhetischen Kongreß. Unsere Aufgabe ist eine andere. Sie ist die Vermittlung zwischen Künstler und Konsumenten. Einen breiten Resonanzbogen zu schaffen für die talentvollen Leistungen* (Muthesius/Naumann 1914, 56 f.).

Das unglückliche Nebeneinander der beiden Entwürfe von Ehmcke und Behrens spiegelte einen Mangel an Klarheit im ästhetischen und ideologischen Programm der ganzen Organisation. Im nachhinein betrachtet, erfüllen die offiziellen Bilder jedoch erfolgreich den beabsichtigten Effekt als Reklame-Kunst. Beide Entwürfe wirken nach als anerkannte Bildsymbole des Deutschen Werkbundes und seiner ehrgeizigen Bemühungen um Eigenwerbung.

Variante zu Kat. Nr. 4.3.22. Berlin, Deutsches Historisches Museum

Ivo Kranzfelder

Die Welt ist schön
Anmerkungen zum Gebrauch der Fotografie in der Werbung

Kunst und Werbung oder Werbung und Kunst

Werbung oder Reklame ist einem Produkt verpflichtet, einer Ware. Da – der Gemeinplatz sei ausnahmsweise erlaubt – alles zur Ware geworden ist, gibt es auch Ideenwerbung. Gleichermaßen kann für eine Zigarette geworben werden wie für ökologisches Bewußtsein. Gewisse Unterschiede müssen in der Gestaltung gemacht werden, das Prinzip ist jedoch das gleiche.

Alle Kunst ist Werbung – stellte Gustav Hartlaub 1928 fest (Hartlaub 1928, 170). Es habe sich der *Sinn* solcher Werbung gewandelt. Schon vorher, im Jahr 1901, hieß es in einem *Handbuch der Reklame: Die Reklame selbst ist eine Wissenschaft geworden, erfolgreiche Reklame aber eine Kunst* (Lemcke 1901, 1). Knapp 90 Jahre später behauptete ganz einfach ein Werbemann: Werbung ist Kunst – und meinte hauptsächlich die eigene Tätigkeit.

Was nun? Ist Kunst Werbung oder Werbung Kunst? Oder ist die Frage zu diskutieren obsolet? Interessanterweise gab es in den 50er und 60er Jahren des 19. Jahrhunderts eine solche Debatte um die Fotografie, die erneut in den 90er Jahren desselben Jahrhunderts wieder aufflammte, als sich eine sogenannte *Kunstfotografie* oder, mit einem Anglizismus, der *Piktoralismus,* international etablierte. Diese Störung war eingebettet in Symbolismus und Jugendstil. Ein wesentliches Merkmal des letzteren war bekanntlich der Hang zum *Gesamtkunstwerk*. Der Jugendstil stellt *die künstlerische Produktion wieder in einen gesamtgesellschaftlichen Zusammenhang (...), wodurch der Gegensatz zwischen freien und angewandten Künsten weitgehend hinfällig wird* (Hermand 1978, 43). Der Unterschied zwischen *high* und *low* wird aufgehoben, ein Trend, der sich in Wellenbewegungen bis heute fortsetzt.

Künstlerische Produktion umfaßt eine Vielzahl von Sprachhöhen, um einen Ausdruck von Werner Hofmann zu gebrauchen. Aufnahme in den Olymp der Kunst oder Hinabstoßen in den Hades des Trivialen sind Sache des bildungsbürgerlich geprägten Philistertums. Gemäß der Methode Aby Warburgs sollte man Kunstgeschichte als Geschichte von Bildern begreifen, und zwar, so muß man im Falle der Werbung beziehungsweise der Reklame ergänzen, von Bildern in ihrem intendierten Kontext. Ein offener Kunstbegriff, wie er von Warburg bis hin zu Umberto Eco oder Werner Hofmann propagiert wird, schließt die Werbung ebenso mit ein wie das relativ junge Bildmedium der Fotografie.

Massenkunst

Gemeinhin wird der Fotografie ein gewisser Realitätscharakter zugesprochen. Der Zeitpunkt ihrer Erfindung und Verbreitung ist kein Zufall. Industrielle Revolution, Herausbildung des kapitalistischen Wirtschaftssystems, Entwicklung der Naturwissenschaften und Entstehung moderner Staatsgebilde in der Nachfolge der Französischen Revolution sind nur einige Stichpunkte, die den Kontext andeuten. Das 19. Jahrhundert regiert der Positivismus, und es ist das, wie Walter Benjamin es bezeichnet hat, trockenste, phantasieloseste Jahrhundert (Benjamin 1983, 1, 113). Als signifikante Beispiele dienen ihm die Weltausstellungen: *Die Weltausstellungen verklären den Tauschwert der Waren* (Benjamin 1983, 1, 50). Analog dazu wird auf der Weltausstellung 1855 in Paris erstmals eine Sonderschau für Fotografie präsentiert. Hier liegt die Wurzel der Verbindung von Produkt, Ware, Fotografie. *Werbekunst ist wahrhaft sozial, kollektiv, wahr-*

hafte Massenkunst: die einzigste, die es heute noch gibt (Hartlaub 1928, 173). Dem Massenkonsum kam ein Bildmedium zu Hilfe, das für massenhafte Reproduktion prädestiniert war. Die Möglichkeit bot in geringerem Maße zwar auch die Lithographie, aber mit der Fotografie konnte die Realität chemisch-mechanisch auf eine bisher nicht gekannte Weise, in völlig neuer Wirklichkeitstreue und Realitätsnähe – so meinte man – wiedergegeben werden.

Werbung, bemerkt Josef Müller-Brockmann, habe es schon immer gegeben, sie sei so alt wie die Menschheit selbst. *Die Werbung mit all ihren wissenschaftlichen, bis ins Detail ausgearbeiteten Methoden jedoch ist noch verhältnismäßig jung und hängt mit unserer technisch hochentwickelten Zivilisation zusammen* (Müller-Brockmann 1971, 6). Dementsprechend stellte der Ökonom Werner Sombart zu Anfang dieses Jahrhunderts fest: *Heute ist die Reklame ein unentbehrlicher Bestandteil rationeller Wirtschaftsführung geworden* (Sombart 1913, 226). Werbung und Wirtschaft, so wird aus diesem Zitat deutlich, hängen unauflöslich miteinander zusammen. 1895 erschien das Buch *Psychologie der Massen* von Gustave LeBon, das im Klappentext der deutschen Ausgabe aus dem Jahr 1951 folgendermaßen angepriesen wird: *Jeder, der mit seelischen Massenvorgängen zu tun hat, sei er Politiker, Beamter oder Jurist, Historiker, Lehrer oder Werbefachmann, wird die klaren und überaus aufschlußreichen Darlegungen und Thesen mit großem Gewinn lesen.*

Als LeBon seine Untersuchung veröffentlichte, gab es die Fotografie immerhin bereits 56 Jahre. Er erzählt die Geschichte, in einem Volkstheater habe man den Schauspieler, der den Verräter spielte, nach Schluß der Vorstellung vor den Angriffen der Zuschauer schützen müssen. *Das ist meiner Meinung nach,* so kommentiert er, *eins der treffendsten Beispiele für den jetzigen Zustand der Massen, und besonders für die Leichtigkeit, mit der man sie beeinflußt. Das Unwirkliche ist in ihren Augen fast ebenso wichtig wie das Wirkliche. Sie haben eine auffallende Neigung, keinen Unterschied zu machen* (LeBon 1951, 52). Diese grundsätzliche Beobachtung hat mit den Möglichkeiten der Fotografie eine entscheidende Verfeinerung erfahren. Das Abbild der Realität konnte dem, was als Realität angesehen wurde, noch stärker angenähert werden – ohne letztlich damit etwas gemein haben zu müssen. Es konnten und können perfekte Wunschbilder erzeugt werden.

Nun verläuft die Geschichte der Anwendung des Mediums Fotografie nicht linear in dem Sinne, daß mit zunehmender Perfektion des Produktionsmittels die Produkte, also die Fotografien, in analoger Weise immer perfekter werden. Solche Bestrebungen wechseln sich ab mit gegenläufigen Entwicklungen, die beispielsweise, wie etwa im Surrealismus und seinen Ausläufern, bewußt mit der Mißachtung, der Verletzung des Mediums arbeiten. Es ist zu fragen, inwieweit eine an rein kommerziellen Kriterien ausgerichtete Gebrauchsweise der Fotografie, die Werbefotografie, sich an solchen meist subversiv gedachten Versuchen beteiligte oder ob sie diese Versuche im nachhinein, wenn sie akzeptiert und anerkannt waren, adaptierte. Auch Avantgarde wird zu Tradition, vornehmlich dann, wenn es um die spätere kommerzielle Verwertung ehemals avantgardistischer Konzepte geht. Ein kurzer Blick auf einige Aspekte des Gebrauchs der Fotografie in der Werbung wird das Problem erhellen helfen.

Fotografie in der Werbung

Erst mit der Entwicklung von Techniken, mit denen sich fotografische Vorlagen in großer Anzahl und ohne größeren materiellen Aufwand drucken ließen, wurde die Anwendung von Fotografien für Werbezwecke sinnvoll und rentabel. Von diesen Techniken ist die um 1865 entwickelte *Woodburytypie* erwähnenswert, da sie sowohl zur Herstellung von Buchillustrationen als auch für Werbezwecke genutzt wurde. Das Druckerzeugnis wurde noch in das typographische Gerüst eingeklebt, ähnlich wie es bei Steckbriefen üblich war. Der Siegeszug der Fotografie in der Werbung setzte jedoch erst nach 1900 ein. 1899 erfand Ernst Rollfs ein Verfahren, Fotografien auf Kupferzylinder zu ätzen und mit der Maschine zu drucken. 1904 hat man in den USA den Offsetdruck entwickelt, der 1907 in Deutschland eingeführt wurde. Mittlerweile sind die Leistungen der Druckindustrie in einem Maße gestiegen, daß bezweifelt werden darf, ob alle solcherart hergestellten Erzeugnisse überhaupt noch wahrgenommen werden können. Neueste Errungenschaft ist eine Druckmaschine, die pro Stunde 100 000 Broschüren im Format A 5 mit 36 Seiten geheftet, geschnitten und abgepackt herstellen kann. Eine gängige Offset-Rotationsmaschine hat eine Kapazität von ungefähr 25 000 Drucken pro Stunde, auch im Mehrfarbendruck.

Frühes Beispiel für ein Fotoplakat ist eine Ansicht von Zürich aus dem Jahr 1906, eine Kampagne des Schokoladenherstellers Suchard. Ausgangsmaterial war eine Fotografie von Zürich aus der Vogelperspektive. Dieses Rohmaterial wurde malerisch und mit

Hilfe von Retuschen ergänzt. Berge, See, Fluß, Himmel, Menschen, Straßenbahnen und Schiffe sind solche Zutaten, zudem wurde die schwarzweiße Fotografie koloriert. Bemerkenswert an diesem Plakat ist weiterhin, daß das Produkt, das beworben wird, gar nicht auftaucht. Der Produktname ist mit dem Herkunftsland verbunden und bekommt so eine andere, gewissermaßen höhere, über das Produkt hinausreichende Bedeutung: *La Suisse illustrée par le Chocolat Suchard*. Diese Methode der Werbung hat sich bis heute erhalten (Kat. Nr. 4.4.2).

Die Kombination von Realitätsfragment (Fotografie) und malerischen bzw. graphischen Elementen deutet hin auf die Collage, auf die *papiers collés* der Kubisten. Das soll nun nicht heißen, die Reklame habe den Kubismus vorweggenommen, einzelne Beispiele fügen sich jedoch in die Vorgeschichte der Collage, wie dies auch im Bereich der reinen Fotografie schon im 19. Jahrhundert der Fall war. Die harmonische Gestaltung der Werbung mit fotografischen Elementen wurde im Kubismus abgelöst durch schroffe Übergänge, durch Brüche, durch Einbeziehung von Zeitungsausschnitten, Flaschenetiketten etc. Albert Gleizes sprach davon, daß die Industrie, daß Produktion und Konsumtion sich den Kubismus nutzbar machten, daß aber nur der oberflächliche Eindruck der neuen kubistischen Gemälde erfaßt würde. *Und so sah man in kubistischer Art Reklamen an den Mauern der großen Städte, Möbelbezüge, Kleiderstoffe, Gegenstände aller Gattung in den großen Warenhäusern, mehr und mehr vereinfachtes Mobiliar von konsequenter, nur aufs Wesentliche gerichteter Form, dessen edles Material mit der bewußten Strenge des Aussehens kontrastierte* (Gleizes 1980, 23).

Das Einkopieren von Fotografien oder fotografischen Fragmenten in Werbeanzeigen oder Plakate hat seinen Ursprung in kubistischen Techniken. Die Verwendung von Buchstaben, Typographie, in kubistischen Gemälden verweist einmal auf die Anregung durch unter anderem Reklame, zum anderen antizipiert sie diese. So kann man allgemein keine monokausale Abhängigkeit der Werbung von künstlerischen Strömungen oder Techniken konstatieren, sondern in der Entwicklung wird der Tatsache Rechnung getragen, daß – und das gilt bis hin zur Pop Art oder zu Jeff Koons – eine lebendige Wechselwirkung besteht zwischen Werbung und Kunst.

Diese bis heute umstrittene wechselseitige Abhängigkeit wurde durch das 1919 gegründete Bauhaus in der Nachfolge der russischen Avantgarde und des Dadaismus programmatisch vorbereitet. Letzterer Bewegung war die eigentliche *Erfindung* der Fotomontage zu verdanken, wobei der Streit um den Urheber zwischen John Heartfield und Raoul Hausmann nur eine Fußnote darstellt (Heartfield 1981, 29–31). Das Konzept des Bauhauses legte den Grundstein für den heutigen Drang der Werbeleute zur *hohen Kunst*. Es gäb keinen Wesensunterschied zwischen dem Künstler und dem Handwerker, schrieb Walter Gropius 1919 im Manifest, das dem Programm des Bauhauses vorangestellt war. Jedoch erst László Moholy-Nagy, 1923 ans Bauhaus berufen, beschäftigte sich mit der Verwendung neuer Medien in neuen Zusammenhängen. In den 20er Jahren liegt noch immer der Kernbereich jener Gestaltungsabsichten, denen wir größtenteils die Erscheinung unserer Umwelt bis heute zu verdanken haben. Gegen Ende des Jahrzehnts erfuhren die neuen Gebrauchsweisen der Fotografie ihre Sanktion durch Bücher wie Werner Graeffs *Es kommt der neue Fotograf!*, erschienen 1929, ebenso wie Franz Rohs und Jan Tschicholds *foto-auge* oder durch die Internationale Werkbundausstellung *Film und Foto* im selben Jahr. Die Fotografie wurde als der modernen Industriegesellschaft adäquates Bildmedium empfunden. In einem Aufsatz aus dem Jahr 1927 hat sich Moholy-Nagy speziell über die Fotografie in der Reklame geäußert. Da die Fotografie – obwohl weit verbreitet – in ihren Möglichkeiten noch verkannt sei, gelte für sie der in der Reklame wirksame Faktor des Reizes des Neuen. Einschränkend bemerkt Moholy, was bis heute noch Gültigkeit hat, nämlich daß es für die Herstellung von Reklame keine klaren Gesetzmäßigkeiten gebe: *Ein Anfang ist da: es existieren zahlreiche Bücher über Werbegestaltung, es gibt Institute, die sich nur mit Reklamepsychologie befassen, es gibt Werbearbeiten von hohem Niveau – aber eine Klarheit darüber ist noch nicht vorhanden, wie man eine Werbegestaltung im allgemeinen den immer sich verändernden Zeiten anpassen soll, wie ein Umsturz der optischen und gleichzeitig der geistigen Einstellung scheinbar fast plötzlich erfolgt, ohne sich vorher der Masse bemerkbar zu machen* (zit. n. Eskildsen 1979, 146). In Anlehnung an sein 1925 erstmals erschienenes Bauhausbuch *Malerei, Fotografie, Film* stellt Moholy eine Liste von fotografischen Teilgebieten auf, die noch durchzuarbeiten wären. Anschließend bemerkt er: *Ob diese Punkte in ihrer Auswertung der Wissenschaft oder dem Nachrichtendienst, der Literatur oder der Reklame zugute kommen, ist grundsätzlich belanglos* (zit. n. Eskildsen 1979, 148).

Das heißt im Klartext, daß es – nach Moholy – keine eigene Ästhetik der Werbung oder gar der Fotografie in der Werbung gibt, sondern, erweitert, daß die Gesetze der Gestaltung für alle Bereiche

Kat. Nr. 4.4.5

einer modernen Gesellschaft in Anwendung gebracht werden sollen. In der Nachfolge der Dadaisten entwickelte Moholy die sogenannten *Fotoplastiken*, die er folgendermaßen beschrieb: *Sie sind – aus verschiedenen Fotografien zusammengesetzt – eine Versuchs-Methode der simultanen Darstellung, komprimierte Durchdringung von visuellem und Wortwitz; unheimliche, ins Imaginäre wachsende Verbindung der allerrealsten, imitativen Mittel* (Moholy-Nagy 1978, 34). Er setzte die Fotoplastik ebenso für Werbung ein wie das *Typofoto*, die Verbindung von Typographie und Fotografie. *Was ist Typofoto? Typografie ist in Druck gestaltete Mitteilung, Fotografie ist visuelle Darstellung des optisch Faßbaren. Das Typofoto ist die visuell exaktest dargestellte Mitteilung* (Moholy-Nagy 1978, 37).

Fotoplastik und Typofoto haben ihren Ausgangspunkt in der Collage bzw., daraus hervorgehend, in der Fotomontage. Der Typograph Jan Tschichold hat sich mit diesen Bild- oder, besser gesagt, Vermittlungs- und Kommunikationsformen auseinandergesetzt. Zur Fotomontage und zur Fotoplastik, die auch flächige und zeichnerische Elemente enthalten kann, schrieb er 1928 in einem Text über *fotografie* und *typografie* im Zusammenhang mit Reklame: *in ihr [der fotomontage; I. K.] liegen die weitesten möglichkeiten auch für die zweckgebundene reklame. hier ist es naturgemäß nur vereinzelt möglich, durch ausgleich aller teile mit dem ergebnis des freien gleichgewichts ein ›kunstwerk‹ zu schaffen, da die bindungen durch den notwendigen logischen zusammenhang, die logische größenordnung, die gegebene schrift usf. stark hemmend wirken können. es ist im übrigen auch nicht aufgabe des reklameschaffenden künstlers, freie kunstwerke, sondern beste reklame zu gestalten. beides kann, muß aber nicht zusammenfallen* (Tschichold 1991, 1, 45).

Kombinierte die Montage noch verschiedene Versatzstücke mit Realitätscharakter miteinander – blieb also im Bereich des Erkennbaren, wenn auch in neuer, manchmal ungewohnter Zusammenstellung –, so bot das Fotogramm neue Möglichkeiten der Sichtweise auf den Gegenstand. Moholy bemerkt zum Fotogramm und zur Röntgenfotografie, einer Abart des Fotogramms, nur, daß diese für die Werbegestaltung in den folgenden Jahren wichtig und ertragreich sein würden. Als erster hat der Russe El Lissitzky, ein Schüler von Malewitsch, in seiner berühmten Anzeige für Pelikan das Fotogramm eingesetzt. *Er lieh der neuen Kunstform des Fotogramms*, so Tschichold, *in seinem Plakat ›Pelikan-Tinte‹ als erster sozialen Inhalt* (Tschichold 1991, 1, 112). Tschichold stößt mit dieser Feststellung im Jahr 1932 ins selbe Horn wie 1928 Hartlaub. Aus solchen Äußerungen läßt sich der Optimismus erkennen, mit dem neue technische Errungenschaften oder neue Anwendungsweisen begrüßt wurden. Mit zunehmender Dynamisierung des Lebens durch fortschreitende Technisierung versuchte man, die alten *Ewigkeitswerte* der Kunst über Bord zu werfen und die Zeit mit den ihr gemäßen Mitteln zu gestalten. Einen wesentlichen Aspekt bildete hier eben die seit erst relativ kurzer Zeit professionalisierte Werbung mit dem ebenfalls neuen Medium Fotografie.

1928 erschien das Buch *Die Welt ist schön* von Albert Renger-Patzsch, gewissermaßen die Bibel neusachlicher Fotografie. Der Titel – obwohl von Renger-Patzsch nicht so vorgesehen – ist Programm: Die Welt in all ihren Erscheinungsformen und Facetten wird in den 100 Fotografien exemplarisch ästhetisiert. Die reine Sachaufnahme, Produktfotografie, ist ebenfalls vertreten, darunter die bekannte Werbeaufnahme für Kaffee Hag (Kat. Nr. 4.4.5). Harmonisierung und Ästhetisierung kommen der Werbung naturgemäß mehr entgegen als verstörende und irritierende Elemente. Sogenannte Schockwerbung beispielsweise erreicht nicht immer ihr Ziel.

Im Vorwort zum Buch *foto-auge* nennt Franz Roh die Sparten der Fotografie, die dort zu sehen sind, von denen alle in der Werbung versuchsweise eingesetzt wurden: *unser buch will nicht nur sagen ›die welt ist schön‹, sondern ebenso: sie ist erregend, grausam und absonderlich. deshalb wurden auch blätter aufgenommen, die wohlbehütete ästheten vors blasse köpfchen stoßen werden. im übrigen finden sich fünf arten von fotografieverwendung: realfoto, fotogramm, fotomontage, foto*

Kat. Nr. 4.4.9

in verbindung mit grafik oder malerei, foto in typografischer verbindung (foto-auge 1925, 5).

Es ging also nicht um *Kunst,* auch nicht um die Kunst der Werbung. Ein Fotograf wie Man Ray trennte säuberlich zwischen seinen kommerziellen Arbeiten wie der Modefotografie und seinem restlichen Werk. Noch in seiner Monographie über Moholy-Nagy aus dem Jahr 1978 bemerkte Andreas Haus, daß Moholy manche Typographie-, Reklame- und Ausstellungsgestaltung bereits ins Kommerziell-Harmonische abgeglitten sei (Haus 1978, 68). Dahinter steckt der Gedanke von der Subversivität und der Rebellion der Kunst, ein Gedanke, der sich von den 20er Jahren bis hin zu Adornos Ästhetischer Theorie zieht. Bei Walter Benjamin hat die Fotografie eine Funktion innerhalb physiognomischen, politischen oder wissenschaftlichen Interesses. Fotografie als Kunst sei ein gefährliches Gebiet. Das *Schöpferische am Photographieren ist dessen Überantwortung an die Mode. ›Die Welt ist schön‹ – genau das ist ihre Devise. In ihr entlarvt sich die Haltung einer Photographie, die jede Konservenbüchse ins All montieren, aber nicht einen der menschlichen Zusammenhänge fassen kann, in denen sie auftritt, und die damit noch in ihren traumverlorensten Sujets mehr ein Vorläufer von deren Verkäuflichkeit als von deren Erkenntnis ist. Weil aber das wahre Gesicht dieses photographischen Schöpfertums die Reklame oder die Assoziation ist, darum ist ihr rechtmäßiger Gegenpart die Entlarvung oder die Konstruktion* (Benjamin 1981, 62). Die fotografische Konstruktion, der Benjamin 1931 noch eine entlarvende, aufklärerische Funktion zugetraut hat, ist längst in den Bereich der Werbung integriert. In den 30er Jahren verfestigen sich die im vorhergehenden Jahrzehnt entwickelten Methoden. Die einzige große Neuerung ist die Verbreitung der Farbfotografie durch die Einführung der ersten Farbumkehrfilme in den Jahren 1935/36. Aufwendige Farbtechniken wie die Carbro-Color-Technik, die Paul Outerbridge anwandte, antizipierten und begleiteten die gängige Farbfotografie. Die Farbe im Foto steigerte den Realitätswert der Bilder noch einmal. Farbaufnahmen wurden so selbstverständlich, daß heute der Einsatz von schwarzweißer Fotografie bereits wieder als besonderes Stilmittel gilt. *Das bedeutendste und auffallendste Anwendungsgebiet professioneller Farbphotographie war sicherlich die Konsumgüter-Werbung, die zum bestimmenden Faktor individueller wie ökonomischer Existenz in der Bundesrepublik wurde* (Sachsse 1981, 167). Die Farbfotografie bedeutete einen hauptsächlich technischen Fortschritt, ansonsten wurden die Bildresultate der 20er Jahre *sophisticated.* Robert A. Sobieszek, der anläßlich einer Ausstellung 1988 einen Überblick über die Geschichte der Werbefotografie zu geben versuchte, spricht von einem reaktionären neuen Naturalismus, der sicherlich auch durch die Einführung der Farbe mitbedingt gewesen sei (Sobieszek 1988, 64 f.).

Der Internationalismus der gestalterischen Avantgarde der 20er Jahre, die vor allem von Deutschland (Bauhaus) und den Niederlanden (De Stijl) ausging, wirkte sich auch auf die amerikanische Werbung aus. Dort entspann sich eine Debatte, in der die Experimente dieser Avantgarde und ihr Einfluß auf die Werbung diskutiert wurden. Ein Kritiker meinte, man könne moderne Kunst nicht für die Werbung verwenden, schließlich wolle der Modernismus, wie die europäische Moderne in Amerika bezeichnet wurde, nicht Abbilder von existierenden Dingen hervorbringen, sondern erschöpfe sich im Abstrakten. Bestätigen sollte sich diese Ansicht in der europäischen – vor allem der deutschen – Produktwerbung, die in der Nachkriegszeit mit der Fotografie arbeitete.

Das ist so ziemlich der einzige Punkt, den man für die Werbefotografie der neueren Zeit als gemeinsamen Nenner anführen kann – und auch dies nur beschränkt. Bei der ungeheuren Fülle der Werbung, die sich der Fotografie oder fotografischer Elemente bedient, ist es schier unmöglich, auch nur grobe Entwicklungslinien nachzuziehen. In themenbedingten Teilbereichen wäre dies eher möglich, so zum Beispiel in der Modefotografie. Die unübersehbar gewordene Masse läßt nur, wie Rolf Sachsse dies am Beispiel der Farbfotografie angemerkt hat, *die Feststellung eines pluralistischen Nebeneinanders unzähliger Möglichkeiten übrig* (Sachsse 1981, 172). Man könnte einzelne Kampagnen oder Konzepte herausheben wie das von Volkswagen in den 60er Jahren oder das der Firma Braun, das sich am Leitspruch des Designers Dieter Rams orientierte: *Gutes Design ist so wenig Design wie möglich* (zit. n. Kriegeskorte 1992, 151), einer Abwandlung des Prinzips *Weniger ist mehr.*

Werbung orientiert sich am Produkt und an der Käuferschicht, die angesprochen werden will. Daß die Fotografie in den 20er Jahren in der Hoch-Zeit einer fortschrittsoptimistischen Moderne als zeitgemäßes Werbemittel angesehen wurde, leuchtet ein. Liest man jedoch die Theoretiker, bleiben die Begründungen meist nebulös und sehr allgemein. Was man mit Sicherheit feststellen kann, ist der prompte Einsatz neuester Technik zu Werbezwecken. Mit der Perfektionierung der Farbfotografie wurden immer perfektere, auf einen letztlich schon fast abstrakten Einsatz der Farbe zielende

riri
GARANTIE
riri
GARANZIA
riri AG, Zürich Mendrisio
Atelier Victor N. Cohen Hansruedi Widmer
Paul Bender, Zollikon

Kat. Nr. 4.1.11

Werbeaufnahmen hergestellt. Mit der Erfindung der digitalen Bildbe- und -verarbeitung kam die Collage auf anderem Niveau zu neuen Ehren. Jedoch ist der Rückgriff auf die Pionierleistungen nicht zwingend, sondern nur vereinzelt zu bemerken. Die Euphorie des Aufbruchs der 20er Jahre ist allenfalls noch als Attitüde vorhanden, selten auf Plakaten oder in Anzeigen. Eine große Rolle für das Ausufern fotografischer Werbung spielte die Erfindung und Verbreitung des Fernsehens. Die Werbefotografie glaubte, in Konkurrenz damit treten zu müssen, oder sie wurde einfach in Kampagnen miteinbezogen. Die Medienkombination von Fernsehen, Funk, Anzeigen und Plakaten begann in den frühen 60er Jahren und hat sich bis heute erhalten, wobei das Fernsehen die dominante Rolle spielt. Moholy-Nagy war noch beeindruckt von der Möglichkeit, die, wie er es nannte, zeitgemäße synoptische Mitteilung *mittels des kinetischen Verfahrens, des Films, auf einer anderen Ebene großzügig weiterführen zu können* (Moholy-Nagy 1978, 38). Die Zweischneidigkeit des Konzepts der Moderne, die Dialektik der Aufklärung, spricht aus seinen 1925 in *Malerei, Fotografie, Film* geschriebenen Worten: *Die Menschen schlagen einander noch tot, sie haben noch nicht erfaßt, wie sie leben, warum sie leben; Politiker merken nicht, daß die Erde eine Einheit ist, aber man erfindet das Telehor: den Fernseher – man kann morgen in das Herz des Nächsten schauen, überall sein und doch allein sein; man druckt illustrierte Bücher, Zeitungen, Magazine – in Millionen. Die Eindeutigkeit des Wirklichen in der Alltagssituation ist für alle Schichten* da. *Langsam sickert die Hygiene des Optischen, das Gesunde des Gesehenen durch* (Moholy-Nagy 1978, 38).

Kat. Nr. 4.4.7

Kat. Nr. 4.4.6

4.4.1
Werbeanzeige für Hüte, Firma Brown,
13 & 14 New Bond St., London
London um 1890
Woodburytypie, 13,8 x 9,8 cm
Lit.: AK Fotomuseum im Münchner Stadtmuseum 1961–1991, Eine Auswahl von 150 Fotografien aus der Sammlung, München 1991, 172
Münchner Stadtmuseum Fotomuseum

4.4.2
Chocolat Suchard, La Suisse illustrée par le Chocolat Suchard
Schweiz 1906
Farblithographie, 115 x 75 cm
Lit.: Müller-Brockmann 1989, 61, Abb. 53
Zürich, Museum für Gestaltung, Plakatsammlung

Kat. Nr. 4.4.3

Kat. Nr. 4.4.4

4.4.3 *Abb.*
TINTE Pelikan
El Lissitzky
(Polschinok/Smolensk 1890–1941 Moskau)
1924
Gelatinesilberabzug, 49,7 x 34,8 cm
Lit.: Film und Foto der 20er Jahre, Stuttgart 1979, 151, Abb. 194 – AK Deutsche Werbefotografie 1989 – AK Photographie als Photographie. Zehn Jahre Photographische Sammlung 1979–1989, Berlinische Galerie, Berlin 1989, 165
Berlin, Berlinische Galerie, Photographische Sammlung

4.4.4 *Abb.*
Kaufhaus Schocken
László Moholy-Nagy
(Bacsborsod/Ungarn 1895–1946 Chicago)
1925
Gelatinesilberabzug, 22 x 16,3 cm
Lit.: AK Photographie als Photographie, Zehn Jahre Photographische Sammlung 1979–1989, Berlinische Galerie, Berlin 1989, 167
Berlin, Berlinische Galerie, Photographische Sammlung

4.4.5 *Abb.*
Kaffee Hag

Albert Renger-Patzsch
(Würzburg 1897–1966 Wamel bei Soest)
1925
Druck
Lit.: Film und Foto der 20er Jahre, Stuttgart 1979, 140, Abb. 172 – AK Deutsche Werbefotografie 1989, Abb. 9
Albert Renger-Patzsch Archiv / Ann und Jürgen Wilde, Köln 1995

4.4.6 *Abb.*
Elektrische Birne mit Teilen der Fassung
(Für Osram)
Hans Finsler (Zürich 1891–1972 Zürich)
1929
Neuabzug von Glasnegativ, 10 x 15 cm
Lit.: Roth, F. und Tschichold, J., foto-auge, Stuttgart 1929, Abb. 14 – Film und Foto, Stuttgart 1929, Nr. 210 – AK Hans Finsler, Neue Wege der Photographie 1927–33, London 1978, 33 – Wichmann 1985, 378
Halle, Staatliche Galerie Moritzburg

4.4.7 *Abb.*
Odol
Herbert Bayer (Haag/Österreich 1900–1995 Montecito/Kalif.), 1930
Bez. u. r.: herbert bayer
Fotografie
Lit.: Roth / Scheske / Täubrich 1993, 190
Bühl, Lingner + Fischer

4.4.8
Wohnbedarf Zürich
Entwurf Max Bill
(Winterthur 1908–1994 Zürich)
Foto Binia Bill
Schweiz 1935
Buchdruck Linol, zweifarbig, 128 x 90,5 cm
Lit.: Müller-Brockmann 1989, 69, Abb.67
Zürich, Museum für Gestaltung, Plakatsammlung

4.4.9 *Abb.*
Sporting Stepper
Herbert Bayer (Haag/Österreich 1900–1985 Montecito/Kalif.)
Berlin 1935
Farbdruck, 23,6 x 20,7 cm
Lit.: AK Deutsche Werbefotografie 1989, Abb. 27
Berlin, Bauhaus-Archiv

4.4.10 *Abb.*
Nino-Flex
1955
Freigestellte SW-Fotografie, Zeichnung und Satz zum Teil ineinanderkopiert, einfarbig (braun) gedruckt, 33 x 17,5 cm
Aus: Constanze, 12, 1955

4.4.11 *Abb.*
riri (Reißverschlüsse)
Hansruedi Widmer
Schweiz 1958
Farblithographie, 128 x 90,5 cm
Lit.: Müller-Brockmann 1989, 83, Abb.85
Zürich, Museum für Gestaltung, Plakatsammlung

4.4.12
Braun Plattenspieler
1963
Einfarbige Zeichnung und Satz in SW-Fotografie einkopiert, einfarbig (braunschwarz) gedruckt, 34 x 26 cm
Lit.: Kriegeskorte 1992, 153, Abb. 125
Aus: Schöner Wohnen 5, 1963

Kat. Nr. 4.4.10

4.4.13 *Abb.*
Der VW läuft und läuft …
Charles Wilp (geb. Witten 1937, lebt in Düsseldorf),
Text David Herzbrun
Düsseldorf 1963
Offset, 29,8 x 18,5 cm
Lit.: AK Deutsche Werbefotografie 1989, Abb. 69
Wolfsburg, Volkswagen AG

4.4.14
Shiseido Nagellack
Noriaki Yokosuka
Japan 1978
Diapositiv, 10,2 x 12,7 cm
Lit.: Sobieszek 1988, 143, Abb. 102
Tokio, Noriaki Yokosuka und Shiseido Co., Ltd.

4.4.15
Thomas-Le-Book (Für Le Book, Paris)
Gerhard Vormwald
(geb. Heidelberg 1948, lebt in Paris)
Frankreich 1985
Cibachrome, 29 x 29 cm
Lit.: Sobieszek 1988, 180, Abb. 137
Gerhard Vormwald

4.4.16
Gilbert und George mit zwei Exemplaren des ›Wire-Chair‹ (Design: Charles & Ray Eames) aus der Serie ›Personalities‹ für Vitra-Edition
Christian Coigny (Lausanne 1946, lebt in Zürich)
1992
SW-Fotografie, 42 x 29,5 cm
Lit.: Jahrbuch des Art Directors' Club für Deutschland 1992, 113
München, Die Neue Sammlung 147/94

4.4.17
Motiv ›Abflußstöpsel‹ aus der Kampagne Südzucker
Hubertus Hamm
1993
Farbfoto, 40,5 x 30,5 cm
München, Die Neue Sammlung 504/94

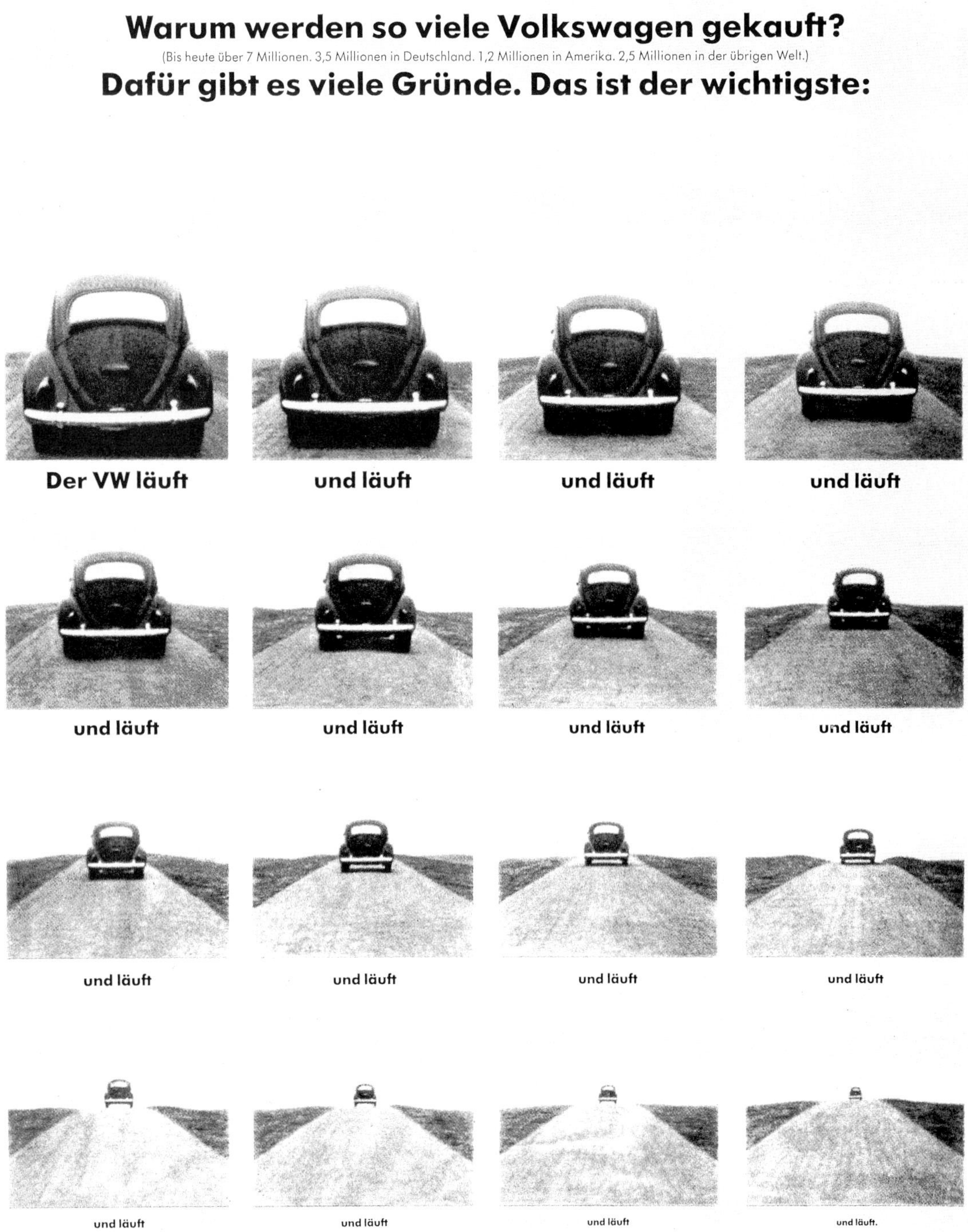
Warum werden so viele Volkswagen gekauft?
(Bis heute über 7 Millionen. 3,5 Millionen in Deutschland. 1,2 Millionen in Amerika. 2,5 Millionen in der übrigen Welt.)
Dafür gibt es viele Gründe. Das ist der wichtigste:
Der VW läuft
und läuft
und läuft
und läuft
und läuft
und läuft
und läuft
und läuft
und läuft
und läuft
und läuft
und läuft
und läuft
und läuft
und läuft
und läuft.

Kat. Nr. 4.4.13

Campbell's
CONDENSED
EXPOSITION UNIVERSELLE INTERNATIONALE
1900
PEPPER POT
SOUP

Kat. Nr. 4.5.13

Kat. Nr. 4.5.4

Peter-Klaus Schuster

Zur Ästhetik des Alltags

Über Kunst, Werbung und Geschmack

I. Die Werbung in der Kunst

Alles will Kunst werden: Wir sprechen deshalb ganz selbstverständlich von Fotokunst, Filmkunst, Werbekunst. Dabei verhält es sich gerade umgekehrt. Bereits lange bevor Kunst Kunst war, war sie wie später Foto und Film auf die Vergegenwärtigung selbst noch der rangniedrigsten Formen von Wirklichkeit aus. Und immer schon war Kunst auch Werbung, Werbung für die Mächtigen und mächtigen Ideen dieser Welt. Das Kreuz etwa ist das unübertrefflich einfache und erfolgreiche Werbezeichen der Kirche, das sich in zahllosen Kunstwerken manifestiert (Beutler 1991). Als bewundertes Kunstwerk bekräftigt es diesen werbenden Zweck und überschreitet ihn zugleich. Denn die Kunst erscheint nobilitiert gegenüber der Werbung durch ihre vermeintliche Zwecklosigkeit. Allein durch die innere Notwendigkeit ihrer formalen Mittel, durch ihren inneren Klang, definiert sich die Kunst in goethescher Tradition bei Kandinsky und Franz Marc im *Almanach des Blauen Reiter*, erschienen 1912 in München, als ein Höchstes, jenseits aller Zwecke.

Solch zweckenthobene Reinheit, die Vorstellung vom Geistigen in der Kunst, wurde im 20. Jahrhundert um so leichter zu einem höchsten ästhetischen Credo, als die totalitären Systeme dieses Jahrhunderts durch eine umfassende propagandistische Vernutzung der Kunst deren Zusammenhang mit dem Leben pervertiert zu haben schienen. Die Kunst sollte rein sein, ausschließlich sich selbst verantwortlich und damit autonom – das war das ästhetische Freiheitsideal abstrakter Kunst in der westlichen Welt. *Kunst ist Kunst, und alles andere ist alles andere,* so lautete Ad Reinhardts Reinheitsgebot für eine optische Kultur der Kunst, die in der Reklame ihre offensichtliche Gegenseite hatte.

Diese Konfrontation ist so bizarr, daß man sich verwundert fragt, ob sie überhaupt je bestanden hat. Einen ihrer vielen Endpunkte markiert die ›documenta III‹ von 1964. E. W. Nay als gefeierter Meister der Abstraktion sieht seine Scheiben- und Augenbilder plötzlich dem Vorwurf der Belanglosigkeit ausgesetzt, und zugleich feiert die amerikanische Pop Art mit ihrer Darstellung der trivialen Warenwelt weltweit Triumphe in der Publikumsgunst. Die Freunde der reinen Abstraktion beschwichtigten sich mit dem Hinweis auf den Zeitgeist. Junge Leute tragen eben lange Haare und schwärmen aus Protest für die Niederungen der Pop Art, was gewiß eine rasch vergehende Mode sei (AK Nay 1980, 195 ff.). Tatsächlich aber hat mit der Pop Art in den 60er Jahren, mit dem Einzug des Trivialen in den Bereich der Hochkunst, wieder einmal das Monopol eines elitären Kunstbegriffes geendet. Dessen gegenstandsfreie Kunstpraxis muß sich in Nachgefechten noch bis heute den Vorwurf bloßer Tapetenmalerei gefallen lassen (AK Fruhtrunk 1993, 30 f.).

Die Verspottung reiner Kunst als Tapetenmalerei und ihre damit peinigende Verwandlung zu einer höchst alltäglichen Gebrauchskunst ist geradezu ein Topos in der Diskussion um die moderne Kunst. So mokierte sich Max Beckmann 1912 über *Gauguintapeten, Matissestoffe, Picassoschachbrettchen und sibirisch-bajuwarische Marterlnplakate,* womit die Abstraktion des ›Blauen Reiter‹ gemeint ist. Der Wahrheitsanspruch Beckmannscher Figurenkunst begründet sich demgegenüber seit den 1920er Jahren häufig durch ihre Einbeziehung der Warenwelt. So signalisiert etwa die Nennung der Champagnermarke ›Heidsieck‹ auf Beckmanns Bildern eine luxurierende Lebensfreunde, gleichsam den Tanz einer Gesellschaft auf dem Vulkan.

Solches Vorzeigen von Werbung und Waren, um der Hochkunst ihren Wirklichkeits- und Wahrheitsbezug zu sichern, gehört bereits im 19. Jahrhundert erstaunlicherweise zu den Strategien der Salonmalerei. So zeigen Boldinis schmissige Ansichten von Paris die Hauswände im Schmuck ihrer minuziös wiedergegebenen Reklamen (*Place Clichy*, 1874, Sammlung Gaetano Marzotto). Suggeriert wird so motivisch ein modernes Großstadtleben, gegenüber dem die Malerei solch detailgetreuer Bilder als anekdotisches Virtuosentum zurückbleibt. Bemerkenswert auch, daß die weit avanciertere Großstadtmalerei der Impressionisten bei ihrem Bemühen, die flüchtigen Alltagserscheinungen festzuhalten, die unmalerische Statik groß beschrifteter Reklameschilder eher meidet. Mit Ausnahme von Manets *Rue Mosnier im Flaggenschmuck*, gemalt 1878, kommt Werbung auf impressionistischen Stadtlandschaften an prominenter Stelle selten vor (Reff 1982, 233 ff.).

Als gemaltes oder tatsächlich ausgeschnittenes Abbild der Wirklichkeit erscheinen Tapeten, Reklamen und Drucksachen des Alltags erstmals im Stilleben des Kubismus. Dynamisiert durch Robert Delaunay und die italienischen Futuristen, werden die kristallinen Brechungen des Kubismus und seine Montagen unterschiedlicher Realitätsebenen und Formensprachen zu Bauelementen einer geradezu emphatisch der Werbung verschriebenen Großstadtmalerei. Sie hat ihr Zentrum im Berlin der 1920er Jahre. Dabei verbürgen die nun häufig durchs Bild laufenden Reklamen die Dynamik der großen Stadt, ihren vitalen Lebenshunger wie ihren Scheincharakter, ihr Doppelgesicht als Paradies und Hölle. Im Unterschied zu Otto Möllers konstruktivistisch eleganter Variante (Kat. Nr. 4.5.4), deutlich dem Vorbild Delaunays verpflichtet, betont George Grosz (Abb. S. 273) weit revolutionärer die expressionistisch-dadaistische Seite solcher Metropolenbegeisterung. *Wie schwer zu geben*, so bekennt Grosz 1917 im Stakkato seiner Briefe, *das Geschiebe der turbulenten Straße, die fabelhaften Bewegungen der Formate, da sind: Menschen, ihre Maschinen, die Tiere, das Blühen der Bäume, himmelblau oder grau – Pfiffe in der Nähe des Bahnhofs, ratternde Automobile, surrende Propeller (über dir in dem Himmel hängt ein Gotha!). Der Märchenwald aller Firmenschilder d. h. auch gerade und sachlichste Reklamen – von Gleisen jeder Art überspanntes Terrain, immer wieder Menschen, Exemplare aller Rassen – deine Sehnsüchte fliegend über den Äquator mit den großen Steamern, vergesse mich im feinen Restaurant oder schlafend bei dem Frauenzimmer – tausendfältig gesteigertes Dasein im Sakkoanzug oder Smoking – immer wieder Sturm zu laufen – sich selbst unterminieren, in die Luft sprengen* ... (Grosz 1979, 52).

Der Künstler als verzauberter Konsument und gewaltbereiter Provokateur und die Großstadt als eine faszinierende Märchenwelt exotisch lockender Trivialitäten, hiermit erweist sich Grosz als künstlerischer Vollstrecker einer Ästhetik des Geschmacklosen. Die ganz eigenartige Schönheit des Trivialen hatten im Gegensatz zum Kunstschönen bereits Balzac, Baudelaire und später Rimbaud gefeiert. In seiner *Alchimie du verbe* bekennt Rimbaud: *J'aimais les peintures idiotes*. 1913 publiziert Max Brod sein Lob *Über die Schönheit häßlicher Bilder: Sie sind so eindeutig, so vollkommen, so häßlich ... die schönen Bilder. Aber Wonnen eines triebhaften Balletts, die unwillkürliche unausschöpfliche Natur selbst, das Chaos und urzeitliche Zeremonien lese ich aus Annoncenklischees, Reklamebildchen, Briefmarken, Klebebögen, aus Kulissen für Kindertheater, Abziehbildern, Vignetten: mich entzückt die Romantik des Geschmacklosen.* Dieser Romantik des Geschmacklosen war Grosz schon in seiner Jugend verfallen mit seiner Vorliebe für Groschenhefte und deren bunte Umschläge, für die sentimentalen Illustrationen von Lesezirkeljournalen wie *Gartenlaube* und *Daheim*. Ebenso entzückten ihn die Etiketten auf Flaschen und Zigarrenkisten, die er nachzuzeichnen versuchte. Ferner liebt er Zirkusplakate und Greuelpanoramen auf Jahrmärkten, die Graffitis auf Toilettenwänden und als Vorläufer der Comics die Bildergeschichten von Wilhelm Busch sowie als Inbegriff des schlechten Geschmacks aus Sicht der Moderne die Mönchs- und Trinkszenen des Münchner Genremalers Eduard Grützner (AK Grosz 1994, 28 f.).

Es ist diese Tradition einer Ästhetik des Trivialen, des schlechten Geschmacks, des aufreizenden Klischees und des provozierend Banalen, die Grosz und seine Freunde Hannah Höch, Raoul Hausmann, John Heartfield und Rudolf Schlichter in Berlin am Ende des Ersten Weltkrieges in dadaistische Aktionen umsetzten. Einer durch die Kriegskatastrophe orientierungslos gewordenen Gesellschaft wurde mit der Welt des Trivialen der Zerrspiegel ihrer gescheiterten Kulturbeflissenheit vorgehalten. Alle Formen der Collage und Montage aus Meisterwerken der Kunst, fotografischer Wirklichkeit und Reklamewelt haben die Dadaisten aufgeboten, um Hoch und Tief, das Edle und das Banale mit amüsanter Ironie und verletzendem Spott gegeneinander auszuspielen.

Diese dadaistischen Attacken auf den guten Geschmack eröffneten zugleich eine Belebung und Befreiung der Sprache der Kunst durch neue Formen der Einfachheit, des Unverbrauchten und des erfrischend Primitiven. Wo früher die Kunst der Eingeborenen, die Volkskunst oder die Kinderzeichnung der Moderne neue Formen erschlossen, waren es nun die neuen Medien der Reklame, des Films, des Sports und der leichten Muse, kurz alle urbanen Verkehrsformen jenes ›american way of life‹, den die Weimarer Republik und Berlin zuerst als radikale Befreiung vom Wilhelminischen Kaiserreich so sehr schätzte. Die optische Welt von Alltag und Kunst wurde gleichsam neu montiert und einmal mehr in der Geschichte der Kunst simultan miteinander verschränkt, was zu größten Überraschungen und Erfrischungen der Kunst wie der Werbung führte.

Es kann nicht erstaunen, daß dieses künstlerische Ideal des american way of life von Deutschland auf Amerika zurückgewirkt hat. Dada in Berlin, Köln und Hannover wurde durch die Emigration von Grosz, Max Ernst und Schwitters zu einem der wichtigsten Anreger der ursprünglich als Neo-Dada bezeichneten Pop Art in England und Amerika. Paolozzi kannte natürlich die Collagen des vor den Nazis nach Norwegen und England geflohenen Schwitters (Kat. Nr. 4.5.1–3), bevor er in Paris die Konsumidole amerikanischer Magazine neu montierte (Kat. 4.5.6–8). Gleiches gilt für Richard Hamilton, dessen berühmte Pop-Inkunabel von 1956 *Was macht das Zuhause von heute nur so anders, so reizvoll?* an jene *Kochschule* erinnert, die George Grosz 1958 in seinem amerikanischen Exil ebenfalls aus Magazinen collagierte (Grosz 1994, 445). Mit diesen späten Collagen hat Grosz, seit 1933 in New York Lehrer an der Art Students League, die amerikanische Pop Art geradezu vorweggenommen.

Wichtig war für die Pop Art in Amerika auch die Emigration der Bauhauslehrer. So war Josef Albers, am Bauhaus Leiter des Vorkurses und mit Typographie und Reklame befaßt, 1948-49 der Lehrer von Robert Rauschenberg am Black Mountain College in North Carolina. Anregungen für die künstlerische Aufwertung der Warenwelt und ihrer Reklame lieferte aber auch Dada New York. So kann Marcel Duchamps objekthaft präsentierter Reiseschreibmaschinen-Überwurf von 1917 mit dem Firmennamen ›Underwood‹ auf der Plastikhülle als eine Frühform der Soft sculptures von Claes Oldenburg gelten. Eine amerikanische Spezialität innerhalb der noch nicht geschriebenen Ästhetik des Trivialen sind auch jene Trompe-l'œils der amerikanischen Stillebenmalerei des späten 19. Jahrhunderts. Sie vereinen als gemalte Pseudocollagen Alltagsdinge wie Geldscheine, Theaterbilletts, erotische Postkarten und Werbezettel (Forster 1988, 100 ff.). Zwischen ihnen und der Pop Art stehen gewiß mit Kenntnis von Dada Berlin und Dada New York die so erstaunlichen Stilleben aus Markenartikeln von Stuart Davis aus den 1920er Jahren.

Dieser Tour d'horizon zum Auftauchen der Werbung in der Kunst muß um den ›Nouveau Réalisme‹ als europäische Parallelerscheinung zur amerikanischen Pop Art ergänzt werden. Der Kunstkritiker PierreRéstany erfand diese Bezeichnung für eine Gruppe von Künstlern, die sich ebenfalls in den 1960er Jahren gegen die herkömmliche Malerei auflehnten und dabei stark an Dada orientierten. Wolf Vostells überlebensgroße Plakatwand mit dem Abriß eines Coca-Cola-Plakates von 1961 (Kat. Nr. 4.5.11) ist ein Hauptwerk dieses neuen Realismus. Vostells Décollage, die unter dem obersten Plakat die früher geklebten Plakatschichten freilegt, relativiert die Glücksversprechungen der Werbung durch das künstlerische Festhalten der Verbrauchsspuren des Lebens. Sie demaskieren den berufsmäßigen Optimismus der Werbung als zeitlich. Die optische Kraft der Werbung schlägt in eine subtil arrangierte Vergänglichkeitsmahnung um. Schon bei Grosz tritt unter den Reklamen der Großstadtwelt in gut mittelalterlicher Tradition beständig der Tod als Skelettmann auf. Vergänglichkeitsmeditation und Konsumkritik verbinden auch Andy Warhols zerquetschte Suppendosen mit ihren sich ablösenden Etiketten.

Die Vergänglichkeit der Waren und der für sie werbenden Bilder verwandelt sich in Vostells Décollage freilich in ein Gebilde mit völlig neuen ästhetischen Qualitäten. Im Palimpsest der abgerissenen Plakatwand durchdringen sich plötzlich die Bildschichten. Die eindeutige Werbebotschaft löst sich auf in ein Labyrinth von Bildwelten, geeint durch die irreguläre Formstruktur des Abrisses. Plötzlich kehrt die Werbung zurück zu den ästhetischen Reizen der gleichzeitigen Kunst des Informel. Anschaulich wird zudem die surrealistische Praxis der Bilderstellung durch Zufall. Die Rahmung der Plakatwand als Diptychon wie die so scharfkantig verlaufenden Kleberänder des Plakates befördern im Zusammenhang mit dem roten Coca-Cola-Kreis ferner den Eindruck einer konstruktivistischen Bildkomposition, die um so abstrakter wirkt, als die Werbebotschaft sich sichtbar verunklärt hat. Die Reklame verwandelt sich zurück in ein rein ästhetisches Gebilde, das gerade in seiner Abstraktheit die Kraft und Modernität der Bildersprache der Werbung enthüllt. Vostells konstruktivistische Décollage entlarvt aber weitergehend als ruinöses Bild den zerfallenden Glanz der Konsumwelt.

Kat. Nr. 4. 5. 11

Gleiches gilt auch für die Bierdosen von Jasper Johns. In Bronze gegossen und hinfällig auf den Sockel gestellt, erscheinen sie wie die Rekonstruktion des Trivialen durch die sorgfältige Anwendung von Kunst. Ähnliches läßt sich auch von Jasper Johns' Flaggenbildern sagen. Höchst ambivalent changieren sie zwischen amerikanischem Sternenbanner und vorgefundener abstrakter Bildkomposition. Letzterer neigen sie sich insbesondere dann zu, wenn Jasper Johns die heraldisch verbürgten Farben der Flagge aufgibt und nahezu monochrome Versionen des Sternenbanners malt. Diese Flaggenbilder mit der kostbaren peinture ihrer Oberflächen gehören zu den teuersten der Pop Art. Ausgehend von der ironischen Aufwertung des Alltäglichen zur Kunst, haben sie sich inzwischen in Meisterwerke reiner Malerei zurückverwandelt, zu neuen Ikonen des Geistigen in der Kunst. In den farbig delikaten Buchstaben-Labyrinthen seiner *Decoy*-Lithographien nach 1970 (Kat. 4.5.15) kehren schließlich Ballantines Bierdosen bei Jasper Johns in den geheimnisvollen Bereich künstlerischer Autonomie zurück. Die Warenwelt wird sichtbar wieder getilgt durch den inneren Klang einer Kunstwelt im Stil des abstract expressionism.

II. Die Kunst in der Werbung

Die so engen Beziehungen zwischen den Phänomenen des modernen Lebens und der reinen Kunst hat erstaunlicherweise bereits Franz Marc klar erkannt: *Das Warenhaus und die moderne Beleuchtungsszenerie drängen uns das Simultane von Delaunay geradezu auf ... Unser modernes Leben und Denken ist so durch und durch futuristisch vom Telefon bis zu den X-Strahlen* (AK Marc 1993, 180). Die optische Kultur der Großstadt ist wie von Delaunay gemacht, wozu Otto Möller den gemalten Beweis liefert (Abb. S. 264). Strahlungen, Licht, Elektrizität, Telephone, Schallplatten, Fliegen – nichts entspricht diesem immateriellen Zustand der Moderne bereits um 1910 so sehr wie die Reinheit abstrakter Malerei.

Aus dieser Legitimierung abstrakter Kunst und ihrer künstlerischen Autonomie durch das Leben folgt für Marc aber auch, daß die Künstler sich die Gestaltung des Lebens bis ins kleinste Detail zur großen Aufgabe machen sollen. Im Unterschied zur sehr wirklichkeitsbezogenen Kunst im unheiligen Berlin sind die prosaischen Gegenstandsbereiche der Werbung zwar nie als Bildmotive in den reinen Kunstkosmos des ›Blauen Reiter‹ aufgenommen worden. Dies hat aber umgekehrt nicht verhindert, daß sich die hohe Kunst und ihre Künstler in München nicht beständig um die Verschönerung der artes minores und mithin auch um die Werbekunst gekümmert hätten. Diese intensive Hinwendung zur Werbung gerade auch bei den Vertretern des ›Blauen Reiter‹ – Kandinsky entwirft nicht nur Kunstplakate, sondern wirbt auch für Schokolade (vgl. Abb. S. 238) –, dieses Engagement ist in der Kunststadt München gewiß auch ein Erbe des Jugendstils und der Kunstgewerbe-Bewegung mit ihrem Ideal des Gesamtkunstwerkes. Alles soll durch Kunst schön gestaltet werden. Mit Kandinsky und Klee als Teil des Lehrkörpers kann man das Bauhaus geradezu als eine Fortsetzung solcher Visionen des ›Blauen Reiter‹ vom Gesamtkunstwerk verstehen. Aber auch die Entwicklung zur abstrakten Kunst beim ›Blauen Reiter‹ sah man – gewiß einseitig – als Reflex, Fortsetzung und Läuterung all jener ornamentalen Schmuckformen, die wie eine Melodie des Wohlklangs und der Lebensfreude auch bei Kandinsky die Werbeplakate, Buchillustrationen, Stoffe und Möbeldekorationen im München der Jahrhundertwende umspielten (AK Kandinsky 1982, 29 ff.).

Franz von Stuck, Lehrer von Klee, Kandinsky und Josef Albers, ging in der Münchner Rolle des Kunstmalers als universeller

Lebensgestalter allen voran. Vom eigenen Haus nebst Mobiliar über die Dekoration von Festzügen bis zur Motoren-Reklame lieferte er um und nach 1900 das höchst verkäufliche Grundmuster eines elegant-lebensfrohen Münchner Welt-, Kunst- und Warenbefindens.

Diese Fin de siècle-Welt, die ihre Gegenstände durch eine geometrische Felderwirtschaft bedeutsam dekoriert, diese Mischung aus Brunelleschi, Goethezeit und Münchner Sezessionsgeschmack teilt mit Stuck auch Peter Behrens. Am erstaunlichsten auf seinem Werkbund-Paket für Bahlsen-Kekse (Abb. S. 244), das im Kriegsjahr 1914 wehrhaft auf dem Deckel mit einem Gemälde Stucks geschmückt war. Im gleichen Dekorationsschema schwarzgesäumter weißer Felder hat Behrens, zunächst als Typograph und Illustrator ausgebildet, zwar bereits Messepavillons für die Großindustrie und auch die Berliner Nationalgalerie aus Anlaß der berühmten Jahrhundertausstellung von 1906 dekoriert. Alles, die Ausstellungstempel der Kunst und der Industrie wie auch die Kekspackung, wurde für Behrens zur gleichwertigen Oberfläche seiner Gestaltungsprinzipien, die ihre ephemeren Gegenstände geradezu mit minimalistischer Würde auszeichneten.

Jene weihevolle *corporate identity,* die Stuck für das offizielle München der Jahrhundertwende lieferte, schuf der Kunstmaler Behrens als selbsternannter Architekt und Produktdesigner von 1907 bis 1914 für die AEG in Berlin. Die elektrische Beleuchtung, für die gegen Ende des 19. Jahrhunderts noch nach Vorbild von Philipp Otto Runges *Morgen* mit einer schönen, zum Himmel auffahrenden weiblichen Lichtgestalt geworben wurde (Schuster 1980, 294 ff.), verwandelt sich bei Behrens erstmals zu einem begehrenswert gestalteten und beworbenen Industrieprodukt in Form millionenfach hergestellter Birnen und Lampen (vgl. Abb. S. 227). Tilmann Buddensieg hat dieses von Behrens geschaffene Gesamtkunstwerk einer Firma von den Fabriken über die Produkte und Firmenschriften bis hin zur Werbung, den Messeständen, den Arbeitersiedlungen und dem firmeneigenen Ruderclub bereits wiederholt beispielhaft dargestellt.

Beispielhaft auch, weil mit dem umfassenden Wirken von Peter Behrens für die Firmenkultur der AEG eine der modernsten Seiten des offiziellen Wilhelminischen Kaiserreiches zur Anschauung kommt. Wiederholt wird in dem 1914 erschienenen Handbuch *Die Reklame* auf diese besondere Leistung von Behrens hingewiesen, mit den Gebäuden, Produkten und Reklamen für die AEG jene Würdeformeln geschaffen zu haben, welche der Industrie des Deutschen Kaiserreiches in ihrer Selbstdarstellung wie im Wettbewerb so sehr zur Auszeichnung gereichen (Die Reklame 1914, 87 u. 119). Am Beginn dieses Handbuches findet sich der Aufruf, einer von zahlreichen Kunstmalern überwachten ›Freien Vereinigung für Reklame, Kunst und Wissenschaft‹ beizutreten. Sie will *die Auswüchse der Reklame und die Verschandelung der herrlichen Natur bekämpfen, die Reklame selbst aber ästhetisieren.* Die Reklame soll nicht nur *durch künstlerische Gestaltung unser Leben verklären.* Durch die Reklame soll vielmehr, durchaus im Einklang mit den Intentionen von Peter Behrens, auch eine ästhetische Erziehung in Gang gesetzt werden: *Auch in der Reklame soll das starke ästhetische Bedürfnis unserer Zeit Anregungen erfahren; und wer immer und immer wieder geschmackvolle Bilder und Zeichen sieht, der wird mehr und mehr dazu geführt, das Häßliche zu verschmähen und das Bedeutungslose beiseite zu werfen* (Die Reklame 1914, V ff.).

Mit dem Schock des Ersten Weltkrieges und dem Untergang des Kaiserreiches hat aber gerade das Bedeutungslose durch Dada einen ungeahnten künstlerischen Aufschwung genommen (vgl. Bergius 1989). Für die Kunst bedeutet dies, wie bereits erwähnt, als Vorspiel zur Pop Art ein provozierendes Eindringen von Motiven der Werbung und anderer trivialer Bildbereiche in die sogenannte Hochkunst. Für die andere Seite, für die Geschichte der Werbung, war mit dieser dadaistischen Kunst der Antikunst nicht weniger entscheidend ihre Ausweitung in alle bisher eher vermiedenen Bereiche des provozierend Banalen und auch Häßlichen verbunden. Das für die Werbung so produktive Konzept des Gesamtkunstwerkes war damit in einer Weise radikalisiert, daß es gleichsam auf den Kopf gestellt wurde. Nicht mehr sollte alles – und so auch die Reklame – durch Kunst schön werden, sondern selbst noch das Trivialste wurde für Dada werbewirksam zum Schock.

Zu dieser dadaistischen Ästhetik des Schocks gehörte ebenso die Aufhebung des neben dem Gesamtkunstwerk zweiten künstlerischen Prinzips, das sich für die Werbung als so überaus konstitutiv erwiesen hatte, jene von Peter Behrens zur Erzielung voller Aufmerksamkeit perfektionierte Auratisierung der massenhaft gefertigten Industrieware. Mit und seit Dada wurde dagegen zerschnitten, zerstückelt, collagiert und neu montiert. Die optische Erscheinung auch der Warenwelt wurde dadurch beschleunigt. Sie geriet in den Sog rascher Bild- und Perspektivwechsel und wurde so für die Rezeptionseigentümlichkeiten, für den Sekundenblick eines Massenpublikums konditioniert. Simultaneität und Bewegung be-

überragende Gebrauchsdauer
und die große Ergiebigkeit.
klaren, scharfen Abdrucke,
der ganzen Welt siegreich behauptet.
Achten Sie beim Einkauf auf die Marke
Pelikan
Pelikan-Kohlenpapie
TAFEL-
SALZ

Kat. Nr. 4.5.2

elika
OLLE D'AMIDO
968
ISSE KLEBEPAST
OLLE D'AMIDON
1838
elika
OLLE D'AMID
968
ISSE KLEBEPAST
elika
OLLE D'AMI
Kurt Schwitters 1930

Kat. Nr. 4.5.3

stimmten seit Dada, der Kunst, dem Alltag und dem Film abgelesen, die Erscheinungsweise auch der Trivialkünste, was gewiß als deren entscheidende Modernisierung angesehen werden darf.

Kanonisiert wurde diese Gebrauchssprache der Moderne durch die Schüler von Behrens im Bauhaus. Alle von der Kunst für die Werbung aufgebotenen Leitideen, die Totalität des Gesamtkunstwerkes in allen Richtungen und Höhenlagen, die platonisierende Isolierung des Objekts wie seine Dynamisierung und Zerstückelung, all dies wurde durch den konstruktiven Geist des Bauhauses genutzt zu einer neuen ästhetischen Gesamtsprache, die unter Anführung der Architektur wieder von seiten der Hochkunst eine durchgreifende Gestaltung sämtlicher Alltagsphänomene beabsichtigte. Unter der Ägide von Moholy-Nagy, Herbert Bayer, Josef Albers und Joost Schmidt hat sich diese Bauhausvision einer universellen Ästhetik des Alltags am eindrücklichsten im Bereich der Werbung, der Typographie und der Ausstellungsgestaltung bis hin zur ephemeren Architektur durchgesetzt. Abstraktion und fotografische Wirklichkeit, Collage und Konstruktion, Auratisierung und Dynamisierung, angesichts dieser für das Bauhaus so charakteristischen Vielfalt polar entgegengesetzter künstlerischer Verfahrensweisen wurde Moholy-Nagy nicht zu Unrecht als *Surfer in der Gutenberg-Galaxis* bezeichnet (AK Bauhaus 1995, 15 ff.).

Mit dem Bauhaus, einem Labor ästhetischer Bildersprachen ohnegleichen, war der Austausch zwischen den Künsten, den hohen und den nützlichen, geradezu grenzenlos geworden. Das gilt natürlich für die 1920er Jahre auch über die Grenzen des Bauhauses hinaus. So visualisieren etwa die Arbeiten von Schwitters für die Firma Günther Wagner und ihre Pelikan-Produkte durch Collagen und Überdrucke derart geistreiche Warenporträts, daß unklar bleibt, ob es sich um experimentelle Werke freier Kunst über das Phänomen der Reklame oder, umgekehrt, um hochkünstlerische Werbung handelt. Schwitters' Collage *elika* (Kat. Nr. 4.5.3) verdeutlicht etwa die Vorzüge der Pelikan-Klebepaste, bezeichnet auf der Produktpakkung als ›Colle d'Amidon‹, höchst sinnfällig eben durch eine komplex geklebte Collage aus verschiedenen Papieren, die wiederum alle irgendwie mit dem Kleben zu tun haben. Wohl wegen der Verstümmelung des Firmennamens ›Pelikan‹ zu ›elika‹ fand diese Collage keine Verwendung in der Werbung (AK Schwitters 1994, 254). Aber auch Schwitters' Abklatsch einer Packung Tafelsalz als optischer Leistungsnachweis für die Abdruckqualität des Pelikan-Kohlepapiers (Kat. Nr. 4.5.2) ist nach Idee und Ausführung derart subtil, daß man sich diesen Entwurf weniger als damalige Werbung denn als Vorläufer heutiger digitaler Gestaltungsexperimente auf dem Computer vorstellen kann. Schwitters nimmt hier jene so unwirklichen Collagen aus virtuellen Zeichenwelten vorweg, die sich auf dem Bildschirm beliebig aufeinanderlegen und geisterhaft kombinieren lassen.

Solche nicht mehr geklebten virtuellen Collagen werden bei Graphikdesignern wie Nelville Brody oder David Carson, einem wirklichen Surfer, in der Nachfolge des Bauhauses zu geheimnisvollen Chiffren heutigen Zeitgeistes (AK Carson 1995). Die Gestaltungsprinzipien des Bauhauses, vermittelt durch den Einfluß von Max Bill an der Hochschule für angewandte Kunst in Zürich, reflektieren auch die Benetton-Plakate des Fotografen Oliviero Toscani (Thérenaz 1995, 54 ff.). Der Bauhaus-Tradition verpflichtet war schließlich auch die Hochschule für Gestaltung in Ulm. Ihr Einfluß auf die Plakat- und Produktkultur im Nachkriegsdeutschland war derart umfassend, daß dieser Erfolg der Ulmer Schule den alten Vorwurf erneut bekräftigte, bei der Abstraktion handele es sich um bloßes Design und Tapetenkunst. Diese Abwertung zur reinen Gebrauchskunst, das ist die Strafe für den so anhaltend erfolgreichen Angriff autonomer Kunst in die Bereiche der Reklame und der anderen nützlichen Künste.

Schlangenkreis. Emblem aus Juan de Boria, Empresas Morales … Prag 1581

III. Wenn Kunst Werbung wird

Unter keine der beiden bisher betrachteten Kategorien, weder als ›Werbung in der Kunst‹ noch als ›Kunst in der Werbung‹ ist Barbara Krugers großformatiger Fotodruck *I shop therefore I am* von 1987 (Kat. Nr. 4.5.22) völlig zutreffend einzuordnen. Vielmehr ist Barbara Krugers Arbeit dadurch ausgezeichnet, daß sie die Appellstruktur der Werbung zum Gegenstand des Kunstwerkes macht. Worte beziehen sich bei ihr auf ein Bild und stellen dem Betrachter eine Frage, wodurch dessen Aufmerksamkeit okkupiert wird. Damit funktioniert dieses Kunstwerk wie die Werbung, deren Dialoge zwischen Wort und Bild, vielleicht ihr entscheidendstes Strukturmerkmal überhaupt, wiederum der Kunst, und zwar genauer der Emblematik entnommen sind.

Seit dem Beginn des 16. Jahrhunderts zur moralischen Belehrung geradezu inflationär in Mode gekommen, besteht das Emblem gewöhnlich aus drei Teilen. Ein Motto oder ein kurzer Sinnspruch wird durch ein beigegebenes Bild illustriert beziehungsweise zuweilen so verrätselt, daß zur Erläuterung der Wort-Bild-Relation als drittes Element ein längeres Epigramm unter dem Bild hinzugefügt werden kann. So etwa findet sich unter dem Motto ›Omnia Vorat‹ (Sie verzehrt alles) das Bild einer Schlange, die sich in den Schwanz beißt. Das Epigramm erläutert dieses Sinnbild als Exemplum der alles verzehrenden und alles umschließenden Zeit. Fast alle Werbung funktioniert nach diesem der Emblematik entliehenen Muster, wobei zuweilen auch das erklärende Epigramm fehlen kann. Die Beziehung zwischen Bild und Motto beansprucht dann um so nachhaltiger noch die irritierte Aufmerksamkeit des Betrachters (vgl. Schöne 1968, 17 ff.). Ebendiese emblematische Appellstruktur der Werbung ist der subversive Bildgegenstand bei Barbara Kruger. Das Motto ›I shop therefore I am‹ erscheint als Lebensmaxime auf der Kreditkarte des ewig unerlösten Kunden. Das Kunstwerk geriert sich damit als gnadenlose Werbung für endlosen Konsum und wird eben dadurch zum Sinnbild mit aufklärender Absicht.

Als vieldeutiges Sinnbild erscheint uns ein Kunstwerk auch, wenn es aus Werbegründen auf den Umschlag eines Buches kommt. So werben Manets Frauenporträts häufig fur Fontanes Romane wie *Effi Briest*, oder Dürers Kupferstich *Melencolia I* begegnet uns auf dem Umschlag zu Sartres Roman *La nausée*. Solchermaßen auf Buchumschläge plaziert, werden die Kunstwerke zu neuen Emblemen. Der Buchtitel darf als Motto des Bildes verstanden werden,

George Grosz, Selbstporträt (für Charlie Chaplin), 1919. Basel, Öffentliche Kunstsammlungen, Kupferstichkabinett

während das Buch selbst einen Beitrag zur Erläuterung des Bildes und seines Mottos zu liefern scheint. Umgekehrt gilt auch, was als Deutungsmöglichkeit in einem Kunstwerk steckt, wird deutlich durch seine Verwendung in der Werbung, die gleichbedeutend ist mit seiner Inthronisierung zum Leitbild. Die zahllosen Buchumschläge mit Gemälden – etwa von Picasso oder Mark Rothko – markieren den Bedeutungshorizont, der diesen Kunstwerken bei Erscheinen des Buches, für das sie werben, zukam. Dieser Beitrag der Werbung zur Bilddeutung ist kunsthistorisch ein weites, noch kaum wahrgenommenes Feld. Wie auch umgekehrt gilt, daß wir unter der Vorgabe solcher Leitbilder der Kunst auf dem Umschlag nun auch die literarische Realität eines Romans verändert wahrnehmen.

Die Kategorie ›Wenn Kunst Werbung wird‹ trifft aber nicht nur den Einsatz berühmter Werke der Kunst und ihrer Künstler zur Produktwerbung, Picasso etwa als wohlklingender Name eines Parfüms. ›Kunst wird Werbung‹ meint vielmehr auch die absichtsvolle Selbstdarstellung von Künstlern in der Öffentlichkeit. Geradezu Großmeister solcher Werbung durch die öffentliche Aufmerksamkeit, die Kunst zu erreichen vermag, waren Andy Warhol und Joseph Beuys. Mit den höchst absichtsvollen Auftritten ihrer Person warben sie für sich, für ihre Kunst wie auch für die Absichten und Ideen, die sie mit ihrer Kunst in Verbindung gebracht wissen wollten. Dieses Werben der Kunst für die Kunst und ihre Zwecke läßt sich bis in den Beginn der Moderne zurückverfolgen. George Grosz als einer der ersten in vielen Rollen erprobter Auftrittskünstler der Moderne liebte es, sich in der Rolle des Film- und Medienstars Charlie Chaplin zu porträtieren (Abb. S. 273). Franz Marc hätte dies verabscheut. Dennoch hat man Marcs intensive Bemühungen, die Kunst des ›Blauen Reiter‹ durch Ausstellungen, Rezensionen und Ankäufe öffentlich zu etablieren und durchzusetzen, nicht zu Unrecht mit dem schönen Wort *Marceting* bezeichnet (Herzogenrath 1989). Aber auch die Dadaisten haben wenig später ihre provozierenden Kunstaktionen als quasi bürgerliche Ausstellungs- und Werbeveranstaltungen inszeniert und damit zugleich absichtsvoll den Warencharakter der Kunst herausgestellt. Ebenso läuft der Käufer von Barbara Krugers Arbeit Gefahr, durch seinen Kauf genau in die Falle zu gehen, die ihm hier Kunst als Werbung eröffnet (Schulz-Hoffmann 1995, 34 ff.).

IV. Werbung als Gesamtkunstwerk

So wie die Kunst zum Werbeträger geworden ist, gibt es auch umgekehrt eine Werbekultur, die ihre Waren als Teile eines Gesamtkunstwerkes anbietet. Man spricht dabei kennerschaftlich von Lifestyle, so als handele es sich um ein Phänomen nur für die Happy-few. Tatsächlich ist es aber ein ganz allgemein verbreitetes Vergnügen, sich öffentlich durch die Firmennamen auf der Kleidung als Teil eines Markennamens zu präsentieren. Das T-Shirt mit der Aufschrift ESPRIT verrät etwa der mitlesenden Öffentlichkeit augenzwinkernd, daß dieser ESPRIT-Träger Geschmack und Geist habe, so oder so.

Unsere flanierende Öffentlichkeit hat sich mithin in einen Text aus mehr oder weniger bekannten Markennamen verwandelt, die der jeweilige Kenner zu lesen vermag. Der einzelne Markenname und der an seiner Exklusivität partizipierende Träger will in seiner Besonderheit erkannt werden. Durch die typographische Reduktion des Anfangsbuchstabens ist etwa die Marke ESPRIT auf dem Firmenlabel nur für den Eingeweihten sofort leicht lesbar. Durch die kalkulierte Fragmentierung bildet das Wort somit das Zerebrale seiner Bedeutung ab. Man braucht ein wenig Geist, um den Geist zu erkennen, und wer ESPRIT trägt, gehört dazu. Er hat Geist und ist geistreich. Ausgewiesen durch ein Kleidungsstück von ESPRIT wird man sichtbar zum Mitglied eines ›Geistreiches‹. Man kann dieses Spiel mit einem Wort, das auf den Geist verweist, wie Goethes Faust und sein Räsonnement über den Prolog des Johannes-Evangeliums bis zum Höchsten treiben.

Wie auch immer, dem Firmennamen als Wort korrespondiert das Bild jener, die sich nach der Mode von ESPRIT kleiden. Wieder sind Bild und Wort im Gesamtkunstwerk der Werbung vereint. Mit beiden stellt uns die Werbung umfassende Lebensentwürfe vor. Im Bild, am deutlichsten im Kunstwerk auf dem Buchumschlag, stellt uns die Werbung Lebensentwürfe im Moment und in der Totale vor, die dann durch den zeitlichen Ablauf der literarischen Lektüre im Wort nachbuchstabiert werden. Im stilgerechten Nachbuchstabieren solcher Lebensentwürfe, die uns das Werbebild als Ganzes im Vorgriff zur Orientierung liefert, liegt auch der tiefere Sinn der bekenntnishaften Teilhabe am Gesamtkunstwerk einer Marke durch Konsum. In ihrer Firmenzeitschrift *ESPRIT: Fun people/Fun products* vom Frühjahr 1987 wird dieses Nachbuchstabieren eines Gesamtbildes als Firmenstrategie ganz deutlich ausgesprochen: *Als Modefirma kommt es uns nicht nur darauf an, unseren Kunden ein Produkt zu verkaufen ... Doch neben dem Produkt selbst, möchten wir Ihnen einen besonderen Service anbieten: den ›Styling Service‹. Dieser ›Styling Service‹ ist ein verborgener, aber sehr wertvoller Vorteil, den Sie erhalten. Unsere Designer und Stylisten zeigen Ihnen Möglichkeiten, unsere Produkte zu kombinieren und aufeinander abzustimmen. Es gibt Tausende kleiner Styling-Details, durch die einzelne Kleidungsstücke am vorteilhaftesten zur Geltung gebracht werden können. ... In diesem Sinne erhebt ESPRIT den Anspruch, allen Kunden behilflich zu sein und ihnen zu zeigen, mit welchen Kniffen und Techniken sie aus der Kleidung und sich selbst etwas Besonderes und Außergewöhnliches machen können ... Wenn wir unseren Kunden vermitteln, wie sie Stil entwickeln können (und das nicht unbedingt mit unserer Ware), dann wäre dies eine äußerst gute Leistung* (ESPRIT 1987, 3).

Gut abgestimmt liegen diese Accessoires in den Läden solcher Gesamtkunstwerke bereit. Läden wie früher ›Fiorucci‹, in dem Andy Warhol so gerne einkaufte, oder ›Esprit‹ und ›Ipuri‹ sind die durchgestylten Weihestätten eines besonderen Geschmacks. Sie liefern nicht Produkte, sondern im Einzelprodukt einen Lebensentwurf, eine Weltanschauung und die Zugehörigkeit zu einem ästhetischen Orden. Die Werbung betreibt mit dem Gesamtkunstwerk ihrer Waren an ihren Kunden ästhetische Erziehung. Dies wird in zahlreichen neben dem Textilbereich ebenfalls angebotenen Accessoires wie etwa handgeschöpften Notizbüchern in Pappeinbänden und einfachen braunen Bleistiften besonders offensichtlich. Überhaupt wird das Einfache und Schlichte in diesen Trendstätten umweltbewußter Ästhetik betont herausgestellt. Allzu eindeutige Bekenntnisse sind freilich, wie der Unfriede im Benetton-Filialsystem zeigt, eher störend für den ästhetischen Gemeinschaftskult.

Dennoch gilt, daß es sich bei den Produkten solch stilgerechter ESPRIT-Collagen um besondere und außergewöhnliche Menschen handelt. Im Foto werden sie uns namentlich vorgestellt. Sybil ist 24 und Studentin, Christian ist 23 und auch Student. Sybil ärgert sich, so macht der Text zum Bild glaubhaft, *wenn Regeln die Menschheit einengen und den einzelnen nicht berücksichtigen. Ich mag Christian, weil er nicht durch festgefahrene Ideen eingeschränkt ist. An Wochenenden fahren wir mit dem Zug in andere Städte, um Kunstausstellungen zu besuchen, oder wir suchen nach neuen Stücken für unsere Sammlung von außergewöhnlichen Plastiktüten. Ich habe Angst vor Dingen, über die ich keine Kontrolle habe; es würde vielleicht helfen, wenn ich einen klareren Blick für die Realität hätte* (ESPRIT 1987, 5).

Seite aus ESPRIT, Frühjahr 1987

Wir lernen daraus einmal mehr, was dieser sehr kursorische Überblick zur Ästhetik des Alltags ohnehin bereits gezeigt hat, daß auch dieses Menschenpaar aus dem Gesamtkunstwerk von ESPRIT sich zuerst durch Kunst, Werbung und Geschmack orientiert, um sich im Alltag zurechtzufinden. Unsere Betrachtung zu Kunst, Werbung und Geschmack legt ebendiesen Schluß nahe: Wir leben gar kein wirkliches Leben, wir leben vielmehr die Bilder, die wir uns vom Leben machen. Diese Bilder begegnen uns am reinsten in der Kunst. Sie erhalten durch die Werbung unendliche Verbreitung und Aktualisierung, und wir alle rezipieren sie mit mehr oder weniger Geschmack, um in ihnen ein Leben zu finden.

Kat. Nr. 4.5.1

Die Ware Kunst

4.5.1 *Abb.*
Mz 317 LENOX
Kurt Schwitters
(Hannover 1887–1948 Ambleside/Engl.)
1921
Bez. u. r.: Kurt Schwitters. 1921
Collage, 18 x 14,5 cm
Text: SOAP / LENOX SOAP
Lit.: Schmalenbach 1964, 91, 96 – Elderfield 1987 – AK Art & Pub 1990, 263
London, Marlborough Fine Arts Ltd.

Schwitters' frühe Collagen basieren auf den Ideen des Kubismus. Als Material verwendete er professionelle Druckerzeugnisse, wie sie ihm im täglichen Leben begegneten: Fahrscheine, Theaterzettel, Zeitungsausschnitte, aber auch Verpackungen und Reklametexte. Typisch für Schwitters' *Merzkunst* sind die Collagen aus *kunstfremden* Materialien: *Das Material ist so unwesentlich wie ich selbst. Wesentlich ist das Formen. Weil das Material unwesentlich ist, nehme ich jedes beliebige Material, wenn es das Bild verlangt. Indem ich verschiedenartige Materialien gegeneinander abstimme, habe ich gegenüber der nur-Ölmalerei ein Plus, da ich außer Farbe gegen Farbe, Linie gegen Linie, Form gegen Form usw. noch Material gegen Material, etwa Holz gegen Sackleinen werte. Ich nenne die Weltanschauung, aus der diese Art Kunstgestaltung wurde Merz* (Der Ararat, zit. n. Schmalenbach). S. B.

4.5.2 *Abb.*
›Zi. 22 likan‹ i-Zeichnung
Kurt Schwitters
(Hannover 1887–1948 Ambleside/Engl.)
1926
Zeichnung und Schrift, 16,2 x 12,7 cm
Lit.: Elderfield 1987, 204 – AK Art & Pub 1990, 265
Köln, Galerie Gmurzynska

Bei dieser Collage kommt Schwitters' intensive, auch professionelle Beschäftigung mit Typographie zum Tragen. Seine Definition guter Typographie als *Wertung aller Teile gegen- einander zum Zwecke der Hervorhebung einer Einzelheit, auf die besonders aufmerksam gemacht werden soll,* trifft sowohl auf die Collagen wie auch auf die Gestaltung von Werbemitteln zu. Die Collage *Zi. 22 likan* ist ganz von der Typographie der Pelikan-Werbedrucksachen bestimmt. Die Anzeige ist überdruckt mit der Schablone für eine Verpackung von Tafelsalz, die selbst wiederum aus graphischen und typographischen Elementen besteht. S. B.

4.5.3 *Abb.*
elika
Kurt Schwitters
(Hannover 1887–1948 Ambleside/Engl.)
1930
Bez. u. l.: Kurt Schwitters 1930
Collage, 32 x 22,1 cm
Lit.: Schmalenbach 1967 – AK Kurt Schwitters 1994, 245
Hannover, Sprengel-Museum
Depositum Pelikan AG.

Kurt Schwitters beschäftigte sich seit den 20er Jahren professionell mit Werbung und typographischer Gestaltung. Einer der Hauptauftraggeber für seine Merz-Werbezentrale war die Firma Günther Wagner mit ihren Pelikan-Produkten. In *elika* verbindet Schwitters photographische Elemente mit Produktgestaltung und abstrakten Formgebungen (zu Schwitters' Werbegestaltung vgl. Kat. Nr. 4.3.25). S. B.

4.5.4 *Abb.*
Stadt
Otto Möller
(Schmiedefeld 1883–1964 Berlin)
1921
Bez. u. r.: Otto Möller
Öl auf Leinwand, 94 x 84 cm
Lit.: Schuster 1985, Nr. 230 – AK Stadtbilder 1987, Kat. Nr. 171
Berlin, Nationalgalerie, Staatliche Museen zu Berlin, Preußischer Kulturbesitz
NG 69/61

Möllers Stadt läßt sich räumlich und zeitlich definieren. Der Schriftzug ›Ullstein‹ weist auf Berlin, die Uhrzeiger in der oberen Bildmitte stehen auf 18 Uhr 10, Zeit der Rushhour. Die starkfarbigen Prismen mit einzelnen zum Teil verkürzten Schriftzügen begegnen uns wie die abendlich im Licht der Leuchtreklamen erhellten Fassaden, die an dem vorüberfahrenden Betrachter schnell vorbeiziehen und nur bruchstückhaft wahrgenommen werden.
W. Ruttmann verarbeitete diese Eindrücke sechs Jahre später in seinem Film *Berlin – Symphonie der Großstadt,* der die Hektik der heranbrechenden Abendstunden, der Zeit zwischen Arbeitsende und dem Beginn des Nachtlebens mit schnellen, stakkatohaften Schnitten und Blicken auf die durch Reklame erleuchtete Stadt wiedergibt. Das Bild der modernen Großstadt der 20er Jahre war geprägt durch Leuchtreklame. Namen wie *HOTEL, CAFE, Bar, Ullstein, Anzeiger, CIGARETTEN,* aber auch die populäre Firma *MANOLI* sind vertreten, andere nur durch einzelne Buchstaben angedeutet. Die Hektik und das Tempo, die im Bild symbolisiert werden, verhindern, daß alle Eindrücke komplett und im Detail wahrgenommen werden. Deutlich wird in der Arbeit Möllers, daß der Künstler die Stadt als Phänomen durch die Reklame ihrer Zeit definiert. Werbung, vor allem Leuchtreklame, war das prägende Element der Metropole Berlin in den 20er Jahren. S. B.

4.5.5
Odol
Stuart Davis
(Philadelphia 1892–1964 New York)

1924
Öl auf Leinwand, 61 x 45,7 cm
Lit.: Varnedoe/Gopnik 1990, 217 ff. – AK Stuart Davis. American Painter, New York 1992, Nr. 56
New York, The Crispo Collection

Wie die vorweggenommene Idee der amerikanischen Pop Art stellt Stuart Davis die Odol-Flasche als zentrales und einziges Bildmotiv dar. Das für die Flasche typische Türkisblau in Verbindung mit dem zum Logo gewordenen einzigartigen Schriftzug mögen den Maler zu der ikonenhaften Darstellung inspiriert haben. Seit Beginn des Jahrhunderts wurde diese Flasche in der allgegenwärtigen Werbung für Odol in überproportionaler Größe und phantastisch-unrealistischem Zusammenhang mit Natur und Architektur wiedergegeben. Sie erhielt dadurch ein Eigenleben als Objekt, das seine ikonenhafte Darstellung rechtfertigte. Stuart Davis' *Odol* weist in die Zukunft auf die Pop Art, während *Lucky Strike* aus demselben Jahr mit der collageartigen Verbindung von Zeitung, Zigaretten und Pakkung weit mehr dem französischen Kubismus verwandt ist. S. B.

4.5.6 *Abb.*
Star-Kist
Eduardo Paolozzi
(Leith/Schottland 1924, lebt in London)
1948
Bez. u. M.: E. Paolozzi 1948
Collage, 36 x 24 cm
Lit.: AK Eduardo Paolozzi 1984, A. 2.9. – Konnertz 1984, 42–52 – Varnedoe/Gopnik 1990, 240 ff.
Im Besitz des Künstlers

Die frühen Collagen Eduardo Paolozzis aus den Jahren 1947/48 entstanden nach Aussage des Künstlers in der Auseinandersetzung mit den *papiers collés* von Picasso (Konnertz 1984, 49). Während seiner Pariser Jahre ist Paolozzi fasziniert von den *popular images* der amerikanischen Massenkultur aus Magazinen, Comics und Science-fiction-Literatur. Er bezog sein Material von den Bouquinisten an der Seine und von amerikanischen Freunden in Paris, die ihn mit Zeitschriften aus den Staaten versorgten. Gesammelte Ausschnitte aus Werbeprospekten, Pin-ups, Lebensmittelreklamen und Bodybuilding-Annoncen kombinierte er zu eigenwilligen Metaphern.
In London trat Paolozzi der *Independent Group* bei, einem kleinen Kreis von Künstlern, Kritikern und Architekten, die sich mit den jungen Londoner Architekten Alison und Peter Smithon zusammengeschlossen hatten. Sie stellten eine Absplitterung des Institute of Contemporary Art dar. Für ihr Kunstverständnis war die Thematisierung der Trivialkultur, vor allem des Konsumlebens ihrer Umwelt, von zentraler Bedeutung. Die Smithons brachten diese Einstellung zum Ausdruck: *Wo vor dreißig Jahren Architekten im Bereich der trivialen Künste Techniken und formale Anregung fanden, werden wir heute durch die Werbung, das neue Phänomen der trivialen Künste, langsam aus unserer angestammten Rolle gedrängt. Die massengefertigte Werbung ist für unser ganzes Leben strukturgebend – Grundsätze, Moralvorstellungen, Ziele, Wünsche und Lebensstandard. Wir müssen irgendwie das Maß dieser Intervention erkennnen, wenn wir mit unseren eigenen Mitteln an ihre wirkungsvollen und aufregenden Impulse heranreichen wollen … Gropius schrieb ein Buch über Getreidesilos, Le Corbusier ein Buch über Flugzeuge, und Charlotte Periand brachte jeden Morgen einen neuen Gegenstand ins Büro; doch heute sammeln wir Werbeanzeigen* (zit. n. Varnedoe/Gopnik 1990, 240).
Paolozzi präsentierte seine Collagen der späten 40er Jahre bei der ersten Zusammenkunft der *Independent Group* 1952 in London. Seine Arbeiten können als Quelle einer englischen Pop Art gelten, die in Richard Hamiltons Collage *Was macht das Zuhause von heute nur so anders, so anziehend?* einen Höhepunkt fand. Hamiltons Arbeit diente als Entwurf für das Plakat der Ausstellung *This is Tomorrow,* die das Institute of Contemporary Art 1956 in London ausrichtete. Für diese Werke Paolozzis wie Hamiltons spielte die Kultur oder Nicht-Kultur der amerikanischen Zeitschriftenreklame eine zentrale Rolle. S. B.

4.5.7
Juice King
Eduardo Paolozzi
(Leith/Schottland 1924, lebt in London)
1948
Bez. u. M.: E. Paolozzi 1948
Collage, 37,5 x 24,5 cm
Lit.: AK Eduardo Paolozzi 1984, A.2.8.
Im Besitz des Künstlers

4.5.8 *Abb. S. 10*
Life Savers
Eduardo Paolozzi
(Leith/Schottland 1924, lebt in London)
1949
Bez. u. r.: E. Paolozzi 1949
Collage, 37,5 x 24 cm
Lit.: AK Eduardo Paolozzi 1984, A.2.12
Im Besitz des Künstlers

4.5.9
Ohne Titel
Eduardo Paolozzi
(Leith/Schottland 1924, lebt in London)
1949
Bez. u. r.: E. Paolozzi 1949
Collage, 39 x 25,8 cm
Lit.: Konnertz 1984, Nr. 72
Im Besitz des Künstlers

4.5.10
7 – Up
Eduardo Paolozzi
(Leith/Schottland 1924, lebt in London)
1949
Bez. u. M.: E. Paolozzi 1949
Collage, 40,25 x 27,5 cm
Lit.: AK Eduardo Paolozzi 1984, A.2.10
Im Besitz des Künstlers

4.5.11 *Abb.*
Coca-Cola
Wolf Vostell
(Leverkusen 1932, lebt in Berlin und Malpartida/Spanien)
1961
Bez. u. l.: VOSTELL
Décollage, 210 x 310 cm
Lit.: AK Wolf Vostell 1975, Kat. Nr. 154, 20 ff. – Schilling 1980, 48
Köln, Museum Ludwig, Stiftung Ludwig

Star-Kist
NEW CHUNK STYLE
READY GRATED
Tuna
Star-Ki
Fancy SOL
A FLORIDA
PRODUCT

Kat. Nr. 4.5.6

Kat. Nr. 4.5.13

Ein Begriff, der für Vostell in den 50er Jahren neben dem Happening zu großer Bedeutung gelangte, war der der décollage. Vostell selbst bevorzugt die lexikalische Schreibweise dé-coll/age. Während seines ersten Studienaufenthalts in Paris 1954 las Vostell in einer Ausgabe des *Figaro* zum ersten Mal das Wort *décollage*, hier in Zusammenhang mit einem Flugzeugabsturz. Er sollte es als Technikbezeichnung zahlreicher seiner Arbeiten verwenden. In einem Interview äußerte sich Vostell 1980 zu dieser Begriffsfindung: *Die Affichisten sind vom zerrissenen Plakat ausgegangen und dabei geblieben … Mich beschäftigt die dé-coll/age als Prozeß, als neue Kunsttheorie, und mich hat fasziniert, daß ein Flugzeugabsturz als dé-coll/age bezeichnet wird; eine doppelte dé-coll/age, das hat mich theoretisch beschäftigt und provoziert, dem Begriff nachzugehen, den ich gefunden habe, und ich bin darauf gestoßen, daß es ein ambivalenter Begriff ist, der sich irrsinnig ausdehnen läßt nach allen Seiten. Dé-coll/age heißt starten und heißt abreißen. Es bedeutet auch Abreißen des Plakats …* Für Vostell ist eine neue Technik unabdingbare Voraussetzung für neue Bildinhalte. Die dé-coll/age erlaubt ihm, die Bildherstellung als prozeßhaftes Ereignis zu verstehen. Diese Prozesse waren für ihn die Grundlage einer neuen Malerei, die sich vom Tafelbild entfernte. Er bezieht *durch die Gesellschaft vorgeprägte Materialien mit ein, an deren Vorprägung viele mitgewirkt haben: Beim zerrissenen Plakat Drucker und Gestalter, Soziologen, Psychologen. Die Verarbeitung des Vorgefundenen ist in sich die neue Spannung, weil es keine Materialien sind, die im Atelier hergestellt wurden, wie es bis dahin der Fall war. Daher lege ich auf den Terminus ›gefundener Realismus‹ mehr Wert als auf Pop art. Denn Pop art ist wieder Malerei* (zit. n. Schilling 1980).
Vostell arbeitete seit 1956 mit der Technik der dé-coll/age, die meisten Arbeiten entstanden in den Jahren 1960/61. Er verarbeitete zahlreiche Wahlplakate und politische Anschläge, wie zum Beispiel für *Ihr Kandidat* von 1961, aber auch kulturellen Zeitgeist wie die Beatles 1961/66 und Werbeplakate. S. B.

4.5.12 *Abb.*
Big Torn Campbell's Soup Can
Andy Warhol
(Pittsburgh 1928–1987 New York)
1962
Acryl auf Leinwand, 182,9 x 137 cm
Lit.: AK Andy Warhol. A retrospective, New York 1989, Nr. 167
Düsseldorf, Kunstsammlung Nordrhein-Westfalen

4.5.13 *Abb. (siehe auch S. 263)*
Campbell's Soup, *10 Serigraphien aus der Mappe Campbell's Serie I, Auflage 158/250*
Andy Warhol
(Pittsburgh 1928-1987 New York)
1968
Bez. u. r.: Andy Warhol 158/250
Serigraphie, je 89 x 58,5 cm
Lit.: Haenlein 1981, 45, 47, 50 – Varnedoe/Gopnik 1990, 256 f., 261 ff.
München, Städtische Galerie im Lenbachhaus

Als Andy Warhol in den frühen 60er Jahren damit begann, *Porträts* der Campbell's Suppendosen in Serie zu malen, war das reale Produkt, die Campbell's Soup, bereits seit 50 Jahren auf dem Markt und trug ebenso-

Kat. Nr. 4.5.12

lange schon dasselbe Etikett. Bereits 1912 wurde die Verpackung in der Fachpresse als besonders effektiv und ideal für Präsentationszwecke im Verkaufsregal gelobt. 1961 macht die Firma Campbell's in einer Werbekampagne auf diese Langlebigkeit ihres Produkts aufmerksam. Andy Warhol porträtierte demnach keine Neuigkeit der amerikanischen Konsumgesellschaft, sondern ein Produkt, das über die vielen Jahre so vertraut und banal geworden war, daß es nicht mehr auffiel. So altmodisch wie die Dose war auch die Marketing-Strategie der Dauerwiederholung, die von Werbern wie David Ogilvy als veraltet, phantasielos und teuer angesehen wurde. Warhol wandte sich dem Produkt und seiner typischen Präsentationsform im Verkauf in dem Moment zu, als es gerade dabei war, als veraltet zu gelten. Ebenso beschäftigte sich Paolozzi mit Warenkatalogen, als diese gerade begannen, aus der Mode zu kommen.

Andy Warhol war ein erfolgreicher Reklamezeichner in New York, bevor er sich ausschließlich der Kunst zuwandte. Seit 1955 arbeitete er für das Schuhgeschäft Miller & Sons, das in seiner Werbung mit Hilfe des Künstlers sein Image transportieren wollte: *Wir versuchen das Interesse der Frau zu erregen, um sie an Schuhe denken zu lassen, ohne ihr die Einzelheiten mitzuteilen. Dem Künstler, Andy Warhol, wird ein gewisses Maß an Freiheit zugestanden. Wir sind der Meinung, dies kommt der Anzeige zu Gute. Wir bemühen uns, Mode in möglichst zeitgenössischer Manier zu verkaufen* (zit. n. Varnedoe/Gopnik 1990, 256). Ebenso gestaltete Warhol eigenwillige Schaufenster für Bonwit Teller, ein modisches New Yorker Kaufhaus, wie es vor ihm Jasper Johns und Robert Rauschenberg taten. Im Gegensatz zu ihnen hatte Warhol kein negatives Verhältnis zu seiner Tätigkeit als Werbegraphiker oder Gestalter. Er arbeitete auch stets unter seinem richtigen Namen. Johns und Rauschenberg mochten Warhol auch deswegen nicht, wie er selbst in einem Gespräch mit dem gemeinsamen Freund, Emile de Antonio (De), erfuhr. Warhol berichtete: *De sagte zum Schluß: ›du bist ein Werbegraphiker, und das irritiert sie sehr, denn wenn sie mal Werbung machen – Schaufensterdekoration und andere Jobs annehmen, die ich ihnen verschaffe –, dann machen sie das nur, ›um zu überleben‹. Verstehst du? Sie wollen um keinen Preis ihre richtigen Namen dafür hergeben. Aber du hast damit Preise gewonnen. Du bist berühmt dafür! Es stimmte vollkommen, was De mir da sagte. Ich war als Werbegraphiker inzwischen sehr bekannt. Ich hatte es richtig genossen, als ich meinen Namen unter der Rubrik ›Fashion‹ in einem neuen Buch sah, das den Titel ›A Thousand New York Names and Where to Drop Them‹ trug. Aber wenn man als ernsthafter Künstler gelten wollte, durfte man nichts mit der Werbung zu tun haben. De war damals der einzige, den ich kannte, der sich über diese alte soziale Rangordnung einfach hinwegsetzte und die Kunst in allen Dingen wahrnahm* (zit. n. AK Andy Warhol 1982, 50). S. B.

4.5.14

Still life 33 (Triptychon)
Tom Wesselmann
(Cincinnati/Ohio 1931, lebt in New York)
1963
Öl auf Leinwand, Collage, 336 x 442 cm
Lit.: AK Art & Pub 1990 –
Marco Livingstone, telling like it is in: Buchsteiner/Letze 1994, Nr. 14
Paris, Didier Imbert Fine Art

Wesselmann äußerte 1993 gegenüber Marco Livingstone über seine Stilfindung, er habe seinen individuellen Stil ganz und gar nicht einem bestimmten inhaltlichen Engagement folgend entwickelt, sondern sich im Gegenteil dafür entschieden, innerhalb konventionellster Kunstkategorien zu arbeiten, um sich auf diese Weise vom Einfluß der amerikanischen abstrakt-expressionistischen Malerei frei zu machen. Er wollte nicht Malern wie Willem de Kooning und Jackson Pollock nacheifern. Aus Angst, lediglich als Epigone wahrgenommen zu werden, suchte er nach einer neuen Art der Malerei, um seine eigene Position in der amerikanischen Kunstwelt einzunehmen: *Als ich mich 1959 entschloß, nicht abstrakt, sondern gegenständlich malen zu wollen, konnte ich mich überhaupt nicht für ein bestimmtes Thema oder eine bestimmte Richtung oder irgend etwas begeistern. Ich fing komplett bei Null an. Ich fand nur einen Anfang, indem ich das genaue Gegenteil von all dem tat, was ich mochte. Da ich gegenständliche Malerei gewählt hatte, beschloß ich, mich an der Kunstgeschichte zu orientieren: Ich würde also Akte, Stilleben, Landschaften, Interieurs, Porträts usw. malen. Es ging nicht lange, bis ich anfing, nur noch meinen lebhaftesten Interessen nachzugehen; das waren Akte und Stilleben.*

In *Still life 33* übernimmt Wesselmann Größenverhältnis und Proportion der gigantischen Reklametafeln, von denen auch die gedruckten Bildelemente stammen. Das Stilleben enthält ein komplettes Fast Food Menue: ein Submarine-Sandwich, eine Dose Budweiser, eine Orange als Nachtisch und Pall-Mall Zigaretten als abschließenden Genuß. Es zeigt die Motive in derselben glatten, unpersönlichen Erscheinung und überlebensgroß, so wie sie den Zeitgenossen von den Reklametafeln herab begegneten. S. B.

4.5.15 *Abb.*

Decoy
Jasper Johns
(Augusta/Georgia 1930, lebt in New York)
1971
Bez. u. l.: 15/55, u. r.: J. Johns '71
Farblithographie, 104,1 x 73,6 cm
Lit.: Varnedoe/Gopnik 1990, 251
München, Staatliche Graphische Sammlung GV 207

Jasper Johns setzte sich bereits 1960 mit dem Motiv der Ballantine Bierdose auseinander. Einer Legende folgend, entstand die Bronzeskulptur *Painted Bronze II* als Reaktion auf die bittere Äußerung Willem de Koonings, der New Yorker Galerist Leo Castelli könne sogar Bierdosen verkaufen, wenn er damit beauftragt würde. Im Gegensatz zu Warhols *Brillo-* und *Kellogs-Boxen* zeigt die Arbeit Jasper Johns' eine rauhe Bearbeitung. Die Unregelmäßigkeiten der Modellierung und Bemalung entfernen Johns' Bronze von der glatten Erscheinung in den Werbeanzeigen von Ballantine in den 30er Jahren.

1971 und 1973 setzte sich Johns erneut mit demselben Motiv auseinander. In beiden Lithographien sind die Bierdosen im Gegen-

Kat. Nr. 4.5.15

satz zur Skulptur ohne Sockel dargestellt, und obwohl im Bildzentrum angeordnet, müssen sie sich gegen abstrakte Formen und abgebrochene Schriftzüge behaupten. S. B.

4.5.16

Decoy II
Jasper Johns
(Augusta/Georgia 1930, lebt in New York)
1971–73
Bez. u. l.: 5/31, u. r.: J. Johns '71–'73
Farblithographie, 104 x 73,6 cm
München, Staatliche Graphische Sammlung
GV 125

4.5.17

Feind hört mit, *Marionette*
Spieldose. Marionettentheater
Münchner Studenten
München um 1960
Materialcollage, Kopf: Sprechmuschel eines Militärischen Wechselsprechfunkgeräts mit geprägter Aufschrift *Feind hört mit;* Rumpf: Blechdose *Feinstes Tafel Oel. 1 Liter Inhalt;* Füße. Zwei Tintengläser *Pelikan,* H. ca. 50 cm
Münchner Stadtmuseum,
Puppentheatermuseum 95/211

4.5.18

Versuch einer Rekonstruktion
Hans Hollein
(Wien 1934, lebt in Wien und Salzburg)
1970
Glas, zerbrochen, 30 x 30 cm
Lit.: Sandgruber/Kühnel 1994, Nr. 28.1.1
Im Besitz des Künstlers

4.5.19

Coca Cola II
Klaus Staeck
(Pulsnitz/Dresden 1938, lebt in Heidelberg)
1970
Siebdruck, 86 x 61 cm
Lit.: Sandgruber / Kühnel 1994, Nr. 28.25
Heidelberg, Edition Klaus Staeck

Nach der ersten Mondlandung 1969, deren Dokumentationsfoto in Staecks Arbeit Verwendung fand, wurde die amerikanische Nationalflagge auf dem Mond gehißt. Staeck stellt diesem Nationalsymbol in unwirklichem Zusammenhang eine überdimensionale Coca-Cola-Flasche als Symbol der westlichen Konsumgesellschaft entgegen. S. B.

4.5.20 *Abb.*

›Ich kenne kein Weekend‹, Objekt mit Aktenkoffer, Maggiflasche und Kants Schrift ›Kritik der reinen Vernunft‹
Joseph Beuys (Krefeld 1921–1986 Düsseldorf)
Düsseldorf 1971/72
Verschiedene Materialien, Maggiflasche und Buch; montiert im Kofferdeckel,
11 x 53 x 66 cm
Singen, Maggi

Kat. Nr. 4.5.20

Eine der wenigen Arbeiten von Beuys, die in großer Auflage Verbreitung fand und in Verfremdung Elemente des Lebens und Denkens kombiniert.

4.5.21 *Abb.*
Coca-Cola
Milan Kunc
(Prag 1944, lebt in Köln und Italien)
1978
Öl auf Leinwand, 115 x 120 cm
Lit.: Murken 1984, 102 – AK Milan Kunc 1984 – AK Milan Kunc 1992
Im Besitz des Künstlers

Coca-Cola stammt aus dem Zyklus *Ost-Pop* von Milan Kunc. Er verband in seinen Werken Ikonen des westlichen Konsums mit Zeichen der sozialistischen Gesellschaft. Über seine Bildfindungen bemerkt Kunc: *Von der aktuellen westlichen Kunst gefiel mir nur die pop-art. In der Zeit zwischen 1978 und 1979 schloß ich mich der pop-art-Idee an und entwickelte den ›Ost-Pop‹. In dieser Zeit machte ich auch reliefartige aus Karton oder Blech geschnittene Schilder mit den Logos von McDonald's, Coca-Cola oder Pepsi-Cola, die ich mit Hammer und Sichel und mit russischen oder chinesischen Schriftzeichen kombinierte. Ich dachte, wenn schon ›Werbung‹, dann doch eine bessere als die auf den Plakatwänden … Außerdem machte ich Performances auf der Straße mit meinen Objekten mit den Logos von McDonald's, Coca-Cola oder Pepsi-Cola. Ich stellte mich im ›kommunistischen‹ Look in Pose. Es endete oft auf der Polizeiwache, wie z. B. die große ›Ost-pop-Prozession‹ im Oktober 1978 in Wuppertal: Eine Gruppe von 25 Menschen ging mit meinen Schildern in die Fußgängerzone … Die Passanten waren irritiert, sie gingen einkaufen, und als sie meine Schilder sahen, dachten sie, wir seien eine neue kommunistische Partei oder McDonald's und Coca-Cola betrieben ihre Werbung nun mit den ›letzten‹ Mitteln* (AK Milan Kunc 1992, 12 f.). Nach Murken werden in dieser Bildserie die Huldigung des Westens an den Konsum und die östliche Ideologie miteinander verbunden, eine Kombination, die der Maler selbst als *Prolet pop* sieht. S. B.

4.5.22 *Abb.*
I shop therefore I am
Barbara Kruger
(Newark/New Jersey 1945, lebt in New York)
1987
Fotografischer Druck auf Vinyl,
284,5 x 287 cm
Lit.: AK Art & Pub 1990, 471
Privatsammlung

Kat. Nr. 4.5.21

Kat. Nr. 4.5.22

Künstlerplakate nur von …

Als 1897 in Dresden *Das moderne Plakat* von Jean Louis Sponsel erschien, war damit das erste umfassende Standardwerk in deutscher Sprache zur Hand, welches das damalige Deutsche Reich bereits in mehrere Plakatkunstzentren einteilte: Berlin, München, Dresden, Karlsruhe, Darmstadt, Düsseldorf und die Hansestädte Hamburg und Bremen. Bis zur vollen Entfaltung aller in diesem neuen künstlerischen Medium enthaltenen Möglichkeiten um die Zeit zu Beginn des Ersten Weltkrieges sollten sich diese Zentren als äußerst produktiv und in stilistischer Hinsicht als richtungsgebend erweisen.

In einem dieser Zentren, die außer den Stadtstaaten auch nicht von ungefähr Residenzstädte von Gliedstaaten des Deutschen Reiches und Sitz von Kunstakademien waren, in Dresden, schuf 1896 der junge Otto Fischer das Plakat für die ›Kunstanstalt für moderne Plakate Wilhelm Hoffmann Dresden‹. Sponsel hielt es in seinem eingangs erwähnten Buch für so bedeutend, daß er es als ganzseitige Tafel abbildete und ausführlich besprach (Sponsel 1897, 264, 270). In der Tat war Fischer, der im gleichen Jahr das bekanntere Ausstellungsplakat *Die alte Stadt* entwarf, etwas Neuartiges gelungen: Eine Werbung für eine Druckerei mit den Mitteln des modernen, von Frankreich, Belgien und den USA sowie England beeinflußten flächigen Plakatstils. Nicht nur erscheint im Bildfeld des Plakats ein weiteres Bild, nämlich ein von einer Frau und einem Mann (dem Künstler?) betrachteter typisch jugendstiliger Probedruck, sondern auch der knappe Text enthält mit ›Kunstanstalt‹ und ›moderne Plakate‹ zwei fast programmatische Begriffe, die in der Folgezeit als eng zusammengehörig zu betrachten eine Selbstverständlichkeit wird.

In München annonciert zur gleichen Zeit die renommierte Firma Schön & Maison im Handelsteil des Adreßbuches. Sie bezeichnet sich als ›Lithographisch-artistische Anstalt und Buchdruckerei‹ und empfiehlt sich durch ›Künstlerisch ausgeführte Plakate und Reklamekarten‹. Die Firma Schön & Maison verdient besondere Beachtung, weil aus ihr durch verschiedene Zusammenschlußprozesse letztendlich ab der Jahrhundertwende die ›Vereinigten Druckereien und Kunstanstalten GmbH. (G. Schuh & Cie.) Herrnstraße 35‹ entstehen, jene in München führende Kunstanstalt für den modernen Plakatdruck, welche bis 1914 rund ein Drittel aller Münchner Künstlerplakate druckte. Verständlich in einer Stadt mit einer großen Drucktradition (Alois Senefelder erfand hier 1796 die Lithographie) und angesichts einer Konkurrenz von ungefähr 15 bedeutenden Plakatdruckereien. Am Beispiel der ›Vereinigten‹ muß noch einmal daran erinnert werden, wie eng verzahnt in der *Jugend der Plakate* (Paul Wember), also in der Frühzeit und ›klassischen‹ Zeit bis zum Ersten Weltkrieg, das Verhältnis Druckerei und Künstler war. So wie der um 1900 aufkommende moderne Plakatstil die technologische Entwicklung des Flachdrucks bis zur nuancenreichen Farblithographie zur Voraussetzung hatte, so sehr war umgekehrt der Künstler auf die Kunstfertigkeit und Meisterschaft des Lithographen angewiesen. Mit der zunehmenden Verbreitung des Plakats analog zur rasanten technisch-industriellen und kommerziellen Entwicklung wuchsen die Bedeutung und Leistungsfähigkeit der lithographischen Kunstanstalten. Als eine eigene Gattung, in vielen ihrer Firmenbezeichnungen das Wort ›Kunst‹ im Schilde führend, unterschieden sie sich deutlich von den Buchdrukkereien, dem traditionsreichen älteren Gewerbe dieser Zunft. Beide Zweige entwickelten sich am Beginn des 20. Jahrhunderts in vielen Fällen zu graphischen Großbetrieben. Waren die herkömmlichen graphischen Techniken des Tiefdrucks (Kupferstich, Radierung) und Hochdrucks (Holzschnitt) entweder vom Künstler selbst oder in kleinen Werkstätten ausgeführt worden, so steht der Plakatentwerfer oder universelle Reklamekünstler am Beginn unseres Jahrhunderts immer größeren Betrieben mit hoher Kapazität zur massenhaften Herstellung von Druckerzeugnissen gegenüber. Daß es dabei – von Randerscheinungen abgesehen – zu keiner Verflachung und künstlerischem Qualitätsverlust kam, ist dem soliden handwerklichen Bewußtsein der Drucker und dem geschmacksbildenden Einfluß der frühen Plakatliteratur zu verdanken. Der ›Verein der Plakatfreunde‹ und seine Monatsschrift *Das Plakat* (1910–21) ist für die ›klassische‹ Zeit und die Umbruchs- und Umorientierungsphase im Verlauf des Ersten Weltkrieges von eminenter Bedeutung.

Bei dem geschilderten, auf gegenseitige Abhängigkeit beruhenden Verhältnis zwischen Künstler und Druckerei ist es eigentlich

Otto Fischer, Plakat, 1896, Lithographie. Münchner Stadtmuseum

normal, daß die Kunstanstalt selbst zum Werbeobjekt wird. Otto Fischers Plakat für Wilhelm Hoffmann ist ein Prototyp dieser spezifischen Plakatgattung. Ihm folgen 1900 Johann Vincenz Cissarz für Theodor Beyer, ebenfalls in Dresden, und 1906 Hans Rudi Erdt für eine Plakatausstellung, d. h. eine Musterschau der ›Vereinigten Druckereien und Kunstanstalten‹, in München. Um 1910 erscheinen die vorzüglichen Musterkataloge der beiden im damaligen Deutschen Reich führenden Kunstanstalten für künstlerische Reklame: Hollerbaum & Schmidt in Berlin und die ›Vereinigten‹ in München. Das ist jeweils ein Querschnitt durch die immer wieder als antipodisch dargestellte Berliner und Münchner Plakatkunstszene. In beiden Städten – und nicht nur dort – blieb eine Zahl hervorragender Plakatgestalter fast familiär-monopolistisch an diese Firmen gebunden. In Berlin Lucian Bernhard, Julius Gipkens, Julius Klinger, Paul Scheurich und Hans Rudi Erdt (nach seiner Übersiedlung von München), in München Angelo Jank, Paul Neu, Julius Diez, Franz Paul Glass und allen voran mit ihren wichtigsten Plakaten überhaupt: Ludwig Hohlwein, Carl Moos und Otto Obermeier.

1914 machten sich die ›Vereinigten‹ zum Fürsprecher einer neu entstandenen Künstlerarbeitsgemeinschaft. War bis zu diesem Zeitpunkt eine gleichzeitige Werbung für Künstler und Druckerei selten (erwähnt sei nur Lucian Bernhards Plakat ›Bernhard-Plakate liefern Hollerbaum & Schmidt‹, Kat. Nr. 4.6.2), so erblickte 1914 in München eine einmalige Aktion für die Künstler der ›Sechs‹ das Licht der Öffentlichkeit: *Plakate der Sechs drucken nur die Vereinigten Druckereien*. In der Fortsetzung des Textes, welcher auf jedem der sechs motivisch unterschiedlichen Plakate identisch ist, werden die sechs Künstler vorgestellt. Franz Paul Glass, Friedrich Heubner, Carl Moos, Emil Preetorius, Max Schwarzer und Walenty Zietara. Daß diese Gruppe jüngerer Reklamekünstler sich als Schutzbund gegen Hohlweins Dominanz verstand, sei nur am Rand vermerkt. Zehn Jahre später, nach Zusammenbruch der Monarchie und überstandener Inflation, formierten sich ›Die Sechs‹ neu und betrieben, nun bei Meißner & Buch in Leipzig, ihre Eigenwerbung und damit auch Druckereiwerbung in der wirtschaftlich schwierigen Nachkriegszeit. Aus der alten Münchner Gruppe waren Glass und Zietara geblieben, neu hinzu kamen der sich später im Dritten Reich künstlerisch kompromittierende Max Eschle, Johann Baptist Maier unter dem Pseudonym Hans Ibe, der noch in der Wirtschaftswunderzeit der 50er Jahre arbeitende Otto Ottler und der später in die USA ausgewanderte Tommy Parzinger. Einige Jahre später, um 1930, diktierte die Wirtschaftskrise den Einsatz der Künstler für die Werbung (*Werbung tut not*) und die Druckerei. So die Münchner Ludwig Hohlwein, Walenty Zietara, Julius Ussy Engelhard und Max Eschle für die Chromolithographische Kunstanstalt München. Die Werbung der westdeutschen Nachkriegszeit beschränkte sich auf den Begriff an sich (*Werbung nutzt dem Verbraucher*), die Druckereien mit der nicht mehr handwerklichen modernen Technik des Offsetdrucks traten in den Hintergrund. Charakteristisch dafür sind die im Gegensatz zur Vorkriegszeit oft fehlenden Druckangaben.

Volker Duvigneau

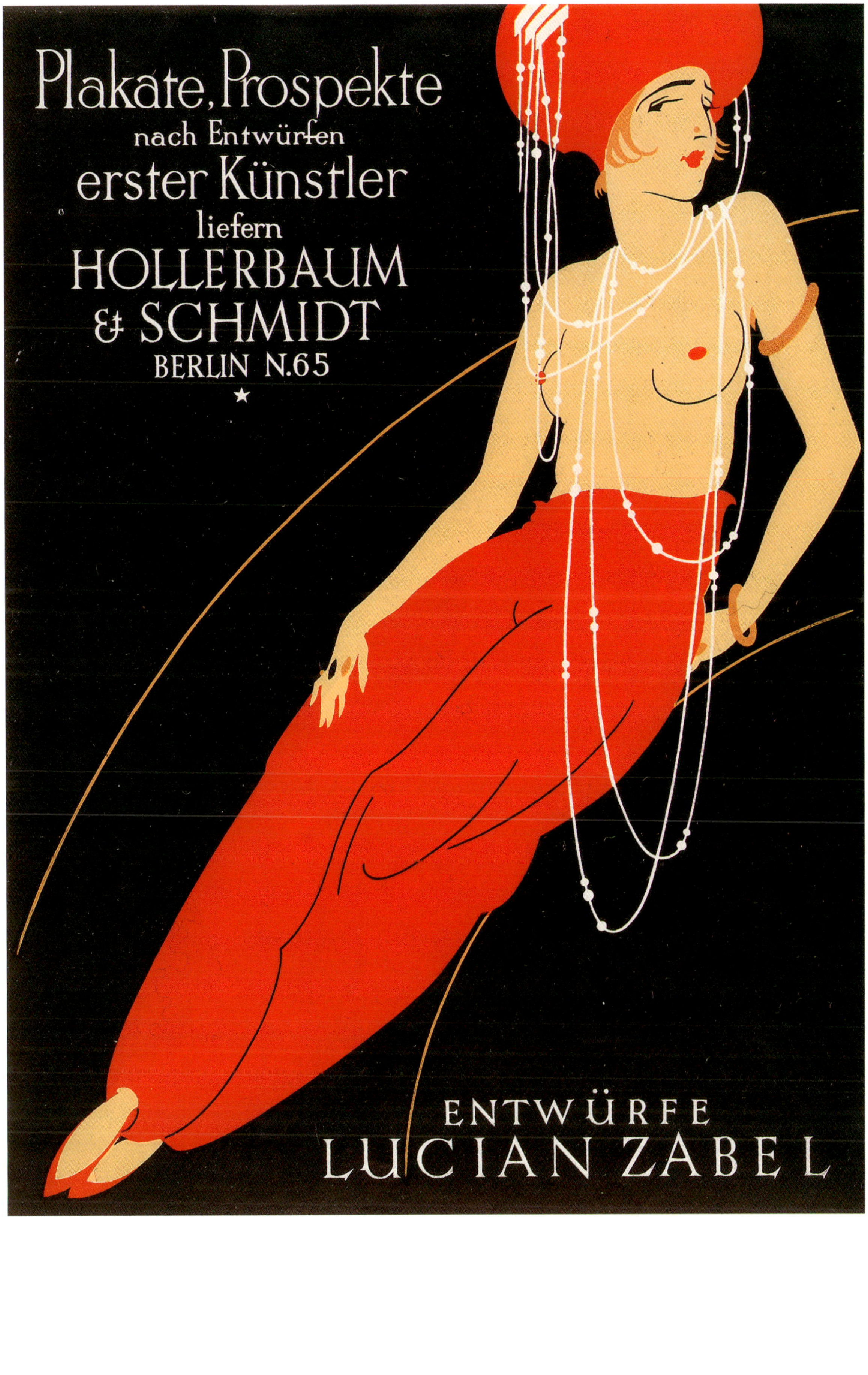
Plakate, Prospekte
nach Entwürfen
erster Künstler
liefern
HOLLERBAUM
& SCHMIDT
BERLIN N.65
ENTWÜRFE
LUCIAN ZABEL

Kat. Nr. 4.6.6

Buhe
Gipkens

Kat. Nr. 4.6.14

Kat. Nr. 4.6.1

4.6.1 *Abb.*
Reklame-Plakate von Wilh. Fiek, *Plakat*
Hans Beyer-Preußer (geb. Halle/Saale 1881) und Fritz P. Glasemann
Augsburg 1910
Bez. u. r.: BPG (monogrammiert)
Druck: Wilhelm Fiek, Augsburg
Lithographie, 64 x 49,5 cm
Text: Lithogr. Kunstanstalt Augsburg

Kat. Nr. 4.6.7

Lit.: Das Plakat 1, 1912, Einband Rückseite – Das frühe Plakat, Bd. 3, 1980, Nr. 319
Münchner Stadtmuseum A 26/3

4.6.2 *Abb.*
Bernhard-Plakate liefern Hollerbaum & Schmidt, *Plakat*
Lucian Bernhard (Stuttgart 1883–1972 New York)
Berlin 1910/11
Druck: Hollerbaum & Schmidt, Berlin
Lithographie, 66 x 88,5 cm
Text: Berlin N. 65 Aushang durch A. Thiemt & Co.
Lit.: Das frühe Plakat, Bd. 3, 1980, Nr.193
München, Die Neue Sammlung

4.6.3 *Abb.*
Plakat-Aushang Carl Markiewicz, *Plakat*
Julius Gipkens (Emmerich/Hannover 1883–Ende 60er Jahre New York)
Berlin um 1912
Bez. o. r.: GIPKENS
Druck: Hollerbaum & Schmidt, Berlin
Lithographie, 59 x 49 cm
Text: Berlin W · 35 · Magdeburgerstr. 35 ·
Lit.: Das frühe Plakat, Bd. 3, 1980, Nr. 1022
München, Die Neue Sammlung 5684/82

4.6.4 *Abb.*
Plakate von Gipkens liefern Hollerbaum & Schmidt Berlin N 65, *Plakat*
Julius Gipkens (Emmerich/Hannover 1883–Ende 60er Jahre New York)
Berlin vor 1913
Bez. o. l: GIPKENS
Druck: Hollerbaum & Schmidt, Berlin
Lithographie, 119 x 83,6 cm
Lit.: Das frühe Plakat, Bd. 3, 1980, Nr. 1037
München, Deutsche Städtereklame 27 053 1011

4.6.5 *Abb.*
Plakat-Aushang nur durch Carl Markiewicz Berlin, *Plakat*
Lucian Bernhard (Stuttgart 1883–1972 New York)
Berlin 1915
Bez. u. M.: BERN/HARD
Druck: Hollerbaum & Schmidt, Berlin
Lithographie, 61 x 48,5 cm
Text: Kiel / Stuttgart / Berlin · W · 35 / Görlitz / Heilbronn / Magdeburgerstr. 35
Münchner Stadtmuseum A 26/4

4.6.6 *Abb.*
Plakate, Prospekte nach Entwürfen erster Künstler liefern HOLLERBAUM & SCHMIDT BERLIN N 65, *Plakat*
Lucian Zabel (Kolberg 1893 1936 Berlin)
Berlin um 1920
Druck: Hollerbaum & Schmidt, Berlin
Lithographie, 29 x 21 cm
Text u. r.: ENTWÜRFE / LUCIAN ZABEL
Münchner Stadtmuseum AA 26/4

4.6.7 *Abb.*
Künstlerische, wirkungsvolle PLAKATE für Industrie und Gewerbe OSCAR CONSÉE, *Plakat*
Walter Schnackenberg (Bad Lauterburg 1880–1961 Rosenheim)
München 1921
Bez. u. M.: Schnackenberg
Lithographie, 25 x 18 cm
Text: München Kunstanstalt und Druckerei Valleystr. 7–9 / auch PROSPEKTE / UMSCHLÄGE- / POSTKARTEN und GESCHÄFTSPAPIERE / WALTER SCHNACKENBERG – PLAKAT / LITHOGRAPHIE UND DRUCK VON O. CONSEE MÜNCHEN
Münchner Stadtmuseum AA 26/10

4.6.8
Verkaufskatalog der Firma Hollerbaum & Schmidt
Berlin 1910
Buchdruck, 31 x 22,5 cm
Berlin, Deutsches Historisches Museum

4.6.9
AUSWAHL TECHNISCHER PLAKATE NACH ENTWURF VON BERNHARD, *vierseitiger Falt-Prospekt*
Lucian Bernhard (Stuttgart 1883–1972 New York)
Um 1918
Lithographie, 28 x 20,9 cm

Kat. Nr. 4.6.11

Kat. Nr. 4.6.10

Kat. Nr. 4.6.12

Kat. Nr. 4.6.13

GIPKENS
Plakat=Aushang
nur durch
Carl Markiewicz
Berlin W·35· Magdeburgerstr·35.
HOLLERBAUM
& SCHMIDT
BERLIN·N·65

Kat. Nr. 4.6.3

Plakat-
Aushang nur durch
Carl Markiewicz
Kiel Stuttgart Berlin·W·35 Görlitz Heilbronn
Magdeburgerstr·35
BERN HARD
·HOLLERBAUM & SCHMIDT·
BERLIN·N·65·

Kat. Nr. 4.6.5

Kat. Nr. 4.6.2

Lit.: Das frühe Plakat, Bd. 3, 1980, Nr. 238, 260, 270 – Sembach 1992, 87
Münster, Westfälisches Landesmuseum für Kunst und Kulturgeschichte, Nachlaß Dr. Uebe

4.6.10 *Abb.*
Die 6, *Plakat*
Emil Preetorius
(Mainz 1883–1973 München)
München 1914
Bez. M. r.: Signet Die 6;
im Bildfeld u. l.: P*
Druck: G. Schuh & Cie., München
Lithographie, 124 x 91 cm
Text: F. P. GLASS F. HEUBNER C. MOOS E. PREETORIUS / M. SCHWARZER W. ZIETARA / Plakate der ›Sechs‹ drucken nur die / Vereinigten Druckereien G. Schuh et Cie. / Herrnstr. 6. München
Lit.: Seidels Reklame 2, 1914, 172 – Das Plakat 6, 1915, 11 f. – Das Plakat 8, 1917, Beil. 172 – Das frühe Plakat, Bd. 3, Berlin 1980, Nr. 2597
Münchner Stadtmuseum C 26/11

4.6.11 *Abb.*
DIE SECHS, *Plakat*
Friedrich Heubner
(Dresden 1886–1974 München)
München 1914
Bez. u. r.: F. Heubner; r.: Signet Die 6
Druck: G. Schuh & Cie., München
Lithographie, 120,5 x 86,5 cm
Text: F. P. GLASS F. HEUBNER C. MOOS E. PRĒTORIUS M. SCHWARZER W. ZIETARA / Plakate der ›Sechs‹ / drukken nur die Vereinigten Druckereien G. Schuh & Cie. München Herrenstr. 6
Lit.: Das Plakat 6, 1915, 16 – Das frühe Plakat, Bd. 3, 1980, Nr. 1264 – Rademacher 1992, Nr. 198
Münchner Stadtmuseum C 26/9

4.6.12 *Abb.*
Die 6 WIR ZEICHNEN PLAKATE, *Plakat*
Johann B. Mayer, Pseudonym Hans Ibe
(tätig in München 1909-1942)
Leipzig 1924
Bez. u. r.: Ibe
Druck: Meissner & Buch, Leipzig
Lithographie, 89,5 x 70 cm
Text: ESCHLE, GLASS, IBE, OTTLER / PARZINGER ZIETARA.
Lit.: Rademacher 1992, Nr. 221
Münchner Stadtmuseum B 26/5

4.6.13 *Abb.*
Die 6 HÄNDE ARBEITEN FÜR SIE, *Plakat*
Max Eschle
(München 1890–1979 Prien/Chiemsee)
Leipzig 1924
Bez. o. r.: Max Eschle
Druck: Meissner & Buch, Leipzig
Lithographie, 90 x 70 cm
Text: PARZINGER / ESCHLE / OTTLER / IBE / ZIETARA / GLASS 6 KÜNSTLER LÖSEN DIE VON IHNEN GESTELLTE AUFGABE
Lit.: Rademacher 1992, Nr. 129
Münchner Stadtmuseum B 26/3

4.6.14 *Abb.*
›Unsere Reklamekunstgewerbler‹, aus Seidels Reklame Dezember 1913
Buchdruck, 31 x 25 cm
München, Bayerische Staatsbibliothek

Kat. Nr. 4.6.4

Friedemann W. Nerdinger

Strategien der Werbung Vom Auftrag über die Gestaltung zur Entscheidung

1. Wie entsteht Werbung?

Werbung ist längst ein selbstverständlicher Teil unserer Lebenswelt – was wir auch machen, wo wir auch sind, der Werbung entkommen wir nie. Gerade aufgrund ihrer Selbstverständlichkeit wird kaum über die Zielsetzung, geschweige denn über die Herstellung von Werbung reflektiert. Darum soll es im folgenden gehen.

Wenn ohne weitere Zusätze von Werbung gesprochen wird, ist die Absatzwerbung für Dienstleistungen, Konsum- oder Investitionsgüter gemeint, obwohl uns z. B. Greenpeace lehrt, daß professionell gestaltete Werbung auch für andere, nichtkommerzielle Zwecke einsetzbar ist. Ganz allgemein wird unter Werbung in diesem Sinne die geplante, öffentliche Übermittlung von Nachrichten verstanden, die das Urteil bestimmter Gruppen beeinflussen soll (Kroeber-Riel 1991, 29).

Bis es zu einer Beeinflussung kommt, muß der Werbetreibende zunächst das Werbeziel festlegen und zusammen mit weiteren wichtigen Informationen an professionelle Werbeproduzenten – gewöhnlich eine Werbeagentur – in Form eines sogenannten Briefings weitergeben. In der Werbeagentur wird aus diesen Vorgaben eine spezifische Werbestrategie, die *Copystrategie* entwickelt. Die Umsetzung einer Copystrategie in konkrete Werbegestaltung präsentiert die Agentur dann wieder beim Auftraggeber, der letztlich darüber entscheidet, wie und in welcher Form geworben wird. Zu diesem Ablauf einige Anmerkungen.

Die Ziele der Werbung

Werbung soll einen Beitrag zu den ökonomischen Zielen der Unternehmen leisten, d. h. den Absatz von Produkten oder Dienstleistungen erhöhen. Um den Absatz zu erhöhen, versuchen die Werbetreibenden, das Kaufverhalten der Nachfrager zu beeinflussen. Da dies aber immer von einer Vielzahl von Faktoren abhängt – Qualität und Preis des Produkts, Vertriebsart, Aktivitäten der Konkurrenz, allgemeine ökonomische Situation, Empfehlungen von Bekannten usw. –, kann gewöhnlich kein direkter Einfluß der Werbung auf das Kaufverhalten nachgewiesen werden. Das wichtigste Ziel der Werbung ist daher die Beeinflussung der überdauernden Haltungen der Nachfrager gegenüber dem Produkt bzw. dem Unternehmen (Steffenhagen 1993). Die psychologische Forschung hat gezeigt, daß diese Haltungen wiederum maßgeblichen Einfluß auf das menschliche Verhalten haben.

Die Haltung gegenüber Produkten oder Unternehmen werden entscheidend von zwei psychologischen Merkmalen bestimmt: die Bekanntheit des Produkts und die Einstellung diesem gegenüber – anstelle von Einstellung spricht die von Amerikanismen strotzende Werbesprache auch vom *Image* eines Produkts, eines Unternehmens, Politikers etc. Daraus lassen sich die beiden wichtigsten Werbeziele ableiten:

1. Erhöhen bzw. Erhalten der Bekanntheit des Produkts.
2. Vermittlung eines positiven Images, das gegenüber der Konkurrenz einen eigenständigen Wert darstellt.

Diese Werbeziele werden gewöhnlich aus der übergeordneten Marketingstrategie eines Unternehmens abgeleitet und der Agentur, die mit der Werbung beauftragt ist, im Rahmen des Briefings mitgeteilt. Ein Briefing enthält neben den Werbezielen Angaben über die Zielgruppe, d. h. die potentiellen Verwender des Produkts, Informationen über das zu bewerbende Produkt, die Höhe des Budgets und Hintergrundwissen über den Gesamtmarkt, die Konkurrenz etc. Die Werbeagentur entwickelt dann aus dem Briefing die Copystrategie, eine möglichst exakte Festlegung des Inhalts der Werbung. Daneben werden auch Zielgruppen- und Mediastrategien für den Einsatz der Kommunikationsmittel und Werbeträger entwickelt, auf die aber im folgenden nicht näher eingegangen wird (vgl. Schweiger/Schratenecker 1992).

Die Copystrategie

Die Copystrategie umfaßt die Positionierung, das Produktversprechen, den *Reason why*, die Tonalität und wichtige Restriktionen (Sandt/Rohde 1993, 321 ff.). Die *Positionierung* bestimmt, wie sich das Produkt in den Köpfen der Verbraucher von der Konkurrenz abheben soll. Wenn also z. B. ein neues Waschmittel lanciert wird, dann genügt es nicht, in der Werbung die Botschaft zu kommunizieren, *auch mit X wird Ihre Wäsche sauber* – das sagen alle, und die Konsumenten erwarten, daß dem so ist. Es gilt daher, die Frage zu klären, was das Produkt im Vergleich zur Konkurrenz für die Zielgruppe wertvoller macht.

Diese Frage sollte das *Produktversprechen* beantworten, der – sofern vorhanden – besondere Nutzen, den die Konsumenten von dem Produkt haben. Werbesprachlich heißt das *unique selling proposition* = USP. An einem objektiven, d. h. rational nachvollziehbaren Nutzen mangelt es wohl einer Vielzahl von Produkten – dann ist es Aufgabe der Werber, einen subjektiven, emotionalen Nutzen zu entdecken. Dieser allein durch die Werbung herbeigezauberte Nutzen wird dann auch als *unique advertising proposition* = UAP bezeichnet.

Ein unterstellter Nutzen sollte wiederum begründet werden – Werbung muß den Beweis führen, warum der Verbraucher das Produktversprechen glauben sollte. Diese ›Beweisführung‹ nennt man den *Reason why* oder ebenso schillernd *supporting evidence*. Wenn es ein Produkt erlaubt, dann kann der Reason why in Form einer streng rationalen Argumentation erfolgen. Häufiger wird er gar nicht explizit ausgedrückt und statt dessen nur in einem Bild gezeigt, daß der Konsum des Produkts glücklich macht, sexuelle Ausstrahlung vermittelt, soziale Kontakte mit schönen jungen Menschen verschafft etc.

Haben die Werber eine Vorstellung davon entwickelt, wie die Marke von den Verbrauchern gesehen und erlebt wird bzw. wie sie erlebt werden sollte, dann lassen sich relativ präzise Angaben zur geeigneten Ansprache der Zielgruppe und zur Gestaltung der Werbung formulieren. Das wird dann die *Tonalität* genannt. Sie umschreibt, wie an den Verbraucher appelliert wird und welches Gefühl die Werbung vermitteln soll, mit einem Wort: den Flair der Werbung.

Schließlich kann eine Copystrategie noch eventuell zu beachtende *Restriktionen* enthalten. Hier ist zunächst an werberechtliche Einschränkungen zu denken, z. B. muß Werbung für Zigarettenmarken vorgeschriebene Warnhinweise enthalten und Formatbeschränkungen berücksichtigen. In Zeitungen sind nur halbseitige Anzeigen erlaubt, in Zeitschriften dürfen keine Doppelseiten mit Zigarettenwerbung erscheinen. In den letzten Jahren entstanden darüber hinaus viele Restriktionen durch Gestaltungsrichtlinien des Werbetreibenden. Solche Gestaltungsrichtlinien entstammen häufig der *corporate identity*, einem Konzept, das genau festlegt, wie eine Firma in der Öffentlichkeit auftritt. Dazu zählt das Firmenzeichen – genannt *Logo* –, einheitliche Schrifttypen etc. (vgl. Birkigt/Stadler 1986).

Soweit die wesentlichen Punkte bei der Entwicklung einer Copystrategie, die einen Orientierungsrahmen für die visuelle, verbale und akustische Gestaltung der Werbemittel bildet. Die Copystrategie wird in enger Abstimmung mit dem Auftraggeber entwikkelt, in jedem Fall muß dieser sie absegnen. Damit ist ein Rahmen definiert, innerhalb dessen sich die Kreativität der Graphiker und Texter entfalten kann. Zu welchen Ergebnissen das führt und wie über diese Ergebnisse entschieden wird, das sei etwas genauer beleuchtet.

2. Formen der Werbung

Die Historische Entwicklung – Anmerkungen

Werbung, wie wir sie heute kennen, wurde faktisch erst durch die Massenproduktion von Konsumgütern möglich und ist daher gebunden an die Industrialisierung und die Entwicklung der Massenmedien (von Rosenstiel/Neumann 1991, 25 f.). Konnten vor der Industrialisierung Hersteller und Händler ihre Güter im persönlichen Gespräch anpreisen, verlangt die industrielle Produktion nach anderen Wegen der Kommunikation. Die Entwicklung der Tageszeitung kam diesem Bedürfnis entgegen und profitierte davon: Durch die Veröffentlichung einer Anzeige in einer Tageszeitung kann mit einem Schlag eine Vielzahl potentieller Käufer angesprochen werden, gleichzeitig ermöglichen es die Einnahmen aus den Anzeigen, den Preis für ein Zeitungsexemplar erheblich zu senken, wodurch wiederum die Auflage steigt, d. h., mehr potentielle Käufer werden erreicht …

Diese Entwicklung wirkte sich unmittelbar auf die Gestaltung der Werbung aus. Hatten zu Beginn der Industrialisierung die Unternehmer persönlich die Anzeigen – in höchst marktschreierischer Manier – gestaltet, so entstand mit wachsender ökonomischer Bedeutung der Werbung schnell ein Markt von Spezialisten für deren Gestaltung. Diese wiederum beschränkten sich nicht auf die ästhetischen Qualitäten, sondern suchten das Ziel der Werbung – die Beeinflussung der Verbraucher im Sinne des Werbetreibenden – durch Berücksichtigung wissenschaftlicher Forschungen zu erreichen. So entstanden aus den frühen Erkenntnissen der Wahrnehmungs- und Gedächtnispsychologie die ersten Gestaltungsregeln der Werbung. Beispielhaft dafür steht die vor der Jahrhundertwende entwickelte AIDA-Regel (von Rosenstiel/Neumann 1991, 25 f.), ein Akronym für

A = Attention (Aufmerksamkeit)
I = Interest (Interesse),
D = Desire (Wunsch),
A = Action (Handlung).

Ein Beispiel für eine Anzeige, die nach dieser Regel gestaltet wurde, zeigt unsere Abbildung:

Das aufmerksamkeitserregende Element der Anzeige – *eye catcher* oder *key visual* genannt – bildet die überdimensional abgebildete Fliege; Interesse soll die reißerische Überschrift *headline* oder *claim* wecken; der Wunsch, das Produkt zu besitzen, wird durch Hinweis auf die Bedeutung des Angebots für die persönlichen Bedürfnisse ausgelöst. Im Beispiel wird zunächst Angst ausgelöst und dann versprochen, daß das Produkt die Ursachen der Angst beseitigt – heute würde allerdings ›DDT‹ im Produktnamen nicht unbedingt die Angst verringern! Schließlich wird zum Handeln aufgefordert – Einschicken des Gutscheins.

Die AIDA-Regel gilt mittlerweile als wissenschaftlich überholt, da sie unterstellt, daß die Wahrnehmung aus einzelnen Elementen zusammengesetzt ist. Nach psychologischen Erkenntnissen verläuft Wahrnehmung aber in einem ganzheitlichen Prozeß. Die wesentlichen Gestaltungselemente der Werbung haben sich trotzdem bis heute kaum gewandelt, der Grund dafür sind die Vorstellungen ihrer

Aufbau einer Anzeige nach der AIDA-Regel. Aus: von Rosenstiel/Neumann 1991, 26

Produzenten – Werbetexter und -graphiker – über das Ziel ihrer Aufgabe: Nach ihrer Meinung muß Werbung zunächst Aufmerksamkeit und Interesse wecken und dann eine Botschaft kommunizieren (Nerdinger/Arras 1990). Was sich im Laufe der Zeit gewandelt hat, ist die Form, in der an den Verbraucher appelliert wird.

Formen des Werbeappells

Im Rahmen einer Inhaltsanalyse amerikanischer Werbung vom Beginn des Jahrhunderts bis in die 80er Jahre haben Leiss, Kline und Jhally (1985, 266 ff.) vier Appellformen unterschieden: Rationale Appelle, *Testimonial*, Verunsicherung und sensuale Appelle. Zwar beschränkt sich diese Untersuchung auf den amerikanischen Werbemarkt, da aber in Deutschland – mit einer gewissen zeitlichen Verzögerung – die Werbung so gut wie alles, was aus Amerika kommt, kopiert, liegen die Verhältnisse hier ähnlich. Die Veränderung der dominierenden Appellformen im Laufe der Zeit veranschaulicht die Abbildung:

Langfristige Trends der Werbung. Aus: Leiss/Kline/Jhally 1985, 268

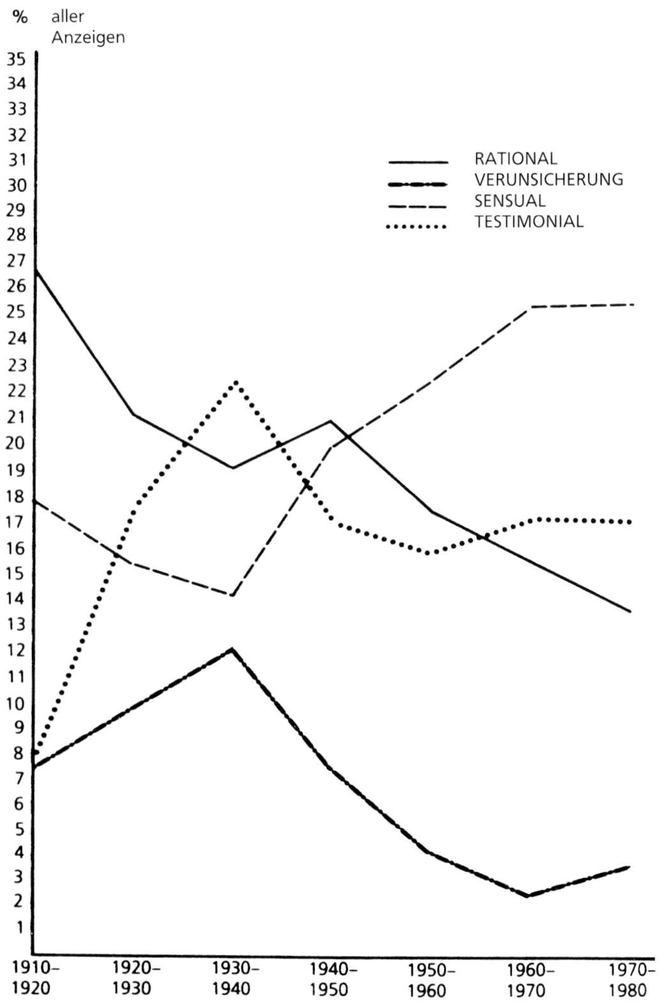

Demnach unterliegen die Appellformen zeitlichen Schwankungen, die prinzipiellen Formen lassen sich aber heute noch nachweisen und können daher die folgende Darstellung ausgewählter Strategien und Techniken der Werbung strukturieren.

Rationale Appelle

Wie unsere Abbildung veranschaulicht, nehmen rationale Appelle in der Werbung konstant ab – dominiert diese Form zu Beginn des Jahrhunderts in der Werbung in rund 27 % der Anzeigen, so waren in den 70er Jahren nur noch 14 % so gestaltet (heute dürften es noch weniger sein). Unter rationalem Appell verstehen die Autoren Anzeigen, deren Hauptargumentation auf die Qualität des Produkts, seinen Preis, die Beschreibung oder Demonstration seiner Vorzüge bzw. seiner Nützlichkeit in Text und/oder Bild abzielen.

Dabei werden zwei Formen der Argumentation unterschieden: Die einseitige und die zweiseitige Kommunikation. Werden nur Argumente zugunsten des beworbenen Objektes angeführt, so handelt es sich um einseitige, bei der Berücksichtigung von Gegenargumenten liegt eine zweiseitige Kommunikation vor. Gewöhnlich argumentiert Werbung einseitig – soll allerdings eine Zielgruppe mit höherem Bildungsniveau angesprochen werden, dann erweist sich die zweiseitige Kommunikation als besonders wirksam (Kroeber-Riel/Meyer-Hentschel 1982, 174 ff.):

Die Firma Helena Rubinstein in einer Anzeige für eine Nachtcreme: *Skin Life macht die Jahre nicht ungeschehen. Aber ungesehen.*

Das Handelsblatt: *Kein Mord, kein Sex, kein Sport, kein Klatsch – warum lesen uns dann immer mehr?*

Der russische Wodka Moskovskaja, der offensichtlich auf dem deutschen Markt Probleme mit dem Produktnamen hatte: *Echt russischen Wodka finden Sie nicht in imposanten Zwiebelturmflaschen mit renommierten russischen Namen und russisch wirkenden Etiketten und Emblemen drauf. Sondern in höchst unscheinbaren, um nicht zu sagen langweiligen Flaschen mit giftgrünen Schildchen und unaussprechlichen Namen.*

Die Beispiele zeigen, daß zweiseitige Werbeargumentation gewöhnlich keine ›echten‹ Gegenargumente berücksichtigt, sondern nur Banalitäten oder Pseudonachteile, die sich dann um so leichter in Argumente für das beworbene Produkt umwandeln lassen. Entsprechend darf die Klassifizierung in rationale Appelle nicht mit

›wahr‹ verwechselt werden. Die *permissible lie* (Baker 1968), die Halbwahrheit, ist geradezu als Essenz der Werbung anzusehen. Werbung darf zwar – allein aus juristischen Gründen – nicht definitiv die Unwahrheit behaupten, das kommt auch nur äußerst selten vor und wird gewöhnlich geahndet. Das letzte Beispiel war eine Waschmittelwerbung, in der behauptet wurde, das Waschmittel würde auch dann Flecken beseitigen, wenn man die schmutzige Wäsche zusammengeknotet in die Waschmaschine stopfe – nach wütenden Protesten von Konsumenten, die die Aussage geprüft hatten, wurde die Kampagne eingestellt. Werbung sagt aber nur die halbe Wahrheit, sie verschweigt gewöhnlich die – objektiven – Probleme und Nachteile des beworbenen Produkts.

Die Grenzen der *permissible lie* sind dann erreicht, wenn z. B. in einem Werbespot ein ›knorriger‹ Franzose in einer romantischen, mittelalterlichen Kate mit dem Holzlöffel Käse zubereitet, während die Stimme aus dem ›off‹ ein industrielles Massenprodukt anpreist. Natürlich wird auch in diesem Fall nicht die Unwahrheit gesagt, durch Bild und Text werden allerdings Assoziationen hergestellt, die nicht der Wahrheit entsprechen.

Testimonials

In einem *Testimonial* legt jemand Zeugnis ab für das Produkt – sei es ein Experte, ein Star, eine mit Statussymbolen ausgestattete Person oder auch jemand ›wie du und ich‹. Solche Formen des Appells waren um die Jahrhundertwende noch nicht sehr verbreitet (lediglich 8% der Anzeigen waren in dieser Form gestaltet), konnten sich aber nach einem zwischenzeitlichen Höchststand in den 40er Jahren und bis in die 80er als eine Grundform der Werbung behaupten.

Ein Experten-Testimonial hat die Form eines rationalen Appells, der allerdings weniger auf den Qualitäten des Produkts als vielmehr denen des Experten beruht: Indem ein Experte Behauptungen über ein Produkt bezeugt, soll die Glaubwürdigkeit der Aussage gesteigert werden. Dazu zählt Dr. Best als Experte für Zahnbürsten ebenso wie Boris Becker, der Experte für jegliche Form von Tennisartikeln. Im Fall ›Boris‹ verbindet sich die Wirkung von Experten- und Star-Testimonial, wobei die Glaubwürdigkeit bereits durch den Bezug des Stars zum Gegenstand Tennisartikel gesichert ist. In anderen Fällen wird gewöhnlich genau geprüft, für welche Produkte ein Star glaubwürdig Zeugnis ablegen kann. So verbürgt die jugendlich-milchige Erscheinung von Anke Huber ihre Begeisterung für Milchschnitten, und Thomas Gottschalk scheint aufgrund seines Images ein ebenso glaubwürdiger Gummi-Bären- wie Fast-Food-Zeuge.

Das Laien-Testimonial nutzt dagegen Ähnlichkeiten der zeugnisablegenden Person mit den Rezipienten. In der Fernsehwerbung wird dieser Appell gern in Form der sogenannten *slice of life*-Technik präsentiert, bei der eine oder mehrere Alltagsgeschichten in Form von ›Mini-Theaterstücken‹ gezeigt werden. Der klassische Ablauf hat folgende Form (Pflaum 1993, 347):

- Die Zielperson hat ein Problem, z. B. schmeckt ihr Kaffee der versammelten Tafel nicht sonderlich;
- Eine ›Bekannte‹ – Frau Sommer, eine Figur ›wie aus dem richtigen Leben‹ – weiß Rat;
- Produkt- und Nutzenzweifel treten bei der Zielperson auf;
- Ein überzeugender Beweis des Produktnutzens bildet den Höhepunkt – strahlende Gesichter der bewirteten Personen, leergetrunkene Kaffeetassen;
- Packshot (Produktabbildung) und Jingle (Werbemelodie) krönen das Happy-End.

Diese Technik beruht auf psychologischen Erkenntnissen zum Lernen am Modell, d. h. zu den Bedingungen der Nachahmung (Bandura 1969). Demnach müssen u. a. zwei Bedingungen erfüllt sein, damit das Verhalten einer Person nachgeahmt wird: Das Verhalten muß belohnt werden – in der Werbung führt die Verwendung des ›richtigen‹ Produkts dazu, daß die damit Beglückten der Modellperson Liebe und Dankbarkeit entgegenbringen –, und die Modellperson muß der Zielgruppe möglichst ähnlich sein. Daher erscheinen in der *slice of life*-Werbung so häufig ›scheinbar-unscheinbare‹ Hauptdarsteller.

Von dieser Technik unterscheiden sich die ›Zeugen‹, die in der sozialen Schicht höher angesiedelt sind als die Zielgruppe. Damit werden die sozialen Aspirationen der Konsumenten angesprochen, wodurch der demonstrative Konsum unterstützt wird. Hier soll weniger das Verhalten der statushohen Darsteller nachgeahmt werden, vielmehr dienen diese als Beleg, daß die Verwendung bestimmter Produkte die Motive nach sozialem Aufstieg befriedigen können. *Es war eben schon immer etwas teurer, einen besonderen Geschmack zu haben!*

Verunsicherung

Die Strategie der Verunsicherung hat einen interessanten historischen Verlauf. Während zu Beginn des Jahrhunderts – zumindest bei den Werbeschaffenden – ein rationales Menschenbild dominierte, verbreitete sich nicht zuletzt durch die Rezeption der Lehre Sigmund Freuds zunehmend ein ›irrationales‹ Bild des Menschen und seiner Motive. In der Werbung dokumentiert sich diese Entwicklung in einem steilen Anstieg verunsichernder Appelle (vgl. Abb. S. 300). Seit den 40er Jahren nehmen solche Strategien allerdings konstant ab. Der Grund dafür ist die lernpsychologische Erkenntnis, daß sich ein Gefühl, das regelmäßig in Verbindung mit einem (Werbe-) Objekt ausgelöst wird, an dieses ankoppelt wie der Glockenton an den Speichelfluß des berühmten Pawlowschen Hundes (Kroeber-Riel 1992). In der Folge kann allein die Wahrnehmung des Produktes Gefühle der Unsicherheit und Angst auslösen – eine wenig erwünschte Eigenschaft.

Eine solche Konditionierung, d. h. eine Koppelung eines bestimmten Gefühls an ein Produkt oder seinen Namen, wird daher in der Werbung nur über positive Gefühle angestrebt. Damit es zu einer Konditionierung kommt, müssen allerdings Gefühl und Produkt bzw. Produktnamen immer wieder gemeinsam präsentiert werden, wie es klassisch der Marlboro-Cowboy demonstriert – seit Jahr und Tag versucht dieser Herr das Gefühl von Freiheit und Abenteuer an den Produktnamen zu koppeln.

In der zeitlichen Konstanz der eingesetzten, gefühlsauslösenden Bilder liegt der Unterschied zur aktuell heftig umstrittenen Werbekampagne der Firma Benetton, die teilweise mit äußerst verunsichernden Motiven wirbt – Aids-Kranke, blutiges T-Shirt eines bosnischen Soldaten, Kinderarbeit, ölverschmierte und damit zum Tode verurteilte Vögel etc. Die ganze Kampagne ist darauf angelegt, durch die für Werbung ungewöhnlichen Motive einen maximalen Aufmerksamkeitswert zu erzielen, der durch die öffentliche Diskussion über die Plakate und Anzeigen im Sinne der Erhöhung des Bekanntheitsgrades noch verstärkt wird, d. h., auf diesem Wege wird noch einmal kostenlose Werbung für die Firma betrieben; das machen auch Wissenschaftler und Ausstellungsgestalter, die sich mit dem Thema beschäftigen. Da aber die Motive nur jeweils einmal plakatiert werden und niemals dasselbe Gefühl bzw. denselben Erlebnisbereich ansprechen, ist die Gefahr einer Konditionierung im Fall Benetton relativ gering.

Die konstante Abnahme verunsichernder Werbung im Zeitverlauf bedeutet keineswegs die Abwendung von einem irrationalen Menschenbild in der Werbung, sondern ist auf die zunehmende Betonung emotionaler Erlebnisse zurückzuführen, die in der Abbildung auf S. 300 als sensuale Appelle bezeichnet werden. Mittlerweile dominiert diese Gestaltungsform die Werbung weitgehend, weshalb sie etwas genauer betrachtet werden soll.

Sensuale Appelle

Sensuale Appelle betonen die ›sinnlichen‹ Qualitäten eines Produkts oder die Sinnlichkeit der Personen bzw. des Umfeldes, in denen das beworbene Objekt präsentiert wird. Wie die Abbildung S. 300 verdeutlicht, ist diese Form der Werbung seit den 40er Jahren stetig im Vormarsch und beherrscht mittlerweile die Szene eindeutig. Sensuale Appelle halten sich nicht mehr bei rationalen Begründungen für ein Produkt auf, sondern beuten die emotionale Beziehung der Konsumenten zu den Produkten aus: Im Zentrum der Werbung stehen Erlebnisse. Dieser Trend kommt nicht von ungefähr, sondern läßt sich auf konkrete sozioökonomische Bedingungen zurückführen, die eine gesamtgesellschaftliche Entwicklung zur *Erlebnisgesellschaft* (Schulze 1992) begründen.

Bedingungen sensualer Appelle

Es sind vor allem zwei Gründe, die zur absoluten Dominanz sensualer Appelle in der modernen Werbung geführt haben: die Marktsättigung und die zunehmende Informationsüberlastung (Kroeber-Riel 1991, 11 ff.). Marktsättigung bedeutet die weitgehende Ausschöpfung der Möglichkeiten, die ein Markt bietet. Ein Anbieter kann in dieser Situation seinen Marktanteil nur noch zu Lasten anderer Anbieter vergrößern, es bestehen verstärkte Konkurrenz und Verdrängungswettbewerb. Ein extremes Beispiel bietet der Zigarettenmarkt – seit Jahren ist die Zahl der Raucher und der abgesetzten Zigaretten tendenziell rückläufig. Daher kann heute der Marktanteil einer Zigarettenmarke nur zu Lasten anderer Marken erhöht werden.

Gesättigte Märkte sind wiederum durch ausgereifte Produkte gekennzeichnet, wodurch die verschiedenen Angebote austauschbar werden: Die objektive und funktionale Qualität der Angebote gleicht sich mehr oder weniger an. Beispiele dafür sind Zigaretten, aber auch Kühlschränke, HiFi-Anlagen oder Elektroherde und sogar bestimmte Autotypen, wie Kompaktwagen. In einer solchen Situation kann ein Hersteller nicht mehr mit objektiven Produkt- und Leistungsvorteilen werben, da die Konsumenten unterstellen, daß alle Produkte aus diesen Bereichen qualitativ ausgereift und daher austauschbar sind. Die einzige Möglichkeit, sich von der Konkurrenz zu differenzieren, besteht in der Vermittlung eines emotionalen, erlebnismäßigen Nutzens des Produkts – und das wird durch sensuale Appelle in der Werbung angestrebt.

Die Form solcher Appelle muß eine zweite wesentliche Bedingung berücksichtigen, die zunehmende Informationsüberlastung der Konsumenten. Tagtäglich werden wir von einer gigantischen Informationsflut überschwemmt, die unsere natürliche Kapazität zu deren Verarbeitung bei weitem übersteigt. Berechnungen zeigen, daß nur ca. 2 % der insgesamt angebotenen Informationen verarbeitet werden oder umgekehrt: 98 % aller Informationen sind Informations-Müll (Kroeber-Riel 1991, 15)! Unter diesen Bedingungen hat es Werbung besonders schwer, ihr Ziel zu erreichen. Die Erfindung der TV-Fernbedienung verdeutlicht das Problem: Spielfilme zerstückelnde Werbeblöcke lösen gewöhnlich eine als ›zapping‹ bekannte Knopfdruck-Aktivität aus, sofern nicht der Gang zum Kühlschrank oder an andere Orte vorgezogen wird. Aber auch um die Werbung in Zeitungen und Zeitschriften steht es nicht besser. Die durchschnittliche Betrachtungsdauer von Anzeigen beläuft sich auf zwei Sekunden – um sämtliche, in durchschnittlichen Anzeigen gebotenen Informationen aufzunehmen, müßten die Leser aber zwischen 35 und 40 Sekunden für deren Studium aufwenden!

Unter diesen Bedingungen orientiert sich Werbung immer mehr an einer psychologischen Gesetzmäßigkeit, die besagt, daß Informationen, die über Bilder vermittelt werden, sehr viel schneller aufgenommen und verarbeitet werden als sprachliche/schriftliche (Kroeber-Riel 1993, 53 ff.). Das gilt in ganz besonderem Maße für Bilder, die starke Emotionen und Erlebnisse auslösen. Darüber hinaus haben solche Bilder den unter den Bedingungen der Informationsüberlastung entscheidenden (werblichen) Vorteil, daß sie größere Aufmerksamkeit und Zuwendung zur Information bewirken. Das spricht für den Einsatz emotionsstarker Bilder, d. h. sensualer Appelle in Bildform. In der konkreten Gestaltung solcher Appelle findet sich in der aktuellen Werbeszene eine Vielzahl unterschiedlicher Formen.

Formen sensualer Appelle

Sensuale Appelle lassen sich danach unterscheiden, ob sie in erster Linie die Aufmerksamkeit wecken – diese Techniken haben im Sinne der AIDA-Regel eine lange Tradition – oder aber das beworbene Angebot in der emotionalen Erfahrungs- und Erlebniswelt der Konsumenten verankern wollen. Eine solche Strategie wird als *emotionale Positionierung* (Weinberg 1992, 66) bezeichnet.

Aufmerksamkeit versucht Werbung seit eh und je über drei Techniken zu wecken: durch den Einsatz physischer Reize, starker emotionaler Reize und durch gedankliche, überraschende Reizwirkungen (Kroeber-Riel 1993, 101 ff.). Physische Reize sind vor allem Größe und dominierende Farbe des Werbemittels – eine halbseitige Anzeige wird rund dreimal so häufig beachtet wie eine viertelseitige; ein dominanter Anteil roter Farbe garantiert automatisch größere Beachtung.

Bei den emotionalen Reizen setzt Werbung bevorzugt auf die sogenannten *angeborenen auslösenden Mechanismen,* d. h. Schlüsselreize, die angeborene Reaktionen auslösen (Lorenz 1965). Dazu zählt z. B. das Kindchenschema: Die Abbildung von kleinen Kindern mit großem runden Kopf, kurzen dicken Gliedmaßen und Kulleraugen löst automatisch eine Zuwendungsreaktion aus, die sich Werbung zunutze macht. Noch stärker als Menschenkinder wirken junge Tiere – Greenpeace hat das mit dem Motiv der Robbenbabys, die den Betrachter aus unendlich traurigen Augen anblicken, wirkungsvoll demonstriert.

Schlüsselreize bieten der Werbung den Vorteil, daß sie sich in ihrer Wirksamkeit kaum abnutzen, was die immer wieder zelebrierte Werbeerotik verdeutlicht. Mit erotischen Motiven wird eines der stärksten menschlichen Bedürfnisse angesprochen, wodurch ein gewisses Maß an Aufmerksamkeit garantiert ist. Neu an der Verwendung solcher Motive ist lediglich, daß für Produkte für Männer – Unterwäsche, Kosmetikartikel etc. –, die bevorzugt von Frauen gekauft werden, mittlerweile auch mehr oder weniger nackte Männer in der Werbung eingesetzt werden.

Gedankliche Reize, die Aufmerksamkeit erzeugen, sind Bilder oder Headlines, die gegen Wahrnehmungserwartungen der Konsumenten verstoßen. Dazu zählen (Kroeber-Riel/Meyer-Hentschel 1982, 67) kecke Sprüche – *reißt den Kölner Dom ab!* (Anzeige deutscher Zeitschriftenverlage), Verfremdungen – *die lila Kuh* – und ungewöhnliche Schreibweisen, z. B.:

schreIBMaschine.

Vor allem Fernsehwerbung setzt auf diese Technik, zu der auch der Einsatz von Humor gehört: z. B. unterhält sich eine Gruppe von Nonnen über die Vorzüge von Personal Computern; das Gespräch wird vom Klingeln des ›handy‹ unter der Kutte beendet. Das Beispiel verdeutlicht die Probleme mit dem Einsatz von gedanklichen Reizen, die in der Fachsprache als *wear-out-effect* bezeichnet werden – was beim ersten Betrachten Aufmerksamkeit und Interesse erzeugt, beginnt bereits beim zweiten Anblick zu langweilen.

Dasselbe gilt für zwei andere Techniken zur Aufmerksamkeitssteigerung: die Technik der Produktpersönlichkeit – *the product is the hero* – und die *Teaser-Technik*. Im ersten Fall avanciert allein das Produkt zum Star: Ein französischer Automobilhersteller präsentierte z. B. seinen neuen PKW auf der Chinesischen Mauer bzw. ließ ihn von einem Flugzeugträger aus starten – der PKW fällt ins Wasser, wird aber von einem U-Boot gerettet. So perfekt die Geschichte inszeniert ist, zweimal mag sie keiner sehen.

Die Technik der Produktpersönlichkeit kann dagegen sehr effizient im Rahmen der Plakatwerbung eingesetzt werden. Plakate müssen sich in ganz besonderem Maße auf die Bedingungen der Reizüberflutung einstellen, da sie aufgrund ihrer Lage gewöhnlich nur mit extrem flüchtiger Wahrnehmung rechnen können. In diesem Fall ist es besonders günstig, die Werbebotschaft auf eine zentrale Idee zu reduzieren – man spricht dann auch vom Reduktions- oder Minimalstil. Exemplarisch dafür stehen die ›Lucky-Strike-Plakate‹, z. B. Headline: *Haltet den Dieb!;* Key Visual: eine zerrissene Lucky-Strike-Packung, an die eine einzelne Zigarette gelehnt ist. Oder noch konsequenter: das überdimensionale Lucky-Strike-Emblem, das wie eine rote Sonne vor dunklem Hintergrund leuchtet. An diesem Beispiel wird deutlich, daß der Minimalstil gestaltpsychologische Gesetze der Wahrnehmung ausbeutet – besonders die Wirkung prägnanter Gestalten bzw. den Figur-Grund-Effekt (vgl. dazu Metzger 1953).

Eine zweite, vom *wear-out-effect* bedrohte Technik ist die Teaser-Werbung. Sie beruht auf dem psychologischen Prinzip, daß Unvollständigkeit Spannung erzeugt. Bei der Teaser-Werbung wird zunächst eine Anzeige geschaltet, auf der kein direkter Hinweis auf das Produkt erscheint. Die Auflösung des Rätsels erfolgt entweder im selben Medium zur gleichen Zeit – in einer Zeitschrift auf der direkt dahinterliegenden Seite – oder aber zu einem späteren Zeitpunkt. Im zweiten Fall ist zu beachten, daß die Spannung bis zur Auflösung erhalten bleibt. Dagegen hat z. B. die Teaser-Werbung zur Einführung der bis dato unbekannten Zigarettenmarke ›Silk cut‹ verstoßen: Zunächst wurden Anzeigen geschaltet, auf denen lediglich ein drapierter violetter Stoff mit einem weißen Riß abgebildet war. Das Violett erscheint im Emblem der Marke. Allenthalben wurde gerätselt, was das bedeuten soll. Da aber längere Zeit keine aufklärende Folgeanzeige erschien, war der Effekt der Spannung schnell verpufft.

Zwischen diesen beiden Reizklassen, der Aktivierung durch emotionale bzw. gedankliche Reize, sind jene in den letzten Jahren verstärkt eingesetzte Motive einzuordnen, die auf randständige, aber trendorientierte Personendarstellungen setzen, z. B. die ›Test the West‹-Kampagne mit Feuerschluckern, Liliputanern, vollbusigen Lolitas etc. Menschendarstellungen erzeugen immer Zuwendungsreaktionen, da aber mittlerweile in rund 40 % aller Zeitschriftenanzeigen Personen abgebildet sind (Kroeber-Riel 1993, 106), bieten die üblichen Models kaum noch Möglichkeiten zur Differenzierung. Das vermag dagegen die Darstellung ›echter Typen‹, sofern der Bezug zum Produkt gegeben ist. Ein Negativbeispiel dürfte in dieser Hinsicht die Anzeigenkampagne der Vereinigten Versicherung sein, die offensichtlich neue, junge Zielgruppen ansprechen wollte; die abgebildeten Punks ergingen sich dabei in Dialogen solcher Provenienz: *Daß'n junger Typ wie du seine Kohle für Versicherungen raushaut, find' ich echt ätzend, Eddi. – Köpfchen, Mädel, Köpfchen! So 'ne Kombi-Versicherung gibt dir ein echt cooles Gefühl, und kohlemäßig kann ich mir das locker leisten. Bei meiner Vereinigten!* Der Punker, der sich mit einer Versicherung identifiziert – eine buchstäblich weltfremde Idee.

Die emotionale Positionierung als langfristige Strategie benützt weniger starke, aber kontinuierlich eingesetzte emotionale Reize (Weinberg 1992, 66 ff.). Mit dieser Strategie wird versucht, ein Produkt mit einer eigenständigen Erlebniswelt auszustatten, aufgrund derer es sich von seinen Konkurrenten differenziert. Dazu wird zunächst ein Erlebnisprofil entwickelt – welche Gefühle bzw. Erlebniswerte sollen mit dem Produkt verbunden werden? In einem nächsten Schritt wird nach Motiven, Bildern, Worten, Texten etc. gesucht, die den gewählten Erlebniswert repräsentieren und dabei Unverwechselbarkeit garantieren sollen. Schließlich muß auf die Durchgängigkeit der werblichen Inszenierungen in allen Medien und bei allen Kampagnen geachtet werden.

Beispiel: die Werbekampagne der Volks- und Raiffeisenbanken (Kroeber-Riel 1991, 70 ff.). Die sachlichen Angebote im Bereich der Finanzdienstleistungen sind mittlerweile so ähnlich, daß durch rationale Argumentation keine Differenzierung zur Konkurrenz mehr möglich ist. Daher versuchen einzelne Banken, ihr Image auf den Lebensstil ihrer Zielgruppe abzustimmen, daher wird diese Technik auch als *life-style-Werbung* bezeichnet. Ausgehend von der Idee, daß der Zielgruppe in erster Linie persönliche Unabhängigkeit wichtig ist, wählten die Volks- und Raiffeisenbanken den Spruch: *Wir machen den Weg frei* – und die bildliche Umsetzung in Wege, die ins Unendliche führen bzw. von magischer Hand verschwindende Barrieren auf allen denkbaren Wegen. Diese Gestaltungslinie wird in allen Druck- (Zeitungen, Zeitschriften, Plakate, Prospekte) und Filmmedien (Kino, Fernsehen) konsequent durchgehalten. Völlig unabhängig von der eher spröden Natur der gebotenen Dienstleistungen soll über Werbung die Bankengruppe mit den Gefühlen der unbegrenzten Weite und Unabhängigkeit assoziiert werden.

Dieses Ziel läßt sich allerdings nur erreichen, wenn einprägsame Bilder und Texte gewählt werden und dann über Jahre hinweg das identische Erlebnisprofil in der Werbung erscheint. Beobachtern der Szene fällt dagegen auf, daß solche kontinuierlich durchgehaltene Werbestrategien eher die Ausnahme sind: *Ein neues Jahresbudget – eine neue Werbekampagne, ein neuer Werbeleiter – eine neue Werbekampagne. Mit jeder Änderung beginnt der tapfer lernende Verbraucher wieder bei Null* (Schweiger/Schrattenecker 1992, 147 f.). Das führt zu der Frage, wer denn eigentlich auf welcher Basis Entscheidungen über Werbung fällt.

3. Entscheidungswege der Werbung

Die Präsentation der Werbemittel beim Auftraggeber

Gestaltung von Werbung obliegt Spezialisten, die sich selbst als ›Kreative‹ bezeichnen, in erster Linie Texter und Graphiker. Ihre Aufgabe ist es, auf der Basis des Kundenbriefings bzw. der Copystrategie Ideen zu produzieren und in Werbegestaltung umzusetzen. Die Ergebnisse ihrer Bemühungen werden – sofern sie in einer Werbeagentur entstehen, und das ist heute bei nahezu allen größeren Werbekampagnen der Fall – der Agenturleitung präsentiert, die darüber zu entscheiden hat, ob Änderungen anzubringen sind oder ob das vorliegende Material beim Auftraggeber präsentiert werden kann.

Die Präsentation der Werbemittel beim Werbetreibenden ist die Schlüsselsituation in der Realisation von Werbung. Gemäß dem altehrwürdigen ökonomischen Prinzip, das da besagt: *Wer zahlt, schafft an,* befindet nun der Auftraggeber, ob die präsentierten Werbemittel seinen Intentionen entsprechen. Welche konkreten Personen sich hinter dem Begriff *Auftraggeber* verbergen, d. h. wem die Werbeentwürfe präsentiert werden, darüber läßt sich für die Praxis kaum eine allgemeingültige Aussage treffen. In manchen Fällen – u. a. bei kleineren Unternehmen – sind das der Eigentümer und gewöhnlich ein oder mehrere Mitarbeiter. In größeren Unternehmen werden wohl immer der Marketing- und/oder der Werbeleiter und ausgewählte Mitarbeiter dabeisein. Handelt es sich um ein marktorientiertes Unternehmen, dann kommt deren Aussage eine große Bedeutung zu; in anderen Fällen kann es der Finanz- oder ein sonstiger Chef sein, der entscheidet – die Entscheidungen richten sich letztlich nach den Machtverhältnissen in den Unternehmen.

Bedenkt man die enormen Kosten von Werbung, dann tritt bei der Präsentation sehr häufig eine unter ökonomischen Gesichtspunkten merkwürdige Situation ein: Die Entscheidungsträger vertrauen entweder der – gewöhnlich nach allen rhetorischen Regeln aufbereiteten – Argumentation der Werber, oder aber sie entscheiden ganz schlicht nach ihrem persönlichen Geschmack. Ein Werber hat diese Situation folgendermaßen karikiert (Nerdinger 1991, 96): *Jetzt [bei der Präsentation; FWN] ist jeder in seinem Element, und es darf trefflich darüber gestritten werden, ob der Umsatz höher steigt, wenn das schöne Mädchen statt von links nach rechts oder umgekehrt in die Anzeige lächelt, oder ob Marke X nicht zu sehr das Marktsegment von Y touchiert, wenn für X drei statt fünf Teenies im Fernsehen zucken.*

Neben einem solchen ›Rätselraten‹ über die Wirkung präsentierter Werbemittel findet sich auch ein anderes Phänomen – die Entscheidungsträger meinen, sie müßten einen Beitrag zur Gestaltung leisten: *Der erste Entwurf zeigt groß und kontrastreich … die Kaffeepackung mit der Überschrift ›Der Milde‹. Aber: Der Marketingplaner legte Einspruch ein. Wenn schon so viel Geld für Kaffeewerbung ausgegeben wird, dann sollen auch die anderen Kaffeesorten in die Anzeige aufgenommen werden und bekannt gemacht werden. Danach kam der Marketingleiter und meinte: ›Wir müssen auch ans Publikum denken. Das ist gemischt. Coop-Kaffee trinken Frauen und Männer, Junge und Alte. Die sollen alle angesprochen werden . . .‹ Auch Appetit-Appeal mußte rein . . . und so ging es weiter mit Vorgaben für die Anzeige, bis eine übermäßig komplexe und nicht mehr wirksame Anzeige entstand* (Kroeber-Riel 1993, 283 ff.). Betrachtet man sich Werbung, dann scheint ein erklecklicher Teil auf diesem Wege zu entstehen.

Ein solches *Werbequiz von Geschäftsführung oder Vorstand* (Kroeber-Riel 1991, 199) entspricht natürlich nicht der ökonomischen Zweckrationalität. In (werbe-)professionell geführten Unternehmen wird daher zunehmend ein werbepsychologischer Test der präsentierten Werbemittel als Entscheidungsgrundlage gewählt.

Der Test der Werbemittel

Am Beginn der Werbeplanung sollte die Definition der Ziele stehen, die mit der Werbung angestrebt werden. Da die ökonomischen Ziele – wie gezeigt – kaum meßbar sind, werden gewöhnlich psychologische Ziele formuliert. Die entscheidende Frage zur Beurteilung der neu entwickelten Werbung ist dann, ob die Ziele mit den präsentierten Entwürfen erreicht werden.

Diese Frage können auch Spezialisten allein aufgrund der Betrachtung von Werbemitteln kaum schlüssig beantworten – zwar gibt es eine Vielzahl psychologischer Erkenntnisse zur Gestaltung von Werbung (s. u. 2.), über den Erfolg einer konkreten Kampagne entscheidet aber letztlich die anvisierte Zielgruppe. Da menschliches Erleben und Verhalten nicht vollständig determiniert sind, kann auch die Wirkung von Werbung nicht zuverlässig prognostiziert werden.

Daher muß in einem Testlauf an einer möglichst repräsentativen Stichprobe der Zielgruppe untersucht werden, ob die Werbeziele erreicht werden. Da sich einerseits die psychologischen Werbeziele sehr fein ausdifferenzieren lassen, andererseits eine Vielzahl verschiedener Tests zur Messung der jeweiligen Wirkungen entwickelt wurden (vgl. Rehorn 1988), sei hier nur je ein Beispiel für die Erfassung der beiden wichtigsten Werbeziele dargestellt.

Erhöhen bzw. Erhalten der Bekanntheit des Produkts

Soll Werbung dieses Ziel realisieren, so muß sie zunächst Aufmerksamkeit erwecken, d. h. den Betrachter aktivieren. Neben vielen anderen Methoden wird zur Überprüfung der aktivierenden Wirkung ein sogenanntes Pupillometer eingesetzt (Rehorn 1988, 19 f.): Eine Kamera erfaßt dabei die Pupille der Testperson vor, während und nach der Anzeigendarbietung; das Pupillometer mißt in Millimetern, wie stark sich die Pupille verändert. Hinter diesem Verfahren steht die theoretische Annahme, daß stark aktivierende Reize zu einer Pupillenvergrößerung führen, wenig aktivierende dagegen zu einer Pupillenverengung.

Demnach aktivieren Abbildungen von Säuglingen und nackten Männern u. a. weibliche Betrachter, nackte Frauen dagegen – wer hätte das gedacht – lassen Männern *die Augen übergehen*. Warum Frauen von Landschaften eher gelangweilt werden, bleibt ein wissenschaftliches Rätsel.

Um Aussagen über die aktivierende Wirkung der getesteten Werbung zu gewinnen, müssen alternative Entwürfe bzw. das interessierende Werbemittel im Vergleich zur Konkurrenzwerbung untersucht werden. Pupillometrische Untersuchungen liefern lediglich Indikatoren der Wirkung auf die Aufmerksamkeit, sie müssen daher immer durch weitere Verfahren ergänzt werden.

Vermittlung eines positiven Images, das gegenüber der Konkurrenz einen eigenständigen Wert darstellt

Das Image eines Objektes wird gewöhnlich durch standardisierte Befragungen auf Fragebögen erfaßt. Ein häufig eingesetztes Verfahren ist das sogenannte Polaritätenprofil: Das Objekt und seine Konkurrenten – gelegentlich auch ein ideales Objekt – müssen dabei auf einer Reihe emotionshaltiger Gegensatzpaare – Polaritäten – eingestuft werden. Durch Verbindung der einzelnen Einstufungen ergibt sich ein Profilverlauf, der das Image des Objektes wiedergibt.

Durch den Vergleich mit dem Konkurrenzprodukt kann festgestellt werden, ob das Produkt ein hinlänglich eigenständiges Image hat; der Vergleich mit dem Ideal-Produkt gibt an, in welche Richtung ein Image zu verändern ist. Wird so ein Polaritätenprofil vor und nach dem Betrachten der interessierenden Werbung bei einer repräsentativen Stichprobe erhoben, dann kann überprüft werden, ob die

Werbung die erwünschte Änderung oder Stabilisierung des Images erreicht.

Auch das Verfahren des Polaritätenprofils gibt nur Hinweise auf die Wirkung von Werbung. Die Ergebnisse werbepsychologischer Untersuchungen können zwar Indikatoren der Werbewirkung liefern und damit die Entscheidung über Werbung auf eine (zweck)-rationalere Grundlage stellen, aufgrund vielfältiger methodischer Probleme *aller* Testverfahren (Rehorn 1988) bleibt aber immer eine mehr oder weniger große Rest-Unsicherheit.

4. Ausblick

Die jährlichen Werbeinvestitionen belaufen sich in Deutschland auf über 40 Milliarden Mark (Zentralverband der deutschen Werbewirtschaft, 1991). Aus Sicht der Unternehmen sind das Kosten, die sich amortisieren müssen. Daher lastet auf der Werbebranche ein ständig wachsender Druck, zu belegen, daß sich ihre Erzeugnisse auszahlen. Als Folge dieses Drucks entwickelte sich wiederum eine eigene ›Industrie‹, die nicht zuletzt der Überprüfung dieser Frage dient – die Marktforschung. Mit mehr oder weniger wissenschaftlichen Methoden werden statistische Daten zu allen nur denkbaren Problemfeldern angehäuft. Dabei bleibt zunehmend *eine* Perspektive von Werbung auf der Strecke, die ästhetische. Wenn die statistisch ermittelte Wirkung auf die Zielgruppe zum Entscheidungskriterium wird, dann verkommen ästhetische und kreative Qualitäten zur Restgröße der Gestaltung. Die Folge ist der ästhetische ›Einheitswerbebrei‹, der sich täglich über uns ergießt.

Das muß nicht so bleiben. Die Formen der Werbung sind an die Bedingungen der Produktion und der Kommunikation gebunden. Werbung, wie wir sie heute kennen, ist Folge der industriellen Massenproduktion und der Massenmedien. In beiden Bereichen deuten sich gravierende Wandlungen an. Wurden bislang Waren produziert und dann Kunden dafür gesucht, so geht der Trend zur individualisierten Kundenansprache: Der Kundenwunsch wird analysiert und dann gemeinsam mit dem Kunden ein maßgeschneidertes Produkt hergestellt. Die Nachfrager werden immer mehr zu *Prosumenten* = Produzent und Konsument, die von der Werbung eine individuelle Ansprache verlangen.

Diese Individualisierung der Produktion konvergiert mit einem Trend zur individuellen Mediennutzung: Die rasante Entwicklung im Bereich der Kommunikationstechnologie, gekennzeichnet durch Schlagworte wie Multi- oder Hypermedia, Interaktivität, Datenautobahn und Virtualität, soll – so wird erwartet – dazu führen, daß das Fernsehen als Massenmedium ebenso an Bedeutung verliert wie die Druckmedien. Die durch die technischen Entwicklungen ermöglichte individualisierte Mediennutzung erfordert aber auch eine individuellere, auf die verwendeten Medien abgestimmte Ansprache durch die Werbung.

Nichts ist unmööglich! Allerdings – bis die Zukunfts-Szenarien Realität geworden sind, werden wir wohl weiterhin von der Werbung so angesprochen, wie die Werber glauben, daß wir sind.

Die McDonald's Story

›McDonald's‹ steht für ein Unternehmen, das sich durch bestimmte Management-Methoden und eine konsequent entwickelte corporate identity von anderen Weltkonzernen unterscheidet und überdies in diesen Bereichen zum Muster anderer wurde.

Die Kette der ›Fast-Food‹-Restaurants wurde gegründet, als der Geschäftsmann Ray Kroc 1955 von den Brüdern Richard und Maurice McDonald ein Betriebskonzept übernahm, mit dem er dann ein Restaurant am Highway in Des Plaines, einer Vorstadt im Nordwesten Chicagos, betrieb. Dieses erste Restaurant wurde 1983 geschlossen und später aufgrund verschiedener Initiativen als Museum wiedereröffnet.

Jedes der frühen Restaurants zeichnete sich nach außen durch zwei hohe ellipsoide Bögen aus, die das Pultdach des Restaurants trugen. Sie waren nachts mit Neonröhren illuminiert und signalisierten den Autofahrern schon auf große Entfernung den Standort. Das ließ genug Zeit, die Entscheidung für einen Stop zu treffen. Die Kennzeichen, die sogenannten ›Golden Arches‹, wurden über ihre ursprüngliche Funktion hinaus als Zeichen für alle Bereiche der Werbung von McDonald's eingesetzt. Die ›Golden Arches‹ mit dem Schriftzug ›McDonald's‹ sind weltweit zu einem der bekanntesten Signets geworden. Das Erfolgsrezept von ›Hamburgers, malts, french fries, soft drinks‹, serviert nach standardisierten Rezepturen und Abläufen, war genau festgelegt und wurde an Lizenznehmer verkauft, die sich nach den Vorgaben präzis zu richten hatten. Es blieb dabei das Ziel, durch jedes Kochrezept oder jede Werbung Identität zu schaffen; gleiches in gleicher Form gleich zu servieren. Die ersten Filialen wurden dann in Kalifornien gegründet. Über den charakteristischen Schriftzug und das Signet hinaus existierte von Anfang an eine Werbefigur, welche einen augenzwinkernden rasenden Koch personifiziert. ›Speedee‹ war in allen Größen und Darstellungsformen auf den Werbemitteln der aufstrebenden Firma präsent. Das in sich geschlossene Erscheinungsbild des Unternehmens, das gleichbleibende Qualität in Aussicht stellte, kam bei den mobilen amerikanischen Verbrauchern gut an. Am Ende der 50er Jahre existierten 150 Filialen unter dem Zeichen des Doppelbogens.

In allen Filialen sorgte das Management für gleiche Verfahren der Organisation, der Arbeitsabläufe und der Zubereitungen. Der Beitrag Kroc's war ein von ihm entwickelter Multimixer, der in dem ersten und allen weiteren Restaurants zur Verwendung kam. Dazu wurden ausgeklügelte eigene Geräte entwickelt, welche die Mischungen herstellten und zum Fertigmachen der Speisen dienten. Seit 1958 kursierten ›McDonald's Manuals‹, die in Vorschriften definierten, wie verfahren werden mußte. Im Vorwort heißt es: *Herein outlined is the successful method. The practices, policies, and procedures have evolved from experience. Units that operate by this standard coupled with aggressive leadership, proper advertising, promotion and public relations will do high volume …* Besonderer Wert wird auf Sauberkeit der Restaurants gelegt, um von dem Image der Fast-Food-Imbißstände an Amerikas Highways loszukommen. Zeitlich abgestimmt, wurden landesweite PR-Aktionen und spezielle Angebote durchgeführt. Um die Koordination noch enger zu knüpfen, entstanden eigene Trainingsschulen und die ›Hamburger University‹ für Management und Angestellte, in denen auch Fragen des Logos und der Werbung erörtert wurden, um schließlich in einem *advertising manual* festgelegt zu werden. Rundfunkwerbung, Fernsehspots, Sponsoring von lokalen Paraden, Festen und Sportvereinen gehörten zu Grundformen der Werbung, welche sich über die Ausgestaltung der Filialen hinaus entwickelte. Dabei war ›Speedee‹ das Grundmotiv, das alle Werbung als Identifikationsfigur begleitete: *I'm Speedee – look for me at McDonald's Speedee Drive-Ins. Tender, juicy – All Beef Hamburgers only 15 c … – often imitated never duplicated…* Erst 1962 wurde das Angebot auf andere Spezialitäten erweitert, um neue Kundschaft anzuziehen. Dafür gab es eigene Kampagnen. 1961 bedeutete das Ende von ›Speedee‹, den 1966 die Clownsfigur Ronald McDonald ersetzte, die ab 1963 als Werbefigur getestet wurde. Vor allem bei den Events war diese Gestalt vielseitig einzusetzen und interpretierte den Anspruch von McDonald's, von einem Drive-in-Schnellrestaurant zu einem Kinder- und Familienrestaurant überzugehen.

Natürlich war McDonald's auch 1964 bei der Einweihung des monumentalen Gateway Arch in St. Louis dabei, der – von Eero

Kat. Nr. 5.1.2

Saarinen entworfen – eine frappante Ähnlichkeit mit den Golden Arches aufweist.

862 Restaurants wurden bereits 1966 betrieben und waren der *biggest impact on the eating out habits of Americans during the 60's*, die Inflation während des Vietnamkrieges brachte den 15 Cent Preis ins Wanken, welcher bis dahin den wesentlichen Werbeslogan abgab. Als diese Barriere brach, begann der Siegeszug der aufwendigeren Double Hamburger und des Big Mäc. Der Sprung nach Deutschland brachte die ganze Entwicklung der Firma, ihre Produktpalette und ihre Werbung mit ein. Am 22. 11. 1971 eröffnete in München das erste McDonald's Restaurant in Deutschland. Zehn Jahre später war McDonald's Deutschland die größte Restaurantkette der Bundesrepublik. Wie bei jeder erfolgreichen Markenpolitik werden die Farbzusammenstellung Rot-Gelb, die ›Golden Arches‹ als Logo und der weiße Schriftzug McDonald's konsequent beibehalten und systematisch gebraucht. Was das Äußere der Häuser angeht, hat McDonald's, insbesondere für Drive-Ins, eine eigene Architektur entwickelt. Im Innenstadtbereich jedoch sucht McDonald's keine eigenen Architekturen nach einem bestimmten ›Standard‹ zu errichten, sondern paßt sich der städtebaulichen Landschaft an. Die Signets werden auf das Gebäude abgestimmt angebracht und sind dabei von entscheidender Wichtigkeit für die Wiedererkennung. Die Erfolgsgeschichte der Firma ist auch die Erfolgsgeschichte dieses Signets. Dabei wurden die Werbestrategien für ein Markenprodukt auf ein Restaurantunternehmen übertragen, das in großen Bereichen der Wirtschaft hierin als Vorbild gilt.

Kat. Nr. 5.1.5

Hinter den Kulissen – Die Werbewerkstatt

Normalerweise gibt's keinen Normalfall

Darüber, wie Werbekampagnen entstehen, wie an Plakaten, Anzeigen, TV-Spots gebastelt wird, gibt es viele wunderschöne Geschichten. Da legen sich gutfrisierte Menschen in sauteuren Kleidern erst einmal eine Koks-Line auf den Schreibtisch, um über die Folgen der Feier vom Vortag hinwegzukommen. Nebenan brütet ein Kollege seit zwei Wochen über die geforderte Headline für das irre originelle Plakat, mit dem die Agentur wieder mal neue Maßstäbe setzen wird. Ein paar coole Abzocker jetten gerade zum Kunden. Und wenn's ganz hart kommt, scribbelt der Head of the Board mal eben ganz rough den Konzeptansatz für die zweite Hälfte der 90er Jahre an, ambulant im Kundenmeeting, aber irgendwo total genial. Die Designer-Kaffeemaschine in der trendigen Agentur-Cafeteria steht kurz vor dem Infarkt, und alle paar Tage muß der Champagner in Strömen fließen. Tja, so schaut's aus bei uns Werbern.

Sie können sich denken, daß die Realität ganz anders verläuft. Das möchte ich Ihnen gerne anhand eines Beispiels zeigen. Nämlich am Beispiel der Zusammenarbeit mit McDonald's. Die Agentur Heye & Partner, für die ich arbeite, betreut McDonald's seit dem Jahre 1971, als das erste »etwas andere Restaurant« in Deutschland in München eröffnet wurde. Einige der TV- und Hörfunk-Spots, Anzeigen und Plakate aus den letzten Jahren kennen Sie ja bestimmt.

Aber die Agentur kümmert sich auch um Verpackungsgestaltung, um die werbliche Betreuung von Einzelaktionen der Restau-

Kat. Nr. 5.1.5

rants in Deutschland und Österreich, und unsere Kollegen von der ›PRint‹ (Public Relations International) um die Öffentlichkeitsarbeit. Eine Werbeagentur besteht, wie jede andere Firma auch, aus verschiedenen Abteilungen. Da gibt's zum Beispiel Beratung, Mediaplanung, Produktion und die eben erwähnte Öffentlichkeitsarbeit. Wenn ich im folgenden von der Abteilung Kreation erzähle, gebe ich Ihnen damit also keinen kompletten Überblick über alle Abteilungen der Agentur, die für McDonald's arbeiten.

Um den Gesamtauftritt der McDonald's Werbung kurz und bündig auszudrücken, umschreiben wir ihn mit *Kontinnovation,* einem Kunstwort aus Kontinuität und Innovation. Klingt ziemlich geschwollen, heißt aber völlig unspektakulär, daß wir auf einer kontinuierlichen Basis aufbauend (die unsere Stammkunden anspricht) mit neuen Ideen auch neue Gäste gewinnen wollen. Ja, das klingt jetzt einfach, bedeutet aber ungeheuer viel Arbeit.

Um einen Einblick in Arbeitsweise und Abläufe zu geben, haben wir auf den folgenden Seiten einige (z.T. unveröffentlichte) Beispiele abgebildet.

Die Aufgabe der Agentur und von McDonald's besteht zunächst einmal darin, der Öffentlichkeit klar und einfach zu zeigen, was das Wesen der Marke ausmacht, und darüber hinaus Lust zu wecken auf die einzelnen Produkte – vom Big Mäc bis zu Promotion-Produkten wie der Musik-CD. Den nationalen Werbeetat unterteilt McDonald's in sogenannte Generic-Werbung und Promotions.

Mit Generic bezeichnen wir unsere Image-Werbung. Sie kennen vielleicht den TV-Spot, in dem ein Junge einen Friseurbesuch durchleiden muß und danach mit einem Hamburger für sein Durchhaltevermögen belohnt wird. Oder den Kinospot, wenn Heidi ihrem Großvater leckeres Essen auf die Alm mitbringt. So ein Generic-Spot kann schon einmal über mehrere Monate hinweg eingesetzt werden oder nach einer längeren Pause nochmals laufen.

Denn er steht für die Werte von McDonald's. Und die verändern sich ja über Jahre hinweg nur minimal. In den Generic-Spots machen wir nicht auf einzelne Produkte aufmerksam.

Die Promotions hingegen werden immer über einen begrenzten Zeitraum eingesetzt und bewerben ein bestimmtes Produkt. Einige dieser Produkte sind schon Klassiker. Jeden Winter kehrt der McBacon wieder, im Sommer gibt's den Hamburger Royal TS. Die Promotions arbeiten selbstverständlich mit verschiedenen Werbemedien.

Im Promotion-Zeitraum begegnet dem Verbraucher also im Fernsehen, im Radio, eventuell auf Plakaten und in Anzeigen das gleiche Thema; selbstverständlich auch im Restaurant selbst.

Das jeweilige Thema wird in einer sogenannten *Konzeptline* ausgedruckt. Der McBacon wurde schon wärmend von *Wenn Sie was Heißes wollen!* begleitet, das Frühstück grüßte mit *Guten Morgen, Deutschland,* und immer wieder hören wir das bekannte *Ich glaub' ich brauch 'nen Big Mäc!.*

Eine Konzeptline ist also kein feingedrechseltes Vergnügen für den Intellekt, sondern ein Spruch, den man auch einfach so im Alltag sagen würde. Da hat Heye & Partner natürlich nicht den Stein der Weisen ausgebuddelt. Solche Sprüche kennt jeder auch von vielen anderen Marken. Manche gehen sogar in den Volksmund über. Nicht immer, aber immer öfter. Und diese Konzeptline zieht sich dann als Leitidee durch alle Werbemittel. Manchmal sind es auch Leitfiguren, wie Frau Bratbecker (McChicken) und der Frühstücksreporter (zur Neueinführung von Frühstück). Die einzelnen Werbemittel müssen einen langen Weg vom ersten Entwurf bis zur Veröffentlichung gehen.

Damit Sie über diesem Katalog nicht einschlafen, seziere ich hier nicht jedes einzelne Werbemittel bis ins kleinste Detail. Ein Beispiel soll genügen.

Kat. Nr. 5.1.16

Bei TV-Spots funktioniert's so:

Zuerst bekommen wir das Briefing von McDonald's. Das ist so etwas wie eine Vorgabenliste, auf der steht, wie das Produkt heißt, wo und wann es verkauft werden soll und – besonders wichtig – wie es positioniert wird. Ist's der Snack für zwischendurch, die Hauptmahlzeit für alle, die nichts kochen wollen? Ist es das tolle, frische Sommerprodukt oder ganz was anderes? Mit den nötigen Informationen versorgt, brüten wir also in der Agentur unsere ersten Ideen aus. So eine Idee ist ein hochempfindliches Gut, das liebevoll betreut werden will auf seinem Weg bis zum fertigen Werbemittel.

Deshalb müssen wir auf jeder einzelnen Arbeitsstufe sehr gewissenhaft arbeiten. Wer unsensibel genug ist, kann die Idee beim scheinbar unwichtigsten Schritt zunichte machen.

Wenn aus den gesammelten Ideen einige ausgesucht worden sind, werden sie dem Kunden in Form von Treatments präsentiert. Ein *Treatment* ist eine kurze Beschreibung des Inhalts in schriftlicher Form. Gefällt McDonald's ein Treatment, erarbeitet die Agentur ein *Storyboard,* das im Prinzip wie ein Comic strip funktioniert. Man sieht den Ablauf der Geschichte in Bildern, rechts und links neben diesen stehen Anmerkungen zu Bildgestaltung und Ton/Sprache. Auch die Produktaufnahmen (Packshots) werden gezeichnet, um zu sehen, wo, wann und wie die Produkte zu sehen sind. Schließlich wird der TV-Spot ja gemacht, um Aufmerksamkeit für die Produkte zu erregen.

Finden auch die Storyboards Gefallen, müssen wir einen Regisseur finden, der die Idee adäquat umsetzen kann. Dafür wenden wir uns an Filmproduktionsgesellschaften, weil die meisten Regisseure mit wenigen Firmen eng zusammenarbeiten oder sogar exklusiv durch eine Firma vertreten werden. Die Filmproduktion übernimmt darüber hinaus auch noch viele der infrage kommenden organisatorischen Aufgaben.

Nächster Schritt: Das PPM (*Pre Production Meeting).* Hier setzen sich alle Beteiligten zusammen, um sämtliche Detailfragen gemeinsam zu besprechen. Oft wird für die Dreharbeiten ein *Shootingboard* vom Regisseur entworfen, das in seiner Erscheinungsform dem Storyboard ähnlich ist. Darin hält der Regisseur fest, wie er den Ablauf der Geschichte in allen Einzelheiten sieht.

Jetzt kommt das, was jeder kennt: die Dreharbeiten.

Auch hier muß ich ein Mißverständnis klären. Dreharbeiten sind zwar sehr interessant, aber keine glitzernde Filmparty, bei der das ganze Team zwischen Trüffelschnittchen und teurem Blubber-

Jede Eßkultur hat ihre Tücken.
Das Tückische am Begriff »Eßkultur« ist
der Part Kultur. Dieses Etikett verleiht man
meistens einer Küche, die sich nouvelle und
edel gibt und das französisch angebräunte
Zutaten serviert. Uns steht es nicht an, dar-
über die Nase zu rümpfen, ist es doch legi-
tim und genußhebend, sich der »feinen
Küche« zu verbinden.
Die Tücke der Geschichte liegt allein im
Vergleich. Dann nämlich, wenn man die so-
genannte »Kulturküche« der McDonald's
Küche gegenüberstellt. Beide haben wirk-
nicht vorgelegt, sondern deftig von der
Hand in den Mund gegessen wird. Das
allerdings nicht weniger genüßlich als bei
den Nobel-Restaurants.
Gourmets sollten nicht die Nase rümpfen,
denn alles hat seine Berechtigung und Ver-
gleiche hinken gewaltig. Wir wollen nichts
anderes sein, als ein Restaurant, in dem
Und diese Art des Speisens legen wir
auch dem Gourmet ans Herz, denn auch er
kann nicht täglich seinen »Salat von weißen
Trüffeln« in sich hineingabeln.
Dazu fehlt oft die Zeit und vielleicht
auch das Geld. Deshalb ist unser Stellen-
wert unvergleichbar, wir sind für den ganz
normalen Hunger da. In diesem Sinne:
Informationen über uns interessiert sind,
schreiben Sie an: McDonald's System of
Germany, Abteilung Verbraucher Service,
Drygalskiallee 51, 8000 München 71.
McDonald's
Das etwas andere
Restaurant

Kat. Nr. 5.1.10

wasser im güldenen Filmlicht herumlümmelt. Weil jede einzelne Minute sehr viel Geld kostet, arbeiten alle hochkonzentriert von frühmorgens bis spät in die Nacht hinein. Und so ein Filmstudio ist eigentlich nichts anderes als eine schnöde Fabrikhalle. Wie man sich bei Außenaufnahmen fühlt, können Sie kurz antesten, wenn Sie wieder mal den Bus verpaßt haben und 20 Minuten an der Haltestelle verbringen. Vom wohlbekannten glamourösen Dolce vita bleibt da nichts mehr übrig. Sind alle Aufnahmen ›im Kasten‹, folgt die Nachbearbeitung *(Post Production)*. Schnitt, Vertonung, Sprachaufnahmen, Musik und Bildbearbeitung (z. B. Computer-Tricks) haben einen entscheidenden Einfluß auf die Wirkung des Films. Diskussionsgrundlage für die weitere Arbeit ist der Rohschnitt. Das ist eine Version, die noch nicht in allen Details endgültig fertig ist. Zum Schluß sieht McDonald's den TV-Spot genau so, wie er im Fernsehen laufen soll. Dann werden Sendekopien gezogen, die wir umgehend an die Sendeanstalten schicken. Bei denen sind sie kurz darauf zu den schon lange im voraus gebuchten Sendezeiten zu sehen.

Der beschriebene Ablauf ist natürlich nur beispielhaft zu sehen. Normalerweise gibt's keinen Normalfall. Aber immer einen immensen Kosten- und Zeitaufwand, um etwa abends mitten in einem Spielfilm 30 Sekunden lang um Ihre Aufmerksamkeit zu buhlen. Schade, daß ungefähr 90 Prozent der Fernsehwerbung entweder den Zuschauer für dumm verkaufen wollen, ideenlos, langweilig oder nervtötend sind. Oder gleich alles zusammen.

Die TV-Spots aus der Agentur Heye & Partner sind natürlich alle ausnahmslos supertoll. Ein Klischee stimmt nämlich: Viele Werber halten sich für wegweisende Künstler und anbetungswürdige Trendsetter. Dabei vergessen wir dann leicht, daß wir ja eigentlich ungefragt in das Leben unserer Mitmenschen einbrechen, um Weisheiten zu verkünden, nach denen keiner gefragt hat. Oder schalten Sie den Fernseher an, weil da immer so tolle Werbeblöcke mitten in die spannendsten Filmszenen platzen? Und Ihre Lieblings-Illustrierte kaufen Sie ja auch nicht wegen der Anzeigen.

Schauen Sie doch das nächste Mal, wenn Sie eine Illustrierte oder ein Magazin in Händen halten, ganz bewußt alle (ja, alle!) Anzeigen an. Sie werden sehen, es gibt riesengroße Niveau-Unterschiede. Komisch, wo sich doch in unserer Branche so viele herumtreiben, die mit päpstlicher Unfehlbarkeit den Weg zu erfolgreicher Werbung weisen.

Erzählt Ihnen demnächst ein gutfrisierter Mensch in sauteurer Kleidung, er habe die allumfassende Lösung, wie man wirklich gute Werbung macht, nennen Sie ihn getrost einen Lügner. Patentrezepte gibt's nicht. Das ist ja gerade das Spannende.

Bernd Friedrich

Elemente der corporate identity

5.1.1
McDonald's at sunset
Steve Waldeck
Bez. u. r.: WALDECK
Offset, 83 x 111 cm
München, McDonald's Deutschland

5.1.2 *Abb.*
Erstes McDonald's Restaurant
in Des Plaines
Fotografie, 20,2 x 25,5 cm
Oak Brook/Illinois,
McDonald's Corporation

Ray Kroc's erstes Restaurant wurde am 15. April 1955 in Des Plaines/Illinois eröffnet. Es war der Prototyp für die McDonald's Restaurants, die in den ersten Jahren des Unternehmens gebaut wurden. Die gelben Bögen, in die die Architektur gleichsam eingespannt ist, waren die Vorbilder für die ›Golden Arches‹, die heute noch im stilisierten ›M‹ von McDonald's weiterleben. Das Restaurant ist heute ein Museum.

5.1.3
Speedee, Neonfigur
Original 50er Jahre, Nachbau
Metall, Neonröhren, 187 x 97 x 22 cm
Oak Brook/Illinois, McDonald's Corporation

Speedee geht auf einen Entwurf der McDonald's Brüder Dick und Maurice aus dem Jahr 1948 zurück. Ray Kroc übernahm die Figur als Werbeträger von McDonald's. Ab 1961 wurde Speedee als Werbefigur nicht mehr eingesetzt. 1966 trat Ronald McDonald seine Nachfolge als Werbefigur an.

5.1.4
Werbe-Leuchtkasten
Original 50er Jahre, Nachbau 1980
Text: LICENSEE OF / McDonald's / SPEEDEE SERVICE SYSTEM / HAMBURGERS / OVER 10 MILLION SOLD
Oak Brook/Illinois,
McDonald's Corporation

Kat. Nr. 5.1.12

5.1.5 *Abb.*
Try this for sighs – real good …
and still only 15 c,
Zwei Motive für eine Werbekampagne, die als Anzeige und Plakat realisiert wurden
1960er Jahre
Oak Brook/Illinois,
McDonald's Corporation

5.1.6
Grillscraper
Anfang 70er Jahre bis heute
Aluminium, 14,7 x 35,7 x 15,2 cm
Oak Brook/Illinois, McDonald's Corporation

Der Grillscraper wird zur Reinigung des heißen Grills verwendet und beseitigt Rückstände, die beim Grillen der Hamburger entstehen.

5.1.7
Sear Tool
Ende 60er Jahre bis heute
Aluminium, H. 8,6, D. 13,4 cm
Oak Brook/Illinois, McDonald's Corporation

Sear Tool dient zum Andrücken der Fleischpatties auf dem Grill, um ein gleichmäßiges Garen zu gewährleisten. Eingeführt wurde das Gerät 1977 zusammen mit den gefrorenen Patties.

5.1.8
›Multimixer‹
Original 50er Jahre, Nachbau 90er Jahre
Stahl, verchromt, 47,3 x 43,3 x 30,5 cm
Oak Brook/Illinois, McDonald's Corporation

Ray Kroc vertrieb für die Firma Prince's Ice Cream Castles in den 40er Jahren den Multimixer, ein Gerät für die Zubereitung von Shake-Getränken. Über den Vertrieb kam er 1954 erstmals mit den Brüdern McDonald in Kontakt. Er war von deren Restaurantidee so begeistert, daß er eine Franchise-Lizenz erbat. Der Rest ist McDonald's-Geschichte.

Imagekampagnen

5.1.9
Zwei Tablettsets zur Einführung von McDonald's in Deutschland
CD: Jürgen Knauss
Text: Rolf Kreiner
1972
Offset, je 25 x 34,3 cm
München, McDonald's Deutschland

5.1.10 *Abb.*
Jede Eßkultur hat ihre Tücken.
Imagekampagne in Tageszeitungen, Andruck
AD: Norbert Herold
Text: Dirk Gutzeit
Foto: Jacques Schumacher
1983
Offset, 52 x 39 cm
München, McDonald's Deutschland

5.1.11
Keiner will dem Deutschen seinen Teller wegnehmen
Imagekampagne in Tageszeitungen, Andruck
AD: Norbert Herold
Foto: Jacques Schumacher
1983
Offset, 52 x 39 cm
München, McDonald's Deutschland

5.1.12 *Abb.*
Mein Gott, dachte die Kartoffel, was hätte noch alles aus mir werden können!
Imagekampagne für Zeitschriften, Fotos und Reinlayouts
CD/AD: Norbert Herold
Text: Achim Szymanski
Scribble: Marc Herold
Fotos: Wolf Böttcher, Jacques Schumacher, Peter Weber
1986
Zeichnung, Kopie, Fotos, je 29,5 x 45 cm
München, McDonald's Deutschland

5.1.13 *Abb.*
Das Schönste an Tokio ... –
Immer Kaviar ist Käse (Übersetzung)
Imagekampagne anläßlich der Eröffnung des ersten McDonald's Restaurants in Moskau, Entwurf
CD/AD: Norbert Herold
Text: Andy Warhol, Achim Szymanski
1987
Reinlayout, je 29,5 x 44,5 cm
München, McDonald's Deutschland

Promotion

5.1.14
Premiums aus einer der ersten Juniortüten
1988
Kunststoff, 4 x 5 x 3 cm
München, McDonald's Deutschland

5.1.15
Eisenbahnraub, Comic für Kinderzeitschriften, *Druckvorlage*
AD: Norbert Herold
Illustration: Johannes Gerber
Um 1983
Magic Marker, je 40,5 x 28 cm
München, McDonald's Deutschland

5.1.16 *Abb.*
Promotion Fish & Chips, *Plakatentwurf*
Text/Scribble: Dirk Gutzeit
1982
Scribble, 27 x 36,5 cm
München, McDonald's Deutschland

5.1.17
Promotion Fish & Chips, *Plakatentwurf*
Text: Dirk Gutzeit
Illustration: Bernd Bücking
1982
Reinlayout, 55 x 44 cm
München, McDonald's Deutschland

5.1.18 *Abb.*
Fish & Chips Promotion, *Verpackungsentwürfe*
CD: Norbert Herold
AD: Brigitte Krause-Arndt
1982
Fotokopien, 16 x 10 x 11 cm, 22 x 10 cm
München, McDonald's Deutschland

5.1.19
Hamburger Royal TS Promotion, *Plakatentwurf*
CD: Norbert Herold
Text: Achim Szymanski
AD: Alexander Bartel, Markus Lange
1990
Roughlayout, 27,5 x 39,5 cm
München, McDonald's Deutschland

5.1.20
Royal TS Promotion, *Scribble*
Bernd Bücking
1990
Magic Marker, 30 x 42 cm
München, McDonald's Deutschland

5.1.21 *Abb.*
HOT CHICKEN WINGS Promotion, *Verpackungsentwürfe und Ausführung von sechs Schachteln und sechs Bechern*
CD: Norbert Herold
AD: Alexander Bartel, Markus Lange
Illustrationen: Bengt Fossag, Oliver Diehr

1993–95
Pappe, Farbkopien, Papier, geklebt,
Schachtel: je 5,5 x 13,5 x 9 cm;
Becher: je H. 11 cm, D. 13 cm
München, McDonald's Deutschland

5.1.22
Ich häng hier nur so rum! Ich auch! –
Essen macht satt! Da is was dran! –
Überparteilich, unabhängig, käuflich –
Nimm mich, kauf mich, eß mich!
Hamburger Royal TS und Super TS
Promotion,
Plakatentwürfe
CD: Norbert Herold
Text: Thilo von Büren
AD: Alexander Bartel, Markus Lange
1993
Reinlayouts, 29 x 42 cm, 49 x 29,5 cm,
27 x 39 cm
München, McDonald's Deutschland

5.1.23 *Abb.*
Frühstück Promotion, *Plakatentwürfe*
CD: Norbert Herold
AD: Alexander Bartel, Markus Lange
1994
Reinlayouts, je 57,5 x 68 cm
München, McDonald's Deutschland

5.1.24
Chinawochen Promotion,
Verpackungsentwürfe für Shrimps
CD: Alexander Bartel
AD/Illustration: Markus Lange
1995
Pappe, Farbkopien, 3,5 x 11,5 x 7,5 cm,
5 x 13 x 8,5 cm, 4,5 x 11,5 x 7,5 cm
München, McDonald's Deutschland

5.1.25
Los Wochos Promotion,
Verpackungsentwürfe
CD: Alexander Bartel
AD/Illustration: Oliver Diehr
1995
Pappe, Farbkopien, 6 x 12 x 12 cm,
4,5 x 7,3 cm, 28,8 x 15,4 cm
München, McDonald's Deutschland

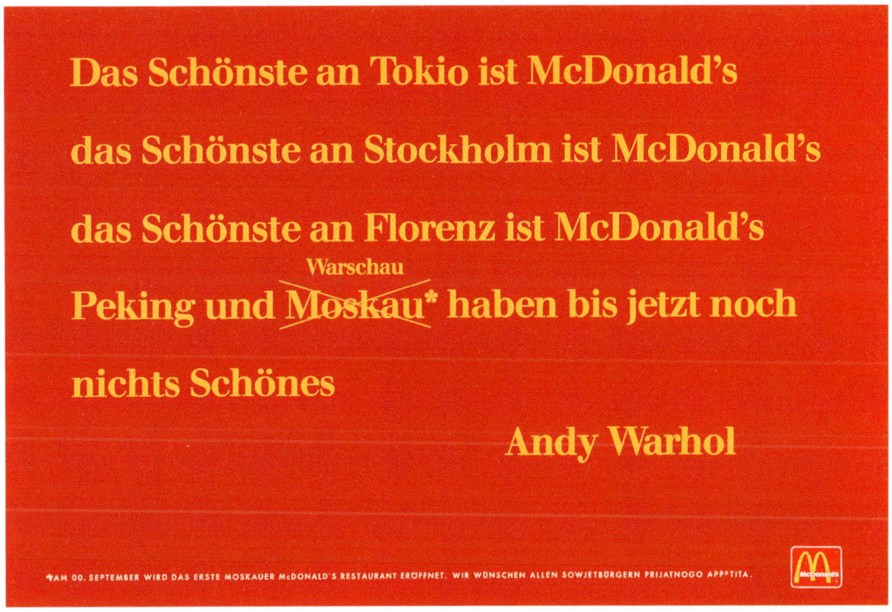

Kat. Nr. 5.1.13

Kat. Nr. 5.1.13

Saugute Leistung
McDONALD'S MACHT FRÜHSTÜCK VON 7 BIS 11 UHR FÜR WENIGER ALS 5 MARK.
50. Jahrgang / 80289 München
München, Montag 30. Mai 1994
Nummer 122 / 22. Woche / 1,70 DM
Das Streiflicht
Schwere Beschuldigungen der Kranken
Kaffee bis zum Abwinken!
McDonald's

Kat. Nr. 5.1.23

Frühstück bei McDonald's von 7 bis 11 Uhr
MAHL ZEIT
Nr. 22 27. Mai 1994, 49. Jahrgang
WOCHENZEITUNG FÜR CROISSANTS, McMUFFIN, HAM & EGGS ETC.
Preis 4,00 DM
In der Wahl des Bundespräsidenten zeigte Klaus Kinkel dem Kanzler, was er von ihm gelernt hat
Fünf Jahre nach Tiananmen ist Peking wieder im Geschäft
Meist begünstigt
DIESE WOCHE
Der neue Bundespräsident
Wahl der Enttäuschungen Eine ZEIT-Umfrage 2
Gunter Hofmann: Ein merkwürdig deutsches Pathos
Walter Jens: Ohne Glanz und Eleganz 3
Boom im Mobilfunk
Ein Erfolg mit Tücken 21
Geschäft mit der Angst
Repetitoren für Jura-Examen verdienen sich goldene Nasen 42
Kafka mit Revolverkugeln
Die Jagd auf Intellektuelle in Algerien 52
Bis ans Ende der Nacht
Benjamin Korn
McDonald's
Das etwas andere Restaurant

Kat. Nr. 5.1.23

Kat. Nr. 5.1.18

Kat. Nr. 5.1.21

Spots

5.1.26
Heidi Kinospot, *Storyboard*
AD: Norbert Herold
Text/Illustration: Dirk Gutzeit
1980
Filzstift, je 29 x 21 cm, Motive 4,5 x 6 cm
München, McDonald's Deutschland

5.1.27
Heidi Kinospot, *Shooting-Board*
AD: Norbert Herold
Text: Dirk Gutzeit
1987
Kopien, je 29 x 21 cm, Motive 5,5 x 10 cm
München, McDonald's Deutschland

5.1.28
Taxi Kinospot, *Storyboard*
AD: Norbert Herold
Text/Illustration: Dirk Gutzeit
1988
Skizzen, je 56,5 x 39 cm
München, McDonald's Deutschland

5.1.29 *Abb.*
Garage Kinospot, *Storyboard*
AD: Norbert Herold
Text: Dirk Gutzeit
1989
Copix, je 42 x 30 cm, Motive 10 x 13 cm
München, McDonald's Deutschland

5.1.30
Quasimodo Kinospot, *Tontafel*
1990
Filzstift, 64 x 45 cm
München, McDonald's Deutschland

5.1.31
Rock Super Stars TV-Spot, *Storyboard*
CD: Alexander Bartel
AD: Markus Lange
1995
Farbkopien, PC-Ausdrucke, je 70 x 50 cm
München, McDonald's Deutschland

5.1.32
Airport TV-Spot, *Storyboard*
Text: Anja Kobbé

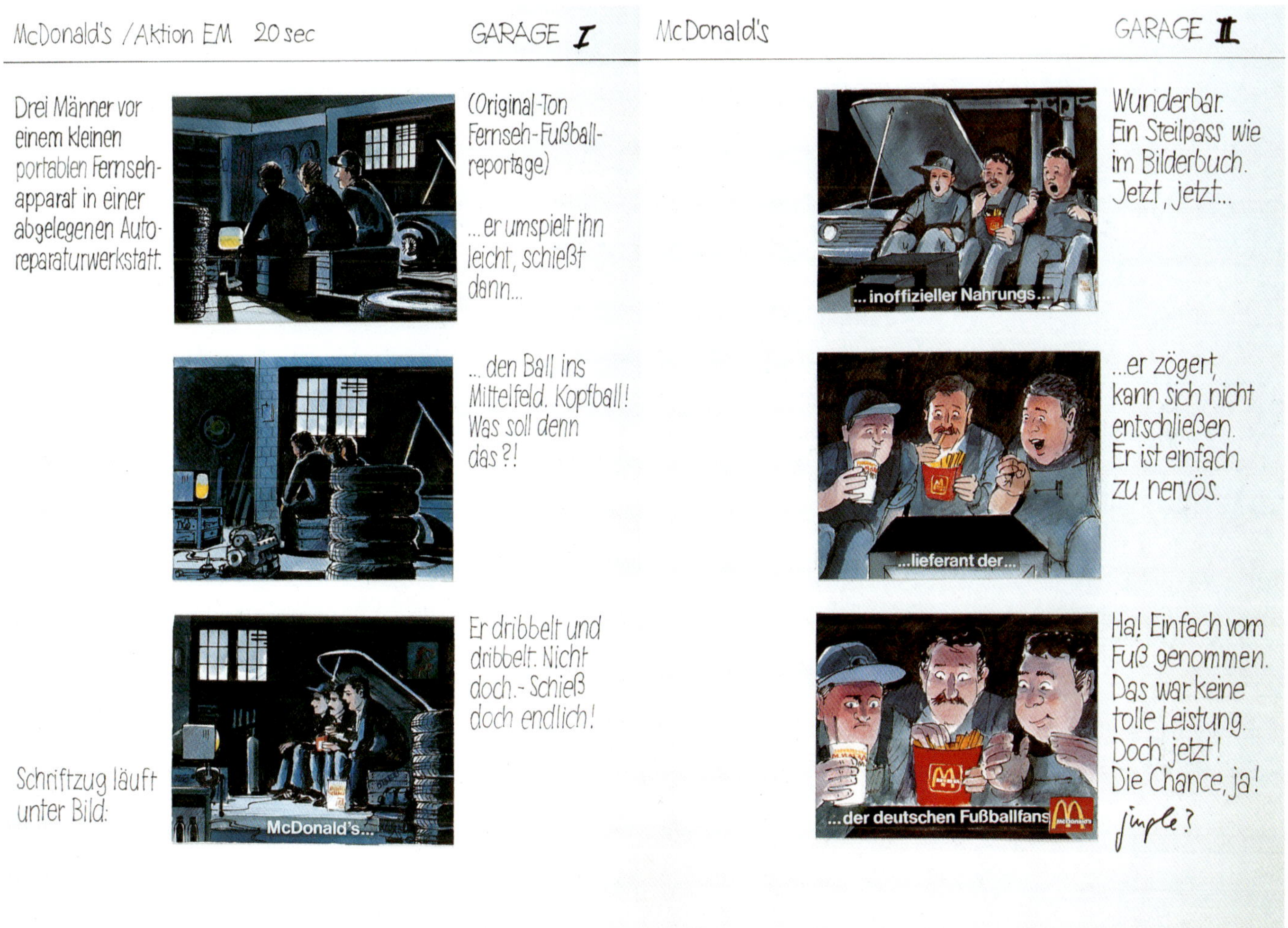

Kat. Nr. 5.1.29

Illustration: Silvia Linke
1995
Filzstift, je 29,7 x 21 cm
München, McDonald's Deutschland

5.1.33
Copperfield TV- und Kinospot, *Storyboard*
CD: Norbert Herold
Idee: Martin Kießling
Zeichnung: Uli Österle
1995
Copix, je 10,5 x 13,5 cm
München, McDonald's Deutschland

5.1.34
Reißbrettunterlage
Oliver Diehr, Marc Herold
1991
Filzstift auf Pappe, 70 x 100 cm
München, Heye & Partner

Auffallen um jeden Preis?

Aus dem aufgeschlitzten Bauch eines erlegten Haifisches quillt neben mancherlei anderem ein skelettierter menschlicher Arm und ein Bekleidungsstück – mutmaßlich Boxershorts –, welche die Magensäure offenbar unbeschadet überstanden haben. Auf dem 41. Werbefestival in Cannes 1994 gewann diese australische Textilwerbung den Grand Prix im Bereich Printwerbung.

Ob und inwiefern Werbung schockiert und Protest auslöst, hängt ab von gesellschaftlichen Normen, kulturellen Werten sowie den Erfahrungen und Vorlieben des einzelnen. Diese Tatsache macht sich die Werbung zunutze. Angesichts des übersättigten Marktes, der Ununterscheidbarkeit der Produkte und der Reizüberflutung durch Bilder greifen Werber in den letzten Jahren immer öfter zur kalkulierten Provokation, um aufzufallen – die Grundvoraussetzung für den Erfolg jeder Werbung. Gelingt es, eine Diskussion über bestimmte Werbemaßnahmen auszulösen und in Gang zu halten, so bedeutet dies einen doppelten Erfolg: Der Name bleibt in aller Munde und der Werbeetat – vergleichsweise – niedrig.

Zeitgenössische Aufmerksamkeitswerbung bedient sich unterschiedlicher Strategien: Zu den wirkungsvollsten gehört die emotionale Verunsicherung des Konsumenten, zum Beispiel durch die Darstellung von Gewalt gegen die Kreatur. Effektvoll ist auch das Durchbrechen von Wahrnehmungsgewohnheiten durch die Übernahme von Motiven aus anderen Kontexten. Dabei wird gezielt auf die Werbekonvention, eine *heile Welt* vorzutäuschen, verzichtet. In der breiten Medienöffentlichkeit diskutierte soziokulturelle Problemfelder können aufgegriffen werden, um eine positive Solidarität mit der werbenden Firma zu erreichen. Typisch ist der Versuch, so zu provozieren, daß den Vorurteilen, dem Geschmack und den Wünschen einer speziellen Zielgruppe entsprochen wird. Gemäß dem Motto: *Einige Leute werden es lieben, einige werden es hassen. Aber niemand wird es vergessen* (Paul Lavoie, zit. n. Hilbertz 1994, 68).

Werbung ohne Grenzen?

Der werberischen Provokation sind in mehrfacher Hinsicht Grenzen gesetzt. Zum einen durch das Verhalten von Kunden und Medien: Werbung, die ihre Kunden verprellt, verkehrt sich in ihr Gegenteil, d. h., die Käufer bleiben aus. Zum anderen durch institutionalisierte Formen gesellschaftlicher Kontrolle: die Selbstkontrolle der Werbewirtschaft einerseits, die Kontrolle durch den Gesetzgeber andererseits.

Grundlage der rechtlichen Beurteilung von Werbung ist die seit 1909 dem Gesetz gegen den unlauteren Wettbewerb vorangestellte und bis heute gültige Generalklausel (§ 1 UWG), die durch den unbestimmten Rechtsbegriff der *guten Sitten* die Berücksichtigung des Wertewandels festgelegt hat: *Wer im geschäftlichen Verkehre zu Zwecken des Wettbewerbs Handlungen vornimmt, die gegen die guten Sitten verstoßen, kann auf Unterlassung und Schadensersatz in Anspruch genommen werden* (zit. n. Sperr 1988, 9).

Der 1972 vor dem Hintergrund der damals erhobenen Manipulationsvorwürfe vom ZAW (Zentralverband der deutschen Werbewirtschaft) gegründete *Deutsche Werberat* versteht sich als interne, freiwillige Kontrollinstanz und Schlichtungsstelle bei Konflikten zwischen Wirtschaft und Gesellschaft. Er betont die Verantwortung der Werbewirtschaft als Teil der Demokratie. So erarbeitet er Verhaltensregeln für die werbetreibende Wirtschaft, an deren Einhaltung appelliert wird. Es soll zum Beispiel (frauen-)diskriminierende und jugendgefährdende Werbung vermieden werden (Jahrbuch Deutscher Werberat 1995, 57–68). Aufgrund von Beschwerden Außenstehender oder aus eigener Initiative tritt er in Kontakt mit den betroffenen Unternehmen, wägt die Argumente beider Seiten ab und entscheidet anschließend über eine mögliche Beanstandung. Wird die kritisierte Werbung daraufhin nicht zurückgezogen, kann er zum Sanktionsmittel der öffentlichen Rüge greifen. Die bisherige Praxis hat gezeigt, daß beanstandete Werbemaßnahmen meist eingestellt und jährlich nur wenige Fälle gerügt werden. Da der Deutsche Werberat staatlichem Eingreifen in Werbetätigkeiten vorbeugen möchte, ist es verständlich, daß er sich an den *guten Sitten* orientiert und *peinlich genau darauf achtet, die herrschende Moral und die in ihr geltenden Tabus einzuhalten und nicht zu verletzen* (Wischermann 1995, 372).

Wesentlich für die Rechtsprechung wie für die Selbstkontrolle der Werber ist also die Auslegung der Formel der *guten Sitten*, als

Orientierungsgrundlage zur Beurteilung der einzelnen Werbung. Um einen kleinen Einblick zu geben: In dem Zeitraum 1990–94 waren unter den vom Deutschen Werberat beanstandeten und teilweise gerügten Werbemaßnahmen auch Plakat- und Anzeigenmotive der Marke Test the West (z. B. *Domina* 1991) sowie der Firmen Otto Kern und Benetton (Jahrbuch Deutscher Werberat 1991–95).

Die Motive *Kinderarbeit; Ölverschmierter Wasservogel* und der mit *H.I.V. positive* gestempelte Körper der Benetton-Werbung wurden inzwischen vom Bundesgerichtshof aufgrund der kommerziellen Ausnutzung von Schrecken und Mitleidsgefühlen, beim letzten Beispiel auch wegen Mißachtung der Würde Infizierter, verboten (BGH, Urt. v. 6. Juli 1995 – I ZR 110/93; I ZR 239/93; – I ZR 180/94).

Umstrittene Werbekampagnen

Im folgenden sollen zwei umstrittene Werbekampagnen vorgestellt werden, deren Produzenten sie damit rechtfertigen, daß sie nicht nur – wie in der Werbung üblich – den Zeitgeist spiegeln, sondern eigenständig ernsthafte kulturelle Anliegen und soziale Probleme zum Ausdruck bringen. Die durch die Werbung ausgelöste Skandalwirkung wird in Kauf genommen und mit dem Sinngebungsanspruch der Gesamtkampagne erklärt. Mit ihren komplexeren Kampagnen setzen sie sich von den auf den kurzen Effekt spekulierenden *Schockstrategen* (Hilbertz 1994, 69) ab und präsentieren sich als engagiert-betroffene Avantgardekünstler.

Otto Kern – Ein neuer Sinnstifter?

Im Zentrum der 1993/94 von dem Fotografen Horst Wackerbarth in Szene gesetzten Jeanswerbung der Textilfirma Otto Kern stehen zwei Versionen des *Abendmahls* von Leonardo da Vinci, die als tableau vivant, als lebendes Bild, nachgestellt wurden. Einmal sind die Apostel durch barbusige, jeansbekleidete Models ersetzt worden, die sich um die zentrale, ebenfalls nur jeansbehoste Männergestalt gruppieren. Darunter steht: *Wir wünschen mit Jesus, daß die Frauen die Männer respektieren lernen.* Bei der zweiten Variante ist Jesus eine bekleidete Frau, die Apostel werden durch verweichlichte, leblos dreinblickende männliche Models vertreten. Jetzt lautet der Lehrsatz: *Wir wünschen mit Jesus, daß die Männer die Frauen respektieren lernen.* Denkt man an die in jedem Postershop erhältliche Abendmahl-Besetzung mit Marilyn Monroe in der Mitte und anderen Hollywoodstars entlang der Tafel (Renato Casaro, Invitation, 1992) oder an die Werbung der italienischen Marke Jesus-Jeans aus den 70er Jahren, so gewinnt man den Eindruck, daß hier offene Tabu-Türen eingerannt werden. Diese blasphemisch anmutende, von männlicher Warte zu mehr Toleranz gegenüber der jeweiligen (geschlechtlichen) Minderheit aufrufende Werbung mag Gläubige provozieren. Ob die frommen Wünsche sonst jemand erreichen, scheint eher fraglich.

Die vom Deutschen Werberat ausgesprochene medienwirksame öffentliche Rüge (1993) trug deutlich zum Bekanntwerden der Werbung bei, zumal Anzeigen von Otto Kern nur in 13 europäischen, vorwiegend deutschen Zeitschriften und Werbebroschüren erschienen (gemäß Werbebroschüre *Paradise now. Spring/Summer 1994*).

Diese Werbekampagne scheint es mit ihrem Wunsch, sich in die gesellschaftlich umstrittene Neuinterpretation christlicher Bilder einzumischen und sich in Konkurrenz zu den traditionellen Sinnstiftern zu stellen, ernst zu meinen. Damit zog sie sich den Unmut der Deutschen Bischofskonferenz zu, die eine *Vermischung von Kommerz mit Sakralem* anprangerte (Reichertz 1994, 1–4).

Benetton: Die Vermischung von Werbung und Reportage

Mitte der 80er Jahre startet der weltweit operierende Textilkonzern Benetton unter der konzeptuellen Leitung des Fotografen Oliviero Toscani eine Image-Kampagne, in der sympathische, gutaussehende Menschen unterschiedlicher Ethnien, zum Teil exotisch gewandet, dem Betrachter mit festem Blick entgegentreten. Ästhetisch und sauber wird der Wunsch nach einem friedlichen, multikulturellen Miteinander auf der Bildebene inszeniert. Ab 1990 hat man den Produktbezug in der Plakatwerbung, anders als im Katalog und in den Geschäftsräumen, größtenteils aufgegeben. Allein das Logo *United Colors of Benetton*, das lautmalerisch an *United States of America* und *United Nations* denken läßt, macht deutlich, daß Benetton eine weltweite Vereinigungs- bzw. Vereinheitlichungsmission anstrebt. Durch die spezifische Qualität der farbenfrohen Aufnahmen, die auf *coloured people* anspielt, wird der Bezug zu den bereits bekannten Werbemotiven hergestellt. Man denke zum Beispiel an die drei ihre Zunge herausstreckenden Kinder. Ab 1991/92 wird das Logo vorrangig nicht mehr auf inszenierte Bilder, sondern auf bereits in der Presse erschienene Reportagefotos montiert. Erwähnt seien stellvertretend die Aufnahmen des sterbenden Aids-Kranken (1992), des ölverschmutzten Wasservogels (1992/93) und des schwarzen Kämpfers mit dem menschlichen Oberschenkelknochen (1992).

Die Irritation des Betrachters vollzieht sich auf mehreren Ebenen. Die bis dato gültigen Werbekonventionen werden durchbrochen, indem die Motive scheinbar nicht mehr eine heile Welt vorspielen, sondern mit einem Anspruch auf *journalistisch* vermittelte Wahrheit auftreten. Der Zusammenhang zwischen Motiv und Firmenlogo ist unklar, dadurch irritierend und zur Auseinandersetzung herausfordernd. Dementsprechend gespalten sind die Reaktionen.

Das wesentliche Argument, das die meisten Benetton-Gegner verbindet, lautet, daß das Leid von Mensch und Tier für Werbezwecke ausgebeutet werde: einmal durch das Ausnutzen von Mitleidsgefühlen der Betrachter, aber vor allem durch die Verletzung der Würde der Abgebildeten. Im Gegensatz dazu vertreten die Befürworter die These, daß hier für das Leben und gegen das Leid geworben werde.

Letztere folgen der Argumentation der Firma, wenn sie meinen, daß es sich bei dieser *Anti-Werbung* um eine intelligente Provokation handele, die den Betrachter zum Überdenken eigener Vorurteile anregen werde. So Jean-Christophe Ammann, Direktor des Museums für Moderne Kunst in Frankfurt am Main, der die Benetton-Werbung in den musealen Kontext geholt hat: *United Colors of Benetton zielt bewußt und unmittelbar auf den gemeinschaftlichen Nenner bei vorurteilslosen Menschen und richtet sich ebenso bewußt gegen Menschen mit Vorurteilen* (Ammann 1992, 2). Die Kritiker der Kampagne hingegen vertreten die Auffassung, daß diese Bilder bestenfalls ein *gemütliches Erschrockensein* auslösen: *Es soll der Eindruck vermittelt werden, man könne mit neuer Strickware ein neues Image, eine neue Individualität gewissermaßen über den Kopf ziehen. Es soll der Anschein erweckt werden, man könne mit dem Kauf von Benettons Produkten Teilhaber und Repräsentant einer guten Botschaft werden. Es soll beim Kunden das bequeme Gefühl entstehen, kritisches Bewußtsein mit einer Hose anziehen zu können – wenn man sie bezahlt* (von Platen 1992, 1–2).

Die Kritiker betonen, daß hier zwar werberische Konventionen durchbrochen, aber – bei aller angenommenen guten Absicht – die herrschenden gesellschaftlichen Stereotypen nur vermeintlich in Frage gestellt würden. So verbleiben die Bilder des weißen Engels und schwarzen Teufels (1991/92) und des schwarzen Kämpfers mit dem weißen Oberschenkelknochen in der eurozentrischen Sichtweise. Sie stehen in der Tradition exotischer Wünsche und xenophobischer Ängste (Diers 1994, 195–202).

Es ist fraglich, ob der durch die Reportagefotos nahegelegte Eindruck von mehr Wahrheit oder Wirklichkeit in der Werbung eingelöst wird. Denn über das Zitieren der bereits aus der Presse bekannten Motive hinaus, wird nichts konkret thematisiert. Durch ästhetisierende Bilder wie *Herbstlaub auf Öl* (1991/92) wird die *Wirklichkeit* zum schönen Schein – und dabei bleibt es. Durch den Markenkomfort wird zudem die Prüfung der *Realität* unnötig. Die Diskussion droht in dem Streit um die Grenzen der Werbung steckenzubleiben.

Kennzeichnend sowohl für die Kampagne als auch für die durch sie ausgelöste Debatte ist, daß hier traditionell unterschiedene Bereiche miteinander vermengt werden und damit die begriffliche Trennschärfe verlorengeht: Die Unterscheidung von Wirtschaftswerbung und Sozialwerbung sowie von Kunst, Werbung und Reportage nach der zugrundeliegenden Motivation und Zielsetzung. Die Auffassung, daß man gewisse Unterscheidungen noch beibehalten sollte und der deklarierte aufklärerische Zweck nicht alle Mittel heilige, vertrat zum Beispiel 1993 der Aids-Kranke Olivier Besnard-Rousseau, der in der Zeitschrift *Libération* mit einem Foto seines von der Krankheit gezeichneten Gesichts auf die Aids-Kampagne Benettons reagierte. Statt des Logos *United Colors of Benetton* setzte er den Schriftzug: *Pendant l'agonie, la vente continue.* Der Verkauf geht weiter (Abb. in: Wischermann 1995, 405; Stathatos, 1995).

Katinka Heinemann

Kat. Nr. 5.2.5

5.2.1
Motiv: Haifisch
Kampagne für Kadu
Foto: Agentur Andromeda Sydney
Australien 1994

5.2.2
Paradise now. Spring/Summer 1994
Werbebroschüre für Otto Kern
Foto: Horst Wackerbarth Düsseldorf
Deauville/Normandie 1993
Kaiserslautern, Otto Kern

5.2.3
Motiv: Abendmahl nach Leonardo da Vinci
Kampagne für Otto Kern
Foto: Horst Wackerbarth Düsseldorf
Deauville/Normandie 1993
Kaiserslautern, Otto Kern

5.2.4
Motiv: Abendmahl nach Leonardo da Vinci
Kampagne für Otto Kern
Foto: Horst Wackerbarth,
Deauville/Normandie 1993
Kaiserslautern, Otto Kern

5.2.5 *Abb.*
Motiv: Ölverschmierter Wasservogel
Kampagne für United Colors of Benetton
Foto: Steve McCurry – Magnum,
Konzept: Olivieri Toscani
Herbst/Winter 1992/93
Mailand, Benetton

5.2.6
Motiv: Blätter
Kampagne für United Colors of Benetton
Foto: Oliviero Toscani
Herbst/Winter 1991/92
Mailand, Benetton

5.2.7
H. I.V. positive
Kampagne für United Colors of Benetton
Foto: Oliviero Toscani
Herbst/Winter 1993/94
Mailand, Benetton

5.2.8
Motiv: Sterbender
Kampagne für United Colors of Benetton
Foto: Therese Frare
Konzept: Oliviero Toscani
Frühling/Sommer 1992
Mailand, Benetton

5.2.9
Motiv: Soldat mit menschlichem Oberschenkelknochen
Kampagne für United Colors of Benetton
Foto: Patrick Robert Sygma
Konzept: Oliviero Toscani
Frühling/Sommer 1992
Mailand, Benetton

5.2.10
Motiv: Engel und Teufel
Kampagne für United Colors of Benetton
Foto: Oliviero Toscani
Herbst/Winter 1991/92
Mailand, Benetton

5.2.11
Ich mag es am liebsten schön scharf.
Kampagne für CMA Deutschland
Foto: Manu Agah,
Werbeagentur: Westag Köln
Köln 1995
Bonn, Centrale Marketing-Gesellschaft der deutschen Agrarwirtschaft

5.2.12
Ich mag es am liebsten mit jungem Gemüse.
Kampagne für CMA Deutschland
Foto: Manu Agah
Werbeagentur: Westag Köln
Köln 1995
Bonn, Centrale Marketing-Gesellschaft der deutschen Agrarwirtschaft

5.2.13
Motiv: Nixe
Kampagne für West
Foto: Peter Lindbergh
Werbeagentur: Scholz & Friends Hamburg
Hamburg 1994
Hamburg, Reemtsma

5.2.14
Motiv: Domina
Kampagne für West
Foto: Peter Lindbergh
Werbeagentur: Scholz & Friends Hamburg
Hamburg 1991
Hamburg, Reemtsma

Julian Nida-Rümelin

Werbung und Ethik

Wenn von *Ethik* die Rede ist, erwartet das Publikum den erhobenen Zeigefinger. Ethik wird gefordert gegen Kultur- und Werteverfall, als Kompensation von Erziehungsdefiziten, als Begrenzung sexueller und anderer Freizügigkeiten, als Religionsersatz und Gewissensberuhigung. Diejenigen, die nach mehr Ethik rufen, sitzen meist dem gleichen Mißverständnis auf wie diejenigen, die sich davor fürchten. Richtig verstanden ist Ethik die Theorie des richtigen Handelns, des guten Lebens, der gelingenden Interaktion, der gerechten Institutionen etc. Ethik hatte immer – und hat heute wieder verstärkt – auch eine empirische Seite: Diese Disziplin beruht auf einem angemessenen Verständnis von Handlungsmotiven, Einstellungen und Begründungen. Nur wer die ganze Komplexität wirksamer Handlungsgründe im Blick behält, ist vor der vorschnellen Reduktion von Handlungserklärungen auf einzelne, vermeintlich fundamentale Prinzipien gefeit. Die große kulturelle Vielfalt unterschiedlicher Interaktionsformen kann man als differierende Antworten auf gesellschaftliche Kooperationsprobleme (wenigstens zum Teil) verstehen und in der theoretischen Rekonstruktion als konventionelle Lösung einer unterbestimmten Aufgabe begreifen. Gute zeitgenössische Ethik wird wieder sensibel für die Unterschiedlichkeit von Lebensstilen und den mit ihnen einhergehenden Wertungen. Gute philosophische Ethik moralisiert nicht – sie rekonstruiert lebensweltliche Handlungsgründe durch allgemeinere Kriterien, deckt Inkohärenzen im Bereich unserer normativen Überzeugungen auf und fördert das Verständnis für die komplexen Strukturen gesellschaftlicher Interaktion. Vermeintliche oder tatsächliche sittliche Verfehlungen der Werbewirtschaft anzuprangern habe ich daher nicht als meinen Auftrag verstanden, als die Organisatoren dieser Ausstellung mich baten, einen Text zum Thema ›Werbung und Ethik‹ beizusteuern. Dieser Beitrag greift nur selten in die Tastatur hochgestimmter moralischer Verurteilung, er bleibt im wesentlichen analytisch, d. h. auf Erklärung und Rekonstruktion gestimmt.

Nicht immer hilft Etymologie zur Begriffsbestimmung, bei unserem Thema aber bietet sie zumindest einige schöne Assoziationen. Der Wortstamm ›werb‹ bezeichnet ursprünglich das, um was sich etwas dreht und was bei diesem Vorgang resultiert: Wirbel, viel Wirbel um etwas machen, ein Gewerbe betreiben, Werbetreibende, Werbung, mit der man sich bewirbt, umwirbt und anwirbt und aufgrund derer man Güter erwirbt. Werbung zielt darauf ab, ein Gut, eine Überzeugung, Zustimmung, Zuwendung, Wertschätzung zu erwerben. Wer ein Geschäft betreibt, wirbt, er ist ein Werbender in der mittelalterlichen Sprachverwendung.

Werbendes Verhalten ist in allen menschlichen und in vielen tierlichen Gesellschaften präsent, und es nimmt auch kommerzielle Form an, wo die reine Subsistenzwirtschaft verlassen wird. Dies ist in fast allen Kulturkreisen der Welt seit vielen Jahrtausenden der Fall. Kommerzielle Werbung im engeren Sinne eines eigenständigen Geschäftszweiges, der Kundenwerbemaßnahmen gegen Entgelt verkauft, ist allerdings jüngeren Datums, wenn auch nicht auf die kapitalistische Produktionsweise beschränkt. Werbung gibt es in der verfeinerten Form guter Argumente für bestimmte Standpunkte und in dem marktschreierischen Geplärr fliegender Händler. Im günstigen Fall vermittelt Werbung Information, im ungünstigen veranlaßt sie zu irrationalen Erwerbungen.

Objektive Interessen und wahre Bedürfnisse

Es gibt ein weites Spektrum zwischen überzeugen und überreden, zwischen informieren und manipulieren, und die sophistische Strategie, die Ambivalenz dieses Spektrums zu nutzen, um den Unterschied auch zwischen den Polen zu verschleiern, hat seit Platon immer wieder die Verteidiger des Wissens gegenüber der bloßen Meinung (der episteme gegenüber der reinen doxa), die Objektivisten des Wahren, Guten und Schönen, herausgefordert. Die Sophisten des 6. und 5. vorchristlichen Jahrhunderts in Griechenland haben es wie ihre zeitgenössischen Nachfahren im Umfeld der Postmoderne und des Poststrukturalismus verstanden, Maßstäbe zu demontieren. Wo es nicht gelingt, klare Maßstäbe mit eindeutigen Kriterien im Konsens zu etablieren, dort ist es verführerisch, Maßstäbe als solche zu verwerfen und den Unterschied zwischen Überzeugung und Überredung, Information und Manipulation einzuebnen. Auf die antike Sophistik hatte Platon mit seiner Theorie des objektiv Guten und der objektiven Wahrheit reagiert und damit die abendländisch-westliche Tradition der Wissenschaft erst begründet. Auf die zeitgenössische Sophistik reagiert die Wissenschaft, und als ihr Teil die akademische Philosophie, nur zögerlich: Innerhalb der schützenden Mauern ihrer Disziplin spielt diese Kritik keine oder nur eine untergeordnete Rolle, und außerhalb geben sich die Vertreter der Wissenschaft eher wortkarg und verstört. Dies mag auch damit zusammenhängen, daß die letzte große gesellschaftliche Offensive objektivistischen Denkens in den 60er und 70er Jahren zwar eine beeindruckende Veränderung der gesellschaftlichen und kulturellen Verhältnisse mit sich brachte, aber zugleich ihre eigenen Ziele nicht erreichte. Auch die Kritik des ›spätkapitalistischen‹ Konsumismus und seiner beeindruckendsten Manifestation der kommerziellen Werbung war von der Platonischen Idee des objektiven Guten und der objektiven Wahrheit geprägt. Die Manipulationsstrategien der Werbewirtschaft ließen nach dieser Auffassung die objektiven Interessen nicht zutage treten, sie zementierten ein falsches Bewußtsein unter falschen gesellschaftlichen Bedingungen. Die ökonomischen Machtverhältnisse äußerten sich in einer gezielten Produktion falscher Bedürfnisse, die den wahren Interessen der Verbraucher und Arbeitnehmer zuwiderliefen, und die kommerzielle Werbung bediente sich verfeinerter psychologischer Methoden, um dieses Produktionssystem abzusichern.

Die Theorie der wahren Bedürfnisse und objektiven Interessen ist natürlich nicht auf die meist marxistisch inspirierte Gesellschaftskritik der 60er und 70er Jahre beschränkt, sondern findet sich – allerdings mit einer eher restaurativen politischen Ausrichtung – auch in der theologischen Ethik beider Konfessionen. Der Versuch, die nationalsozialistische Prägung gesellschaftlicher Wertvorstellungen durch Restauration der Werte der Vorkriegszeit zu ersetzen, sicherte über zwei Jahrzehnte theologisch geprägtem Denken einen wichtigen Einfluß auf die gesellschaftliche Entwicklung. Werbung hatte in diesem Rahmen die Aufgabe, zu den richtigen Bedürfnissen anzuleiten, und durfte keine künstlichen erzeugen. Insbesondere galt es, den hedonistischen Tendenzen und damit der Manipulation des Menschen entgegenzutreten (vgl. Künneth 1957 oder Dreier 1965). Die geistig-sittliche Wertordnung der Familie, die Tugenden des Maßes, der Zucht, der dienenden Liebe wie auch des Verzichtes erschienen durch die Verführung moderner kommerzieller Werbung zu demonstrativem Luxus und hedonistischer Lebenshaltung gefährdet. Während die rechte Kulturkritik Führung und Anleitung der Massen durch gebildete und willensstarke Eliten vorsah, erschienen der linken Kulturkritik die Massen als vergleichbar uninformiert und manipuliert. Wissenschaftliche Analyse und Aufklärung, kurz Ideologiekritik, Entlarvung der manipulativen Strategien, insbesondere die der Werbewirtschaft, sollten den Konsumterror durchschaubar machen und den Boden für ein selbstbestimmtes Leben nach objektiven Interessen und wahren Bedürfnissen unter veränderten Produktionsverhältnissen bereiten.

Die Theorie der objektiven Interessen und wahren Bedürfnisse muß sich jedoch empirisch bewähren, wenn sie überzeugen soll. Die Vermutung einer weitreichenden Manipulation von Lebensformen, subjektiven Wertungen und Überzeugungen macht eine empirische Überprüfung dieser Vermutung selbst um so schwieriger, je umfassender diese Vermutung formuliert wird. Eine Gesellschaft gänzlich manipulierter Individuen hat keinen Zugang mehr zum Guten, Wahren und Schönen, und sollte es eine intellektuelle Elite geben, die sich der umfassenden Manipulation wenigstens teilweise entziehen kann, so wird diese in einer solchen Gesellschaft kein Gehör finden. Die Rückkehr des Philosophen nach der Schau des Guten in die Höhle ist frustrierend. Die Philosophen müßten zu ihrer Herrschaftsaufgabe gezwungen werden (insofern wäre es keine genuine Herrschaft), sie würden den in der Höhle lebenslang gefesselten Experten in der Interpretation von Schattenbildern als weltfremd und ungeschickt erscheinen. Unter solchen Bedingungen ist freiwillige, konsensuale Führung der Manipulierten durch die Sehenden nicht zu haben. Der Platonische Höhlenmythos endet in einer praktischen Aporie. Nur in einer Gesellschaft, die in hinreichendem Maße von Vernunft geprägt ist, kann Erkenntnis praktisch wirksam werden. Auch die Anerkenntnis eines Wissensgefälles setzt bei denjenigen, die am unteren Ende dieses Gefälles stehen, minimale Einsichten voraus, die sie wenigstens dieses Gefälle erkennen lassen. Die umfassend manipulierte Gesellschaft ist kritikimmun, und ihre Kritiker sind einer kritischen Überprüfbarkeit entzogen (vgl. Zoll 1971). Die wahren Bedürfnisse bleiben mangels manifester Belege suspekt.

Die Ökonomie hat lange an der Fiktion des *homo oeconomicus simplex* festgehalten. Demnach sind die Bedürfnisse gegeben, die Nutzenfunktion faßt diese quantitativ zusammen, und die rationale Entscheidung besteht darin, die optimalen Mittel zu wählen, sie zu befriedigen. Wahrscheinlichkeiten spielen hier eine Rolle, so daß die möglichen Folgen unterschiedlicher Handlungsoptionen für die Bedürfnisbefriedigung gewichtet werden müssen und diejenige Entscheidung mit dem maximalen Erwartungswert zu wählen ist (zur Kritik vgl. Nida-Rümelin 1993). Folgerichtig hat die Nationalökonomie Werbung zunächst als Manipulation von Bedürfnissen desavouiert. Werbung suggeriere Bedürfnisse, etabliere statt echter Konkurrenz ›Suggestionskonkurrenz‹ und beeinträchtige die selbständige Entscheidungsfindung. Diese Ablehnung hat tiefere, theoretisch fundierte Gründe. Wenn die Zwecke des Handelns nicht mehr als gegeben gelten können, dann ist das schlichte Rationalitätsmodell der effizienten Mittelwahl obsolet. Der im Theoriedesign einschneidende Übergang von einer utilitaristischen Interpretation menschlicher Handlungsrationalität zu einer formalen, auf Kohärenz von Präferenzen setzenden Betrachtungsweise der modernen Entscheidungs- und Nutzentheorie ermöglicht die zwanglose Integration der Dynamik von Wünschen und Bedürfnissen, die Gegenstand werblicher Beeinflussung sind. Nur am Rande sei vermerkt, daß dieser Paradigmenwechsel bis heute im ökonomischen Denken noch nicht wirklich verarbeitet ist. Die üblichen Anwendungen ökonomischer Theorie setzen nicht auf die Kohärenz individueller Präferenzen, sondern nach wie vor auf ein Nutzenkonzept, das in seiner intuitiven Verwendung klassisch geprägt ist. Es war insbesondere die Betriebswirtschaftslehre, die die Werbewirtschaft rehabilitierte, sie vom Ruch der Manipulation befreite. Ihre Legitimation schien ihr als ein notwendiges Element zur Herstellung eines transparenten Gütermarktes gesichert. Ein gut geführter Betrieb hatte der Vermarktung seiner Produkte einschließlich der begleitenden Werbemaßnahmen großes Gewicht beizumessen. Die Rationalität des Marktes äußerte sich nicht darin, daß der tatsächliche Nutzen – im klassischen Sinne – der Konsumenten optimal aufgrund gegebener Informationen und Optionen befriedigt wurde, sondern darin, daß die Präferenzen der Konsumenten sich über entsprechende Kaufentscheidungen direkt auf die Produktionsentscheidungen der Unternehmen auswirkten. Konsumentensouveränität ist als ein kausales Abhängigkeitsverhältnis zu verstehen, das Präferenzen von Konsumenten in Präferenzen von Produzenten transformiert. Die Ausrichtung ökonomischer Entscheidungen an der Nachfrage gilt nun als die entscheidende Leistung einer freien Konkurrenzwirtschaft. Werbung erscheint als Vermittlung dieser Ausrichtung unverzichtbar.

Eine Theorie, die keine Interessen, sondern nur noch Präferenzen kennt, muß sich darauf beschränken, die Kohärenz dieser Präferenzen zu prüfen. Praktische Rationalität äußert sich nicht darin, den eigentlichen, ›objektiven‹ Interessen zu entsprechen und diejenigen Präferenzen auszuprägen, die diesen Interessen angemessen sind, sondern schlägt sich in der bloßen Widerspruchsfreiheit subjektiver Zielsetzungen nieder. Werbliche Beeinflussung kann Präferenzen verändern und damit die Person zwingen, das System ihrer Präferenzen insgesamt umzubauen, um erneut Widerspruchsfreiheit sicherzustellen. Die Rede von den richtigen und falschen Präferenzen wird aber bei einer Betrachtungsweise dieser Art sinnlos. Manipulation findet immer – oder wer will, kann auch sagen: nie – statt. Präferenzen müssen sich ausprägen, sie sind nicht einfach gegeben, sondern sie sind kulturell bestimmt und befinden sich in einer andauernden Dynamik der Veränderung. Die Unterscheidung von guten und schlechten Einflüssen ist nur sinnvoll, wenn sich ein objektiver Maßstab angeben läßt, nach dem das Ergebnis dieser Beeinflussungen bewertet werden kann. Ein solcher objektiver Maßstab könnte z. B. ein klassisch utilitaristischer sein, der das jeweilige Niveau individueller Zufriedenheit zugrunde legt.

In dem weiten Spektrum, das von einer objektivistischen Theorie wahrer Bedürfnisse bis zur subjektivistischen Relativierung auf die jeweiligen Präferenzen reicht, gibt es natürlich interessante Differenzierungen, zu denen u. a. die Rawlssche Theorie der Grundgüter zählt. Die Theorie der Grundgüter ortet hinter der manifesten Vielfalt divergierender subjektiver Präferenzen, Neigungen, Wünsche und Erwartungen Güter, deren Besitz Voraussetzung dafür ist, die jeweiligen individuellen Präferenzen zu erfüllen. Trivialerweise gehört zu diesen Grundgütern ein hinreichendes persönlich verfügbares Einkommen. Rawls legt aber großen Wert auch auf immaterielle Grundgüter wie etwa das der Selbstachtung. Eine gerechte

Gesellschaft bemißt sich daher als ein institutionelles Arrangement, das eine faire Verteilung von Grundgütern sichert. Was die einzelnen Personen mit diesen Grundgütern realisieren, ist in ihr jeweiliges Belieben gestellt, die gesellschaftliche Ordnung schafft nur die Voraussetzungen, um ein vernünftiges, wünschenswertes Leben zu realisieren – es ist keine Agentur der Glückszuteilung. Der Markt ist eine der zentralen Institutionen, die gesellschaftliche Kooperation sichern, Austausch von Waren ermöglichen und Spielräume für die eine Lebensgestaltung schaffen. Zugleich reicht der Markt jedoch nicht aus, um eine gerechte gesellschaftliche Ordnung aufrechtzuerhalten. Viele Güter sind kollektive Güter, die auf dem Markt mangels individueller Nachfrage nicht bereitgestellt werden, von deren Verfügbarkeit aber die individuellen Gestaltungsspielräume abhängen. Die öffentliche Armut einer vom Markt allein geprägten Gesellschaft zerstört nicht nur die Solidarstrukturen des persönlichen Umfeldes und des Sozialstaates, sondern weitet das Angebot individueller Güter auf Kosten kollektiver Güter in ineffizienter Weise aus.

Die ›Ideenkette‹, von der Volker Nickel, der Geschäftsführer des Zentralverbandes der Deutschen Werbewirtschaft, spricht: *Demokratie – Marktwirtschaft – Wettbewerb* (Nickel 1993, 3), markiert also in Wirklichkeit ein Spannungsfeld: Demokratie verlangt nach allgemein akzeptablen, d. h. gerechten Institutionen, die der marktwirtschaftliche Wettbewerb weder von sich aus hervorbringt noch in seinem Bestand stützt. Diese politischen Institutionen einer Demokratie sichern kollektive Güter wie individuelle Sicherheit, Rechtsstaatlichkeit, Gesundheitsvorsorge, öffentliches und allgemein zugängliches Bildungswesen, Umweltschutz, Forschung, Infrastruktur und vieles mehr. Ein – häufig nicht explizites – Motiv der Werbekritiker war und ist, diese empfindsame, über die Jahrzehnte der politischen Auseinandersetzung gewachsene Struktur demokratischer Institutionen vor der ausufernden Kommerzkultur zu schützen. Eine Gesellschaft, deren Beziehungsgeflechte über Kaufkraft definiert sind, verliert das zivilgesellschaftliche Fundament der Demokratie. Drastisches Illustrationsmaterial bietet dazu die Entwicklung des Fernsehangebots insbesondere in den Vereinigten Staaten und Italien, die der Kommerzialisierung am freizügigsten Raum gegeben haben. Eine ausführliche Studie belegt im Detail den besonders raschen Niveauverfall des Programmangebots und ironischerweise auch der Werbespots in diesen beiden Staaten, denen andere, wie Deutschland, aber dicht auf den Fersen sind (Kloepfer/Landbeck 1991).

Werbung und Wünsche

Werbung beeinflußt Wünsche. Täte sie es nicht, wären die vielen Milliarden, die in die Werbewirtschaft fließen, eine Fehlinvestition. Wünsche aber haben nicht nur eine emotive, sondern auch eine kognitive Dimension. Wir haben die meisten Wünsche nicht unmittelbar, wie etwa den Wunsch, unseren Hunger zu stillen, sondern mittelbar. Wir erstreben etwas, weil wir glauben, daß dieses Gut einen bestimmten Wunsch zufriedenstellen kann. Wenn wir darüber informiert werden, daß ein anderes Gut diesen Wunsch besser befriedigen würde, dann begehren wir dieses andere Gut. Es gibt zweifellos ein Gefälle fundamentalerer und weniger fundamentaler Wünsche und Bedürfnisse. Ein Bedürfnis ist weniger fundamental im Vergleich zu einem anderen, wenn ersteres durch letzteres begründet wird. Diese Begründung eines Bedürfnisses durch ein anderes erfolgt über den Umweg der Information. Allerdings ist die Struktur unserer Wünsche nicht in der Form einer schlichten linearen Mittel-Zweck-Relation aufgebaut. Die Struktur unserer Wünsche ist flexibel, und fundamentalere Wünsche können zugunsten weniger fundamentaler aufgegeben werden, wenn diese nur einen hinreichenden Druck auf jene ausüben. Wenn Werbung tatsächlich nur das leisten würde, was ihre Verteidiger behaupten, nämlich Information vermitteln, die der mündige Verbraucher zu seinem eigenen Nutzen optimal einsetzen kann, so hätte Werbung einen anderen Charakter. Als bloße Informationsagentur würde sie übersichtliche Listen nach Produktgruppen und Preiskategorien erstellen, objektive Bewertungsinstanzen zitieren und Händlerlisten enthalten. All dies spielt durchaus eine Rolle in der kommerziellen Werbung, aber eine bemerkenswert untergeordnete. Das appellative und emotive Element dominiert die zeitgenössische Werbung zu sehr, als daß man dieser allzu vordergründigen Selbststilisierung der Werbewirtschaft glauben dürfte.

Andererseits sind die Beeinflussungspotentiale der Werbung, wie die neuere Wirkungsforschung zeigt, begrenzt. Die *geheimen Verführer* arbeiten zwar gelegentlich mit den neuesten psychologischen Manipulationstechniken, und auch diejenigen Werbepraktiker, die sich gern ganz auf ihre Intuition verlassen, greifen auf ein weites Spektrum suggestiver Techniken zurück, und dennoch scheint der umworbene Konsument souveräner, rationaler und weniger beeinflußbar zu sein, als sich viele Werbestrategen erhoffen und ihre Kritiker befürchten. Trotz eines ständig steigenden Budgets der Zigarettenwerbung geht der Konsum seit vielen Jahren kontinuierlich zurück, und das Maß des Alkoholkonsums scheint im internationalen Vergleich von den Aufwendungen für Alkoholwerbung weitgehend unabhängig zu sein. Die schiere quantitative Menge werblicher Beeinflussung im Fernsehen, Radio, in den Zeitungen, an Hauswänden und Litfaßsäulen, in Werbebroschüren, Wurfsendungen und Katalogen neutralisiert die Wirkung der einzelnen Werbemaßnahme. Die Werbung von Coca-Cola oder von Nestlé für Babynahrung in den ländlichen Regionen Afrikas mußte sich noch nicht in einer Umgebung überflutender Werbebotschaften behaupten und hatte daher auch eine ungehinderte Wirkung auf das Konsumverhalten der örtlichen Bevölkerung. Wenigstens zum Teil ist das selektive Verhalten der einzelnen kognitiv gesteuert. Wir interessieren uns nicht für alles, sondern nur für das, was uns für die eigene Lebensführung relevant erscheint. Den Nichtraucher interessiert Zigarettenwerbung nicht oder höchstens aus einer rein ästhetischen Perspektive. Aufmerksamkeit erregt aber nicht nur das, was uns aufgrund eigener Präferenzen und Wertungen anspricht, sondern auch das, was ins Auge fällt. Die Werbewirtschaft nutzt hier mit großem Erfolg genetisch und kulturell geprägte Verhaltensdispositionen, wie das Kindchenschema, Mitleid (Benetton-Werbung), erotische Signale (vgl. Horn 1971). Der Weg von Aufmerksamkeit zur Kaufentscheidung führt über Gewöhnung, rationale Abwägung, Stimmungen, Nachahmung ... – er ist verschlungen und von einer engen Verkettung kognitiver und emotiver Elemente geprägt. Die Werbung kann nur kleine Abschnitte dieses Weges beeinflussen (vgl. Meyer-Abich/Birnbacher 1979, Clark 1989).

Vance Packards Buch *The Hidden Persuaders* von 1957 prangerte nicht so sehr die werbliche Beeinflussung unserer Wünsche an, sondern daß diese Beeinflussung in einer undurchsichtigen, den Adressaten unbekannten Weise erfolge (vgl. kritisch dazu: Brand 1978). Es ging nicht um Beeinflussung als solche, sondern um unterschwellige Beeinflussung, die sich der modernen Forschungsergebnisse der Psychologie bedient. Tatsächlich gibt es psychologische Versuche, die zeigen, daß Bilder, die bewußt nicht wahrgenommen werden (etwa in einem ablaufenden Film hinreichend kurz eingeblendet), Verhalten beeinflussen können. Werbefachleute hatten behauptet, solche Mittel zum Einsatz gebracht zu haben, und hatten der Werbewirtschaft eine blühende Zukunft prophezeit. Die heftige Reaktion auf Packards Buch und die anhaltende Debatte um die Verführer der Werbewirtschaft machen vor allem eines deutlich: Die Verbraucher sehen sich selbst als im wesentlichen rational und kontrolliert Handelnde, die sich durch offene werbliche Beeinflussung zwar möglicherweise belästigt, aber in ihren Freiheitsspielräumen nicht bedroht fühlen. Erst wenn die Schwelle zu einer nicht mehr kontrollierbaren Beeinflussung überschritten wird, die zudem tatsächlich oder vermeintlich auf wissenschaftlichen Forschungen beruht, ist eine empfindliche Grenze überschritten, die durch den notwendigen Respekt vor selbstbestimmter Entscheidungsfindung gezogen wird.

Packard und mit ihm viele Werbekritiker der Folgezeit, insbesondere diejenigen der antikapitalistischen Konsumkritik, haben die aktive Rolle kommerzieller Werbung überschätzt. Im kulturhistorischen Rückblick auf die Entwicklung der Werbemittel und der Werbeästhetik scheint Werbung jeweils integraler Bestandteil der gesellschaftlich-kulturellen Entwicklung zu sein, der bis ins Detail die sich verändernden Lebensbedingungen, Rollenzuschreibungen und Erwartungen wiedergibt (vgl. Rode 1989). Werbung ist gerade deshalb ein so sensibler Indikator des Zeitgeistes, weil sie sich ihrer Massenwirksamkeit berauben würde, wenn sie sich von diesem entfernte. Die naive Begeisterung postmoderner, dekonstruktivistischer und poststrukturalistischer Feuilletonisten für die Werbung als einer Kunst, die die Macht übernommen habe, mit der künstlerische Intellektuelle ins Herz der Gesellschaft einzögen, die das Produkt zugunsten des Kultes verdränge etc., mag als Purgatorium der eigenen kapitalismuskritischen Biographie durchgehen, das Phänomen Werbung wird jedenfalls so nicht angemessen erfaßt. Zweifellos hat das künstlerische Element kommerzieller Werbung an Bedeutung gewonnen. Es gibt ästhetisch exzellente Werbespots, die dennoch dem Publikumsgeschmack nahe genug sind, um nicht wirkungslos zu bleiben. Es mag sein, daß die Entwicklung der zeitgenössischen bildenden Kunst zu einer Kommunikations- und Darstellungsform der wenigen Informierten eine Lücke auftat, die von einem Teil der kommerziellen Werbung erfolgreich besetzt wurde. Werbekunst ist, wie Pop Art und Pop-Musik, alles andere als avantgardistisch – ihre Anti-Avantgarde ist Programm und allein noch kein Grund, ihre ästhetische Qualität zu bezweifeln. Werbekunst und bildende Kunst scheinen in einem ähnlichen Verhältnis zu stehen wie Pop-Musik und zeitgenössische E-Musik. Pop-Musik und Werbekunst sind erfolgreich ohne öffentliche Subvention, sind verständlich ohne Expertise und dennoch gelegentlich von hoher kreativer und ästhetischer Qualität. Werbekunst prägt, aber sie bleibt im wesentlichen parasitär, sie zitiert traditionelle Mittel künstlerischer Darstellung, sie imitiert den Stil der Szene in einer gefälligen, in der Regel nicht schockierenden Form, sie führt gelegentlich anspruchsvolle künstlerische Mittel in den Grenzen ein, die der Publikumsgeschmack setzt. Da die Wirksamkeit von Werbekampagnen von Fachleuten in der Altersgruppe der 10- bis 40jährigen angesiedelt wird, weil Jüngere noch nicht über Kaufkraft (auch nicht über vermittelte) verfügen und Ältere ihren Lebens- und Konsumstil meist schon gefunden haben, kann sich die Rücksichtnahme auf die breiten Konsumentenkreise, deren ästhetische Präferenzen sich in Eiche furniert, rustikal, röhrenden Hirschen, Förstern und Schwarzwaldkliniken niederschlagen, in Grenzen halten.

Im Gegensatz zu anderen Kunstformen der Moderne kann sich Werbekunst nicht distanzieren, sie kündet nicht – wie etwa die bildende Kunst des beginnenden 20. Jahrhunderts – von einer tiefgreifend veränderten technisch und wissenschaftlich geprägten Kultur der Zukunft, sie ist nicht sensibler Seismograph für die Verwerfungen, die Marginalisierungen und Erschütterungen als Preis der Modernisierungsdynamik. Von ihrer Funktion her muß sie affirmativ und sedativ bleiben. Die wenigen Ausnahmen, wie die Benetton-Werbung, werden folgerichtig stigmatisiert, haben nicht den erwünschten Effekt und sind letztlich Opfer des Verdikts eines Ausschusses für Sitte und Anstand in der Werbung. Werbung erfüllt gelegentlich künstlerische Ansprüche, Kunst kann Werbung sponsern, aber nicht Werbung Kunst, denn Kunst ist allzuoft provokativ, rücksichtslos gegenüber dem Publikumsgeschmack, zerstörerisch, und sie kann mitunter nachdenklich machen, statt Kauflust zu wecken.

Werbung in der metropolitanen Kultur

Werbung ist nicht Signum einer urbanen, sondern einer metropolitanen Kultur (vgl. Reck 1988 und Brune-Berns 1995). Die metropolitane Lebensform unterscheidet sich sowohl von der kleinteilig urbanen wie von der naturnäheren ländlichen durch ein hohes Maß an Verdichtung, Industrialisierung, Entkoppelung von Arbeit, Wohnen und Leben, räumlicher und sozialer Mobilität, den massiven Einsatz technischer Mittel, die Anonymität der sozialen Beziehungen, durch Reizdichte und kulturelle Amalgamierung. Das (klein-)städtische Bürgertum war die Grundlage der Emanzipation von feudaler Herrschaft und die Keimzelle von Öffentlichkeit und Demokratie. Urbanität äußert sich materiell und geistig in öffentlichen Räumen: öffentlicher Diskussion, öffentlicher Kontrolle politischen Handelns, in Plätzen der Begegnung und des Austausches. Paradigma der urbanen Kultur ist der Marktplatz des griechischen Stadtstaates. Die metropolitane Kultur bewahrt Urbanität in der Form medialer Kommunikation. Die Agora (Marktplatz) wird parzelliert, gewachsene Stadtviertel, meist eingemeindete Dörfer und Kleinstädte, bewahren Urbanität in stadtviertelbezogenen Orten der Begegnung. Die Metropole ist nicht mehr durch Orte der Begegnung geeint und zwingt die Kulturen, sich in Partialkulturen zu differenzieren, um Begegnungen zu ermöglichen: Szenekneipen, Kulturinstitutionen, Interessenverbände, Rückzug auf kulturelle und ethnische Identitäten, Pflege des Abgrenzenden werden nötig, um Struktur im amorphen Gebilde der Metropole zu wahren. Moderne kommerzielle Werbung hat hier, in der anonymen Ansprache potentieller Konsumenten, ihren idealen Nährboden und bringt zugleich die Vielgestaltigkeit metropolitaner Lebensformen zum Ausdruck. Da sie sich nicht distanzieren kann, spiegelt sie Wertorientierungen, Hoffnungen und Ängste in der für sie typischen affirmativen und sedativen Weise wider.

Die Werbung vergangener Jahrzehnte entlockt fast immer ein nostalgisches Lächeln. Im Rückblick erscheint Werbung zuweilen als eine Karikatur der jeweiligen Zeitläufte. Hierin liegt ein bemerkenswerter Gegensatz zu Darstellungen der bildenden Kunst. Diese lassen sich zeitlich aufgrund der inneren Entwicklungsdynamik künstlerischer Stilrichtungen einordnen, und ihr Verhältnis zur jeweiligen kulturell-gesellschaftlichen Situation läßt sich rekonstruieren, jene aber spiegeln die Alltagswünsche und -sorgen ganz unmittelbar, allerdings in der Regel ein wenig geschönt, ein wenig verharmlost, wider.

Es gibt einige wenige, aber desto auffälligere Ausnahmen: das Maschinenbau-Unternehmen Flender 1951 mit dem Werbe-Experiment der Fotografie einer jungen nackten, gar nicht niedlichen Frau im Gegenlicht mit der Überschrift *Ihr Antrieb Sex-Appeal;* Otto Kern mit seinem Abendmahl-Motiv (siehe S. 323) und natürlich Oliviero Toscani mit einer ganzen Reihe von umstrittenen Plakaten für Benetton (siehe S. 323 f.). Auch in einigen Jahrzehnten wird die Benetton-Werbung Toscanis vermutlich nicht zu einem nostalgischen Schmunzeln verführen. Ohne den Aufdruck ›Benetton‹ steht außer Frage, daß Toscanis Motive ausdrucksstark und realitätsbezogen sind, keine Spur von Kitsch, Verniedlichung, Anlehnung an den Publikumsgeschmack. Die Bilder haben Suggestivkraft, aber sie verführen nicht zum Kauf. Die einzige Verbindung zum Produkt ist ein Logo und die Finanzierung durch den Konzern. Mit der Benetton-Kampagne ist ein neuer Typ von Werbung kreiert worden, der irgendwo zwischen Kunstsponsoring und Reklame Position bezieht. Die gleiche Kampagne als öffentliche Kunstausstellung mit dem Zusatz *organisiert vom Städtischen Kulturamt, Sponsor Fa. Benetton* hätte die öffentliche Entrüstung und den Werberat vermutlich nicht auf den Plan gerufen. Das Elend der Welt ist täglich in der Tagesschau, mit kräftigen Bildern illustriert, nachzuempfinden; warum sollte der Blick auf die Realitäten von Krieg und Aids, auf wirkliche und virtuelle Gefängnisse nicht auch auf Plakatwände gestattet sein? Im Frühjahr 1994 war die Ausstellung *Benetton par Toscani* im Museum für zeitgenössische Kunst in Lausanne zu sehen. In New York hat der Art Directors' Club Oliviero Toscani mit der Management-Medaille 1994 für die Verdienste um die Bewußtseinsförderung einer gesamten Nation bezüglich Rassenfragen ausgezeichnet. In Deutschland war die Aufregung über eine Werbung, die kein Produkt anpreist, sondern Kommunikationsmittel sein will und zum Nachdenken anregt, Gegenstand heftiger institutioneller Gegenwehr insbesondere von seiten des Deutschen Werberats. Die öffentlichen Rügen wurden allerdings nicht ethisch, sondern unter Rekurs auf die guten Sitten begründet. Auch deutsche Gerichte stützten sich auf diesen Begriff, als sie mehrfach Fotos der Kampagne verboten (vgl. Beschluß des OLG Frankfurt am Main vom 13.8.1992, lt. Jahrbuch Deutscher Werberat 1994, 49). Die schöne Welt der Werbung gesunder, ewig junger, ewig lächelnder Menschen, umgeben von schönen und funktionierenden Produkten, hatte einen Riß bekommen, und diesen galt es so schnell wie möglich zu übertünchen. Nicht der Verweis auf das durchschnittliche Empfinden oder die guten Sitten macht die ethische Problematik dieser Motive aus, sondern die öffentliche Ausstellung hilfloser Opfer, ohne dem Mitleid, der Abscheu und der Angst eine Richtung zu geben. Ulrich Beck hat zu Recht darauf hingewiesen, daß die Täter nicht in den Blick kommen (Süddeutsche Zeitung 4./5. Juli 1992).

Die traditionelle vorindustrielle Wirtschaft ließ der freien Konkurrenz des Marktes nur wenig Spielraum. Die Grenzen waren nicht nur durch berufsständische (Zunft-)Ordnungen beschränkt, sondern auch durch ein Ethos der Solidität und Achtbarkeit, das in der Alltagspraxis tief verwurzelt war. Preis- und Mengenkonkurrenz, gar die aufdringliche Werbung um Kundschaft, widersprachen dem Bild eines ehrbaren Gewerbes. Die Zuständigkeiten waren verteilt, zugewiesene Quoten sollten die Existenz einzelner Anbieter, seien es einzelne Kaufleute, Handwerker oder Manufakturen, sichern. Das Credo der liberalen Wettbewerbsgesellschaft mußte sich mühsam gegen diesen Ethos durchsetzen. Die bis heute vertretene Ideologie des Marktradikalismus glaubte alle Begrenzungen – nicht nur des überkommenen zünftischen Ethos, sondern auch der juridischen Beschränkungen – sprengen zu müssen, um dem freien Wettbewerb Raum zu geben. Werbung, zuvor als anstößig, aufdringlich und unseriös empfunden, war ein entscheidendes Movens für die Auflösung tradierter Wertvorstellungen, und dieser Prozeß hält bis heute zweifellos an. Dies erklärt die Heftigkeit der normativen Werbekritik unterschiedlichster Provenienz von der Geißel des Hedonismus über den Verlust der Mitte bis zur konsumistischen Deformation (Kritische Theorie) und zum Totalitarismusvorwurf bei Pier Paolo Pasolini und Neil Postman. Aber schon mit dem deutschen Gesetz zur Bekämpfung des unlauteren Wettbewerbs von 1896 kamen normative Grenzen in den Blick, die auch einer juridischen Stützung bedürftig erschienen. Ging es zunächst um den Schutz der Mitkonkurrenten, etwa vor unwahrer oder irreführender Reklame, richtete sich der Blick doch bald auch auf Grenzen, die aus Rücksichtnahme gegenüber den Konsumenten gezogen schienen, zunächst unter den Begriffen des Verunstaltungsschutzes und des Heimatschutzes (Preußisches Verunstaltungsgesetz von 1902).

Damals wie heute war es insbesondere das Bildungsbürgertum, das in einer brisanten Mischung aus anti-moderner und speziell anti-metropolitaner – wenn man will reaktionärer – Gesinnung einerseits und humanistischer, ja auch ökologischer Sensibilität andererseits Werbung in den Grenzen einer humanen Kultur halten wollte. Der Ökonom Werner Sombart war ihr beredtester Proponent: *Die Reklame ist jene Erscheinung der modernen ›Kultur‹, an der auch beim besten Willen nichts als Widerwärtiges gefunden werden kann. Sie ist als Ganzes wie in ihren Teilen und in allen ihren Formen für jeden Menschen von Geschmack rundweg ekelhaft* (in: Morgen. Wochenschrift für deutsche Kultur vom 6. März 1908, 284, zit. n. Wischermann 1995). Diese Diskussion führte 1909 zu einer Generalklausel in § 1 des Gesetzes zur Bekämpfung des unlauteren Wettbewerbs zum Schutz vor Verstößen gegen die ›guten Sitten‹: *Wer im geschäftlichen Verkehre zu Zwecken des Wettbewerbs Handlungen vornimmt, die gegen die guten Sitten verstoßen, kann auf Unterlassung* und Schadensersatz in Anspruch genommen werden. Dies ist bis heute die juridische Basis für Grenzziehungen der Werbewirtschaft geworden. Die Interpretation der *guten Sitten* tendierte dabei rasch zur *Anstandsformel.* Sittlichkeit wurde hier nicht in einem ethischen Sinne verstanden, sondern wurde als Anstandsgefühl, das sich auf das Volksbewußtsein gründet, interpretiert (vgl. Elster 1927). Dabei ist es bis heute geblieben, mit einer wichtigen Neuerung von 1972. Als Ende der 60er Jahre eine neue, heftige Welle der Werbekritik als Teil einer umfassenden Kritik der Kultur-und Bewußtseinsindustrie alle westlichen Industriegesellschaften erfaßte, reagierte die deutsche Werbeindustrie 1972 mit der Etablierung eines *Deutschen Werberates,* der personell eng mit dem 1949 gegründeten Zentralausschuß der deutschen Werbewirtschaft (ZAW) verbunden ist. Ziel war es, weitere juridische Einschränkungen der Werbewirtschaft dadurch zu verhindern, daß die werbenden Firmen selbst sich Schranken auferlegen, diese in einem Zentralausschuß erörtert und im schlimmsten Fall durch eine öffentliche Rüge sanktioniert werden. Es liegt auf der Hand, daß die Degeneration einer ethischen Werbekritik zur Anstandsformel in diesem Rahmen und bei dieser Zielsetzung in Richtung bloßer Akzeptanzkriterien weitergetrieben wird: Die herrschende Moral und die geltenden Tabus sollen nicht verletzt werden, damit in der Öffentlichkeit nicht erneut nach einer stärkeren juridischen Begrenzung der Werbewirtschaft gerufen wird (vgl. Sperr 1988, Daunight-Hoffrichter 1984).

In ihrer engen Verbindung zur Alltagsmentalität spiegelt die kommerzielle Werbung auch die weniger erfreulichen Aspekte des jeweils etablierten Ethos wider und verstärkt diese gelegentlich. Vorurteile, die sich in der Weltanschauung breiter Bevölkerungsschichten verankert haben, schlagen sich wohl meist in biedermännischer Naivität ohne jede Absicht in den Werbebotschaften nieder. Selbst der rassistische Inhalt des beliebten Motivs von Seifen- und Sodawerbung Anfang dieses Jahrhunderts, die Schwarzafrikaner abbildet, die nach einer gründlichen Waschung mit diesen Produkten weiß wie Europäer werden, mögen von den Werbekünstlern und von den Adressaten nur als witzig empfunden worden sein (vgl. Bachollet u. a. 1992). Gleiches gilt für die lange Tradition sexistischer Werbung, die – wie die rassistische die Rassen- oder ethnische Zugehörigkeit – die Geschlechtszugehörigkeit zur Grundlage herabwürdigender Darstellung macht. In der Kritik rassistischer und sexistischer Werbeinhalte geht die Beurteilung nach Anstand und Akzeptanz mit der Beurteilung nach ethischen Kriterien eine nicht immer widerspruchsfreie Verbindung ein. Die in einem puritanischen Ethos verwurzelte Ablehnung erotischer Signale in der Werbung ist von einem Teil der Sexismus-Kritik so hartnäckig instrumentalisiert worden, daß weniger Informierte meinen, ›sexistische Werbung‹ sei Werbung mit sexuellem Inhalt oder sexuellen Anspielungen. Paradigmatisch für sexistische Werbung ist dagegen eher die traditionelle Waschmittelreklame, die eine geistig beschränkte Frau darstellt, deren gesamter Lebensinhalt sich in sauberer Wäsche zu erschöpfen scheint und die hilflos auf den natürlich männlichen Experten blickt. Die neo-puritanischen Prägungen treten vor allem dort zutage, wo erotisierende Darstellung generell als sexistisch gebrandmarkt wird (vgl. die Auflistung von Beschwerden im Jahrbuch Deutscher Werberat 1995). Erotische Konnotationen können aber nur dann stigmatisieren, wenn Erotik als solche als stigmatisierend gilt (vgl. Schmerl 1980 und 1992).

Die Werbekritik hat sich von der sozialethischen Herausforderung auf Fragen des Anstandes und der Nichtdiskriminierung zurückgezogen. Dies ist nicht allein der auf gesellschaftliche Akzeptanz bedachten Strategie der Werbewirtschaft zu verdanken, sondern einer tiefgreifend veränderten Konstitution des Alltagsethos. Die besonders in den USA praktizierte Werbung des *low involvement,* die es vermeidet, tiefergehende Wertungsfragen gesellschaftlicher Gruppen überhaupt zu berühren, mag zur Beruhigung insbesondere im Verlaufe der 80er Jahre beigetragen haben, von grundlegenderer Bedeutung ist aber die Veränderung der visuellen Wahrnehmung durch Fernsehen, Video, Film und Computer. Die Fähigkeit, sich in dem Strom von alternativen Bildersequenzen zurechtzufinden, sich an der richtigen Stelle ein- und auch wieder auszuklicken, zu selektieren, was interessant erscheint, und zu steuern, wo ansonsten die eigene Passivität zu Hilflosigkeit führen würde, prägt die Heranwachsenden im Verlaufe der letzten beiden Dekaden in zunehmendem Maße. Die audiovisuelle Reizüberflutung hat einen neutralisierenden Effekt. Die einzelne Werbekampagne muß sich Mühe geben, im allgemeinen Rauschen nicht unbemerkt unterzugehen (vgl. Hartmann 1992 und Emnid-Umfrage zur TV-Werbung, August 1995, Der Spiegel 35, 28. 8. 1995, 120). Der umworbene Konsument verteilt Lob und Anerkennung, Verachtung und Mißachtung nach ästhetischen Kriterien, und selbst der manische Zapper selektiert. Es gibt Studien, die belegen, daß die Jüngeren hier eine hohe Kompetenz erworben haben, die sie im Gegensatz zur mittleren und älteren Generation nicht mehr hilflos einer Reizüberflutung ausgesetzt fühlen läßt, während sie andererseits in ihren Kreativitätspotentialen und in der Allgemeinbildung große Defizite gegenüber früheren Generationen aufweisen (vgl. Vogelsang 1991).

Bildlich gesprochen geht es heute in weit höherem Maße als früher um die Positionierung der eigenen Person. Sie muß die von vielen Seiten angebotenen Reize kanalisieren und selektieren, sie muß sich ihre eigene Identität durch Bindungen nicht nur an Personen, sondern auch an Projekte und Konsumgüter schaffen, und dies geschieht weitgehend ohne starre Muster der Tradition, die nur adaptiert werden müßten. Die ökonomische Theorie der positionellen Güter bekommt hier einen buchstäblichen Stellenwert. Unter positionellen Gütern versteht man im engeren Sinne solche, die ihren Wert daraus beziehen, daß sie im gesellschaftlichen Ranggefüge eine bestimmte Stellung sichern. Diese Güter haben also einen abgeleiteten Wert, sie werden nicht deswegen begehrt, weil ihr Konsum in unmittelbarer Weise Bedürfnisse befriedigt. Kommerzielle Werbung hat zu einem guten Teil die Funktion, positionelle Güter im weitesten Sinne zu kreieren (vgl. Reinhardt 1993, Rode 1989), d. h. Güter über ihren Gebrauchswert hinaus als Mittel der gesellschaftlichen Zuordnung und Abgrenzung in letzter Instanz als konstitutive Elemente der eigenen Identität zu bestimmen. Die Auflösung traditionaler Strukturen und die rasante Zunahme sozialer und regionaler Mobilität hat die kommerzielle Werbung zu einem Mediator der Identitätsfindung werden lassen, den das Ethos einer von Orientierungsproblemen geprägten Gesellschaft nicht mehr als geheimen Verführer, sondern als einen eher harmlosen Teil eines umfassenden und allgegenwärtigen Systems medialer Beeinflussung ansieht.

10
UMGESTALTUNG DES VORHANDENEN WAGENMATERIALS ZU O V A - LIEFERWAGEN. RUECKANSICHT. MAASSTAB 1 : 5.

Kat. Nr. 5.3.17

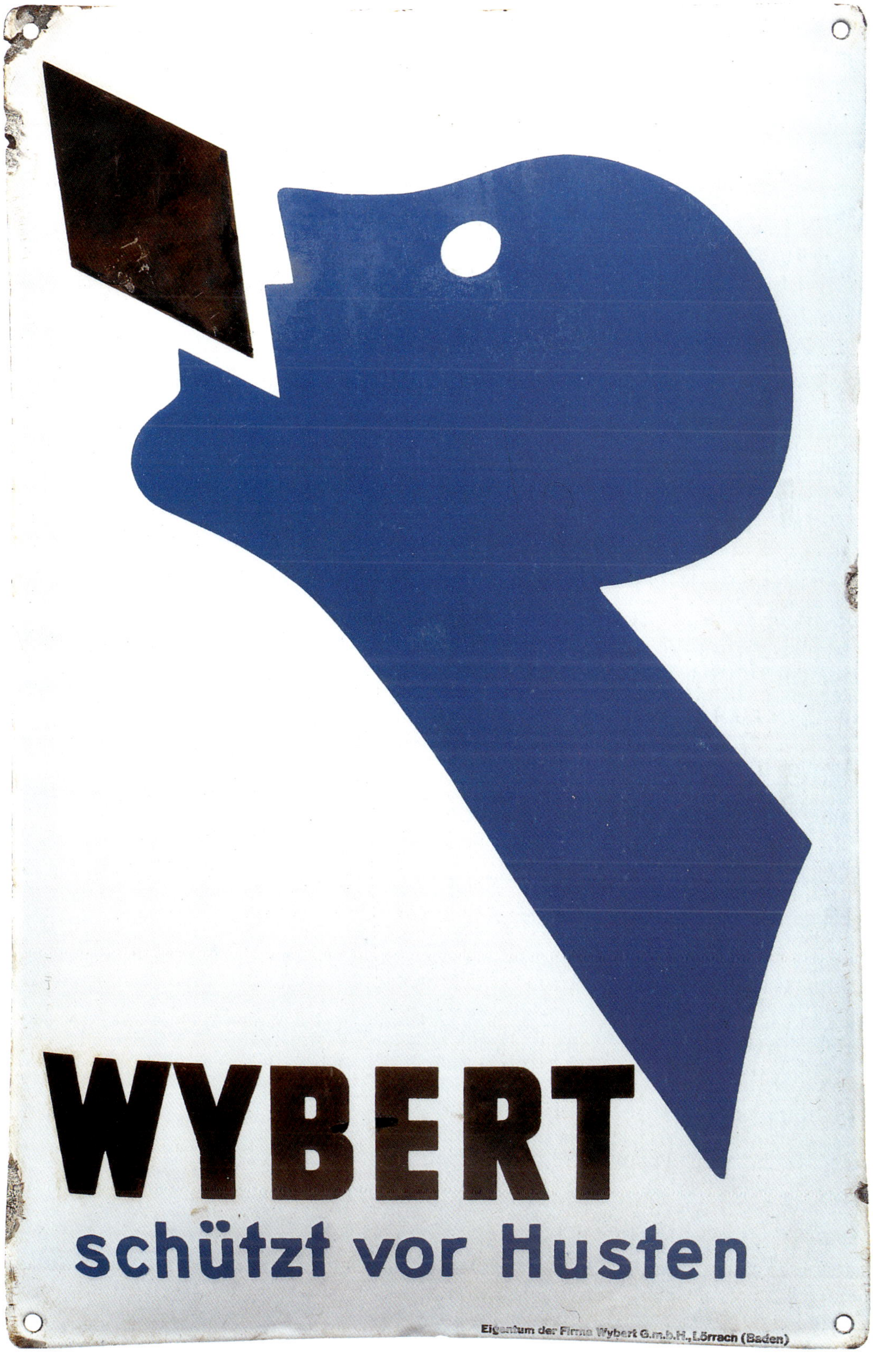
WYBERT
schützt vor Husten
Eigentum der Firma Wybert G.m.b.H., Lörrach (Baden)

Kat. Nr. 5.3.13

Weniger ist mehr

Das zum Allgemeingut gewordene Wort des deutsch-amerikanischen Architekten Mies van der Rohe bezeichnet eine Grundhaltung, die sich aus zwei Motiven ergibt. Auf der einen Seite entspricht sie einem beruhigten ästhetischen Empfinden, das wenige Motive und sparsame Farben der Fülle vorzieht. Auf der anderen Seite besteht die klare Zielvorstellung, die sich aus der Rhetorik herleiten läßt, daß man sein Hauptargument nicht durch zweifelhafte Nebenargumente schwächen darf. Demnach dürfen zu dem Hauptmotiv keine Nebenmotive treten, welche es in seiner Wirkung beeinträchtigen oder einschränken.

Die zündende Idee einer überzeugenden Gestaltung verträgt keine Zusätze, sondern es gilt sie klar herauszustellen und damit auf das Wesentliche zu reduzieren. *Was das Plakat angeht, so ist eine Idee nicht gut, wenn man sie nicht zeichnen kann, da in der Zeichnung die ganze Substanz der Idee aufgeht. Jedes Motiv hat seine spezifischen Eigenschaften. Eine gute Romanidee oder die Idee für ein Lied sind gewiß keine gute Plakatidee.... Die Form trifft die Netzhaut. Die Idee durchdringt Hirn und Herz,* schrieb Savignac (Savignac, Affichiste, un homme et son métier). Die äußere Vereinfachung als Stilmittel und schlagendes Argument bedarf immer der Umsetzung durch den Entwerfer und der Verwandlung in die richtige Technik, um ihr Ziel zu erreichen. Ein solcher Minimalismus, das Wort wurde allerdings erst um 1965 geprägt, taucht in der Plakatkunst bereits in der Zeit unmittelbar vor dem Ersten Weltkrieg auf und gehört zu den Stilmitteln, welche Lucian Bernhard mit großer Konsequenz gebrauchte. Die Emailschilder mit abstrakten Mustern der Firma Garbáty gehen auf einen Entwerfer zurück, der noch nicht identifiziert werden konnte und der den einfallsreichen Umgang mit wenigen Farben und Formen zu einer hohen Kultur entwickelte (Kat. Nr. 5.3.7-9). Bei der Gestaltung von Signets finden sich Tendenzen extremer Formreduktion in den 20er Jahren. Die schwarzen figürlichen Silhouetten erfahren eine Stilisierung, welche sie abstrakten Zeichen annähert.

Die Beschränkung auf gestaltete Schriftzüge, welche auf einen farbigen Fond gesetzt werden, charakterisiert die andere Strategie, welche das gleiche Ziel, nämlich die einprägsame einfache Form, hat.

Das Äußerste, was der Minimalismus leistete, war eine Werbekampagne der Firma Marlboro 1994, die auf den charakteristischen Schriftzug verzichtete, um nur mit der Fondfarbe Rot, welche durch die *corporate identity* vorgegeben war, intensiv zu werben (Kat. Nr. 5.3.19). Dies geschah durch auffallend rotgekleidete Männer, welche die Großstadt durchstreiften, rote Plakatwände, Autos und Anzeigen.

Hans Ottomeyer

Kat. Nr. 5.3.16

Pelikan
Special
Pelikan
SPECIAL
RADIERT BLEI~KOPIER~U. FARBSTIFT
GÜNTHER WAGNER·HANNOVER U.WIEN
L·ZABEL

Kat. Nr. 5.3.14

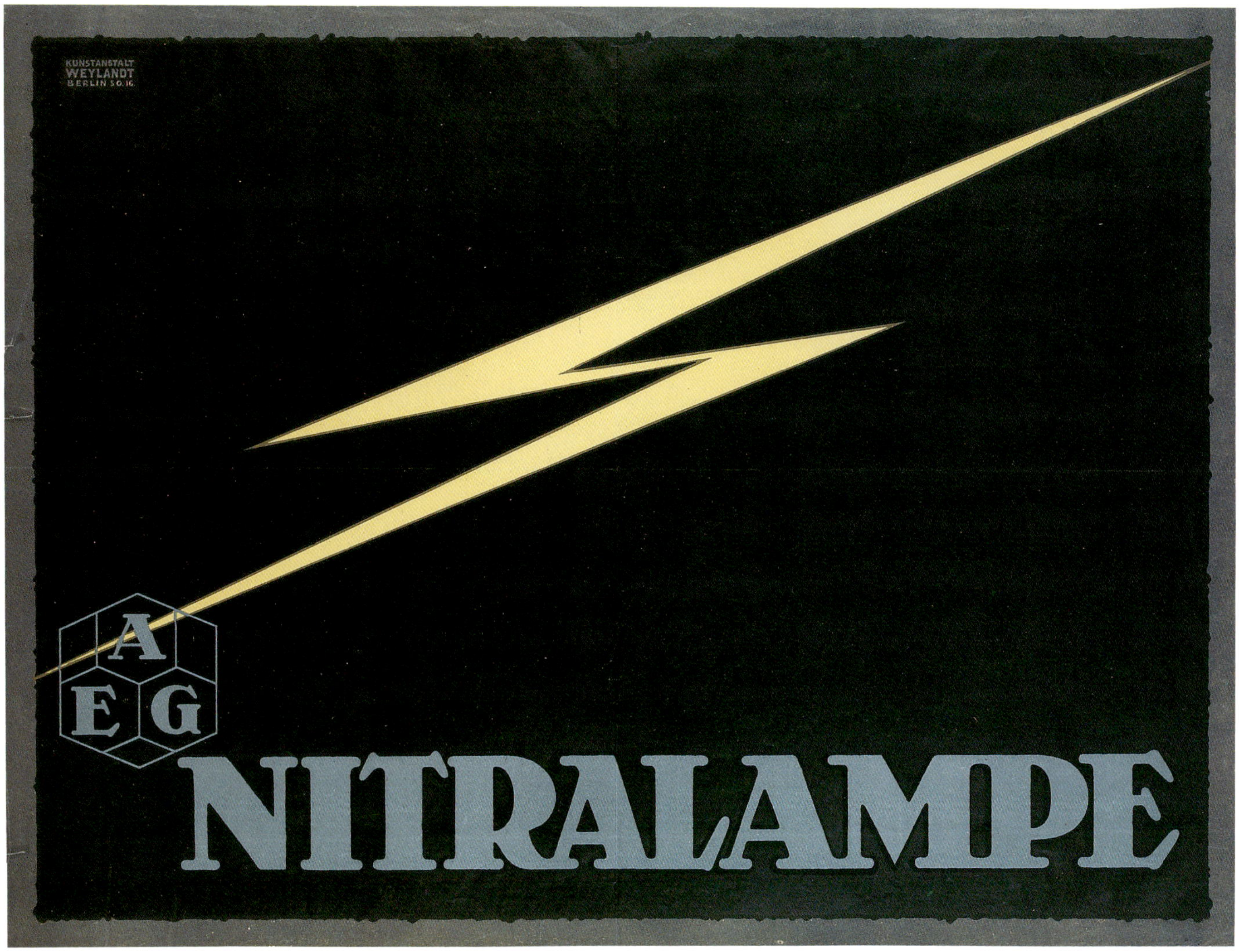

Kat. Nr. 5.3.3

Kat. Nr. 5.3.1

BERN
HARD
NOVELTA
Cigaretten
HOLLERBAUM & SCHMIDT BERLIN N 65

Kat. Nr. 5.3.2

Kat. Nr. 5.3.7–9

5.3.1 *Abb.*
Schnellbahnsystem August Scherl, *Plakat*
Lucian Bernhard
(Stuttgart 1883–1972 New York)
Berlin 1909
Bez. u. r.: BERN/HARD
Druck: Hollerbaum & Schmidt, Berlin
Lithographie, 70 x 91,5 cm
Lit.: Das Plakat 7, 1916, 71 –
Das frühe Plakat, Bd. 3, 1980, Nr. 159
Berlin, Deutsches Historisches Museum
P 74/1503

5.3.2 *Abb.*
NOVELTA Cigaretten, *Plakat*
Lucian Bernhard
(Stuttgart 1883–1972 New York)
Berlin 1912
Bez. o. l.: BERN/HARD
Druck: Hollerbaum & Schmidt, Berlin
Lithographie, 34,5 x 23 cm
Lit.: Das Plakat 7, 1916, 18 –
Das frühe Plakat, Bd. 3, 1980, Nr. 225, 226
Münchner Stadtmuseum AA 13/44

5.3.3 *Abb.*
AEG NITRALAMPE, *Plakat*
Hans Busch
Berlin 1916
Druck: Kunstanstalt Weylandt, Berlin
Lithographie, 72 x 95 cm
Lit.: Das Plakat 7, 1916, 205 ff.
Münchner Stadtmuseum B 10/4

5.3.4
GARBATY, *Emailschild*
Um 1914
Druck: Frankfurter Emailwerke
Otto Leroi GmbH, Neuisenburg, Berlin
Gußeisen, emailliert, schabloniert, gewölbt,
40 x 60 cm
Lit.: Wunderlich 1991, Nr. 122
München, Privatsammlung

5.3.5
GARBATY CIGARETTEN, *Emailschild*
Um 1914
Gußeisen, emailliert, schabloniert, gewölbt,
40 x 60 cm
Lit.: Wunderlich 1991, Nr. 122
München, Privatsammlung

5.3.6
GARBATY CIGARETTEN, *Emailschild*

Berlin um 1914
Druck: Emaillierwerk G. Dichanz, Berlin
Gußeisen, emailliert, schabloniert, gewölbt, 40 x 60 cm
Lit.: Wunderlich 1991, Nr. 123
München, Privatsammlung

5.3.7 *Abb.*
GARBATY, *Emailschild*
Um 1920
Druck: Boos & Hahn, Ortenberg-Baden
Stahlblech, abgekantet, emailliert, schabloniert, 97 x 47,5 cm
München, Privatsammlung

5.3.8 *Abb.*
GARBATY CIGARETTEN, *Emailschild*
Um 1920
Stahlblech, emailliert, schabloniert, gewölbt, 71 x 46,9 cm
München, Privatsammlung

5.3.9 *Abb.*
GARBATY, *Emailschild*
Um 1920
Stahlblech, abgekantet, emailliert, schabloniert, 97 x 47 cm
München, Privatsammlung

5.3.10
GARBATY CIGARETTEN, *Emailschild*
Um 1920
Druck: Boos & Hahn, Ortenberg-Baden
Stahlblech, emailliert, abgekantet, 97 x 47 cm
München, Privatsammlung

5.3.11
PROBLEM, *Emailschild*
Um 1920
Stahlblech, gewölbter Rand, emailliert, D. 64 cm
Münchner Stadtmuseum

5.3.12
Alles raucht ›Haus Bergmann‹, *Plakat*
Wilhelm Poetter (Gütersloh 1885–unbek.)
Dresden 1923
Bez. u. r.: POETTER
Druck: Lenkert & Schneidewind, Dresden
Lithographie, 91 x 61 cm
Lit.: Rademacher 1992, Nr. 395
Berlin, Deutsches Historisches Museum
P 57/976

5.3.13 *Abb.*
WYBERT schützt vor Husten, *Emailschild*
Niklaus Stoecklin
(Basel 1896–1982 Basel)
1927
Stahlblech, emailliert, schabloniert, 58,8 x 39 cm
Lit.: Wichmann 1985, 331 – Leitherer/Wichmann 1987, 199
Berlin, Deutsches Historisches Museum
1987/429.4

5.3.14 *Abb.*
Pelikan SPECIAL RADIERT BLEI-KOPIER- U. FARBSTIFT, *Ladenplakat*
Lucian Zabel (Kolberg 1893–1936 Berlin)
1925
Bez. u. Mitte: L. ZABEL
Lithographie, 41,2 x 29,3 cm
Text: GÜNTHER WAGNER · HANNOVER U. WIEN
Lit.: Gebrauchsgraphik 1925, 36
Berlin, Deutsches Historisches Museum
P 62/504

5.3.15
Reemtsma, *Zigarettenpackungen*
Wilhelm Deffke
(Elberfeld 1887–1950 Woltersdorf/Berlin)
1920
Pappe, geprägt, bedruckt,
a) 2,7 x 17,8 x 14,6 cm,
b) 1,9 x 9,6 x 7,4 cm
Lit.: Seidels Reklame 11, 1919, 255–263 – Seidels Reklame 9, 1925, 422 – Dorén 1975
Hamburg, Reemtsma

5.3.16 *Abb.*
Würfelpackung für Reemtsma
Wilhelm Deffke
(Elberfeld 1887–1950 Woltersdorf/Berlin)
1920, Nachdruck 1960
Pappe, geprägt, bedruckt, 7,3 x 3,6 x 3,6 cm
Hamburg, Reemtsma

5.3.17 *Abb.*
REEMTSMA AG Reklameauto, *2 Entwürfe*
Wilhelm Deffke
(Elberfeld 1887–1950 Woltersdorf/Berlin)
1920/21
Farbiges Papier und Pappe, geklebt, je 62,3 x 46,4 cm
Hamburg, Reemtsma

5.3.18
REEMTSMA CIGARETTEN, *Emailschild*
Wilhelm Deffke
(Elberfeld 1887–1950 Woltersdorf/Berlin)
Druck: Boos & Hahn, Ortenberg-Baden
Stahlblech, emailliert, schabloniert, gewölbt, 39 x 60 cm
Lit.: Dorén 1978 – Wunderlich 1991, 211
München, Privatsammlung

5.3.19 *Abb.*
Marlboro, *Plakat*
1994
Text: A timeless land. Where horses still run free. Where some men do what others only dream about.
München, Philip Morris

Kat. Nr. 5.3.19

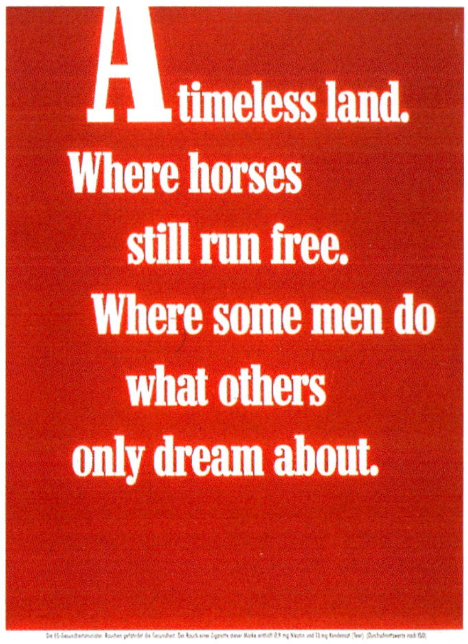

Lifestyle – Der Traum vom Glück

Werbung – insbesondere die Werbung für Luxusgüter – spekuliert auf Gewinn von sozialem Ansehen und Gefühl von gesellschaftlichem Aufstieg, die mit dem Erwerb eines Markenprodukts sichtbar verbunden sind. In der Geschichte der visuellen Werbung, die mit den Leitbildern persönlichen Lebensstils arbeitet, läßt sich zugleich die Entwicklung der gesellschaftlichen Ideale nachvollziehen. Werbung erzählt von den Sehnsüchten und Träumen der vielen, die aufmerksam den Lebensstil einer gesellschaftlichen Avantgarde verfolgen, um Accessoires und Attribute der *höheren Stände* in ihr Leben zu übernehmen, soweit dies finanziell möglich ist. Die Hälfte der Werbung beschäftigt sich in irgendeiner Form mit der Sphäre des Müßiggangs, den Freizeitbeschäftigungen, den gesellschaftlichen Ereignissen und den prestigeträchtigen Sportarten.

Vor allem Genußmittel, wie Alkoholika und Tabakwaren, bedienen sich der *Lifestyle*-Werbung für ihre spezifischen Zwecke. Dem liegen alte Bräuche und Riten gesellschaftlich gebundenen Konsums zugrunde, die mit der Geschichte von Tabak und Alkohol einhergehen. *The ceremonial differentiation of the dietary is best seen in the use of intoxicating beverages and narcotics. If these articles of consumption are costly, they are felt to be noble and honorific* (Veblen/Thorstein, The theory of the leisure class, Erstausgabe 1899, New York 1967, 70), kommentierte dies der Entdecker der *Freizeit-Gesellschaft.* Veblen analysierte und beschrieb zuerst Mechanismen, die sich mit dem zur Schau getragenen Reichtum in der Industriegesellschaft verbinden. Er prägte entscheidende Begriffe durch den Buchtitel *Leisure Class* und im vierten Kapitel mit dem Begriff *Conspicuous Consumption,* womit er den demonstrativen Gebrauch von bewußt teuer gehaltenen Konsumgütern meint. Dies geschieht durch eine nicht arbeitende, bloß konsumierende Gruppe, die von großen Teilen der Gesellschaft zum Leitbild erkoren wurde. Zu allen Zeiten hat man bestimmte Publikumslieblinge so mit Geld überschüttet, daß sie einen extrovertierten Lebensstil vorleben konnten. Überflüssige Dinge und unnötige Ausgaben werden für das Sozialprestige besonders hoch bewertet: *Throughout the entire evolution of conspicuous expenditure, whether of goods or of services or human life, runs the obvious implication that in order to effectually mend the consumer's good fame it must be an expenditure of superfluities. In order to be reputable it must be wasteful. No merit would accrue from the consumption of the bare necessaries of life* ... (ebd., 96 f.). Hier spielt Werbung eine entscheidende Rolle, indem sie in einer Art von

Kat. Nr. 5.4.12

Kat. Nr. 5.4.13

Kat. Nr. 5.4.24

Bildreportage versucht, wirklichkeitsnah glauben zu machen, welche Produkte *The Rich and the Famous* bevorzugen.

Die Frühzeit um 1900 wird entschieden von einem international orientierten und englisch geformten Gesellschaftsideal geprägt, das den *sporting gentleman* und die *elegant lady* zu Ikonen erhoben hat. Die europäische Hocharistokratie hatte sich im Laufe des 19. Jahrhunderts neben ihrem militärischem Habitus diese zivile Daseinsform zu eigen gemacht und darin weitgehenden Konsens im Patriziat und Bürgertum gefunden. Entsprechende Gesellschaftsgarderobe, Sportkleidung, Pferderennen, Rassehunde, Lakaien, Butler und mondäne Attitüden und Attribute kommen auf Plakaten und in Anzeigen vor, in denen das Leben der Oberschicht nachgezeichnet wird. Die Zeit vor dem Ersten Weltkrieg wird über die englische Mode hinaus von zwei weiteren Lifestyle-Moden bewegt. Dies ist zuerst ein neues Biedermeier, das auf der Grundlage des Neoklassizismus seine nostalgische Blüte erlebt und dann um 1910 ein dezidiertes Neorokoko, welches das Rokoko des Ancien régime wie in einem Spiel nachinszeniert. Hierfür wurde der treffende Name *Rosenkavalierstil* vorgeschlagen, trifft er doch mit der Uraufführung der berühmten Oper 1911 in Dresden zusammen. Die Werbung hat sich dieses Themas rasch angenommen. Der kleine Mohr als Lakai oder Trabant, der in der Werbung mit Turban und türkischen Pluderhosen uns so häufig begegnet, ist eine Staffagefigur aus dem Repertoire des Neurokoko, als Deutschland kurz vor dem Ende der Monarchie noch einmal sehr heftig vom Schloßsyndrom geschüttelt wurde. Vor allem Hans Rudi Erdt war auf diese Werbung, die mit den Sehnsüchten von Schönheit, Reichtum und Ansehen spielte, spezialisiert und entwarf eine stattliche Anzahl von Plakaten, die für Luxusgetränke oder Automobile warben. Bisweilen wird der Typus des Herrenreiters, herrschaftlichen Autofahrers oder mondänen Gesellschaftslöwen so mitleidlos charakterisiert, daß die Züge bis in die Karikatur hinein übersteigert sind. Darin liegt eine Verbindung zur Gesellschaftssatire, welche Thöny, Arnold und Heine im *Simplicissimus* veröffentlichten. Die Werbestrategie der *vornehmen Gesellschaft* überlebte bis in die 20er und 30er Jahre, integrierte aber zunehmend Motive aus den edlen Turniersportarten, welche in einer zutiefst konservativen Gesellschaft sozial akzeptiert waren. Die späten 30er – sprich die Zeit des Nationalsozialismus – und die 50er Jahre entwickelten eine Werbung, welche den Freikörperkult, die Freizeit an Luft und Sonne zu ihren bevorzugten Themen machte. Soziale Rollenspiele stehen dabei weniger im Vordergrund als der Traum vom Glück, der sich mit dem Genuß der Natur und der ungebundenen Freiheit der Lebensführung verbindet. Daß dies nur aufgrund einer im Überfluß vorhandenen wirtschaftlichen Versorgung möglich sein kann, wird bei diesem *Naturrecht* verdrängt.

Das Bild wechselte von einer erstaunlich anmaßenden und arroganten Lebewelt, die für *ihre* Luxusgüter Werbung betreibt, zu Formen sympathieheischenden Lebensgenusses einer neugeordneten Freizeitgesellschaft.

Hans Ottomeyer

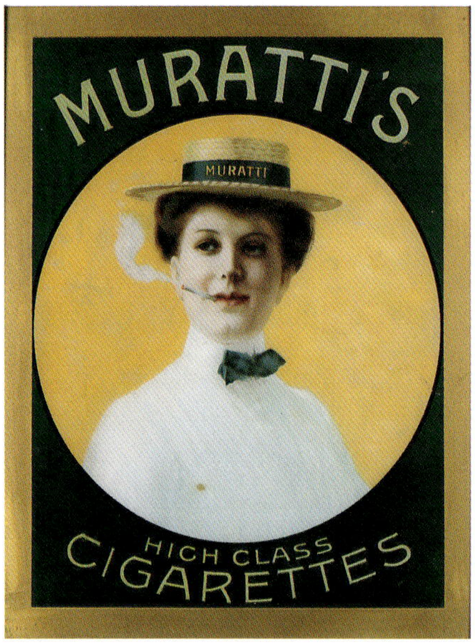

Kat. Nr. 5.4.1

Mondäne Welt

5.4.1 *Abb.*
MURATTI'S HIGH CLASS CIGARETTES, *Ladenschild*
Um 1910
Hinterglas, Offset, 47 x 35 cm
München, Privatsammlung

5.4.2
Engelhardt Grisette, *Zwei Dosen für 50 und 100 Zigaretten*
Martin und Walter Lehmann (Zwillinge), gen. Lehmann-Steglitz (Krummlinde/ Lüben 1884–1921 Berlin [Walter])
1913
Weißblech, bedruckt, 3,5 x 10 x 7,8 cm und 3,6 x 15,2 x 10,8 cm
Beschriftung: Wandung vorne: Engelhardt Cigaretten; Wandung seitlich: 100 Grisette Gold (50 Grisette Gold); Wandung hinten: Leopold Engelhardt CAIRO BREMEN / HOFL. s. H. des KHEDIVE
Lit.: Leitherer/Wichmann 1987, 168
München, Privatsammlung

5.4.3
Engelhardt Grisette, *Dose für 20 Zigaretten*
Martin und Walter Lehmann (Zwillinge), gen. Lehmann-Steglitz (Krummlinde/ Lüben 1884–1921 Berlin [Walter])
1913
Weißblech, bedruckt, 8 x 8,5 x 2,2 cm
Beschriftung Deckel seitlich: 20 Grisette Gold
München, Privatsammlung

5.4.4
GRISETTE, *Papier*
Martin und Walter Lehmann (Zwillinge), gen. Lehmann-Steglitz (Krummlinde/ Lüben 1884–1921 Berlin [Walter])
Um 1913
Lithographie, 10,6 x 7,8 cm
München, Privatsammlung

5.4.5
Engelhardt Grisette, *Ladenplakat*
Martin und Walter Lehmann (Zwillinge), gen. Lehmann-Steglitz (Krummlinde/ Lüben 1884–1921 Berlin [Walter])
1913
Bez.: LEHMANN STEGLITZ
Lithographie auf Pappe, 21 x 26,7 cm
München, Privatsammlung

5.4.6
Die Intimste Cigarette GRISETTE, *Ladenplakat*
Martin und Walter Lehmann (Zwillinge), gen. Lehmann-Steglitz (Krummlinde/ Lüben 1884–1921 Berlin [Walter])
Berlin um 1910
Bez. u. l.: LEHMANN STEGLITZ
Druck: Kunst-Anstalt Arnold Weylandt, Berlin
Lithographie, 45 x 32,5 cm
Text: Engelhardt Qualitäts Cigarette
Lit.: Das frühe Plakat, Bd. 3, 1980, Nr. 1965
Münchner Stadtmuseum A 13/82

Der Dandy

5.4.7
SULIMA Matrapas, *Schaufensterdekoration*
Um 1912
Pappe, bedruckt, 28 x 46 cm
Hamburg, Reemtsma

5.4.8
400 Gramm Dessert-Waffeln, *Keksdose*

Kat. Nr. 5.4.10

Heinrich Mittag
(Hannover 1859–nach 1930)
Um 1907
Weißblech, bedruckt, 6,7 x 19,2 x 13,2 cm
Beschriftung Wandung vorne und hinten:
HANNOVERSCHE CAKES-FABRIK
H. BAHLSEN
München, Privatsammlung

5.4.9
Muratti's After Lunch Cigarettes,
Dose für 100 Zigaretten
Weißblech, bedruckt, 5 x 12 x 7,2 cm
Beschriftung: Wandung seitlich:
100 MURATTI'S AFTER LUNCH;
Deckel: B. MURATTI SONS & CO LTD /
MANCHESTER · LONDON · BERLIN ·
PARIS & BRUSSELS
Lit.: Ruben 1914, 304
München, Privatsammlung

5.4.10 *Abb.*
Moslem, *Dose für 100 Zigaretten*
Hans Rudi Erdt
(Benediktbeuren 1883–nach 1930)
1909
Weißblech, bedruckt,
4,6 x 14,2 x 7,8 cm
Beschriftung: Wandung vorne und hinten:
Problem MOSLEM Cigaretten;
seitlich: 100 MOSLEM GOLD
Lit.: Das frühe Plakat, Bd. 3, 1980,
Nr. 823 – Leitherer/Wichmann 1987, 167
München, Privatsammlung

5.4.11
Lesmona Cigaretten Damenfreund,
Dose für 100 Zigaretten
Um 1920
Weißblech, bedruckt, 3,8 x 14 x 10,4 cm
Beschriftung Wandung vorne und hinten:
100 DAMENFREUND CIGARETTEN
München, Privatsammlung

5.4.12 *Abb.*
PROBLEM Cigarettes, *Plakat*
Hans Rudi Erdt
(Benediktbeuren 1883–nach 1930)
1912
Bez. u. l.: H R ERDT
Druck: Hollerbaum & Schmidt, Berlin
Lithographie, 69,5 x 95 cm
Lit.: Das Plakat 5, 1914, 43 –
Das frühe Plakat, Bd. 3, 1980, Nr. 824
Berlin, Deutsches Historisches Museum
P 57/1650

5.4.13 *Abb.*
Doyen Cigarette 3 ♂
ADLER-COMPAGNIE A-G, *Plakat*
Paul Scheurich
(New York 1883–1945 Brandenburg)
Berlin 1913
Druck: Hollerbaum & Schmidt, Berlin
Lithographie, 68,6 x 93,5 cm
Lit.: Das Plakat 5, 1914, 43 –
Das frühe Plakat, Bd. 3, 1980, Nr. 2897 –
Rademacher 1992, Nr. 421
Berlin, Deutsches Historisches Museum
P 63/729

5.4.14
MÜLLER EXTRA, *Plakat*
Julius Klinger (Wien 1876–1942 Minsk)
Berlin um 1910
Bez. Mitte r.: JULIUS KLINGER
Druck: Hollerbaum & Schmidt, Berlin
Lithographie, 69,5 x 95 cm
Text: MATHEUS MÜLLER SEKTKELLE-
REI ELTVILLE / HOFLIEFERANT
SR. MAJESTÄT DES KAISERS
Lit.: Das Plakat 4, 1913, 37 –
Das frühe Plakat, Bd. 3, 1980, Nr. 1756 –
Rademacher 1992, Nr. 261
Münchner Stadtmuseum B 13/4

5.4.15
MÜNCHENER BADE APPARATE
FABRIK JOSEF ABELE, *Plakat*
Ludwig Riegler (München 1886–unbek.)
Um 1910
Bez. u. l.: Ludwig Riegler
Druck: Bickel Söhne Kunstanstalt München
Lithographie, 67 x 45,5 cm
Lit.: Das frühe Plakat, Bd. 3, 1980, Nr. 2697
Münchner Stadtmuseum A 10/21

5.4.16
KAFFEE HAG, *Plakat*
Ludwig Hohlwein
(Wiesbaden 1874–1949 Berchtesgaden)
München 1913
Bez. u. l.: LUDWIG HOHLWEIN
MÜNCHEN
Druck: Oscar Consée, München
Lithographie, 81,5 x 56 cm
Lit.: Das frühe Plakat, Bd. 3, 1980,
Nr. 1456
Münchner Stadtmuseum A 13/28

Leisure Class

5.4.17 *Abb.*
Drei Gesellschaftsszenen Cabaret, Sport,
Karneval, *Anzeigenentwürfe*
Ernst Heilemann (Berlin 1870–unbek.)
1913
Bez.: E. Heilemann
Deckfarbe, 50 x 40 cm
Text Cabaret: Semper Idem ›Der Komiker
bringt schon seit Jahrzehnten immer
dasselbe!‹ ›Der Kellner auch – Gott
sei Dank!‹
Mainz, Sektkellerei Kupferberg

5.4.18
MERCEDES, *Plakat*
Um 1910
Bez. u. l.: Werkstätte für Graphische Kunst
Stuttgart
Lithographie, 109,5 x 72,5 cm
Text: DAIMLER / MOTOREN /
GESELLSCHAFT / STUTTGART /
UNTERTÜRKHEIM
Münchner Stadtmuseum B 22/5

5.4.19
Victoria Werke A.G. Nürnberg
Fahrräder = Motorwagen, *Plakat*
Fritz Rehm zugeschrieben
München um 1905
Druck: Vereinigte Druckereien und
Kunstanstalten GmbH (G. Schuh & Co.)
München, Herrnstraße 35
Lithographie, 114 x 82 cm
Münchner Stadtmuseum P 72/1424

5.4.20
HORCH, *Plakat*
Leipzig um 1905
Druck: Moritz Prescher NCFGR. AG
LEUTZSCH, Leipzig

Lithographie 105 x 86 cm
Text: DONNERWETTER / TADELLOS / PREISGEKRÖNTE AUTOMOBIL-MARKE / A. HORCH & CIE. MOTORWAGENWERKE AKTIEN-GESELLSCHAFT ZWICKAU I/SA/ FILIALE: MÜNCHEN, KARLSTR. 41
Münchner Stadtmuseum C 22/10

5.4.21
Trink Coca-Cola, *Plakat*
1936
Lithographie auf Karton, 127 x 76,5 cm
Lit.: Weisser 1985 a, 106 – Zec 1994, 106
Osnabrück, Franz-Herbert Heydt

5.4.22
Trink Coca-Cola Immer Eiskalt, *Plakat*
1933
Lithographie, 168,6 x 118,7 cm
Text: Die Erfrischung
Lit.: Weisser 1985 a, 108, Nr. 132
München, Deutsche Städtereklame 10, 166 1938

5.4.23
Mach mal Pause Trink Coca-Cola das ist köstlich, *Plakat*
1950
Offset, 177,5 x 83,5 cm
Lit.: Duvigneau 1982, Nr. 427
Münchner Stadtmuseum D (D) 13.1/1

5.4.24 *Abb.*
Der große deutsche Sekt MM, *Plakat*
Um 1950
Druck: Strittdruck, Frankfurt a. M.
Offset, 118 x 82 cm
Lit.: Duvigneau 1982, Nr. 349
Münchner Stadtmuseum B (D) 13.5/6

Kat. Nr. 5.4.17

Kat. Nr. 5.4.17

5.4.25
ALLE JAHRE WIEDER ›4711‹
Mein liebstes Geschenk, *Plakat*
Um 1955
Bez. M. l.: RH
Offset, 165 x 116 cm
Lit.: Duvigneau 1982, Nr. 319
Münchner Stadtmuseum D (D) 10.30/3

5.4.26 *Abb.*
NATURREIN REVAL CIGARETTEN
Gerd Grimm
(Karlsruhe 1911, lebt in Freiburg)
1958
Bez. u. Mitte: Grimm
Druck: Paul Landmann GmbH,
Mannheim Nekarau
Offset, 119 x 83,9 cm
München, Deutsche Städtereklame 28.712

5.4.27
NATURREIN REVAL CIGARETTEN,
Plakat
Gerd Grimm
(Karlsruhe 1911, lebt in Freiburg)
1959
Bez. u. r.: Grimm
Druck: Vereinigte Offsetdruckereien,
Mannheim
Offset, 118 x 84 cm
Lit.: Duvigneau 1982, Nr. 405
Münchner Stadtmuseum B (D) 13.62/4

5.4.28
Afri Cola, *Werbefilm*
Charles Wilp
(Witten 1937, lebt in Düsseldorf)
Düsseldorf 1968
Köln, Afri Cola

Kat. Nr. 5.4.26

Der schöne Mensch – Ideal seiner Zeit

Palazzo del Tè in Mantua: Die Deckengewölbe strotzen vor selbstbewußter Körperlichkeit. Ausladende, muskulöse, kaum bekleidete weibliche und männliche Leiber künden von menschlicher Kraft, Macht, Lust und Gewalt. Der Anbruch der neuen Zeit, geprägt von Nova Sciencia und maßlosem Vertrauen in die gestalterischen Kräfte der Menschen, äußert sich im Chaos der Leiber und Köpfe, in einer neuen Individualität, die die züchtige Ordnung des Mittelalters sprengt. Ein halbes Millennium später ist die visuelle Kultur erneut von archaischen Mythen unmittelbarer Körperlichkeit, Kraft und Gewalt geprägt. Die großen Filmheroen Hollywoods gleichen den Potentaten der Renaissance nicht nur in ihrer zerfaserten Muskulatur, sondern auch in ihren Allmachtsphantasien und Chaosängsten. Im Vergleich zur Film- und Videoclipkultur der Teenager ist die Werbekunst dagegen harmlos-gefällig geblieben: Die Darstellung von Körperlichkeit konzentriert sich überwiegend auf die magersüchtigen, langbeinigen, sehr jungen Mädchen mit knabenhaften Hüften, die die Modellagenturen bevölkern. Das kokette Spiel mit kurzen Röckchen, geschlitzten Abendkleidern, mit Seife, Deodorant und Strumpfhosen vermeidet jede erotische Provokation, diese Art der Körperlichkeit ist bemüht ätherisch. Die Entmaterialisierung des Körperlichen generell und des weiblichen Körpers speziell hat eine lange Tradition, die sich bis in die Antike verfolgen läßt (vgl. Theweleit 1995). Die Verbindung des Frauenkörpers mit Bildern der Entgrenzung symbolisiert in fließenden Formen und weichen Umrissen – insbesondere durch Wasser, Meer, Himmel – die Verschmelzung mit der umgebenden Natur, letztlich das Ineinssetzen des Frauenkörpers mit Materialität und Natur, und das Entgegensetzen männlicher Form und Willenskraft läßt sich nicht nur in der Blüte der bürgerlichen Kultur des 18. und 19. Jahrhunderts beobachten – wenn es dort auch seine radikalste Gestalt annimmt –, sondern ist Element künstlerischer Darstellungen aller Zeiten, insbesondere der Dichtung. Neben Aphrodite gibt es aber auch das Frauenbild der Athene mit harten Konturen, intelligent und kontrolliert. Es ist ein auffallendes Merkmal der werblichen Darstellung des Frauenkörpers der vergangenen Jahre, daß die Konturen schärfer werden und Symbole weiblicher Kraft die Hamilton-Bilder zurückdrängen.

Es ist ein Irrtum zu glauben, daß die nach wie vor auffällige Asymmetrie in der Körperdarstellung, die weitgehende Dominanz weiblicher Körper in der Werbung, allein Signum einer patriarchalischen Gesellschaft sei. Ein Blick in die Kunstgeschichte genügt, um diese Vermutung zu widerlegen. In der sicherlich patriarchalischsten Kultur des Abendlandes, der Polis-Kultur des klassischen Griechenlands, dominierte der männliche nackte Körper die plastische und bildnerische Darstellung. Auch die soziale Realität der Renaissance war sicherlich nicht von einem höheren Gleichmaß der Geschlechter geprägt als unsere Zeit, aber auch dort spielt der nackte jüngere – aber auch ältere – männliche Körper eine zentrale Rolle in der bildenden Kunst. Angesichts der Tatsache, daß Frauen nach wie vor die weit überwiegende Anzahl von Kaufentscheidungen treffen und in ihrer faktischen Kaufkraft nach neueren Schätzungen etwa zwei Drittel des Marktes bestimmen, ist diese Asymmetrie um so erstaunlicher. Zeitschriften, die sich ausschließlich an eine weibliche Leserschaft richten, beschränken sich weitgehend auf Frauendarstellungen, allerdings typischerweise mit einer geringen erotischen Konnotation, während Zeitschriften, die überwiegend an ein männliches Publikum adressiert sind, meist Frauendarstellungen mit starken erotischen Konnotationen enthalten. Der nackte Männerkörper in der Werbung (Kat. Nr. 5.5.17) konzentriert sich auf Männer- und nicht auf Frauenprodukte, wobei zu berücksichtigen ist, daß ein Gutteil dieser Männerprodukte von Frauen gekauft wird. Diese Asymmetrien sind weniger eine Verschwörung der Werbeindustrie gegen die Gebote der Gleichstellung, sondern spiegeln Bewußtseinslagen und Wahrnehmungsformen unserer Alltagskultur getreulich wider. Ein Teil dieser Asymmetrien hat vermutlich einen genetischen Ursprung: die stärkere visuelle Prägung männlicher Erotik, die größere Sorgfalt, die Frauen ihrem eigenen Körper widmen, die männliche Tendenz zur Objektivierung und Distanzierung gegenüber einer weiblichen Präferenz für Nähe und Vertrauen etc. (vgl. Gilligan 1984, Nagl-Docetal/Pauer-Studer 1993, Buss 1994).

Die Ambivalenz moderner Körperlichkeit findet in der Werbekunst vielfältigen Ausdruck. Die Aufmerksamkeit konzentriert sich gerade in dem Maße auf den eigenen Körper, in dem die Entfrem-

Kat. Nr. 5.5.16

dung zunimmt. Der eigene Leib als Teil der Gesamtpersönlichkeit wird mit dem Blick des anderen gesehen, er scheint ein fremdes System von undurchschauten Vorgängen zu sein, deren Kontrolle notwendig wäre, aber selbst nicht geleistet werden kann. Die Medizin, Apotheken, Drogerien, die Kosmetik geraten zu unverzichtbaren Lebenshilfen. Die Ernährung folgt nicht dem natürlichen Rhythmus von Appetit und Sättigung, sondern ist zunehmend Reglements der zeitlichen Einteilung, der Kalorienberechnung, der Vitaminzufuhr, eben einer diätetischen Lebensweise, unterworfen. Die Werbeindustrie verstärkt mit irrealen Körperidealen die latente und manifeste Hypochondrie und Hysterie einer Gesellschaft, für die der eigene Leib etwas weitgehend Fremdes geworden ist (vgl. Export 1992, Böhme/Böhme 1983, Böhme 1985, Kap. 7 und 8, von Braun 1985 und 1989). Entfremdung schafft Aufmerksamkeit. Die psychoanalytisch inspirierte Kulturkritik hat bei aller methodologischen Fragwürdigkeit doch beeindruckende Belege für die beständige Rückkehr des Verdrängten. Körperfeindliche Kulturen tendieren zur Körperfixierung, sexuelle Stigmatisierung und Repression führen zu einer erotischen Besetzung der gegenständlichen Welt. Die beständige Thematisierung von Körperfeindschaft und Sexualrepression ist selbst Teil dieser Entfremdung und prolongiert sie (vgl. Foucault 1976).

Die Instrumentalisierung des eigenen Körpers verfehlt in der Regel ihr Ziel. Die Grenzen der Intentionalität, am eigenen Leibe erfahren, sind für eine Kultur, die effiziente und kontrollierte Verfolgung von Zielen als eine zentrale Orientierung hat, schwer zu verkraften. Der Wechsel des Leibes von einem Zustand in den anderen – vom Wachen zum Schlafen, von der Arbeit zur Entspannung, von Distanz zu sexueller Nähe – ist nur begrenzt steuerbar, die direkte willensstarke Intentionalität in der Regel kontraproduktiv. Körperliche Fitneß, nicht als Ergebnis lustvoller körperlicher Anstrengung, sondern als Maß des Erfolges, Gesundheit als Ergebnis eines komplizierten Prozesses, unter Einsatz technischer Hilfen und medizinischen Sachverstandes, Schönheit als Maß der allgemeinen Anerkennung (vgl. Wolf 1990) – dies alles sind Symptome einer gestörten Körperlichkeit. Andererseits kehren antikische Ideale der Einheit von Leib und Seele zurück, die sich auch in den Bildern der Werbung niederschlagen. Reglementierung und Instrumentalisierung der Körperlichkeit sind keine Erfindung des Christentums oder des puritanischen Bürgertums seit dem 17. Jahrhundert – wenn diese Phänomene dort auch besonders extreme Gestalt angenommen

Kat. Nr. 5.5.17

Großflächenplakat 1994. Bad Überkingen, Mineralbrunnen AG

Großflächenplakat 1995. Kehlheim, Private Weißbierbrauerei G. Schneider & Sohn KG

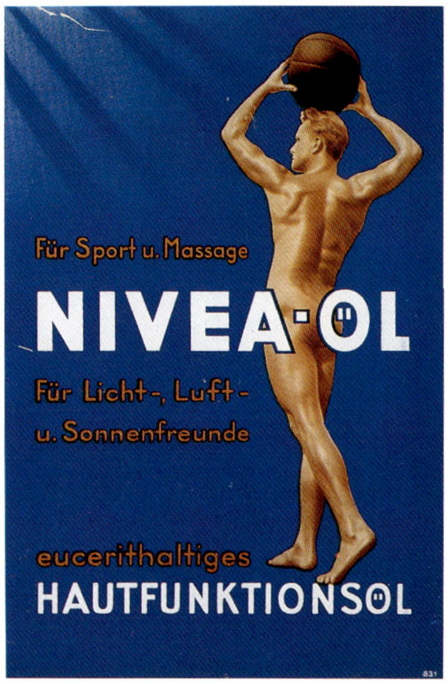

Kat. Nr. 5.5.2

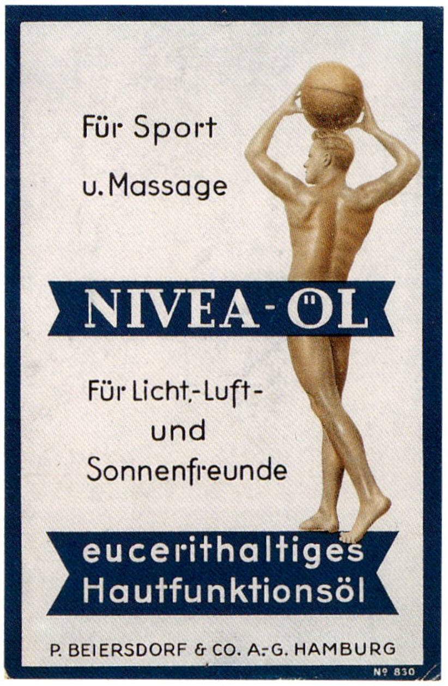

Kat. Nr. 5.5.3

Kat. Nr. 5.5.4

haben. Die entscheidende Differenz ist die der Schuldbeladenheit – die Assoziation von Körperlichkeit und Schuld scheint der abendländischen Antike fremd gewesen zu sein, und damit war Körperlichkeit in einem Maße integraler Bestandteil des alltäglichen und des kulturellen Lebens, wie es heute höchstens in einigen Subkulturen – etwa der afro-amerikanischen Musikszene – wieder auflebt.

Die gesellschaftlich erzeugte Paradoxie von Körperdistanzierung und Körperaufwertung (vgl. Bette 1989) läßt immer wieder den Mythos der Versöhnung ahnen, der sich in den kulturellen Zeugnissen des klassischen Griechenlands abzuzeichnen scheint. Die gelegentlich nationalsozialistischen und faschistischen (auch stalinistischen) Vorbildern angelehnte Körperdarstellung zeitgenössischer Werbekunst (vgl. Westphal 1989) steht hier in einer Tradition, die von der Nazikunst weder erfunden noch allein in Anspruch genommen wurde, sondern nur dort einen besonders verlogenen Ausdruck fand.

Während bestimmte Motive der Körperdarstellung in der Werbung gleichbleibenden Mustern folgen, was in geradezu stereotyper Form für unbekleidete oder nur wenig bekleidete Männerkörper gilt (starr, muskulös, sportlich, allein), weisen andere Sparten der werblichen Körperdarstellung interessante Entwicklungen auf – dies gilt in besonderem Maße für die Alkoholwerbung. Sie gebrauchte (und gebraucht bis heute) auffallend häufig traditionalistische Motive aus dem Bildarsenal einer imaginierten Vergangenheit, bevölkert mit wohlgenährten Mönchen und Fürsten, Wirten und Honoratioren. Der beträchtliche – wenn auch unterproportionale – Frauenanteil am Alkoholkonsum schlug sich viele Jahrzehnte in der Werbung nicht nieder. Dargestellt wurde der trinkende Mann, dem man den Genuß in Physiognomie und Körperformen deutlich ansah. Frauen tauchten nur in der Sektwerbung, und dort als ätherische Geschöpfe der höheren Gesellschaft auf. In der Gegenwart hat sich dies drastisch geändert. Die Frauen sind heute als Konsumenten von Alkoholika präsent, allerdings sind die Körperdarstellungen beider Geschlechter nun in Richtung Jugend, Schönheit, Gesundheit verschoben, sie haben sich von der gesellschaftlichen Realität in einem in früheren Jahrzehnten unbekannten Maße entfernt. Zugleich tauchen für die kommerzielle Werbung ungewohnt kühne Bilder erotischer weiblicher Selbstbestimmung auf, wie die Martini-Frau, die ihren Begleiter zugunsten eines anderen sitzenläßt und das kontinuierliche Auftrennen ihres Strick-Minikleides mit einem Achselzucken kommentiert, ganz zu schweigen von der messerbewehrten Campari-Frau und der West-Domina. Die Tabubrüche sogenannter ›schwarzer‹ Erotik, die man wohl als Reaktion auf den Neopuritanismus des Aids-Zeitalters interpretieren kann, erlauben der Werbekunst erste Ausbrüche aus den Klischees (vgl. Butler 1993, Dietzen 1993) weiblicher Puppen und männlicher Körperpanzer.

Julian Nida-Rümelin

5.5.1
NIVEA-CREME NIVEA-ÖL, *Ladenplakat*
1931
Lithographie auf Pappe, 19 x 24,2 cm
Text: Lernt richtig sonnenbaden ! / Stets vorher einreiben !
Hamburg, Beiersdorf

5.5.2 *Abb.*
NIVEA-ÖL, *Ladenplakat*
1932
Lithographie auf Pappe, 24,8 x 17,2 cm
Text: Für Sport u. Massage /
Für Licht-, Luft- / u. Sonnenfreunde /
eucerithaltiges / HAUTFUNKTIONSÖL
Hamburg, Beiersdorf

5.5.3 *Abb.*
NIVEA-ÖL, *Ladenplakat*
1930
Lithographie auf Pappe, 24 x 16 cm
Text: Für Sport u. Massage /
Für Licht,- Luft- / und / Sonnenfreunde /
eucerithaltiges Hautfunktionsöl /
P. BEIERSDORF & CO. A.-G. HAMBURG
Hamburg, Beiersdorf

5.5.4 *Abb.*
NIVEA-ÖL, *Ladenplakat*
Schuchert
1930–33
Bez. u. Mitte: SCHUCHERT;
Lithographie auf Pappe, 24 x 19 cm
Text: FÜR SPORT / U. MASSAGE /
FÜR / LICHT – LUFT – UND /
SONNENFREUNDE / eucerithaltiges
HAUTFUNKTIONSÖL
Hamburg, Beiersdorf

5.5.5
Mit NIVEA in Luft und Sonne, *Ladenplakat*
1935
Lithographie auf Pappe, 27,5 x 19,8 cm
Text. FÜR HAUS UND SPORT /
NIVEA CREME / ZUR HAUTPFLEGE
Hamburg, Beiersdorf

5.5.6
NIVEA-CREME NIVEA-ÖL, *Plakat*
Um 1935
Lithographie, 63,5 x 50 cm
Text: erst / danach / sonnenbaden !
Münchner Stadtmuseum A 10/29

5.5.7 *Abb.*
Mauersäge Stadler & Geyer – München, *Plakat*
Ludwig Hohlwein
(Wiesbaden 1874–1949 Berchtesgaden)
Um 1925
Bez. o. r.: LUDWIG HOHLWEIN MÜNCHEN
Druck: Herm. Sonntag & Co, München
Lithographie, 100 x 72,5 cm
Text: Trockenlegung / feuchter Gebäude /
Hausschwamm- / Vertreibung / Grundwasser /
Abdichtung / Telefon : 61957 Klugstraße 55
Münchner Stadtmuseum B 10/7
Das Plakat wird heute noch verwendet.

Kat. Nr. 5.5.11

Mauersäge
Trockenlegung feuchter Gebäude
Hausschwamm-Vertreibung
Grundwasser-Abdichtung...
Stadler & Geyer · München
Telefon: 61957
Klugstraße 55
Herm. Sonntag u. Co. München 38

Kat. Nr. 5.5.7

Email
PLAKATE
FERRO
-EMAIL
LUDWIG HOHLWEIN
MÜNCHEN
AETZ- & EMAILLIERWERKE C. Robert Dold OFFENBURG-BADEN

Kat. Nr.
5.5.8

5.5.8 *Abb.*
Email PLAKATE FERRO-EMAIL, *Ladenplakat*
Ludwig Hohlwein
(Wiesbaden 1874–1949 Berchtesgaden)
Um 1925
Bez. u. r.: LUDWIG HOHLWEIN MÜNCHEN
Druck: Sonntag & Co, München
Text: Aetz- & Emaillierwerke C. Robert Dold, Offenburg-Baden
Lithographie, 30,5 x 22 cm
Münchner Stadtmuseum AA 26/7

5.5.9
CONTINENTAL TENNIS-BÄLLE, *Plakat*
Julius Ussy Engelhard
(Bindjey/Sumatra 1883–1964 München)
Bez. u. r.: J. U. Engelhard
Lithographie, 58,5 x 39,7 cm
Berlin, Deutsches Historisches Museum P 62/1456

5.5.10
Agfa-Rollfilm, *Plakat*
Julius Ussy Engelhard
(Bindjey/Sumatra 1883–1964 München)
Berlin 1924
Bez. u. l.: J. U. Engelhard
Druck: R.Boll Buchdruckerei, Berlin
Lithographie, 56 x 42 cm
Münchner Stadtmuseum A 10/65

5.5.11 *Abb.*
Agfa, *Plakat*
Julius Ussy Engelhard
(Bindjey/Sumatra 1883–1964 München)
1924
Bez. u. r.: J. U. Engelhard 24.
Lithographie, 55,5 x 40 cm
Text: Agfa / Chromo / Isorapid / Platten
Lit.: Gebrauchsgraphik 1924, H. 5, 33
Münchner Stadtmuseum A 10/117

5.5.12
TRINK Coca-Cola, *Plakat*
Hayden
1937
Lithographie auf Karton, 127 x 76,5 cm
Lit.: Weisser 1985 a, 106 – Zec 1994, Nr. 66
Osnabrück, Franz-Herbert Heydt

5.5.13
immer wieder Sinalco, *Plakat*
Um 1955
Druck: Gustav Bentrup, Bielefeld
Offset, 84 x 59 cm
Lit.: Duvigneau 1982, Nr. 314
Münchner Stadtmuseum A (D) 13.2/5

5.5.14
NIVEA, *Werbeschild*
1967
Weißblech, bedruckt, 172 x 48 cm
Hamburg, Beiersdorf

5.5.15
P for men
Kampagne für Palmers
Foto: Elfriede Semotan,
Werbeagentur: GGK Wien
Wien Frühjahr 1985
Wien, Palmers Textil

5.5.16 *Abb.*
Kampagne für Piz Buin, *Sonnenschutzmittel*
Foto: Rudi Molacek
Griechenland 1984
Baar, Greiter (INTERNATIONAL)

5.5.17 *Abb.*
Lust auf Duft, Zino Davidoff
Kampagne für Davidoff Parfums
Foto: Lance Städler,
Werbeagentur: Select Koblenz
Paris 1986
Wiesbaden, Lancaster Group

Werbung im Schatten – Deutschland 1939–1945

Wie überlebt eine Branche, deren Herzstück jahrelang amputiert ist? Anders gefragt: Auf Kosten welch paradoxer Verstrickungen und Verkrampfungen ist die deutsche Wirtschaftswerbung durch den Kahlschlag des Zweiten Weltkrieges auf uns gekommen? Vielleicht kann gerade diese wenig attraktive und auch wenig gestellte Frage – löst man den Blick von den nur scheinbar fixen Eckdaten 1939 und 1945 – manche der fatalen Blessuren der gesamten deutschen Werbeszene in den 30er, 40er und auch noch 50er Jahren präziser erklären.

An die Tatsachen einer Mangelwirtschaft mit ihren zwangsläufigen Vertröstungen auf Zukünftiges hatte sich die normalverbrauchende Gefolgschaft der herrschenden NS-Kriegsvorbereiter und Autarkie-Ideologen bereits vor 1939 gewöhnen müssen. Bittere, im Krieg bald allgegenwärtige Erfahrungen von Mangel, Schund- und Surrogatprodukten folgten den Konsumenten auch nach 1945 zunächst wie der berühmt-berüchtigte Schatten auf Goebbelsschen Hetzplakaten; im Osten Deutschlands nicht selten bis fast in die Gegenwart. Eine dreist verordnete Phantom-Werbung am realen Mangel vorbei – etwa für die nur auf Glanzpapier auslebbaren *Kraft durch Freude* oder VEB-Autoträume in der ehemaligen DDR – hat die Werbegraphiker zweifellos häufiger als in ›gesunden‹ Zeiten von Absatz- und Gewinnmaximierung in lächerliche, groteske Werbeklischees abrutschen lassen. Die verschiedenartigen Anzeigen aus den Kriegsjahren, alle auf dem quälenden Tiefpunkt zwischen Konsum-Erinnerung und Konsum-Verheißung nach dem ›Endsieg‹ und der ›Neuordnung Europas‹ in Szene gesetzt, können diese Hilflosigkeiten mitunter durchaus unterhaltsam illustrieren.

Allerdings darf die Krise des sogenannten kriegsdienenden Graphikdesigns nicht zur pauschalen Verurteilung der vielen im Lande verbliebenen älteren Werbefachleute und jungen Nachwuchskräfte verleiten, die vor und nach 1945 an das seit den Glanzzeiten des modernen deutschen Sachplakats um 1910 erarbeitete Niveau anzuknüpfen versuchten. Immerhin war eine der Autoritäten dieser Berliner Schule, Oskar Hermann Werner Hadank (1889–1965), noch im Juli 1939 von der *Gebrauchsgraphik. International Advertising Art,* dem ›Offiziellem Organ der Fachgruppe Gebrauchsgraphiker in der Reichskammer der bildenden Künste‹, durch ein opulentes, goldglänzendes Sonderheft demonstrativ gefeiert worden. Hadanks unbeirrt ziviler, weltweit beachteter Werbestil beispielsweise für das Kölner Tabakhaus Neuerburg (Kat. Nr. 6.1.8) erwies sich trotz kriegsbedingter Hektik ab Herbst 1939 als auffallend konstant und flexibel zugleich. Aus Bild und aktualisierter Textinformation spricht eine unaufgeregte, selbstbewußt-lakonische Haltung angesichts eben unvermeidlicher Ärgernisse der Kriegswirtschaft, wie sie mit anderen graphischen Mitteln auch in der anonymen Kleinanzeige für das Überleben der Marke ›Blaupunkt Radio Gestern-Heute-Morgen‹ von 1941 fast selbstbeschwörend anklingt (Kat. Nr. 6.1.14).

Beide Anzeigenentwürfe zur Beruhigung und Vertröstung einer qualitätsbewußten Käuferschaft vermieden lautes Kriegspathos und erst recht jede Anbiederung an die nationalen Symbole des Parteiregimes, auf die viele deutsche Weltfirmen wie Mercedes-Benz oder die Auto Union in ihrer Produktanpreisung nicht verzichten wollten (Kat. Nr. 6.1.4 , 6.1.12).

Genauso verfehlt wie das nachträgliche Aburteilen aller Werbegraphiker für die Entgleisungen mancher Konzerndirektionen wäre es jedoch, die massiven Fehlleistungen der deutschen Gebrauchsgraphik quasi systemintern in Nachfolge der zeitgenössischen NS-Fachpresse nur auf Papierverknappung, Arbeitskräftemangel und die Zerbombung der Reklame-Infrastruktur abschieben und damit entschuldigen zu wollen. Auf keinen Fall verdrängt werden darf die seit Mitte der 30er Jahre brutal forcierte Ausgrenzung innovativer Werbeprofis meist aus dem Bauhaus-Umkreis, die Goebbels trotz des damit verbundenen Substanz- und Prestigeverlustes der deutschen Werbeszene anordnete. Für die vom Verdikt des Ministers betroffenen Künstler folgten quälende Überlegungen zwischen Flucht und Verzicht auf Karriere oder angepaßtem Weitermachen. Sicherlich gab es viele Übergangsstufen zwischen erzwungener und freiwilliger Emigration aus einem Staat, in dem es im Zeichen heraufziehender Kriegshysterie und verbohrter Autarkie-Phantasien mit klassischer, international orientierter Warenwerbung immer weniger Geld zu verdienen gab.

England und die USA haben vom Zustrom dieser meist hochmotivierten Nazigegner aus der Werbebranche nach dem jeweiligen Kriegseintritt 1939 bzw. 1941 immens profitiert. Zunächst England: Verblüffend ist hier die Experimentierfreude mit neuen, vom Kontinent importierten Werbeformen des Bauhauses, bei gleichzeitiger Betonung der auf der Insel traditionell beliebten Ansprache des Verbrauchers durch Humor, Karikatur und Ironie. Die gelungenen Ergebnisse dieser Mischung lassen sich noch heute anhand der Kriegsjahrgänge der in London und New York erschienenen Standardpublikation *Modern Publicity* überprüfen (Modern Publicity in War, 1941, und Sammelband 1942–48). Mit Recht ist auch an das Schicksal einzelner, von Berlin nach London vertriebener Künstlerpersönlichkeiten wie Fritz Rosen, den langjährigen Atelierleiter von Lucian Bernhard und Koproduzenten vieler Plakat-Klassiker, erinnert worden (Westphal 1989, 123–129). Rosen gelangen im Exil suggestive Plakatbilder, die antifaschistische Siegeszuversicht mit britischer Exportwerbung verschmolzen. Mit einem Wort: England integrierte Fremdes mit Angestammtem und optimierte seine Möglichkeiten trotz einer – wie beim Kriegsgegner Deutschland – schwindenden Rohstoffbasis und zerbröckelnden Infrastruktur. Vergleichsweise steril präsentieren sich dagegen die der NS-Propagandamaschinerie 1940 unzerstört in die Hände gefallenen Werbemetropolen fast ganz Europas mit Paris an der Spitze, gefolgt von Amsterdam, Brüssel und dem Geheimtip qualitätvollen Graphikdesigns im Kriege: Kopenhagen.

Nur in dem mit Hitler verbündeten faschistischen Italien und seiner Design-Hochburg Mailand setzten die Werbemanager auch nach dem Kriegseintritt des Landes 1940 in Sachen Wirtschaftsreklame auf ein intelligent-liberales Doppelangebot von surrealfuturistischen und naturalistisch-konventionellen Effekten, insbesondere im Vorfeld der für 1942 in Rom geplanten Weltausstellung EUR anläßlich des 20. Jubiläums des Mussolini-Regimes. Alle zwischen den offiziell verbrüderten Werbefachgremien aus Rom und Berlin nach Kriegsausbruch veranstalteten Leistungsvergleiche in Form von Wechselausstellungen, Plakatwettbewerben und Sonderheften der Fachorgane *La Pubblicità d'Italia* (Januar bis April 1941) und *Wirtschaftswerbung* (Oktober 1942) konnten für das ›Reich‹ nur kläglich enden. Eine dringend vermißte, detaillierte Positionsbestimmung von Mentalität und Niveau der beiden auf dem Sektor der Kriegswirtschafts-Werbung so ungleichen ›Brudermächte‹ muß einer gesonderten Untersuchung vorbehalten bleiben.

Kat. Nr. 6.1.14

Noch offensiver als England nahm der mächtige, transatlantische Verbündete USA die Herausforderung eines Wirtschaftskrieges mit globalen Dimensionen an, vor allem was die Revolutionierung bei Verpackungsstoffen und -methoden anging. Für die Akzeptanz dieser kriegswichtigen Neuerungen sorgten erstklassige Graphikdesigner aus Europa, wie das berühmt gewordene Beispiel der Zusammenarbeit von A. M. Cassandre, aber auch von Herbert Bayer und – bis zum Kriegsausbruch – des in Berlin verbliebenen Anton Zepf mit Walter Paepckes ›Container Corporation of America‹ (CCA) beweist. Gerade zu dem Zeitpunkt, als Bayer im Sommer 1938 seine Berliner Position als Art Director der Dorland Werbeagentur aufgab und nach New York emigrierte, hatte die *Gebrauchsgraphik* erstmals durch einen Bildbericht ihres Chefredakteurs Eberhard Hölscher auf die Errungenschaften der CCA hingewiesen (Jg. 15, Heft 7, Juli 1938, 19–28). Hier wird überdeutlich, wie mehr oder weniger offen, mehr oder weniger offiziell das insgeheim auch von Goebbels und Hitler bewunderte Vorbild USA in den Köpfen der deutschen Werbemächtigen und ihrer Werbegraphiker bereits vor dem Kriegsausbruch 1939 präsent gewesen sein muß.

Erwartet man daraufhin im Deutschland der späten 30er Jahre mit seinen immerhin etwa 50.000 in der Wirtschaftswerbung tätigen Fachkräften (Ringwald 1942, 27) etwas auch nur annähernd Innovatives, so fällt die Bilanz dürftig aus. Im Reich schien vom ersten Tag des Krieges an Zögerlichkeit und Sparzwang über Risikofreude und Improvisationsgabe im Kampf für eine situationsgerechte, offensive Wirtschaftswerbung die Oberhand zu behalten. Diesen Schwachpunkt konnten auch nicht der dem Propagandaministerium strikt unterstellte Interessenverband ›Werberat der Deutschen Wirtschaft‹ und dessen Präsident Prof. Heinrich Hunke übersehen. Wer zwischen den Zeilen des Werberat-Hausorgans *Wirtschaftswerbung* zu lesen verstand, spürte trotz aller NS-Schönfärberei Enttäuschung und Ratlosigkeit.

Unter dem Schock des Kriegsausbruchs und dem Diktat der mit deutscher Gründlichkeit vorauseilend schon am 27. August 1939 verhängten Rationierung bzw. Wegnahme vieler Rohstoffe und Markenartikel bis hin zu Kultwaren wie Persil drohte für einen Augenblick sogar das totale Aus für die Wirtschaftswerber. Was den Betroffenen als Zusammenbruch ihres Berufsfeldes Angst machen mußte, begrüßten dagegen viele völkisch-heimatschützerische NS-Aktivisten in der Provinz als Sternstunde für ihren Kreuzzug gegen die ›Pest‹ der Papierplakate, Emailschilder und Giebelreklamen in Stadt und Dorf. Nach dem durch die Luftschutz-Verdunkelung unvermeidlichen Ende der in diesen Kreisen besonders verhaßten Lichtreklame (die jetzt offiziell Leuchtwerbung genannt werden mußte und in der Weltstadt Berlin phantastische Blüten getrieben

Kat. Nr. 6.1.19

Kat. Nr. 6.1.16

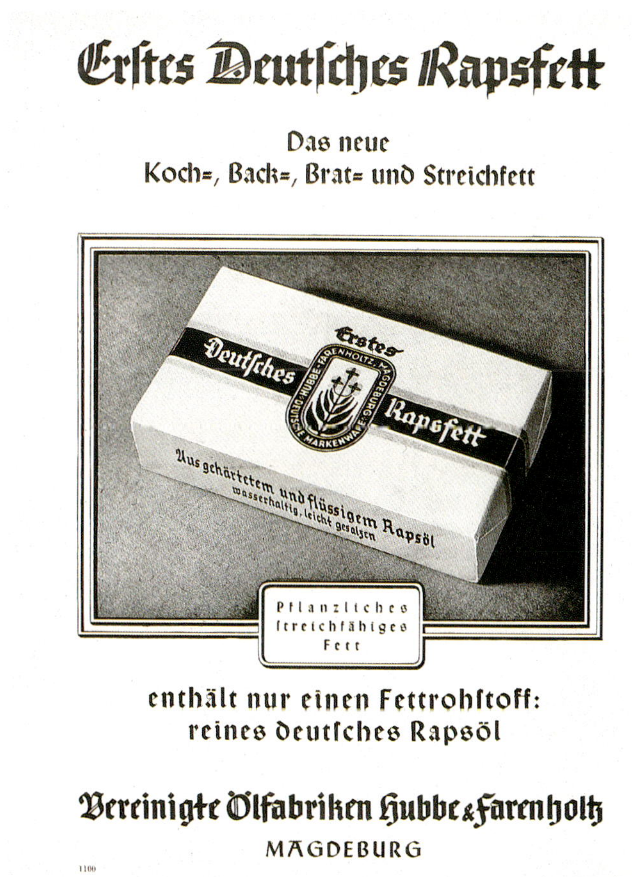

Luftwiderstand verzehrt Kraft. Ihn zu überwinden ist Aufgabe der kraftsparenden Stromform, die für alle Schnellverkehrsfahrzeuge wirtschaftlich ist
ADLER
2,5 LITER
SECHSZYLINDER

Kat. Nr. 6.1.9

Kat. Nr. 6.1.4

hatte) glaubten sich die NS-Heimatschützer zur totalen Säuberung des Landes von der als jüdisch und kapitalistisch denunzierten Warenreklame berufen.

Bei diesem Konflikt wird wieder einmal schlagartig die latente Spannung zwischen verfeindeten NS-Fraktionen deutlich, die sich auf völkisch-landständiger Seite um die Namen Alfred Rosenberg und Paul Schultze-Naumburg sammelten, auf technokratisch-werbefreundlicher Seite dagegen in Joseph Goebbels ihren Wortführer und Beschützer hatten. Wohl nur dem rigorosen Eingreifen von Goebbels als oberstem Schirmherrn der Polit- und Wirtschaftspropaganda und der daraufhin vom Werberat hastig schon im September 1939 gestarteten und danach endlos ermüdend variierten Kampagne unter dem Slogan ›Weiter Werben!‹ (Kat. Nr. 6.1.1) verdankt die Branche ihre Weiterexistenz, wenn auch nur auf Widerruf und quasi auf Sparflamme.

Ein relativ krisensicheres Reservat anspruchsvoller Wirtschaftspropaganda blieb dagegen für fast die gesamte Kriegsdauer das neutrale, devisenstarke Ausland, das mit reizvollen Broschüren, Werbeträgern, Goodwill-Veranstaltungen und Verkaufsmessen geradezu bombardiert wurde. Langfristig wollten die NS-Werbestrategen keinen Boden – z. B. in Südamerika – an die Westmächte verlieren und das globale Prestige deutscher Produkte über die Blockadezeiten hinweg in eine neue, von den Achsenmächten Deutschland, Japan und Italien dominierte Weltwirtschaftsordnung einbringen. Dementsprechend mußten die in Frage kommenden Vorzeigebetriebe je nach politischer Weisung aus Berlin Zickzackkurs steuern, wie etwa bei BMW Eisenach, wo man bereits am 3. September 1939 die PKW-Produktion stoppte, bevor man sie am 14. Oktober des gleichen Jahres überraschenderweise wiederaufnahm; 1940/41 schließlich forcierte man in Eisenach den Export handgefertigter Kabrioletts und Luxuslimousinen unter anderem in die Schweiz und nach Schweden, ohne Rücksicht auf die Wünsche der Wehrmacht oder anderer prominenter Inlandskunden (Schrader 1994, Bd. 1, 76).

Die von Hunke und seinen verängstigten Funktionären 1939 vorderhand pro domo strapazierten Argumente für eine ›Werbung für die Ware Werbung‹, für das Umstellen, aber nicht Einstellen einer gelenkten und erzieherischen Wirtschaftspropaganda im Kriege, beeindruckten schließlich die wirklichen Entscheidungsträger Goebbels und Hitler. Beiden von jeher mit der Macht von Propaganda und Manipulation rechnenden Demagogen bereitete es Sorge, daß schon 1942/43 etwa 80 Prozent der Werbefachleute zur Armee oder berufsfremder Tätigkeit abkommandiert waren (Wirtschaftswerbung 1943, 8). Ein Ausbluten des zivilen Werbesektors – ›gemischte‹ Zivil- und Rüstungskonzerne wie Daimler-Benz durften zunächst ihre Spitzenkräfte im Graphikdesign behalten – führte auf längere Sicht auch zu einer Erosion bei den Polit-Propagandisten. Der Zustrom der Ideen drohte zu versiegen. Populäre Neuschöpfungen wie die zur Sparsamkeit mit Rohstoffen und Energie mahnende Comic-Figur ›Kohlenklau‹, im Stalingrad-Krisenwinter 1942/43 über Nacht aus der Taufe gehoben, wurden zur Ausnahme und gaben der *Wirtschaftswerbung* Anlaß, den Niedergang der Branche insgesamt zu verschleiern.

Die stufenweise Zurücknahme der Werbemittelvielfalt und der Papiermengen beschleunigte diesen Schrumpfungsprozeß. Die Rolle des Werberates beschränkte sich immer mehr darauf, solche Rückzugsmeldungen in immer kürzeren Abständen in seinem Fachorgan zu veröffentlichen; insbesondere galt es, bei den nunmehr für die Wehrmacht ›freigesetzten‹ Kollegen um Verständnis zu werben. Nach dem Kriegseintritt der USA und der UdSSR im Jahre 1941 eröffnete sich die düstere Perspektive, nun auf Jahre hinaus auf die jungen Nachwuchskräfte an der angeblich psychologisch kriegsentscheidenden ›Heimatfront‹ verzichten zu müssen. Andererseits benötigte das Regime nach dem selbstverordneten ›Endsieg‹ jeden jungen Werbefachmann, um den dann nach deutschem Muster ›neugeordneten‹ Binnenmarkt von über 200 Millionen Konsumenten im NS-Europa zu beherrschen. Das Bild einer um Deutschland zentrierten ›Großraum-Wirtschaft‹ (Kat. Nr. 6.1.17) gehörte zu den Lieblingsvorstellungen und Verheißungen der Durchhalte-Strategen.

Als nach der Niederlage von Stalingrad *Die deutsche Wirtschaftswerbung im Zeichen des totalen Krieges* stand, wurde der Tonfall des Werberates und seines Präsidenten wie auch der anderen NS-Medien schriller, verzweifelter, existentieller – es ging dem Ende zu: Die Wirtschaftswerbung *wird sich wiederum wandeln und ein Spiegelbild des totalen Krieges sein, aber sie wird leben, solange es ein Leben gibt. Der Zwang kann sterben, bis ihm die Werbung neues Leben verleiht; aber die Werbung selbst ist ewig* (Hunke in der Wirtschaftswerbung 1943, 58). Im Herbst 1943 schließlich beschwor der Chef des Werberates in einem schon vom Titel her bezeichnenden Beitrag *Vom Geist der deutschen Werbung* die Wiederkehr der guten, in Vergessenheit geratenen Zeiten der Friedenswirtschaft: *Was wäre beispielsweise eine moderne Großstadt ohne prächtige Schaufenster, auf-*

reizende Plakate und vor allen Dingen ohne Licht und Lichtwerbung? (Wirtschaftswerbung 1943, 113).

Genau das Gegenteil von Hunkes Vision hatte der Durchschnittsdeutsche damals täglich vor Augen: Leere, in Dunkelheit getauchte Schaufenster und langweilige Plakatwände, zumindest was den Konsum und die angenehmen Seiten des Lebens anging. In den Jahren 1943 und 1944 reduzierte sich der intellektuelle Anspruch neuer, ›kriegsverpflichteter‹ Wirtschaftswerbung auf das Popularisieren von Ersatzstoffen und Ersparnis-Techniken. Eine Rechtfertigung für pure Erinnerungswerbung, insbesondere für klassische Markenartikel, fiel immer verkrampfter aus (vgl. Kat. Nr. 6.1.15) und konnte – da die Geduld der Kundschaft nach fünf Mangeljahren am Ende war – unfreiwillig in Hohn und Provokation umschlagen. Das Argument der noch werbewilligen Firmen, durch sanfte Erinnerung und hinhaltende Vertröstung die Investitionen der Vorkriegszeit etwa in den Aufbau eines Markenimages für später zu retten, zählte bei den mißtrauisch gewordenen Papier- und Pappezuteilern der allmächtigen ›Reichsstellen‹ immer weniger. Ausnahmsweise sollte die Nachkriegszeit den NS-Sparideologen in Sachen Markenartikel-Werbung einmal Recht geben: Um 1950 waren alle ›Klassiker‹ trotz jahrelangen Schweigens wieder auf dem Markt und präsentierten sich von Persil über Fewa bis zu Sunlicht und Sanella in unverwüstlicher Frische (vgl. Duvigneau 1982, 100–103).

Parallel zum langsamen Einfrieren der Wirtschaftswerbung über Anzeigen oder lose Prospekte und Heftchen hatte 1943/44 längst ein großes Zeitungs- und Zeitschriftensterben eingesetzt, dem sich die Fachorgane *Wirtschaftswerbung* und *Gebrauchsgraphik* erstaunlich lange, bis Herbst 1944, entziehen konnten.

Das letzte Kriegsjahr 1944/45 bescherte, wie es beim Zerfall eines Terrorregimes und seines Werbekonzeptes vielleicht nicht anders zu erwarten war, auch einige das System ad absurdum führende Kuriositäten. Die von der *Wirtschaftswerbung* lobend herausgestellte Losung *Deutschland arbeitet für das Wohl Europas!* (Jahrgang 1944, 6) sollte die tatsächlichen Machtverhältnisse von Zwangsarbeit und brutaler Ausbeutung der Nachbarländer wie des als ›Generalgouvernement‹ titulierten Rest-Polen (vgl. Kat. Nr. 6.1.18) kaschieren, ja auf den Kopf stellen. Für diesen Zweck wurden plötzlich sogar südländisch-sympathische Typen von Fremdarbeitern in Comic-Geschichten NS-bildwürdig. Vom Zeichner als ›nette Kerle‹ charakterisiert, sind z. B. ›Gaston R. und Pierre B.‹ von den Mercedes-Büromaschinenwerken begeistert von der Technik und Volkswohlfahrt des Nationalsozialismus, den sie als eifrige Botschafter Deutschlands bei der Rückkehr in ihre Heimatländer verkünden werden (Abb. in Wirtschaftswerbung 1944, 6).

Mehr noch als dieses schon fast tragikomische Exempel verdrehter Wirtschaftspropaganda möchte der heutige Betrachter andere Entgleisungen der deutschen Großindustrie am liebsten nicht zur Kenntnis nehmen: Ob nun Mercedes-Militärlastwagen unter der Parole *Helfer im Kampf für die Freiheit* auf der Autobahn an die Front in den Tod fahren (Kat. Nr. 6.1.6) oder makabre Inserate der IG-Farben zur Ausrottung von tierisch/menschlichen Insekten-›Feinden‹ in der Sprache des Wehrmachtsberichtes auffordern (Kat. Nr. 6.1.7) – alles verfängt sich ›kriegsdienend‹ in einem unterschwelligen Haß- und Wahnsystem.

Aber genauso wie die hinter der Werbung stehenden Auftraggeber eine Geschichte vor, während und nach dem Zweiten Weltkrieg besitzen, gehören die viel zu wenig bekannten Propagandafeldzüge der Kriegswirtschaft und ihre Graphikdesigner zur Geschichte der deutschen Werbung.

Jürgen Krause

6.1.1
›Parole: Weiter Werben!‹, *Annonce*
Carl Preiser
1939
Bez. u. l.: Preiser
Offset, s/w, 31,2 x 22,7 cm
Annonce in: Gebrauchsgraphik, Jg. 16, H. 9, September 1939, o. S.
Münster, Privatsammlung

6.1.2
›Sie bleibt bei Alpecin!
Weiter werben erhält treue Kunden!‹, *Annonce*
Carl Preiser
1940
Bez. u. r.: Preiser, Offset, s/w, 31,1 x 22,8 cm
Annonce in: Gebrauchsgraphik, Jg. 17, H. 10, Oktober 1940, 59
Münster, Privatsammlung

6.1.3
›Mercedes-Benz‹, *Annonce*
1940
Bez. u. l.: 480/H
Offset, s/w, 36,8 x 26,8 cm
Annonce in: Der Vierjahresplan. Zeitschrift für nationalsozialistische Wirtschaftspolitik, Jg. 4, Nr. 10, 20. Mai 1940, 451
Münster, Privatsammlung

6.1.4 *Abb.*
›Mercedes-Benz‹, (PKW Typ 500/740K vor dem Ehrenhofgitter des Reichsluftfahrt-Ministeriums in Berlin), *Annonce*
1941
Offset, s/w, Fotomontage, 37,2 x 27,1 cm
Annonce in: Der Vierjahresplan. Zeitschrift für nationalsozialistische Wirtschaftspolitik, Jg. 5, Nr. 4, 20. Februar 1941, 293
Münster, Privatsammlung

6.1.5
›Mercedes-Benz‹, *Annonce*
Walter Gotschke
1940
Bez. u. l.: Gotschke 40; u. r.: 504/3
Offset, s/w, 37,2 x 27,2 cm
Annonce in: Der Vierjahresplan. Zeitschrift für nationalsozialistische Wirtschaftspolitik, Jg. 4, Nr. 16, 20. August 1940, 725
Münster, Privatsammlung

6.1.6
›Helfer im Kampf für die Freiheit / Mercedes-Benz‹, *Annonce*
Walter Gotschke
1940/41
Bez. o. r.: Gotschke; u. r.: 549/2
Offset, s/w, 32,5 x 10,9 cm
Annonce in: Der Vierjahresplan. Zeitschrift für nationalsozialistische Wirtschaftspolitik, Jg. 5, Nr. 16, 15. November 1941, 887
Münster, Privatsammlung

6.1.7
›In jedem Jahr ein neues Heer!‹ / Eulan / I. G. Farbenindustrie, *Annonce*
1940
Offset, s/w, 37,2 x 27,1 cm
Annonce in: Der Vierjahresplan. Zeitschrift für nationalsozialistische Wirtschaftspolitik, Jg. 4, Nr. 20, 20.Oktober 1940, 922
Münster, Privatsammlung

6.1.8 *Abb.*
›Unsere NEUEN Packungen / HAUS NEUERBURG‹, *Annonce*
Oskar Hermann Werner Hadank (Berlin 1889–1965 Hamburg)
1939
Bez. u. Mitte: HADANK
Offset, s/w, 36,8 x 26 cm
Annonce in: die neue linie, Jg. 11, H. 5, Januar 1940, 3
Münster, Privatsammlung

6.1.9 *Abb.*
›ADLER 2,5 LITER SECHSZYLINDER‹, *Annonce*
Bernd Reuters (geb. 1901 Berlin)
1938
Bez. o. r.: Reuters 38
Offset, farbig, 37,1 x 26,2 cm
Annonce in: Der Vierjahresplan. Zeitschrift für nationalsozialistische Wirtschaftspolitik, Sonderausgabe, Jg. 5, Nr. 1–3, Jan. 1941, 135
Münster, Privatsammlung

6.1.10 *Abb.*
›THOMAS Stoffe VORM. MICHELS‹, *Annonce*
Hein Neuner
(1910 Schweinheim–1984 Hamburg)
1941
Bez. o. r.: h. f. neuner 41
Offset, farbig, 16 x 22 cm
Annonce in: die neue linie, Jg. 13, H. 1, September 1941, 6
Münster, Privatsammlung

6.1.11
›Agfa Film / Eine Höchstleistung deutscher Wissenschaft‹, *Annonce*
1940
Bez. Mitte r.: drei waagerechte Striche
Offset, s/w, 37,2 x 27,1 cm
Annonce in: Der Vierjahresplan. Zeitschrift für nationalsozialistische Wirtschaftspolitik, Jg. 4, Nr. 13, 5. Juli 1940, 587
Münster, Privatsammlung

6.1.12
›Wenn die Friedensglocken läuten / AUTO UNION‹, NS-Siegesfeier, *Annonce*
1941
Bez. o. r.: J (?); u.r.: U 9150/220
Offset, s/w, 37,2 x 27,4 cm
Annonce in: Der Vierjahresplan. Zeitschrift für nationalsozialistische Wirtschaftspolitik, Jg. 5, Nr. 9, 5. Mai 1941, 545
Münster, Privatsammlung

6.1.13
›Der wiedererstandene deutsche Walfang. / der Gedanke Persil‹ / Henkel-Erzeugnisse, *Annonce*
Otto Friedrich Erbe
(1890 Hagen/Westfalen – unbek.)
1941
Bez. u. r.: Erbe
Offset, s/w, 17,5 x 21,5 cm
Annonce in: Der Vierjahresplan. Zeitschrift für nationalsozialistische Wirtschaftspolitik, Jg. 5, Nr. 13, 15. August 1941, 737
Münster, Privatsammlung

6.1.14 *Abb.*
›BLAUPUNKT Radio / GESTERN – HEUTE – MORGEN‹, *Annonce*
1941
Offset, s/w, 10,5 x 9,5 cm
Annonce in: Gebrauchsgraphik, Jg. 18, H. 12, Dezember 1941, 51
Münster, Privatsammlung

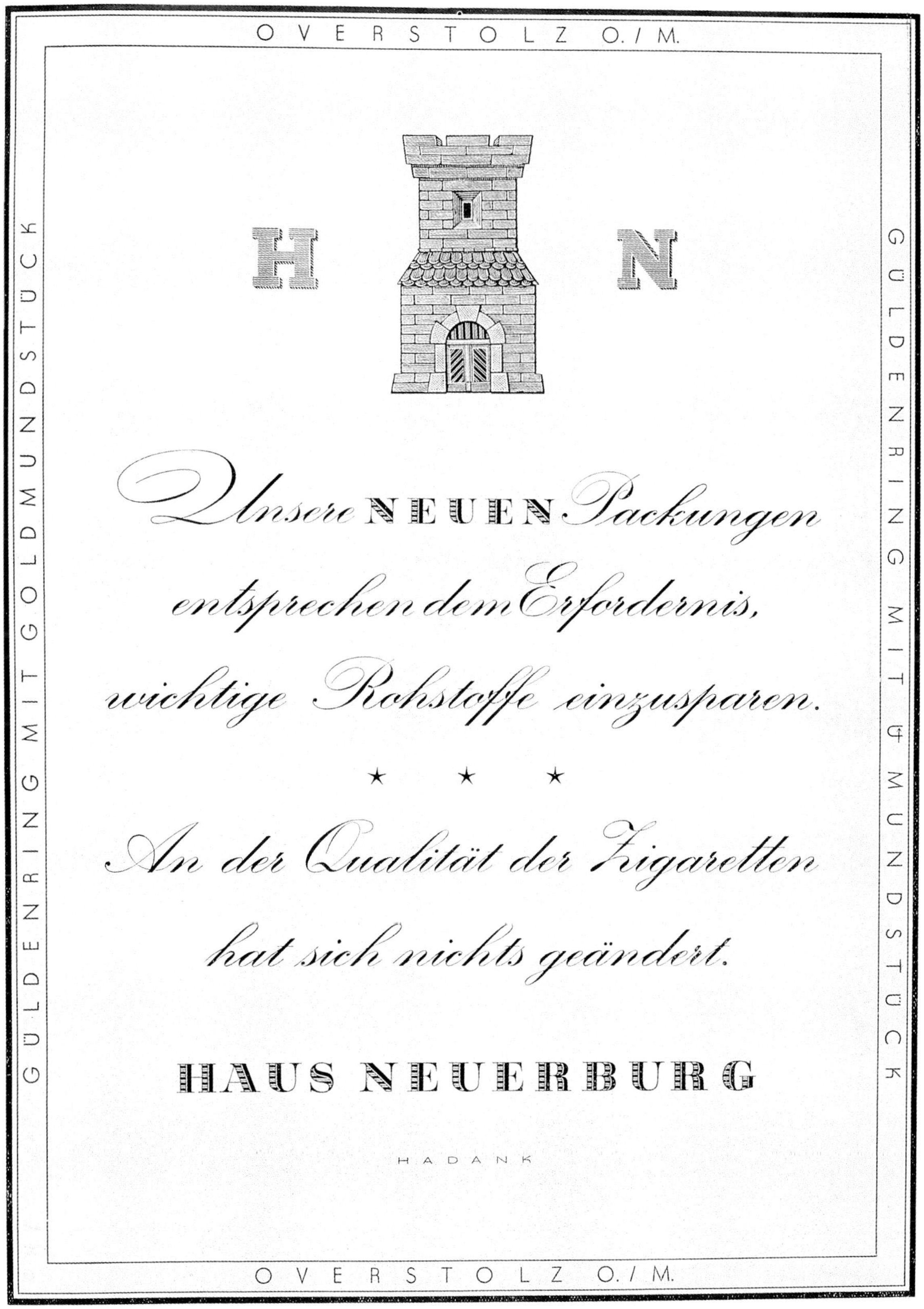
OVERSTOLZ O./M.
GÜLDENRING MIT GOLDMUNDSTÜCK
GÜLDENRING MIT MUNDSTÜCK
H N
Unsere NEUEN Packungen
entsprechen dem Erfordernis,
wichtige Rohstoffe einzusparen.
★ ★ ★
An der Qualität der Zigaretten
hat sich nichts geändert.
HAUS NEUERBURG
HADANK
OVERSTOLZ O./M.

Kat. Nr. 6.1.8

Kat. Nr. 6.1.10

6.1.15
›Nach dem Sieg / Dujardin‹, *Annonce*
1944
Offset, s/w, 31 x 22,2 cm
Annonce in: Die Kunst. Monatsschrift für Malerei, Plastik und Wohnkultur, Jg. 45, H. 6, August 1944, Heftrückseite
Münster, Privatsammlung

6.1.16 *Abb.*
›Erstes Deutsches Rapsfett / Das neue Koch-, Back-, Brat- und Streichfett‹, *Annonce*
1940
Offset, s/w, 37,2 x 27 cm
Annonce in: Der Vierjahresplan. Zeitschrift für nationalsozialistische Wirtschaftspolitik, Jg. 4, Nr. 24, 20. Dezember 1940, 1100
Münster, Privatsammlung

6.1.17
›Grossraum / Wirtschaft‹, *Annonce*
1941
Offset, s/w, 31 x 22,5 cm
Annonce in: Gebrauchsgraphik, Jg. 18, H. 4, April 1941
Münster, Privatsammlung

6.1.18
›Generaldirektion der Monopole im Generalgouvernement‹, *Annonce*
1941
Offset, s/w, 37,2 x 26,7 cm
Annonce in: Der Vierjahresplan. Zeitschrift für nationalsozialistische Wirtschaftspolitik, Jg. 5, Nr. 8, 20. April 1941, 495
Münster, Privatsammlung

6.1.19 *Abb.*
›Karte und Bezugschein / Wirtschaftsgruppe Einzelhandel‹, *Annonce*
1941
Bez. u. l.: PALO
Offset, farbig, Fotomontage, 37,1 x 26,2 cm
Annonce in: Der Vierjahresplan. Zeitschrift für nationalsozialistische Wirtschaftpolitik, Sonderausgabe, Jg. 5, Nr. 1–3, Januar 1941, 187
Münster, Privatsammlung

Harald Pulch

Werbefilm im Wandel

Zur Geschichte des deutschen Werbefilms

Unsere Reklame-Zukunft liegt also zweifellos im Film! Diese enthusiastischen Worte findet der Reklamefachmann Weidenmüller in der Umbruchsituation nach dem Ersten Weltkrieg, um die Entwicklungstendenzen in seinem Beruf zu beschreiben (Weidenmüller 1919). Die Einschätzung sollte sich als richtig erweisen. Während die Filmwerbung nach dem Ersten Weltkrieg erst langsam an Umfang gewinnt, steigt sie ab 1923 sprunghaft an. Werden in diesem Jahr knapp 500 Werbe- und Kulturfilme in die Kinos gebracht, sind es 1929 über 2000 Filme.[1] 1934 sind es nur noch knapp 1000, und die Zahl sinkt ab bis auf 115 Werbefilme im Jahr 1938.

Nach dem Zweiten Weltkrieg ist Filmwerbung aus dem Marketing-Konzept der Unternehmen nicht mehr wegzudenken. Besonders die Verbreitung des Fernsehens ab den 50er Jahren, die Einführung der Privatsender seit den 80ern und die neue Multimedia-Euphorie zeigen, daß wir die Grenze noch nicht erreicht haben. Allerdings wird über der Entwicklung und Produktion immer neuer Spots und Kampagnen im Alltagsgeschäft vergessen, einen Blick auf die Ursprünge des Werbefilms zu werfen. Zwar sind in letzter Zeit immer mehr Dokumentarfilme und Ausstellungen zu diesem Thema realisiert worden, aber meist reicht diese Beschäftigung nur zurück bis zum Kriegsende. Unser Blick soll sich jedoch auf die ganze Geschichte des Werbefilms richten – bis hin zu den Anfängen des Kinos vor 100 Jahren.

Der weiße Fleck auf der Landkarte
Die Pionierzeit 1895–1918

Die Reise in die Frühgeschichte des Werbefilms – und speziell des deutschen – gleicht einer Expedition ins Unbekannte. Weit verstreut in den internationalen Filmarchiven sind einige wenige Kopien von Werbefilmen aus der ersten Periode von 1895 bis 1918 erhalten. Von der gesamten deutschen Filmproduktion dieser Zeit hat nur ein verschwindender Bruchteil überdauert. Doch die wenigen erhaltenen Filmkopien können uns heute eine Ahnung davon vermitteln, was in diesem Bereich der Filmproduktion bis zum Ende des Ersten Weltkrieges geleistet worden ist.

1897 sieht das Publikum einen Film mit dem Titel *Publicité pour la Firme Cointreau.* Er wird den Brüdern Lumière zugeschrieben, ist allerdings nicht in deren Katalogen enthalten. In der damals üblichen Länge von ungefähr einer Minute Laufzeit – längere Filme konnten mit dem Cinématographe nicht aufgenommen werden – zeigen sie einen ganz auf Werbewirkung hin gestalteten Film. Der weiße Harlekin, damalige Werbefigur von Cointreau, sitzt an einem Tisch und ist sichtlich unzufrieden mit dem Inhalt der Flasche Champagner, die vor ihm steht. Hinter ihm hängen zwei Plakate, auf denen der Harlekin ebenfalls für den Likör wirbt. Erst als ihm eine viereckige große Flasche Cointreau gereicht wird, zeigt er sich erfreut. Nachdem er oben am Flaschenhals geleckt hat, umarmt er die Flasche und strahlt über das ganze Gesicht. Seine Sorgen und Probleme sind verschwunden – dank Cointreau.

Auf diesem Schema der unmittelbaren Bedürfnisbefriedigung sind viele frühe Werbefilme aufgebaut: Kaufe das Produkt und du fühlst dich wohl! – das ist bis heute ein Grundgedanke, der oft in Werbefilmen vermittelt wird. Sogar Touristikwerbung gibt es bereits. 1899 werden Filme des Lumière-Operateurs Mesguiche an der Place de l'Opéra gezeigt, die für die französische Schlafwagenfirma Compagnie des Wagons-Lits werben.

In vielen Ländern wird ab 1897 für Markenartikel regelmäßig Filmwerbung produziert. Diese Artikel führen neue Wertmaßstäbe ein. Die einheitliche Verpackung und das unverzichtbare Markenzeichen versprechen gleichbleibende Qualität. Weite Verbreitung und große Nachfrage sind die Folge. Deshalb können diese Hersteller die relativ teure Produktion von Werbefilmen finanzieren. Zusätzlich wird der Verkauf der Kopien subventioniert. Viele der damals beworbenen Marken sind dem Konsumenten noch heute, nach 100 Jahren, vertraut.[2]

Neben klassischen Produktwerbefilmen wie für Cointreau gibt es auch erste Industriefilme.[3] *Images pour Publicité Moët & Chandon* zeigt in zwei Bildern die Weinlese. In der dritten Einstellung erscheint der Hof, auf dem ein hoch mit Fässern beladener Ochsenkarren auf den Zuschauer zufährt. Erst jetzt ist auf dem oberen Rand der Ladefläche der Schriftzug Moët & Chandon zu sehen, der einzige Anhaltspunkt für die Identität des Herstellers, für den geworben wird. Dies ist in den frühen Industriefilmen üblich, erst spät und meist beiläufig erscheint der Name der Firma.[4]

In Deutschland produziert der Filmpionier Oskar Messter 1897 einen der ersten Produktwerbefilme. In seiner Autobiographie schreibt er über den nicht mehr erhaltenen Film: *Es handelte sich um eine Aufnahme für die Firma Moosdorf & Hochhäusler, Berlin-Treptow, die zu jener Zeit, als es noch zum Luxus gehörte, eine eigene Badeeinrichtung im Hause zu haben, lebhafte Propaganda für ihre ›Wellenbadschaukel‹ unter dem Motto machte: ›Bade zu Hause‹* (Messter 1936, 131). In seinem Special-Katalog No. 32 beschreibt Messter die lieferbaren Geräte und Filme. Im *Bilder-Verzeichnis* trägt der Film *Bade zu Hause* die No. 15 und wird so beschrieben: *Eine Wellenbad-Schaukel steht in der Stube, die Dienstmagd besorgt das Bad, indem sie Wasser einfüllt und die Temperatur mißt, ein junges Mädchen tritt im Bade-Costüm herein und hüpft in die Wanne etc.* (Ed. Messter 1898, 71).

Bis um 1910 ist es üblich, Filmkopien an die Kinobesitzer zu verkaufen, die sie so lange zeigen, bis sie unbrauchbar geworden sind. Im Katalog *Bade zu Hause* ist eine interessante Bemerkung angefügt: *Da dieses Bild für die Wellenbad-Schaukel Reklame macht, so kostet innerhalb Deutschland jedes Bild nur den halben Preis* (ebd). Bereits vor der Jahrhundertwende gibt es in der englischen Fachpresse eine Diskussion, ob den zahlenden Zuschauern zugemutet werden kann, für die Werbefilme auch noch mitzahlen zu müssen (Bottomore 1995, 7 f.).

Messter produziert viele Industriefilme für namhafte Firmen, macht Aufnahmen von Seebädern und Städtefilme, die in der Fremdenverkehrswerbung eingesetzt werden. Ab 1903 vergibt Messter Lizenzen für seine Tonbilder. Künstler treten in einem der ersten Tonfilmverfahren auf. Die Filme ihrer Couplets und Varieté-Nummern werden auf Grammophonplatten aufgenommen und in besonders eingerichteten Lichtspielhäusern synchron zum Film abgespielt. Diese Tonbilder haben für die Künstler und ihre Auftritte Werbecharakter. Außerdem wird damit für die Schellack-Platten geworben, die auch ohne die Filme erhältlich sind.

Aber das ist für Messter nur ein Nebenerwerb. Wichtigster Produktionszweig ist ab 1910 seine Spielfilmproduktion. Genau um diese Zeit beginnt ein tiefgreifender Wandel der Filmindustrie. Die Spielfilme werden länger, bis sich eine Laufzeit von ungefähr 90 Minuten durchgesetzt hat. Erste Filmstars erscheinen in den Verkaufsanzeigen für Filme – Asta Nielsen und Henny Porten sind in Deutschland Publikumslieblinge.

In den Zentren der Großstädte entstehen die ersten großen Prunkkinos. Das Union-Theater am Alexanderplatz in Berlin wird 1909 mit 800 Sitzplätzen eröffnet. Weitere Kinobauten folgen. Die mondänen Interieurs ziehen ein kaufkräftiges Publikum an – Filmwerbung wird für die Produzenten immer wichtiger (Baacke 1982, 28).

Die sich bietenden Möglichkeiten realisiert in Deutschland vor allem Julius Pinschewer.[5] Er gründet die Spezialfirma ›Werbefilm GmbH‹, die nur Werbe- und Industriefilme produziert. Pinschewer kann von seinem Konzept namhafte Auftraggeber überzeugen. Unter ihnen sind viele Markenartikelhersteller. *Ganz besonders eignet sich die Filmreklame für solche Produkte, die unter einer bestimmten Marke in den Verkehr gelangen, oder die ihrer Art und ihrer Herkunft nach eine ›Klasse für sich‹ bilden und überall, zu jeder Zeit und zu festen Preisen zu haben sind* (Pinschewer 1913, 244). Zu den Kunden zählen bald die heute noch existierenden Marken Sarotti, Beiersdorf mit Nivea-Creme, Lingner und Fischer mit Odol, Pryms Druckknöpfe und auch Maggi. Die Werbefilme werden als Ergänzung zum Inserat in der Zeitung gesehen. Sie wirken eindringlicher, denn die Bewegung im Bild bindet den Zuschauer, und der dunkle Kinoraum lenkt zwangsläufig die Aufmerksamkeit auf die Leinwand.

Für die einzelnen Produkte setzt Pinschewer, äußerst kreativ und ›modern‹ anmutend, ganz verschiedene Möglichkeiten der ästhetischen Gestaltung ein. Beispiele dafür sind die beiden erhaltenen Filme für Maggi-Würze, die zu den ältesten Werbefilmen in Deutschland zählen. *Die Suppe,* 1911 produziert, ist ein Realwerbefilm mit zwei Schauspielern. Pinschewer vertritt schon in dieser Zeit die Meinung, daß nur hervorragende Schauspieler für Werbefilme geeignet seien. Sie sollten in der Lage sein, die Werbeaussage in kürzester Zeit mimisch auszudrücken. *Die Suppe* zeigt, wie in einem Gartenlokal der Kellner dem Gast eine Suppe serviert. Nach dem ersten Löffel schiebt dieser mit sichtlichem Unmut den Teller von sich. Dem Kellner kommt eine gute Idee. Er holt Maggi-Würze, und sogleich löffelt der Gast die Suppe mit großem Wohlbehagen. Dafür benutzte der Kameramann einen Kunstgriff. Er kurbelte bei der Aufnahme deutlich langsamer, so daß der Gast bei der Projektion des Films die Suppe im Zeitraffer mit grotesker Schnelligkeit auslöffelt. Am Ende streicht er sich genüßlich über den Bauch – eine Geste, die jeder kennt. Den Abschluß des Ein-Minuten-Filmes bildet der damals bereits eingeführte Packshot: In Großaufnahme ist die charakteristische viereckige Würzflasche mit dem unverkennbaren Etikett zu sehen.

Mit virtuoser Sachtrick-Akrobatik zaubert Pinschewer aus dem Packshot sogar einen eigenen Werbefilm. Das beworbene Produkt übernimmt in dem Maggi-Film *Die Flasche* selbst die Hauptrolle. Die Würzflasche wird per Stoptrick animiert. Sie tanzt auf dem Tisch, kleinere Würzflaschen in verschiedenen Größen gesellen sich wie von Zauberhand dazu. Mit der Vermehrung der Flaschen verweist Pinschewer auf den seriellen Charakter der Markenproduktion. Diese Würze ist immer und überall erhältlich.

Die Choreographie der Flaschen wirkt fließend und leicht. Solche Stoptrick-Filme waren zu dieser Zeit sehr wirkungsvoll, denn die Zuschauer kannten die Entstehungsweise des Effekts nicht. Selbst für die heutigen Zuschauer sind diese Animationen verblüffend, wie am Publikumserfolg einiger Zigaretten-Werbefilme zu sehen ist.

Es war allgemein üblich, das ganze Filmprogramm mit Musik zu begleiten und dadurch die Wirkung zu erhöhen. Je nach Größe des Kinos konnte dies durch einen Pianisten allein oder ein Orchester geschehen. Üblich war es auch, die jeweiligen Filme von einem Erzähler erläutern zu lassen. ... *und der Schreiber erinnert sich mit Vergnügen eines Films, der für Kathreiners Malzkaffee warb, und worin eine damals bekannte und beliebte Schauspielerin das Getränk schluckweise aus einer Tasse zu sich nahm, wobei sie durch stumme Gesten und lebhaftes Mienenspiel den dabei empfundenen Wohlgeschmack zum Ausdruck brachte. Der ›Sprecher‹ des Kino-Theaters begleitete diesen Vorgang mit den Worten: ›Und was die berühmte XX, wie ihr seht, mit solchem Vergnügen trinkt, ist für euch noch allemal gut genug‹* (Pinschewer 1953, 50).

Auf die erfolgreiche Bilanz seiner Werbefilme verweist Pinschewer 1913 in einem Artikel. Auf Grund einer Statistik, die eine ›Weltfirma‹ aufgestellt hat, erklärt er, *daß in 90 von 100 Vorführungen die Reklamefilme dieser Firma mit sichtlichem Beifall seitens der Zuschauer aufgenommen wurden* (Pinschewer 1913, 245). Die Filme werden in 600 Kinos gezeigt, und so errechnet Pinschewer eine Zuschauerzahl *von ca. 58 Millionen Besuchern pro Jahr. Die Kosten der Filmreklame dieser Firma betrugen den Bruchteil eines Pfennigs pro Person und sind als gering zu betrachten, wenn man berücksichtigt, daß die einmalige kinematographische Demonstration auf den Zuschauer unter allen Umständen einen ungleich tieferen Eindruck macht als etwa die Kenntnisnahme von dem Inhalt eines entsprechenden Zeitungsinserates* (Pinschewer 1913, 245).

Die Situation auf dem deutschen Filmmarkt ändert sich 1914 mit dem Beginn des Ersten Weltkrieges schlagartig. Bis dahin waren die französischen Firmen Pathé und Gaumont auf dem deutschen Markt führend. Eine Übersicht aus dem Jahr 1912 zeigt, daß deutsche Produktionen insgesamt nicht einmal 10 % der Neuerscheinungen ausmachen (Altenloh 1914, 10). Neben der üblichen Produktion von Spiel- und Dokumentarfilmen, für die die Nachfrage sprunghaft anwächst, bringt der Krieg weitere Aufgaben. So steigt Oskar Messter groß in die Produktion von Aktualitäten ein. Seine *Messter-Woche* wird zur führenden Wochenschau des Deutschen Reiches. Im Verlauf des Krieges wird es immer wichtiger, Geld für die Rüstung zu beschaffen. Ab 1917 erhalten Filmproduzenten den Auftrag, Werbefilme für das Zeichnen von Kriegsanleihen zu produzieren. Messter schickt seinen Star ins Rennen. Henny Porten tritt in *Hann, Hein und Henny* auf. Die Besatzung eines U-Bootes hat 177,83 Mark gesammelt, will aber für 1000 Mark Anleihen zeichnen. Um das Problem zu lösen, schreiben die Matrosen eine Postkarte an Henny. Prompt erfolgt die Einladung, zwei Matrosen reisen nach Berlin, und im Handumdrehen sammelt Henny auf der Friedrichstraße dank ihrer Popularität das restliche Geld. Am Ende wenden sich Henny und die beiden Matrosen direkt ans Publikum und fordern zur Zeichnung von Kriegsanleihen auf (s. Filmkopie im Bundesarchiv Koblenz).

Auch Pinschewer engagiert sich für die Kriegsanleihen. Er dreht für die Reichsbank mehrere lange Filme, unter anderem *Ägir*. Pinschewer sucht nach neuen Ausdrucksmöglichkeiten und produziert kurze Zeichentrickfilme, Kartenlegetricks und Karikaturen. Die Filme werden von der Reichsbank bezahlt und über Pinschewers Vaterländischen Filmvertrieb portofrei und kostenlos den Kinobesitzern zur Verfügung gestellt. Angesichts des kriegsbedingten Mangels an Filmkopien bietet dies eine gute Gewähr für große Verbreitung.[6]

Film ist Rhythmus
Werbefilm und Avantgarde 1918–1933

Avantgardistische Auseinandersetzungen mit dem Medium Film als künstlerische Ausdrucksform beginnen in Deutschland kurz nach dem Ersten Weltkrieg. Die Maler Viking Eggeling und Hans Richter lernen sich 1918 in Zürich kennen. Mit die kreativste Kunstszene ist zu dieser Zeit die Dada-Bewegung, der beide Künstler angehören. Sie suchen nach neuen Ausdrucksformen für ihre Malerei und erproben mit Hilfe von Bildern, die sie auf Papierrollen zeichnen, Momente der Bewegung und der Zeit in ihre Kunstwerke umzusetzen. Dies führt nach ihrer Rückkehr nach Deutschland 1919 zu ersten Filmexperimenten. Eggeling arbeitet mit Erna Niemeyer an *Diagonalsymphonie,* die sein einziges Filmkunstwerk bleibt. Er stirbt kurz nach der Vollendung 1925. Eggeling geht von der Linie aus, die er nach strengen Prinzipien organisiert und wie ein Orchester einsetzt. Richter folgt einem anderen Weg. In *Rhythmus 21* organisiert er Flächen im Raum nach verschiedenen zeitlichen Rhythmen. Es ist der erste konstruktivistische Avantgardefilm in Deutschland.

Der Künstler Walter Ruttmann wird von der Kritik für seine *Opus*-Filme gelobt. Wellenformen, weiche bauchige Flächen und spitze Dreiecke bewegen sich rhythmisch, verschmelzen und trennen sich wieder. Als Maler war Ruttmann es gewohnt, sich mit Farbe auszudrücken. Damals gibt es jedoch in Deutschland kein brauchbares Farbfilmverfahren. Die einzige Möglichkeit, mehrere Farben zu verwenden, ist die Handkolorierung, der direkte Farbauftrag auf das Filmpositiv. Bild für Bild muß die jeweilige Farbe mit einem Pinsel aufgetragen werden. Ein mühsames und zeitraubendes Verfahren, das aber bei den *Opus*-Filmen sehr weiche und pastellige Farbstimmungen liefert (vgl. Filmkopien im Filmmuseum München).

Im Marmorhaus in Berlin findet 1925 eine Sonderveranstaltung mit abstrakten Filmen statt. Die Künstler geben ihr den Titel *Der absolute Film.* Die Diskussion darüber ist in der Fachpresse lebhaft und reicht von enthusiastischer Zustimmung bis schroffer Ablehnung. Daß mit diesen Filmen kein Geschäft zu machen ist, ist für die Kritiker klar.

Julius Pinschewer, der mit seiner Werbefilm GmbH nach dem Krieg die Produktion weiterführt, sieht das anders. Gerade für den Werbefilm sind immer neue Eindrücke und Ideen gefragt – und die Auftraggeber sind oftmals bereit, diese ungewöhnlichen Umsetzungen zu honorieren. So engagiert Pinschewer auch Walter Ruttmann, der eine ganze Reihe von Werbefilmen für die Firma gestaltet.[7]

In *Der Sieger* variiert Ruttmann abstrakte Figuren aus seinen *Opus*-Filmen. Der Streifen wirbt für Excelsior-Reifen. Im Verlauf von *Der Sieger* wird mehrfach eine in den *Opus*-Filmen abstrakte runde Form als Reifen gezeigt. Von besonderem Reiz sind auch hier die handkolorierten Farben, die die Werbewirkung erhöhen.

Pinschewer ist 1920 unbestrittener Marktführer. Wöchentlich besuchen rund vier Millionen Zuschauer die Kinos, in denen seine Filme gezeigt werden. Um den Werbefilmen eine neue, moderne Form zu geben, verpflichtet er mehrere junge Künstler für ihre Gestaltung. So engagiert er Lotte Reiniger, die in der Berliner Filmszene Anfang der 20er Jahre für ihre künstlerischen Scherenschnittfilme bekannt ist. Auch die Zeichner Hans Fischer aus Koesen, der später unter dem Markennamen Fischerkoesen bis in die 60er Jahre Trickfilme entwerfen wird, und Harry Jaeger arbeiten für ihn (Jaeger 1924, 202).[8]

Pinschewers Firma hat 1925, verteilt über Deutschland, ca. 1500 Kinos unter Vertrag, in denen exklusiv die Filme seiner Werbekunden gezeigt werden. Zu dieser Zeit setzt sich das Programmschema durch, das wir bis in die 80er Jahre mit dem ›Kino‹ verbinden. Der Kinobesucher bekommt Werbefilme, einen Kulturfilm, die Wochenschau und einen Spielfilm geboten. Das Werbefilmangebot besteht damals entweder aus einem längeren Film oder aus einem Block von vier bis fünf kurzen Spots.

Im August 1924 schließt Pinschewer mit der Ufa AG, dem größten deutschen Filmkonzern, einen Vertrag über die Nutzung von 62 Ufa-Kinos für seine Werbefilme. Für eine Garantiesumme von 20.000 Goldmark sichert er sich damit Kinos in den besten Lagen deutscher Großstädte (BA Ufa-Akten Mappe Werbefilm GmbH). Rechnet man, daß Pinschewer zu dieser Zeit ca. 1500 Kinos unter Vertrag hat, ergibt sich eine Lizenzsumme von über

450.000 Goldmark pro Jahr nur für die Kinolizenzen – Produktion und Kopierkosten der Filme nicht eingerechnet.

1929 hält Pinschewer einen Vortrag auf einem Fachkongreß in Berlin. Er beziffert die volkswirtschaftlichen Gesamtausgaben für Werbezwecke in Deutschland für das Jahr 1928 mit insgesamt rund 1 Milliarde Mark, davon wird jedoch nur ein geringer Teil für Werbefilme ausgegeben. *Der Verfasser schätzt diese Summe auf insgesamt nicht höher als etwa 10 Millionen Mark, was also nur ca. 1 % der Gesamtaufwendungen der Reklame in Deutschland überhaupt bedeuten würde* (Pinschewer 1929, 336).

Die Filmkünstler Walter Ruttmann und Hans Richter wenden sich 1925 vom abstrakten Film ab. Ruttmann produziert *Berlin – Symphonie einer Großstadt* (1927), einen Film, der den Tagesablauf der Stadt durch eine ausgeklügelte Montage strukturiert und rhythmisiert. Hans Richter realisiert mehrere Kurzfilme wie *Inflation* (1928) oder *Rennsymphonie* (1929). Im Jahr 1929 erscheint sein Film *Zweigroschenzauber*, ein Werbefilm für die Kölnische Illustrierte Zeitung. Ganz im Stil des ›Neuen Sehens‹ spielt Richter mit gegenständlichen Formen und Bewegungen. Am Ende löst sich das Rätselkaleidoskop der Bilder auf: Alle Aufnahmen erscheinen als Fotos in der beworbenen Illustrierten.

Oskar Fischinger leitet ab 1926 sein eigenes Trickfilmstudio in Berlin.[9] In seinen *Studien* – von 1921 bis 1932 erscheinen insgesamt zwölf – animiert er abstrakte Formen und Linien, deren Bewegungen von der Musik begleitet werden. Die *Studien* laufen im Vorprogramm der Kinos und sind sehr beliebt. Wie beeindruckend seine Filme sind, zeigt ein Artikel von Victor Schamoni, der im Jahre 1938 in der Zeitschrift *Der deutsche Film* erscheint: *Aber diese Kunst ist durchaus nicht nur einigen Menschen als eigenwertiger, neuer ästhetischer Genuß vorbehalten … es scheint, als ob diese Kunst so allgemeinen menschlichen Grundeigenschaften physischer und seelischer Konstitution entspräche, daß sie von gleicher, gemeinsamer und allgemeingültiger Wirksamkeit sein müßte wie die Musik. Das wird durch den allgemeinen Erfolg dieser Filme in allen möglichen Vorführungen in verschiedenen Orten und Ländern, vor völlig verschiedenartigem Publikum schon jetzt bestätigt* (Schamoni 1938, 244).

Fischinger arbeitet auch für Werbefilmproduzenten. Für die Firma Tolirag, die Ton- und Lichtbild Reklame AG in Berlin, entwickelt er seine besten Trickfilme. *Kreise* und *Muratti greift ein* entstehen 1934 (s. u.).

»Die Hauptsache ist, daß die Überraschung gelingt« Trickfilm in der Werbefilmproduktion

In der Geschichte der Kinematographie werden bereits sehr früh mit Hilfe der Filmtechnik einfache Effekte erzielt, die für den Zuschauer verblüffend sind. So ließen schon die Brüder Lumière regelmäßig die Filme von rückwärts nach vorwärts laufen, so daß beispielsweise eine umgestürzte Mauer sich wie von Zauberhand wieder erhebt. Auch die Möglichkeiten von Zeitraffer und Zeitlupe hat man früh entdeckt und zum Vergnügen der Zuschauer vor allem in den beliebten Slapstick-Filmen gezeigt. Diese Tricks werden natürlich auch für Werbefilme benutzt, wie im oben beschriebenen Maggi-Film *Die Suppe*.

Die meisten Sachtrick-Filme verwenden die Technik des Stoptricks, teilweise in Einzelbild-Animation wie beispielsweise in *Die Flasche*.

Guido Seeber[10], einer der genialsten Trickkameramänner der Stummfilmzeit, hat mit Julius Pinschewer 1925 einen künstlerisch bemerkenswerten Werbefilm hergestellt. Er wirbt mit dem Titel *Du mußt zur Kipho* für die Internationale Kino- und Photo-Ausstellung in Berlin.

In kurzen Sequenzen zeigt Seeber den gesamten Produktionsablauf eines Filmes von der Idee bis zur fertigen Kopie. Mit mehreren Masken erreicht er eine Bildteilung, um dann die einzelnen Bildfelder nacheinander aufzudecken und zu belichten. *Die Länge aller solcher knappen rhythmischen Darstellungen wurde selten über 30 Kurbelumdrehungen festgelegt. Während dieser kommen nun meist, je nach der Anzahl der Unterteilungen des Bildfeldes, 6 bis 12 Einzelvorgänge zur Wiedergabe … Die unbegrenzte Möglichkeit solcher Kompositionen kann diese Bildart niemals langweilig oder uninteressant erscheinen lassen, denn nicht allein der Rhythmus bewegter Vorgänge, nein, schon die Wiedergabe toter Bilder in einem wechselvollen Tempo vermag den Zuschauer in fesselnder Weise zum schnellen Erfassen des Gesagten anzuspornen* (Seeber 1927, 247 f.).

Mit Hilfe dieser durchdachten Tricktechnik gelingt Seeber ein Werbefilm, der Verweise und Zitate aus der Spielfilmproduktion für die Werbeaussage einsetzt. Seeber verwendet die Jahrmarkt-Sequenz aus *Das Cabinet des Dr. Caligari* (1919). An der zentralen Stelle dieses Films erscheint Dr. Caligari die Schrift *Du mußt Caligari werden*. Bei Seeber wird der Spruch zum Werbeappell: *Du mußt zur Kipho*.

Eine besondere Animationsform sind die Scherenschnittfilme. Auf diesem Gebiet war Lotte Reiniger die berühmteste Künstlerin. Sie hat 1919 zu *Der Rattenfänger* von Paul Wegener die Titel in dieser Technik verfertigt. Sie hat den Scherenschnittfilm zur Kunst entwickelt und in langjähriger Arbeit den ersten abendfüllenden Animationsfilm der Welt realisiert: *Die Abenteuer des Prinzen Achmed*, der 1926 in die Kinos kommt. Für Pinschewer gestaltet sie zwei Werbefilme in ihrer Technik: *Das Geheimnis der Marquise* (1922) für Nivea-Creme und *Die Barcarole* (1924) für Mauxion-Pralinés. Toni Raboldt mit *Khasana – Das Tempelmädchen* (1920) und Rudi Klemm mit *Die Chinesische Nachtigall* (1920) waren die Verfertiger weiterer Scherenschnittfilme für Pinschewer. Für die Filmaufnahmen werden alle Einzelteile einer Figur mit einer Schere aus schwarzer Pappe ausgeschnitten, die Gelenke mit Blumendraht beweglich aneinander befestigt. Der Hintergrund besteht aus verschiedenen Lagen dünner Papiere oder aus transparenten Zeichnungen. Am selbstkonstruierten Tricktisch werden dann die Figuren millimeterweise Bild für Bild animiert.

Die Figuren müssen sich auf einer von unten beleuchteten Fläche befinden, der Apparat muß über der Fläche Kopf stehen und auf diese heruntersehen. Die Figuren müssen aus Pappe und Blei sein, denn von dem starken Licht würden bloße Pappfiguren warm werden und sich wellen. Und schließlich müssen die Hintergründe aus durchsichtigem Papier sein … Die Figuren müssen unendlich beweglich sein und sehr sorgfältig geführt werden, um aus dem Mangel aller anderen Ausdrucksmittel – wie Innenkontur, weich gemalte Hintergründe – eine künstlerische Tugend zu machen und mit einer einfachen Bewegung der Umrißlinie dasselbe zu sagen, was sonst durch viele Einzelmomente erreicht wird (Reiniger-Koch 1924, 205).

Nach dem Verfahren der Stoptrick-Animation werden auch Puppenfilme gedreht. Wieder ist es Julius Pinschewer, der diese Tricktechnik im Werbefilm anwendet. *Carmen* (1929) ist in einer Kopie mit spanischer Sprache erhalten, er wurde also auch im Export eingesetzt. *Carmen* ist gleichzeitig ein sehr früher Tonwerbefilm (s. u.). In der Kopie sieht man, daß die Figuren teilweise noch etwas eckig animiert sind.

Ein Tänzer kann vor Schmerzen im Bein nicht mehr mit Carmen Flamenco tanzen. Erst nach Verabreichung des Arzneimittels Atophan gegen seine Rheumaschmerzen dreht er sich unbeschwert im Kreis. Die neuen Techniken des Films kommen so gut an, daß vom Publikum seine Wiederholung gewünscht wird (Westbrock 1983, 65). Puppentrickfilme werden in der Folgezeit auch in Farbe gedreht, stellen insgesamt aber nur einen kleineren Teil der Werbefilmproduktion. Bemerkenswert sind die Puppenfilme der Gebrüder Diehl, bei uns am bekanntesten durch ihre Mecki-Filme in den 50er Jahren. Sie haben vor dem Krieg eine Reihe von Märchenfilmen gedreht, aber auch Werbefilme wie *Es war einmal* (1934) für Körting-Radios. Künstler wie Harry Jaeger, der schon im Ersten Weltkrieg Erfahrungen in der Zeichentricktechnik beim Bild- und Filmamt sammelt, und Hans Fischerkoesen beginnen ihre Karrieren bei Pinschewer. Zu dieser Zeit gibt es noch keine fertigen Tricktische zu kaufen, und Improvisation ist an der Tagesordnung. Die technischen Probleme sind sehr groß. Fischerkoesen assistiert selbst bei den Aufnahmen. *Eine Margarinekiste wurde sein Tricktisch: Oben in die Kiste bohrte er ein Loch für das Objektiv der Kamera. An der rechten und linken Innenwand befestigte er zwei Lampen. Dann schob Fischerkoesen die Zeichnungen auf einer Justierschiene nacheinander in die beleuchtete Kiste und photographierte sie mit der Handkurbel-Kamera.*[11] Diese Arbeit ist langwierig und mühsam, denn für jede einzelne Phase muß eine Figur gezeichnet und bei der Aufnahme ausgewechselt werden. Läuft eine Figur im Bild, benötigt man je nach Genauigkeit der Phasen 8–16 verschiedene Figuren pro Schritt. *Ein geübter Künstler kann bei einfachen Zeichnungen 10 bis 20 Meter pro Tag herstellen. Ist die Zeichnung kompliziert und sind bei jeder Aufnahme mehrere Operationen erforderlich, so kann es vorkommen, daß an einem Tage höchstens 1 Meter Film und noch weniger aufgenommen werden kann* (Ewald 1924, 199). Das sind nur etwa eineinhalb Sekunden bei den damals üblichen 18 Bildern pro Sekunde.

Fischerkoesen entwickelt schon sehr früh seinen eigenen Stil. Prägend für seine Gestaltung ist die Animation unbelebter Gegenstände. Tassen und Küchengeräte tanzen Ballett, und Kleidungsstücke geraten in Verzückung, wenn sie ins Wäschebad springen dürfen.

Die Ufa hat mit der Epoche-Reklame-Gesellschaft mbH schon seit 1922 auf dem Gebiet der Diapositiv-Reklame zusammengearbeitet. Ab 1927 verpachtet sie auch die Filmwerbezeiten an die Epoche. Dafür wird eine jährliche Garantiesumme in Höhe von 550 000 RM vereinbart (vgl. Ufa-Akten BA Mappe 252).[12] Dies verdeutlicht noch einmal die Höhe des Umsatzes, der zu dieser Zeit mit Werbefilmen gemacht wird, denn auch die Epoche hat teilweise 1500 Kinos unter Vertrag. Hochgerechnet bedeutet das, daß die

Epoche allein rund 10 Millionen RM an Lizenzen zu zahlen hat.[13]

Die Arbeit der Ufa-Werbefilmabteilung wird systematisch ausgebaut. 1931 schließt sie die Bilanz mit einem Reingewinn von 611 000 RM ab (Bock 1992, 283). Großen Anteil an diesem Erfolg hat Wolfgang Kaskeline, der künstlerische Leiter. Er begreift seine Arbeit für den Werbefilm als Kunst, und damit hat er viele Kunden gewinnen können. *Das zu behandelnde Reklame-Objekt in seiner einzigartigen, einmaligen Form- und Inhaltsbedeutung ganz erfassen, ins Malerische projizieren, die ihm angemessene Umrahmung formal wie inhaltlich finden, kurz jedem Ding seine Sprache ablauschen und in seiner Sprache von ihm zu reden – das ist meine Aufgabe – das ist das Postulat meiner Kunst* (Kaskeline 1931).

Das vaterländische Fühlen und Wollen …
Der Werbefilm im ›Dritten Reich‹ 1933–1945

Die Nationalsozialisten erkennen die Filmindustrie als unerläßlich für ihre Propaganda, und im Rahmen der sogenannten Gleichschaltung aller Lebensbereiche wird sie besonders schnell und gründlich organisiert.[14] Alle Filmschaffenden werden zwangsweise Mitglieder der Reichsfilmkammer. ›Nichtarier‹ dürfen keine Mitglieder werden und verlieren so ihre Arbeit. Viele kreative Filmschaffende emigrieren. Zu ihnen gehört schon 1933 Julius Pinschewer, der sich in der Schweiz niederläßt und weiter herausragende Werbefilme kreiert. Hans Richter geht zuerst nach Holland und dreht Werbefilme für Philips. Er emigriert später wie Oskar Fischinger in die USA. Auch Lotte Reiniger verläßt Deutschland und arbeitet weiter in London. Das Reichsministerium für Volksaufklärung und Propaganda (RMVP) strukturiert über die Reichsfilmkammer alle Bereiche der Filmindustrie neu und gewinnt so entscheidenden Einfluß. Die Werbewirtschaft setzt den Maßnahmen kaum Widerstand entgegen und organisiert sich nach den Bedingungen des RMVP.

Im Rahmen der gesamten Filmwirtschaft nimmt die Filmwerbung eine Sonderstellung ein. Ihre Betreuung gehört in den Aufgabenbereich des Werberates der deutschen Wirtschaft. Nach dem Gesetz vom 12. September 1933 hat der Werberat der deutschen Wirtschaft die Aufsicht über das gesamte öffentliche und private Werbungs-, Anzeigen-, Ausstellungs-, Messen- und Reklamewesen zum Zweck einer einheitlichen und wirksamen Gestaltung der Werbung (Brugger 1936, 101). Diese Aufsicht führt dazu, daß mittels Verordnungen alle Bereiche von der Produktion bis zum Abspiel reglementiert werden. Als ein Beispiel sei hier eine Entscheidung zitiert, die 1936 veröffentlicht wird. In ihr wird für den Werbefilm nachvollzogen, was im Spielfilm bereits zuvor durchgesetzt worden war. *Das vaterländische und politische Fühlen und Wollen wird verletzt durch: die Darstellung von Angehörigen der SA, SS oder sonstiger Gliederungen der Partei, des Heeres, der Marine und Luftflotte, der Schutzpolizei in Werbefilmen … Unter die vorstehende Bestimmung fällt auch die Verwendung der Bezeichnung Volk in Zusammensetzung mit Warenbenennungen. So z. B. Volksgetränk, Volksnähmaschine, Volksklavier usw. Die Bezeichnung ist ausschließlich zugelassen für den Volksempfänger in der Rundfunkindustrie* (Brugger 1936, 139).

Die Reglementierung hinterläßt ihre Spuren in den Filmen. Wie im Alltag wird jetzt auch im Werbefilm marschiert. Packungen formieren sich in Reih und Glied, Sparschweine paradieren glücklich in Kolonnen in die Sparkasse. Kampagnen der Nationalsozialisten wie die gegen *Miesmacher und Kritikaster* finden sich dann auch prompt im Werbespot wieder.[15] Der Verlust eines großen Teils der Werbekünstler und die ständige Reglementierung führen oft zu banal gestalteten Werbefilmen. Die Regisseure gehen den Weg des geringsten Widerstands. In Filmen wie *Ein treuer Freund* für Arbeitskleidung oder *Die gut Gekühlte* für Bier wird die Werbebotschaft mit gängigen ideologisch gefärbten Klischees verbunden. Die Arbeiter in diesen Filmen zeigen sich männlich markant. Das Licht überhöht sie. Aus arbeitenden Menschen wird *der Arbeiter.* Witziges und Unterhaltendes findet sich weniger, die Masse der Werbefilme ist brav und bieder.

Dieser Film hat keine Grenzen …
Die Entwicklung der Filmtechnik

Wohl die folgenreichste technische Innovation in der Filmgeschichte ist die Einführung und Durchsetzung des Tonfilms. Binnen zweier Jahre, von 1929 bis 1931, ist der Stummfilm verschwunden. Wie jede neue Technik wird auch der Tonfilm zuerst in der Werbung genutzt. Für die Förderer des Tonfilms gibt es jetzt einen Grund mehr, Werbefilme zu drehen. *Durch das Zusammenwirken von Auge und Ohr empfängt der so beeinflußte Mensch das Angebot, welches auf diese Weise viel tiefer zu ihm dringt als in jeder anderen*

Form von Reklame. Die Kunst des Tonfilms eröffnet der Werbung neue Wege, um an den Verstand der Kundschaft heranzukommen. Die Arbeit kann beginnen! (Vertreter der Klangfilm A. G. 1929, 343).

Der erste Tonwerbefilm in Deutschland heißt *Die chinesische Nachtigall* (1929) und wird von Julius Pinschewer hergestellt. Frei nach dem Märchen von Andersen wirbt er für das neue Medium selbst: den Lichtton. Tri-Ergon, die Firma der drei Erfinder des Lichttons, wirbt hier für rauscharme Schallplatten, die nach ihrem System hergestellt wurden. Eine kurze Passage über die Produktion dieser neuen Schallplatten ist im Stil von Seebers *Du muß zur Kipho* umgesetzt.

Die Einführung des Tonfilms in den Krisenjahren der Weltwirtschaft führt zum Konkurs vieler kleiner Produktionsfirmen und Kinos. Die Tonfilme kosten das Doppelte, und die Kinos müssen für Lizenzen und neue Projektionsgeräte große Summen aufbringen.

Wesentlich weniger Kosten verursacht die Einführung des Farbfilms. Der zweifarbige Ufa-Color-Film wird hauptsächlich für Kultur- und Werbefilme verwendet. Bei diesem Verfahren werden auf die Vorder- und Rückseite des Celluloids jeweils verschiedene Emulsionen aufgetragen. Eine Seite speichert die blaugrünen, die andere die gelborangenen Farbanteile des Bildes. Obwohl das Spektrum der projizierten Farben eingeschränkt ist, sind Zwei-Farben-Verfahren bis in die 50er Jahre weit verbreitet.

Wolfgang Kaskeline, der auch nach 1933 die Ufa-Werbefilmabteilung leitet, setzt die Möglichkeiten des Zwei-Farben-Verfahrens Ufa-Color kongenial in einem abstrakten Werbefilm für Muratti-Zigaretten um. *Zwei Farben,* so der Titel, verwendet die Feuerzaubermusik aus Wagners ›Die Walküre‹. Dazu tanzen rote und blaue Punkte und Linien im Rhythmus der Musik und vereinigen sich am Ende zu einer Packung der Muratti-Marke Rot-Blau. Bei der Filmabnahme durch die Muratti-Vertreter stößt die Umsetzung auf wenig Gegenliebe. Erst nach einer Probeaufführung im Ufa-Palast am Zoo, bei der der Film vom Publikum laut beklatscht wird, geben sie den Film frei. Er wird auf einer Sondervorführung mit Werbefilmen am 6. Februar 1934 im Gloria-Palast in Berlin vorgestellt. Obwohl abstrakte Kunst verpönt ist, wird der Film von den Nationalsozialisten im Sinne ihrer Lichtmystik gedeutet und im *Völkischen Beobachter* positiv besprochen. *Unter den zahlreichen vorgeführten Beispielen erfolgverbürgender Filmwerbung schoß den Vogel zweifellos eine ›Zwei Farben‹ überschriebene Arbeit Wolfgang Kaskelines ab. Während die Klänge des Wagnerschen ›Feuerzaubers‹ ertönen, züngeln auf blauem Hintergrunde rote Flammen empor, bald höher lekkend, bald in sich zusammensinkend, als einzigartiger Ausdruck der Musik. Wenn der letzte Ton verklingt, verschwindet auch der Feuerzauber auf der Leinwand, um der gleichfalls blauroten Packung einer bekannten Zigarettenmarke Platz zu machen. Das ist so hinreißend gemacht, und so fern jeder Verkitschung, daß der Beifall, mit dem das Publikum für diesen Klang- und Farbenrausch dankte, vollauf berechtigt war* (Ufa-Broschüre 1934).

Im Unterschied zum Zwei-Farben-Verfahren Ufa-Color kann das Gasparcolor-Verfahren alle Farben darstellen. Der Chemiker Bela Gaspar[16] erfindet diese neue Methode und kommt damit zu Oskar Fischinger, der das Drei-Farben-Verfahren zur Anwendungsreife entwickelt. Aus technischen Gründen ist allerdings nur die Aufnahme von Trickfilmen möglich.[17] Der erste Film mit dem neuen Verfahren heißt *Kreise* (1934), ein abstrakter Werbefilm. Animierte farbige Kreise schweben zur Musik auf den Betrachter zu, streben auseinander und durchdringen sich. Am Ende des Films formen sich die Worte *Alle Kreise erfaßt* . . ., dann folgt ein Packshot oder das Firmenlogo. In der Kopie des Fischinger-Archivs ist der Schriftzug der Tolirag zu sehen – die Reklamefirma wirbt für sich selbst. Die bis dahin nicht mögliche Farbgebung bringt einen sensationellen Erfolg.

Nach einem Jahr fallen alle Rechte des Films an Oskar Fischinger zurück. Er verkauft den Film international mit unterschiedlichen Schlußsequenzen zur Werbung für 18 verschiedene Produkte.[18]

Der zweite Film in Gasparcolor ist *Muratti greift ein,* ein in unendlicher Mühe animierter Film, in dem die Zigaretten in großer Anzahl paradieren und tanzen. Dabei bewegt sich in einigen Einstellungen noch die Kamera, trotzdem ist kein Rucker in der Bewegung zu sehen. Diese beiden Werbefilme gehören zu den am besten gestalteten aus dieser Zeit. Große Anstrengungen unternimmt die Firma AGFA, um ein neues Drei-Farben-Verfahren zu entwickeln. Mit der Einführung des Negativ-Positiv-Verfahrens Agfacolor gelingt 1936 ein Durchbruch. Zwar kommt erst 1941 der erste Spielfilm *Frauen sind doch bessere Diplomaten* in Agfacolor in die Kinos, aber vorher sind bereits einige Werbe- und Kulturfilme in dieser Technik produziert worden.

1938 wird mit großer Öffentlichkeit ein neuer Meilenstein in der Kinotechnik vorgestellt: der erste 3 D-Werbefilm. Die Firma

Boehner Film in Dresden übernimmt von der Volksfürsorge den Auftrag, den Film *Zum Greifen nah* mit dem ›Raumfilm System Zeiss Ikon‹ zu produzieren. Der elf Minuten lange Streifen entsteht in nur zehn Drehtagen (Rimbach 1938, 1098). Im Kino benötigt man für die Vorführung ein polarisierendes Objektiv, eine metallisierte Leinwand und für jeden Zuschauer eine Polarisationsbrille. Natürlich spielt der Film mit räumlichen Effekten.

Der Kinoingenieur Herbert Tümmel ist Teilnehmer der Berliner Erstaufführung. Er erinnert sich, *wie die Besucher ›mitgingen‹, wenn aus dem vorgeführten Jahrmarktsrummel Bälle vom Bildschirm auf das Publikum geworfen wurden oder hölzerne Schnappscheren herauszuspringen schienen. Die Zuschauer, die bislang nur das ›flache‹ Kinobild kannten, jauchzten bei diesen Späßen* (Tümmel 1980, 104).

Aber die spezielle Ausrüstung der Kinos und die notwendigen Brillen verhindern, daß das Verfahren sich durchsetzt. Kurz nach dem Zweiten Weltkrieg gibt es noch zwei 3 D-Werbefilme für Volkswagen: *Plastische Vorstellung* (1950) und *Ein weißer Traum* (1950) sind außerdem noch auf Farbmaterial gedreht worden, aber auch mit diesen Filmen gelingt der Durchbruch für den plastischen Werbefilm nicht.

»Die Namen der jüdischen Geschäftsinhaber müssen gänzlich verschwinden.« Die ›Säuberung‹ des Alltags

Zu Anfang des Krieges wird die Werbefilmproduktion noch einmal gesteigert. *Nachdem im Jahre 1938 115 Filme, im Jahre 1939 192 Filme versandt wurden, konnten im Jahre 1940 372 Werbefilme eingesetzt werden* (Hunke 1941, 138).

Als Ergänzung der ›Endlösung‹ erlassen Justiz- und Wirtschaftsminister am 27. März 1941 – wenige Wochen nach der berüchtigten Wannsee-Konferenz – eine Verordnung zur ›Entjudung auch im Firmenrecht‹: *Diese Verordnung dient dem Zweck, zu verhindern, daß die von den früher jüdischen Unternehmungen geführten Firmenbezeichnungen als eine Art jüdischer Denkmäler für alle Zukunft erhalten bleiben* (Hunke 1940, 139). Die Verordnung wird auch auf Warenzeichen ausgedehnt. Die Tilgung der jüdischen Firmennamen aus dem öffentlichen Leben begleitet die ersten Transporte in die Vernichtungslager.

In einigen Fällen ist die Namensänderung von den betroffenen Firmen zum Gegenstand eigener Werbefilme gemacht worden. Sie zeigen heute, wie präsent die Verfolgung der Juden im alltäglichen Leben war. So werden Werbefilme im bürgerlich-biederen Alltag des Dritten Reichs zum Dokument des Holocaust.

Aus erster Quelle (1941) thematisiert die Umbenennung der traditionsreichen Zigarrenfabrik Loeser & Wolff. Rudolf Platte als etwas hektischer und konfuser Besucher der Chefetage stammelt nach allerlei Verwirrung: *Ich bin wohl verrückt geworden!?... oder der ganze Betrieb hier ist verrückt geworden? – oder bin ich hier garnicht bei Loeser & Wolff?* Die Sekretärin: *Sind Sie auch nicht! Loeser & Wolff heißt nämlich jetzt: Walter E. Beyer!*

Unterstützt werden diese Worte durch die Aufnahme eines großen Zigarrengeschäftes mit dem Namenszug *Loeser & Wolff* über der Tür, der dann in *Walter E. Beyer* überblendet. Die Namensänderung ist visuell vollzogen. Sechs Monate nach dem Erlaß der Verordnung meldet der Werberat den erfolgten Vollzug der Maßnahme für die gesamte Wirtschaft.

Im Verlauf des Zweiten Weltkriegs wird mit der zunehmenden Ausbreitung der Mangelwirtschaft auch die Produktwerbung im Kino eingeschränkt. *Es ist zum Beispiel untragbar, daß in Werbemitteln Waren (u. a. Nahrungsmittel und Kleidungsstücke) in großen Mengen oder in einer Beschaffenheit gezeigt werden, in denen sie den deutschen Volksgenossen zur Zeit nicht zugänglich sind ... Die Werbung soll sich vielmehr, soweit sie solche verknappten Waren betrifft, nur auf volkswirtschaftlich zu rechtfertigende Aufklärung über die Verwendung und den sparsamen Verbrauch beschränken* (Hunke 1941, 346). In der Folge bringt etwa Grethe Weiser in *Frauen sind gar nicht so* den deutschen Hausfrauen den sparsamen Umgang mit Waschmitteln bei. In diesen Filmen gibt es keine Markenartikel mehr, sondern nur noch schlicht Waschmittel, und zwar für Koch- oder Feinwäsche.

Verstärkt wird jetzt Gemeinschaftswerbung gezeigt. Der Verband der Sekthersteller oder der Reichsnährstand produzieren Werbefilme, ohne auf einzelne Firmenerzeugnisse einzugehen. Der Krieg mit seiner immer schlechter werdenden Versorgungslage wirkt sich auf die Werbefilmindustrie ebenfalls drastisch aus. Zeichner werden für Instruktionsfilme der Wehrmacht verpflichtet, Kameramänner müssen in die Propagandakompanien. Gegen Ende des Zweiten Weltkrieges wird die Werbefilmproduktion schließlich ganz eingestellt.

Ärmel aufkrempeln, zupacken, aufbauen …
Werbefilme im Wirtschaftswunder

Die Jahre vom Kriegsende bis zur Währungsreform am 20. 6. 1948 sind geprägt durch Mangel selbst der lebensnotwendigen Waren. Wichtigstes Ziel sind die Versorgung der Bevölkerung mit Grundnahrungsmitteln und der Wiederaufbau von Wohnraum, alles andere ist Luxus. Die Verbraucher in den ersten Jahren nach der Einführung der DM-Währung erleben die Wiederkehr bekannter Marken. Der Slogan *Sie ist wieder da!* dient der Margarine Rama als Titel für einen Werbefilm. Auch in den Printmedien tauchen solche Formulierungen verstärkt auf (Kriegeskorte 1992, 8). Die Firma Henkel läßt einen kurzen Film über die Entstehung der Kampagne für die Wiedereinführung von Persil drehen. Die Werber greifen hier auf eine altbewährte Werbefigur der Firma zurück, die sogenannte *Weiße Frau*. Sie knüpft an Werbestrategien weit vor der NS-Zeit an und wirkt damit unverfänglich (vgl. S. 47).

Viele Werbefilme der Zeit spiegeln die Situation der Bevölkerung. So zeigt die Ausstattung der Wohnungen im Rückblick, wie schwierig die Verhältnisse sind.[19]

Einen Sonderfall in der Werbung dieser Zeit stellt der Film *Durch Nacht zum Licht* dar. Die kollektive Verdrängung der Vergangenheit wird in diesem Werbefilm durchbrochen. Mit bemerkenswerter Offenheit zeigt Fischerkoesen die allnächtlichen Alpträume der Kriegsgeneration.

Eine Frau liegt im Bett und wälzt sich mit Schweißperlen im Gesicht ruhelos umher. Wie in einer Horrorvision fällt sie plötzlich ins Bodenlose, ihr Gesicht wird zum Totenkopf. Skelette jagen sie durch die Trümmer verbrannter Häuser, Tote erheben sich in ihren Gewändern auf dem Feld. Der heute skurril anmutende Film wirbt für Underberg, der diese alptraumhafte Erinnerung an die Schrecken des Krieges am Ende vertreibt.

Die schwierige Ernährungslage zeigt indirekt der Film *Fridolin – Der freundliche Helfer der Hausfrau* von Maggi. Die als Koch gekleidete, real gefilmte Werbefigur fährt mit einem LKW übers Land und verköstigt die darbende Bevölkerung mit Maggi-Produkten. Dicht gedrängt stehen die Leute an, um Erbswurst-Suppe löffeln zu dürfen.

Fridolin mißt mit seinem ›Gaumometer‹ in *Mit Humor serviert* die Duftqualität des Essens, er wird augenzwinkernd zum Experten. Die Problematik aller Experten in den Werbefilmen tritt hier zutage: Schnell werden sie zu lästigen Besserwissern und vom Publikum abgelehnt. Dies war auch einer der Gründe, warum der männliche Koch als Werbefigur bei Maggi bald ausgedient hatte. Die Reihe solcher Experten ist beliebig bis heute zu verlängern: vom Tchibo-Kaffeexperten über Klementine bis hin zu Dr. Best.

Deutlich ist die Veränderung der Frauenrolle im Werbefilm vom Anfang der 50er bis in die 60er Jahre zu sehen. Die Frauen, die im Krieg gezwungenermaßen Männerberufe in der Industrie übernehmen mußten und nach Kriegsende als Trümmerfrauen maßgeblich am Aufbau beteiligt waren, sollen jetzt zurück ins Heim und an den Herd. Der Werbefilm weist ihnen verstärkt die traditionellen Frauenrollen zu: schön, gepflegt und begehrenswert für den Mann, als eifrige Hausfrau spielend den Alltag bewältigend und als treusorgende Mutter die Kinder erziehend.

10 kleine Tempotücher, ein Werbefilm von Gerhard Fieber, zeigt in mehreren Episoden, daß man die Papiertaschentücher nicht nur zum Naseputzen benutzen kann. Ein eleganter Freier springt im Regen aus dem Kabriolett, kommt mit Blumenstrauß zu seiner Angebeteten. Vor der Haustür von ›Renate Hold‹ putzt er sich die nassen Schuhe mit einem Tempotuch ab. In der mondänen Bar dient es der Frau zum Händeabtrocknen, im Theaterfoyer wird damit der verunglückte Lippenstiftstrich beseitigt. Alle Frauen sind adrett gekleidet. Die Männer reparieren Autos, sind Zuschauer auf dem Fußballplatz oder helfen den Frauen aus dem Mantel. Die klassischen Rollenverteilungen haben sich erneut durchgesetzt. Und alle Situationen zeigen: uns geht's wieder gut, wir sind wieder wer.[20]

Ähnlich wie in der Spielfilmindustrie in den 50er Jahren dominieren auch im Werbefilm die alten Macher. Bis in die 60er Jahre sind Produzenten wie Fischerkoesen, Kaskeline oder Boehner die Mächtigen in der Branche. Sie bestimmen auch die Gestaltung der Werbefilme, in denen es ästhetisch kaum einen Bruch zur Vorkriegszeit gibt. Bei Fischerkoesen tanzen noch immer die Küchengegenstände auf dem Tisch. Er zeichnet einige Werbefilme für die DEFA in Babelsberg, bevor er Anfang der 50er Jahre in den Westen geht und in Bad Godesberg sein eigenes Studio eröffnet. Dank seiner guten Kontakte und langen Erfahrung ist er bald wieder voll im Geschäft. Er wendet die bekannten Tricktechniken in Vollendung an und schafft kleine Meisterwerke.

Einer der aufwendigen und tricktechnisch komplizierten Filme ist *Da ist alles drin* für Autoral-Benzin. Fischerkoesen spielt persönlich in diesem genialen Film mit. Das Modell eines Oldtimers wird gebaut und steht im Studio. Im Hintergrund ist eine Szenerie auf Leinwand gezeichnet. Jetzt wird Bild für Bild aufgenommen. Fischerkoesen bewegt seinen Körper ein winziges Stück, Animateure bewegen die vorgesehenen Karosserieteile, und Zeichner malen auf der Kulisse im Hintergrund. Teilweise werden Rauchwölkchen noch auf eine Scheibe vor der Szenerie Bild für Bild auf das Glas gemalt. Dieser Film entfaltet, wie andere aus dem Studio Fischerkoesen, seine Wirkung durch die Geschlossenheit der Gestaltung. Er hat mit solchen Filmen Erfolg beim Kinopublikum.

Zwei Neuerungen führen in den frühen 60er Jahren zu drastischen Änderungen in der Branche. Waren bisher die Werbefilmproduzenten weitgehend direkt dem Auftraggeber gegenüber verantwortlich, so schieben sich jetzt Werbeagenturen als Vermittler dazwischen. Sie bieten ein Gesamtkonzept für die Firmenwerbung an und vergeben selbst die Aufträge an die Filmproduzenten. Das führt für diese zu entscheidenden finanziellen Einbußen. Bisher verdiente eine Firma nicht nur an der Produktion der Filme, sondern auch an der Massenkopierung und der Schaltung in den Kinos. Diese wichtige und große Einnahmequelle wird ihnen jetzt von den Agenturen genommen.

Die Verbreitung des Fernsehens hat Ende der 50er Jahre dramatische Veränderungen in der Filmindustrie zur Folge. Die Spielfilmproduktion nimmt deutlich ab, die Zuschauerzahlen in den westdeutschen Kinos gehen rapide zurück. 1963 beginnt das Zweite Deutsche Fernsehen zu senden. Im Zuge dieses Medienwandels wandert auch die Werbeindustrie vom Kino zum Fernsehen ab. Die Zuschauerzahlen dort steigen kontinuierlich. Gibt es 1963 7,7 Mio. Geräte, haben 1967 bereits 13,2 Mio. Haushalte einen Fernsehapparat angemeldet. Die Einnahmen des ZDF aus dem Werbezeitenverkauf steigen in dieser Zeit von DM 36,8 Mio. auf DM 151 Mio. (ZDF Jahrbuch 1967/68, 122).

Das Werbefernsehen braucht Pointen
Werbefilme in der Anfangszeit des Fernsehens

Die Umstellung der Filmgestaltung von der großen Kinoleinwand auf den winzigen Bildschirm der Fernsehgeräte ist schwierig – die Macher müssen sich umstellen. *Der kleine Bildschirm und die Übertragungstechnik bestimmen die Grenzen für die Gestaltung. Die Totale scheidet fast völlig aus. Lediglich Nahaufnahme und Halbtotale versprechen die gewünschte Wirkung. Nur wenige Grautöne stehen zur Verfügung. Details gehen unter, kleine Schriften werden unleserlich* (Gass 1958, 191).

Besonders der Verzicht auf die Farbe ist einschneidend. Erst 1967 wird das Farbfernsehen eingeführt, mit der Olympiade in München 1972 setzt es sich durch. Die knappen und teuren Werbezeiten im Fernsehen machen kurze Spots nötig, selten sind sie länger als 30 Sekunden. Dies wirkt sich auch auf die Darstellung aus. *Natürlichkeit ist Trumpf beim Fernsehen. Pathos und Unsicherheit sind die Todfeinde des Bildschirms. Mein Gegenüber auf dem Bildschirm muß sich Auge in Auge bewähren. Es ist mir mit seinen Vorzügen und Schwächen ausgeliefert, und schon mit dem ersten Blick und bei seinem ersten Satz habe ich mein Urteil gefällt. Ohne Charme und Lächeln geht es nicht* (Gass 1958, 191).

Auffällig oft wird das Medium Fernsehen in den Werbefilmen selbst inszeniert – sei es, daß der Sarotti-Mohr mit dem Spruch *Dir ein Stückchen, mir ein Stückchen …* Schokolade aus dem Fernsehapparat verteilt oder ein Paar mit Sekt auf den gemeinsamen Fernsehabend anstößt. Daß Werbefilme im Fernsehen nicht nur ein Vergnügen bedeuten, ist keine neue Erkenntnis geplagter Zuschauer, die vier oder mehr Unterbrechungen eines Spielfilms über sich ergehen lassen müssen. Mitte der 60er Jahre nutzt der Kabarettist Wolfgang Neuss seine Mitwirkung bei Werbefilmen für *Nur Die*-Strümpfe zu einer ersten harschen Kritik an dieser Form der Reklame.

In dem Film *Nur Die-Wolfgang Neuss-Schau zeigt …* sitzt er in einem modern eingerichteten Wohnzimmer. Eine Frau räumt das Kaffeegeschirr ab und erklärt, daß sie ins Kino will. Wolfgang Neuss möchte lieber fernsehen. Er schaltet ein, ein schwarzweißes Bild erscheint, und er stöhnt: *So'n Mist! Reklame!* Im Umschnitt sieht man ihn selbst, wie er im Schwarzweiß-Fernseher *Nur Die*-Strümpfe anpreist. Neuss vor dem Apparat: *Mensch, was hasse ich diese furchtbare Reklame!* Er schimpft und steigert sich in Wut. Am Ende tritt er den Fernsehapparat ein. Sein Kommentar: *Habe die Schnauze jetzt endgültig voll vom Fernsehen – nur dämliche Reklame! Also gehn wir doch ins Kino, da ist weniger Reklame!* In diesem Fatalismus steckt ein Stück Erkenntnis: Wir können heute den Werbefilmen nicht mehr entkommen. Sie sind Teil unserer Alltagskultur.

Werbefilme haben ihr eigenes Publikum. Der Andrang bei Veranstaltungen mit historischen Spots, der alljährliche Erfolg der Cannes-Rolle in den Kinos und die große Nachfrage bei einschlägigen Video-Kassetten belegen das breite Interesse. Mancher erfolgreiche Werbespot wird so selbst zu einem ›Markenartikel‹. Welcher heutige Betrachter empfindet keine nostalgischen Gefühle, wenn er das HB-Männchen auf der Leinwand sieht. Historische Werbefilme treffen auf verborgene Wünsche und Erinnerungen und erhöhen so ihren Unterhaltungswert.

Werbefilme spiegeln oft sehr direkt den Zeitgeist und geben Auskunft über Lebensbedingungen und Haltungen der Vergangenheit. Sie können verstärkt als eine Quelle zur Erforschung des Alltagslebens genutzt werden. Daß viele Firmen sich auf ihre Geschichte und ihre Markentradition besinnen, zeigt die Unterstützung dieser Ausstellung. So ist zu hoffen, daß noch in vielen Firmenarchiven historische Dokumente und Filmkopien gefunden werden, die unsere Kenntnisse der wechselvollen 100jährigen Geschichte des Werbefilmes bereichern.

Anmerkungen

Dieser Beitrag führt gemeinsame Arbeiten mit Martin Loiperdinger fort, z. B. die Filmdokumentation *Film ist Rhythmus* – Werbefilm und Avantgarde, HR 1991, 60 Minuten.

Einige der hier besprochenen Werbefilme sind auf der CD-ROM zur Ausstellung enthalten.

1 Loiperdinger/Pulch 1992, 3.

2 Von folgenden deutschen Markenartikeln sind Kopien früher Werbefilme noch überliefert:
Opel 1908 *Wie ein Automobil entsteht*
Sanella 1912
Maggi 1911 *Die Suppe*
Maggi 1912 *Die Flasche*
Prym 1912 *Der Nähkasten*

3 Der erste Film, den die Brüder Lumière produziert haben, ist in gewisser Weise ebenfalls ein Werbefilm. *Sortie d'usines* zeigt, wie die Arbeiterinnen und Arbeiter die Fabrik der Brüder in Lyon verlassen. Von zeitgenössischen Zuschauern wird besonders hervorgehoben, daß es den Arbeitern sehr gut gehen muß, denn einige haben Fahrräder, damals ein fast unerschwinglicher Luxus. Vgl. Musser 1990, 140. Auch *Images pour Publicité Moët & Chandon* wird den Gebrüdern Lumière zugeschrieben, ohne in deren Katalogen aufgeführt zu sein.

4 Vgl. z. B. *Westinghouse works,* 1904, LOC Paper Print Collection FLA 5896, 5897, 4897.

5 Zu Pinschewer vgl. Goergen 1992, 16 f.

6 Pinschewer erhält für diese Arbeit das Verdienstkreuz für Kriegshilfe (LBB 1917, 33), vgl. auch Goergen, Jeanpaul, *Soldaten-Lieder* und *Zeichnende Hand* – Propagandafilm von John Heartfield und George Grosz, in: KINtop 3 – Oskar Messter Erfinder und Geschäftsmann, Frankfurt a. M. 1995.

7 Ruttmann hat folgende noch erhaltene Werbefilme für Pinschewer produziert: *Das Wunder* (1922), *Der Sieger* (1922), *Das wiedergefundene Paradies* (1925), *Der Aufstieg* (1926), *Spiel der Wellen* (1926).

8 Jaeger hat folgende Werbefilme für Pinschewer produziert, die noch erhalten sind: *Am Nil* (1921), *Im Lande der Apachen* (192?).

9 Zu Filmen und Biographie Oskar Fischingers vgl. Moritz, William, *The Films of Oskar Fischinger,* in: Film Culture, No. 58–59–60, New York 1974, vgl. AK Optical Poem, Frankfurt a. M. 1994.

10 Seeber hat 1927 ein Handbuch für den Trickkameramann herausgegeben, in dem alle zu dieser Zeit möglichen Tricks erklärt werden.

11 Guido Seeber zit. n. Westbrock 1983, 46.

12 Schreiben von Abt. Werbefilm an Gen. Dir. Klitzsch, 22. 4. 1927, in: Ufa-Akten BA Mappe 252.

13 Allerdings muß diese Summe im Hinblick auf die Inflation gesehen werden. Als Bezugsgröße kann aber der Tarifwochenlohn eines Arbeiters gelten, der 47,75 Mark im Jahre 1927 betrug (Kuczynski 1973, 213).

14 Vgl. dazu Becker 1973.

15 Z. B. *Schaumwein bringt Frohsinn.*

16 Bela Gaspar emigriert zuerst nach London und betreibt dort ebenfalls eine Firma mit Namen Gasparcolor. Das Verfahren wird unter anderem von Len Lye für seine abstrakten Werbefilme *The Birth of a Robot* (1936) oder *Rainbow Dance* (1939) verwendet.

17 Zu den verschiedenen Farbverfahren vgl. Koshofer 1988.

18 Im Nederlands Film Museum existiert eine Kopie des Films *Kreise* mit dem Packshot einer Schokolade.

19 So z. B. in dem Film *Einmal Mäuschen sein* . . . (1954) für WMF-Bestecke, der anfangs in einer heruntergekommenen Ein-Zimmer-Wohnung spielt.

20 Ein Beispiel für den Zeichentrickfilm ist *Die Beine von Dolores* (1952) von Fischerkoesen, in dem die Männer dank Baumhüter-Strümpfen an ihre Frauen ›gebunden‹ werden.

Bibliographie

Aeschbacher, Jörg, Dauerbrenner – Von Nivea bis zum Reißverschluß. Von Dingen, die perfekt auf die Welt kommen, Frankfurt a. M./Berlin 1994

Ahlers-Hestermann, Friedrich, Stilwende – Aufbruch der Jugend um 1900, Berlin [3]1956

Alle mögen's weiß. Schätze aus der Henkel Plakatwerbung, Schriften des Werksarchivs der Henkel KGaA Düsseldorf

Allgemeine Elektricitäts-Gesellschaft Berlin, Reklame- und Illuminations-Beleuchtung, Berlin 1907

Altenloh, Emilie, Zur Soziologie des Kino, Jena 1914

Ammann, Jean-Christophe, Ein strategischer Durchbruch: ›United Colors of Benetton‹ (= Museumsfaltblatt zur Ausstellung im ›Sacco & Vanzetti-Leseraum‹ von Siah Armajani), Museum für Moderne Kunst, Frankfurt a. M. 1992

Assel, Jutta, F. H. Ehmcke als Plakatdesigner, Raumausstatter und Causeur, Eine Erstveröffentlichung aus seinen Memoiren, in: Herzogenrath / Teuber / Thiekötter 1984, 280 ff.

Augustin, Ines, Medaillen und Plaketten der großen Weltausstellungen 1851–1904, (Diss.), Karlsruhe 1986

Avenarius, Ferdinand, Reklame und Kultur, München 1909

Baacke, Rolf-Peter, Lichtspielhausarchitektur in Deutschland, Berlin 1982

Bache, Heinz-Michael / Peters, Michael (Hrsg.), Die tierischen Verführer. Auf Safari durch den Dschungel der Werbung, AK Deutsches Werbemuseum e.V. Frankfurt a. M./Berlin 1992

Bachollet, Raymond / Depost, Jean-Barthélémi / Lelieur, Anne-Claude (Hrsg.), Negri Pub – l'image des noirs dans la publicité, AK Bibliothèque d'Art de la ville de Paris, Paris 1992

Bahlsen, Hermann (Hrsg.), H. Bahlsens Keks-Fabrik in Hannover, Hannover 1912

Bahlsen-Festschrift 1964, H. Bahlsens Keksfabrik KG., Hannover 1964

Baker, Steve, The Permissible Lie, Boston 1968

Balzac, Honoré de, Cäsar Birotteau, Berlin 1957

Bandura, Albert, Principles of Behavior Modification, New York 1969

Bauche, Ulrich (Hrsg.), Eduard Niese. Werbeschilder und Straßenbilder in Hamburg zur Gründerzeit. Wandkalender für 1971, mit einer Einführung und mit Erläuterungen, Hamburg 1971

Baudrillard, Jean, Das System der Dinge. Über unser Verhältnis zu den alltäglichen Gegenständen, Frankfurt a. M./ New York 1991

Bauer, Richard, Der Stadtfotograf. Georg Pettendorfers Ansichten von München: 1895–1935, München 1989

Becker, Wolfgang, Film und Herrschaft, Berlin 1973

Behaeghel, Julien, Die Verpackung als Medium. Brand Packaging, Zürich / München 1991

Behme, Theda, Reklame und Heimatbild. Handweiser der Staatlichen Stelle für Naturdenkmalpflege in Preußen, Bd. 2, Neudamm 1931

Behrens, Peter, Kunst und Technik, 1910, in: Buddensieg / Rogge, Industriekultur. Peter Behrens und die AEG 1907–1914, Berlin 1979

Beiersdorf AG (Hrsg.), Zeitdokument Werbung am Beispiel Nivea von 1912–1977, Hamburg 1978

Belach, Helga, Henny Porten, Berlin 1986

Bendixen, Rudolf, Baupflege und Außenreklame, in: Hamburger Correspondent vom 30. Dezember 1920

Benjamin, Walter, Das Kunstwerk im Zeitalter seiner technischen Reproduzierbarkeit, in: Gesammelte Schriften VII.I, Frankfurt a. M. [12]1981

Ders., Das Passagenwerk, 2 Bde., Frankfurt a. M. 1983

Berckenhagen, Ekhart (Hrsg.), Frühe Berliner Plakate 1850–1930. Bestandsverzeichnis und Katalog der Ausstellung, AK Kunstbibliothek Berlin, Berlin 1963

Bergius, Hanne, Das Lachen Dadas. Die Berliner Dadaisten und ihre Aktionen, Gießen 1989

Bergler, Georg, Das Schrifttum über den Markenartikel. Bibliographie, Berlin / Nürnberg 1960

Ders., Werbung und Gesellschaft, Essen 1966

Ders., Werben ist eine Kunst, München 1969

Berliner, Rudolf, Die Beschau in den kunsthistorisch beachtlichen deutschen Gewerben, in: Münchner Jahrbuch, N. F. 1931, 304 ff.

Bette, Karl-Heinrich, Körperspuren. Zur Semantik und Paradoxie moderner Körperlichkeit, Berlin / New York 1989

Beutler, Christian, AK Weltausstellungen im 19. Jahrhundert. Idee, Auswahl und Texte, München 1973, V

Ders., Der älteste Kruzifixus. Der entschlafene Christus, Frankfurt a. M., 1991

Bien, Helmut M. / Giersch, Ulrich (Hrsg.), Spurensicherung – Kabinettstücke. 40 Jahre Werbung in der DDR, AK Deutsches Werbemuseum e.V. Frankfurt a. M. / Berlin 1990

Birkigt, K. / Stadler, M. M. / Funck, H. J., Corporate Identity. Grundlagen, Funktionen, Fallbeispiele, Landsberg a. L. [3]1986

Blaich, Fritz, Absatzstrategien deutscher Unternehmen im 19. Jhd. und in der ersten Hälfte des 20. Jhds., in: Beihefte der Zeitschrift für Unternehmensgeschichte 23, 1982, 5–46

Blum, Anke, Das Deutsche Museum für Kunst in Handel und Gewerbe (M. A.), Ruhr-Universität Bochum 1994

Bock, Hans Michael / Töteberg, Michael (Hrsg.), Das Ufa-Buch, Frankfurt a. M. 1992

Böhme, Gernot und Hartmut, Das Andere der Vernunft, Frankfurt a. M. 1983

Böhme, Gernot, Anthropologie in pragmatischer Hinsicht, Frankfurt a. M. 1985

Bongard, Willi, Fetische des Konsums. Portraits klassischer Markenartikel, Hamburg 1964

Ders., Kunst und Kommerz. Zwischen Passion und Spekulation, Oldenburg 1967

Borscheid, Peter / Wischermann, Clemens (Hrsg.), Bilderwelt des Alltags. Werbung in der Konsumgesellschaft des 19. und 20. Jahrhunderts, Stuttgart 1995

Bottomore, Stephen (Hrsg.), A Selection of Documents to Accompany the 1995 Pordenone Non-fiction Screenings, Pordenone 1995

Brand, Horst W., Die Legende von den ›geheimen Verführern‹. Kritische Analysen zur unterschwelligen Wahrnehmung und Beeinflussung, Weinheim und Basel 1978

Braun, Christina von, Nicht Ich. Logik – Lüge – Libido, Frankfurt a. M. 1985

Dies., Die schamlose Schönheit des Vergangenen. Zum Verhältnis von Geschlecht und Geschichte, Frankfurt a. M. 1989

Brock, Bazon / Reck, Hans Ulrich (Hrsg.), Stilwandel als Kulturtechnik, Kampfprinzip, Lebensform oder Systemstrategie in Werbung, Design, Architektur, Mode, Köln 1986

Brose, Hanns W., Die Entdeckung des Verbrauchers, Düsseldorf 1958

Brugger, Alfons / Sommerfeld, Kurt (Hrsg.), Jahrbuch für deutsche Filmwerbung 1936, Berlin 1936

Brune-Berns, Silke, Im Lichte der Großstadt. Werbung als Signum einer urbanen Welt, in: Borscheid / Wischermann 1995, 90–115

Buchsteiner, Thomas / Letze, Otto (Hrsg.), Tom Wesselmann 1959–1993, AK Kunsthalle Tübingen (Wanderausstellung), Ostfildern 1994

Buddensieg, Tilmann (Hrsg.), Peter Behrens und die AEG 1907–1914, Katalog zur Ausstellung, AK Internationales Design Zentrum e.V. Berlin, Nürnberg 1978

Buddensieg, Tilmann / Rogge, Henning, Formgestaltung für die Industrie, Peter Behrens und die Bogenlampen der AEG, in: Bott, Gerhard, Von Morris zum Bauhaus, Hanau 1977

Dies. (Hrsg.), Industriekultur. Peter Behrens und die AEG 1907–1914, Berlin 1979

Buderer, Hans-Jürgen / Fath, Manfred (Hrsg.), Neue Sachlichkeit, AK Kunsthalle Mannheim, Mannheim 1994

Buss, David, The Evolution of Desire, New York 1994 (dt.: Die Evolution des Begehrens, Hamburg 1994)

Busse, Ernst, Die Gemeindebetriebe Münchens, Schriften des Vereins für Socialpolitik, Bd. 129,1, Leipzig 1908

Butler, Judith, Bodies that Matter, New York 1993 (dt.: Körper von Gewicht, Berlin 1995)

Byars, Mel, Design encyclopedia, 1880 to the present, München 1994

Campbell, Joan, Der deutsche Werkbund 1907–1934, München 1989

Chronik Hermann Bahlsen, Zum 1. Juli 1969, mit Texten von R. Hillebrecht, W. Venzmer u. a., Hannover 1969

CI Report 91. Das Jahrbuch vorbildlicher Corporate Identity, Darmstadt 1991

Ciolina, Erhard und Evamaria, Garantiert Aecht. Das Reklamebild als Spiegel der Zeit, München o. J.

Clark, Eric, Weltmacht Werbung. Die Kunst, Wünsche zu wecken, Bergisch-Gladbach 1989

Clausen, Jürgen, Stand und Zukunft des farbigen Werbefilms, in: Deutsche Werbung, Jg. 30, Nr. 20, Dez. 1937, 1097 f.

Cornet, Beatrice / Chevrel, Claudine (Hrsg.), Grain de Beauté. Un siècle de beauté par la publicité, AK Bibliothèque Forney, Paris 1993

Cosandey, Roland, Julius Pinschewer. Cinquante ans de Cinéma d'Animation, Anney 1989

Cronau, Rudolf, Das Buch der Reklame. Geschichte, Wesen und Praxis der Reklame, Ulm 1887

Ders., Geschichte der Solinger Klingenindustrie, Stuttgart 1885

Crouwel, Wim / Weidemann, Kurt, International Packaging. Verpackung – International. Emballages Internationaux, Stuttgart 1968

Cüddow, A., Straßenbild und Reklame, in: Das Plakat, März 1913, 60–65

Culler, Jonathan, On Deconstruction. Theory and Criticism after Structuralism, New York 1982

Curjel, Hans (Hrsg.), Henry van de Velde. Zum neuen Stil, München 1955

Daunight-Hoffrichter, Christiane, Die ›halbe Wahrheit‹. Irreführung durch lückenhafte Werbung, (Diss.), Frankfurt a. M. 1984

Deichsel, Alexander, Und alles ordnet die Gestalt. Hans Domizlaff. Gedanken und Gleichnisse, Zürich 1992

Denscher, Bernhard, Österreichische Plakatkunst 1898–1938, Wien 1992

Ders., Kunst und Kommerz. Zur Geschichte der Wirtschaftswerbung in Österreich, Wien 1985

Das Deutsche Kunstgewerbe zur Zeit der Weltausstellung in Chicago 1893, Bayerischer Kunstgewerbe-Verein (Hrsg.), Bd. I, München o. J., Anzeigenteil

Deutsche Kunst und Dekoration. Illustrierte Monatshefte für moderne Malerei, Plastik, Architektur, Wohnungskunst und künstlerische Frauenarbeiten, H. 24, Darmstadt 1909/10

Deutscher Werkbund (Hrsg.), Die Veredelung der gewerblichen Arbeit im Zusammenwirken von Kunst, Industrie und Handwerk. Verhandlungen des Deutschen Werkbundes zu München 1908, Leipzig 1908

Deutscher Werkbund (Hrsg.), II. Jahresversammlung zu Frankfurt a. M. 1909, Verhandlungsbericht

Deutscher Werkbund (Hrsg.), Neunzehn Bundeszeichen nach Entwürfen von Julius Klinger, J. V. Cissarz, F. H. Ehmcke, Rudolf Koch, F. H. Ernst Schneidler zur Verwendung auf Drucksachen der dem Deutschen Werkbund angehörigen Firmen, Hellerau 1911

Deutscher Werkbund (Hrsg.), Vertrauliche Mitteilungen über die Bundesarbeiten, Hellerau Januar 1911

Deutscher Werkbund (Hrsg.), III. Jahresbericht des Deutschen Werkbundes (E.V.), Geschäftsjahr 1910/11
Deutscher Werkbund (Hrsg.), IV. Jahresbericht des Deutschen Werkbundes (E.V.), Geschäftsjahr 1911/12
Deutscher Werkbund (Hrsg.), VI. Jahresbericht des Deutschen Werkbundes 1913/14, in: Der Verkehr, Jahrbuch des Deutschen Werkbund 1914, Jena 1914
Deutscher Werkbund (Hrsg.), Mitgliederverzeichnis am 1. Mai 1914, Sonderdruck
Diers, Michael, Schwarz, Weiß, Rot und Gelb. Aus der politischen Farbenlehre der Werbung, in: Im Blickfeld. Jahrbuch der Hamburger Kunsthalle, 1. Jg. (1994), 187–202
Dietzen, Agnes, Soziales Geschlecht. Soziale, kulturelle und symbolische Dimensionen des Gender-Konzepts, Opladen 1993
Döring, Jürgen (Hrsg.), Plakatkunst von Toulouse-Lautrec bis Benetton, AK Museum für Kunst und Gewerbe Hamburg, Hamburg 1994
Domizlaff, Hans, Typische Denkfehler der Reklamekritik, Leipzig 1929
Ders., Gewinnung des öffentlichen Vertrauens. Ein Lehrbuch der Markentechnik, Hamburg / Berlin 1940
Dorén, Gustaf Nils, Das Cigarettenplakat im Laufe der Reemtsma-Firmengeschichte. Sonderdruck aus dem Geschäftsbericht 1974 der Reemtsma Cigarettenfabrik GmbH Hamburg, Hamburg 1975
Ders., Die Cigarettenpackung im Laufe der Reemtsma-Firmengeschichte. Sonderdruck aus dem Geschäftsbericht 1975 der Reemtsma Cigarettenfabrik GmbH Hamburg, Hamburg o. J.
Ders., Werbung im Tabak-Fachgeschäft im Laufe der Reemtsma-Firmengeschichte. Sonderdruck aus dem Geschäftsbericht 1977 der Reemtsma Cigarettenfabrik GmbH Hamburg, Hamburg 1978
Dostojevskij, Fjodor M., Sämtliche Werke, München 1992
Dreier, Wilhelm, Funktion und Ethos der Konsumwerbung, München 1965
Dreike, Beata / Bracke, Krista, Werbung: Ein Spiel mit Worten, Gent 1991
Duvigneau, Volker, Tendenzen der Münchner Plakatkunst in den Zwanziger Jahren, in: Stölzl 1979, 177–193
Ders. (Hrsg.), Zwischen Kaltem Krieg und Wirtschaftswunder. Deutsche und Europäische Plakate 1945–1959, AK Münchner Stadtmuseum, München 1982

Eggers, Friedrich, in: Deutsches Kunstblatt 1851, 234 ff., 241 ff.
Elderfield, John, Kurt Schwitters, Düsseldorf 1987
Elster, Alexander, Gesetz gegen den unlauteren Wettbewerb, Berlin und Leipzig 1927
Engel, Frauke, Verpackung und Kunst am Beispiel Bahlsen, in: AK Supermarkt und Emmaladen. Aus der Geschichte der Warenverpackung, Westfälisches Museumsamt, Münster 1993
Engel, Frauke / Hirthe, Thomas, Bernhard Hoetger. Bildwerke 1902–1936, Galeriehandbuch 2, Niedersächsische Landesgalerie Hannover, Hannover 1994
Engelmann, Gerhard, Der baurechtliche Verunstaltungsbegriff bei den Anlagen der Außenwerbung, Erlangen 1986
Eskildsen, Ute / Horak, Jan-Christopher (Hrsg.), Film und Foto der zwanziger Jahre. Eine Betrachtung der Internationalen Werkbundausstellung ›Film und Foto‹ 1929, Stuttgart 1979
ESPRIT: Fun people/Fun products, Frühjahr 1987
Ewald sen., Hans, Der Trickfilm, in: Beyfuss / Kossowsky (Hrsg.), Das Kulturfilmbuch, Berlin 1924
Export, Valie, Das Reale und sein Double: Der Körper, Bern 1992

Feinhals, Jos. (Hrsg.), Der Tabak in Kunst und Kultur, Cöln 1911
Festschrift zur Feier des 25jährigen Bestehens der Manoli Zigarettenfabrik 1894–1919, Berlin 1919
Feuerhorst, Ulrich / Steinle Holger (Hrsg.), Die bunte Verführung, AK Schriftenreihe des Berlin Museums, Bd. 1, Berlin 1985
Fiedler, Jeannine (Hrsg.), Fotografie am Bauhaus, Berlin 1990
Finsterer-Stüber, Gerda, Marken und Signete, Stuttgart 1957
Fischer, Manfred F., Denkmal- und Baupflege in Hamburg am Beispiel des Riesser-Grabmals und des Neidlinger-Hauses, in: Zeitschrift des Vereins für Hamburgische Geschichte, Bd. 74/75, 1989, 319–342
Forster, Kurt W., Abbild und Gegenstand: Amerikanische Stilleben des späten 19. Jahrhunderts, in: AK Bilder aus der Neuen Welt. Amerikanische Malerei des 18. und 19. Jahrhunderts. Hrsg. von Thomas W. Gaehtgens, Nationalgalerie Berlin, München 1988
Fortlage, A., Der Wettbewerb um ein Plakat der ersten Ausstellung des Deutschen Werkbundes, in: Dekorative Kunst XI (1913), 374 ff.
foto-auge. 76 fotos der zeit zusammengestellt von franz roh und jan tschichold, stuttgart 1929 (Reprint New York 1973)
Foucault, Michel, Histoire de la sexualité, 1: Volonté de savoir, Paris 1976, 2: Le souci de soi, Paris 1984
Frankenstein, Norbert von, Highlights. Die Welt der schönen Dinge, Rastatt 1994
Frenzel, H. K. / Schubert, W. F., Ludwig Hohlwein, Berlin 1926
Friebe, Wolfgang, Architektur der Weltausstellungen 1851–1970, Leipzig 1983
Frisch, Christian, Plakatkunst 1880–1935, Stuttgart 1994
Frisel, Justinian, Das Wiener Straßenbild, gesehen vom Standpunkt des Reklamers, Wien / Berlin / Leipzig 1928
Funk, Anna-Christa, Karl Ernst Osthaus gegen Hermann Muthesius, Der Werkbundstreit 1914 im Spiegel der im Karl Ernst Osthaus Archiv erhaltenen Briefe, Hagen 1978

Gagel, Hanna, Studien zur Motivgeschichte des deutschen Plakats 1900–1914, (Diss.), Berlin 1971
Gallo, Max, Geschichte der Plakate, Herrsching 1975
Garbsch, Jochen, Terra Sigillata. Ein Weltreich im Spiegel seines Luxusgeschirrs, München 1982
Gass, Franz Ulrich, Besser werben mit Humor – Ein heiterer Verkaufshelfer, Stuttgart 1958

Gaulke, Johannes, Die ästhetische Kultur des Kapitalismus, Berlin-Tempelhof 1909
Gebrauchsgraphik. International Advertising Art. Monatsschrift zur Förderung künstlerischer Reklame, 1–42, München 1924–1971, [Forts. m. d. Titel]: Novum. Gebrauchsgraphik. Monatsschrift für visuelle Kommunikation, Grafik-Design und künstlerische Werbung, 43 –, München 1972 –
Gebrauchsgraphik. International Advertising Art. Sonderheft O. H. W. Hadank zum 50. Geburtstag, Jg. 16, Heft 7, Juli 1939
Geese, Uwe / Kimpel, Harald, Kunst im Rahmen der Werbung, Marburg 1982
Gilligan, Carol, Die andere Stimme. Lebenskonflikte und Moral der Frau, München 1984
Gleizes, Albert, Kubismus (1928), Mainz 1980
Goergen, Jeanpaul, Julius Pinschewer – Künstler und Kaufmann, Pionier des Werbefilms, in: epd-Film, H. 3, 1992
Ders., ›Soldaten-Lieder‹ und ›Zeichnende Hand‹ – Propagandafilme von John Heartfield und George Grosz, in: KINtop Schriften 3 – Oskar Messter Erfinder und Geschäftsmann, Frankfurt a. M. 1995
Goethes Gesammelte Werke, sog. ›Weimarer‹, oder ›Sophien‹-Ausgabe, 1887-1919, Nachdruck 1975
Gorenflo, Roger M., Verzeichnis der bildenden Künstler von 1890 bis heute, Ein biographisch-bibliographisches Nachschlagewerk zur Kunst der Gegenwart, Rüsselsheim 1988
Graak, Karl, Wirb oder Stirb. 100 Jahre Lyrik in der Werbung, Köln 1988
Grabow, Wilhelm, Die Entwicklung des Pelikan-Plakates, in: Mitteilungen der Pelikan-Werke, Heft 19, Hannover 1924
Graphis annual. Das internationale Handbuch der Werbegraphik und der redaktionellen Graphik, Zürich 1952/53
Gries, Rainer / Ilgen, Volker / Schindelbeck, Dirk, Ins Gehirn der Masse kriechen! Werbung und Mentalitätsgeschichte, Darmstadt 1995
Grosz, George, Briefe 1913–1959. Hrsg. von Herbert Knust, Hamburg 1979
Growald, Ernst, Der Plakat-Spiegel. Erfahrungssätze für Plakatkünstler und Besteller, Berlin 1908
Gumppenberg, Hanns von, Lebenserinnerungen – Aus dem Nachlaß des Dichters, Berlin–Zürich 1929

Haberbosch, Birgit Friederike, Schöne alte Automaten. Waren-, Spiel- und Musikautomaten, Augsburg 1994
Haenlein, Carl A., Andy Warhol, Bilder 1961 bis 1981, AK Städtische Galerie im Lenbachhaus, München 1981
Haenschke, Friedrich, Festschrift zum 80jährigen Bestehen der Litfaß-Säulen, 1855–1935, Berlin 1935
Hahn, Peter, Eduard Scotland, Bremen 1985 (Broschüre)
Hamel, L., Berlin im Licht, seine Aufgaben und Ziele, in: Die Reklame, 16, 1928, 588f.
Hansen, Peter, Der Markenartikel. Analyse seiner Entwicklung und Stellung im Rahmen des Markenwesens, (Betriebswirtschaftliche Schriften, H. 36), Berlin 1970
Harbeck, Hans, Hamburg. Was nicht im ›Baedeker steht‹, Bd. 8, München 1930
Harten, Jürgen / Schirner, Michael (Hrsg.), Art meets Ads. Kunst trifft Werbung in der Ausstellung, AK Kunsthalle Düsseldorf, Düsseldorf 1993
Hartlaub, Gustav F., Kunst als Werbung, in: Das Kunstblatt, H. 6, 1928, 170–176
Hartmann, Hans Albrecht, Paradise now? Kultur- und tiefenhermeneutische Analyse einer Werbebroschüre von Otto Kern (Spring/Summer 1994), Vortragsskript, Evangelische Akademie Tutzing 2.–4. Dez. 1994
Hartmann, Hans Albrecht, u. a. (Hrsg.), Bilderflut und Sprachmagie: Fallstudien zur Kultur der Werbung, Opladen 1992
Haug, Wolfgang Fritz, Kritik der Warenästhetik, Frankfurt a. M. 1972
Ders., Warenästhetik. Beiträge zur Diskussion, Weiterentwicklung und Vermittlung ihrer Kritik, Frankfurt a. M. 1975
Haus, Andreas, Moholy-Nagy. Fotos und Fotogramme, München 1978
Heartfield, John, Der Schnitt entlang der Zeit. Selbstzeugnisse, Erinnerungen, Interpretationen. Hrsg. und kommentiert von Roland März, Dresden 1981
Heidecker, Gabriele, Das Werbe-Kunst-Stück, in: Buddensieg / Rogge 1979, 167–197
Heller, Martin / Keller, Walter (Hrsg.), Werbung ist für alle da, AK Museum für Gestaltung Zürich / Art Directors Club Schweiz, Zürich 1991
Helliger, Hans Dieter, Walther Rathenau: Ein Kritiker der Moderne als Organisator des Kapitalismus, in: Ein Mann vieler Eigenschaften. Walther Rathenau und die Kultur der Moderne, Berlin 1990, 32–54
Hellweg, Werner, Die Außenreklame in Stadt und Land. Ein Beitrag zur Beseitigung und Verhütung der Verunstaltungen des deutschen Landes durch Auswüchse der Außenreklame unter besonderer Berücksichtigung der Verhältnisse im Verwaltungsgebiet der freien und Hansestadt Hamburg, Hamburg 1919
Ders., Baupflege und Stadtbild, in: Hamburger Technische Rundschau, Montagsbeilage zum Hamburger Fremdenblatt, Jg. 1, 1921, Nr. 12 vom 29. März 1921, 1–3
Ders., Plakat und Stadtbild, in: Hamburger Echo vom 14. Mai 1921
Ders., Die Kultur der Außenreklame. Mit einem Geleitwort des Reichskunstwarts E. Redslob, Hamburg 1923
Hepner, Vaclav, Ludwig Stollwerck und die Automatie, in: Kemp / Gierlinger 1988, 25–33
Hermand, Jost, Stile, Ismen, Etiketten. Zur Periodisierung der modernen Kunst, Wiesbaden 1978
Herrmanns, Arnold, Sozialisation durch Werbung. Sozialisationswirkung von Werbeaussagen in Massenmedien, Düsseldorf 1972
Ders., Sozialisation durch Werbung. Nicht sehen und doch glauben?, in: Jahrbuch der Absatz- und Verbrauchsforschung, 26, 1980
Herzogenrath, Wulf, ›Marceting‹. Frühe Erfolgsstrategien, in: Jahresringe 36, 1989
Herzogenrath, W. / Teuber, D. / Thiekötter, A. (Hrsg.), AK Die Deutsche Werkbund-Ausstellung Cöln 1914, Der westdeutsche Impuls 1900–1914, Kunst und Umwelt-

gestaltung im Industriegebiet, Kölnischer Kunstverein, Köln 1984, 280 ff.
Hessel, Franz, Ein Flaneur in Berlin, Berlin 1984
Hilbertz, Timo, Schockwerbung, Die humorvolle Sicht der Gewalt, in: Werben & Verkaufen, H. 28 (1994), 68 f.
Hipp, Hermann, Freie und Hansestadt Hamburg. Geschichte, Kultur und Stadtbaukunst an Elbe und Alster, Köln 1989
Hölscher, Eberhard, Emil Preetorius – 50 Jahre, Leipzig 1933
Ders., Firmenschilder aus zwei Jahrtausenden. Malerei im Dienste der Werbung, München 1965
Ders., Hermann Bahlsen und die Werbe-Graphik, in: H. Bahlsens Keksfabrik KG (Hrsg.), H. Bahlsen, Hannover 1969, 120 ff.
Hoffmann, Hans-Henner / Kohout, Drahu, Zeichen der Zeit. Signs of the Times, Zürich 1991
Hofmann, Werner, Kunst erster und zweiter Klasse, in: FAZ Beilage vom 25. 01. 1975
Ders., Der Tod der Götter, in: John Flaxman, AK Mythologie und Industrie, Hamburger Kunsthalle 1979
Horkheimer, Max / Adorno, Theodor, Dialektik der Aufklärung. Philosophische Fragmente, Amsterdam 1947
Horn, Klaus, Zur individuellen Bedeutung und gesellschaftlichen Funktion von Werbeinhalten, in: Zoll, R. (Hrsg.), Manipulation der Meinungsbildung. Zum Problem hergestellter Öffentlichkeit, Opladen 1971
Horx, Matthias / Wippermann, Peter, Markenkult. Wie Waren zu Ikonen werden, Düsseldorf 1995
Hufnagl, Florian (Hrsg.), Internationale Reiseplakate von der Jahrhundertwende bis heute, AK Die neue Sammlung München, München 1995
Humbert, Claude, label design, Tübingen / Fribourg 1972
Hunke, Heinrich, Der Einsatz der deutschen Wirtschaftswerbung im Kriegsjahr 1940, in: Wirtschaftswerbung – Mitteilungsblatt des Werberats der deutschen Wirtschaft, Jg. 8, H. 1, 1941
Huxley, Aldous, Schöne neue Welt, dt. Ausgabe München 1992
Huyn, Marie Christine, Das Plakat in der Münchner Prinzregentenzeit, München 1988

Jäckh, Ernst, Rundbrief, 11. April 1914, at: Berlinische Galerie, Berlin, Puhl und Wagner Nachlass
Jaeger, Harry, Zeichenfilm, in: Beyfuss / Kossowsky (Hrsg.), Das Kulturfilmbuch, Berlin 1924
Jahrbuch 1992, Art Directors' Club für Deutschland, Düsseldorf 1992
Jahrbuch 1994, Art Directors' Club für Deutschland, Frankfurt a. M. 1994
Jahrbuch Deutscher Werberat 1995, Bonn 1995
Jaspersen, Thomas, Produktwahrnehmung und stilistischer Wandel, Frankfurt a. M. / New York 1985
Jochmann, Werner (Hrsg.), Vom Kaiserreich zur Gegenwart. Geschichte der Stadt und ihrer Bewohner, Bd. 2, Hamburg 1986
Joppien, Rüdiger, Die Hannoversche Keksfabrik Hermann Bahlsen auf der Werkbundausstellung, in: Herzogenrath / Teuber / Thiekötter 1984, 216–226
Jost, Johannes, Weltbilder Werbung, Basel 1985

Kaskeline, Wolfgang, in: Ufa-Feuilleton vom 25. Februar 1931, zit. nach Bock / Töteberg (Hrsg.), Das Ufa-Buch, Frankfurt a. M. 1992, 286
Keller, Ingrid, Das CI-Dilemma. Abschied von falschen Illusionen, Wiesbaden 1993
Kellner, Joachim / Lippert, Werner (Hrsg.), Werbefiguren. Geschöpfe der Warenwelt, AK Deutsches Werbemuseum e.V. Frankfurt a. M., Düsseldorf 1992
Kemp, Cornelia / Gierlinger, Ulrike (Hrsg.), Wenn der Groschen fällt. Münzautomaten gestern und heute, AK Deutsches Museum München, München 1988
Kerkhoff, Ulrich, Bayerische Landesausstellungen, in: AK Leben und Arbeiten im Industriezeitalter, Nürnberg 1985
Kieslich, Günter, Werbung in alter Zeit, Essen 1960
Kimpel, Harald, Himmelsschreiber. Dimensionen eines flüchtigen Mediums, Marburg 1986
Klaffke, Franz, Elektrisches Licht als Werbeelement, in: Amtlicher Katalog der Reichs-Reklame-Messe, Berlin 1925
Klatt, Jo / Staeffler, Günter, Raum + Design Collection, Bad Oeynhausen 1990
Klinger, Julius, Plakate und Inserate, in: Jahrbuch des Deutschen Werkbundes 1913, 110 ff.
Kloepfer, Ralf / Landbeck, Hanne, Ästhetik der Werbung. Der Fernsehspot in Europa als Symptom neuer Macht, Frankfurt a. M. 1991
Knudsen, Knud, Ernst Litfaß 1816–1874, Berlin 1941
Kock, Dirk, Schriftkunst und Werbung im Werkbund-Programm und der Plakatwettbewerb zur Kölner Ausstellung, in: Herzogenrath / Teuber / Thiekötter 1984, 274–279
Köhn, Eckhardt (Hrsg.), Sasha Stone, Fotografien 1925–39, Berlin 1990
Konnertz, Winfried, Eduardo Paolozzi, Köln 1984
Kontinentaler Reklame-Kongress, Veranstaltung von der Vereinigung ›Die deutsche Werbung‹, Berlin 1936
Koshofer, Gerd, Color – Die Farben des Films, Berlin 1988
Krause, Jürgen, Reklamekultur, in: Sembach 1992, 185–202
Kreutzer, Dietmar, Werbung im Stadtraum, Berlin 1995
Krichbaum, Jörg, Lexikon der Fotografen, Frankfurt a. M. 1981
ders., Deutsche Standards. Die Klassiker von morgen, Stuttgart / Wien 1989
Kriegeskorte, Michael, Werbung in Deutschland 1945–1965. Die Nachkriegszeit im Spiegel ihrer Anzeigen, Köln 1992
Kroeber-Riel, Werner / Meyer-Hentschel, Gundolf, Werbung. Steuerung des Konsumentenverhaltens, Heidelberg 1982
Kroeber-Riel, Werner, Strategie und Technik der Werbung, Stuttgart ^{3}1991
Ders., Konsumentenverhalten, München ^{5}1992
Ders., Bildkommunikation, München 1993
Kuczynski, Jürgen, Die Geschichte der Lage der Arbeiter unter dem Kapitalismus, Bd. 5: Weimarer Republik. Frankfurt a. M. 1973 (reprint)

Kühn, Dietrich, Der Markenartikel. Wesen und Begriff seiner Entwicklung in der Literatur, (Diss.), Berlin 1963
Künneth, Walter, Werbung und Ethik, Essen 1957
Küthe, Erich / Thun, Matteo, Marketing mit Bildern. Management mit Trend-Tableaus, Mood-Charts, Storyboards, Fotomontagen, Collagen, Köln 1995
Kupferberg Gold Graphik um die Jahrhundertwende, Sektkellerei C. A. Kupferberg & Cie, Mainz 1976

LeBon, Gustave, Psychologie der Massen (1895), Stuttgart 1951
Leibniz-Blätter. Firmenschrift für Mitarbeiter, Jahrgänge 1912–1914, Hannover
Leibniz-Feldpost, Nr. 65, Beilage, Hannover 1918
Leiss, William / Kline, Stephen / Jhally, Sut, Social Communication in Advertising, London 1985
Leitherer, Eugen, Die Entwicklung des Markenwesens, (Diss.), Bamberg 1954
Leitherer, Eugen / Wichmann, Hans (Hrsg.), Reiz und Hülle. Gestaltete Warenverpackungen des 19. und 20.Jahrhunderts, AK Die Neue Sammlung München, Basel / Boston / Stuttgart 1987
Lemcke, Johannes / Friesenhahn, P., Handbuch der Reklame, Berlin 1901
Lepper-Binnewerg, Antoinette, Die Bestecke der Firma C. Hugo Pott. Solingen 1930–1987, (Diss.), Bonn 1993
Lerner, Franz, Ein halbes Jahrhundert im Dienste der Außenwerbung. Der Weg der deutschen Städtereklame GmbH 1922–1972, Frankfurt a. M. 1972
Licht und Lampe, 17, 1928, H. 19–22
Lichtbildbühne, Jg. 10, Berlin 1917
Lichtwark, Alfred, Über die Kunst auf der Straße, in: Hamburgischer Correspondent, Morgen-Ausgabe 173, Nr. 217, 10. Mai 1903, Beilage 1
Ders., Die kulturelle Bedeutung des Schaufensters, in: Jahrbuch der Gesellschaft Hamburger Kunstfreunde, 16, 1910, 46–51
Lipmann, Anthony, Der Dandy als Designer. Ernst Dryden. Plakatkünstler und Modeschöpfer, München / Luzern 1989
Lippert, Werner, Lexikon der Werbebegriffe, Düsseldorf / Wien 1993
Löns, Hermann, Günther Wagner 1838–1906, Hannover o. J.
Loewy, Raymond, Häßlichkeit verkauft sich schlecht. Die Erlebnisse des erfolgreichsten Formgestalters unserer Zeit, Düsseldorf / Wien / New York / Moskau 1992, Originalausgabe Düsseldorf / München 1953
Loiperdinger, Martin, Kino der Kaiserzeit, in: Kosok, Lisa / Jamin, Mathilde (Hrsg.), Öffentliche Lustbarkeiten im Ruhrgebiet der Jahrhundertwende, AK Essen 1992
Loiperdinger, Martin / Pulch, Harald, Geschichte des Werbefilms in Deutschland, in: Symposium Werbefilm – Geschichte und Gegenwart, Oberhausen 1992
Lorenz, Konrad, Über menschliches und tierisches Verhalten, Band II, München 1965
Love, John F., McDonald's. Behind the Arches, Toronto / New York / London / Sydney / Auckland 1986
Ders., Die McDonald's Story. Anatomie eines Welterfolges, München 1988
Lützow, Das Preisausschreiben der Firma B. Reemtsma & Söhne in Erfurt, in: Seidels Reklame 1919, Nr. 11, 255–263
Lux, August, Das neue Kunstgewerbe in Deutschland, Leipzig 1908

Mackenroth, Maria, Außenwerbung. Das wiederentdeckte Medium, München 1982
Magginalien von A bis Z, Maggi GmbH, Frankfurt a. M. 1994
Maier, Lotte, Reklameschau. Plakatkunst en miniature. Ausstellungs-, Reklame- und Propagandamarken von 1896–1939 aus der Sammlung Hans König, Dortmund 1984
Manske, Beate / Scholz, Gudrun, Täglich in der Hand. Industrieformen von Wilhelm Wagenfeld aus sechs Jahrzehnten, Worpswede 1987
Marcuse, Herbert, Der eindimensionale Mensch. Studien zur Ideologie der fortgeschrittenen Industriegesellschaft, Darmstadt/ Neuwied 1967
J. E. Margolds Keks-Packungen, in: Die Kunst, Bd. 38, 1918, 271 ff.
Mataja, Victor, Die Reklame, Leipzig 1910
Mattenklott, Gert, Bilderdienst. Ästhetische Oppositionen bei Beardsley und George, Frankfurt a. M. ²1985
Mau, August, Pompeji in Leben und Kunst, Leipzig 1908
max, Werbejahrbuch 1994, Kampagnen, Macher, Trends, Hintergründe, Infos, Hamburg 1994
May, Ernst, Licht und Beleuchtung, Berlin 1928
Meidner, Ludwig, Anleitung zum Malen von Großstadtbildern, in: Kunst und Künstler, Jg. 12, Nr. 6, 1914, 312 ff.
Meier, Jürgen, Werbung oder Kunst. Manipulation und Wirklichkeit, Hildesheim 1989
Meldau, Robert, Zeichen, Warenzeichen, Marken, Bad Homburg 1967
Mellinghoff, Frieder / Schmidt, Hilde / Dohmen, Jochen / Windrich, Hermann, Werbung mit Plakaten von gestern bis heute, Düsseldorf 1978
Messter, Eduard, Special-Catalog No. 32, Berlin 1898 (reprint KINtop Schriften 3, Frankfurt a. M. 1995)
Messter, Oskar, Mein Weg mit dem Film, Berlin 1936
Metzger, Wolfgang, Gesetze des Sehens, Frankfurt a. M. 1953
Meyer-Abich, Klaus M. / Birnbacher, Dieter, Was braucht der Mensch um glücklich zu sein? Bedürfnisforschung und Konsumkritik, München 1979
Modern Publicity in War (Modern Publicity 1941), London / New York 1941
Modern Publicity 1942–48. A Symposium of Travel. Cultural & Social and Commercial Publicity … Annual of ›Art and Industry‹, London / New York 1949
Möller, Carola, Gesellschaftliche Funktionen der Konsumwerbung, Stuttgart 1970
Moeller, Magdalena, Plakate für den blauen Dunst. Reklame für Zigarren und Zigaretten 1880–1940, Dortmund 1983
Moholy-Nagy, Laszlo, Malerei Fotografie Film (1927), Mainz und Berlin ²1978
Monographien Deutscher Reklamekünstler, Deutsches Museum für Kunst in Handel und Gewerbe, Hagen i. W. Meyer-Schönbrunn, F. (Hrsg.), Dortmund, Julius Gipkens 1912, Julius Klinger 1912; Lucian Bernhard 1913; Peter Behrens 1913; Emil Preetorius 1914

Mork, Editha / Till, Wolfgang, Lotte Pritzel 1887–1952. Puppen des Lasters, des Grauens und der Ekstase, AK Münchner Stadtmuseum, München 1987
Müller, Sebastian, Deutsches Museum für Kunst in Handel und Gewerbe, in: Hesse-Freilinghaus, Herta (Hrsg.), Karl Ernst Osthaus, Leben und Werk, Recklinghausen 1971, 259–342
Müller-Brockmann, Josef, Geschichte des Plakats, Zürich 1971
Ders., Geschichte der visuellen Kommunikation, Teufen/Schweiz 1971
Ders. / Wobmann, Karl, Fotoplakate. Von den Anfängen bis zur Gegenwart, Stuttgart 1989
Murken, Axel Hinrich, Die Malerei des Milan Kunc. Ikonen der Gegenwart, in: Kunstnachrichten 20, 1984, 99–107
Murken-Altrogge, Christa, Werbung, Mythos, Kunst am Beispiel Coca-Cola, Tübingen 1977
Dies., Coca-Cola-art. Konsum, Kult, Kunst, München 1991
Musser, Charles, The Emergency of Cinema – The American Screen to 1907, Berkeley 1990
Muthesius, Hermann / Naumann, Friedrich, Die Werkbund=Arbeit der Zukunft. Werkbund und Weltwirtschaft, Jena 1914

Nagl-Docetal, Herta / Pauer-Studer, Herlinde (Hrsg.), Jenseits der Geschlechtermoral. Beiträge zur feministischen Ethik, Frankfurt a. M. 1993
Naumann, Friedrich, Der Geist im Hausgestühl, Ausstattungsbriefe, Dresden-Hellerau o. D.
Ders., Werkbund und Weltwirtschaft, Jena 1914
Nerdinger, Friedemann W. / Arras, Birgit, Wem helfen Konsumententypologien? Eine explorative Studie zur Wechselwirkung von Zielgruppendefinition und Kreativität, in: Werbeforschung & Praxis 35 (1990), 119–124
Nerdinger, Friedemann W., Lebenswelt ›Werbung‹. Eine sozialpsychologische Studie über Macht und Identität, Frankfurt a. M. / New York 1990
Ders., Die Macht der Werbung. Werbung aus der Sicht der Werber, Frankfurt a. M. / New York 1991
Neumann, Peter, Grundlagen der Markt- und Werbepsychologie, (unveröffentlichtes Manuskript), München 1994
Neuwirth, Waltraud, Meissner Marken und Wiener Bindenschild – Original, Imitation, Verfälschung, Fälschung, Wien 1977
Neye, Hermann, Die Lichtreklame, (Diss.), Berlin 1929
Nickel, Volker, Werbung, Wirtschaft und Moral, Qualitative Merkmale einer unendlichen Diskussion, Vortrag vom 26. 01. 1993, Universität Leipzig
Nida-Rümelin, Julian, Kritik des Konsequentialismus, München 1993, Studienausgabe 1995
Nöhbauer, H. F., München. Eine Geschichte der Stadt und ihrer Bürger, München 1953
Nottebohm, F.W., Chronik der Kgl. Gewerbe-Akademie zu Berlin, Festschrift zur Feier des 50jährigen Bestehens der Anstalt, Berlin 1871

Ogilvy, David, Was mir wichtig ist. Provokative Ansichten eines Werbemannes, Düsseldorf / Wien / New York 1988
Otte, Thomas, Marke als System. Ihre Eigenkräfte regeln den Markt, Hamburg 1993

Packard, Vance, Die geheimen Verführer, Düsseldorf / Wien / New York 1992 (Originalausgabe: The Hidden Persuaders, New York 1957)
Paneth, Erwin, Entwicklung der Reklame vom Altertum bis zur Gegenwart. Erfolgreiche Mittel der Geschäfts-, Personen- und Ideenreklame aus allen Zeiten und Ländern, München / Berlin 1926
Pauser, Wolfgang, Dr. Pauser's Werbebewußtsein. Texte zur Ästhetik des Konsums, Wien 1995
Pazaurek, Gustav E., Künstlerische Packungen, in: Das Plakat 11, 1920
Pearce, Chris, Design-Klassiker des 20. Jahrhunderts, o. O. 1991
Pelser, Anette von / Scholze, Rainer, Faszination Auto. Autowerbung von der Kaiserzeit bis heute, Berlin 1994
Persil – Der Weg einer Marke. Ein Markenname im Zeitgeschehen, Henkel & Cie GmbH, Düsseldorf 1962
Pflaum, Dieter, Ausgewählte Werbemittel und Gestaltungsansätze, in: Berndt / Hermanns (Hrsg.), Handbuch Marketing-Kommunikation, Wiesbaden 1993, 333–352
Pini, Udo, Liebeskult und Liebeskitsch. Erotik im Dritten Reich, München 1992
Pinschewer, Julius, Filmreklame, in: Seidels Reklame, H. 8, Berlin 1913, 243 f.
Ders., Vortrag, auszugsweise abgedruckt in: Internationale Lehrfilmschau. Monatsschrift des internationalen Instituts für Lehrfilmwesen, Rom, Jg. 1, H. 3, September 1929
Ders., Der Werdegang des Werbefilms, in: Cinéaste, Deutsche Filmtage Göttingen 1953, Sonderheft, Göttingen 1953
Das Plakat. Zeitschrift des Vereins der Plakatfreunde e.V. für Kunst und Kultur in der Reklame, 1–12, Berlin 1910–1921
Das frühe Plakat in Europa und den USA, Ein Bestandskatalog, Bd.1–3, Berlin 1973–1980
Platen, Eva von, United Dollars of Benetton – Ein Contra: United Colors of Benetton (= Museumsfaltblatt zur Ausstellung im ›Sacco & Vanzetti-Leseraum‹ von Siah Armajani) Museum für Moderne Kunst, Frankfurt a. M. 1992
Platzhoff-Lejeune, Eduard, Die Reklame, Stuttgart 1909
Popp, Josef, Einführung in das Deutsche Warenbuch, Hellerau 1916
Postman, Neil, Wir amüsieren uns zu Tode. Urteilsbildung im Zeitalter der Unterhaltungsindustrie, Frankfurt a. M. 1985
La Pubblicità d'Italia. Die italienische Werbung, Rom: Sindicato Nazionale Fascita, Heft 43–46, Januar–April 1941

Rademacher, Hellmut, Das deutsche Plakat – Von den Anfängen bis zur Gegenwart, Dresden 1965, zitiert: Rademacher 1965 a
Ders., Deutsche Plakatkunst und ihre Meister, Hanau/M. 1965, zitiert: Rademacher 1965 b
Rademacher, Hellmut / Grohnert, René (Hrsg.), Kunst, Kommerz, Visionen. Deutsche Plakate 1888–1933, AK

Deutsches Historisches Museum Berlin, Berlin 1992

Rathenau, Walther, Zur Mechanik des Geistes, Berlin 1913, in: ders., Kunstphilosophie und Ästhetik, in: Kunstwort-Bücherei, Bd. 7, München 1923

Rauschnabel, Kurt, Stadtgestalt durch Staatsgewalt?, Das Hamburger Baupflegegesetz von 1912 (= Arbeitshefte zur Denkmalpflege in Hamburg, Bd. 6), Hamburg 1984

Rave, Paul Ortwin (Hrsg.), Karl Friedrich Schinkel. Lebenswerk, Bd. 3, Berlin 1962

Rawls, John, A Theory of Justice, Oxford 1971

Reck, Hans Ulrich, Werbeplakat und Markenartikel. Zur Entstehung eines industriellen Zusammenhangs, in: Ästhetik und Kommunikation 18, 1988, H. 67/68, 95–100

Reff, Theodore, Manet and Modern Paris. Washington, National Gallery of Art 1982

Rehorn, Jörg, Werbetests, Neuwied 1988

Reichertz, Jo, Religiöse (Bild)Botschaften in der Werbung, Vortragsskript, Evangelische Akademie Tutzing 2.–4.Dez.1994

Reichwein, Sabine, Die Litfaßsäule, Berlin 1980

Reinhard, Hildegard, Gustav Wunderwald (1882–1945), Hildesheim 1988

Reinhardt, Dirk, Von der Reklame zum Marketing. Geschichte der Wirtschaftswerbung in Deutschland, Berlin 1993

Reiniger-Koch, Lotte, Wie ich meine Silhouettenfilme mache, in: Beyfuss / Kossowsky (Hrsg.), Das Kulturfilmbuch, Berlin 1924

Reinstein, Hans Günther, Bahlsen-Kekspackungen, in: Gebrauchsgraphik 1926, H. 4, 64 f.

Die Reklame. Fachzeitschrift für praktische Geschäftsreklame, 1892, 1894. Fortsetzung: Die Reklame. Zeitschrift für kaufmännische Propaganda 5, 1895, 1933

Die Reklame auf der deutschen Gewerbeschau, München 1922

Die Reklame. Ihre Kunst und Wissenschaft. Hrsg. von Paul Ruben, Berlin 1914, Reprint Hamburg 1982

Renger-Patzsch, Albert, Die Welt ist schön (1928), Dortmund 1992

Riedler, Alois, Emil Rathenau und das Werden der Großwirtschaft, Berlin 1916

Rimbach, Karl Ernst, ... und nun der erste plastische Tonfilm, in: Deutsche Werbung, Jg. 30, Nr. 20, 12/1938

Ringwald, Carl-Hans, Aufgaben und Gestaltung der deutschen Wirtschaftswerbung im Kriege unter besonderer Berücksichtigung der Werbung für Markenartikel, (Diss.), Heidelberg 1942

Rode, Friedrich A., Der Weg zum neuen Konsumenten. Wertewandel in der Werbung, Wiesbaden 1989

Rolffsen, Hans, Stadtbild und Außenreklame, in: Das Plakat 12, 1921, H. 7/8, 435–441

Ronte, Dieter / Bonus, Holger, Werbung, Volkswirtschaftliche Diskussionsbeiträge, Nr. 176, Münster 1993

Roschitz, Karlheinz, Wiener Weltausstellung 1873, Wien / München 1989

Roselius, Kurt, Ludwig Roselius, in: Niedersächsische Lebensbilder, Bd. 5, Hildesheim 1962

Rosenstiel, Lutz von / Ewald, Guntram, Marktpsychologie, Bd. 1, Konsumverhalten und Kaufentscheidung, Stuttgart 1979

Rosenstiel, Lutz von / Neumann, Peter, Einführung in die Markt- und Werbepsychologie, Darmstadt [2]1991

Roth, Martin / Scheske, Manfred / Täubrich, Hans-Christian, In aller Munde. Einhundert Jahre Odol, Ostfildern-Ruit 1993

Ruben, Paul (Hrsg.), Die Reklame. Ihre Kunst und Wissenschaft, Berlin 1914

Sachsse, Rolf, Die Bildleistungen der Popularisierungszeit, in: AK Farbe im Photo. Die Geschichte der Farbphotographie von 1861 bis 1981, Köln, Josef-Haubrich-Kunsthalle, 1981

Sailer, Anton, Das Plakat. Geschichte, Stil und gezielter Einsatz eines unentbehrlichen Werbemittels, München 1965

Sandgruber, Roman / Kühnel, Harry (Hrsg.), Genuß und Kunst. Kaffee Tee Schokolade Tabak Cola, AK Schloß Schallaburg, Innsbruck 1994

Sandt, Björn / Rohde, Uwe, Copystrategische Grundlagen der Werbung, in: Berndt, R. / Hermanns, A. (Hrsg.), Handbuch Marketing-Kommunikation, Wiesbaden 1993, 317–332

Schalcher, Traugott, Die Reklame der Straße, Wien / Leipzig 1927

Ders., Alfred Mahlau, in: Gebrauchsgraphik 1929, H. 8, 33–43

Schamoni, Victor, Die Anfänge des absoluten Films in Deutschland, in: Der deutsche Film, 2. Jg., H. 9, 1938

Schardt, Hermann, Französische Plakatkunst, Paris 1900, Stuttgart / Zürich 1987

Scheffler, Karl, Kunst und Industrie, in: Kunst und Künstler, 6, 1908

Scheugl, Hans / Schmidt jr., Ernst, Eine Subgeschichte des Films, Frankfurt a. M. 1974

Schilder Bär, Lotte / Bignens, Christoph (Hrsg.), Hüllen füllen. Verpackungsdesign zwischen Bedarf und Verführung, AK Museum für Gestaltung Zürich, Zürich 1994

Schilling, Jürgen, Wolf Vostell – décollagen. Verwischungen. Schichtenbilder. Bleibilder. Objektbilder. 1955–1979, AK Kunstverein Braunschweig 1980

Schindler, Herbert, Monographie des Plakats. Entwicklung, Stil, Design, München 1972

Schirner, Michael, Werbung ist Kunst, München 1991

Schivelbusch, Wolfgang, Lichtblicke. Zur Geschichte der künstlichen Helligkeit im 19. Jahrhundert, Frankfurt a. M. 1986

Ders., Licht, Schein und Wahn. Auftritte der elektrischen Beleuchtung im 20. Jahrhundert, Berlin 1992

Schlepkow, John, Leuchtreklame an der Binnenalster. Eine Erwiderung, in: Der Kreis 7, 1930, 110 ff.

Ders., Reklame, Propaganda, Werbung. Eine etymologische Studie, Hamburg 1951

Schmalenbach, Werner, Kurt Schwitters, Köln 1967

Schmerl, Christiane, Frauenfeindliche Werbung, Berlin 1980

Dies. (Hrsg.), Frauenzoo der Werbung. Aufklärung über Fabeltiere, München 1992

Schmidt, Ernst Eduard Hermann, Von Reklame und anderen Dingen, Berlin 1918

Schmidt, Fritz, Industrielle Werbung, Stuttgart/Wien 1935

Schmidt, Klaus (Hrsg.), Corporate Identity in Europa. Strategien, Instrumente, Erfolgreiche Beispiele, Frankfurt a. M. / New York 1994

Schmidt, Siegfried J. / Sinofzik, Detlev / Spieß, Brigitte, Wo lassen Sie leben? Kulturfaktor Werbung. Entwicklungen und Trends der 80er Jahre, in: Thomsen, Christian W., Aufbruch in die Neunziger. Ideen, Entwicklungen, Perspektiven der achtziger Jahre, Köln 1991, 142–170

Schönberger, Angela (Hrsg.), Raymond Loewy. Pionier des Amerikanischen Industriedesigns, AK Münchner Stadtmuseum, München 1990

Schöne, Albrecht, Emblematik und Drama im Zeitalter des Barock, München 1968

Schrader, Halwart, BMW Automobile. Bd. 1: Vom Wartburg und Dixi zum Mille-Miglia-Rennsportwagen 1898–1940, Gerlingen ^{5}1994

Schubert, Walter F., Die deutsche Werbegraphik, Berlin 1927

Schulin, Ernst, Krieg und Mechanisierung. Rathenau als philosophischer Industrieorganisator im ersten Weltkrieg, in: Ein Mann vieler Eigenschaften. Walther Rathenau und die Kultur der Moderne, Berlin 1990, 55–69

Schultze, Jürgen / Winter, Annemarie, Kunst im Alltag. Plakate und Gebrauchsgraphik um 1900. Aus der Jugendstilsammlung der Kunsthalle Bremen, AK Kunsthalle Bremen, Bremen 1977

Schulz-Hoffmann, Carla: ›I shop therefore I am‹, in: Kritik, 3, 1995

Schulze, Gerhard, Die Erlebnisgesellschaft, Frankfurt a. M. ^{2}1992

Schumacher, Fritz, Leuchtreklame an der Binnenalster, in: Der Kreis 7, 1930, 32–37

Schuster, Peter-Klaus: Schön und Kolossal: Industrieikonen. Zum Gedenkblatt der Schuckert-Werbe, in: Hubert Glaser u. a.: Industriekultur in Nürnberg, München 1980

Ders. (Hrsg.), Delaunay und Deutschland, AK Haus der Kunst München, München 1985

Schwartz, Frederic J., Form and Economy in the German Werkbund, 1907–1914. Design Theory and Mass Culture, (Diss.), Columbia University, New York, 1994

Schweiger, Günther / Schrattenecker, Gertraud, Werbung, Stuttgart ^{3}1992

Seeber, Guido, Der Trickfilm in seinen grundsätzlichen Möglichkeiten, Berlin 1927 (reprint Frankfurt a. M. 1979)

Séguéla, Jacques, Hollywood wäscht weißer. Werbung mit dem Starsystem, Landsberg 1983, Originalausgabe Paris 1982

Seidels Reklame. Das Blatt der Praxis für Reklamehersteller und Verbraucher. Organ des ›Werberat, Vereinigung für Werbelehre und Werbepraxis‹, 1–12. Berlin 1913–1928

Seidt, Franz, Neues Handbuch der Reklame, Berlin 1914

Sembach, Klaus Jürgen (Hrsg.), 1910 – Halbzeit der Moderne. Van de Velde, Behrens, Hoffmann und die Anderen, AK Westfälisches Landesmuseum für Kunst und Kulturgeschichte Münster, Stuttgart 1992

Sembach, Klaus Jürgen / Schulte, Birgit (Hrsg.), Henry van de Velde, Ein europäischer Künstler seiner Zeit, AK Karl Ernst Osthaus Museum Hagen (Wanderausstellung), Köln 1992

Semper, Gottfried, Wissenschaft, Industrie und Kunst, Braunschweig 1852

Seyffert, Rudolf, Allgemeine Werbelehre, Stuttgart 1929

Simmel, Georg, Die Berliner Gewerbeausstellung, in: Die Zeit, Nr. 95, 25. Juli 1896

Sobieszek, Robert A., The Art of Persuasion. A History of Advertising Photography, New York 1988

Sombart, Werner, Ihre Majestät die Reklame, in: Die Zukunft, H. 63, 1908

Ders., Die Reklame, in: Morgen, Nr. 10, 1908

Ders., Die deutsche Volkswirtschaft im neunzehnten Jahrhundert, Berlin 1913

Spang, Günther, Rotes Herz und brauner Trunk, Bremen 1956

Spengemann, Chr., Die Kunst in Handel und Industrie, Ideengang eines Vortrages, gehalten Anfang Januar 1914 im Bahlsen-Stammhaus, abgedruckt in: Leibniz-Blätter, 10. 1. 1914, Nr. 1

Sperr, Bernhard, Zulässige und unzulässige Werbung. Gibt es eine klare Grenzziehung?, Stuttgart 1988

Spiekermann, Uwe, Elitenkampf um die Werbung. Staat, Heimatschutz und Reklameindustrie in frühen 20. Jahrhundert, in: Borscheid / Wischermann 1995, 126–149

Sponsel, Jean Louis, Das moderne Plakat, Dresden 1897

Stahl, Fritz, Deutsche Plakate, in: Westermanns Monatshefte, Bd. 81, Braunschweig 1897/98

Stathatos, John, Die politische Dimension. ›Linke‹ gegen ›rechte‹ Fotografie, in: Kunstforum, Bd. 129, 1995, 144–157

Steber, Jörg, Der Himmelsschreiber. Geschichte und Technik der Luftwerbung, Planegg / München 1988

Steffenhagen, Hartwig, Werbeziele, in: Berndt / Hermann (Hrsg.), Handbuch Marketing-Kommunikation, Wiesbaden 1993, 285–300

Stölzl, Christoph (Hrsg.), Die zwanziger Jahre in München, AK Münchner Stadtmuseum, München 1979

Suhr, Werner, Markenartikel – Triumph auf allen Märkten, München 1961

Szeemann, Harald, Der Hang zum Gesamtkunstwerk, AK Kunsthaus Zürich, Aarau 1983

Tafelmaier M. und W., Die dreidimensionale Verführung. Reklame auf alten Blechdosen, Dortmund 1982

Tappe, Heinrich, Der Genuß, die Wirkung und ihr Bild: Werte, Konventionen und Motive gesellschaftlichen Alkoholgebrauchs im Spiegel der Werbung, in: Borscheid / Wischermann 1995, 222–241

Tauchner, Paul, Cigarette brands and the political climate in Germany, in: Trademark World, June/July 1995, 47

Thamer, Jutta, Die Eroberung der dritten Dimension. Raum und Fläche bei Henry van de Velde, in: Sembach / Schulte 1992, 132–147

Thérenaz, Michel, Die Farben von Benetton, in: Lettre, Nr. 30, 1995

Theweleit, Klaus, Männerphantasien Bd. 1: Frauen, Fluten, Körper, Geschichte, München 1995

Thiekötter, Angelika, Das ›Werkbund-Genre‹, in: Herzogenrath / Teuber / Thiekötter 1984, 95–113

Dies., Hermann Muthesius und der Deutsche Werkbund – Fragmente, Dokumente, in:

Werkbund-Archiv in Zusammenarbeit mit dem Museumspädagogischen Dienst (Hrsg.), Hermann Muthesius im Werkbund-Archiv, Berlin 1990, 21–104
Tietz, F., Ernst Litfaß' industrielle und private Wirksamkeit, Berlin 1871
Tschichold, Jan, Schriften 1925–1974, 2 Bde., Berlin 1991/92
Treue, Wilhelm, Ostasiatische Porzellan- und Wedgwoodimporte in Deutschland im 18. Jahrhundert, in: Keramos 59, 1973
Tümmel, Herbert, Vom Flachbild zum dreidimensionalen Film, in: Hagemann, Peter A., Der 3-D-Film, München 1980
Tocqueville, Alexis de, Über die Demokratie in Amerika, 2 Bde., Zürich 1987

Ufa-Werbefilm-Broschüre, Neues vom Werbe-Tonfilm – Sondervorführung im Gloria-Palast, Berlin 1934
Urselmann, Michael, Die Existenzberechtigung der Werbung – eine interdisziplinäre Betrachtung zur Werbekritik, Arbeitspapier zur Schriftenreihe ›Schwerpunkt Marketing‹, Bd. 40, hrsg. von Prof. Dr. Paul W. Meyer und das Lehr- und Forschungsteam Marketing an der Universität Augsburg, Augsburg 1993

Van de Velde, Henry, in: Gebrauchsgraphik 1942, H. 3, 33
Ders., Kunst und Industrie, Frankfurt a. M. 1909, in: Eckstein, Hans (Hrsg.), 50 Jahre Deutscher Werkbund, Frankfurt a. M. 1956, 28
Ders., Die Geschichte meines Lebens, München 1962
Varnedoe, Kirk / Gopnik, Adam, High & Low. Modern Art – Popular Culture, AK The Museum of Modern Art New York, New York 1990, dt. Ausgabe München 1990
Väth-Hinz, Henriette, Odol. Reklame-Kunst um 1900, Werkbundarchiv Bd. 14, Berlin 1985
Veblen, Thorstein, The Theory of the Leisure Class, Erstausgabe 1899, New York 1967
Vertreter der Klangfilm A. G., Vortrag, auszugsweise abgedruckt in: Internationale Lehrfilmschau. Monatsschrift des internationalen Instituts für Lehrfilmwesen, Rom, Jg. 1, H. 3, September 1929
Vietta, Silvio, Großstadtwahrnehmung und ihre literarische Darstellung, in: Deutsche Vierteljahresschrift für Literaturwissenschaft und Geistesgeschichte, 48, 1974, H. 2, 354–373
Vogelsang, Waldemar, Jugendliche Video-Cliquen, Opladen 1991
Vom Stil der Werbung, Österreichische Werbewissenschaftliche Gesellschaft, H. 2, Wien 1979

Wasem, Erich, Sammeln von Serienbildern. Entwicklung und Bedeutung eines beliebten Mediums der Reklame und Alltagskultur, Landshut 1981
Weber, Peter, Die Kritik an der Wirtschaftswerbung, (Diss.), Erlangen / Nürnberg 1966
Weidenmüller, Hans, Die Durchgeistigung der Geschäftlichen Werbearbeit, in: Die Kunst in Industrie und Handel, Jahrbuch des Deutschen Werkbundes 1913, Jena 1913
Weidenmüller, Das gefilmte Angebot, in: Der Kinematograph, Jg. 13, H. 650, Düsseldorf 1919
Weinberg, Peter, Erlebnismarketing, München 1992
Weisser, Michael, Deutsche Reklame, München 1985, abgek. zitiert: Weisser 1985 a
Ders., Cigaretten-Reklame, Die Geschichte der Zigarette, ihre Industrie und ihre Werbung von 1860 bis 1930, München 1985, abgek. zitiert: Weisser 1985 b
Ders., Annoncen aus der Jahrhundertwende, Hannover 1981
Ders., Wirksam wirbt das Weib. Die Frau in der Reklame, München 1985
Weisserth, Peter-Louis, Die Entstehung der Wirtschaftswerbung. Eine entwicklungsgeschichtliche Darstellung, (Diss.), Nürnberg 1953
Werbung in Deutschland 1994, edition ZAW, Bonn 1994
Werbung mit Plakaten für Henkelprodukte von gestern bis heute, Schriften des Werksarchivs der Henkel KGaA Düsseldorf, Düsseldorf 1978
Westbrock, Ingrid, Der Werbefilm. Ein Beitrag zur Entwicklungsgeschichte des Genres vom Stummfilm zum frühen Ton- und Farbfilm, Hildesheim 1983
zur Westen, Walter von, Reklamekunst, Bielefeld / Leipzig 1903
Ders., Reklamekunst aus zwei Jahrtausenden, Berlin 1925
Westheim, Paul, Plakatkunst, Sonderabdruck aus: Zeitschrift für Ästhetik und allgemeine Kunstwissenschaft, III. Bd., 1907, 119 ff.
Ders., Tabaksgraphik, in: Archiv für Buchgewerbe, 47. Bd., 1910, H. 9, 269–274
Westphal, Uwe, Werbung im Dritten Reich, Berlin 1989
Wichmann, Hans (Hrsg.), Warenplakate. Meisterplakate von der Jahrhundertwende bis heute, AK Die Neue Sammlung München, München 1981
Ders. (Hrsg.), Industrial Design, Unikate, Serienerzeugnisse: Kunst, die sich nützlich macht. Die Neue Sammlung. Ein neuer Museumstyp des 20. Jhs., AK Die Neue Sammlung München, München 1985
Wildbur, Peter, Warenzeichen – Design, Ravensburg 1969
Wilkens, Heinz-Gerhard, Phantastik und Warenästhetik. Die Bilder Réné Magrittes in der Werbung, in: Christian W. Thomsen, Phantastik in Literatur und Kunst, Darmstadt 1980, 457–470
Windrich, Hermann, Das Plakat als Werbemittel und Kunstprodukt, Düsseldorf 1979
Windsor, Alan, Peter Behrens, Architekt und Designer, Stuttgart 1985
Wirtschaftswerbung (mit wechselnden Untertiteln), Werberat der deutschen Wirtschaft, Jg. 1–11, Berlin 1934–1944
Wirtschaftswerbung mit Archiv für Wettbewerbsrecht, Sonderheft Italien, Jg. 9, Heft 10, Oktober 1942
Wischermann, Clemens, Grenzenlose Werbung? Zur Ethik der Konsumgesellschaft, in: Borscheid / Wischermann 1995, 372–407
Wolf, Naomi, The Beauty Myth, London 1990
Wunderlich, Sylke, Emailplakate. Ein internationaler historischer Überblick, Leipzig 1991

Zankl, Franz Rudolf, AK Das Frühe Pelikan-Plakat 1898–1930, Historisches Museum Hannover 1975

ZDF Jahrbuch 1967, Mainz 1968

Zec, Peter (Hrsg.), Mythos aus der Flasche. Coca-Cola Cultur im 20. Jahrhundert, AK Design Zentrum Nordrhein Westfalen, Essen 1994

Zeitdokument Werbung am Beispiel Nivea von 1912–1977, Hamburg o. J.

Zentralausschuß der Werbewirtschaft, Wie weit darf Werbung gehen?, in: ZAW, Werbung in Deutschland, o. O., o. J., 34–40

Zoll, Ralf (Hrsg.), Manipulation der Meinungsbildung. Zum Problem hergestellter Öffentlichkeit, Opladen 1971

AK Art & Pub. Art et Publicité 1890–1990, Paris, Centre Georges Pompidou 1990/91

AK Das A und O des Bauhauses. Bauhauswerbung: Schriftbilder, Drucksachen, Ausstellungsdesign, Berlin, Bauhausarchiv 1995

AK Benetton par Toscani, Pully/Lausanne, FAE Musée d'art contemporain 1995

AK David Carson – Zeichen der Zeit. Grafikdesign aus Kalifornien, München, Neue Sammlung 1995

AK Deutsches Kunstgewerbe, Wanderausstellung des Deutschen Museums für Kunst in Handel und Gewerbe, Hagen/Newark 1912/13

AK III. Deutsche Kunstgewerbeausstellung, Dresden, München 1906

AK Deutsche Werbefotografie 1925–1988, Stuttgart, Institut für Auslandsbeziehungen 1989

AK Ein Dokument deutscher Kunst 1901.1976, Darmstadt 1976

AK 1. Europäische Plakatausstellung, Hamburg, Museum für Kunst und Gewerbe 1893

AK Hans Finsler. Neue Wege der Photographie, Staatliche Galerie Moritzburg Halle u. a., Leipzig 1991

AK Formbeständig 3, Stuttgart, Design Center 1990

AK Gunter Fruhtrunk Hrsg. von Peter-Klaus Schuster, Nationalgalerie Berlin u. a., München 1993

AK Gemälde I,1, 16.–19. Jh. Verzeichnis der Bestände des künftigen Stadtmuseums Berlin, Berlin Museum 1994

AK George Grosz – Berlin / New York. Hrsg. von Peter-Klaus Schuster, Berlin, Nationalgalerie, Berlin 1994

AK Das internationale Plakat, Städtereklame GmbH, München 1929

AK Kandinsky und München. Begegnungen und Wandlungen 1896–1914. Hrsg. von Armin Zweite, Lenbachhaus München 1982

AK Konstruktivistische Internationale Schöpferische Arbeitsgemeinschaft 1922–1927. Utopien für eine europäische Kultur, Düsseldorf, Kunsthalle; Halle, Staatliche Galerie Moritzburg 1992

AK Franz Marc. Kräfte der Natur – Werke 1912–1915. Hrsg. von Erich Franz, Staatsgalerie moderner Kunst, München u. a., Stuttgart 1993

AK Mein Feld ist die Welt. Musterbücher und Kataloge 1784–1914, Dortmund 1984

AK Milan Kunc, Neue Ikonen, Kunstverein für die Rheinlande und Westfalen, Kunsthalle Düsseldorf 1984

AK Milan Kunc, Peinlicher Realismus. Ost-Pop. Verfeinerte Malerei, Ostfildern 1992

AK Mise en boîte, Paris, Musée National des Arts et Traditions Populaires 1994

AK E.W. Nay 1902–1968, Germanisches Nationalmuseum Nürnberg – München 1980

AK Offizieller Katalog der Deutschen Werkbund-Ausstellung Cöln 1914, Mai bis Oktober, Köln / Berlin 1914

AK Der optische Skandal. Plakatkunst von Toulouse-Lautrec bis Art Deco, Wiener Stadt- und Landesbibliothek 1992

AK The Package, New York, Museum of Modern Art 1959

AK Eduardo Paolozzi. Wiederkehr der Themen, Städtische Galerie im Lenbachhaus, München 1984

AK Le peintre et l'affiche de Lautrec à Warhol, Paris, Musée de l'affiche et de la publicité 1988

AK Plakate in München 1840–1940, Münchner Stadtmuseum 1975/76

AK Plakate der Jahrhundertwende, Landesmuseum Oldenburg 1989

AK Prämiert weil jenseits. Die 99 schlechtesten Plakate, Schriftenreihe von Schule und Museum für Gestaltung Zürich, Zürich 1995

AK Die schöne Hülle. Zur Geschichte und Ästhetik der Verpackung, Göttingen, Städtisches Museum 1982/83

AK Kurt Schwitters, Düsseldorf, Berlin, Stuttgart, Basel, Hamburg 1971

AK Kurt Schwitters, Centre Pompidou, Paris 1994

AK Stadtbilder. Berlin in der Malerei vom 17. Jahrhundert bis zur Gegenwart, Berlin Museum 1987

AK Wolf Vostell, Retrospektive 1958–1974, Berlin, Nationalgalerie 1975

AK Die Warenverpackung, Basel, Gewerbemuseum 1940

AK Warhol, London, The Tate Gallery 1971

AK Das Werben für den Pelikan, München, Lenbachhaus 1963

AK Gustav Wunderwald, Berlin, Nationalgalerie 1982

AK Zeiträume, Bonn, Haus der Geschichte 1994

Fotonachweis

AEG-Firmenarchiv, Frankfurt/M.
Kat. Nr. 4.3.2, 4.3.5, 4.3.16
Albert Renger-Patzsch Archiv/Ann und Jürgen Wilde, Köln Kat. Nr. 4.4.5
Bahlsen-Museum/Archiv, Hannover
Kat. Nr. 1.3.7, 3.1.19
Bauhaus-Archiv, Berlin (Foto: Niggemeyer)
Kat. 4.4.9
Bayerische Staatsbibliothek, München
Kat. Nr. 2.1.17, 2.2.13, 2.2.16, 2.4.1, 2.4.4, 2.5.5, 4.6.14
Beiersdorf, Hamburg Kat. Nr. 2.5.4, 4.1.10, 4.1.15, 5.5.2, 5.5.3, 5.5.4
Berlinische Galerie, Berlin Kat. Nr. 4.4.3, 4.4.4
Bildarchiv Preußischer Kulturbesitz, Berlin (Foto: Jörg P. Anders) Kat. Nr. 2.2.1, 2.2.12, 2.1.15
Deutsches Historisches Museum, Berlin
Kat. Nr. 1.1.38, 1.2.13, 1.2.25, 1.4.11, 1.4.13, 1.4.16, 2.5.9, 2.5.11, 2.5.13, 2.5.16, 2.5.17, 2.5.18, 2.5.19, 2.5.20, 2.5.22, 3.3.14, 3.4.11, 4.1.6, 4.1.29, 5.3.1, 5.3.13, 5.3.14, 5.4.12, 5.4.13; (Foto: A. Psille/S. Ahlers) 4.3.22
Die Neue Sammlung, München
Kat. Nr. 3.3.9, 3.4.14, 4.3.20, 4.3.21, 4.3.37, 4.4.49; (Foto: S. R. Gnamm) 1.3.13, 4.3.11, 4.3.15, 4.3.41, 4.3.49
Manfred Eberlein, München
Kat. Nr. 1.1.1
Fotocentrum Zimmermann GmbH, Hannover Kat. Nr. 1.2.25, 1.3.2, 1.3.3, 1.3.5, 1.3.6, 3.1.2, 3.1.3, 3.1.4, 3.1.6, 3.1.7, 3.1.10, 3.1.11, 3.1.13, 3.1.14, 3.1.15, 3.1.17, 3.1.18, 3.1.22, 3.1.23, 3.1.25, 3.1.27, 3.1.28, 3.1.29, 3.1.32, 3.1.34, 4.3.24, 4.5.3
Galerie Gmurzynska, Köln Kat. Nr. 4.5.2
Greiter, Baar (Schweiz) Kat. Nr. 5.5.16
Henkel-Werksarchiv, Düsseldorf
Kat. Nr. 1.4.11, 2.4.7, 2.5.2, 2.5.3
Karl Ernst Osthaus-Museum, Hagen
Kat. Nr. 4.1.2
Klingspor-Museum, Offenbach
Kat. Nr. 4.3.3, 4.3.10
Milan Kunc, Köln Kat. Nr. 4.5.21
Kunstsammlung Nordrhein-Westfalen, Düsseldorf Kat. Nr. 4.5.12
C. A. Kupferberg & Cie, Mainz
Kat. Nr. 2.2.8, 4.1.22, 5.4.17
Lingner & Fischer GmbH, Bühl/Baden
Kat. Nr. 4.3.47
Maggi Archiv, Singen Kat. Nr. 1.4.9, 1.4.10
McDonald's Corporation, Oak Brook/Illinois
Kat. Nr. 5.1.2, 5.1.5
Museum für Kunst und Gewerbe, Hamburg
Kat. Nr. 4.1.17
Pfalzgalerie Kaiserslautern Kat. Nr. 4.3.7
Philip Morris, München Kat. Nr. 5.3.19
Plakatsammlung Museum für Gestaltung, Zürich Kat. Nr. 4.4.11
Planungsreferat der Stadt München
Kat. Nr. 2.3.1
Max Prugger, München Kat. Nr. 2.3.12
Rheinisches Bildarchiv, Köln Kat. Nr. 4.5.11
Friedrich Rosenstiel, Köln Kat. Nr. 4.1.2
Schuch, Berlin Kat. Nr. 2.1.14
Staatliche Galerie Moritzburg, Halle
Kat. Nr. 4.4.5
Staatliche Graphische Sammlung, München (Foto: Anton Ott, Landshut)
Kat. Nr. 4.5.15
Staatliche Kunsthalle, Karlsruhe
Kat. Nr. 2.1.21
Staatliche Museen zu Berlin, Preußischer Kulturbesitz, Kunstbibliothek
Kat. Nr. 4.3.1, 4.3.44
Staatliche Museen zu Berlin, Preußischer Kulturbesitz, Nationalgalerie (Foto: Jörg P. Anders) Kat. Nr. 4.5.4
Octavian Stacescu, Düsseldorf
Kat. Nr. 4.5.20
Stadtarchiv München Kat. Nr. 2.1.13, 2.1.23, 2.2.17, 2.2.18, 2.2.19, 2.3.8
Städtische Galerie im Lenbachhaus, München
Kat. Nr. 2.1.22, 4.5.13
Städtische Galerie Wolfsburg Kat. Nr. 2.4.3
Thon, Hamburg Kat. Nr. 1.3.15, 1.3.16, 1.3.17, 1.3.19
Ullstein Bilderdienst, Berlin Kat. Nr. 2.2.6
Volkswagen-Archiv, Wolfsburg Kat. Nr. 4.4.13
Westfälisches Landesmuseum für Kunst und Kulturgeschichte (Foto: J. Jordan)
Kat. Nr. 6.1.2, 6.1.4, 6.1.8, 6.1.9, 6.1.10, 6.1.14

Alle übrigen hier nicht aufgeführten Abbildungen (Katalognummern) stammen aus dem Fotoatelier des Münchner Stadtmuseums.

Namenverzeichnis

Bildende Künstler, Entwerfer, Architekten und Fotografen

Dank an die Leihgeber

Berlin	Deutsches Historisches Museum, Prof. Dr. Christoph Stölzl, Carola Jüllig M.A.
	Staatliche Museen zu Berlin Preußischer Kulturbesitz, Nationalgalerie, Prof. Dr. Dieter Honisch, Dr. Angela Schneider
	Staatliche Museen zu Berlin Preußischer Kulturbesitz, Kunstbibliothek, Dr. Bernd Evers, Dr. Anita Kühnel
	Stadtmuseum Berlin, Dr. Dominik Bartmann
	Werkbund-Archiv, Museum der Alltagskultur des 20. Jahrhunderts, Angelika Thiekötter
Brüssel	Musées Royaux des Beaux-Arts, Eliane de Wilde
Bühl	SmithKline Beecham/Lingner & Fischer GmbH, Günther H. Reith
Düsseldorf	Henkel KGaA, Wolfgang Bügel
	Kunstsammlung Nordrhein-Westfalen, Dr. Armin Zweite, Dr. Volkmar Essers
Frankenberg	Gebrüder Thonet GmbH, Werksarchiv, Claus M. Thonet, Frau Jutta Sachsenröder
Frankfurt a. M.	AEG-Archiv, Doris Rangnik
	Maggi GmbH, Birgit Becker
	Nestlé Chocoladen GmbH, Friedrich Kauffmann, Agnes Rummeleith
Hagen	Karl Ernst Osthaus-Museum der Stadt Hagen, Dr. Michael Fehr, Dr. Birgit Schulte
Hamburg	Beiersdorf AG, Jörg Taute
	Museum für Kunst und Gewerbe, Prof. Dr. Hornbostel, Dr. Jürgen Döring
	Reemtsma Cigarettenfabriken GmbH, Prof. Gustaf Nils Dorén
Hannover	H. Bahlsens Keksfabrik KG, Frauke Engel M. A.
	Pelikan GmbH, Jürgen Dittmer
	Sprengel Museum Hannover, Dr. Ulrich Krempel
Heidelberg	Edition Staeck
Kaiserslautern	Pfalzgalerie Kaiserslautern, Dr. Britta Bühlmann, Dr. Heinz Höfchen
Karlsruhe	Staatliche Kunsthalle Karlsruhe, Dr. Sigmar Holsten
Köln	Afri-Cola GmbH, Irmgard Schwarz
	Galerie Gmurzynska, Krystyna Gmurzynska
	Imhoff-Stollwerk-Museum, Anette Imhoff
	Milan Kunc
	Museum Ludwig, Marc Scheps, Dr. Evelyn Weiss
Leipzig	Reclam Verlag Leipzig, Heidegret Hartmann
London	The Alfred Dunhill Archive Collection, London, Howard Smith
	Marlborough International Fine Art Ltd., Gilbert Lloyd
Mainz	Sektkellerei C. A. Kupferberg & Cie. KGaA, Dr. Ingrid Faust, Christine Oschee-Oberacker
München	Bayerisches Nationalmuseum, Dr. Reinhold Baumstark, Dr. Lorenz Seelig
	Bayerische Vereinsbank AG, Dr. Bärbel Kopplin
	Bayerische Verwaltung der Staatlichen Schlösser, Gärten und Seen, Dr. Gerhard Hojer
	Benetton Group Spa Mailand, Carmen Jung P. R.
	Deutsches Museum, Hans Straßl, Robert Heitmeier
	Deutsche Städte-Reklame GmbH, Anton Dutz, Hubert Franz Schweitzer
	Die Neue Sammlung, Dr. Florian Hufnagl,